高速铁道工程技术专业群教学标准

GAOSU TIEDAO GONGCHENG JISHU ZHUANYEQUN JIAOXUE BIAOZHUN

主编 焦胜军 蒋平江

西安交通大学出版社
XI'AN JIAOTONG UNIVERSITY PRESS

图书在版编目(CIP)数据

高速铁道工程技术专业群教学标准 / 焦胜军,蒋平江主编. —西安:西安交通大学出版社,2022.6
ISBN 978-7-5693-2634-5

Ⅰ.①高… Ⅱ.①焦… ②蒋… Ⅲ.①高速铁路-铁路工程-课程标准-高等职业教育 Ⅳ.①U238

中国版本图书馆 CIP 数据核字(2022)第 093501 号

书　　名	高速铁道工程技术专业群教学标准
主　　编	焦胜军　蒋平江
策划编辑	曹　昳
责任编辑	杨　瑶
责任校对	李　文
出版发行	西安交通大学出版社 (西安市兴庆南路 1 号　邮政编码 710048)
网　　址	http://www.xjtupress.com
电　　话	(029)82668357　82667874(市场营销中心) (029)82668315(总编办)
传　　真	(029)82668280
印　　刷	西安五星印刷有限公司
开　　本	710 mm×1000 mm　1/16　印张 35　字数 928 千字
版次印次	2022 年 6 月第 1 版　2022 年 6 月第 1 次印刷
书　　号	ISBN 978-7-5693-2634-5
定　　价	198.00 元

如发现印装质量问题,请与本社市场营销中心联系。
订购热线:(029)82665248
投稿热线:(029)82668804
读者信箱:phoe@qq.com

版权所有　侵权必究

编委会

主　编　焦胜军　蒋平江
副主编　赵　东　张福荣
主　审　王　津　安国勇
参　编　朱永伟　吴　迪　刘明学
　　　　　程建红　王婷茹　彭　磊
　　　　　张瑜都　惠弘毅　周永胜
　　　　　何文敏　陈维英　章　韵
　　　　　庞旭卿　李炳良　李立功
　　　　　白芝勇　张　飞　王宏昌
　　　　　陈进明　李军平　朱善美

前 言

高速铁路施工与维护专业群教学标准及课程基本要求是高速铁路施工与维护专业群教学指导性文件,依据高职高专高速铁路施工与维护专业群人才培养目标确定,体现了"实际、实践、实用"的原则。

专业群坚持立德树人根本任务,秉承新时代铁路工匠精神,聚焦铁路施工与维护企业需求,精准对接高铁智慧建造、智慧检测、动态监测和综合维修等重点领域人才需求,培养德智体美劳全面发展,有国际视野,掌握高铁"装配化施工、综合化维修、智能化检测、动态化监测、数据化分析、智慧化管理"等先进技术应用核心能力,服务高铁施工与维护企业一线"精施工、善维护、会管理"的复合型技术技能人才。

在高速铁路施工与维护专业群教学标准中,对学生的入学要求、学习年限、培养目标与人才培养规格、职业岗位与职业面向、课程结构、实施性教学安排、专业教学团队基本要求及建设意见、专业实训条件建设基本要求及建设建议、实施建议、学习评价建议等几个方面做了具体要求。在课程基本要求中,对制定课程标准的依据、课程的性质与作用、本课程与其他课程的关系、课程的教育目标、课程的教学内容与学时、课程教学设计指导框架、教学基本条件等几个方面做了具体要求。

本教学文件是高速铁路施工与维护国家高水平专业建设研究成果,可为同类专业群建设和群内相关专业建设提供参考。

由于编者水平有限,书中可能存在疏漏,敬请各位读者批评指正,提出宝贵建议,在此深表感谢。

编者
2022 年 7 月

总目录

第一编　高速铁路施工与维护专业群教学标准 …………………………………………… 1

　　第一部分　高速铁路施工与维护专业群构成 …………………………………………… 3
　　第二部分　高速铁路施工与维护专业群教学标准 ……………………………………… 6
　　第三部分　高速铁路施工与维护专业群课程教学要求 ………………………………… 27

第二编　高速铁路施工与维护专业群课程标准 ………………………………………… 139

第三编　高速铁路施工与维护专业群顶岗实习标准 …………………………………… 485

第四编　高速铁路施工与维护专业群实训条件建设标准 ……………………………… 513

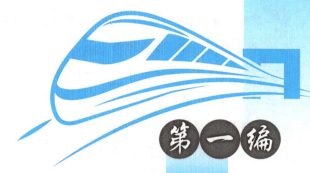

第一编

高速铁路施工与维护专业群教学标准

目 录

第一部分　高速铁路施工与维护专业群构成 …………………………………………… 3
　一、群内专业名称及专业代码 …………………………………………………………… 3
　二、专业群人才培养定位 ………………………………………………………………… 3
　三、专业群与产业链的对应性 …………………………………………………………… 3
　四、群内专业资源共享性 ………………………………………………………………… 5

第二部分　高速铁路施工与维护专业群教学标准 …………………………………… 6
　一、入学要求 ……………………………………………………………………………… 6
　二、基本修业年限 ………………………………………………………………………… 6
　三、职业面向 ……………………………………………………………………………… 6
　四、培养目标 ……………………………………………………………………………… 9
　五、培养规格 ……………………………………………………………………………… 9
　六、课程设置 ……………………………………………………………………………… 11
　七、实践教学环节 ………………………………………………………………………… 15
　八、"1＋X"职业技能等级证书要求 …………………………………………………… 16
　九、教学条件 ……………………………………………………………………………… 17
　十、质量保障 ……………………………………………………………………………… 25

第三部分　高速铁路施工与维护专业群课程教学要求 …………………………… 27
　一、专业基础模块课程 …………………………………………………………………… 27
　二、专业核心模块课程 …………………………………………………………………… 38
　三、专业拓展模块课程 …………………………………………………………………… 91
　四、综合实训模块课程 …………………………………………………………………… 112

第一部分
高速铁路施工与维护专业群构成

陕西铁路工程职业技术学院是全国首批开设高速铁路施工与维护专业（原高速铁道工程技术专业）的院校之一，多年来学院始终坚持根植铁路，突出专业群集群发展。随着国内高铁建设和中国铁路"走出去"，学校紧密对接高铁产业发展和铁路技术升级，面向高铁施工与维护企业岗位群组建了高速铁路施工与维护专业群，由高速铁路施工与维护、土木工程检测技术、工程测量技术、建设工程管理（BIM方向，原建设项目信息化管理专业）4个专业组成。

高速铁路施工与维护专业群对接高铁建造和运营产业精益、智慧、高效、绿色协同发展需求，聚焦"三铁"企业（中国中铁、中国铁建、中国铁路总公司）高铁智慧建造、综合维修复合型技术技能人才培养和技术服务需求，按照"产业背景相同、专业跨类融合、专业基础相通、技术领域相近、教学资源共享"的原则，瞄准从事高铁建设的施工员、试验员、测量员、建模员4个关键岗位和高铁维护的线路工、桥隧工2个关键岗位，聚焦高铁线桥隧施工工艺升级、智慧建造、综合维修技术改进、无损检测、动态监测等关键技术培养人才、提供服务，实现协同发展。

一、群内专业名称及专业代码

高铁施工与维护专业群4个专业名称及专业代码见表1-1-1。

表1-1-1 专业群内各专业代码

序号	专业名称	专业代码
1	高速铁路施工与维护	500102
2	工程测量技术	420301
3	土木工程检测技术	440306
4	建设工程管理	440502

二、专业群人才培养定位

以服务中国高铁施工与维护水平保持世界领先为使命，聚焦"三铁"企业需求，精准对接高铁智慧建造、智慧检测、动态监测和综合维修等重点领域人才需求，坚持立德树人，秉承新时代铁路工匠精神，培养德智体美劳全面发展，有国际视野，掌握高铁"装配化施工、综合化维修、智能化检测、动态化监测、数据化分析、智慧化管理"等先进技术应用核心能力，服务高铁施工与维护企业一线"精施工、善维护、会管理"的复合型技术技能人才。

三、专业群与产业链的对应性

产业背景相同： 高铁产业链包括规划设计与咨询、工程建设与维护、装备制造与维护、运营服务等4个环节，高速铁路施工与维护专业群中的4个专业均对接其中的"工程建设与维护"关键环节，见图1-1-1。

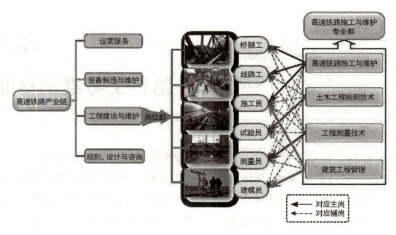

图 1-1-1 专业群对接产业链关系图

专业跨类融合：随着铁路升级、高铁发展,对线桥隧施工技术、建筑材料、工程测量和检测、信息化管理水平等都提出了更高要求。土木工程检测技术、工程测量技术、建设工程管理(BIM 方向)3 个专业服务高铁建设与维护,与高速铁路施工与维护专业跨类融合,协同发力,共同服务高铁快速发展,培养高铁施工与维护一线复合型技术技能人才。

专业基础相通：面向中国中铁、中国铁建、中国铁路总公司等企业的调研和毕业生跟踪调查结果显示,群内 4 个专业毕业生首次入职的岗位均要求具有试验检测、测量、识图与绘图等基本能力,这也是后期职业可持续发展的基础。

技术领域相近：各专业毕业生均从事高铁建设管理一线工作,以线桥隧施工与维护为核心,以测量、试验、检测和 BIM 技术应用保驾护航,见图 1-1-2。其中,高速铁路施工与维护专业主攻线路、桥涵、隧道施工与维护技术和现场管理,融入超长灌注桩、大跨度铁路悬索桥、互联网＋施工等新技术;土木工程检测技术专业主攻高性能混凝土原材料试验和配合比设计,工程结构智慧检测,绿色建材开发与应用;工程测量技术专业主攻高铁精密控制网布设、轨道精调精测、工程变形智能监控量测技术;建设工程管理专业主攻高铁 BIM 技术应用和信息化管理,服务高铁智慧建造和全寿命周期管理。

图 1-1-2 专业群技术领域关系图

就业领域相同：专业群毕业生中,高速铁路施工与维护专业 95% 以上、土木工程检测技术专业 92% 以上、工程测量技术专业 90% 以上均就职于高铁施工与维护领域,建设工程管理(BIM 方向)专业的学生 90%

以上与中国中铁、中国铁建等施工企业签约,从事高速铁路工程建设工作。

就业岗位关联:毕业生主要在高铁施工项目部和维护车间工作。高速铁路施工与维护专业主要培养施工员、线路工和桥隧工,土木工程检测技术专业主要培养试验员,工程测量技术专业主要培养测量员,建设工程管理专业主要培养建模员和掌握BIM技术的施工员。各岗位围绕高铁线桥隧施工与维护,工作环境相同、对象相同、任务高度关联,必须紧密协作才能完成。随着学生在初始就业岗位上的能力提升,4个专业的发展岗位可以相互融通,为学生提供更高层次的发展通道。

四、群内专业资源共享性

基于各专业基础能力相同,共享"土木工程材料试验与检测""工程测量基础""BIM技术应用"等专业基础课程。同时,共享高铁线桥隧施工技术课程内容,土木工程检测技术、工程测量技术、建设工程管理等3个支撑专业与高速铁路施工与维护专业的共享度均达到40%以上。

各专业就业岗位关联、技术领域相近,共享高铁线路、桥涵、隧道等校内外实训基地。同时,在师资队伍、创新平台、合作企业等方面多维度共享,实现专业协同发展。专业资源共享情况见图1-1-3。

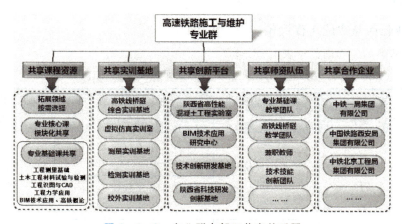

图1-1-3 专业群内部五共享关系图

第二部分

高速铁路施工与维护专业群教学标准

一、入学要求

高中阶段教育毕业生或具有同等学力者。

二、基本修业年限

三年。

三、职业面向

（一）对应行业和可从事的工作岗位

对应行业和可从事的工作岗位见表1-2-1。

表1-2-1 职业面向表

专业大类（代码）	专业类（代码）	对应行业（代码）	主要职业类别（代码）	主要岗位类别（或技术领域）
交通运输大类（50）	铁道运输类（5001）	铁路工程建筑（4811）	铁路建筑工程技术人员（2-02-18-12）	施工员、试验员、建模员、测量员、线路工、桥隧工
			铁道工务工程技术人员（2-02-17-06）	
资源安全与环境大类（42）	测绘地理信息类（4203）	其他测绘地理信息服务（7449）	工程测量工程技术人员（2-02-02-02）	测量员、施工员、线路工
			大地测量工程技术人员（2-02-02-01）	
土木建筑大类（44）	土建施工类（4403）	铁路工程建筑（4811）	铁路建筑工程技术人员（2-02-18-12）	试验员
	建设工程管理类（4405）	铁路工程建筑（4811）	铁路建筑工程技术人员（2-02-18-12）	建模员、施工员

(二)职业岗位(群)分析

职业岗位(群)分析见表1-2-2。

表1-2-2　职业岗位(群)分析

序号	工作岗位	岗位描述	主要职责	知识和能力要求	
1	施工员*	从事高铁线路、桥涵、隧道工程施工一线的技术、组织及管理等工作	1. 熟悉高铁工程设计图纸内容并贯彻落实设计意图; 2. 熟悉高速铁路工程施工及管理标准、规范,负责高铁线路、桥涵、隧道工程施工组织安排及管理工作; 3. 熟悉施工测量、材料检验、质量检查并能根据相关资料用于指导作业段内施工等工作; 4. 能够利用BIM技术优化施工方案,处理施工中常见的技术问题; 5. 进行作业段内的技术文件的收集整理	知识	1. 高速铁路工程结构基本知识; 2. 高速铁路工程施工技术和施工生产管理基本知识; 3. 高速铁路施工图的识读知识; 4. 工程量清单计量及组价相关理论知识; 5. BIM相关软件的工程应用知识; 6. 职业健康与安全生产的知识
				能力	1. 高速铁路工程施工、运营和作业管理工作能力; 2. 高速铁路工程施工组织、实施的能力; 3. 读图和利用计算机绘图能力; 4. 具有BIM相关软件应用能力; 5. 利用各种媒体获取信息的能力; 6. 一定的经营开发能力
2	测量员*	从事铁路线路、桥涵、隧道等工程的控制测量、施工测量和沉降观测等工作	1. 熟悉高速铁路工程施工测量标准及测量方法; 2. 熟悉高铁等大型工程建设施工控制网、工程建筑物变形控制网的布设、施测、数据处理工作及各等级水准测量工作; 3. 熟悉施工阶段测量工作,包括线路、桥涵施工测量,地下工程施工测量等工作; 4. 熟悉各种大比例尺地形图测绘与相关应用等工作; 5. 熟练使用水准仪、全站仪、GNSS接收机等测量仪器	知识	1. 高速铁路工程施工的基本知识; 2. 地形图的判读和使用; 3. 控制网复测、施工控制网加密; 4. 纵横断面的测量、竣工测量; 5. 图根控制测量、碎部点测量; 6. 对各类构筑物进行变形监测; 7. 测量仪器的使用维护,常见测量软件应用; 8. 测量技术文件归类整理
				能力	1. 正确判读和使用地形图的能力; 2. 识读勘测设计资料、施工图纸的能力; 3. 运用行业测量规程、标准的能力; 4. 高速铁路工程控制测量、施工测量的能力; 5. 控制测量、施工测量技术设计与总结能力; 6. 使用、维护测量仪器的能力; 7. 软件应用与数据处理的能力; 8. 技术文件归类整理的能力

续表

序号	工作岗位	岗位描述	主要职责		知识和能力要求
3	试验员*	从事铁路线路、桥涵、隧道工程施工现场一线的施工质量和土木工程材料试验检测等工作	1.做好试验检测准备工作,熟悉试验检测项目的检测规程、规范标准和要求,按规定检查样品、仪器设备、环境条件,各项合格后方可进行试验检测; 2.对工程质量和进场材料进行检测和检查; 3.试验检测人员严格按照试验检测规程、规范标准和有关规定进行试验检测,出具试验报告,准确读数,并对试验检测数据的真实性和准确性负责; 4.严格按操作规程和规范要求使用仪器设备,对所负责试验室进行管理; 5.遵守各项规章制度,坚守工作岗位,完成其他相关工作任务	知识	1.高速铁路工程的质量标准和体系; 2.高速铁路工程试验检测方法; 3.高速铁路工程建筑材料; 4.土木工程材料试验检测方面的理论知识; 5.高铁建设过程中施工单位对构造物自检项目相关的理论知识; 6.试验室组建流程、仪器设备台账建立、试验资料整理等方法; 7.铁路、高速铁路等构造物的施工工艺
				能力	1.具备查阅规范的能力; 2.具备高速铁路工程建筑材料试验与检测能力; 3.具备高速铁路工程施工质量常规试验检测的能力; 4.具备高铁施工及运营中的检测及维护能力; 5.具备熟练使用仪器设备,确保仪器设备的正常运行的能力; 6.具备试验资料的整理归档及试验室管理工作的能力; 7.具备仪器使用、保管等能力
4	建模员	从事高铁工程BIM技术应用工作,能够开展结构建模和施工仿真,并利用信息技术手段采集工程建设数据,优化方案,进行工程项目管理	1.依据相应施工规范、标准、图集读懂高速铁路施工图纸; 2.遵守各项规章制度,完成领导交付的各项现场施工技术管理任务; 3.按照施工图纸创建土建模型、钢筋模型、场地模型,建模过程中及时发现图纸中的问题,并进行整理; 4.进行工程模型的管理; 5.能够利用BIM技术分析问题,对施工方案提出优化建议; 6.应用BIM技术对施工管理工作进行数据收集及数据分析,并由此给出合理化建议	知识	1.必要的识图与CAD、工程测量、建筑材料等基础理论知识; 2.高速铁路施工图的识读知识; 3.高速铁路结构类型及构造; 4.高速铁路各结构物施工方面的理论知识; 5.工程量清单计量及组价相关理论知识; 6.BIM相关软件的操作及应用; 7.职业健康与安全生产的知识
				能力	1.具有高速铁路结构、钢筋施工图识读能力; 2.具有计算机辅助绘图的基本能力; 3.具有高速铁路计量及组价的能力; 4.具有BIM相关软件应用能力; 5.具有良好的沟通、语言表达能力

续表

序号	工作岗位	岗位描述	主要职责	知识和能力要求	
5	铁路线路工、桥隧工*	从事高速铁路路基、轨道、桥隧及其附属设施养护、检测和维修加固一线工作	1.检查和发现各类路基、轨道、桥隧及其附属设备隐患,及时汇报并立即处理; 2.在高速铁路工程路基和轨道设施大修施工作业中确保行车及人身安全; 3.对违章作业和违章指挥作业应及时制止; 4.接受职业技术和安全法规培训; 5.对生产管理提出合理化建议	知识	1.高速铁路工程路基、轨道及附属设施结构; 2.铁路路基和轨道病害检测防治; 3.铁路桥梁、涵洞、隧道及附属设备结构; 4.高速铁路桥梁、涵洞、隧道及附属设备病害检测和防治知识; 5.高速铁路工程路基和轨道结构运营期间养护和维护知识
				能力	1.高速铁路工程路基、轨道及附属设施养护和维修能力; 2.高速铁路工程路基、轨道及附属设施病害检测能力; 3.高速铁路桥梁、涵洞、隧道及附属设施病害检测能力; 4.计算机绘图能力; 5.股道和道岔编号的识别能力; 6.车站信号的识别能力

四、培养目标

本专业培养拥护党的基本路线,德、智、体、美全面发展,践行社会主义核心价值观,具有良好的职业道德和人文素养,掌握高铁线路、桥涵、隧道及其附属设施等铁路施工与维护领域的理论知识和"装配化施工、智能化检测、动态化监测、智慧化管理、综合化维修"等智慧建造相关知识,具备从事铁路工程的施工技术管理、测量放样、试验检测、预算编制、铁路线路设备检测与养护等专业能力,具有良好的团队协作、组织协调、沟通交流和创新创业等社会能力,适应服务于铁路工程建设与运营维护一线的"精施工、善维护、会管理"的复合型技术技能人才。

五、培养规格

(一)素质要求

(1)具有正确的世界观、人生观、价值观;

(2)具有良好的职业道德和职业素养及投身祖国铁路现代化事业而奋斗终生的精神;

(3)具有良好的身心素质、文化品位、审美情趣、人文素质和科学素养;

(4)具有不畏艰险、勇攀高峰、精细高效的"火车头精神";

(5)具有从事铁路工程吃苦耐劳、甘于奉献的铁军品质,健康向上的精神风貌;

(6)具有诚信守诺、团结协作精神,良好的人际交往、语言表达、社会沟通能力;

(7)具有创新意识和较好的思维习惯,高超的学习能力,敢于冒险的勇气和敏锐洞察力,并善于发现问题,敢于创新。

(二)知识要求

1.公共基础知识

(1)掌握马克思主义基本理论和基本知识;

(2)掌握思想道德修养和法律基础等知识;

(3)掌握计算、应用文写作、英语交流、信息技术等科学文化基础知识。

2.专业基础知识

(1)掌握工程力学应用基本知识；

(2)掌握工程识图和计算机制图知识；

(3)掌握土木工程材料的试验检测、混合料组成设计理论知识；

(4)掌握建设信息管理工具软件应用基本知识；

(5)掌握国内外建设信息管理领域最新发展动态与趋势。

3.专业核心知识

(1)掌握高速铁路工程施工与维护专业知识；

(2)掌握控制测量外业观测、高速铁路施工测量和内业数据处理的专业基本知识；

(3)掌握铁路工程建筑材料试验检测和施工质量试验检测的相关专业知识；

(4)掌握高速铁路施工建设信息管理工具软件应用、数据处理、分析和运行维护等知识。

(三)能力要求

1.社会能力

(1)具有良好团队协作的能力；

(2)具有良好沟通、协调的能力；

(3)具有良好的职业道德和社会责任感；

(4)具有较强的环境适应能力；

(5)具有较强的服务意识。

2.方法能力

(1)具有信息收集及运用的能力；

(2)具有制订相关计划的能力；

(3)具有方案优化选择的能力；

(4)具有依据方案实施的能力；

(5)具有评价与修订方案的能力；

(6)具有总结、归纳的能力。

3.专业能力

1)高速铁路施工与维护专业

(1)具有根据标准和规范熟练完成高速铁路工程结构施工与维护的能力；

(2)具有从事高速铁路工程施工组织与管理工作的能力；

(3)具有从事高速铁路工程概预算等技术文件的编制能力；

(4)具有从事高速铁路工程项目检查与验收工作的能力；

(5)具有从事高速铁路工程管理与经营开发的能力；

(6)具有从事高速铁路工程养护维修的能力。

2)工程测量技术专业

(1)具有建立施工控制网的能力；

(2)具有轨道线路、桥涵和隧道工程施工测量的能力；

(3)具有测绘数字地形图的能力；

(4)具有高铁工程精密测量的能力；

(5)具有竣工测量及工程变形观测的能力；

(6)具有测量技术设计书的编写的能力。

3)土木工程检测技术专业

(1)具有土木工程材料的试验与检测能力；

(2)具有水泥混凝土、沥青混合料、稳定土等混合料的组成设计能力；

(3)具有高铁路基、桥涵和隧道工程的试验检测能力；

(4)具有轨道线路的试验检测能力；

(5)具有工地试验室的组建与管理能力；

(6)具有常用工程材料进场验收与保管的能力；

(7)具有试验资料整理归档能力。

4)建设工程管理专业（BIM方向）

(1)具有创建高速铁路施工信息模型的能力；

(2)具有利用高速铁路施工信息模型进行施工方案优化的能力；

(3)具有集成高速铁路施工信息模型，协调解决信息模型相关问题的能力；

(4)具有利用高速铁路施工信息模型及应用平台进行施工管理的能力。

六、课程设置

基于高速铁路施工与维护产业发展，分析施工员、测量员、试验员、建模员和线路工、桥隧工等岗位工作任务，构建专业群模块化课程体系，设置通识基础、通用专项、高铁线桥隧、综合实训、专业拓展5个模块，见表1-2-3。其中，高铁线桥隧模块包含高铁施工、高铁检测、软件应用、建设管理4个子模块，每个子模块根据能力培养需求设置。专业群课程教学要求见第三部分。

表1-2-3 高速铁路施工与维护专业群模块化课程体系

序号	课程模块		高速施工与维护专业	土木工程检测技术专业	工程测量技术专业	建设工程管理专业（BIM方向）
1	通识基础模块		●	●	●	●
2	通用专项模块		●	●	●	●
3	高铁线桥隧模块	高铁线桥隧施工	●	◐	◐	◐
		高铁精密测量	◐	○	●	○
		高铁智慧检测	◐	●	○	○
		高铁工程项目信息化管理	◐	◐	◐	●
4	综合实训模块		●	●	●	●
5	专业拓展模块		◐	◐	◐	◐

注：●为全选择，◐为部分选择，○为不选择。

（一）通识基础模块

通识基础模块课程包括思想政治理论、数学、应用文写作、外语、体育、信息技术，以及心理健康教育、美育、劳动教育、创新创业教育等课程，占总学时的25%以上。高速铁路施工与维护专业群内4个专业统一开设通识基础模块课程，对学生进行德智体美劳全面培养，提高综合素质和法制观念，帮助学生树立正确的世界观、人生观和价值观。通识基础模块开设课程见表1-2-4。

表1-2-4 通识基础模块课程设置

序号	课程名称	课程类型	学时	学分
1	思想道德与法治	理论	54	3
2	毛泽东思想和中国特色社会主义理论体系概论	理论	72	4
3	应用文写作	理论	32	2
4	大学英语	理论	108	6
5	高等数学	理论	108	6
6	信息技术	理实一体	56	3
7	体育与健康	理实一体	108	6
8	入学教育暨军训	实践	48	2.5
9	军事理论	理论	36	2
10	形势与政策	理论	32	2
11	安全教育	理论	12	0.5
12	大学生心理健康教育	理论	32	2
13	公共卫生与健康教育	理论	4	0.5
14	公益劳动	实践	24	1
15	劳动教育	理论	16	1
16	艺术选修课	理论	20	1
17	素质拓展学分	实践	—	4
18	大学生就业与创业指导	理论	40	2
19	创新教育	理论	36	2
20	创新创业实践	实践	—	2
合计			838	52.5

（二）通用专项模块

通用专项模块课程主要对接高速铁路施工与维护所需要的基础能力，包括"铁道概论""工程测量基础""工程识图与CAD""土木工程材料试验与检测""工程力学应用""BIM技术应用"等课程。高速铁路施工与维护专业群内4个专业统一开设通用专项模块课程，培养学生从事高速铁路施工与维护相关工作所必需的基础理论和基础技能。通用专项模块课程设置见表1-2-5。

表1-2-5 通用专项模块课程设置

序号	课程名称	课程类型	学时	学分
1	铁道概论	理论	30	1.5
2	工程测量基础	理实一体	60	3.5
3	工程识图与CAD	理实一体	90	5
4	土木工程材料试验与检测	理实一体	60	3.5
5	工程力学应用	理实一体	90	5
6	BIM技术应用	理实一体	60	3.5
7	工程地质与土力学	理实一体	32	2
	合计		422	24

(三)高铁线桥隧模块

高铁线桥隧模块课程4个专业分设,分别紧密对接施工员、测量员、试验员和建模员的岗位核心能力,组建相应专业核心课程。根据岗位能力要求,某个专业的核心课程也可作为其他专业的拓展课程开设。高铁线桥隧模块课程设置见表1-2-6。

表1-2-6 高铁线桥隧模块课程设置

子模块名称	能力模块	课程名称	课程类型	学时	学分	拓展专业
高铁线桥隧施工(对应高速铁路施工与维护专业)	高铁工程施工技术	高速铁路路基施工	理实一体	64	3.5	工程测量技术、土木工程检测技术
		高速铁路轨道施工	理实一体	96	4.5	
		高速铁路隧道施工	理实一体	64	3.5	
		高速铁路桥涵施工	理实一体	96	5	
	施工组织与管理	高速铁路工程施工组织设计	理实一体	64	3.5	建设工程管理(BIM方向)
		高速铁路工程概预算	理实一体	64	3.5	
	高铁工务养护维修	高铁线路养护维修	理实一体	64	3.5	
		高铁桥隧养护维修	理实一体	64	3.5	
		合计		576	30.5	
高铁精密测量(对应工程测量技术专业)	施工测量	线桥隧施工测量	理实一体	64	3.5	高速铁路施工与维护
		高速铁路精密测量	理实一体	60	3.5	
		高速铁路变形监测	理实一体	56	3.0	
	控制测量	工程控制测量与数据处理	理实一体	112	5.5	
		GNSS测量技术与应用	理实一体	100	5.0	
	数字测图	数字测图	理实一体	64	3.5	
		摄影测量与遥感	理实一体	48	2.5	
		无人机测绘技术与应用	理实一体	64	3.5	
		合计		616	32	

续表

子模块名称	能力模块	课程名称	课程类型	学时	学分	拓展专业
高铁智慧检测（对应土木工程检测技术专业）	高铁工程施工技术	建筑材料化学分析	理实一体	64	3.5	高速铁路施工与维护
		混合材料组成与设计	理实一体	64	3.5	
		现代混凝土试验检测与工程应用	理实一体	84	4.5	
	结构检测	高速铁路路基试验与检测	理实一体	60	3.5	
		高速铁路桥涵试验与检测	理实一体	84	3.5	
		高速铁路隧道试验与检测	理实一体	84	4.5	
		高速铁路轨道线路试验与检测	理实一体	48	2.5	
	试验室管理	试验室组建与管理	理实一体	60	3.5	
		合计		548	30	
高铁工程项目信息化管理（对应工程项目管理专业BIM方向）	结构建模与施工	高速铁路轨道结构建模与施工	理实一体	64	3.5	高速铁路施工与维护
		高速铁路桥涵结构建模与施工	理实一体	96	5	
		高速铁路隧道结构建模与施工	理实一体	64	3.5	
		高速铁路路基结构建模与施工	理实一体	64	3.5	
	工程预算与项目管理	高速铁路施工组织与预算	理实一体	96	5	
		三维动画与工程仿真	理实一体	64	3.5	
	BIM技术综合应用	工程项目管理	理实一体	64	3.5	
		BIM数据集成与应用	理实一体	64	3.5	
		合计		576	30.5	

（四）专业拓展（选修）模块

专业拓展（选修）模块课程4个专业交叉开设，不同专业可根据需要对教学内容和课时进行调整，以拓展必修或者选修方式开设。专业拓展（选修）模块课程对标岗位工作职责，融入高铁智慧建造相关内容，作为专业基础模块和核心模块的有力补充，拓宽学生知识和能力，服务可持续发展。专业拓展（选修）模块课程设置见表1-2-7。

表1-2-7 专业拓展(选修)模块课程设置

序号	能力模块	课程名称	课程类型	学时	学分	开设专业
1	智慧检测能力	高速铁路精调与检测	理实一体	64	3.5	＊¤
2		高速铁路工程检测技术	理实一体	64	3.5	＊※
3		无损检测技术	理实一体	48	2.5	☆
4		智能监测技术	理实一体	32	2	¤☆※
5	智能施工能力	线桥隧施工测量	理实一体	56	3	＊
6		高速铁路工程施工	理实一体	56	3	¤☆
7		智能机械施工	理论	32	2	＊※
8		无人机工程巡检	理实一体	48	2.5	¤
9	设计检算能力	测绘程序设计与应用	理实一体	48	2.5	¤
10		混凝土(钢)结构检算	理实一体	56	3	＊※
11		BIM软件开发及应用	理实一体	32	2	※
12		地理信息系统技术应用	理实一体	48	2.5	¤
13		钢结构建模与应用	理实一体	32	2	※
14	智慧管理能力	工程项目管理	理实一体	56	3	＊☆
15		建设工程法律法规	理论	32	2	＊¤☆※
16		现代企业管理	理论	32	2	＊¤☆※
17		国际工程项目管理	理论	32	2	＊¤☆※
18		物联网与大数据	理论	32	2	＊¤☆※

注:开设专业标识:高速铁路施工与维护专业＊;工程测量技术专业¤;土木工程检测技术专业☆;建设项目管理专业※。

(五)综合实训模块

综合实训模块课程包括认识实习、跟岗实习、毕业设计和顶岗实习,综合实训模块课程4个专业全部开设,根据各自对应的主要就业岗位确定教学目标和教学内容。综合实训模块课程设置见表1-2-8。

表1-2-8 综合实训模块课程设置

序号	课程名称	课程类型	学时	学分
1	认识实习	实践	24	1
2	跟岗实习	实践	48	2
3	毕业设计	实践	144	6
4	顶岗实习	实践	480	20
	合计		596	29

说明:综合实训课程按整周开设,每周计24学时,1学分。

七、实践教学环节

建立健全实训室和实训教学设备管理制度,规范仪器设备采购、使用、维护、报废等运行环节,切实提高实训项目的开出率,以及实训设备的使用率、完好率。对实训设备的使用、维护、报废应由专人管理,对大型实训设备必须制定操作规程和维修保养制度,必须定时定人进行操作使用和维护,使用人员要事先培训,经考核合格后方可独立操作。实训设备在使用过程中必须加强维护和保养,定期检查校正,确保仪器设备处于正常的工作状态。

为了保持仪器设备的精密度和性能,建立对仪器设备性能指标进行定期检验和标定制度。对精密度和性能降低的仪器设备要采取维修措施,设法恢复到应有的良好工作状态。设备严禁随意拆改,如发生故障和损坏,因设备性能下降、结构落后、电器老化等原因确需拆改时,应立即停止使用,并由专业人员进行检查并分析原因后进行维修。如确实因技术落后、损坏、维护运行费用过高、没有修复使用价值的实训设备,要及时报废。配备相应职称的专/兼职管理人员并明确相应的岗位职责,定期培训和考核。实训设备的管理和使用,应制定相应岗位所管理设备的操作规程、使用、维修保养制度,由专人负责技术、安全工作,做好使用记录。负责技术、安全的工作人员必须掌握实训设备的基本操作技能,熟悉其特点和维护保养知识,能排除一般故障。实训室要建立和健全岗位责任制,要定期对实训室工作人员的工作进行考核。

制定安全教育制度并贯穿在日常实训教学中。鼓励结合专业特点和学校实际,建设多种形式的实训环境,实施理实一体化教学。根据学校教学计划承担实训教学任务。完善实训指导书、实训教材、操作视频等教学资料,安排实训指导人员,保证完成实训教学任务。努力提高实训教学质量。实训室应当吸收科研和教学的新成果,更新实训内容,改革教学方法,通过实训培养学生理论联系实际的学风,严谨的科学态度和分析问题、解决问题的能力。

实训室在保证完成教学科研任务的前提下,积极开展社会服务和技术开发,开展技术交流活动。实训活动应组织召开班前布置会、班后总结会等,培育不断探索、精益求精、追求卓越的工匠精神和爱岗敬业的劳动态度。

八、"1+X"职业技能等级证书要求

高铁专业群职业技能等级证书/职业资格证书如表1-2-9所示。

表1-2-9 高铁专业群职业技能等级证书/职业资格证书

序号	证书名称	发证部门	等级	备注
1	"1+X"建筑信息模型(BIM)职业技能等级证书	廊坊市中科建筑产业化创新研究中心	初级、中级	
2	全国BIM技能等级考试证书	人力资源和社会保障部/中国图学学会	一级、二级	
3	"1+X"无人机摄影测量职业技能等级证书	天水三和数码测绘院有限公司	中级	
4	工程测量员	人力资源和社会保障部	中级	
5	物理性能检验员(建筑材料试验工)	人力资源和社会保障部	中级	
6	"1+X"建设工程质量检测职业技能等级证书	中国建筑科学研究院	初级、中级	
7	"1+X"路桥工程无损检测技术职业技能等级证书	四川升拓检测技术股份有限公司	初级、中级	
8	"1+X"土木工程混凝土材料检测职业技能等级证书	中国水利水电第八工程局	初级、中级	

续表

序号	证书名称	发证部门	等级	备注
9	"1+X"测绘地理信息数据获取与处理职业技能等级证书	广州南方测绘科技股份有限公司	中级	
10	"1+X"测绘地理信息智能应用职业技能等级证书	广州南方测绘科技股份有限公司	中级	
11	"1+X"不动产数据采集与建库职业技能等级证书	福建金创利信息科技发展股份有限公司	中级	

九、教学条件

(一)师资队伍

由学校教师与行业企业专家组成的教师教学创新团队,专业在校生与专任教师之比不高于25∶1(不含公共课)。团队要积极应变、主动求变,分工协作开展模块化教学。建立导师制、师徒制,推动教师转变观念,创新教学组织模式,改革教学方法与手段,使教师具备适应线上线下混合教学及相应的教学管理和服务过程的信息化教学能力,能够面向不同生源实施教学和管理工作。

(1)专业群带头人:聘请校内、企业"双带头人"。带头人具有高级职称,应为熟悉高速铁路施工与维护产业发展方向和高职教育规律、具有丰富的工程实践经验、在行业有一定影响、具有高级职称的"双师"素质教师。校内带头人掌握国内外先进职教理论、专业建设理念和教学管理理论,能准确把握专业发展方向,具备超前的专业建设理念、较强的课程开发和资源整合能力、教研教改能力、学术研究尤其是技术开发能力、组织协调能力;企业专业带头人全面了解高铁行业产业发展趋势和前沿技术,熟悉高职教育人才培养规律,为校企合作和产教融合搭建桥梁。"双专业带头人"能够发挥专业带头人领军作用,提升教学团队专业建设能力、教科研能力、社会服务能力的整体水平。

(2)专任教师:具备教授专业或相近专业大学本科及以上学历,团队职称和年龄结构合理,"双师型"教师比例不低于60%。接受过职业教育教学的师资培训,具有高铁施工与维护领域一线实践经历,具备先进的高职教学理念和较强的课程建设与教学组织能力、课程开发的能力、整合社会资源的能力及应用性技术服务的能力。实训指导教师应具备相关领域的工程实践经验和教育教学理论,能够胜任实践教学。

(3)兼职教师:来自高铁施工与维护企业一线,具备专科及以上学历,具有相关工作经历3年以上,技师或专业中级以上技术职称,现场生产经验丰富,具备一定的教学理论,能够独立承担专业实践教学任务。

(二)教学设施

1.专业教室基本条件

专业教室一般配备黑(白)板、多媒体计算机、投影设备或一体机、音响设备、互联网或Wi-Fi环境,并实施网络安全防护措施;安装应急照明装置并保持良好状态,符合紧急疏散要求,且标志明显,保持逃生通道畅通无阻。

2.校内实训基地要求

校内实训基地能够满足理实一体课程实践教学环节需求,涵盖当前高铁建设产业发展的主流技术,工位数能够满足在校生实习。配备相应数量的指导教师,对学生实习进行指导和管理;有保证实习生日常工作、学习、生活的规章制度,有安全、保险保障。配备虚拟仿真实训教学管理和共享平台,利用人工智能和虚拟仿真技术,创建具有多感知性、职场化、自主性、个性化、沉浸性、交互性、构想性、智能性等特点的虚拟实训环境,深化实践教学的混合式教学改革,打造"线上＋线下＋职场化"智慧实训课堂。校内实训室(基地)见表1－2－10。

表1－2－10 校内实训室(基地)条件

实训室 (基地)名称	面积 /m²	设备设施	容纳学生人数 (一个班)	主要实训项目
高铁轨道 养护实训室	200	廓形检测仪、探伤仪、液压起拨道器、轨缝调整器、轨道板起道器、轨距尺、支距尺、捣固机、机动扳手等	100人	1.钢轨损伤、道床病害的检测; 2.改道、拨道、打磨; 3.调整轨道几何形位; 4.整正轨缝、拨正曲线; 5.改正轨距、调整轨底坡; 6.轨道加强作业 1.识读轨道检查车波形图; 2.钢轨探伤及处理; 3.线路工实做应会项目; 4.线路工培训和技能鉴定; 5.桥隧结构维修; 6.支座维修; 7.桥隧工培训和技能鉴定
高速铁路 实训工区	8800	CRTSⅢ板式、CRTSⅠ双块式无砟轨道、有砟轨道、可动心轨道岔、CRTSⅢ板式、CRTSⅠ双块式无砟轨道施工展示段,CPⅢ测量基桩等	100人	1.钢轨焊接、钢轨铺设、放散温度应力; 2.道岔铺设施工; 3.无砟轨道施工实训 1.高速铁路长钢轨温度应力处理; 2.高速铁路道床板裂缝检查; 3.轨道板精调; 4.CA砂浆离缝检测 1.地基承载力检测; 2.路基压实度检测; 3.含水量检测; 4.路基面平整度检测
高铁隧道 实训工区	3000	隧道结构实体	50人	1.隧道施工方法选择; 2.初期支护施工; 3.衬砌施工质量控制; 4.隧道防排水施工; 5.三管两线布置; 6.隧道常见病害检查

续表

实训室(基地)名称	面积/m²	设备设施	容纳学生人数(一个班)	主要实训项目
高速铁路轨道精调实训室	80	手推式轨检小车、CRTSⅢ型轨道板精调测量系统、CRTSⅢ型轨道板、轨道检查仪(1级)等	50人	1. CRTSⅠ型双块式无砟轨道精调； 2. CRTSⅢ型板式无砟轨道精调； 3. 长钢轨施工精调； 4. DTS软件线型分析； 5. 无砟轨道状态检测及线型调整； 6. 利用轨检小车对轨道进行精测
工程力学实训室	400	1. 压力机、拉伸仪、剪切仪、应变仪； 2. 液压万能试验机(100 kN、300 kN、1000 kN)； 3. 钢筋连续式打点机； 4. 引伸计； 5. 洛氏硬度仪； 6. 游标卡尺	100人	1. 构件抗压强度； 2. 构件抗剪强度； 3. 构件变形； 4. 钢筋拉伸； 5. 钢筋弯曲； 6. 钢绞线的拉伸； 7. 非比例延伸率； 8. 钢结构硬度
高铁专业软件实训室	300	概预算软件、桥梁博士、结构分析软件、路基土石方调配软件	100人	1. 施工组织编制； 2. 单项工程预算及计价； 3. 高铁投资控制系统应用实训
				1. 高速铁路桥涵施工模拟； 2. 高速铁路桥涵检查与评估； 3. 高速铁路桥涵维护
				高速铁路路基土石方调配
				结构承载力检算
				1. 模板支架检算； 2. 贝雷架、碗扣式支架检算； 3. 张拉台座检算
高速铁路重载检测实训室	100	压实度检测仪、EVD检测仪、混凝土裂缝检测仪	50人	1. 路基土压实度试验； 2. 地基承载力检测作业； 3. 路基二次变形模量检测； 4. 路基填料要求及试验； 5. 混凝土缺陷检测； 6. 桥涵结构裂缝检测
BIM教学中心	150	计算机、投影仪、Revit软件、Catia软件、Civil 3D软件、TEKLA软件、3Dmax软件、Navisworks软件、广联达BIM系列软件	100人	1. 高速铁路结构建模； 2. 高速铁路施工模拟与仿真； 3. 高速铁路BIM计量计价； 4. 高速铁路BIM综合应用； 5. BIM软件二次开发与应用

续表

实训室 (基地)名称	面积 /m²	设备设施	容纳学生人数 (一个班)	主要实训项目
工程测量演练室	400	1.地形沙盘; 2.计算机; 3.图形工作站; 4.地标、舰标	10组, 每组5人	1.数字遥感影像制作; 2.正射影像制作; 3.数字地面模型制作; 4.地物、地貌立体模型制作; 5.全站仪安置; 6.水平角度测量; 7.竖直角度测量; 8.全站仪、水准仪认识; 9.水准仪安置; 10.一测站水准测量
全站仪室	360	1.索佳全站仪510K/250; 2.徕卡全站仪TS30; 3.天宝全站仪S8	10组, 每组5人	1.一、二级导线测量; 2.三角高程测量; 3.线桥隧施工放样; 4.工程测量员技能鉴定; 5.测回法测水平角; 6.距离测量; 7.图根导线测量; 8.三角高程测量; 9.1:500数字测图; 10.隧道洞内、外控制测量; 11.高铁线路变形监测; 12.CPⅢ平面控制测量
光学水准仪室	200	1.微倾水准仪; 2.自动安平水准仪; 3.双面水准尺(三、四等); 4.基辅水准尺(二等)	10组, 每组5人	1.水准仪的操作与使用; 2.二、三、四等水准测量; 3.工程测量员技能鉴定; 4.线路纵、横断面测量
数据软件处理中心	150	1.台式电脑; 2.GNSS数据处理软件; 3.地理信息系统软件; 4.遥感数字影像处理软件	8组, 每组6人	1.GNSS控制网数据处理; 2.栅格数据矢量化,GIS基础数据入库,数据的查询与分析; 3.航片纠正、4D(DEM数字高程模型、DOM-数字正射影像图、DRG数字栅格图、DLG数字线划图)产品生产; 4.遥感影像处理
电子水准仪室	100	1.天宝电子水准仪DINI03; 2.徕卡电子水准仪DNA03; 3.索佳电子水准仪SET05; 4.科力达电子水准仪DL-07; 5.钢瓦水准尺	10组, 每组5人	1.电子水准仪的操作与使用; 2.二等水准测量; 3.高铁线路沉降观测; 4.CPⅢ高程测量

续表

实训室 (基地)名称	面积 /m²	设备设施	容纳学生人数 (一个班)	主要实训项目
GNSS 仪器室	100	1. 南方 GNSS 接收机 S82－V； 2. 天宝 GNSS 接收机 R8； 3. 华测 GNSS 接收机 X900	10 组， 每组 5 人	1. E 级 GNSS 控制测量； 2. 高铁结构物细部放样； 3. 地物数据采集； 4. 线路中边桩放样
无人机航测实训室	100	1. 大疆精灵 4P 四旋翼人机； 2. 大疆精灵 4R 四旋翼无人机； 3. 华测 P550 六旋翼无人机	10 组， 每组 5 人	1. 无人机认识； 2. 无人机拆装； 3. 航线规划； 4. 航测数据采集
胶凝材料检测实训室	100	1. 水泥净浆搅拌机； 2. 维卡仪； 3. 雷氏夹膨胀值测定仪； 4. 沸煮箱； 5. 胶砂搅拌机； 6. 胶砂振实台； 7. 标准恒温恒湿养护箱； 8. 电动抗折抗压试验机； 9. 负压筛析仪； 10. 胶砂流动度测试仪； 11. 透气比表面积仪； 12. 李氏比重瓶	50	1. 水泥细度测定； 2. 标准稠度用水量测定； 3. 水泥凝结时间测定； 4. 水泥胶砂流动度、胶砂强度测定； 5. 比表面积测定； 6. 安定性试验； 7. 粉煤灰、矿渣粉和硅灰细度试验； 8. 矿物外加剂需水量比测定； 9. 活性指数测定； 10. 胶凝材料密度测定
集料检测实训室	100	1. 国家标准方孔砂石筛； 2. 振筛机； 3. 浸水天平； 4. 砂当量试验仪； 5. 细集料流动时间测定仪； 6. 亚甲蓝试验装置； 7. 针片状规准仪； 8. 压碎值仪； 9. 洛杉矶磨耗试验机； 10. 300E 型压力试验机； 11. 1000E 型压力试验机； 12. 冲击试验仪	50	1. 集料的筛分试验； 2. 表观密度、堆积密度和空隙率测定； 3. 含水率、吸水率测定； 4. 含泥量及泥块含量试验； 5. 细集料砂当量测定； 6. 棱角性试验（流动时间法）； 7. 亚甲蓝试验； 8. 粗集料的针片状颗粒含量测定； 9. 压碎指标值测定
沥青检测实训室	100	1. 沥青标准黏度测定仪； 2. 针入度测定仪； 3. 软化点测定仪； 4. 延度测定仪； 5. 蜡含量测定仪； 6. 脆点测定仪；	50	1. 沥青黏度测定； 2. 闪点燃点测定； 3. 分子结构观察； 4. 老化测定； 5. 沥青、改性沥青针入度测定； 6. 沥青、改性沥青软化点测定；

续表

实训室 (基地)名称	面积 /m²	设备设施	容纳学生人数 (一个班)	主要实训项目
沥青检测 实训室	100	7.含水量测定仪； 8.改性沥青针入度测定仪； 9.改性沥青软化点测定仪； 10.改性沥青延度测定仪； 11.沥青闪点燃点测定仪； 12.沥青薄膜烘箱	50	7.沥青、改性沥青延度指标测定； 8.沥青蜡含量测定； 9.含水量测定； 10.脆点测定
沥青混合料 检测实训室	100	1.沥青混合料轮碾成型机； 2.混合料搅拌机； 3.马歇尔电动击实仪； 4.马歇尔稳定度测定仪； 5.最大相对密度测定仪； 6.肯塔堡飞散测定仪； 7.沥青抽提仪； 8.电动脱模器； 9.钻孔取芯机； 10.沥青集料筛； 11.沥青路面渗水仪	50	1.沥青集料筛分； 2.颗粒级配检测； 3.沥青混合料试件制作； 4.最大相对密度测定； 5.沥青含量测定； 6.马歇尔稳定度测定； 7.路面车辙测定； 8.渗水测定； 9.沥青与集料分散程度测定； 10.沥青混合料钻孔取芯
混凝土物理 与力学性能 检测实训室	250	1.坍落度筒； 2.含气量测定仪； 3.混凝土贯入阻力仪； 4.砂浆稠度仪； 5.砂浆分层度仪； 6.混凝土强制搅拌机； 7.压力试验机(2000 kN、1000 kN)； 8.300 kN抗折强度试验机	50	1.混凝土和易性测定； 2.混凝土凝结时间测定； 3.混凝土表观密度测定； 4.混凝土强度测定； 5.混凝土含气量测定； 6.砂浆和易性测定； 7.强度测定
混凝土耐久 性检测实训室	100	1.混凝土强制搅拌机； 2.压力泌水仪； 3.抗渗仪； 4.快速冻融箱； 5.收缩膨胀仪； 6.直读式混凝土含气量测定仪； 7.弹性模量测定仪(百分表)； 8.动弹仪； 9.新型混凝土碳化箱； 10.钢筋腐蚀仪； 11.电通量测定仪； 12.抗裂试模	50	1.配合比试验； 2.耐久性试件的制作； 3.泌水率试验； 4.压力泌水率测定； 5.弹性模量测定； 6.动弹性模量测定； 7.混凝土抗渗性(电通量、RCM、渗水高度法)试验； 8.抗冻性试验(快冻、慢冻、盐冻)； 9.混凝土碳化试验； 10.碱骨料反应试验； 11.收缩膨胀率测定； 12.混凝土收缩试验

续表

实训室(基地)名称	面积/m²	设备设施	容纳学生人数(一个班)	主要实训项目
化学分析实训室	150	1. 电子天平（精度 5 g、1 g、0.1 g、0.01 g、0.0001 g）； 2. 高温电阻炉； 3. 不锈钢蒸馏水器； 4. 氯离子检测仪； 5. 游离氧化钙测定仪； 6. 火焰光度计	50	1. 化学分析仪器正确选择； 2. 中和滴定； 3. 标准溶液的配制； 4. 石灰有效成分的确定； 5. 无机结合料水泥(石灰)剂量的测定； 6. 胶凝材料中氯离子含量测定； 7. 游离氧化钙含量测定； 8. 胶凝材料中碱含量测定； 9. 胶凝材料中硫酸盐的含量测定； 10. 烧失量试验； 11. 骨料中氯离子含量测定； 12. 骨料中硫酸根离子含量测定； 13. pH 值的测定
岩土实训室	100	1. 电热干燥箱（105 ℃ ～110 ℃）； 2. 环刀； 3. 灌砂筒； 4. 金属标定罐和基板； 5. 液塑限联合测定仪； 6. 土筛； 7. 击实仪； 8. 脱模机	50	1. 含水量测定； 2. 密度试验； 3. 颗粒分析试验； 4. 液塑限测定试验； 5. 击实试验
桥涵工程检测实训室	100	1. 回弹仪； 2. 钻芯取样机； 3. 非金属超声波检测仪； 4. 超声波裂缝深度测试仪； 5. 桥涵静态应变采集系统； 6. 摇臂式挠度测试仪； 7. 轻型动力触探仪； 8. 钢筋定位及保护层厚度检测仪； 9. 混凝土电阻率检测； 10. 混凝土动弹仪； 11. 泥浆三件套； 12. 基桩动测仪； 13. 多通道声波透射法自动测桩仪； 14. 拉伸应力松弛试验机； 15. 静载锚固试验机	50	1. 预应力用锚具夹具连接器试验检测； 2. 圆锥动力触探试验； 3. 泥浆性能指标检测； 4. 成孔质量检测； 5. 桩身完整性检测、回弹法测强； 6. 超声-回弹综合法测强； 7. 钻心法测强； 8. 钢筋锈蚀电位检测； 9. 混凝土氯离子含量检测； 10. 钢筋保护层厚度检测； 11. 混凝土电阻率检测； 12. 混凝土缺陷检测； 13. 桥涵动载静载检测

续表

实训室 (基地)名称	面积 /m²	设备设施	容纳学生人数 (一个班)	主要实训项目
材料力学实训室	100	1.液压万能试验机(100 kN、300 kN、1000 kN); 2.钢筋连续式打点机; 3.引伸计; 4.洛氏硬度仪; 5.游标卡尺	50	1.钢筋拉伸; 2.钢筋弯曲; 3.钢绞线的拉伸; 4.非比例延伸率测定; 5.钢材硬度测定; 6.钢绞线的应力松弛试验; 7.静载锚固性能试验
路基路面检测实训室	150	1.击实仪; 2.灌砂筒; 3.CBR设备; 4.路面强度测定仪; 5.液压脱模器; 6.钻孔取芯机; 7.路面摩擦系数测定仪; 8.路面构造深度测定仪; 9.电动铺砂器; 10.弯沉仪(3.6 m、5.4 m、7.2 m); 12.静力触探仪; 13.土壤筛; 14.反力框架; 15.回弹仪; 16.渗水仪; 17.路面平整度测定仪; 18.EVD测定仪; 19.K30测定仪	50	1.路面压实度试验; 2.路面平整度检测; 3.土基回弹模量测定; 4.路基路面回弹弯沉试验; 5.路面抗滑性能试验; 6.水泥混凝土芯样劈裂强度试验; 7.沥青路面渗水试验; 8.无机结合料击实试验; 9.无机结合料无侧限抗压强度试验; 10.CBR试验; 11.无机结合料间接抗拉强度试验; 12.无机结合料抗压回弹模量测定

3.校外实训基地要求

与高速铁路施工与维护企业深度合作,共建稳定的校外实训基地,提供施工员、测量员、试验员、建模员等实训岗位,配备实训教学设施和实训指导教师,且能够开展高速铁路施工与维护相关实践教学活动,实训管理及实施规章制度齐全。

(三)教学资源

1.教材选用

按照教育部学校教材建设与管理办法,在"职业教育国家规划教材书目"选用公共基础课程教材,优先在"职业教育国家规划教材书目"中选用专业课程教材。所用教材应为近三年出版的高职高专规划教材,既反映了最新发展水平,又适应高等职业教育的需要,能够帮助学生提高分析问题、解决问题的能力,突出高素质技术技能人才培养特点。同时,也可以结合教育教学改革和信息化教学需要,以思想性、科学性、发展性、规范性为原则,选用校企合作编写的立体化、富媒体教材。注意,不得以岗位培训教材取代专业课程教材。

2. 图书资源

教师在备课、教学、教学资源制作等环节应广泛利用相关图书和文献资源,同时在教学中引导学生查阅相关资源,使学生了解图书分类知识,养成查阅、积累资料的良好习惯,提高学生学习主动性。另外,结合本专业技术发展和教育教学改革需要,收集"专业规范"等参考书籍,建设专业群图书和文献资源。

3. 数字资源

结合教学改革需要,融入新标准、新技术,开发微课、动画和虚拟仿真等教学资源,建设在线开放课程,适应"互联网＋职业教育"新要求,全面提升教师信息技术应用能力,推动大数据、人工智能、虚拟现实等现代信息技术在教育教学中的广泛应用,积极推动教师角色的转变和教育理念、教学观念、教学内容、教学方法以及教学评价等方面的改革,促进教学模式和学习方式转变。

(四)教学方法

以项目化教学为方向,以学生为中心,推行"项目教学、任务推进、小组学习"等教学模式,激发学生的主动性,突出学生能力提升。根据课程性质、内容的不同,灵活选用案例教学、项目教学、演示教学、角色扮演等教学方法。鼓励教师充分、恰当地使用现代教育技术尤其是信息化教学手段,并在激发学生学习兴趣和学习动机、提高教学效果方面取得实效。

(五)考核评价

根据课程性质和特点,灵活采用笔试、在线考试、实操、作品展示等多种形式进行考核,强调过程性考核与终结性考核相结合,加大过程性考核比重,突出学生能力考核。

1. 公共基础课程考核与评价

公共基础各课程考核与评价应以终结性考核为主、过程性考核为辅。

终结性考核内容以基本知识、基本理论、基本方法为主,以知识的迁移与运用为目的,融入专业特色,为学生的后续专业课学习提供必要的知识保障。终结性考核可根据课程特点采用开卷或闭卷的考试方式,也可根据课程性质采取提交报告、课程设计等考核方式。

过程性考核内容以基本素质和通用能力为主,主要考核学生的思想道德素质、科学文化素质、文学素质、学习能力等方面。考核可依据平时表现、作业成绩、回答问题情况、出勤情况等方面按一定比例进行。

2. 专业(技能)课程考核与评价

专业(技能)课程考核与评价应以过程性考核为主、终结性考核为辅。

过程性考核包括综合素质和专业技能评价。综合素质考核的内容主要指学生出勤情况、学习态度、创新意识、团队意识及参与度等,综合素质考核主要采用学生自评、教师评价、同学互评相结合的方式。专业技能评价的内容指学生在学习过程和任务完成过程中方法的可行性、任务完成数量、成果质量、汇报效果等,专业技能评价根据学生完成任务的熟练程度、工作思路、表达能力及成果可操作性等进行考核。

终结性考核主要考核学生的综合分析能力、专业知识与专业技能运用等。终结性考核可根据课程特点采用开卷或闭卷的考核方式,也可根据课程性质采用独立完成试验操作、项目施工指导等工作任务的方式。

十、质量保障

(一)建立专业群建设和教学过程质量监控机制

在教学准备、实习实训等主要教学环节严格按照专业建设标准、课程建设标准等相关文件的质量要求和标准开展工作,以达成人才培养规格。

1.教学准备

课前依据专业群人才培养方案、课程标准、教材以及课表制订科学的授课计划,明确教学环节、教学内容、教学进度的具体安排。依据教学授课计划的进度要求,教师编写教案或讲义,指导课堂教学。结合教学需要,教师提前准备好任务单、引导文、数字资源等相关教学资料,提前安排学生预习。

2.实习实训

选择实践经验丰富的专任教师或企业兼职教师承担实习实训教学任务,充分利用校内外实训基地扎实开展实训教学。任课教师根据培养方案和培养目标要求,以提高学生专业技能为核心,选用合适专业群特点的实习实训教材,编排实习实训课程授课计划,选定或印制实习实训报告册,按照分组教学、实操为主的模式组织实习实训,并根据实习实训内容,从实习表现、实习报告、任务完成情况和技能水平等方面进行评价。

(二)完善教学管理机制

实施校院两级教学巡查和听课制度。学校教务处、学生处组成联合检查组,各院(部)组建以院长(主任)、书记为组长,院(部)办公室主任、教研室主任为成员的院(部)巡查组,每周开展日常教学检查,认真做好期初、期中、期末教学检查,严格教学纪律和课堂纪律。

(三)建立毕业生跟踪调查反馈机制

建立毕业生档案,实施毕业生质量跟踪调查。了解毕业生的工作状况和在工作过程中遇到的知识和技术问题,以及对专业课程设置、教学方式、管理模式等方面的意见和建议;听取用人单位对我校毕业生的思想品德、专业知识、业务能力和工作业绩等方面的总体评价和满意度,以及对专业建设、人才培养模式的意见和建议,建立经常性的反馈渠道和社会评价制度,为专业群建设和人才培养奠定基础。

(四)扎实开展教学诊断与改进工作

利用SWOT分析法客观分析专业群建设基础,从用人单位、毕业生及家长和本专业在全国开展情况三个方面开展专业调研,充分利用调研和评价分析结果作为确定发展目标、建设思路以及建设内容的依据,有效改进专业教学,加强专业群建设,形成质量提升螺旋,持续提高人才培养质量。

第三部分

高速铁路施工与维护专业群课程教学要求

一、专业基础模块课程

专业基础模块课程的教学要求见表1-3-1至表1-3-6。

表1-3-1 "铁道概论"课程教学要求

课程名称	铁道概论	学时/学分	30学时/1.5学分
学习目标	1.素质目标 (1)培养学生铁路行业大国工匠精神； (2)培养学生吃苦耐劳、拼搏争先的铁院精神； (3)培养学生认真负责的工作态度。 2.知识目标 (1)掌握铁路路基、桥隧建筑物、轨道等铁路线路的基本知识； (2)掌握铁路车站的分类、车站线路种类、股道及道岔的编号； (3)掌握机车、车辆的基本构造，熟悉各部分的工作原理； (4)熟悉铁路通信信号设备的组成及各种设备的作用； (5)了解铁路旅客运输、货物运输和行车组织基本知识。 3.能力目标 (1)具备铁路线路、桥梁、隧道、路基、轨道等施工与维护的能力； (2)具备识别机车车辆及沿线的各种标志的基本能力； (3)具备接发列车、排列进路等能力； (4)具备完成铁路客货运作业的能力			

学习内容	知识点	思政映射点
	1.铁路的发展 (1)世界铁路发展史； (2)中国铁路的发展； (3)中国高铁	通过学习中外铁路发展史,特别是中华人民共和国成立以来中国铁路事业取得的巨大成就,感悟党领导人民发展铁路事业、奔向幸福生活的雄心壮志
	2.铁路线路图识读 (1)线路平面图； (2)线路纵断面图； (3)线路横断面图； (4)铁路限界	培养学生识读铁路线路平、纵断面图的能力,强化其铁路施工能力,强化理实一体学习实践,深悟"具体问题具体分析"和"理论与实践相结合"的哲学思想
	3.铁路轨道结构 (1)铁路轨道； (2)铁路桥梁涵洞； (3)铁路隧道； (4)铁路路基	通过学习轨道结构,掌握轨道组成,如钢轨、轨枕、道砟等,有利于提高学生实际认知能力,强化其施工与养护技能；对接规范,严守标准,强化质量,培养学生的规范与标准意识

续表

	知识点	思政映射点
学习内容	4.铁路车站 (1)区段站； (2)中间站； (3)编组站； (4)铁路枢纽	了解不同车站的分类方法及各自的特点，提高学生总结归纳的学习能力。教学中融入新技术、新方法，培养学生具有新技术、新设备、新方法的改革和创新的思想；依托典型工程案例，塑造学生求真、求精、求稳的测绘工匠精神，形成严谨认真、精益求精的专业素养
	5.铁路机车 (1)内燃机车； (2)电力机车； (3)动车组	了解常见内燃机车和电力机车的分类及特点，掌握机车运行原理，具备识别各类机车的能力，结合中国机车发展史培养学生的爱国情怀
	6.铁路车辆 (1)货车车辆； (2)客车车辆	了解常见客车车辆和货车车辆的分类，熟悉各类车辆的特点，结合中国高铁动车组和谐号、复兴号的发展历程，培养学生奉献铁路、服务人民的情操
	7.铁路信号及铁路通信 (1)铁路信号； (2)铁路通信	学习常见的各种铁路信号设施，特别是色灯信号机，掌握各类信号机不同灯光颜色所表达的指令，培养铁路工作中把握全局、注重细节、步步校核、精益求精的职业素养
	8.闭塞联锁设备 (1)铁路闭塞； (2)铁路联锁	了解闭塞设备的发展过程，掌握半自动闭塞和自动闭塞设备的特点及工作原理，根植铁路运行安全意识
	9.铁路货物运输组织 (1)铁路客运组织； (2)铁路货运组织	了解铁路货运的分类，掌握铁路货运的具体作业过程，培养学生铁路物流安全、快速、高效的意识
	10.其他轨道形式	熟悉地铁、轻轨、市域铁路、磁悬浮列车等其他轨道形式，培养学生树立交通强国的自豪感和使命感
教学方法	任务驱动法、案例教学法、讲授法、讨论法、直观演示法、现场教学法等	
考核评价	总评成绩＝平时成绩(20％)＋过程性考核成绩(50％)＋期末考核成绩(30％) 其中： 1.平时成绩由考勤、作业成绩、在线学习进度、课堂表现四部分组成； 2.过程性考核成绩由老师在课内组织考试； 3.期末考核成绩即为理论试卷考核成绩	
行业规范	1.《铁路线路设计规范》(TB 10098－2017)； 2.《铁路桥涵设计规范》(TB 10002－2017)； 3.《轨道电路通用技术条件》(TB/T 2852－2015)； 4.《铁路电力设计规范》(TB 10008－2015)； 5.《普速铁路接触网运行维修规则》(TG/GD 116－2017)	

表 1-3-2 "工程测量基础"课程教学要求

课程名称	工程测量基础	学时/学分	60学时/3.5学分
学习目标			

课程名称	工程测量基础	学时/学分	60学时/3.5学分
学习目标	1.素质目标 (1)具备良好的职业道德,爱国爱岗,热爱工程测量工作; (2)具备团队合作精神和管理协调的能力; (3)具备吃苦耐劳、艰苦奋斗、乐于奉献、拼搏争先精神; (4)具备处置测量作业中紧急突发状况的能力; (5)具备遵守测量人员工作纪律,严格执行测量工作的技术规范、测绘职业道德。 2.知识目标 (1)熟悉水准测量原理,掌握四等和五等水准测量外业观测及水准测量的内业计算; (2)了解光电测距三角高程测量的原理及观测方法; (3)了解经纬仪的构造及安置; (4)掌握全站仪的构造、安置及水平角、水平距离的观测方法; (5)掌握导线测量外业观测及内业计算的方法; (6)了解施工测量的基本工作。 3.能力目标 (1)能熟练操作各种测量仪器及设备; (2)能够进行角度、距离及高程测量; (3)能够进行控制测量; (4)能够进行简单的施工放样		
学习内容	知识点	思政映射点	
学习内容	1.测量基本知识 (1)基准面和基准线; (2)1985年国家高程基准; (3)坐标系; (4)测量基本工作、测量工作原则	1.学习测量历史事件,感受我国测量的悠久历史,增强民族自信心和自豪感; 2.了解国家测绘基准,增强爱国情怀,强化测量工作标准意识	
学习内容	2.高程测量 (1)水准测量原理; (2)水准仪的操作和使用; (3)水准测量方法; (4)水准测量内业计算; (5)四等水准测量的方法	1.观看珠峰测量视频,培养科学严谨、实事求是的工作态度,感悟测绘精神; 2.强化理实一体学习实践,深悟"具体问题具体分析"和"理论与实践相结合"的哲学思想; 3.应用工程测量规范,理解"步步检核"的职业规范,具有规范与标准意识; 4.强化实训场使用要求,培养劳动精神和制度意识	
学习内容	3.平面测量 (1)经纬仪的操作; (2)全站仪的操作(测角和测距); (3)测回法观测水平角; (4)竖直角测量、三角高程测量	1.劳模现身示范,领略劳模精湛技艺,感受精益求精的工匠精神; 2.了解国产仪器发展历程,体会国家科技发展力量; 3.对接规范,严守标准,强化质量,培养学生的规范与标准意识	

续表

	知识点	思政映射点
学习内容	4.小区域控制测量 (1)方位角、象限角及相互之间的关系; (2)导线的布设形式及适用情况; (3)导线外业观测及内业计算; (4)GNSS 接收机的构造; (5)GNSS 静态测量的原理及方法	1.学习北斗卫星定位技术原理系列资料,培养爱国热情和民族自豪感,树立科技兴国、学习强国的理想和信念; 2.熟知测量流程,养成测量工作步步有检核、精度至上的原则; 3.教学中融入新技术、新方法,培养具有新技术、新设备、新方法的改革和创新的思想; 4.依托典型工程案例,塑造学生求真、求精、求稳的测绘工匠精神,形成严谨认真、精益求精的专业素养; 5.对接国家标准,强化测量规范学习,增强学生的职业认同和行业归属感; 6.技能大师现场教学,体会劳模精神,感受榜样力量
教学方法	任务驱动法、案例教学法、讲授法、讨论法、直观演示法、现场教学法等	
考核评价	总评成绩＝平时成绩(20％)＋过程性考核成绩(50％)＋期末考核成绩(30％) 其中: 1.平时成绩由考勤、作业成绩、MOOC 学习进度、课堂表现四部分组成; 2.过程性考核成绩由支水准路线测量、测回法测角核和 MOOC 在线测试三部分组成; 3.期末考核成绩即为理论试卷考核成绩	
行业规范	1.《工程测量标准》(GB 50026－2020); 2.《全球定位系统(GPS)测量规范》(GB/T 18341－2016); 3.《铁路工程测量规范》(TB 10101－2018); 4.《高速铁路工程测量规范》(TB 10601－2009)	

表 1－3－3 "工程识图与 CAD"课程教学要求

课程名称	工程识图与 CAD	学时/学分	84 学时/4.5 学分
学习目标	1.素质目标 (1)具备良好的行业规范意识及法律意识; (2)具备精益求精、追求完美的精神理念及工匠精神; (3)具备团队协作、开拓创新的职业精神; (4)具备科学、缜密、严谨工作的作风和良好的职业道德; (5)培养爱国主义理想情怀; (6)具备查阅规范、图集的能力; (7)具备自学绘图软件的基本能力; (8)具备能利用网络资源进行自主学习的能力。 2.知识目标 (1)掌握国家制图标准的基本规定; (2)掌握形体三面投影图的识读与绘制; (3)掌握形体轴测投影图的绘制; (4)掌握形体剖、断面图的绘制; (5)掌握线路工程图的识读内容与方法; (6)掌握桥梁工程图的识读与绘制; (7)掌握隧道、涵洞工程图的识读; (8)掌握建筑工程图的识读与绘制;		

续表

学习目标	（9）掌握 AutoCAD 的基本设置； （10）掌握 AutoCAD 的绘图及修改命令； （11）掌握 AutoCAD 图层、文字样式、尺寸标注设置及注写； （12）掌握 AutoCAD 绘制工程图的基本流程及准确绘图方法； （13）掌握出图打印的设置及方法 3.能力目标 （1）能在绘图中严格执行制图国家标准； （2）能识读、绘制工程构筑物三视图； （3）能绘制工程构筑物轴测图； （4）能识读、绘制工程构筑物剖、断面图； （5）能识读线路工程图、桥梁工程图； （6）能识读隧道、涵洞、建筑工程图； （7）能应用 AutoCAD 软件绘制平面图形； （8）能应用 AutoCAD 软件绘制工程构筑物三视图、轴测图； （9）能应用 AutoCAD 软件进行工程构筑物三维实体建模； （10）能应用 AutoCAD 软件进行专业工程图绘制； （11）能应用 AutoCAD 软件进行图纸打印输出； （12）能对图纸中存在的错误进行分析	
	知识点	思政映射点
学习内容	1.基础识图 （1）国家制图标准应用； （2）工程构筑物平面图识读； （3）工程构筑物平面图 CAD 绘制	1.掌握国家制图标准，养成良好的职业习惯； 2.通过学习基础，要求同学们在绘图、标注上注重细节，一丝不苟，做到精益求精
	2.立体图识读 （1）形体三视图识读； （2）形体三视图 CAD 绘制； （3）形体轴测图绘制； （4）形体剖、断面图绘制	1.三视图标注尺寸中，引导学生树立诚实守信、严谨负责的职业道德； 2.通过三视图多角度识图，引导学生能够站在他人角度思考问题； 3.绘制剖、断面图中要求学生理解看问题不只看表面，要深入内部分析问题的辩证道理
	3.专业图识读与绘制 （1）线路工程图识读与绘制； （2）桥梁工程图识读与绘制； （3）隧道工程图识读与绘制； （4）涵洞工程图识读与绘制； （5）建筑工程图识读与绘制	1.专业图绘制中，融入中国建筑的工匠精神； 2.了解各种专业图纸的标准，明确精密加工过程； 3.引入专业案例教学，激发学生的民族自豪感
教学方法	任务驱动教学、案例教学、模型教学法、小组讨论法、演示法等	
考核评价	总评成绩＝平时成绩（30％）＋过程性考核（70％）	
行业规范	1.《CAD 工程制图规则》(GB/T 18229—2000)； 2.《工程制图规范》(Q/PSB 413—2007)； 3.《铁路工程制图标准》(TB/T 10058—2015)； 4.《铁路工程图形符号标准》(TB/T 10059—2015)	

表 1-3-4 "土木工程材料试验与检测"课程教学要求

课程名称	土木工程材料试验与检测	学时/学分	60学时/3.5学分
学习目标			

学习目标	1.素质目标 (1)具备爱国情怀、热爱检测专业； (2)具备合作精神和管理协调的能力； (3)具备吃苦耐劳、艰苦奋斗、拼搏争先精神； (4)具备应对紧急突发状况的能力； (5)具备职业健康与安全理念； (6)具备保护环境、节约资源的意识； (7)具备遵守试验检测工作纪律,严格执行试验检测工作的技术规范和职业道德。 2.知识目标 (1)掌握技术标准的分类和组成； (2)掌握有效数字组成； (3)熟悉数值修约规则； (4)熟悉全数值比较法或修约值比较法； (5)了解土木工程材料的基本性质及其应用； (6)掌握石灰、水泥、集料、外加剂、混凝土、建筑钢材、沥青的主要技术性能及其检测方法。 3.能力目标 (1)能够合理选择材料； (2)能对石灰、水泥、砂石、混凝土、沥青、建筑钢材等材料的主要技术性能进行试验检测； (3)能正确储存和保管石灰、水泥、沥青和建筑钢材等材料

	知识点	思政映射点
学习内容	1.土木工程材料试验与检测基本知识 (1)土木工程材料的分类、作用； (2)技术标准的分类和组成； (3)有效数字； (4)数值修约规则； (5)全数值比较法或修约值比较法	1.增强文化自信； 2.激发爱国热情和民族自豪感； 3.培育科技兴国、学习强国的理想和信念； 4.遵守职业道德； 5.培养科学严谨、实事求是的工作态度
	2.土木工程材料基本性质 (1)材料的物理性质； (2)材料的力学性质； (3)材料的耐久性	1.学习过程中,体会"理论与实践相结合"的哲学思想； 2.形成质量安全意识
	3.气硬性胶凝材料 (1)石灰的生产、分类； (2)石灰的技术性能及其检测方法； (3)石灰的储运与保管	1.以欠火石灰引发学生节约资源的意识； 2.以石灰储运引发学生安全意识； 3.培养学生的规范与标准意识； 4.培养学生严谨的作风； 5.培养试验室"6S"管理职业素养

续表

	知识点	思政映射点
学习内容	4.水泥 (1)硅酸盐水泥的生产和基本组成； (2)硅酸盐水泥的水化硬化； (3)通用水泥的技术要求及其检测方法； (4)水泥技术性能试验与检测； (5)通用水泥的性能特点及应用； (6)通用水泥的储存与保管	1.树立环境保护意识； 2.具有新技术、新设备、新方法的改革和创新的思想； 3.培养学生实事求是的检测素养，养成严谨认真的专业精神； 4.理论学习中，体会"具体问题具体分析"的哲学思想； 5.试验过程中，体会"理论与实践相结合"的哲学思想； 6.具备安全意识，培养职业素养； 7.培养试验室"6S"管理职业素养
	5.集料 (1)水泥混凝土用细集料的技术要求及其检测方法； (2)水泥混凝土用粗集料的技术要求及其检测方法	1.以细集料中的天然砂引发学生的环保意识； 2.培养学生实事求是的检测素养，养成严谨认真的专业精神； 3.理论学习中，体会"具体问题具体分析"的哲学思想； 4.试验过程中，体会"理论与实践相结合"的哲学思想； 5.具备安全意识，培养职业素养； 6.培养试验室"6S"管理职业素养
	6.外加剂 (1)外加剂的种类及应用； (2)掺合料的种类及应用	1.树立环境保护意识； 2.以外加剂的特点引发学生体会"四两拨千斤"的作用
	7.普通混凝土 (1)混凝土拌合物性能及检测方法，以及影响因素； (2)混凝土强度及检测方法，以及影响因素； (3)混凝土耐久性的概念，提高混凝土耐久性的措施； (4)混凝土的质量控制； (5)混凝土配合比设计	1.培养学生实事求是的检测素养，养成严谨认真的专业精神； 2.具有新技术、新设备、新方法的改革和创新的思想； 3.理论学习中，体会"具体问题具体分析"的哲学思想； 4.试验过程中，体会"理论与实践相结合"的哲学思想； 5.养成设计过程中校核的规范要求； 6.混凝土施工过程中，现场严把检验关，养成良好的职业素养； 7.培养试验室"6S"管理职业素养
	8.建筑钢材 (1)建筑钢材的冶炼和分类； (2)建筑钢材的拉伸性能； (3)建筑钢材的耐疲劳性； (4)建筑钢材的工艺性能； (5)建筑钢材的标准与选用； (6)建筑钢材的腐蚀和防护	1.树立环境保护意识； 2.培养爱国热情和民族自豪感，树立科技兴国、学习强国的理想和信念； 3.培养学生实事求是的检测素养，养成严谨认真的专业精神； 4.理论学习中，体会"具体问题具体分析"的哲学思想； 5.试验过程中，体会"理论与实践相结合"的哲学思想； 6.具备安全意识，培养职业素养； 7.培养试验室"6S"管理职业素养
	9.沥青 (1)沥青取样方法； (2)沥青的分类和应用； (3)石油沥青的组成与结构； (4)石油沥青的技术性质检测； (5)煤沥青的特点及其应用； (6)乳化沥青、改性沥青的特点及其应用	1.树立环境保护意识； 2.培养学生实事求是的检测素养，养成严谨认真的专业精神； 3.理论学习中，体会"具体问题具体分析"的哲学思想； 4.试验过程中，体会"理论与实践相结合"的哲学思想； 5.具备职业健康理念； 6.培养试验室"6S"管理职业素养

续表

	知识点	思政映射点
	10.防水材料 (1)防水卷材的分类; (2)防水卷材的特点及应用; (3)防水涂料的分类; (4)防水涂料的特点及应用; (5)防水卷材的撕裂强度检测方法; (6)防水涂料的干燥时间检测方法	1.观看隐蔽工程事故案例,体会质量至上的专业要求; 2.学习理论知识,培养学生绿色环保意识; 3.培养科学严谨、实事求是的工作态度
教学方法	任务驱动法、案例教学法、讲授法、讨论法、直观演示法、理实一体教学法等	
考核评价	总评成绩＝平时成绩(20%)＋过程性考核成绩(50%)＋期末考核成绩(30%) 其中: 1.平时成绩由考勤、作业成绩、课堂表现、云课堂学习进度四部分组成; 2.过程性考核成绩由在线考核(知识点理论考核)、过关考核(随机选取水泥、砂石、建筑钢材、混凝土、沥青中的任意一个试验项目操作)和MOOC成绩三部分组成; 3.期末考核成绩即为理论试卷考核成绩	
行业规范	1.《水泥细度试验:筛析法》(GB/T 1345－2005); 2.《水泥比表面积测定方法:勃氏法》(GB/T 8074－2008); 3.《水泥标准稠度用水量、凝结时间、安定性检验方法》(GB/T 1346－2011); 4.《水泥胶砂强度检验方法(ISO法)》(GB/T 17671－1999); 5.《建筑用砂》(GB/T 14684－2011); 6.《建筑用卵石、碎石》(GB/T 14685－2011); 7.《金属材料室温拉伸试验方法》(GB/T 228.2010); 8.《公路工程沥青及沥青混合料试验规程》(JTG E20－2011)	

表1-3-5 "工程力学应用"课程教学要求

课程名称	工程力学应用	学时/学分	90学时/5学分
学习目标	1.素质目标 (1)具备刻苦学习、吃苦耐劳的品德; (2)具备团队协作精神; (3)具备诚实守信的职业道德; (4)具备科学严谨的态度; (5)具备规范意识、质量意识、安全意识和环保意识。 2.知识目标 (1)理解结构的计算简图;掌握结构的受力图,对结构进行静力平衡计算; (2)掌握轴向拉压杆件横截面上的应力、材料在轴向拉压时的力学性能、强度条件、轴向拉压杆件的强度计算;轴向受压构件稳定性计算;掌握桁架结构的内力计算; (3)理解剪切、挤压实用计算; (4)理解平面弯曲概念,掌握剪力图和弯矩图;掌握梁的弯曲正应力强度计算;理解梁的变形,掌握弯曲刚度条件和刚度计算; (5)理解移动荷载作用下梁的影响线,掌握最不利荷载位置、绝对最大弯矩; (6)理解压杆稳定性概念,掌握细长受压杆件的临界力及临界应力、稳定性计算;		

续表

学习目标	(7)理解组合变形概念、掌握拉(压)与弯曲组合变形的强度计算。 3.能力目标 (1)会画结构的受力图,会进行静力平衡计算; (2)能对三角托架杆件、吊装机具钢丝绳进行力学检算; (3)对连接件中螺栓及榫接构件进行力学检算; (4)会绘制弯曲杆件的剪力图和弯矩图; (5)会对单跨静定梁进行强度检算; (6)能对简支梁进行变形检算; (7)能对钢管支柱进行稳定性分析; (8)能对牛腿柱进行强度计算; (9)能对满堂红支架进行力学检算	
	知识点	思政映射点
学习内容	1.工程力学应用基本理论 (1)结构的计算简图; (2)受力图; (3)平衡计算; (4)几何组成分析; (5)几何性质	1.通过力学知识的应用,使学生知道科学技术是第一生产力,同时鼓励学生争当大国工匠,培养学生的爱国之情; 2.通过平衡计算训练,培养学生严谨的作风、创新思维
	2.轴向拉(压)构件的力学分析 (1)轴力图; (2)轴向拉压杆强度计算; (3)材料在轴向拉压时力学性能的测定; (4)压杆的稳定性校核	1.内力引导学生能由表及里地看问题; 2.强度条件计算体现系统性思维方式; 3.压杆稳定性计算体现创新思维方式; 4.通过实验实训要求,培养劳动精神和制度意识
	3.剪切构件的力学分析 (1)剪切和挤压的概念; (2)剪切、挤压的实用计算	引入古建筑中的榫卯结构,弘扬我国优秀的传统文化和技术,培养学生的文化自信和爱国热情
	4.弯曲构件的力学分析 (1)剪力图和弯矩图的画法; (2)弯曲构件的应力分布; (3)平面弯曲梁的强度计算; (4)平面弯曲梁的刚度校核; (5)移动荷载作用下的内力计算	1.弯曲变形现象引导学生能由表及里的地看问题; 2.强度条件计算培养学生整体与局部的思考问题模式; 3.依托典型工程案例,塑造严谨认真、精益求精的专业素养; 4.引入高铁典型工程,增强学生的职业认同和行业归属感
	5.组合变形构件的力学分析 (1)斜弯曲; (2)拉压与弯曲组合	1.组合变形现象引导学生团结互助的意识; 2.了解施工临时结构,培养工程施工安全意识
教学方法	任务驱动法、案例教学法、讲授法、讨论法、直观演示法、现场教学法等	

续表

考核评价	总评成绩＝平时成绩(20%)＋过程性考核成绩(50%)＋期末考核成绩(30%) 其中： 1.平时成绩由考勤、作业成绩、笔记、云课堂表现四部分组成； 2.过程性考核成绩由工学力学基础,拉压、剪切构件的力学分析,弯曲构件的力学分析和MOOC在线测试四部分组成； 3.期末考核成绩即为理论试卷考核成绩
行业规范	1.《铁路桥涵设计规范》(TB 10002—2017)； 2.《铁路桥梁钢结构设计规范》(TB 10091—2017)

表1-3-6 "BIM技术应用"课程教学要求

课程名称	BIM技术应用		
开课学期	第2学期	学时/学分	60学时/3.5学分
学习目标	1.素质目标 (1)通过课程背景及理论知识学习,培养学生爱国主义、工匠精神、科学追求、文化自信的高尚品德； (2)通过课程实操训练,引导学生时刻要保持良好的职业精神、创新精神,诚实守信、严谨负责,以及善于应用辩证唯物思想解决问题； (3)通过课程实训环节的实施,引导学生树立大局意识,发扬吃苦耐劳、艰苦奋斗、团队协作和集体主义精神等； (4)通过"案例贯穿、翻转课堂"等教学手段,进一步提升学生实践精神、奉献精神、遵守职业规范等良好职业情操。 2.知识目标 (1)掌握BIM基础知识； (2)了解BIM相关法律法规； (3)熟悉Revit软件的操作界面； (4)熟练掌握项目文件的创建及标记； (5)熟练掌握房建BIM信息模型的创建(BIM建模基础)； (6)熟练掌握族的创建； (7)掌握体量的创建； (8)掌握桥梁桩基、桥墩、桥台、支座及梁体模型的创建； (9)熟练参数化BIM模型的创建； (10)掌握钢筋模型的创建； (11)熟悉BIM技术在信息化施工管理中的基本应用并熟练掌握BIM模型成果的输出。 3.能力目标 (1)熟练操作计算机BIM建模软件,能进行单体结构建筑物模型创建； (2)具有一定信息处理能力和数字应用能力,能进行参数化BIM模型创建； (3)具备能进行参数化BIM模型创建的能力； (4)具有主动探索和应用新知识、新技术、新工艺的能力； (5)具有分析和解决问题的能力		

续表

	知识点	思政映射点
学习内容	1.BIM的概念、标准和政策 (1)BIM的概念(我国改革开放以来的建设成就); (2)BIM相关标准及技术政策; (3)项目管理流程、协同工作知识与方法	1.学习BIM技术,感受世界科技进步的现状和我国取得的成就,增强民族自信心和自豪感; 2.了解我国BIM推广及应用情况,增强爱国情怀,强化科技是第一生产力意识; 3.我国BIM市场发展情况及在世界所处的地位,引导学生对未来职业生涯的认识和思考
	2.Revit软件安装和基本操作 (1)Revit软件安装; (2)Revit软件操作界面; (3)硬件环境设置参数化设计的概念与方法	1.强化理实一体学习实践,深悟"具体问题具体分析"和"理论与实践相结合"的哲学思想; 2.强化实训场使用要求,培养劳动精神和制度意识
	3.Revit软件的建模流程 (1)建模流程; (2)项目基准; (3)场地创建	1.劳模现身示范,领略劳模精湛技艺,感受精益求精的工匠精神; 2.具备解决复杂工程问题的能力,以适应在BIM迅速推广应用的大环境下,社会对合格工程建设人才的要求; 3.具备扎实的专业基础和专业知识创新应用能力,对接规范,严守标准,强化质量,培养学生的规范与标准意识
	4.Revit的建模操作 (1)墙体、柱子、梁构件模型创建; (2)门窗、楼地板、屋顶、楼梯构件模型创建; (3)族创建与编辑; (4)体量创建与编辑	1.熟知建模流程,养成建模工作步步有检核、精度至上的原则; 2.教学中融入新技术、新方法,培养学生具有新技术、新设备、新方法的改革和创新的思想; 3.依托典型工程案例,塑造学生求真、求精、求稳的建模工匠精神,形成严谨认真、精益求精的专业素养; 4.对接国家标准,强化建模标准学习,增强学生的职业认同和行业归属感
	5.BIM成果及应用技术 (1)构件的标记创建与编辑; (2)标注类型、标注样式的设定方法; (3)注释类型及注释样式的设定方法; (4)明细表、图纸的创建; (5)视图渲染的设置及生成; (6)模型文件管理与数据转换	1.学习我国工程技术及管理人员表现出来的专业素质、拼搏精神和创新能力; 2.能够就复杂工程问题与业界同行及社会公众进行有效沟通和交流,包括撰写报告、设计文稿、陈述发言、清晰表达和回应指令,并具备一定的国际视野,能够在跨文化背景下进行沟通和交流
教学方法	任务驱动法、案例教学法、讲授法、讨论法、直观演示法等	

续表

课程名称	BIM 技术应用
考核评价	总评成绩＝平时成绩(20％)＋过程性考核成绩(30％)＋期末考核成绩(50％) 其中： 1.平时成绩由考勤、作业成绩、MOOC 学习进度、课堂表现四部分组成； 2.过程性考核成绩由智慧树学习成绩组成； 3.期末考核成绩即为机上操作考核成绩
行业规范	1.《铁路工程信息模型统一标准》(TB/T 10183－2021)； 2.《铁路工程信息模型施工阶段实施标准》(T/CRBIM 013－2018)； 3.《高速铁路桥涵工程施工技术规程》(QCR 9603－2015)； 4.《高速铁路桥涵工程施工质量验收标准》(TB 10752－2010)

二、专业核心模块课程

专业核心模块课程的教学要求见表 1－3－7 至表 1－3－38。

表 1－3－7 "高速铁路路基施工"课程教学要求

课程名称	高速铁路路基施工	学时/学分	64 学时/3.5 学分
学习目标	1.素质目标 (1)具备良好的职业道德，爱国爱岗，热爱铁路施工工作； (2)具备团队合作精神和管理协调的能力； (3)具备吃苦耐劳、艰苦奋斗、乐于奉献、拼搏争先精神； (4)具备处置路基施工作业中紧急突发状况的能力； (5)具备遵守技术人员工作纪律，严格执行相关规范标准、职业道德的素养。 2.知识目标 (1)掌握铁路路基施工所需要的基本理论；了解高铁路基工程常用机械、设备性能及选用方法； (2)掌握常见地形下的路堑的开挖方法及土石方调配的原则和方法； (3)掌握常见地形下的路基的填筑方法，能初步完成机械填筑方案，会分析、比较不同的填筑方案的优缺点； (4)掌握路基过渡段的施工初步设计，能编制施工方案，合理地组织、指导施工； (5)掌握路基沉降监测、路基养护维修的基本知识和技能。 3.能力目标 (1)能阅读、校核施工图纸； (2)能进行铁路路基施工测量、竣工测量； (3)能运用专业软件进行土石方调配及检算； (4)能选用适合路基工程的工程机械，会编写初步的施工方案，会指导路堤填筑、路堑开挖施工； (5)能编制路堑开挖、路堤填筑、过渡段等工程的施工方案、指导施工			
学习内容	知识点		思政映射点	
	1.高速铁路线路要览 (1)铁路等级划分及铁路线路组成； (2)铁路平面设计； (3)铁路纵面设计； (4)铁路平纵断面识图		1.学习高速铁路路基施工的变化，感受我国高铁的发展历史； 2.了解铁路线路平纵断面的设计，感受铁路线路设计的壮观	

续表

	知识点	思政映射点
学习内容	2.路基主体施工 (1)路基施工概述; (2)路基土石方调配; (3)土方机械化施工; (4)特殊环境施工之季节性施工; (5)软土地基施工	1.讲解铁路路基施工机械品牌的变化,由绝大部分的进口变成绝大部分的国产品牌,感受中国力量; 2.强化理实一体学习实践,深悟"具体问题具体分析"和"理论与实践相结合"的哲学思想; 3.应用工程施工验收规范,理解"步步检核"的职业规范,具有规范与标准意识; 4.强化实训场使用要求,培养劳动精神和制度意识
	3.路基附属工程施工 (1)路基防排水; (2)路基防护; (3)路基加固	1.劳模现身示范,领略劳模精湛技艺,感受精益求精的工匠精神; 2.对接规范,严守标准,强化质量,培养学生的规范与标准意识
	4.路基检测与维护 (1)动力触探试验; (2)Evd 平板荷载试验; (3)Ev2 平板荷载试验; (4)灌砂法; (5)裂缝宽度检测	1.学习路基检测知识,体验检测仪器由进口优先变为国产优先,培养爱国热情和民族自豪感,树立科技兴国、学习强国的理想和信念; 2.熟知各种试验流程,养成精确试验、规范为尺的原则; 3.教学中融入新技术、新方法,培养具有新技术、新设备、新方法的改革和创新的思想; 4.依托典型工程案例,塑造学生求真、求精、求稳的测绘工匠精神,形成严谨认真、精益求精的专业素养; 5.对接国家标准,强化测量规范学习,增强学生的职业认同和行业归属感; 6.技能大师现场教学,体会劳模精神,感受榜样力量
教学方法	任务驱动法、案例教学法、讲授法、讨论法、直观演示法、现场教学法等	
考核评价	总评成绩＝平时成绩(20%)＋过程性考核成绩(30%)＋期末考核成绩(50%) 其中: 1.平时成绩由考勤、作业成绩、云课堂学习进度、课堂表现四部分组成; 2.过程性考核成绩由制作特殊地质条件下路基施工 PPT 汇报、软基处理和附属施工在线测试三部分组成; 3.期末考核成绩即为理论试卷考核成绩	
行业规范	1.《高速铁路路基工程施工质量验收标准》(TB 10751—2018); 2.《铁路工程土工试验规程》(TB 10102—2010); 3.《高速铁路路基工程施工技术规程》(Q/CR 9602—2015)	

表 1-3-8 "高速铁路轨道施工"课程教学要求

学习目标	1.素质目标 (1)具有吃苦耐劳、甘于奉献的品质； (2)具有良好的人际交流和沟通能力； (3)具有良好的团队合作能力； (4)具有一定的组织协调能力； (5)具有良好职业道德、敬业精神； (6)具有严谨的工作态度、良好的心理承受能力和抗挫折能力。 2.知识目标 (1)掌握有砟轨道、双块式无砟轨道、板式无砟轨道的结构组成，清楚不同类型轨道结构施工准备、铺设施工等施工工艺； (2)掌握跨区间无缝线路施工过程； (3)掌握无砟轨道施工精调和长钢轨精调方法。 3.能力目标 (1)具备应用所学知识进行高速铁路轨道识图的能力； (2)具备高速铁路轨道结构施工组织能力； (3)具备高速铁路轨道施工质量控制和管理能力； (4)具备轨道精调设备熟练使用能力； (5)具备利用相关BIM软件建模能力	
学习内容	知识点	思政映射点
学习内容	1.有砟轨道结构认知 (1)高速铁路的发展概述； (2)有砟轨道结构	1.认识中国高铁发展历程，增强学生民族自豪感； 2.学习有砟轨道结构的规范性，提高学生养成铁路行业的标准化作业习惯
学习内容	2.无砟轨道结构及施工 (1)CRTSⅠ型双块式无砟轨道结构及铺设施工； (2)CRTSⅡ型板式无砟轨道结构及铺设施工； (3)CRTSⅢ型板式无砟轨道结构及铺设施工； (4)弹性支承块式无砟轨道铺设及施工	1.通过学习无砟轨道结构，了解中国高铁速度的保障，提升职业自豪感； 2.通过学习CRTSⅢ型板式无砟轨道施工工艺，以高铁标准严格要求自己； 3.学习各类无砟轨道施工过程中的精调，体现高铁精度； 4.体验施工工艺智能化，明确智慧高铁的体现； 5.学习施工过程，深入体会工匠精神
学习内容	3.道岔及其他结构施工 (1)高速道岔结构铺设及施工； (2)跨区间无缝线路铺设及施工； (3)其他无砟轨道铺设及施工	1.引入实际案例，明确高速道岔施工的重要性； 2.学习无缝线路铺设方法，体会高铁维护工作的重要性
教学方法	讲授法、讨论法、任务驱动法、参观教学法、现场教学法、案例教学法	
考核评价	课程平时成绩占20%,过程性考核占30%,终结性考核占50%	
行业规范	1.《高速铁路轨道工程施工技术指南》(铁建设〔2010〕241号)； 2.《有砟轨道铁路铺砟整道施工作业指南》(铁建设〔2009〕141号)； 3.《高速铁路轨道工程施工质量验收标准》(TB 10754—2010)	

表 1-3-9 "高速铁路隧道施工"课程教学要求

课程名称	高速铁路隧道施工	学时/学分	56 学时/3 学分
学习目标	\multicolumn{3}{l|}{1.素质目标 (1)具备良好的沟通与表达的能力; (2)具备吃苦耐劳的精神; (3)具备较强的责任心与良好职业道德; (4)具备团队组织与协调能力。 2.知识目标 (1)熟悉隧道施工图纸,掌握隧道的构造; (2)掌握隧道围岩分级基本方法,熟悉围岩的特性; (3)掌握隧道各种开挖方法工序流程及其选择; (4)掌握特殊地质地段隧道施工原则,熟悉黄土、溶洞、膨胀岩和瓦斯地区的施工方法和支护措施,了解其他特殊地质隧道施工要点; (5)了解 TBM 掘进机选型的要求,熟悉 TBM 掘进机的工作原理,掌握 TBM 掘进机的施工工艺流程。 3.能力目标 (1)能辨别围岩级别; (2)能进行隧道断面放样、中线和高程测量; (3)能拟定施工方案; (4)能进行开挖断面的检查; (5)能选配施工机械设备; (6)能编制开挖作业指导书; (7)能组织隧道装渣运输; (8)能编制隧道支护作业指导书; (9)能进行支护质量检查}		
学习内容	\multicolumn{3}{l|}{}		

学习内容	知识点	思政映射点	
	1.隧道结构物; 2.隧道的施工准备工作; 3.隧道施工方法; 4.隧道的开挖; 5.隧道的装渣运输; 6.隧道的支护工程施工; 7.隧道防排水工程施工; 8.辅助坑道的施工; 9.特殊地质地段隧道施工; 10.TBM 掘进机的施工	1.隧道结构:隧道建筑之美; 2.国内知名隧道案例:大国工匠; 3.隧道施工过程:铁路人吃苦耐劳的精神; 4.隧道防排水工程:防患于未然; 5.特殊地质:重点问题特殊处理,理论与实践相结合; 6.盾构机:大国重器,中国基建的背后有无数铁路隧道人默默的奉献; 7.新技术的发展:创新意识的重要性	
教学方法	案例教学法、行动导向教学法、角色扮演法、虚拟仿真教学法、讲授法		
考核评价	总评成绩=平时成绩(20%)+过程性考核成绩(30%)+终结性考核成绩(50%)		
行业规范	1.《高速铁路隧道施工技术指南》(铁建设〔2010〕24 号); 2.《高速铁路隧道工程施工质量验收标准》(TB 10753—2010); 3.《铁路隧道防排水工程施工》(TZ 331—2009)		

表 1-3-10 "高速铁路桥涵施工"课程教学要求

课程名称	高速铁路桥涵施工	学时/学分	96学时/5.0学分
学习目标	1.素质目标 (1)具有吃苦耐劳、甘于奉献的品质,具有良好的人际交流和沟通能力; (2)具有良好的团队合作能力,具有一定的组织协调能力; (3)具有良好的职业道德、敬业精神,具有严谨的工作态度; (4)具有良好的心理承受能力和抗挫折能力。 2.知识目标 (1)掌握高速铁路桥梁组成及其分类; (2)了解高速铁路桥梁施工准备和明挖基础施工; (3)掌握桩基础的施工工艺; (4)了解沉井基础的构造与施工; (5)掌握桥墩台构造与施工、预应力混凝土简支箱梁施工、预应力混凝土简支梁桥位制梁和连续梁(刚构)桥施工; (6)了解拱桥、钢桥、涵洞施工技术。 3.能力目标 (1)具备应用所学知识进行高速铁路桥梁下部结构施工的能力; (2)具备应用所学知识进行高速铁路桥梁上部结构施工的能力; (3)具备高速铁路桥梁施工管理能力; (4)具备读图和利用计算机绘图能力; (5)具备利用相关BIM软件建模能力		
学习内容	知识点		思政映射点
	1.高速铁路的发展概述 (1)我国高速铁路发展现状; (2)世界高速铁路发展现状; (3)我国桥梁的发展现状; (4)桥梁在高铁中的地位		1.学习我国高速铁路发展,感受我国高铁魅力,增强民族自信心和自豪感; 2.了解我国桥梁发展史,增强爱国情怀
	2.高速铁路桥涵施工准备和施工测量 (1)施工调查和技术准备; (2)施工测量准备		1.观看高速铁路桥梁施工视频,培养科学严谨、实事求是的工作态度; 2.强化理实一体学习实践,深悟"具体问题具体分析"和"理论与实践相结合"的哲学思想
	3.高速铁路桥涵基础施工 (1)明挖基础施工; (2)桩基础施工; (3)沉井基础施工		1.了解我国基础施工发展历程,体会国家基建科技发展力量; 2.对接规范,严守标准,强化质量,培养学生的规范与标准意识; 3.强化基础施工规范要求,培养劳动精神和制度意识
	4.高速铁路墩台施工 (1)桥墩施工; (2)桥台施工		1.通过观看《超级工程Ⅱ》中我国超大桥梁墩台施工片段,培养爱国热情和民族自豪感,树立科技兴国、学习强国的理想和信念; 2.熟知桥梁墩台施工流程,培养精益求精的精神; 3.教学中融入新技术、新方法,培养具有新技术、新设备、新方法的改革和创新的思想; 4.依托典型工程案例,塑造学生求真、求精、求稳的桥梁建造工匠精神,形成严谨认真、精益求精的专业素养; 5.对接国家标准,强化测量规范学习,增强学生的职业认同和行业归属感; 6.技能大师现场教学,体会劳模精神,感受榜样力量

续表

	知识点	思政映射点
学习内容	5.高速铁路简支梁桥施工 (1)简支箱梁制梁技术； (2)简支T梁制梁技术； (3)简支梁运架技术	1.培养制梁工作中把握全局，注重细节，步步校核，精益求精的职业素养； 2.了解施工规范，培养工程施工安全意识； 3.学习典型工程案例，体会逢山开路、遇水架桥的开拓精神； 4.劳模现身示范，领略劳模精湛技艺，感受精益求精的工匠精神
	6.高速铁路连续梁桥施工 (1)连续梁施工技术； (2)连续钢构梁桥施工技术	1.培养现浇梁工作中把握全局，注重细节，步步校核，精益求精的职业素养； 2.了解施工规范，培养工程施工安全意识； 3.学习典型工程案例，体会逢山开路、遇水架桥的开拓精神； 4.应用桥梁监控技术，理解"动态监测"职业意识
	7.高速铁路其他桥梁与涵洞施工 (1)拱桥施工技术； (2)钢桥施工技术； (3)涵洞施工技术	1.通过新技术新工艺的学习，培养学生的创新意识； 2.通过积极的实操，培养学生的开拓精神
教学方法	讲授法、讨论法、任务驱动法、参观教学法、现场教学法、案例教学法	
考核评价	总评成绩＝平时成绩(20％)+过程性考核成绩(30％)+期末考核成绩(50％) 其中： 1.平时成绩由考勤、作业成绩、MOOC学习进度、课堂表现四部分组成； 2.过程性考核成绩由基础施工、墩台施工、上部结构施工和MOOC在线测试四部分组成； 3.期末考核成绩即为理论试卷考核成绩	

表1-3-11 "高速铁路工程施工组织设计"课程教学要求

课程名称	高速铁路工程施工组织设计	学时/学分	64学时/3.5学分
学习目标	1.素质目标 (1)具备良好的职业道德，爱国爱岗，热爱本职工作； (2)具备团队合作精神和管理协调的能力； (3)具备吃苦耐劳、艰苦奋斗、乐于奉献、拼搏争先精神； (4)具备处置施工过程中紧急突发状况的能力； (5)具备遵守施工技术人员工作纪律，严格执行施工技术规范、建筑工程职业道德的素养。 2.知识目标 (1)了解铁路工程项目的概念、特点、系统构成、生命周期； (2)掌握工程项目施工准备的主要内容，掌握审核施工图纸的一般程序和方法，掌握编制施工调查报告和开工报告的编制方法； (3)掌握施工组织设计的概念、分类、文本构成及编制原则、依据与程序； (4)掌握施工方案的主要内容和编制方法； (5)掌握施工进度计划的编制程序，流水施工的组织方法，横道计划、网络计划的编制方法及施工进度计划的调整与优化； (6)掌握劳动力、材料、机械设备等生产资源的配置方法； (7)掌握施工现场平面布置的原则、主要内容、方法；		

续表

学习目标	（8）掌握施工质量、进度、安全控制的一般方法。 3.能力目标 (1)能够科学、合理地制定出高速铁路路基与轨道、桥梁、隧道等工程的施工方案，并对施工过程中的质量、进度、安全实施动态控制； (2)具备与高速铁路工程施工相关的技术指导与施工操作、施工组织与现场管理等基本能力； (3)培养学生通过各种媒体、资源获取所需信息，自主学习新知识、新技术的能力； (4)能够独立解决施工过程中出现的实际问题，并具备一定的创新思维

	知识点	思政映射点
学习内容	1.工程项目施工准备 (1)铁路工程项目相关知识； (2)施工调查； (3)技术准备； (4)劳动组织准备、物资准备	1.学习高速铁路发展里程，增强民族自信心和自豪感； 2.了解高速铁路技术标准、施工规范要求，强化工作标准意识； 3.培养学生"工欲善其事必先利其器""上下同欲者胜"的职业素养
	2.施工方案制订 (1)施工方案的技术方面、组织方面； (2)技术、组织措施设计； (3)施工方案制订案例分析	1.强化理实一体学习实践，深悟"具体问题具体分析"和"理论与实践相结合"的哲学思想； 2.应用高速铁路施工规范，理解"步步检核"的职业规范，具有规范与标准意识； 3.强化施工方案制订原则及注意事项，培养劳动精神和制度意识； 4.教学中融入新技术、新方法，培养具有新技术、新设备、新方法的改革和创新的思想
	3.施工进度计划编制 (1)施工进度计划编制依据、程序； (2)施工横道图编制； (3)施工网络图编制； (4)施工进度计划的调整与优化	1.真实案例贯穿，启发学生探究中国速度背后的专业知识，激发学习热情； 2.了解庞大工程如何精准、保质保量地完成施工，体会科学管理的力量； 3.对接规范，严守标准，强化质量，培养学生的规范与标准意识
	4.资源配置与施工平面布置 (1)生产资源供应计划编制； (2)施工场地平面图设计	1.编制生产资源供应计划，使学生明白"工欲善其事必先利其器""上下同欲者胜"的职业素养； 2.熟知施工场地布置方法，养成科学管理、精益求精的原则； 3.依托典型工程案例，塑造学生求真、求精、求稳的高铁工匠精神，形成严谨认真、精益求精的专业素养
	5.高速铁路施工管理实务 (1)施工质量管理； (2)施工进度管理； (3)施工安全管理	1.了解施工规范，培养工程施工质量、进度、安全意识； 2.学习典型工程案例，在教中育人、学中立德，让学生体会"科学管理也是第一生产力"的理念

教学方法	任务驱动法、案例教学法、讲授法、讨论法、现场教学法等

续表

考核评价	总评成绩＝平时成绩(20％)＋过程性考核成绩(50％)＋期末考核成绩(30％) 其中： 1.平时成绩由考勤、作业成绩、在线课程学习进度、课堂表现四部分组成； 2.过程性考核成绩由施工资源配置、施工方案的选择、施工进度计划安排和在线测试四部分组成； 3.期末考核成绩即为理论试卷考核成绩
行业规范	1.《铁路基本建设工程设计概(预)算编制办法》(TZJ 1001－2017)； 2.《铁路工程工程量清单规范》(TZJ 1006－2020)； 3.《铁路工程施工组织设计规范》(Q/CR 9004－2018)

表 1－3－12 "高速铁路工程概预算"课程教学要求

课程名称	高速铁路工程概预算	学时/学分	64 学时/3.5 学分
学习目标	1.素质目标 (1)具有敬业精神、责任意识和诚信品质等良好的职业道德； (2)具备团队合作精神和管理协调的能力； (3)具备吃苦耐劳、艰苦奋斗、乐于奉献、拼搏争先精神； (4)遵守国家法律法规和政策，遵守国家法律行业规范、法规。 2.知识目标 (1)了解铁路工程概预算的费用组成、计算方法和步骤； (2)掌握铁路预算定额应用的规则； (3)掌握高速铁路路基工程、轨道工程、隧道工程、桥涵工程概预算编制； (4)能按图纸计算清单工程量并计价； (5)掌握投标报价的编制程序和方法； (6)熟练使用造价软件完成工程概预算、标底、投标报价的编制 3.能力目标 (1)能按照施工图纸计算工程量(定额工程量及清单工程量)； (2)能根据新工艺、新材料、新施工方法编制补充定额； (3)能按照施工图纸、招标文件编制投标报价； (4)能利用相关软件编制工程造价		
学习内容	知识点	思政映射点	
	1.高速铁路工程概预算概述 (1)投资建设工作的分类与组成； (2)投资测算体系； (3)定额概述； (4)铁路预算定额组成及使用	1.学习投资建设工作的分类与组成，增加学生对工程概预算的了解，增强学生工程造价行业的学习兴趣； 2.了解工程定额作用，强化工程概预算工作"定额"意识	
	2.铁路工程概预算的费用组成及计算方法 (1)铁路工程费用组成； (2)人工、材料、机械数量统计； (3)人工、材料、机械单价的计算； (4)直接费、间接费、税金的计算； (5)建筑工程费计算程序	1.了解工程造价师基本要求，培养科学严谨、实事求是的工作态度，感悟工程造价精益求精的"精准"精神； 2.强化理实一体学习实践，深悟"具体问题具体分析"和"理论与实践相结合"的哲学思想； 3.应用铁路工程预算定额，理解"定额"的职业规范，具有规范与标准意识； 4.强化基本计算能力，感悟"差之毫厘、谬以千里"造价精准意识	

续表

	知识点	思政映射点
学习内容	3.铁路工程投资控制系统预算软件应用 (1)软件使用方法; (2)项目划分; (3)费率选择; (4)定额值换算; (5)计算程序	1.学习铁路工程投资控制系统预算软件,培养学生团结协作,互相帮助,具有团队精神; 2.依托典型工程案例,塑造学生求真、求精、求稳的大国工匠精神,形成严谨认真、精益求精的专业素养; 3.对接法律、规范标准,强化工程造价精准计算,增强学生的职业认同和行业归属感
	4.高速铁路工程投标报价 (1)投标报价的编制程序; (2)投标报价的编制方法和技巧; (3)投标报价注意事项; (4)投标报价说明书的编制	1.培养投标工作中把握全局、注重细节、步步为营、精益求精的职业素养; 2.了解招投标法,培养招投标法律意识; 3.学习典型工程案例,体会"差之毫厘、谬以千里"的精准意识; 4.通过案例教学,培养学生"志存高远、敢想敢干、脚踏实地、循序渐进"的行业精神
教学方法	任务驱动法、案例教学法、讲授法、讨论法、现场教学法等	
考核评价	总评成绩＝平时成绩(20％)＋过程性考核成绩(50％)＋期末考核成绩(30％) 其中: 1.平时成绩由考勤、作业成绩、在线课程学习进度、课堂表现四部分组成; 2.过程性考核成绩由工程量计算、投标报价编写和在线测试三部分组成; 3.期末考核成绩即为理论试卷考核成绩	
行业规范	1.《铁路工程预算定额》(TZJ 2000—2017); 2.《铁路基本建设工程设计概(预)算编制办法》(TZJ 1001—2017); 3.《铁路工程工程量清单规范》(TZJ 1006—2020); 4.《铁路工程施工组织设计规范》(Q/CR 9004—2018)	

表 1-3-13 "高铁线路养护维修"课程教学要求

课程名称	高铁线路养护维修	学时/学分	64学时/3.5学分
学习目标	1.素质目标 (1)具备独立思考、独立工作的能力; (2)具备安全第一、规范操作的职业素养; (3)具备良好的职业道德和敬业精神; (4)具备严谨的工作态度和良好的心理素质; (5)具备较强的吃苦耐劳、创新精神。 2.知识目标 (1)熟悉高速铁路轨道的组成、功能; (2)熟悉高速铁路作业安全防护知识; (3)掌握高速铁路轨道静态检查的方法; (4)掌握高速铁路钢轨和扣件安装的方法; (5)掌握高速铁路线路主要养护维修作业方法;		

续表

学习目标	(6)掌握高速铁路道岔养护维修作业方法； (7)掌握无砟轨道道床修理的知识和方法。 3.能力目标 (1)具备高速铁路养护维修现场安全防护的能力； (2)具备高速铁路现场静态检查和动态检查病害分析的能力； (3)具备高速铁路钢轨养护维修和扣件调整更换的能力； (4)具备高速铁路起拨改等常规单项作业的能力； (5)具备高速铁路道岔检查和养护维修的的能力； (6)具备高速铁路无砟轨道道床维修的能力	
学习内容	知识点	思政映射点
	1.高速铁路轨道基本知识 (1)高铁钢轨； (2)钢轨扣件； (3)高铁道岔； (4)高铁道床	1.学习中国高铁技术——中国名片,世界一流； 2.掌握高铁的构造,增强爱国情怀,强化高铁养护工作标准意识
	2.高速铁路轨道检查 (1)使用轨检小车检查； (2)轨检车检查数据分析； (3)钢轨检查	1.强化理实一体学习实践,深悟"具体问题具体分析"和"理论与实践相结合"的哲学思想； 2.强化高铁养护维修精益求精、细致入微的工匠精神； 3.强化高铁实训工区的使用要求,培养劳动精神和制度意识
	3.高速铁路钢轨养护维修 (1)钢轨病害的检查和分析； (2)钢轨的锯断和焊接作业； (3)钢轨的更换	1.技术能手或大师现身示范,领略劳模精湛技艺,感受精益求精的工匠精神； 2.了解国产高铁仪器设备发展的历程,体会国家科技发展力量； 3.对接规范,严守标准,强化质量,培养学生的规范与标准意识
	4.高速铁路扣件作业 (1)认识不同类型的高铁扣件； (2)扣件伤损的分析和判别； (3)更换伤损扣件	1.了解高铁设备国产化,培养学生爱国主义精神,增强学生爱国热情和民族自豪感,树立科技兴国、学习强国的理想和信念； 2.教学中融入新技术、新方法,培养具有新技术、新设备、新方法的改革和创新的思想； 3.对接国家标准,增强学生的职业认同感和行业归属感
	5.高速铁路线路主要作业 (1)轨道几何形位的精测精调； (2)线路的起拨改作业	1.向大国工匠、行业劳模学习,培养高铁养护维修工作中把握全局、注重细节、步步准确、精益求精的职业素养； 2.了解工务养护维修作业规范,增强学生的职业认同感和行业归属感
	6.高速铁路道岔养护维修作业 (1)高铁道岔的检查； (2)高铁道岔病害分析； (3)高铁道岔病害整治	1.培养高铁道岔检查工作中把握全局、注重细节、步步校核、精益求精的职业素养； 2.掌握高铁道岔病害整治作业规则和规范,培养工务作业安全意识

续表

	知识点	思政映射点
学习内容	7.无砟轨道道床养护维修作业 (1)无砟轨道道床病害分析； (2)无砟轨道道床病害整治	1.强化理实一体学习实践，深悟"具体问题具体分析"和"理论与实践相结合"的哲学思想； 2.应用高铁工务作业规范，具有规范与标准意识； 3.强化高铁实训工区使用要求，培养劳动精神和制度意识
	8.高铁工务安全 (1)行车安全； (2)人身安全； (3)设备安全	1.掌握高铁工务安全规则，培养工务作业安全意识； 2.学习典型事故案例，使铁路安全无小事的警钟长鸣，增强安全意识
教学方法	任务驱动法、案例教学法、讲授法、讨论法、直观演示法、现场教学法等	
考核评价	总评成绩＝平时成绩(20%)＋过程性考核成绩(50%)＋期末考核成绩(30%)	
行业规范	1.《铁路技术管理规程》(高速铁路部分)2016版(2017年修订)； 2.《高速铁路无砟轨道线路维修规则》(试行)铁运〔2012〕83号； 3.《高速铁路工务安全规则》(试行)铁总运〔2014〕170号； 4.《高速铁路轨道工程施工质量验收标准》(TB 10754—2018)	

表1-3-14 "高铁桥隧养护维修"课程教学要求

课程名称	高铁桥隧养护维修	学时/学分	64学时/3.5学分
学习目标	1.素质目标 (1)培养学生吃苦奉献、拼搏争先的良好品质； (2)培养学生认真负责的工作态度。 2.知识目标 (1)掌握桥隧维修与养护的基本知识； (2)掌握桥梁病害的检测、桥梁各部分结构的养护知识； (3)掌握涵洞和隧道的常见病害识别以及病害治理方法； (4)熟悉桥隧建筑的标准和桥隧建筑物维修与养护的验收标准。 3.能力目标 (1)具备检测桥梁病害的能力； (2)具备桥梁各部分结构养护与维修的能力； (3)具备识别涵洞和隧道病害、涵洞和隧道养护与维修的能力		

	知识点	思政映射点
学习内容	1.桥隧维修与养护的基本知识 (1)桥梁的分类； (2)常见铁路桥梁的组成； (3)铁路养护基本知识	1.学习中国桥梁的发展和近年来取得的成就，感受我国悠久历史，增强民族自信心和自豪感； 2.学习桥梁和隧道维修养护的基本理论、基本方法和基本内容，全面提高知识水平，从宏观上把握桥隧的养护维修知识点

续表

	知识点	思政映射点
学习内容	2.桥梁病害检测维修与养护 (1)桥梁材料性能的检测； (2)桥梁的检查； (3)桥梁上部结构的维修； (4)桥梁支座的维修； (5)桥梁下部结构的维修； (6)桥梁的养护	1.观看铁路桥梁检测的视频,培养科学严谨、实事求是的工作态度,感悟测绘精神； 2.应用铁路桥梁维修规范、铁路桥梁维修的职业规范,具有规范与标准意识； 3.强化实训场使用要求,培养劳动精神和制度意识
	3.涵洞的维修与养护 (1)涵洞的结构组成及分类； (2)涵洞的常见病害维修与养护	1.了解涵洞在铁路中的作用,学习青藏铁路设置动物通道,人与自然和谐相处的案例； 2.对接规范,严守标准,强化质量,培养学生的规范与标准意识
	4.隧道的维修与养护 (1)常见的隧道病害； (2)隧道的常见病害维修与养护	1.学习中国隧道建设的辉煌成就,培养爱国热情和民族自豪感；熟知常见的铁路隧道病害检查的方法； 2.教学中融入新技术、新方法,培养具有新技术、新设备、新方法的改革和创新的思想； 3.依托典型工程案例,塑造学生求真、求精、求稳的新时代高铁铁路桥隧工的精神,形成严谨认真、精益求精的专业素养； 4.增强学生的职业认同感和行业归属感
	5.桥隧维修与养护的标准 (1)铁路桥梁养护维修验收标准； (2)铁路涵洞养护维修验收标准； (3)铁路隧道养护维修验收标准	1.了解养护维修作业规范,培养高铁桥隧养护维修安全意识； 2.学习典型工程案例,体会新时代高铁养护维修精益求精的精神
教学方法	任务驱动法、案例教学法、讲授法、讨论法、直观演示法、现场教学法等	
考核评价	总评成绩＝平时成绩(20%)＋过程性考核成绩(50%)＋期末考核成绩(30%)	
行业规范	1.《高速铁路桥涵工程施工质量验收标准》(TB 10752－2018)； 2.《铁路技术管理规程》(高速铁路部分)2014年； 3.《高速铁路路基修理规则》(TG/GW 120－2015)； 4.《高速铁路隧道工程施工质量验收标准》(TB 10753－2018)	

表1-3-15 "线桥隧施工测量"课程教学要求

课程名称	线桥隧施工测量	学时/学分	64学时/3.5学分
学习目标	1.素质目标 (1)具备爱国情怀、爱党思想； (2)具备积极向上正能力,弘扬社会主义核心价值观； (3)具备求真务实、精益求精的工匠精神； (4)具备吃苦耐劳、艰苦奋斗的优秀品质。		

续表

学习目标	2.知识目标 (1)掌握施工测量的基本方法和相关测量技术; (2)掌握线路、桥梁隧道工程施工放样的理论知识; (3)掌握放样数据计算及施工放样的方法。 3.能力目标 (1)能熟练使用水准仪、全站仪、GNSS接收机; (2)能计算线路中边桩坐标; (3)能计算桥梁钻孔桩坐标; (4)能计算隧道内构筑物定位坐标; (5)能利用测量设备进行点位放样

	知识点	思政映射点
学习内容	1.施工测量的基本工作 (1)已知距离测设; (2)已知角度测设; (3)已知点的平面位置测设; (4)已知高程测设	1.理解"纸上得来终觉浅,绝知此事要躬行"的道理,扎实掌握施工测量基本功; 2.能根据具体情况选择合适的测设方法; 3.在测设过程中培养精益求精的工匠精神
	2.线路施工测量 (1)中国高速铁路由基础建设到"中国制造",再到"走出去"的发展历程; (2)线路控制网的测量、复测及加密; (3)纵横断面测量; (4)标准曲线中边桩坐标计算及放样; (5)非标准曲线中边桩坐标计算及放样; (6)线路超高及边桩计算测设; (7)竖曲线计算; (8)工程应用软件操作	1.了解中国高速铁路为我国基础建设带来的机遇与发展; 2.理解测量过程中的大局意识,全局把握,注重细节,步步校核,精益求精,培养职业素养; 3.具备工程施工安全意识; 4.形成精益求精的理念; 5.锻炼团队协作的能力
	3.桥梁施工测量 (1)大型工程"港珠澳大桥"简介; (2)桥梁独立控制网的测设; (3)桥梁细部结构的坐标计算及放样; (4)案例分析与学习	1.体会逢山开路、遇水架桥的奋斗精神; 2.感受我国综合国力,培养自主创新能力; 3.了解港珠澳大桥不仅代表了中国桥梁先进水平,更是"一国两制"下粤港澳密切合作的重大成果; 4.牢记测绘使命,永葆家国情怀; 5.了解桥梁发展变迁及现代桥梁的建设过程,树立职业自信和价值自信
	4.隧道施工测量 (1)隧道控制测量; (2)隧道断面测量; (3)断面及结构放样; (4)隧道竣工测量	1.使学生了解"云连北斗,隧贯山河"的中国力量,树立民族自信、价值自信和职业自信; 2.进一步养成认真负责、精益求精的工匠精神

教学方法	线上线下混合式教学法、案例法、任务驱动法、小组讨论法、角色扮演法

续表

考核评价	总评成绩＝平时成绩(30％)＋过程性考核(70％) 其中： 1.平时成绩包括日常行为、敬业精神、团结协作、文明法治、服务意识、诚信意识、安全意识等。 2.过程性考核主要考核测量实践操作能力、识图能力、计算推演能力、理论综合能力
行业规范	1.《工程测量标准》(GB 50026—2020)； 2.《全球定位系统(GPS)测量规范》(GB/T 18341—2016)； 3.《铁路工程测量规范》(TB 10101—2018)； 4.《高速铁路工程测量规范》(TB 10601—2009)

表1-3-16　"高速铁路精密测量"课程教学要求

课程名称	高速铁路精密测量	学时/学分	60学时/3.5学分
学习目标	\multicolumn{3}{l	}{1.素质目标 (1)具备合作精神和管理协调的能力； (2)具备能使用和判断肢体语言的能力； (3)具备吃苦耐劳、艰苦奋斗、拼搏争先精神； (4)具备应对紧急突发状况的能力； (5)具备遵守测量人员工作纪律，严格执行测量工作的技术规范、测绘职业道德的素养。 2.知识目标 (1)熟悉CP0、CPⅠ、CPⅡ控制网的布设、观测方法； (2)掌握CPⅢ控制网建立、外业观测和数据处理方法； (3)掌握线路中桥梁墩台中心、轨道板特征点坐标计算方法； (4)掌握高铁变形监测技术设计、外业观测及数据处理方法； (5)掌握无砟轨道板粗调、精调的方法； (6)掌握轨道精调的测量、调整方法； (7)掌握高速铁路施工测量成果资料的整理、分析、评估方法； (8)掌握高速铁路竣工测量方法。 3.能力目标 (1)具备理解规范、标准的能力； (2)具备野外数据获取、观测数据检查、成果复核和判断的能力； (3)具备制订、实施工作计划的能力； (4)具备使用通讯等辅助工具的能力； (5)能进行CPⅠ、CPⅡ控制网外业观测及数据处理； (6)能够进行CPⅢ点位测量及数据处理； (7)能进行高铁构筑物变形监测技术设计、外业观测及数据处理； (8)能够计算线路中线坐标； (9)能进行轨道板粗调、精调测量； (10)能进行无砟轨道粗调、精调测量； (11)能进行高速铁路施工测量成果资料的整理、分析和评估； (12)能进行高速铁路竣工测量、运营及养护维修测量}

续表

	知识点	思政映射点
学习内容	1.平面控制测量 (1)"三网合一"的理论与实施； (2)CP0、CPⅠ、CPⅡ及导线网复测，并进行CPⅢ平面控制测量	1.中国铁路发展史：劳动人民的创造性； 2.高速铁路测绘：爱国情怀、测绘行业标准
	2.高程控制测量 (1)线路水准基点测量； (2)CPⅢ高程测量； (3)三角高程测量	1.学习强国珠峰测量之水准测量推文：科学严谨、实事求是的工作态度； 2."具体问题具体分析"的哲学思想； 3.仪器操作与使用规范； 4."理论与实践相结合"的哲学思想； 5."1975年珠峰测量纪实"视频：测绘精神； 6.高速铁路工程测量规范："步步检核"的职业规范，规范与标准意识； 7.实训场使用要求：劳动精神； 8.实践任务：敢于探索、积极实践的工匠精神
	3.线路中心坐标计算 (1)桥梁墩台中心坐标计算； (2)轨道板坐标计算	1.科学严谨、认真细心； 2.规范计算，认真研读设计资料； 3.高速铁路工程测量规范：规范与标准意识
	4.构筑变形监测 (1)路基变形监测； (2)桥涵变形监测； (3)隧道变形监测	1.国内外因建筑物变形引发的事故分析，得出变形监测的必要性，提出变形监测高精度的要求； 2.变形监测过程中做到一丝不苟，数据处理严谨规范，认真细心分析数据； 3.国内大型隧道的开挖，在变形监测过程中使用的监测仪器：看到国家测绘科学技术水平的发展，引发学生的自豪感和使命感
	5.轨道施工测量 (1)加密基标(GRP)测量； (2)轨道板精调； (3)轨道精调	1.国产高精度全站仪测距介绍视频：国产仪器全面发展，国家科技大力推进； 2.安全生产的职业要求：安全意识、职业素养； 3.企业导师：劳模精神、榜样力量
	6.竣工测量 (1)线上竣工测量； (2)线下工程建筑及线路设备竣工测量； (3)线路竣工图及铁路用地界测量	1.竣工资料是工程施工结束后的第一手资料，要保证准确性和可靠性，要求有诚信精神和测绘精神； 2.竣工测量包含内容种类繁多，要求学生细心、认真完成好工作，培养科学严谨的工作态度
教学方法	任务驱动法、案例教学法、讲授法、讨论法、直观演示法、现场教学法等	
考核评价	总评成绩＝平时成绩(30%)＋过程性考核成绩(70%) 其中： 1.平时成绩由考勤、作业成绩、职教云学习进度、课堂表现四部分组成； 2.过程性考核成绩由矩形法CPⅢ高程测量、高速铁路坐标计算和自由设站底座板放样三部分组成	
行业规范	1.《工程测量标准》(GB 50026—2020)； 2.《全球定位系统(GPS)测量规范》(GB/T 18341—2016)； 3.《铁路工程测量规范》(TB 10101—2018)； 4.《高速铁路工程测量规范》(TB 10601—2009)	

表 1-3-17 "高速铁路变形监测"课程教学要求

课程名称	高速铁路变形监测	学时/学分	56 学时/3.0 学分
学习目标	1.素质目标 (1)提升学生的职业认同,建立正确的职业观; (2)培养学生的工匠精神; (3)提升学生的吃苦奉献精神; (4)培养学生的创新思维; (5)提升学生的创新能力; (6)具备遵守测量人员工作纪律、严格执行测量工作技术规范的测绘职业道德。 2.知识目标 (1)掌握高速铁路变形监测控制网的建立; (2)熟悉高铁工程变形监测技术方案设计; (3)掌握高铁路基工程变形监测标志埋设、监测方法; (4)具备高铁路基工程变形监测数据处理与分析的能力; (5)掌握高铁桥涵工程变形监测标志埋设、监测方法; (6)具备高铁桥涵工程变形监测数据处理与分析的能力; (7)掌握高铁隧道工程变形监测标志埋设、监测方法; (8)具备高铁隧道工程变形监测数据处理与分析的能力; (9)熟悉高速铁路变形监测评估。 3.能力目标 (1)具备与团队进行沟通协作的能力; (2)具备吃苦耐劳、拼搏争先的能力; (3)能熟练运用各种测量方法进行变形监测; (4)能熟练操作各种变形监测测量仪器、设备; (5)能运用各种软件对数据进行处理; (6)能运用软件对监测数据进行分析		
学习内容	知识点	思政映射点	
	1.高铁变形监测控制网建立 (1)变形监测网的等级划分和精度要求; (2)变形监测网的布设; (3)变形监测网的主要技术要求	1.《韩非子·喻老》文献中"千丈之堤,以蝼蚁之穴溃;百尺之室,以突隙之烟焚",说明监测的重要性; 2.案例方式:提升学生的职业认同,建立正确的职业观; 3."理论与实践相结合"的哲学思想; 4.郑西高铁变形监测:培养学生的科学探索精神; 5.高速铁路测量规范:规范与标准意识; 6.变形监测实训:培养学生的吃苦耐劳精神; 7.实践任务:敢于探索、积极实践的工匠精神	
	2.高铁路基工程变形监测 (1)高铁路基工程变形监测方案的设计; (2)观测断面及点的设置原则; (3)观测标志的埋设; (4)高铁路基工程变形监测实施; (5)高铁路基工程变形监测资料整理及分析	1.我国高铁新增运营里程再创新高:体现铁路人不畏艰难、砥砺奋进的工匠精神; 2.川藏铁路的建设:潜移默化地引导学生学习铁路人不畏艰辛、迎难而上的工作态度和拼搏精神; 3.中国高铁里程世界排行第一:国家综合实力的体现,提升学生民族自豪感; 4.监测手段的多样性:国家高铁网的快速发展,带动城市建设; 5."一带一路"提供中国方案:培养学生民族自豪感; 6.高铁边坡的自动化监测:突出我国北斗卫星在现代监测中的重要作用; 7.行业应用:新技术、新设备、新方法的改革和创新思想	

续表

	知识点	思政映射点
学习内容	3.高铁桥涵工程变形监测 (1)高铁桥涵工程变形监测方案的设计; (2)观测断面及监测点设置原则; (3)观测标志的埋设; (4)高铁桥涵工程变形监测实施; (5)高铁桥涵工程变形监测资料整理及分析	1.港珠澳大桥的建设,细节引领,国际风范:激发学生的爱国情怀,为学生树立专业自信、大国工匠精神、团队合作意识及质量意识; 2.高铁桥梁线上施工的依据,线下监测评估合格:突出变形监测数据的准确性和精确度,做到精益求精; 3.我国高铁工程的发展:大国风范,世界领先; 4.变形监测数据的精确性:培养学生精益求精的科学探索精神; 5.自动化变形监测技术应用:新技术、新设备、新方法的改革和创新思想; 6.课程实践是完美展现测量工作者工匠精神的途径
	4.高铁隧道工程变形监测 (1)高铁隧道工程变形监测方案的设计; (2)观测断面及监测点设置原则; (3)观测标志的埋设; (4)高铁隧道工程变形监测实施; (5)高铁隧道工程变形监测资料整理及分析	1.终南山隧道的建设:安全意识、质量意识; 2.川藏高铁的建设,80%以上的路段以隧道和桥梁的方式建设:高质量的建设,突出隧道变形监测的重要性; 3.古今变形监测方法的对比:科技强国,民族复兴
	5.高铁变形监测评估 (1)变形监测评估流程; (2)变形监测评估内容; (3)评估资料的整理; (4)评估方法和判定标准	1.高铁测量规范:规范与标准意识; 2.根据内容对接标准:提升学生实践的规范意识; 3.监测内容、监测手段的交叉性:培养学生的创新能力; 4.变形监测数据的精确性:体现精益求精的工匠精神; 5."具体问题具体分析"的哲学思想
教学方法	任务驱动法、案例教学法、讲授法、小组讨论法、演示法等	
考核评价	总评成绩=平时成绩(30%)+过程性考核成绩(70%) 其中: 1.平时成绩由考勤、作业成绩、云课堂学习进度、课堂表现四部分组成; 2.过程性考核成绩由高铁沉降监测、变形监测曲线绘制和理论知识在线测试三部分组成	
行业规范	1.《建筑变形测量规范》(JGJ 8—2016); 2.《高速铁路工程测量规范》(TB 10601—2009); 3.《工程测量规范》(GB 50026—2007); 4.《铁路工程沉降变形观测与评估技术规程》(QCR 9230—2016)	

表1-3-18 "工程控制测量与数据处理"课程教学要求

课程名称	工程控制测量与数据处理	学时/学分	112学时/5.5学分
学习目标	1.素质目标 (1)具备把握全局、综合分析、严格执行规范的素养; (2)具备求真务实、实践创新、精益求精的精神; (3)具备踏实严谨、吃苦耐劳、追求卓越的品质; (4)具备野外生存、自我保护、团队协作的能力; (5)提高综合职业素养,树立社会主义职业精神。		

续表

课程名称	工程控制测量与数据处理	学时/学分	112学时/5.5学分
学习目标	2.知识目标 (1)了解工程建设中控制网建立的原理和方法； (2)掌握精密导线、二等水准测量、精密三角高程测量等常用观测方法； (3)掌握工程控制网技术设计、布设、观测和数据处理的过程及技术总结方法。 3.能力目标 (1)能运用测量仪器完成测量数据的采集； (2)能应用计算程序进行数据处理和精度评定； (3)能将测量成果应用到工程测量领域		
学习内容	知识点	思政映射点	
	1.控制测量基础知识 (1)控制测量的任务和作用； (2)建立控制网的基本方法； (3)控制测量技术设计书的编制； (4)控制网的精度估算	1.国家测绘基准发展史：爱国情怀、测绘行业标准； 2.国家控制网布设原则：把握全局,分级控制； 3.控制网优化原则：精益求精的工匠精神； 4.控制测量技术设计书：把握全局,具体问题具体分析的素养	
	2.工程精密控制测量方法 (1)全站仪、精密水准仪等设备的使用方法； (2)珠峰测量史及三角高程测量； (3)控制测量的外业施测方法； (4)GNSS控制网概述及北斗发展历史； (5)控制网的概算； (6)控制测量内业工作流程； (7)控制测量技术总结书的编制	1.天路：青藏铁路精神； 2.精密仪器操作与使用规范：严谨细致,精益求精； 3.测量大地的人们：国测一大队精神； 4.隧道千里眼：十九大代表白芝勇劳模精神； 5.珠峰高程测量视频：安全生产,精益求精； 6.控制网布设："具体问题具体分析"的哲学思想； 7.精密测量实训："理论与实践相结合"的哲学思想； 8.工程测量规范：规范与标准意识； 9.《港珠澳大桥》记录片：新技术、新工艺、新方法的创新思想； 10.中国北斗导航系统全球组网完成：拥抱世界； 11.《厉害了我的国》纪录片：树立职业自信和价值自信	
	3.坐标系统及换算 (1)国家坐标系演变历史； (2)高斯投影计算与地方坐标系的建立	1.坐标系统从局域到全球、从地表到太空的演变：民族自豪感； 2.国家测绘基准发展史：爱国情怀、测绘行业标准； 3.坐标基准发展史："艰苦奋斗、无私奉献"的测绘精神； 4.港珠澳大桥的世界之最：科学技术是第一生产力	
	4.数据处理 (1)测量误差的基础理论； (2)测量平差基本数学模型和公式； (3)常用平差软件的使用； (4)控制测量内业工作流程； (5)控制测量技术总结书的编制； (6)常用平差软件的使用方法	1.国产测量软件发展史：树立职业自信和价值自信； 2.平差案例：精益求精工匠精神； 3.实训软件操作："理论与实践相结合"的哲学思想	
教学方法	任务驱动法、案例教学法、角色扮演法、讲授法、讨论法、直观演示法、测站教学法等		

续表

考核评价	总评成绩＝平时成绩(30％)＋过程性考核成绩(70％) 其中： 1.平时成绩由考勤、作业成绩、学习进度、课堂表现四部分组成； 2.过程性考核成绩由导线计算、方向观测法测角、精密水准测量、数据处理四部分组成
行业规范	1.《工程测量标准》(GB 50026—2020)； 2.《国家一、二等水准测量规范》(GB/T 12897—2016)； 3.《全球定位系统(GPS)测量规范》(GB/T 18341—2016)； 4.《铁路工程测量规范》(TB 10101—2018)； 5.《高速铁路工程测量规范》(TB 10601—2009)

表 1-3-19 "GNSS 测量技术与应用"课程教学要求

课程名称	GNSS 测量技术与应用	学时/学分	100 学时/5 学分
学习目标	1.素质目标 (1)具备家国情怀,热爱工程测量专业； (2)具备投身一线的工程技术人员的基本素质； (3)具备合作精神和协调沟通的能力； (4)具备使用和判断肢体语言的能力； (5)具备吃苦耐劳、艰苦奋斗、拼搏争先精神； (6)具备应对紧急突发状况的能力； (7)具备遵守测量人员工作纪律,严格执行测量工作的技术规范、测绘职业道德的素养。 2.知识目标 (1)了解 GNSS 卫星导航定位技术的产生与发展； (2)了解 GNSS 测量定位原理； (3)掌握 GNSS 定位方法； (4)掌握 GNSS 静态控制测量的技术设计、数据采集的方法； (5)掌握工程常用软件进行 GNSS 静态数据处理的方法； (6)掌握 GNSS 静态控制网的工程应用； (7)掌握 GNSS-RTK 技术进行测图的方法； (8)掌握 GNSS-RTK 技术进行施工放样的方法。 3.能力目标 (1)具备使用通讯等辅助工具的能力； (2)具备搜集整理资料的能力； (3)具备制订、实施工作计划的能力； (4)具备综合分析判断的能力； (5)能熟练操作华测、天宝、南方等常用 GNSS 接收机； (6)能够依据规范、标准合理布设 GNSS 测量控制网,并进行数据采集、数据处理与成果精度分析； (7)能够应用 RTK 技术进行点测量、点放样、地形测图、线路放样等		

续表

	知识点	思政映射点
学习内容	1. GNSS卫星定位技术基本认知 （1）卫星定位技术的产生与发展； （2）大国重器——我国北斗卫星导航定位系统的发展及应用； （3）GNSS定位的坐标系统和时间系统； （4）卫星运动与卫星星历	1. 引入我国四大发明之一"司南"，带学生认识中国历史，感悟国人的智慧； 2. 分析我国北斗系统，引导学生关注行业发展，关注"大国重器"，培养学生的爱国情怀
	2. 城市GNSS控制测量 （1）GNSS测量定位原理； （2）伪距法测量与载波相位测量； （3）GNSS测量误差来源； （4）城市GNSS静态控制网的技术设计； （5）GNSS静态控制网的布设； （6）国测一大队国家GNSS控制测量事迹； （7）星历预报与作业调度； （8）GNSS外业数据采集与质量检核； （9）LGO软件GNSS静态数据处理	1. 原理学习中融入求实、求真的科学意识； 2. 平台推送孙家栋、杨长风两位设计师的事迹，培养学生的职业道德和工匠精神； 3. 控制网选点外业数据采集中融入"深入细节、兼顾全局"的哲学思想； 4. 外业数据采集中融入劳动教育、劳模精神、安全教育
	3. GNSS-RTK测图与放样 （1）GNSS-RTK实时动态定位原理； （2）GNSS-RTK实时动态定位测量方法； （3）GNSS-RTK点测量与地形图测绘； （4）GNSS-RTK点放样与线路放样	1. 通过分组完成学习任务，激发学生学习兴趣，彰显学生学习主人翁意识，培养学生的协作精神； 2. 通过成果检查验收，培养学生的规范意识和精益求精的工匠精神
	4. 隧道GNSS控制测量 （1）隧道GNSS静态控制网的布设； （2）某隧道GNSS控制测量应用案例； （3）隧道GNSS控制网数据采集； （4）TBC软件应用与数据处理； （5）GNSS高程； （6）GNSS控制测量技术总结	1. 数据处理中融入北斗等多源数据的处理，提升学生的探索意识和创新精神； 2. 数据处理中内业与外业相结合，融入"理论联系实际"和"实践检验真知"的哲学思想和质量意识； 3. 数据处理后按照现场要求进行成果提交，培养学生的规范意识和服务人民、奉献社会的人生观； 4. 在真实的隧道实训基地开展项目教学，及时开展劳动教育和安全教育
教学方法	讲授法、讨论法、测站教学法、启发式教学、现场教学法等	
考核评价	总评成绩＝平时成绩（30%）+过程性考核成绩（70%） 其中： 1. 平时成绩由考勤、作业成绩、在线课学习情况、课堂表现四部分组成； 2. 过程性考核成绩由GNSS控制网数据处理、RTK点测量、GNSS测量应用案例分析、在线课期末考试四部分组成	

续表

行业规范	1.《全球定位系统(GPS)测量规范》(GB/T 18314—2009); 2.《卫星定位城市测量技术规范》(CJJ/T 73—2010); 3.《铁路工程卫星定位测量规范》(TB 10054—2010); 4.《全球定位系统实时动态(RTK)测量技术规范》(CH/T 2009—2010); 5.《工程测量标准》(GB 50026—2020)

表 1-3-20 "数字测图"课程教学要求

课程名称	数字测图	学时/学分	64学时/3.5学分
学习目标	1.素质目标 (1)具备野外生存与自我保护的能力; (2)具备团队协作的能力、构建社会关系的能力; (3)具备把握贡献与冲突的能力、决策与执行能力; (4)具备求真务实、实践创新、精益求精的精神; (5)具备踏实严谨、吃苦耐劳、追求卓越的品质; (6)提高综合职业素养,树立社会主义职业精神。 2.知识目标 (1)了解大比例尺图分幅、编号、注记; (2)掌握地形图图式符号表示地物、地貌的方法,地形特征点的概念,经纬仪测绘法测绘碎部点的方法; (3)掌握数字测图技术设计书的编写方法; (4)掌握全站仪及GPS-RTK的采集数据、草图绘制及数据传输方法; (5)掌握CASS成图软件绘制地物、地貌的方法; (6)掌握航测法数字测图、EPS软件数据采集及编辑的方法; (7)掌握数字地形图的分幅及整饰方法; (8)掌握数字地形图成果检验程序; (9)掌握数字测图技术总结的编写方法; (10)掌握地形要素的查询方法、掌握CASS软件绘制纵横断面的方法、掌握CASS测图软件计算工程土方量的方法。 3.能力目标 (1)能在地形图上判断地面高低起伏形态、地物类别和属性; (2)能正确使用地形图图式符号表示地物、地貌; (3)能编制数字测图项目技术设计书、技术总结; (4)能熟练操作全站仪和GPS-RTK、CASS软件大部分功能菜单; (5)能正确绘制草图、野外数据采集、数据传输、正确使用CASS软件绘制地形图; (6)能正确使用EPS软件进行地形图采集及编辑; (7)能在工程中应用大比例尺数字地形图		
学习内容	知识点		思政映射点
	1.经纬仪白纸测图 (1)比例尺和比例尺精度; (2)地形图分幅与注记; (3)地物符号; (4)地貌符号; (5)经纬仪白纸测图		1.地图传奇视频:民族自豪感和职业认可度; 2.十大测绘地理信息违法典型案件; 3.测量行为法律意识,测量数据保密的职业道德观; 4.地形图上地物地貌种类繁多,需要合理取舍才能更好表达地表,融入人生就是需要合理取舍,抓住重点的哲学思想; 5.经纬仪白纸测图:强调原理,在原理基础上更容易分析掌握实情本质

续表

	知识点	思政映射点
学习内容	2.全站仪数字测图 (1)大比例尺数字测图技术设计书编写； (2)全站仪野外数据采集； (3)草图绘制； (4)草图法内业软件成图	1.技术设计书编写："欲善其事,计划先行",融入凡事"预则立,不预则废"的哲学思想； 2.全站仪坐标采集：强调测量步步检核的严谨工匠精神； 3.国家标准地形图图式：独立解决问题的能力,强化标准意识； 4.野外作业安全意识； 5.仪器安全和规范操作意识； 6.小组作业,强调团队合作意识； 7.国产软件介绍：强调民族自豪感
	3.RTK数字测图 (1)数字测图技术设计书编写； (2)RTK野外数据采集； (3)内业软件成图	1.北斗导航系统在各行业应用视频：科技兴国、学习强国的理想和理念； 2.北斗系统建设史：民族自豪感； 3.野外作业安全意识； 4.仪器安全和规范操作意识
	4.航测法数字测图及图幅整饰 (1)航测法数字测图概述； (2)航测法地形图采集及编辑； (3)图幅整饰与输出； (4)图幅质量检验； (5)编制技术总结	1.我国无人机发展历程：国家民族自豪感和职业认可度； 2.无人机测绘技术与应用案例：新技术、新设备、新方法的改革和创新精神； 3.《测绘成果质量检查与验收》：质量意识和规范意识； 4.总结编写：融入做事需要不断总结反思,才能提高进步的哲学理念
	5.数字地图的判读与应用 (1)地形要素的获取及面积量算； (2)纵横断面图绘制； (3)工程土方量计算	1.实际工程应用案例：求真、求精、求稳的测绘工匠精神； 2.图纸错误造成巨大损失案例：强调责任意识； 3.学校新校区建设土方平衡计算案例：规范意识、精益求精工作态度； 4.地形图在国家基础建设中的作用：强调职业荣誉感
教学方法	任务驱动法、案例教学法、讲授法、小组讨论法、演示法等	
考核评价	总评成绩＝平时成绩(30%)＋过程性考核成绩(70%) 其中： 1.平时成绩由考勤、作业成绩、实训任务完成情况、课堂表现等日常表现情况四部分组成； 2.过程性考核成绩由地形图基本知识、碎部点坐标采集和CASS软件成图三部分组成。	
行业规范	1.《工程测量标准》(GB 50026—2020)； 2.《1∶500　1∶1000　1∶2000外业数字测图技术规程》(GB/T 14912—2005)； 3.《国家基本比例尺地图图式第1部分：1∶500　1∶1000　1∶2000地形图图式》(GB/T 20257.1—2017)； 4.《测绘成果质量检查与验收》(GB/T 24356—2009)	

表 1-3-21 "摄影测量与遥感"课程教学要求

课程名称	摄影测量与遥感	学时/学分	48学时/2.5学分
学习目标	\multicolumn{3}{l	}{1.素质目标 (1)具备爱国情怀、热爱摄影测量与遥感专业； (2)具备合作精神和管理协调能力； (3)具备多学科知识、技术融会贯通能力； (4)具备吃苦耐劳、艰苦奋斗、拼搏争先精神； (5)具备遵守摄影测量人员工作纪律，严格执行摄影测量工作技术规范、测绘职业道德的素养； (6)具备遵守测量人员工作纪律和国家法律法规，严格执行国家标准和行业标准的素养 2.知识目标 (1)掌握摄影测量与遥感的基本概念； (2)熟悉摄影测量系统及遥感系统平台的构成； (3)掌握遥感数字图像的基本概念； (4)掌握遥感数字图像判读的基本方法； (5)掌握遥感数字图像处理的基本方法； (6)了解影像专题图制作的原理 3.能力目标 (1)具备搜集整理摄影测量与遥感资料的能力； (2)具备制定和实施摄影测量与遥感工作任务的能力； (3)具备迁移和应用知识、综合分析、创新和总结经验的能力； (4)具备利用ERDAS软件对数字图像进行几何校正、辐射校正、镶嵌、拼接、增强及分类处理的能力； (5)具备识读数字影像图的能力； (6)具备利用摄影测量与遥感软件进行影像解译的能力； (7)具备利用摄影测量与遥感软件制作影像专题图的能力}

	知识点	思政映射点
学习内容	1.摄影测量与遥感基本知识 (1)摄影测量与遥感的发展历程； (2)摄影测量与遥感专业技术的应用领域； (3)摄影测量与遥感基本工作原则	1.摄影测量与遥感发展历程：了解我国遥感卫星、低空航飞设备快速发展历史，增强民族自信心和自豪感。 2.国土空间规划基础地理信息数据采集和处理以及"实景三维"测绘领域国家重大项目：提升专业认同感、职业自豪感。 3.先进测绘人物视频：吃苦奉献、扎根一线的劳动精神。 4.摄影测量和遥感内外业软硬件发展：凸显技术强国重要性。 5.摄影测量工作实施： (1)科学严谨、实事求是工作态度； (2)测绘新技术背后强大国力； (3)规范意识、标准意识； (4)踏实严谨、吃苦耐劳品质

续表

	知识点	思政映射点
学习内容	2.数字摄影测量 (1)航摄像片的获取方法； (2)航摄像片的内外方位元素； (3)共线方程和坐标系建立； (4)航测像片定向； (5)解析空中三角测量	1.坐标系建立重要意义：延伸个人在社会中准确定位重要性； 2.摄影测量外业工作规范：强化规范与标准意识； 3.学校地形图测绘数据采集和处理任务实施：制订和实施工作计划的能力、团结协作能力； 4.实训场地使用要求：文明劳动的素养； 5.安全生产的职业要求：安全意识、职业素养； 6.企业导师：劳模精神、榜样力量； 7.数据采集和空中三角测量处理过程：刺点工作引申顾全大局、抓问题关键点，提高解决问题能力
	3.影像判读和调绘 (1)摄影测量工作内容和过程； (2)影像的判读； (3)影像的调绘； (4)4D产品制作	1.4D产品精度检验：精益求精、步步检核的工作态度、质量意识； 2.学校1:500数字线画图(DLG)和正射影像图(DOM)测绘实践任务：制定和实施测图任务能力、组织人员能力； 3.影像调绘：发现细微错误、纠正错误，"细节决定成败"，求真、求精、求准的测绘工匠精神
	4.遥感数字图像处理 (1)遥感数据格式转换方法； (2)遥感数字图像的辐射校正与几何校正基本含义与方法； (3)遥感数字图像的拼接与镶嵌处理的基本含义与方法； (4)遥感数字图像的增强处理基本含义与方法； (5)遥感数字图像的分类处理基本含义方法； (6)遥感软件的使用	1.格式转化：同一事物不同表达方法和不同结果思维； 2.辐射校正和几何校正：多维度发现问题缺陷并合理解决； 3.增强处理步骤：重点问题突出强调，能够科学高效解决； 4.分类处理：依据事物特征，由表及里，抓本质区别并科学分类
	5.摄影测量与遥感技术应用分析	结合实际生产项目，强调质量意识和强化对专业的广泛应用认识，深化专业认同感和继续深度学习的兴趣
教学方法	任务驱动法、案例教学法、讲授法、小组讨论法、演示法等	
考核评价	总评成绩＝平时成绩(20％)＋过程性考核成绩(50％)＋期末考核成绩(30％) 其中： 1.平时成绩由考勤、作业成绩、课堂表现等日常表现情况及协作能力、规范意识等职业素养两大部分组成； 2.过程性考核成绩由数字航空影像定向处理、遥感图像几何校正处理、遥感图像分类处理三部分组成； 3.期末考核成绩即为理论试卷考核成绩	
行业规范	1.《工程摄影测量规范》(GB 50167—2014)； 2.《地形图航空摄影测量内业规范》(GB/T 13990—2012)； 3.《数字航空摄影测量空中三角测量规范》(GB/T 23236—2009)； 4.《低空数字航空摄影规范》(CHZ 3005—2010)； 5.《数字航空摄影测量控制测量规范》(CHT 3006—2011)； 6.《测绘成果质量检查与验收》(GB/T 24356—2009)	

表 1-3-22 "无人机测绘技术与应用"课程教学要求

课程名称	无人机测绘技术与应用	学时/学分	112学时/5.5学分
学习目标	\multicolumn{3}{l}{1.素质目标 (1)具备爱国情怀、热爱无人机测绘技术专业; (2)具备合作精神和管理协调的能力; (3)具备能使用和判断肢体语言的能力; (4)具备吃苦耐劳、艰苦奋斗、拼搏争先精神; (5)具备能应对紧急突发状况的能力; (6)具备遵守测量人员工作纪律,严格执行测量工作的技术规范、测绘职业道德的素养。 2.知识目标 (1)掌握无人机设备组成与构造; (2)熟悉无人机操控技术; (3)掌握摄影摄像基本知识; (4)掌握摄影测量航高、航向重叠、旁向重叠计算; (5)熟悉无人机航测各项数据生产技术流程与方法; (6)掌握无人机飞行安全相关知识; (7)掌握无人机航测技术创新思维; (8)结合实践项目了解创业应用。 3.能力目标 (1)具备使用通讯等辅助工具的能力; (2)具备搜集整理资料的能力; (3)具备制订、实施工作计划的能力; (4)具备综合分析判断的能力; (5)能熟练操作各种测量仪器、设备; (6)具备操控无人机进行飞行与拍摄的能力; (7)具备维护保养无人机的能力; (8)具备利用航测地面站软件操控无人机按正射影像采集要求进行数据采集的能力; (9)能利用航测数据处理软件进行正射影像图、DSM的生产; (10)能利用航测地面站软件操控无人机进行倾斜摄影; (11)能进行三维模型生产; (12)具备无人机航测精度判断与验证的技术能力}		

	知识点	思政映射点
学习内容	1.基本知识 (1)无人机基础知识; (2)无人机技术发展; (3)摄影测量最新进展; (4)无人机航测技术应用; (5)无人机航测创新应用前景; (6)无人机的定义和分类; (7)多旋翼、固定翼系统的组成与特点; (8)正射、倾斜相机组成及特点	国家测绘基准:爱国情怀、测绘行业标准

续表

	知识点	思政映射点
学习内容	2.无人机装调、操控 (1)无人机航测飞控及组装； (2)无人机飞行安全规范； (3)无人机模拟飞行； (4)无人机航线布设计算； (5)无人机航测地面站介绍； (6)无人机航摄基本知识	1.大疆创新：在困境中求生存，科学创新、与时俱进； 2."具体问题具体分析"的哲学思想； 3.无人机飞行安全及法律法规； 4."理论与实践相结合"的哲学思想； 5.实训场使用要求：劳动精神； 6.实践任务：敢于探索、积极实践的工匠精神
	3.无人机航测数据生产 (1)无人机正射、倾斜数据采集； (2)像片控制点布设、选刺及测量； (3)空中三角测量； (4)DOM、DEM、DSM、DLG 生产； (5)正射影像图属性调绘； (6)成果检查输出	1.航飞空域申请：杜绝黑飞； 2.解算过程严密：精益求精； 3.全国劳模示范进行全站仪安置视频：学习劳模的工匠精神； 4.大疆创新发展历程介绍视频：体验国家的科技发展，彰显民族自信； 5.低空航空摄影测量规范：规范与标准意识； 6.机载设备发展：测绘产品的多样性
	4.无人机行业创新应用 (1)TRIZ 创新理论基础； (2)无人机航测创业应用前景； (3)无人机航测项目生产； (4)无人机农业植保； (5)无人机影视拍摄	1.北斗卫星定位技术原理视频：爱国热情和民族自豪感，科技兴国、学习强国的理想和信念； 2.我国坐标基准发展史："艰苦奋斗、无私奉献"的测绘精神； 3.立足无人机操控：大胆创新，发掘无人机应用潜能； 4.行业应用：新技术、新设备、新方法的改革和创新思想
教学方法	任务驱动法、案例教学法、讲授法、小组讨论法、演示法等	
考核评价	总评成绩＝平时成绩(30％)＋过程性考核成绩(70％) 其中： 1.平时成绩由考勤、作业成绩、云课堂学习进度、课堂表现四部分组成； 2.过程性考核成绩由正射摄影测量数据采集、正射摄影测量数据处理和倾斜摄影测量数据处理三部分组成	
行业规范	1.《低空数字航空摄影测量外业规范》(CHZ 3004－2010)； 2.《摄影测量与遥感术语》(GB/T 14950－2009)； 3.《数字航空摄影测量 空中三角测量规范》(GB/T 23236－2009)； 4.《数字航空摄影测量控制测量规范》(CH/T 3006－2011)； 5.《国家基本比例尺地图图式 第1部分：1:500 1:1000 1:2000 地形图图式》(GB/T 20257.1－2017)； 6.《测绘成果质量检查与验收》(GB/T 24356－2009)	

表 1-3-23 "建筑材料化学分析"课程教学要求

课程名称	建筑材料化学分析	学时/学分	64学时/3.5学分
学习目标	1.素质目标 (1)具备爱国情怀、热爱土木工程检测技术专业； (2)具备合作精神和管理协调的能力； (3)具备吃苦耐劳、艰苦奋斗、拼搏争先精神； (4)具备应对紧急突发状况的能力； (5)具备遵守工程检测人员工作纪律，严格执行工程检测工作的技术规范、工程检测职业道德的素养 2.知识目标 (1)了解化学实验室运行及管理制度，熟练实验室应急管理措施，熟悉药品管理制度； (2)了解误差及误差出现的原因； (3)了解化学药品的类别； (4)了解各类天平的用途； (5)了解各类化学分析仪器的用途及维护方法； (6)了解酸碱滴定、络合滴定、氧化还原滴定及沉淀滴定的用途 3.能力目标 (1)能对化学分析实验室进行日常管理及维护； (2)能够进行化学分析数据的处理； (3)能够进行化学药剂的管理； (4)能够熟练应用各类化学分析仪器对各类建筑材料进行化学分析			

	知识点	思政映射点
学习内容	1.化学分析实验室管理 (1)化学分析实验室安全管理及职责； (2)危险品的储存、保管、使用制度； (3)常见化学试剂的中毒应急处理； (4)化学分析实验室"三废"的处理	1.增强责任意识； 2.激发对生命的热爱和珍视； 3.培育科技兴国、学习强国的理想和信念
	2.化学分析误差及数据处理 (1)实验误差产生的原因和种类； (2)有效数字及运算； (3)实验数据的记录； (4)化学分析数据处理	1.培养科学严谨、实事求是的工作态度； 2.理论学习中,体会"具体问题具体分析"的哲学思想； 3.实践过程中,"体会理论与实践相结合"的哲学思想； 4.培育"热爱祖国、忠诚事业、勇于探索、无私奉献"的精神； 5.强化成果质量意识； 6.形成精益求精的理念； 7.锻炼团队协作的能力； 8.理解劳动精神
	3.化学分析仪器的使用与维护 (1)天平的操作； (2)玻璃仪器的操作； (3)高温仪器的操作； (4)组合仪器的组装	1.劳模示范操作,学习劳模的工匠精神； 2.了解国产仪器全面发展,体会国家科技大力推进； 3.培养学生的规范与标准意识； 4.对接规范,严格把控质量关,明确质量要求

续表

	知识点	思政映射点
学习内容	4.化学滴定分析方法 (1)酸碱滴定方法； (2)络合滴定方法； (3)氧化还原滴定方法； (4)沉淀滴定方法	1.培养爱国热情和民族自豪感,树立科技兴国、学习强国的理想和信念； 2.养成测量工作步步有检核,精度至上的原则； 3.具有新技术、新设备、新方法的改革和创新的思想； 4.培养学生求真、求精、求稳的测绘工匠精神,养成严谨认真、精益求精的专业精神； 5.对接国家标准,增强学生的职业认同感和行业归属感； 6.具备安全意识,培养职业素养； 7.体会劳模精神,感受榜样力量
	5.土木工程中的化学分析 (1)石灰石或白云石中钙、镁剂量的测定； (2)无机结合稳定料中水泥(石灰)剂量的测定； (3)水泥及混凝土掺合料中三氧化硫的测定； (4)水泥熟料全分析； (5)液体减水剂固含量测定； (6)实验数据的正确处理与实验报告的正确编写	1.对标化学分析规范,培养学生规范与标准意识； 2.理解化学分析检测过程中的大局意识,全局意识,注重细节,步步精准,培养精益求精的职业素养； 3.具备化学分析安全意识； 4.体会探索创新的奋斗精神； 5.感受我国科技工作者和工匠的创新、求真能力
教学方法	任务驱动法、案例教学法、讲授法、讨论法、直观演示法、现场教学法等	
考核评价	总评成绩＝平时成绩(20％)＋过程性考核成绩(50％)＋期末考核成绩(30％) 其中： 1.平时成绩由考勤、作业成绩、MOOC学习进度、课堂表现四部分组成； 2.过程性考核成绩由试剂处理能力、仪器使用规范性和分析实验准确性三部分组成； 3.期末考核成绩即为理论试卷考核成绩	
教师要求	1.具备爱国情怀、爱岗敬业、扎实的专业知识及过硬的实践技能； 2.熟练使用化学分析仪器,并具备一定的现场经验； 3.具有一定的实验室管理、组织、实施分析实验的方法能力和社会能力	
行业规范	1.《数值修约规则与极限数值的表示与判定》(GB/T 8170—2008)； 2.《建材用石灰石化学分析方法》(GB/T 5762—2000)； 3.《化学试剂杂质测定用标准溶液的制备》(GB/T 602—2002)； 4.《化学试剂标准滴定溶液的制备》(GB/T 601—2016)； 5.《水泥化学分析方法》(GB/T 176—2017)	

表 1-3-24 "混合材料组成设计"课程教学要求

课程名称	混合材料组成设计	学时/学分	64学时/3.5学分
学习目标	1.素质目标 (1)具备爱国情怀、热爱检测专业； (2)具备合作精神和管理协调的能力； (3)具备吃苦耐劳、艰苦奋斗、拼搏争先精神； (4)具备应对紧急突发状况的能力； (5)具备职业健康与安全理念； (6)具备保护环境、节约资源的意识； (7)具备遵守试验检测工作纪律,严格执行试验检测工作的技术规范和职业道德。 2.知识目标 (1)掌握混凝土的特点、分类； (2)掌握普通混凝土的特点、拌和物性能和硬化后的性能要求； (3)熟悉普通混凝土配合比设计方法； (4)了解建筑砂浆的分类及应用； (5)掌握砌筑砂浆的和易性和强度要求； (6)掌握砌筑砂浆的配合比设计方法； (7)熟悉无机结合料稳定材料的技术性能及其检测方法； (8)掌握无机结合料稳定材料的组成设计方法； (9)了解沥青混合料的分类及结构特点； (10)熟悉热拌沥青混合料的技术性能； (11)了解密级配沥青混合料的技术标准要求； (12)掌握矿质混合料的组成设计方法； (13)掌握最佳沥青用量的确定方法——马歇尔试验法。 3.能力目标 (1)能对普通混凝土、建筑砂浆、无机结合料稳定材料和沥青混合料等材料的主要技术性能进行试验检测； (2)能对普通混凝土、建筑砂浆、无机结合料稳定材料和沥青混合料进行配合比设计			

	知识点	思政映射点
学习内容	1.普通混凝土 (1)混凝土拌合物性能及检测方法、影响因素； (2)混凝土强度及检测方法、影响因素； (3)混凝土耐久性的概念,提高混凝土耐久性的措施； (4)混凝土的质量控制； (5)混凝土配合比设计	1.培养学生实事求是的检测素养,养成严谨认真的专业精神； 2.具有新技术、新设备、新方法的改革和创新的思想； 3.理论学习中,体会"具体问题具体分析"的哲学思想； 4.试验过程中,"体会理论与实践相结合"的哲学思想； 5.养成设计过程中校核的规范要求； 6.混凝土施工过程中,现场严把检验关,养成良好的职业素养； 7.培养试验室6S管理职业素养
	2.建筑砂浆 (1)砌筑砂浆的技术性质及其检测； (2)砌筑砂浆的配合比设计	1.培养学生实事求是的检测素养,养成严谨认真的专业精神； 2 理论学习中,体会"具体问题具体分析"的哲学思想； 3.试验过程中,体会"理论与实践相结合"的哲学思想

续表

	知识点	思政映射点
学习内容	3.无机结合料稳定材料 (1)无机结合料稳定材料的分类、应用； (2)水泥(石灰)稳定土的组成要求； (3)水泥(石灰)稳定土的强度形成原理； (4)水泥(石灰)稳定土技术性质及技术标准； (5)无机结合料稳定材料的组成设计	1.培养学生实事求是的检测素养，养成严谨认真的专业精神； 2.具有新技术、新设备、新方法的改革和创新的思想； 3.理论学习中，体会"具体问题具体分析"的哲学思想； 4.试验过程中，体会"理论与实践相结合"的哲学思想； 5.养成设计过程中校核的规范要求； 6.施工过程中，现场严把检验关，养成良好的职业素养； 7.培养试验室6S管理职业素养
	4.沥青混合料 (1)沥青混合料的分类、特点和结构； (2)沥青混合料的技术性质及技术标准； (3)热拌沥青混合料的组成材料； (4)热拌沥青混合料组成设计	1.培养爱国热情和民族自豪感，树立科技兴国、学习强国的理想和信念； 2.培养学生实事求是的检测素养，养成严谨认真的专业精神； 3.具有新技术、新设备、新方法的改革和创新的思想； 4.理论学习中，体会"具体问题具体分析"的哲学思想； 5.试验过程中，体会"理论与实践相结合"的哲学思想； 6.养成设计过程中校核的规范要求； 7.施工过程中，现场严把检验关，养成良好的职业素养； 8.培养试验室6S管理职业素养
教学方法	任务驱动法、案例教学法、讲授法、讨论法、直观演示法、理实一体教学法等	
考核评价	总评成绩＝平时成绩(20%)＋过程性考核成绩(50%)＋期末考核成绩(30%) 其中： 1.平时成绩由考勤、作业成绩、课堂表现、云课堂学习进度四部分组成； 2.过程性考核成绩由在线考核(理论知识点)、过关考核(随机选取普通混凝土、建筑砂浆、沥青混合料、无机结合料稳定材料中的任意一个试验项目操作)和MOOC成绩三部分组成； 3.期末考核成绩即为理论试卷考核成绩	
教师要求	1.具备爱国情怀、爱岗敬业、扎实的专业知识及过硬的实践技能； 2.熟练使用仪器设备，并具备一定的现场经验； 3.具有一定的项目管理、组织、实施的方法能力和社会能力	
行业规范	1.《普通混凝土拌合物性能试验方法标准》(GB/T 50080—2016)； 2.《普通混凝土力学性能试验方法标准》(GB/T 50081—2019)； 3.《普通混凝土配合比设计规程》(JGJ 55—2011)； 4.《砌筑砂浆配合比设计规程》(JGJ/T 98—2010)； 5.《公路工程沥青及沥青混合料试验规程》(JTG E20—2011)； 6.《公路沥青路面施工技术规范》(JTG F40—2004)； 7.《公路工程无机结合料稳定材料试验规程》(JTG E51—2009)； 8.《公路路面基层施工技术细则》(JTG/T F20—2015)	

表 1-3-25 "现代混凝土试验与检测"课程教学要求

课程名称	现代混凝土试验与检测	学时/学分	84 学时/4.5 学分
学习目标	\<td colspan="3"\>1.素质目标 (1)具备爱国情怀、热爱土木工程检测技术专业; (2)具备合作精神和管理协调的能力; (3)具备吃苦耐劳、艰苦奋斗、拼搏争先精神; (4)具备应对紧急突发状况的能力; (5)具备遵守检测人员工作纪律,严格执行检测工作的技术规范、职业道德。 2.知识目标 (1)掌握现代混凝土所用原材料(水泥、砂、石、矿物外加剂、化学外加剂、减水剂、引气剂、泵送剂)的技术性质及试验检测方法(坍落度、含气量、凝结时间); (2)了解影响现代混凝土拌合物性能的原理,掌握现代混凝土拌合物性能检测方法; (3)掌握现代混凝土的配合比设计方法及正交法在配合比设计中的应用; (4)了解影响混凝土体积稳定性及耐久性能的机理,掌握现代混凝土长期性能(收缩、徐变)及耐久性性能(抗冻、抗渗、抗碳化、抗碱集料反应等)试验与检测方法; (5)了解现代混凝土原材料管理、配合比设计、拌合、浇筑、养护中的注意事项。 3.能力目标 (1)能对现代混凝土组成材料进行认知和检测; (2)能够进行现代混凝土拌合物性能检测及配合比设计; (3)能够对现代混凝土体积稳定性与耐久性能进行检测; (4)能够指导现代混凝土的原材料管理、配合比设计、拌合、浇筑和养护\</td\>		
学习内容		知识点	思政映射点
		1. 现代混凝土组成材料检测 (1)水泥基本性质及检测方法; (2)矿物外加剂基本性质及检测方法; (3)化学外加剂基本性质及检测方法; (4)集料基本性能及检测方法	1.增强文化自信; 2.激发爱国热情和民族自豪感; 3.培育四种精神:责任、诚信、廉洁、追求
		2. 现代混凝土拌合物性能检测及配合比设计 (1)现代混凝土工作性及拌合物性能试验方法; (2)现代混凝土坍落度经时损失的检测及控制措施; (3)高铁用现代混凝土配合比设计; (4)正交法优化现代混凝土配合比	1.培养科学严谨、实事求是的工作态度; 2.理论学习中,体会"具体问题具体分析"的哲学思想; 3.实训过程中,体会"理论与实践相结合"的哲学思想; 4.培育"热爱祖国、忠诚事业、艰苦奋斗、无私奉献"的精神; 5.强化责任意识; 6.形成精益求精的理念; 7.锻炼团队协作的能力; 8.理解劳动精神
		3. 现代混凝土体积稳定性与耐久性能检测 (1)混凝土的体积稳定性能(收缩、徐变、开裂)的机理、改善措施、检测方法; (2)混凝土的耐久性(抗冻、抗渗、抗碳化、抗碱骨料反应)机理、改善措施、检测方法	1.学习劳模的工匠精神; 2.体会国家科技的大力推进; 3.培养学生的规范与标准意识; 4.对接规范,严格把控质量关,明确质量要求

续表

	知识点	思政映射点
学习内容	4.现代混凝土施工技术 (1)现代混凝土原材料管理和配合比质量控制； (2)现代混凝土的施工方法及影响施工质量的因素	1.培养爱国热情和民族自豪感,树立科技兴国、学习强国的理想和信念； 2.养成检测工作认真负责、精度至上的原则； 3.具有新技术、新设备、新方法的改革和创新的思想； 4.培养学生求真、求精、求稳的检测工匠精神,养成严谨认真、精益求精的专业精神； 5.对接国家标准,增强学生的职业认同感和行业归属感； 6.具备安全意识,培养职业素养； 7.体会劳模精神,感受榜样力量
教学方法	任务驱动法、案例教学法、讲授法、讨论法、直观演示法、现场教学法等	
考核评价	总评成绩＝平时成绩(20%)＋过程性考核成绩(50%)＋期末考核成绩(30%) 其中： 1.平时成绩由考勤、作业成绩、试验操作、MOOC学习进度、课堂表现五部分组成； 2.过程性考核成绩由现代混凝土组成材料检测、现代混凝土拌合物性能检测及配合比设计、现代混凝土体积稳定性与耐久性能检测三部分试验操作,以及云课堂在线考试组成； 3.期末考核成绩即为理论试卷考核成绩	
教师要求	1.具备爱国情怀、爱岗敬业、扎实的专业知识及过硬的实践技能； 2.熟练使用试验仪器,并具备一定的现场经验； 3.具有一定的项目管理、组织、实施的方法能力和社会能力	
行业规范	1.《混凝土结构耐久性设计规范》(GB/T 50476—2008)； 2.《铁路混凝土工程施工质量验收标准》(TB 10424—2018)； 3.《铁路混凝土》(TB/T 3275—2018)； 4.《铁路混凝土结构耐久性设计规范》(TB 1005—2010)； 5.《高强高性能混凝土用矿物外加剂》(GB/T 18736—2017)	

表1-3-26 "高速铁路路基试验与检测"课程教学要求

课程名称	高速铁路路基试验与检测	学时/学分	60学时/3.5学分
学习目标	1.素质目标 (1)具备爱国情怀、热爱高速铁路工程技术专业； (2)具备合作精神和管理协调的能力； (3)具备吃苦耐劳、艰苦奋斗、拼搏争先精神； (4)具备不断学习新规范、行业新技术的能力； (5)具备严谨、耐心、认真、负责的态度,严格执行试验检测工作的技术规范、职业道德。 2.知识目标 (1)掌握试验检测数据处理方法； (2)了解高速铁路发展的历史； (3)了解高速铁路路基、作用及路基工程特点； (4)掌握路基填料的要求与分类； (5)掌握高速铁路路基填料选择时各试验检测项目； (6)掌握高速铁路路基填筑质量控制指标的检测。		

续表

学习目标	3.能力目标 (1)能熟练操作高速铁路路基各试验检测项目中所用各种仪器及设备； (2)能根据土的工程试验检测项目正确选择路基填料； (3)能根据高速铁路压实指标对高速铁路路基工程压实质量进行评定	
学习内容	知识点	思政映射点
	1.试验检测基础知识 (1)试验检测数据处理； (2)现场随机选点及取样	1.培养严谨认真的工作态度； 2.遵纪守法、公平竞争的规则意识； 3.讲究质量、注重信誉的诚信意识
	2.高速铁路路基工程认知 (1)高速铁路发展及规划； (2)高速铁路路基作用、要求； (3)高速铁路路基构造； (4)高速铁路路基填筑施工工艺	1.增强文化自信； 2.激发爱国热情和民族自豪感； 3.培养科学严谨、实事求是的工作态度； 4.了解压实技术发展,体会国家科技大力推进
	3.土的工程分类及试验项目 (1)土的工程分类； (2)土的物理技术指标测定(含水率、密度、颗粒密度、液塑限、颗粒分析、击实试验)方法与步骤	1.培育科技兴国、学习强国的理想和信念； 2.培养爱岗敬业、严谨求实的职业素养； 3.理解劳动精神； 4.体会试验人员团队合作精神
	4.路基填料试验 (1)填料的分类； (2)填料的技术要求； (3)填料检测方法	1.培养学生规范与标准意识； 2.培养学生严谨认真、精益求精的专业精神； 3.培养学生明辨是非、恪守诚实守信的职业道德
	5.路基压实检测 (1)压实系数 K； (2)地基系数试验 K_{30} 试验； (3)Evd 动态平板载荷试验； (4)变形模量 Ev2 试验	1.培养科学严谨、实事求是的工作态度； 2.对接行业标准,增强学生的职业认同感和行业归属感； 3.培养学生的规范与标准意识,严格把控质量关
教学方法	任务驱动法、案例教学法、讲授法、讨论法、直观演示法等	
考核评价	总评成绩＝平时成绩(20%)＋过程性考核成绩(50%)＋期末考核成绩(30%) 其中： 1.平时成绩由课件学习、课堂活动和作业成绩三部分组成； 2.过程性考核成绩由知识点考试、MOOC 在线测试和试验技能考核三部分组成； 3.期末考核成绩即为理论试卷考核成绩	
行业规范	1.《铁路土工试验规程》(TB 10102－2010)； 2.《高速铁路路基工程质量验收标准》(TB 10751－2018)； 3.《高速铁路路基工程施工技术规程》(QCR 9602－2015)	

表 1-3-27 "高速铁路桥涵工程试验与检测"课程教学要求

课程名称	高速铁路桥涵工程试验与检测	学时/学分	84学时/4.5学分
学习目标			

课程名称	高速铁路桥涵工程试验与检测	学时/学分	84学时/4.5学分
学习目标	1.素质目标 (1)具备爱国情怀、热爱土木工程检测技术专业； (2)具备合作精神和管理协调的能力； (3)具备吃苦耐劳、艰苦奋斗、拼搏争先精神； (4)具备能应对紧急突发状况的能力； (5)具备遵守试验人员工作纪律，严格执行试验检测工作的技术规范、职业道德。 2.知识目标 (1)熟悉桥梁工程总体质量评定的方法； (2)熟悉桥梁基础质量评定的方法与正确的检测操作； (3)熟悉桥梁上部结构质量评定的方法与正确的检测操作； (4)了解桥梁静载、动载试验的原理与检测程序； (5)了解简单桥梁工程施工的方法与原理 3.能力目标 (1)能熟练操作各种桥梁工程检测仪器及设备； (2)能够进行桥梁工程原材料与制品的检测； (3)能够进行桥梁工程地基与基础的检测； (4)能够进行桥梁荷载试验与承载力的检测		

	知识点	思政映射点
学习内容	1.桥梁工程检测基本知识 (1)桥梁基本认知； (2)桥梁工程检测的任务和意义； (3)桥梁工程检测的内容和依据； (4)桥梁工程质量检验评定的依据和方法	1.增强文化自信； 2.激发爱国热情和民族自豪感； 3.培育科技兴国、学习强国的理想和信念
	2.原材料与工程制品试验检测 (1)石料检测； (2)混凝土检测； (3)钢材检测； (4)预应力筋用锚具、夹具、连接器试验检测； (5)桥梁支座试验检测； (6)桥梁伸缩装置试验检测； (7)波纹管试验检测	1.培养科学严谨、实事求是的工作态度； 2.理论学习中,体会"具体问题具体分析"的哲学思想； 3.培育"热爱祖国、忠诚事业、艰苦奋斗、无私奉献"的检测精神； 4.强化成果质量意识； 5.形成精益求精的理念； 6.锻炼团队协作的能力； 7.理解劳动精神
	3.构件材质状况无损检测 (1)结构混凝土强度的检测与评定； (2)混凝土中钢筋分布及保护层厚度的检测； (3)混凝土碳化深度的检测与评定； (4)超声法检测混凝土结构内部缺陷与表层损伤	1.劳模示范操作,学习劳模的工匠精神； 2.了解国产仪器全面发展,体会国家科技的大力推进； 3.培养学生的规范与标准意识； 4.对接规范,严格把控质量关,明确质量要求

续表

	知识点	思政映射点
学习内容	4.地基与基础试验检测 (1)地基承载力检测； (2)基桩成孔质量检测； (3)桩身完整性检测； (4)基桩承载力检测	1.培养爱国热情和民族自豪感，树立科技兴国、学习强国的理想和信念； 2.具有新技术、新设备、新方法的改革和创新的思想； 3.培养学生求真、求精、求稳的检测工匠精神，养成严谨认真、精益求精的专业精神； 4.对接国家标准，增强学生的职业认同感和行业归属感； 5.具备安全意识，培养职业素养； 6.体会劳模精神，感受榜样力量
	5.桥梁荷载试验 (1)桥梁静载试验； (2)桥梁动载试验	1.对标工程试验规范，培养学生规范与标准意识； 2.理解试验过程中的大局意识，全局把握，注重细节，步步校核，精益求精，培养职业素养； 3.具备工程施工安全意识； 4.体会逢山开路、遇水架桥的奋斗精神； 5.感受我国综合国力、自主创新能力
教学方法	任务驱动法、案例教学法、讲授法、讨论法、直观演示法、现场教学法等	
考核评价	总评成绩＝平时成绩(20%)＋过程性考核成绩(50%)＋期末考核成绩(30%) 其中： 1.平时成绩由考勤、作业成绩、MOOC学习进度、课堂表现四部分组成； 2.过程性考核成绩由混凝土强度检测、桩身完整性检测和MOOC在线测试三部分组成； 3.期末考核成绩即为理论试卷考核成绩	
教师要求	1.具备爱国情怀、爱岗敬业、扎实的专业知识及过硬的实践技能； 2.熟练使用试验仪器，并具备一定的现场经验； 3.具有一定的项目管理、组织、实施的方法能力和社会能力	
行业规范	1.《高速铁路桥涵工程施工质量验收标准》(TB 10752—2018)； 2.《超声回弹综合法检测混凝土抗压强度技术规程》(T/CECS 02—2020)； 3.《建筑基桩检测技术规范》(JGJ 106—2014)； 4.《高速铁路桥涵工程施工技术规程》(Q/CR 9603—2015)	

表 1-3-28 "高速铁路隧道工程试验与检测"课程教学要求

课程名称	高速铁路隧道工程试验与检测	学时/学分	84学时/4.5学分
学习目标	1.素质目标 (1)具有正确的世界观、人生观、价值观，乐于奉献、吃苦耐劳、乐观向上； (2)具有团队协作、严谨求实、敬业奉献的职业素养； (3)具有沟通协调、语言表达的能力； (4)具有职业健康与安全理念； (5)具有逻辑思维、分析判断的能力； (6)具有创新、解决问题策略的能力； (7)具有制订工作计划、获取信息、判断、运用理论知识的能力； (8)具有自我学习的能力。		

续表

学习目标	2.知识目标 (1)了解隧道工程概况及检测内容； (2)掌握隧道特有原材料的检验方法； (3)了解开挖方法，掌握超欠挖检验方法及危害处置； (4)掌握喷射混凝土强度、厚度检验，锚杆、钢支撑施工质量检验方法； (5)掌握施工监控量测项目及分类，隧道内位移及应力的量测方法； (6)掌握常用防水材料的品种、选用及技术性质试验，防水板、止水带及排水系统施工质量检测； (7)掌握二衬混凝土强度、厚度、缺陷检验方法； (8)掌握竣工检测及验收资料的编制方法。 3.能力目标 (1)具备能吃苦、肯奉献、勇于负责的职业道德； (2)具备制订、实施工作计划的能力； (3)能对隧道原材料的检验方法熟练掌握，能够进行试验数据整理并输出试验报告； (4)能进行隧道开挖质量检测； (5)能进行喷射混凝土强度、厚度检验，锚杆、钢支撑施工质量检验； (6)能进行二衬混凝土强度、厚度、缺陷检验

学习内容	知识点	思政映射点
	1.隧道工程基础知识 (1)隧道工程的特点； (2)隧道检测内容； (3)隧道质量评定	1.融入现代隧道工程——西成高铁秦岭隧道建设，增强民族自豪感； 2.培育科技兴国、学习强国的理想和信念
	2.隧道工程原材料、构件及制品检测 (1)隧道工程原材料试验检测； (2)隧道工程制品试验检测； (3)隧道工程构件材质状况无损检测	1.融入基础建设增加，天然砂石材料紧缺，增强保护生态文明； 2.理论学习中，体会"具体问题具体分析"的哲学思想； 3.实训过程中，体会"理论与实践相结合"的哲学思想
	3.隧道工程施工质量检测 (1)辅助工程施工质量检查； (2)洞身开挖质量检测； (3)锚喷衬砌施工质量检测； (4)隧道防排水质量检测； (5)混凝土衬砌施工质量检测	1.引入目前隧道开挖方法研究进展，提高创新能力； 2.了解国产仪器全面发展，体会国家科技的大力推进； 3.培养学生的规范与标准意识； 4.引入某隧道工程事故，隐蔽工程施工有待提高，增强职业道德； 5.引入二衬渗漏水的解决方法，培养团队协作能力
	4.隧道工程监控量测及超前地质预报 (1)隧道工程监控量测； (2)隧道工程超前地质预报	1.引入隧道监控量测、超前地质预报工程案例，培养安全意识，培养职业素养； 2.养成先预报、勤量测、后施工的原则； 3.培养学生求真务实的检测工匠精神，养成严谨认真、精益求精的专业精神； 4.对接国家标准，增强学生的职业认同和行业归属感； 5.体会劳模精神，感受榜样力量

续表

	知识点	思政映射点
学习内容	5.隧道工程环境检测 (1)隧道施工环境检测； (2)隧道运营环境检测	1.引入隧道施工与运营中带来的大气污染、噪声污染、水污染及固体废物污染，培养学生环保意识，培养学生规范与标准意识； 2.引入国家环保政策、环境质量检测数据等生态保护方面的大量信息，让学生认识到国家对环保的重视和改善生态环境的决心
	6.运营隧道结构检测 (1)结构检查及技术状况评定； (2)衬砌裂缝检查与检测； (3)渗漏水检查与检测； (4)隧道净空断面变形检测； (5)隧道衬砌表观自动化检测方法	1.及时进行运营隧道结构检测，培养学生细致、认真、严谨的工作态度，讲究精益求精的工匠精神； 2.开展社会责任和个人的诚信教育，引导学生树立正确的世界观、人生观、价值观

教学方法	任务驱动法、案例教学法、讲授法、讨论法、直观演示法、现场教学法等
考核评价	总评成绩＝平时成绩(20%)＋过程性考核成绩(50%)＋期末考核成绩(30%) 其中： 1.平时成绩由考勤、作业成绩、课件学习进度、课堂表现四部分组成； 2.过程性考核成绩由隧道工程基础知识、原材料、构件及制品检测，隧道工程施工质量检测，隧道工程监控量测、超前地质预报、环境检测及运营隧道结构检测三部分组成； 3.期末考核成绩即为理论试卷考核成绩
教师要求	1.具备爱国情怀、爱岗敬业、扎实的专业知识及过硬的实践技能； 2.熟练使用检测仪器，并具备一定的现场经验； 3.具有一定的项目管理、组织、实施的方法能力和社会能力
行业规范	1.《铁路隧道衬砌质量无损检测》(TB 10223—2004)； 2.《铁路混凝土》(TB/T 3275—2018)； 3.《锚杆喷射混凝土支护技术规范》(GB 50086—2001)； 4.《铁路混凝土工程施工质量验收标准》(TB 10424—2010)； 5.《铁路隧道工程施工安全技术规程》(TB 10304—2009)； 6.《铁路隧道锚杆支护技术规范》(Q/CR 9248—2020)； 7.《铁路隧道超前地质预报技术指南》(铁建设〔2008〕105号)； 8.《超声回弹综合法检测混凝土抗压强度技术规程》(T/CECS 02—2020)； 9.《高速铁路隧道工程施工质量验收标准》(TB 10753—2010)； 10.《隧道工程防水技术规程》(DGTJ 08-50—2012)

表 1-3-29 "高速铁路轨道线路试验与检测"课程教学要求

课程名称	高速铁路轨道线路试验与检测	学时/学分	48学时/2.5学分
学习目标	1.素质目标 (1)具有正确的世界观、人生观、价值观,乐于奉献、吃苦耐劳、乐观向上; (2)具有团队协作、严谨求实、敬业奉献的职业素养; (3)具有沟通协调、语言表达的能力; (4)具有职业健康与安全理念; (5)具有逻辑思维、分析判断的能力; (6)具有创新、解决问题策略的能力; (7)具有制订工作计划、获取信息、判断、运用理论知识的能力; (8)具有自我学习的能力。 2.知识目标 (1)了解铁路轨道线路工程特点、构造及施工工艺; (2)掌握铁路轨道线路质量检测方法; (3)掌握铁路轨道线路检测质量评定的方法。 3.能力目标 (1)能熟练操作各种轨道检测仪器及设备; (2)能够进行轨道结构、道岔及轨道线路检测; (3)能够进行曲线道岔检测; (4)能够进行简单的工具、仪器设备维护			

	知识点	思政映射点
学习内容	1.轨道结构检测 (1)钢轨、钢轨接头认知; (2)轨道常见病害; (3)钢轨探伤检测; (4)轨道几何尺寸认知	1.了解铁路发展史,感受我国铁路发展历程,增强民族自信心和自豪感; 2.熟悉国家中长期铁路规划网,增强爱国情怀,强化轨道检测工作标准意识
	2.无缝线路轨道检测 (1)无缝线路轨道构造认知; (2)无缝线路常见病害; (3)无缝线路检测	1.观看京沪高铁视频,培养科学严谨、实事求是的工作态度,感悟工匠精神; 2.强化理实一体学习实践,深悟"具体问题具体分析"和"理论与实践相结合"的哲学思想; 3.应用轨道工程施工与质量验收规范,熟悉轨道检测的职业规范,具有规范与标准意识; 4.强化实训室(场)使用要求,培养劳动精神和制度意识
	3.道岔结构检测 (1)道岔结构认知; (2)道岔常见病害; (3)道岔检测	1.了解国产轨道检测仪器发展历程,体会国家科技发展力量; 2.对接规范,严守标准,强化质量,培养学生的规范与标准意识

续表

	知识点	思政映射点
学习内容	4.轨道线路检测 (1)轨道线路道床构造认知； (2)轨道线路基本维护	1.熟悉国家高铁"走出去"战略方针政策，培养爱国热情和民族自豪感，树立科技兴国、学习强国的理想和信念； 2.熟知轨道线路检测流程，养成遵章守纪的工作原则； 3.教学中融入新技术、新方法，培养具有新技术、新设备、新方法的改革和创新的思想； 4.依托典型工程案例，塑造学生求真、务实的检测精神，形成严谨认真、精益求精的专业素养； 5.对接国家标准，强化轨道规范学习，增强学生的职业认同感和行业归属感
教学方法	行动导向、混合式教学	
考核评价	总评成绩＝平时成绩(20%)＋过程性考核成绩(50%)＋期末考核成绩(30%) 其中： 1.平时成绩由考勤、作业成绩、课堂表现、云课堂学习进度四部分组成； 2.过程性考核成绩由云课堂在线考核(轨道结构、无缝线路、道岔结构、轨道线路)、过关考核(随机选取轨道结构、无缝线路、道岔结构、轨道线路中的任意一个检测项目操作)组成； 3.期末考核成绩即为理论试卷考核成绩	
教师要求	1.了解铁路轨道线路施工的相关技术，熟悉铁路轨道线路试验检测岗位的岗位要求、工作任务和能力要求； 2.精通铁路轨道线路试验检测系统知识和理论，具有很强的铁路轨道线路试验检测技能； 3.具有教书育人的本领及现代教学理念； 4.掌握现代教育技术	
行业规范	1.《城市轨道交通工程监测技术规范》(GB 50911—2013)； 2.《城市轨道交通工程测量规范》(GB/T 50308—2017)； 3.《铁路轨道设计规范》(TB 10082—2017)； 4.《铁路轨道工程施工质量验收标准》(TB 10413—2018)； 5.《高速铁路轨道工程施工质量验收标准》(TB 10754—2018)	

表1-3-30 "试验室组建与管理"课程教学要求

课程名称	试验室组建与管理	学时/学分	60学时/3.5学分
学习目标	1.素质目标 (1)具备爱国情怀、热爱土木工程检测专业； (2)具备团队合作精神和管理协调的能力； (3)具备吃苦耐劳、艰苦奋斗、拼搏争先精神； (4)具备安全意识与自我保护能力； (5)具备遵守检测人员工作纪律，严格执行检测工作的技术规范、职业道德。 2.知识目标 (1)能根据项目材料用量表确定试验检测项目； (2)能根据行业和公司规定，完成相关文件的编辑、报备及流程； (3)能根据检测项目完成购置仪器清单表； (4)能根据施工项目图纸，完成试验室的选址、规划工作； (5)掌握工地试验室建设流程和要求；		

续表

学习目标	（6）能正确拟定相关试验室管理体系和制度； （7）能对试验室进行6S管理； （8）能正确管理常规仪器设备，并制定相应仪器设备的试验操作规程； （9）能对试验室档案资料进行整理归档 3. 能力目标： （1）具备查找资料、解读规范的能力； （2）具备逻辑思维、分析判断的能力； （3）具备解决问题、创新的能力； （4）具备制订工作计划、获取信息、判断、运用理论知识的能力； （5）具备信息化管理能力； （6）具备自我学习的能力	
	知识点	思政映射点
学习内容	1. 试验室组建与管理基本知识 （1）试验室组建的目的和要求； （2）工地试验室设立的依据； （3）试验室的职责范围； （4）试验室的组织机构及申报审批； （5）母体授权申请书、备案登记表	1. 按原则和规定执行，培养职业素养； 2. 培养科学严谨、实事求是的工作态度； 3. 培育科技兴国、学习强国的理想和信念； 4. 树立最优化的科学意识、工匠精神； 5. 倡导经济节约的原则，塑造价值观
	2. 试验室的组建准备工作 （1）试验室规划、选择； （2）仪器购置清单及人员配备； （3）功能室设置原则和要求； （4）环境建设要求； （5）购置仪器	1. 倡导经济节约的原则，塑造价值观； 2. 理论学习中，体会"具体问题具体分析"的哲学思想； 3. 培养仔细认真、严谨务实的精神； 4. 强化质量意识； 5. 形成精益求精的理念； 6. 具备安全意识，培养职业素养
	3. 试验室组建 （1）按规模要求租房或新建房屋； （2）各功能室上下水、电要求； （3）验收、安装布置试验仪器； （4）按规范要求完成环境布置	1. 培养俭以养德的职业素养； 2. 培养解决问题的科学精神； 3. 培养学生的规范与标准意识； 4. 对接规范，严格把控质量关，明确质量要求
	4. 试验室管理 （1）组织机构图、管理体系文件； （2）仪器操作规程； （3）试验检测工作、资料管理； （4）试验室标准物质、规范管理； （5）化学品及其他耗材管理； （6）人员管理； （7）试验室信息化管理； （8）试验室6S管理； （9）文件、档案管理	1. 培养工程质量的捍卫者； 2. 培养严谨、实用的工作作风； 3. 具有新技术、新设备、新方法的改革和创新的思想； 4. 培养学生求真、求精、求稳的检测精神，养成严谨认真、精益求精的专业精神； 5. 对接国家标准，增强学生的职业认同感和行业归属感； 6. 具备安全意识，培养职业素养； 7. 具备信息化时代基本能力； 8. 形成精细化管理理念； 9. 具有家国情怀，坚守职业道德

续表

	知识点	思政映射点
学习内容	5.试验室组建与管理虚拟仿真系统 (1)系统软件操作说明书； (2)按任务在系统中完成组建过程，形成个性化作品	1.培养注重细节、精益求精的职业素养，树立不断优化的科学意识； 2.培养紧跟信息化时代步伐的社会主义建设者； 3.实训过程中，体会"理论与实践相结合"的哲学思想
教学方法	项目驱动法、讲授法、讨论法、角色扮演演示法、虚拟仿真系统虚实结合法等	
考核评价	总评成绩＝平时成绩(20%)＋过程性考核成绩(50%)＋期末考试成绩(30%) 其中： 1.平时成绩由考勤、作业成绩、课堂表现三部分组成； 2.过程性考核成绩由过程性考核成绩、虚拟仿真作品成绩两部分组成； 3.期末考试成绩为期末理论考试成绩	
教师要求	1.具备爱国情怀、爱岗敬业、扎实的专业知识及过硬的实践技能； 2.熟悉试验室组建流程和管理体系文件； 3.能根据工程项目图纸、工程量清单，确定检测项目、检测仪器及要求； 4.具有一定的组织、管理、协调能力	
行业规范	1.《铁路建设项目工程试验室管理标准》(Q/CR 9204－2015)； 2.《公路工程工地试验室标准化指南(交通运输部工程质量监督局)》2013版； 3.《施工现场临时用电安全技术规范》(JGJ 46－2005)； 4.《供配电系统设计规范》(GB 50052－2009)	

表1-3-31 "高速铁路轨道结构建模与施工"课程教学要求

课程名称	高速铁路轨道结构建模与施工	学时/学分	88学时/4.5学分
学习目标	1.素质目标 (1)增强爱国热情和民族自信； (2)具有良好职业道德、敬业精神、严谨的工作态度； (3)具有吃苦耐劳、甘于奉献的品质。 2.知识目标 (1)掌握有砟轨道、双块式无砟轨道、板式无砟轨道的结构组成； (2)了解高铁轨道结构施工准备、铺设施工等施工工艺； (3)掌握跨区间无缝线路施工过程； (4)掌握高铁轨道工程图识读及建模。 3.能力目标 (1)具备应用所学知识进行高速铁路轨道结构识图能力； (2)具备高速铁路轨道施工质量控制和管理能力； (3)具备利用相关BIM软件建模能力； (4)具备能吃苦耐劳、拼搏争先的精神		

续表

	知识点	思政映射点
学习内容	1. 有砟轨道结构与建模 (1)有砟轨道结构工程图识读； (2)有砟轨道结构建模	1. 有砟轨道结构的规范性,提高学生养成铁路行业的标准化作业习惯； 2. 利用软件建模,培养学生严谨的工作态度； 3. 建模软件的使用,树立智慧高铁,新技术新工艺应用的信心
	2. 无砟轨道结构与建模 (1)CRTS Ⅰ 型双块式无砟轨道结构、铺设施工； (2)CRTS Ⅰ 型双块式无砟轨道施工图识读及建模； (3)CRTS Ⅱ 型板式无砟轨道结构、铺设施工； (4)CRTS Ⅱ 型板式无砟轨道施工图识读及建模； (5)CRTS Ⅲ 型板式无砟轨道结构、铺设施工； (6)CRTS Ⅲ 型板式无砟轨道施工图识读及建模； (7)弹性支承块式无砟轨道结构、施工图识读及建模	1. 通过学习无砟轨道结构,了解中国高铁速度的保障,提升职业自豪感； 2. 通过学习 CRTS Ⅲ 型板式无砟轨道施工工艺,以高铁标准严格要求自己； 3. 各类无砟轨道施工过程中的精调,体现高铁精度； 4. 施工工艺智能化,明确智慧高铁的体现； 5. 学习施工过程,深入体会工匠精神； 6. 建模过程中,培养学生认真严谨的工作态度
	3. 其他结构施工与建模 (1)跨区间无缝线路铺设及施工与建模； (2)高速铁路道岔结构、铺设及施工与建模	1. 引入实际案例,明确高速道岔施工的重要性； 2. 无缝线路铺设方法,体会高铁维护工作的重要性； 3. 深入体会建模的重要性,建立智慧建造的新模式
教学方法	任务驱动法、行动导向教学法、参观教学法、现场教学法、案例教学法；通过课堂讲授、多媒体应用、实训基地参观实训等方式组织教学	
考核评价	总评成绩＝平时成绩(20％)＋过程考核成绩(30％)＋期末考试成绩(50％)	
行业规范	1.《高速铁路无砟轨道施工技术指南》(铁建设〔2010〕241号)； 2.《有砟轨道铁路铺砟整道施工作业指南》(铁建设〔2009〕141号)； 3.《高速铁路轨道工程施工质量验收标准》(TB 10754－2010)； 4.《建筑信息模型应用统一标准》(GB/T 51212－2016)； 5.《建筑信息模型施工应用标准》(GB/T 51235－2017)	

表 1-3-32 "高速铁路桥涵结构建模与施工"课程教学要求

课程名称	高速铁路桥涵结构建模与施工	学时/学分	96学时/5.0学分
学习目标	1.素质目标 (1)增强爱国热情和民族自信； (2)能选择合适的榜样，树立远大理想； (3)精益求精，不做豆腐渣工程。 2.知识目标 (1)基础结构建模与施工； (2)墩台结构建模与施工； (3)简支箱梁结构建模与施工； (4)连续梁(刚构)桥结构建模与施工； (5)涵洞结构建模与施工。 3.能力目标 (1)具备与团队进行沟通协作的能力； (2)具备吃苦耐劳、拼搏争先的精神			

学习内容	知识点	思政映射点
	1.基础结构建模与施工 (1)基础结构类型； (2)基础结构建模； (3)基础施工技术	1.观看桥梁基础施工视频，增强民族自信心和自豪感； 2.讲解我国BIM软件发展现状，让学生感受原创软件的重要性
	2.墩台结构建模与施工 (1)桥梁墩台结构； (2)桥梁墩台建模； (3)桥梁墩台施工	1.了解国产BIM软件的发展现状，体会我国科技发展的不足； 2.对接规范，严守标准，强化质量，培养学生的规范与标准意识； 3.强化上机使用要求，培养劳动精神和制度意识
	3.简支梁结构建模与施工 (1)简支梁结构； (2)简支梁建模； (3)简支梁施工技术	1.劳模现身示范，领略劳模精湛技艺，感受精益求精的工匠精神； 2.强化理实一体学习实践，深悟"具体问题具体分析"和"理论与实践相结合"的哲学思想； 3.观看桥梁施工视频，培养科学严谨、实事求是的工作态度，感悟工匠精神
	4.连续梁结构建模与施工 (1)连续梁结构； (2)连续梁结构建模； (3)连续梁施工	1.依托典型工程案例，塑造学生求真、求精、求稳的工匠精神，形成严谨认真、精益求精的专业素养； 2.学习连续梁施工资料，培养爱国热情和民族自豪感，树立科技兴国、学习强国的理想和信念； 3.熟知连续梁施工流程，养成工作步步有检核、精度至上的原则； 4.教学中融入新技术、新方法，培养具有新技术、新设备、新方法的改革和创新的思想
	5.涵洞结构建模与施工 (1)涵洞结构； (2)涵洞建模； (3)涵洞施工	1.培养测量工作中把握全局，注重细节，步步校核，精益求精的职业素养； 2.了解施工规范，培养工程施工安全意识； 3.学习典型工程案例，体会逢山开路、遇水架桥的开拓精神

续表

学习内容	知识点	思政映射点
	宏观:任务驱动型、行动导向教学法、项目教学法等; 微观:根据施工情境细化。理论知识以课堂讲授为辅,BIM建模实践操作技能练习为主,相关专业知识通过多媒体和实训基地观摩学习	
考核评价	总评成绩=平时成绩(20%)+过程性考核成绩(30%)+期末考核成绩(50%) 1.平时成绩由考勤、作业成绩、MOOC学习进度、课堂表现四部分组成; 2.过程性考核成绩由结构建模、桥涵施工和MOOC在线测试三部分组成; 3.期末考核成绩即为理论试卷考核成绩	
行业规范	1.《铁路工程信息模型统一标准》(TB/T 10183—2021); 2.《铁路工程信息模型施工阶段实施标准》(T/CRBIM 013—2018); 3.《高速铁路桥涵工程施工技术规程》(QCR 9603—2015); 4.《高速铁路桥涵工程施工质量验收标准》(TB 10752—2010)	

表1-3-33 "高速铁路隧道结构建模与施工"课程教学要求

课程名称	高速铁路隧道结构建模与施工	学时/学分	64学时/3.5学分
学习目标	1.素质目标 (1)爱国热情和民族自信; (2)能选择合适的榜样,树立远大理想; (3)精益求精,不做豆腐渣工程。 2.知识目标 (1)了解高铁隧道的分类、特点及结构构造; (2)熟悉高铁隧道施工相关规范; (3)掌握高铁隧道洞口施工、洞身开挖、初期支护施工、二次衬砌施工、防排水施工及施工辅助作业等施工工艺; (4)掌握隧道施工图识读的方法及模型创建方法。 3.能力目标 (1)具备与团队进行沟通协作的能力; (2)具备吃苦耐劳、拼搏争先的精神		

	知识点	思政映射点
学习内容	1.高速铁路隧道分类、构造 (1)隧道的分类; (2)隧道的构造	1.学习观看胡麻岭隧道视频,感受我国隧道施工技术的震撼,体会艰苦奋斗、拼搏争先的精神; 2.依托典型工程案例,塑造学生求真、求精、求稳的工匠精神,形成严谨认真、精益求精的专业素养
	2.高速铁路隧道结构建模 (1)隧道建模软件基本操作; (2)隧道建模软思路; (3)隧道主体建模; (4)隧道附属建模	1.强化机房使用要求,培养劳动精神和制度意识; 2.强化理实一体学习实践,深悟"具体问题具体分析"和"理论与实践相结合"的哲学思想; 3.根据信息化建模规范,理解建模职业规范,培养学生具有规范与标准意识

续表

	知识点	思政映射点
学习内容	3.高速铁路隧道施工技术 (1)高铁隧道施工类型; (2)高铁隧道施工工艺; (3)高铁隧道施工机械; (4)高铁隧道施工注意事项	1.劳模现身示范,领略劳模精湛技艺,感受精益求精的工匠精神; 2.了解国产设备发展历程,体会国家科技发展力量; 3.对接规范,严守标准,强化质量,培养学生的规范与标准意识; 4.教学中融入新技术、新方法,培养具有新技术、新设备、新方法的改革和创新的思想; 5.依托典型工程案例,塑造学生求真、求精、求稳的工匠精神,形成严谨认真、精益求精的专业素养
教学方法	宏观:任务驱动型、行动导向教学法、项目教学法等; 微观:根据施工情境细化。理论知识以课堂讲授为辅,BIM建模实践操作技能以练习为主,相关专业知识通过多媒体和实训基地观摩学习	
考核评价	总评成绩=平时成绩(20%)+过程性考核成绩(30%)+期末考试成绩(50%) 1.平时成绩由考勤、作业成绩、MOOC学习进度、课堂表现四部分组成; 2.过程性考核成绩由隧道结构建模、隧道施工和MOOC在线测试三部分组成; 3.期末考试成绩即为理论试卷考核成绩	
行业规范	1.《铁路工程信息模型统一标准》(TB/T 10183—2021); 2.《铁路工程信息模型施工阶段实施标准》(T/CRBIM 013—2018); 3.《高速铁路隧道工程施工技术规程》(QCR 9604—2015); 4.《高速铁路隧道工程施工质量验收标准》(TB 10753—2010)	

表1-3-34 "高速铁路路基结构建模与施工"课程教学要求

课程名称	高速铁路路基结构建模与施工	学时/学分	64学时/3.5学分
学习目标	1.素质目标 (1)具备良好的职业道德,爱国爱岗,热爱铁路施工工作; (2)具备团队合作精神和管理协调的能力; (3)具备吃苦耐劳、艰苦奋斗、乐于奉献、拼搏争先精神; (4)具备处置路基施工作业中紧急突发状况的能力; (5)具备遵守技术人员工作纪律,严格执行相关规范标准、职业道德。 2.知识目标 (1)了解高速铁路线路基本知识; (2)掌握路基结构的组成、施工图的识读与建模方法; (3)掌握路基基底加固、路堤施工、路堑施工、路基排水及附属设施施工等施工工艺。 3.能力目标 (1)具备与团队进行沟通协作的能力; (2)具备吃苦耐劳、拼搏争先的精神; (3)具备创建高速铁路路基BIM模型的能力; (4)具备高速铁路路基施工应用能力		

续表

	知识点	思政映射点
学习内容	1. 高速铁路线路要览 (1)铁路等级划分及铁路线路组成; (2)路基结构构造及建模	1. 了解高速铁路的发展成就,增强爱国热情和民族自信; 2. 学习工匠精神,能选择合适的榜样,树立远大理想
	2. 路基主体施工 (1)路基基底加固; (2)路堤施工; (3)路堑施工	1. 路基加固的原理讲述,树立基础施工的重要性; 2. 强化理实一体学习实践,深悟"具体问题具体分析"和"理论与实践相结合"的哲学思想; 3. 应用工程施工验收规范,理解"步步检核"的职业规范,具有规范与标准意识; 4. 强化实训场使用要求,培养劳动精神和制度意识
	3. 路基附属工程施工 (1)高速铁路路基排水设备施工及维护; (2)高速铁路路基防护设备施工及维护; (3)路基加固设备施工及维护	1. 劳模现身示范,领略劳模精湛技艺,感受精益求精的工匠精神; 2. 对接规范,严守标准,强化质量,培养学生的规范与标准意识
	4. 路基检测与维护 (1)高速铁路路基施工质量检测; (2)路基常见病害及维护	1. 学习路基检测知识,体现检测仪器由进口优先变为国产优先,培养爱国热情和民族自豪感,树立科技兴国、学习强国的理想和信念; 2. 熟知各种试验流程,养成精确试验,规范为尺的原则; 3. 教学中融入新技术、新方法,培养具有新技术、新设备、新方法的改革和创新的思想; 4. 依托典型工程案例,塑造学生求真、求精、求稳的测绘工匠精神,形成严谨认真、精益求精的专业素养; 5. 对接国家标准,强化测量规范学习,增强学生的职业认同感和行业归属感; 6. 技能大师现场教学,体会劳模精神,感受榜样力量
教学方法	任务驱动法、案例教学法、讲授法、讨论法、直观演示法、现场教学法等	
考核评价	总评成绩＝平时成绩(20％)＋过程性考核成绩(30％)＋期末考核成绩(50％) 其中: 1. 平时成绩由考勤、作业成绩、云课堂学习进度、课堂表现四部分组成; 2. 过程性考核成绩由路基基本构造、软基处理和质量检测在线测试三部分组成; 3. 期末考核成绩即为理论试卷考核成绩	
行业规范	1.《高速铁路路基工程施工质量验收标准》(TB 10751－2018); 2.《铁路工程土工试验规程》(TB 10102－2010); 3.《高速铁路路基工程施工技术规程》(Q/CR 9602－2015)	

表 1-3-35 "高速铁路工程施工组织与预算"课程教学要求

课程名称	高速铁路工程施工组织与预算	学时/学分	96学时/4.5学分
学习目标			

课程名称	高速铁路工程施工组织与预算	学时/学分	96学时/4.5学分
学习目标	1.素质目标 (1)具有敬业精神、责任意识和诚信品质等良好的职业道德; (2)具备团队合作精神和管理协调的能力; (3)具备吃苦耐劳、艰苦奋斗、乐于奉献、拼搏争先精神; (4)具有安全生产意识、环境保护意识、经济成本意识、法律意识、质量意识、方案优化意识,以及施工技术人员相关的知识和能力。 2.知识目标 (1)了解铁路工程项目的概念、特点、系统构成、生命周期; (2)掌握工程项目施工准备的主要内容及编制,施工调查报告和开工报告的编制方法; (3)掌握施工方案的主要内容和编制方法; (4)掌握施工进度计划的编制程序,流水施工的组织方法,横道计划、网络计划的编制方法及施工进度计划的调整与优化; (5)掌握施工现场平面布置的原则、主要内容、方法; (6)掌握施工过程分析,定额分类,定额的应用; (7)铁路工程预算基本概念和费用计算方法:人工费的计算,材料费的计算,施工机械使用费的计算,运杂费及填料费的确定;施工措施费的计算,特殊施工增加费的计算,大型临时设施和过度工程费的计算;间接费、税金的计算方法。 3.能力目标 (1)能收集和整理施工准备工作相关基本资料; (2)能够根据施工图纸核算工程数量; (3)能编制工程施工进度图和施工场地平面布置图; (4)能应用软件完成预算的编制; (5)能编制施工组织设计和投标报价说明书		
学习内容	知识点		思政映射点
学习内容	1.工程项目施工准备 (1)铁路工程项目相关知识; (2)施工调查; (3)技术准备; (4)劳动组织准备、物资准备		1.学习高速铁路发展里程,增强民族自信心和自豪感; 2.了解高速铁路技术标准、施工规范要求,强化工作标准意识; 3.培养学生"工欲善其事必先利其器""上下同欲者胜"的职业素养
学习内容	2.施工方案制定 (1)施工方案的技术方面、组织方面; (2)技术、组织措施设计; (3)施工方案制定案例分析		1.强化理实一体学习实践,深悟"具体问题具体分析"和"理论与实践相结合"的哲学思想; 2.应用高速铁路施工规范,理解"步步检核"的职业规范,具有规范与标准意识; 3.强化施工方案制定原则及注意事项,培养劳动精神和制度意识; 4.教学中融入新技术、新方法,培养具有新技术、新设备、新方法的改革和创新的思想

续表

	知识点	思政映射点
学习内容	3.施工进度计划编制 (1)施工进度计划编制依据、程序； (2)施工横道图编制； (3)施工网络图编制； (4)施工进度计划的调整与优化	1.真实案例贯穿，启发学生探究中国速度背后的专业知识，激发学习热情； 2.了解庞大工程如何精准、保质保量的完成施工，体会科学管理的力量； 3.对接规范，严守标准，强化质量，培养学生的规范与标准意识
	4.资源配置与施工平面布置 (1)生产资源供应计划编制； (2)施工场地平面图设计	1.编制生产资源供应计划，使学生明白"工欲善其事必先利其器""上下同欲者胜"的职业素养； 2.熟知施工场地布置方法，养成科学管理、精益求精的原则； 3.依托典型工程案例，塑造学生求真、求精、求稳的高铁工匠精神，形成严谨认真、精益求精的专业素养
	5.高速铁路工程概预算概述 (1)投资建设工作的分类与组成； (2)投资测算体系； (3)定额概述； (4)铁路预算定额组成及使用	1.学习投资建设工作的分类与组成，增加学生对工程概预算的了解，增强学生工程造价行业的学习兴趣； 2.学习工程定额作用，强化工程概预算工作"定额"意识
	6.铁路工程概预算的费用组成及计算方法 (1)铁路工程费用组成； (2)人工、材料、机械数量统计； (3)人工、材料、机械单价的计算； (4)直接费、间接费、税金的计算； (5)建筑工程费计算程序	1.了解工程造价师基本要求，培养科学严谨、实事求是的工作态度，感悟工程造价精益求精的"精准"精神； 2.强化理实一体学习实践，深悟"具体问题具体分析"和"理论与实践相结合"的哲学思想； 3.应用铁路工程预算定额，理解"定额"的职业规范，具有规范与标准意识； 4.强化基本计算能力，感悟"差之毫厘、谬以千里"造价精准意识
	7.铁路工程投资控制系统预算软件应用 (1)软件使用方法； (2)项目划分； (3)费率选择； (4)定额值换算； (5)计算程序； (6)投标报价的编制程序、方法和技巧	1.学习铁路工程投资控制系统预算软件，培养学生团结协作、互相帮助，具有团队精神； 2.依托典型工程案例，塑造学生求真、求精、求稳的大国工匠精神，形成严谨认真、精益求精的专业素养； 3.对接法律、规范标准，强化工程造价精准计算，增强学生的职业认同感和行业归属感； 4.培养投标工作中把握全局、注重细节、步步为营、精益求精的职业素养； 5.了解招投标法，培养招投标法律意识
教学方法	任务驱动法、案例教学法、讲授法、讨论法等	
考核评价	总评成绩＝平时成绩(20%)＋过程性考核成绩(50%)＋期末考核成绩(30%) 其中： 1.平时成绩由考勤、作业成绩、MOOC学习进度、课堂表现四部分组成； 2.过程性考核成绩由施工方案选择、施工进度计划安排和在线测试三部分组成； 3.期末考核成绩即为理论试卷考核成绩	

表 1-3-36 "三维动画与工程仿真"课程教学要求

课程名称	三维动画与工程仿真		
开课学期	第 4 学期	学时/学分	64 学时/3.5 学分
学习目标	1.素质目标 (1)具备审美、评判、改进的能力； (2)具备自主学习、理论联系实际的能力； (3)具备团队协作、沟通协调的能力； (4)具备开拓创新的职业精神和精益求精的工匠精神； (5)具备科学、缜密、严谨的工作作风和良好的职业道德。 2.知识目标 (1)掌握 3DS MAX 的基础知识； (2)掌握 3DS MAX 建模和编辑； (3)掌握 3DS MAX 材质管理器的使用方法； (4)掌握 3DS MAX 摄像机、灯光、环境的设置方法； (5)掌握 3DS MAX 动画制作的基本方法； (6)掌握 3DS MAX 动画输出的基本方法。 3.能力目标 (1)能使用 3DS MAX 创建工程构筑物模型； (2)能编辑 3DS MAX 创建的工程构筑物模型； (3)能使用 3DS MAX 对材质进行管理； (4)能对 3DS MAX 场景中的摄像机、灯光、环境进行合理的设置； (5)能使用 3DS MAX 进行工程仿真与三维动画制作； (5)能够输出 3DS MAX 动画并对动画素材进行后处理		
学习内容	知识点	思政映射点	
	1.3DS MAX 基础知识 (1)软件界面； (2)对象选择； (3)变换操作与捕捉； (4)复制与阵列	1.学习 3D 动画与仿真软件国内外概况,激发学生的爱国情怀和创新意识； 2.学习 3DS MAX 基础操作,明确软件的定位,活学活用,举一反三,让学生以辩证的思维看待软件学习与专业学习的关系	
	2.建模与编辑 (1)几何体建模与编辑； (2)样条线建模与编辑； (3)修改器建模与编辑； (4)复合对象建模与编辑； (5)多边形建模与编辑	1.学习各种建模方法,从不同的视角解决工程建模问题,深悟"具体问题具体分析"和"理论与实践相结合"的哲学思想； 2.强化理实一体教学实践,以工程实例为载体,培养科学严谨、实事求是的工作态度,感悟职业精神,提升职业素养； 3.强化实训室使用要求,培养劳动精神和制度意识	
	3.材质、摄像机、灯光、环境 (1)材质设置； (2)环境设置； (3)灯光的创建； (4)摄像机创建	1.观看典型的工程仿真动画,感受精益求精的工匠精神,树立科技兴国、学习强国的理想和信念； 2.教学依托典型工程案例,以讲练结合的方式持续培养学生审美、评判、改进的能力,为学生树立正确的审美观念	

续表

	知识点	思政映射点
学习内容	4.工程仿真与动画制作 (1)动画的基本原理； (2)动画的制作流程； (3)基础动画(移动、旋转、缩放)； (4)动画的渲染与导出； (5)工程组装动画； (6)工程生长动画； (7)工程漫游动画； (8)工程复杂模拟动画； (9)动画的后处理	1.剖析仿真动画背后的逻辑，培养学生"透过现象看本质"的基本素养和"化繁为简"的解决问题的思路； 2.教学中融入新技术、新方法，培养学生的改革意识和创新意识； 3.依托典型工程案例，塑造学生求真、求精的工匠精神，形成严谨认真、精益求精的专业素养； 4.对接专业标准，强化标准意识，增强学生的职业认同和行业归属感； 5.学习动画素材的选取与注意事项，强化信仰法律、遵守法律、维护法律的基本意识
教学方法	任务驱动法、示范教学法、训练教学法、自主学习法、讲授法、讨论法等	
考核评价	成绩＝平时成绩(40%)＋过程性考核成绩(60%) 其中： 1.平时成绩由考勤、作业成绩、课堂表现三部分组成； 2.过程性考核成绩由工程模型创建、场景与材质设置和工程仿真与动画制作三部分组成	
行业规范	1.《高速铁路桥涵工程施工技术规程》(Q/CR 9603—2015)； 2.《高速铁路路基工程施工技术规程》(Q/CR 9602—2015)； 3.《高速铁路轨道工程施工技术规程》(Q/CR 9605—2017)； 4.《高速铁路隧道工程施工技术规程》(Q/CR 9604—2015)	

表1-3-37 "工程项目管理"课程教学要求

课程名称	工程项目管理	学时/学分	64学时/3.5学分
学习目标	1.素质目标 (1)具备终生学习、分析问题和解决问题的能力； (2)具有良好的职业道德及爱国创业精神； (3)具有吃苦奉献精神和良好的团队协作精神； (4)具有强烈的责任心、目标追求毅力和创新意识。 2.知识目标 (1)熟悉工程项目管理内容及管理过程； (2)熟悉工程项目组织与人力资源部管理； (3)掌握工程项目管理进度、质量，以及费用管理的原理和方法； (4)掌握工程项目合同管理日常工作和合同控制措施； (5)掌握工程项目职业健康安全与环境管理。 3.能力目标 (1)具备利用BIM技术进行智慧工地管理的策划及设计能力； (2)能结合BIM软件对工程项目进度、质量进行管理控制； (3)能结合BIM软件对工程项目施工安全进行监控管理； (4)具备合同跟踪控制能力，具备各种合同费用计算能力； (5)具备工程项目风险识别、分析、评价及应对措施的能力； (6)能通过协同管理平台进行工程项目文档管理		

续表

	知识点	思政映射点
学习内容	1.工程项目管理概论 (1)项目管理的发展历程； (2)项目管理策划； (3)项目管理内容； (4)项目管理过程及模式	1.学习中外项目管理历史事件,感受我国悠久历史,增强民族自信心和自豪感； 2.建设工程项目的组织、策划,培养学生的团队意识、组织协调能力
	2.工程项目合同管理 (1)合同管理概念； (2)合同类型及订立； (3)合同控制； (4)合同变更及索赔	1.观看生活中的合同视频,培养科学严谨、实事求是的工作态度,感悟契约精神； 2.合同订立及目标动态控制,培养学生运用马克思主义原理分析问题、解决问题的能力； 3.学习建设工程合同与合同管理案例,培养学生的法律意识、责任意识； 4.学习索赔依据与索赔费用计算,培养学生精益求精、认真负责的工作态度
	3.工程项目进度管理 (1)项目进度目标的产生； (2)项目进度计划的编制； (3)项目进度计划的检查及调整； (4)项目进度计划可视化应用	1.学习网络进度计划的表达规则构成,培养学生规则意识； 2.了解大国重器的建设历程,体会国家科技发展力量
	4.工程项目质量控制 (1)工程项目质量管理体系； (2)工程项目质量管理原理； (3)工程项目质量过程环节及控制； (4)工程项目质量管理方法； (5)工程质量问题及事故的处理	1.学习大国工匠视频资料,领略劳模精湛技艺,感受精益求精的工匠精神； 2.熟知质量管理体系,领悟质量过程全员控制思想与爱岗敬业、人人是关键的精神； 3.质量过程控制教学中融入新技术、新方法,培养学生具有新技术、新设备、新方法的改革和创新的思想； 4.学习质量控制螺旋提升原理,培养学生专注、创新和精益求精的精神； 5.对接国家质量验收标准,强化质量控制规范学习,增强学生的职业认同感和行业归属感
	5.工程项目成本控制 (1)项目成本概念及构成； (2)项目成本计划的产生； (3)项目成本控制方法； (4)项目成本分析及考核	1.学习成本控制责任体系,培养认真负责、爱岗守责的职业精神； 2.培养成本管理工作中把握全局、注重细节、步步校核、精益求精的职业素养； 3.学习成本分析案例,体会实事求是、开拓创新精神

续表

	知识点	思政映射点
学习内容	6.智慧工地建设及应用 (1)智慧工地临建设施建设； (2)智慧工地施工进度可视化监控； (3)智慧工地施工质量数据实时监控,施工质量可视化监控； (4)智慧工地可视化技术交底及安全实时监控； (5)智慧工地协同管理平台建设	1.学习数字化智慧工地管理原理,培养创新精神； 2.培养质量管理工作中把握全局、注重细节、精益求精的职业素养
教学方法	任务驱动法、案例教学法、讲授法、讨论法、直观演示法、现场教学法等	
考核评价	总评成绩＝平时成绩(20%)＋过程性考核成绩(30%)＋期末考核成绩(50%) 其中： 1.平时成绩由考勤、作业成绩、云课堂学习进度、课堂表现四部分组成； 2.过程性考核成绩由合同变更及索赔、进度控制和智慧工地建设测试三部分组成； 3.期末考核成绩即为理论试卷考核成绩	
行业规范	1.《建设工程项目管理规范》(GB/T 50326—2017)； 2.《建设工程施工质量统一验收标准》(GB 50300—2013)； 3.《智能建筑工程质量验收规范》(GB 50339—2013)	

表1-3-38 "BIM数据集成与应用"课程教学要求

课程名称	BIM数据集成与应用		
开课学期	第4学期	学时/学分	64学时/3.5学分
学习目标	1.素质目标 (1)具有良好的爱国情怀、民族自豪感和社会主义世界观、人生观、价值观； (2)具备良好的大局意识、责任意识、自主学习意识； (3)具备团队协作、沟通协调、理论联系实际的能力； (4)具备开拓创新的职业精神和精益求精的工匠精神； (5)具备科学、缜密、严谨的工作作风和良好的职业道德。 2.知识目标 (1)掌握BIM模型处理和数据整合的方法； (2)掌握对BIM模型进行三维空间碰撞检查的方法； (3)掌握使用BIM模型进行可视化施工交底的方法； (4)掌握3D虚拟漫游功能,检查设计的合理性； (5)掌握基于BIM模型的进度管理、成本管理的基本方法； (6)掌握BIM数据应用与管理平台的应用场景； (7)掌握常用BIM数据应用与管理平台的基本功能和操作。 3.能力目标 (1)能对BIM模型进行模型处理和数据整合； (2)能对BIM模型进行三维空间碰撞检查； (3)能运用BIM模型进行可视化施工交底； (4)能运用BIM模型创建3D虚拟漫游动画,检查设计的合理性； (5)能运用BIM模型进行进度管理、成本管理； (6)能运用BIM数据应用与管理平台进行施工现场的协同应用		

续表

课程名称	BIM数据集成与应用	
	知识点	思政映射点
学习内容	1.模型处理与数据整合 (1)模型的来源； (2)文件导入导出； (3)模型的附加与合并； (4)模型的调整与编辑	1.学习数据处理和模型整合的基本方法，培养对数据和模型的求真、求精意识和数据安全意识； 2.学习软件操作，明确软件的定位，活学活用，举一反三，让学生以辩证的思维看待软件学习与专业学习的关系
	2.碰撞检查与可视化交底 (1)碰撞检查的原理； (2)碰撞检查基本操作； (3)碰撞检查结果处理； (4)旋转展示； (5)视点标注； (6)视点动画和漫游动画； (7)图片和动画的输出	1.剖析碰撞检查背后的逻辑，培养学生"透过现象看本质"的基本素养； 2.学习可视化交底的各种方法，从不同的视角解决工程建模问题，深悟"具体问题具体分析"和"理论与实践相结合"的哲学思想； 3.教学依托典型工程案例，以讲练结合的方式持续培养学生审美、评判、改进的能力，为学生树立正确的审美观念
	3.进度模拟与成本控制 (1)进度模拟的基本原理； (2)模型的集合划分； (3)手动与自动添加任务； (4)进度数据的导入与匹配； (5)成本数据的导入与匹配； (6)模型与数据的施工管理应用	1.观看典型的工程进度模拟动画，感受精益求精的工匠精神，树立科技兴国、学习强国的理想和信念； 2.学习进度与成本控制，培养学生的统筹意识、大局意识、系统意识； 3.强化理实一体教学实践，以工程实例为载体，培养科学严谨、实事求是的工作态度，感悟职业精神，提升职业素养
	4.其他管理平台及应用 (1)广联达BIM5D的基本功能与应用场景； (2)鲁班iWorks的基本功能与应用场景	1.学习管理平台国内外发展概况，激发学生的爱国情怀和创新意识； 2.学习管理平台的基本功能和应用场景，培养学生辩证思维和逻辑思维； 3.学习管理平台的协同功能，强化团队合作、协同协作意识
教学方法	任务驱动法、案例教学法、讲授法、讨论法、讲练结合法、操作演示法等	
考核评价	成绩＝平时成绩(40%)＋过程性考核成绩(60%) 其中： 1.平时成绩由考勤、作业成绩、课堂表现三部分组成； 2.过程性考核成绩由模型处理与数据整合、碰撞检查与可视化交底、进度模拟与成本控制和其他管理平台及应用四部分组成	
行业规范	1.《铁路工程信息模型统一标准》(TB/T 10183－2021)； 2.《铁路工程信息模型施工阶段实施标准》(T/CRBIM 013－2018)； 3.《铁路工程信息模型分类和编码标准》(T/CRBIM 002－2014)； 4.《铁路工程信息模型数据存储标准》(CRBIM 1002－2015)	

三、专业拓展模块课程

专业拓展模块课程的教学要求见表1-3-39至表1-3-52。

表1-3-39 "工程地质与土力学"课程教学要求

课程名称	工程地质与土力学	学时/学分	32学时/2学分
学习目标	\multicolumn{3}{l	}{1.素质目标 (1)严谨求实、勇于创新的工作作风； (2)良好的团队协作意识，精益求精、追求卓越的工匠精神。 2.知识目标 (1)掌握铁路工程地质条件的基本概念、类型、成因机理与铁路工程的关系； (2)掌握土的工程性质指标、土的工程分类、现场勘察、室内测试、勘察报告编写； (3)掌握土的渗透性及渗透破坏的基本类型； (4)掌握土料选择、填土质量检测及土的应力计算、土的压缩性； (5)掌握土的强度理论、土压力、边坡稳定。 3.能力目标 (1)岩石鉴别、地质构造识别； (2)土的物理性质及状态指标和工程特性分析； (3)地基土工程检测及工程评价}

	知识点	思政映射点
学习内容	1.工程地质部分 (1)地质构造类型及物理地质作用，典型矿物及岩石的特征； (2)河流、地下水对工程地质的影响； (3)常见的工程地质灾害	1.理解工程地质的重要性，体会地质工作的辛苦，培养学生吃苦耐劳的工作精神； 2.通过地下水的辨别，掌握分析问题辩证思考的习惯； 3.常见地质灾害的预防和治理，了解"防患于未然"的道理
	2.土力学部分 (1)土的颗粒分析、物理性质指标、物理状态指标的测定； (2)土的工程分类、检验和判断土的种类及状态； (3)达西定律，常见的工程渗流问题的处理措施及确定渗透系数的实验方法； (4)土中应力的概念和计算方法； (5)压缩实验方法及压缩曲线的绘制、压缩性高低的判别； (6)土样沉降的计算方法以及地基沉降与时间的关系； (7)抗剪强度的基本概念、土压力的分类及计算理论、抗剪强度指标的确定方法； (8)按照规范确定容许地基承载力的方法	1.通过试验的操作，培养学生精益求精的职业工作态度； 2.通过压缩曲线的绘制，使学生养成追求卓越的职业精神； 3.土压力计算过程复杂，学生在计算过程中要专注、严谨，细心检查； 4.查阅规范，培养学生标准化作业的职业素养； 5.通过计算过程，使学生养成严谨的科学态度； 6.试验过程中，引导学生相互协助，合理分工协作，完成试验
教学方法	\multicolumn{2}{l	}{演示教学法、项目教学法、案例教学法等}
考核评价	\multicolumn{2}{l	}{总成绩=平时成绩(20%)+过程性考核成绩(30%)+期末考核成绩(50%)}

续表

行业规范	1.《铁路工程地质勘察规范》(TB 10012—2019); 2.《铁路工程岩土分类标准》(TB 10077—2019); 3.《铁路工程岩石试验规程》(TB 10115—2014)

表1-3-40 "混凝土(钢)结构检算"课程教学要求

课程名称	混凝土(钢)结构检算	学时/学分	56学时/3学分
学习目标	1.素质目标 (1)具备刻苦学习、吃苦耐劳的品德; (2)具备团队协作精神; (3)具备诚实守信的职业道德; (4)具备科学严谨的态度; (5)具备查阅规范、独立思考解决问题的能力。 2.知识目标 (1)掌握钢筋混凝土结构设计与检算的基本知识; (2)理解钢筋混凝土梁板的构造知识; (3)熟悉梁、柱的破坏类型和破坏特点; (4)理解钢筋混凝土柱的构造知识; (5)掌握常见钢筋混凝土梁、柱的检算; (6)熟悉预应力施工的工艺流程; (7)掌握钢结构设计与检算的基本知识; (8)理解钢结构的构造知识。 3.能力目标 (1)识读钢筋混凝土板梁结构图、会钢筋混凝土板梁检算; (2)识读钢筋混凝土柱结构图、会钢筋混凝土柱检算; (3)能初步编制预应力混凝土施工工艺方案; (4)会常用钢结构连接检算			
学习内容	知识点		思政映射点	
	1.钢筋混凝土梁板检算 (1)钢筋、混凝土力学性能; (2)结构设计基本知识; (3)梁板的构造知识; (4)单筋梁板正、斜截面承载力计析; (5)梁板的变形计算; (6)双筋梁受弯承载力计算; (7)T形梁受弯承载力计算		1.通过挖掘专业历史、名人的思政元素,激发学生爱国情怀和民族自豪感; 2.挖掘典型优秀工程案例的思政元素,培养学生的工程思维和科学精神	
	2.钢筋混凝土柱检算 (1)柱的构造知识; (2)柱的破坏特征; (3)轴心受压柱检算; (4)偏心受压柱的非对称配筋; (5)偏心受压柱的对称配筋		1.结合专业规范和标准,使学生具有规范与标准意识; 2.结合短柱和长柱破坏特点,引入循环问题,使学生养成辩证思维; 3.通过压杆稳定性计算体系,创新思维方式; 4.通过小组完成检算书,培养劳动精神和团队合作意识	

续表

	知识点	思政映射点
学习内容	3.预应力混凝土 (1)预应力混凝土的基本原理; (2)先张法、后张法施工技术; (3)预应力损失及减小措施	1.挖掘工程事故案例的思政元素,渗透职业操守,树立正确价值观; 2.引入高铁典型工程,增强学生的职业认同感和行业归属感
	4.钢结构检算 (1)钢结构的基本概念; (2)对接焊缝设计与检算; (3)角焊缝设计与检算; (4)普通螺栓设计与检算; (5)高强螺栓设计与检算	1.通过超级工程相关案例,引导学生树立为祖国的繁荣富强不懈奋斗的远大理想; 2.通过检算中不同方案的比较,培养学生整体与局部思考问题的模式和创新意识; 3.依托典型工程案例,塑造严谨认真、精益求精的专业素养
教学方法	任务驱动法、案例教学法、讲授法、讨论法、直观演示法、现场教学法等	
考核评价	总评成绩=平时成绩(20%)+过程性考核成绩(50%)+期末考核成绩(30%) 其中: 1.平时成绩由考勤、作业成绩、云课堂、课程表现四部分组成; 2.过程性考核成绩由三次学习项目的考核组成; 3.期末考核成绩即为期末考试试卷成绩	
行业规范	1.《铁路桥涵混凝土结构设计规范》(TB 10092—2017); 2.《钢结构设计标准》(GB 50017—2017); 3.《混凝土结构设计规范》(GB 50010—2010)	

表1-3-41 "高速铁路工程施工"课程教学要求

课程名称	高速铁路工程施工	学时/学分	56学时/3学分
学习目标	1.素质目标 (1)具有吃苦耐劳、甘于奉献的品质; (2)具有良好的人际交流和沟通能力; (3)具有良好的团队合作能力; (4)具有一定的组织协调能力; (5)具有良好职业道德、敬业精神; (5)具有严谨的工作态度; (6)具有良好的心理承受能力和抗挫折能力。 2.知识目标 (1)掌握有砟轨道、双块式无砟轨道、板式无砟轨道结构组成,清楚不同类型轨道结构施工准备、铺设施工等施工工艺; (2)掌握跨区间无缝线路施工过程; (3)掌握无砟轨道施工精调和长钢轨精调方法。 3.能力目标 (1)具备应用所学知识进行高速铁路轨道识图的能力; (2)具备高速铁路轨道结构施工组织能力; (3)具备高速铁路轨道施工质量控制和管理能力; (4)具备轨道精调设备熟练使用能力; (5)具备利用相关BIM软件建模能力		

续表

	知识点	思政映射点
学习内容	1.高速铁路路基施工 (1)高速铁路路基基床结构设计； (2)高速铁路施工后沉降控制； (3)高速铁路路基填筑与质量检测； (4)高速铁路路基加固	1.沉降控制：失之毫厘,谬以千里； 2.路基质量检测：精益求精的工作态度； 3.路基加固：生态文明,科学经济的工作思维
	2.高速铁路桥涵施工 (1)高速铁路桥涵结构与技术标准； (2)高速铁路简支箱梁结构设计要点； (3)高速铁路桥涵施工	1.国内外高铁桥涵构造：体会桥涵建筑之美； 2.中国建造纪录片：体会高铁桥梁工程师的敬业精神； 3.桥涵施工过程：大国工匠精神
	3.高速铁路隧道施工 (1)高速铁路隧道结构与技术标准； (2)高速铁路隧道施工工艺及关键技术	1.隧道结构：隧道建筑之美； 2.国内知名隧道案例：大国工匠
	4.高速铁路轨道施工 (1)认识有砟轨道与无砟轨道； (2)无砟轨道的铺设施工	1.无砟轨道：高铁速度保障； 2.轨道施工：铁路人精益求精的工作态度
教学方法	讲授法、讨论法、任务驱动法、参观教学法、现场教学法、案例教学法	
考核评价	本课程平时成绩占20％,过程性考核占30％,终结性考核占50％	
行业规范	1.《高速铁路路基工程施工质量验收标准》(TB 10751—2018)； 2.《高速铁路桥涵工程施工质量验收标准》(TB 10752—2010)； 3.《高速铁路隧道工程施工质量验收标准》(TB 10753—2010)； 4.《高速铁路轨道工程施工质量验收标准》(TB 10754—2010)	

表1-3-42 "工程项目管理"课程教学要求

课程名称	工程项目管理	学时/学分	56学时/3学分
学习目标	1.素质目标 (1)具备终生学习、分析问题和解决问题的能力； (2)具有良好的职业道德及爱国创业精神； (3)具有吃苦奉献精神和良好的团队协作精神； (4)具有强烈的责任心、目标追求毅力和创新意识。 2.知识目标 (1)熟悉工程项目管理内容及管理过程； (2)熟悉工程项目组织与人力资源部管理； (3)掌握工程项目管理进度、质量、费用管理的原理和方法； (4)掌握工程项目合同管理日常工作和合同控制措施； (5)掌握工程项目职业健康安全与环境管理。 3.能力目标 (1)能确认工程项目管理范围,具备编写工程项目管理计划的能力； (2)具备编写工程项目进度、质量和安全管理计划以及进行控制的能力； (3)具备进度图的绘制及调整优化能力； (4)具备合同跟踪控制能力,具备各种合同费用计算能力； (5)具备工程项目风险识别、分析、评价及应对措施的能力； (6)具备进行工程项目文档管理的能力		

续表

	知识点	思政映射点
学习内容	1.工程项目管理概论 (1)项目管理的概念及发展历程； (2)工程项目管理的基本内容和方法； (3)工程项目监理相关内容； (4)项目管理程序及模式	1.学习中外项目管理历史事件,感受我国悠久历史,增强民族自信心和自豪感； 2.通过建设工程项目的组织、策划,培养学生的团队意识、组织协调能力
	2.工程项目采购及合同管理 (1)工程项目采购管理； (2)施工合同的订立与管理； (3)工程项目合同控制； (4)工程合同的索赔管理	1.观看生活中的合同视频,培养科学严谨、实事求是的工作态度,感悟契约精神； 2.合同订立及目标动态控制,培养学生运用马克思主义原理分析问题、解决问题的能力； 3.学习建设工程合同与合同管理案例,培养学生的法律意识、责任意识； 4.学习索赔依据与索赔费用计算,培养学生精益求精、认真负责的工作态度
	3.工程项目进度管理 (1)工程项目管理目标的产生； (2)工程项目进度计划的编制； (3)工程项目进度计划的实施； (4)工程项目进度计划的检查、调整与控制	1.学习网络进度计划的表达规则构成,培养学生规则意识； 2.了解大国重器的建设历程,体会国家科技发展力量
	4.工程项目质量管理 (1)工程项目质量策划； (2)工程项目质量控制及保证； (3)工程项目质量控制的数据统计处理； (4)项目质量事故及处理	1.学习大国工匠视频资料,领略劳模精湛技艺,感受精益求精的工匠精神； 2.熟知质量管理体系,领悟质量过程全员控制思想与爱岗敬业、人人是关键的精神； 3.质量过程控制教学中融入新技术、新方法,培养学生具有新技术、新设备、新方法的改革和创新思想； 4.学习质量控制螺旋提升原理,培养学生专注、创新和精益求精的精神； 5.对接国家质量验收标准,强化质量控制规范学习,增强学生的职业认同感和行业归属感
	5.工程项目成本管理 (1)项目成本概念及构成； (2)项目成本计划的产生； (3)项目成本控制方法； (4)项目成本分析及考核	1.学习成本控制责任体系,培养认真负责、爱岗守责的职业精神； 2.培养成本管理工作中把握全局、注重细节、步步校核、精益求精的职业素养； 3.学习成本分析案例,体会实事求是、开拓创新精神
考核评价	总评成绩＝平时成绩(20％)＋过程性考核成绩(30％)＋期末考核成绩(50％) 其中： 1.平时成绩由考勤、作业成绩、云课堂学习进度、课堂表现四部分组成； 2.过程性考核成绩由合同变更及索赔、进度控制和智慧工地建设测试三部分组成； 3.期末考核成绩即为理论试卷考核成绩	

续表

课程名称	工程项目管理	学时/学分	56学时/3学分
行业规范	\multicolumn{3}{l}{1.《建设工程项目管理规范》(GB/T 50326—2017); 2.《建设工程施工质量统一验收标准》(GB 50300—2013); 3.《智能建筑工程质量验收规范》(GB 50339—2013)}		

表1-3-43 "高速铁路工程检测技术"课程教学要求

课程名称	高速铁路工程检测技术	学时/学分	64学时/3.5学分
学习目标	\multicolumn{3}{l}{1.素质目标 (1)具备爱国情怀、热爱高速铁路工程检测行业、热爱生活; (2)具备合作精神和管理协调的能力; (3)具备吃苦耐劳、艰苦奋斗、拼搏争先精神; (4)具备应对紧急突发状况的能力; (5)具备遵守试验人员工作纪律,严格执行施工检测的技术规范和职业道德。 2.知识目标 (1)熟悉高速铁路工程总体质量评定的方法; (2)熟悉高速铁路路基工程质量评定的方法与正确的检测操作; (3)熟悉高速铁路轨道工程质量评定的方法与正确的检测操作; (4)掌握高速铁路工程附属工程的施工过程、检测原理与检测程序。 3.能力目标 (1)能熟练操作各种高速铁路路基工程检测仪器及设备; (2)能够进行高速铁路路基工程原材料与制品的检测; (3)能够进行高速铁路轨道工程原材料与制品的检测; (4)能够进行高速铁路附属工程原材料与制品的检测}		
	知识点	思政映射点	
学习内容	1.高速铁路路基原材料检测 (1)高速铁路路基物理技术指标测定(含水率、密度、颗粒密度、液塑限、颗粒分析、击实试验)方法与步骤; (2)高速铁路路基填料的选择试验; (3)高速铁路路基土施工技术	1.培养科学、严谨、求实的作风; 2.形成精益求精的理念; 3.理解劳动精神; 4.培育"热爱祖国、忠诚事业、艰苦奋斗、无私奉献"的精神; 5.培养创新意识	
	2.高速铁路路基工程检测 (1)高速铁路路基工程特点、路基构造及施工工艺; (2)Evd动态平板载荷试验; (3)K30平板载荷试验; (4)静态二次变形模量Ev2测试试验	1.增强文化自信; 2.激发爱国热情和民族自豪感; 3.培养科学严谨、实事求是的工作态度; 4.了解压实技术发展,体会国家科技大力推进	
	3.高速铁路轨道检测 (1)高速铁路静态检查; (2)高速铁路静态检测; (3)高速铁路轨道检测技术	1.按原则和规定执行,培养职业素养; 2.培养科学严谨、实事求是的工作态度; 3.培育科技兴国、学习强国的理想和信念; 4.树立最优化的科学意识、工匠精神; 5.倡导经济节约的原则,价值观塑造	

续表

	知识点	思政映射点
学习内容	4.高速铁路桥梁、隧道工程原材料检测 (1)石料检测； (2)混凝土检测； (3)钢材检测； (4)预应力筋用锚具、夹具、连接器试验检测； (5)桥梁支座试验检测； (6)桥梁伸缩装置试验检测； (7)波纹管试验检测	1.培养科学严谨、实事求是的工作态度； 2.理论学习中，体会"具体问题具体分析"的哲学思想； 3.培育"热爱祖国、忠诚事业、艰苦奋斗、无私奉献"的检测精神； 4.强化成果质量意识； 5.形成精益求精的理念； 6.锻炼团队协作的能力； 7.理解劳动精神
	5.高速铁路桥梁构件材质状况无损检测 (1)结构混凝土强度的检测与评定； (2)混凝土中钢筋分布及保护层厚度的检测； (3)混凝土碳化深度的检测与评定； (4)超声法检测混凝土结构内部缺陷与表层损伤； (5)桥梁静载试验； (6)桥梁动载试验	1.劳模示范操作,学习劳模的工匠精神； 2.了解国产仪器全面发展,体会国家科技大力推进； 3.培养学生的规范与标准意识； 4.对接规范,严格把控质量关,明确质量要求； 5.理试试验过程中的大局意识,全局把握,注重细节,步步校核,精益求精,培养职业素养； 6.具备工程施工安全意识； 7.体会逢山开路、遇水架桥的奋斗精神； 8.感受我国综合国力、自主创新能力
	6.隧道工程施工质量检测 (1)辅助工程施工质量检测； (2)洞身开挖质量检测； (3)锚喷衬砌施工质量检测； (4)隧道防排水质量检测； (5)混凝土衬砌施工质量检测； (6)隧道工程环境检测； (7)运营隧道结构检测	1.引入目前隧道开挖方法研究进展,提高创新能力； 2.了解国产仪器全面发展,体会国家科技大力推进； 3.培养学生的规范与标准意识； 4.引入隧道工程事故,使学生认识到隐蔽工程施工有待提高,增强职业道德； 5.引入二衬渗漏水的解决方法,培养团队协作能力； 6.培养学生求真务实的检测工匠精神,养成严谨认真、精益求精的专业精神； 7.对接国家标准,增强学生的职业认同感和行业归属感； 8.体会劳模精神,感受榜样力量
教学方法	任务驱动法、案例教学法、讲授法、讨论法、直观演示法、现场教学法等	
考核评价	总评成绩＝平时成绩(20％)＋过程性考核成绩(50％)＋期末考核成绩(30％) 其中： 1.平时成绩由考勤、作业成绩、MOOC学习进度、课堂表现四部分组成； 2.过程性考核成绩由高速铁路路基工程检测、高速铁路轨道工程检测、高速铁路桥梁隧道工程检测和MOOC在线测试四部分组成； 3.期末考核成绩即为理论试卷考核成绩	
教师要求	1.具备爱国情怀、爱岗敬业、扎实的专业知识及过硬的实践技能； 2.熟练使用试验仪器，并具备一定的现场经验； 3.具有一定的项目管理、组织、实施的方法能力和社会能力； 4.熟练使用教学工具制作教学资源，并具备较强的信息化教学能力； 5.具有创新精神及创新意识	

续表

行业规范	1.《混凝土结构耐久性设计规范》(GB/T 50476—2008); 2.《铁路混凝土工程施工质量验收标准》(TB 10424—2018); 3.《铁路混凝土》(TB/T 3275—2018); 4.《铁路混凝土结构耐久性设计规范》(TB 1005—2010); 5.《超声回弹综合法检测混凝土抗压强度技术规程》(T/CECS 02—2020); 6.《铁路土工试验规程》(TB 10102—2010); 7.《高速铁路路基工程质量验收标准》(TB 10751—2018); 8.《高速铁路路基工程施工技术规程》(Q/CR 9602—2015)

表1-3-44 "建设工程法律法规"课程教学要求

课程名称	建设工程法律法规		
开课学期	第3学期	学时/学分	32学时/2学分
学习目标	1.素质目标 (1)增强爱国热情和民族自信; (2)能选择合适的榜样,树立远大理想; (3)精益求精,不做豆腐渣工程; (4)具备知法、懂法、守法的能力; (5)培养学生诚实守信意识和职业道德; (6)培养学生认真负责的工作态度和严谨细致的工作作风。 2.知识目标 (1)掌握法人制度、代理及诉讼时效等知识; (2)树立法律法规意识和红线意识; (3)掌握建设工程许可制度、建设工程承包制度、建设工程监理制度; (4)掌握合同法、劳动法及劳动合同法的具体规定; (5)掌握安全生产和质量管理条例的具体实施办法。 3.能力目标 (1)具备与团队进行沟通协作的能力; (2)具备能吃苦耐劳、拼搏争先的精神; (3)掌握建设工程法律法规的相关理论知识,让学生在日后工作中能充分利用建设工程法律法规等知识		
学习内容	知识点	思政映射点	
	1.建设法规概述和民法概述(法的表现形式): (1)法律体系; (2)法人制度; (3)代理; (4)诉讼时效	1.了解我国法律体系与表现形式,感受我国悠久历史,增强民族自信心和自豪感; 2.学习我国建设工程法律法规相关概念,增强爱国情怀,强化法律标准意识	
	2.建筑法概述和招标投标法概述 (1)建筑工程许可制度; (2)建筑工程承包制度; (3)建筑工程监理制度; (4)招标、投标; (5)开标、评标、中标	1.观看《今日说法》等视频,培养知法、懂法、守法的能力; 2.强化理实一体学习实践,深悟"具体问题具体分析"和"理论与实践相结合"的哲学思想; 3.掌握我国建设施工等相关制度,理解建筑工程规范,具有法律与标准意识	

续表

	知识点	思政映射点
学习内容	3. 合同法概述和劳动法及劳动合同法概述 (1) 合同的分类、订立、效力、履行、变更； (2) 违约责任，合同争议的解决； (3) 劳动法； (4) 劳动合同法	1. 工程单位等相关人员现身示范，现场教学，感受精益求精的工匠精神； 2. 了解发展历程，体会国家科技发展力量； 3. 对接规范，严守标准，强化质量，培养学生的规范与标准意识
	4. 建设工程其他法律知识和建筑法律责任 (1) 质量管理条例； (2) 节约能源法； (3) 环境保护法； (4) 档案法； (5) 安全生产、质量管理等法律责任	1. 学习建设工程法律知识，培养敬畏生命、热爱生命的理想和信念； 2. 熟知质量管理条例，减少、降低工程项目安全隐患； 3. 学习节约能源法、环境保护法等，培养节约能源、爱护环境的思想
教学方法	任务驱动法、案例教学法、讲授法、讨论法、直观演示法、现场教学法、总结归纳法等	
考核评价	总评成绩＝平时成绩(30％)＋终结性考核成绩(70％) 其中： 1. 平时成绩由考勤、作业成绩、MOOC学习进度、课堂表现四部分组成； 2. 终结性考核成绩即为理论试卷考核成绩	
行业规范	1.《建筑工程施工质量验收统一标准》(GB 50300－2001)； 2.《砌体工程施工质量验收规范》(GB 50203－2002)	

表 1-3-45 "线桥隧施工测量"课程教学要求

课程名称	线桥隧施工测量	学时/学分	56学时/3学分
学习目标	1. 素质目标 (1) 具备爱国情怀、爱党思想； (2) 具备积极向上正能力，弘扬社会主义核心价值观； (3) 具备求真务实、精益求精的工匠精神； (4) 具备吃苦耐劳、艰苦奋斗的优秀品质。 2. 知识目标 (1) 掌握施工测量的基本方法和相关测量技术； (2) 掌握线路、桥梁隧道工程施工放样的理论知识； (3) 掌握放样数据计算及施工放样的方法。 3. 能力目标 (1) 能熟练使用水准仪、全站仪、GNSS接收机； (2) 能计算线路中边桩坐标； (3) 能计算桥梁钻孔桩坐标； (4) 能计算隧道内构筑物定位坐标； (5) 能利用测量设备进行点位放样		

续表

	知识点	思政映射点
学习内容	1.施工测量的基本工作 (1)已知距离测设； (2)已知角度测设； (3)已知点的平面位置测设； (4)已知高程测设	1.理解"纸上得来终觉浅,绝知此事要躬行"的道理,扎实掌握施工测量基本功； 2.能根据具体情况选择合适的测设方法； 3.在测设过程中培养精益求精的工匠精神
	2.线路施工测量 (1)中国高速铁路由基础建设到"中国制造",再到"走出去"的发展历程； (2)线路控制网的测量、复测及加密； (3)纵横断面测量； (4)标准曲线中边桩坐标计算及放样； (5)非标准曲线中边桩坐标计算及放样； (6)线路超高及边桩计算测设； (7)竖曲线计算	1.了解中国铁路为我国基础建设带来的机遇与发展； 2.理解测量过程中的大局意识,全局把握,注重细节,步步校核,精益求精,培养职业素养； 3.具备工程施工安全意识； 4.形成精益求精的理念； 5.锻炼团队协作的能力
	3.桥梁施工测量 (1)大型工程"港珠澳大桥"工程简介； (2)桥梁独立控制网的测设； (3)桥梁细部结构的坐标计算及放样	1.体会逢山开路、遇水架桥的奋斗精神； 2.感受我国综合国力、自主创新能力； 3.了解港珠澳大桥不仅代表了中国桥梁先进水平,更是"一国两制"下粤港澳密切合作的重大成果； 4.牢记测绘使命,永葆家国情怀； 5.了解桥梁发展变迁及现代桥梁的建设过程,树立职业自信和价值自信
	4.隧道施工测量 (1)隧道控制测量； (2)隧道断面测量； (3)断面及结构放样	1.使学生了解、理解云连北斗,隧贯山河的中国力量,树立民族自信、价值自信和职业自信； 2.进一步养成认真负责、精益求精的工匠精神
教学方法	课程采用线上线下混合式教学法、案例法、任务驱动法、小组讨论法、角色扮演法	
考核评价	总评成绩＝平时成绩(30%)＋过程性考核成绩(70%) 其中： 1.平时成绩包括：日常行为、敬业精神、团结协作、文明法治、服务意识、诚信意识、安全意识； 2.过程性考核成绩：测量实践操作能力、识图能力、计算推演能力、理论综合能力	
行业规范	1.《工程测量标准》(GB 50026—2020)； 2.《全球定位系统(GPS)测量规范》(GB/T 18341—2016)； 3.《铁路工程测量规范》(TB 10101—2018)； 4.《高速铁路工程测量规范》(TB 10601—2009)	

表 1-3-46 "测绘程序设计与应用"课程教学要求

课程名称	测绘程序设计与应用	学时/学分	48 学时/2.5 学分
学习目标	1.素质目标 (1)具备正确的人生观、价值观,有积极向上的思想; (2)具备测绘人吃苦奉献、严谨细致的工作作风; (3)具备独立思考、创新性解决问题的能力。 2.知识目标 (1)掌握程序编程的思想,建立数学模型和程序代码转换的思路; (2)掌握控制语句、逻辑语句、数学语句、文本、数组、变量等基础知识; (3)掌握过程的建立和调用方法; (4)掌握对象属性的设置方法; (5)具备交互性程序设计的方法。 3.能力目标 (1)能够熟练使用基本控制语句; (2)能够熟练使用数学语句; (3)能够调用变量; (4)能够建立并调用过程			

学习内容	知识点	思政映射点
	1.前方交会程序设计 (1)程序设计基础; (2)按钮; (3)标签; (4)文本输入框; (5)复选框; (6)图片	1.无人机集群表演需程序控制; 2.严谨细致工作作风; 3.万事开头难,基础要打好; 4.国产测绘软件发展史,激发民族自豪感
	2.测绘精度评定程序设计 (1)列表控制语句; (2)循环控制语句; (3)数学表达式; (4)逻辑表达式	1.精益求精的工匠精神; 2.立足做好本职工作,学习劳模精神; 3.规则意识,遵守学校、单位规章制度
	3.坐标正反算程序设计 (1)界面布局; (2)过程、函数; (3)变量作用域	1.正反算辩证思维意识; 2.专业化施工; 3.量力而行的思想; 4.团队协作精神
	4.测量员软件应用 (1)断链输入; (2)平曲线输入; (3)竖曲线输入; (4)成果输出	1.正确的人生观、价值观、择业观; 2.数据精度的严格要求; 3.事物之间相互变通的思维

| 教学方法 | 任务驱动法、案例教学法、讲授法、小组 PK、演示法等 |||

续表

考核评价	总评成绩＝平时成绩(30％)＋过程性考核成绩(70％) 其中： 1.平时成绩考核学生敬业精神、团结协作、文明法治、服务意识、诚信意识、安全意识,由考勤、作业成绩、MOOC学习情况、课堂表现四部分组成； 2.过程性考核成绩考核学生基础知识的掌握和应用情况,由测量精度评定程序、坐标正反算程序、测量员软件应用三个考核项目组成
行业规范	1.《工程测量规范》(GB 50026—2007)； 2.《高速铁路工程测量规范》(TB 10601—2009)； 3.《编程格式：BASIC语言》(HB/Z 181.1—1990)

表1-3-47 "高速铁路精调与检测"课程教学要求

课程名称	高速铁路精调与检测	学时/学分	64学时/3.5学分
学习目标	\multicolumn{3}{l}{1.素质目标 (1)具备良好的沟通与表达的能力； (2)具备能吃苦耐劳的精神； (3)具备较强的责任心与良好职业道德； (4)具备团队组织与协调能力。 2.知识目标 (1)掌握高铁线下结构物沉降观测技术设计、外业观测及数据处理方法； (2)掌握CPⅢ控制网建立、外业观测和数据处理方法； (3)掌握CRTSⅠ型双块式、CRTSⅢ型板式无砟轨道和长钢轨精调技术； (4)掌握无砟轨道检测技术。 3.能力目标 (1)能进行线下结构物沉降观测设计、外业观测及数据处理； (2)能进行CPⅢ控制网建立、外业观测和数据处理； (3)能进行CRTSⅠ型双块式、CRTSⅢ型板式和长钢轨无砟轨道精调作业及数据处理； (4)能进行无砟轨道检测作业及数据处理}

	知识点	思政映射点
学习内容	1.高铁精调技术发展概况 (1)高铁精调技术的发展概况； (2)高铁精调技术分类	1.高铁精调技术的发展,引导学生树立民族自豪感； 2.高铁精调设备的发展,增强智慧高铁的理念
	2.高铁线下结构物沉降观测技术设计 (1)外业观测及数据处理方法； (2)CPⅢ控制网建立方法； (3)CPⅢ控制网外业观测和数据处理方法	1.线下结构物沉降观测:提升学生对测量数据严谨的工作态度； 2.CPⅢ控制网:层层递减,步步控制,精度提升

续表

	知识点	思政映射点
学习内容	3.高铁精调与检测技术 (1)CRTSⅠ型双块式无砟轨道精调与检测技术； (2)CRTSⅢ型板式无砟轨道精调与检测技术； (3)长钢轨精调与检测技术； (4)道岔精调与检测技术	1.高铁精度是高铁速度的保障； 2.外业精测作业，养成标准化作业习惯； 3.精调施工过程，反复调整，体验精益求精的工匠精神； 4.高铁检测技术，了解新技术的力量
教学方法	采用信息化教学、任务驱动、视频、讲授、现场实践等教学方法相结合，依托高铁实训工区、高铁精测精调实训室进行实践教学，根据铁路轨道精测精调施工顺序上课，同时加强施工视频的辅助教学作用，使学生对知识的掌握更细致	
考核评价	本课程平时成绩占20%，过程性考核占30%，终结性考核占50%	
行业规范	1.《高速铁路无砟轨道工程施工精调作业指南》(铁建设函〔2009〕674号)； 2.《高速铁路轨道工程施工质量验收标准》(TB 10754—2010)	

表1-3-48 "地籍与房地产测绘"课程教学要求

课程名称	地籍与房地产测绘	学时/学分	48学时/2.5学分
学习目标	1.素质目标 (1)具备职业认同感、树立社会主义职业精神； (2)具备求真务实、精益求精的工匠精神； (3)具备吃苦奉献、扎根一线的劳动精神； (4)具备踏实严谨、吃苦耐劳的品质； (5)具备野外生存、自我保护、团队协作的能力； (6)具备遵守测量人员工作纪律和国家法律法规，严格执行国家标准和行业标准的素养。 2.知识目标 (1)掌握土地权属调查、土地利用现状调查、土地等级调查、房产调查等相关知识； (2)掌握地籍控制测量方法； (3)掌握界址点测量的方法； (4)掌握地籍图、宗地草图的绘制，土地利用现状图的编制及房产图的绘制； (5)掌握土地面积量算的方法； (6)掌握房产面积计算的方法。 3.能力目标 (1)具备搜集整理资料的能力； (2)具备制订和实施工作计划的能力； (3)能够完成地籍调查、土地利用现状调查、土地等级调查、房产调查等工作； (4)能运用测量仪器完成地籍测量的控制和界址点测量工作； (5)能进行土地面积的测算和平差； (6)能进行房产面积的计算； (7)能利用测量软件绘制各种地籍图、宗地图和房产图		

续表

	知识点	思政映射点
学习内容	1.地籍调查 (1)土地权属调查； (2)土地利用现状调查； (3)土地等级调查； (4)房产调查	1.地籍测量历史事件：我国悠久历史、民族自信心和自豪感。 2."三调"宣传片：职业自豪感和爱国热情。 3.先进测绘人物视频：吃苦奉献、扎根一线的劳动精神。 4.《第三次全国国土调查技术规程》：国家标准，国家地籍管理的规范化、制度化和科学化。 5.不同时期的《土地利用现状分类》标准：统一性、科学性、实用性、与时俱进。 6.权属调查实施： (1)科学严谨、实事求是的工作态度； (2)测绘新技术背后的强大国力； (3)规范意识、标准意识； (4)踏实严谨、吃苦耐劳的品质 7."海南东方市千亩土地权属之争"视频：遵守国家法律法规，强化法律意识
	2.地籍测量与地籍图绘制 (1)图根控制测量； (2)界址点测量； (3)地籍图绘制	1."理论与实践相结合"的哲学思想； 2.《地籍测绘规范》：强化规范与标准意识； 3.学校地籍图测绘实践任务：制订和实施工作计划的能力、团结协作能力； 4.规范操作与使用仪器； 5.实训场地使用要求：文明劳动的素养； 6.安全生产的职业要求：安全意识、职业素养； 7.企业导师：劳模精神、榜样力量
	3.土地面积量算	1.《地籍测绘规范》：强化规范与标准意识； 2.土地面积计算与检核：精益求精、步步检核的工作态度、质量意识
	4.房产测绘 (1)房产图数据测量； (2)房产图绘制； (3)房产面积测算	1."理论与实践相结合"的哲学思想； 2.《房产测量规范》：强化规范与标准意识，增强学生的职业认同和行业归属感； 3.学校房产图测绘实践任务：制订和实施工作计划的能力、团结协作能力； 4.实训场地使用要求：文明劳动的素养； 5.严谨认真、实事求是的工作态度； 6.房产图实例：强化学生的成果质量意识和规范意识； 7.房产面积测算："细节决定成败"，求真、求精、求准的测绘工匠精神
教学方法	任务驱动法、案例教学法、讲授法、小组讨论法、演示法等	
考核评价	总评成绩＝平时成绩(30%)＋过程性考核(70%) 其中： 1.平时成绩由考勤、作业成绩、课堂表现等日常表现情况及协作能力、规范意识等职业素养两大部分组成； 2.过程性考核成绩由地籍测量基本知识、地籍图绘制和土地面积、房产面积计算三部分组成	
行业规范	1.《地籍测绘规范》(CH 5002—1994)； 2.《房产测量规范》(GB/T 17986.1—2000)； 3.《第三次全国国土调查技术规程》(TD/T 1055—2019)； 4.《土地利用现状分类》(GB/T 21010—2017)	

表 1-3-49 "地理信息系统技术应用"课程教学要求

课程名称	地理信息系统技术应用	学时/学分	48学时/2.5学分
学习目标	1.素质目标 (1)具备家国情怀、热爱祖国测绘事业; (2)具备合作精神、沟通协调能力; (3)具备吃苦耐劳、刻苦专研精神; (4)具备应对紧急突发状况的能力; (5)具备遵守国家法律、测绘工作相关法律法规、测绘职业道德的素养; (6)具备诚实守信、兢兢业业的个人品质。 2.知识目标 (1)熟悉 GIS 的基本原理以及在各行业的应用; (2)掌握 GIS 数据的表达形式及相互转换方法; (3)掌握 GIS 常用的空间分析种类及各种空间分析的应用场景; (4)了解 GIS 数据库的工作原理及简单数据库的搭建; (5)了解常用的 GIS 软件及各软件的基本特点; (6)掌握 ArcGIS 软件的常用功能; (7)掌握 ArcGIS 软件进行专题图的表达形式; (8)掌握 ArcGIS 软件制作专题图的流程及简单专题图的制作。 3.能力目标 (1)具备使用计算机基本功能的能力; (2)具备搜集并整理资料的能力; (3)具备查阅网络资源并解决问题的能力; (4)具备综合分析判断问题的能力; (5)能熟练完成 ArcGIS 软件基本功能的操作; (6)能独立使用 GIS 思维分析简单 GIS 问题; (7)能进行简单专题图制作; (8)能利用 ArcGIS 进行空间分析		
学习内容	**知识点**	**思政映射点**	
	1.GIS 基本知识 (1)GIS 的概念、组成、功能; (2)GIS 在各行业的应用; (3)坐标系统、投影系统; (4)地形图的分幅与编号	1.GIS 在国内发展迅速,体现我国文化底蕴深厚、发展迅速; 2.我国坐标系的更替,体现国家软硬实力的逐步增强,强化工作过程中的标准意识; 3.分幅与编号时要遵循分幅规定、编号原则,体现测绘人应遵守相关法律法规、规范标准; 4.GIS 在国防上的大量应用,体现国力增强,提高民族自信	
	2.地理空间数据结构 (1)空间数据与空间关系; (2)概念数据模型; (3)逻辑数据模型; (4)空间数据结构	1.地理实体是客观存在的; 2.逻辑关系是有一定关联的,具有科学性; 3.数据结构的学习体现了透过现象看本质的科学原理; 4.数据模型的学习,体现理论与实践相结合的哲学思想	

续表

	知识点	思政映射点
学习内容	3.空间数据获取 (1)GIS空间数据源； (2)地理信息分类与编码； (3)空间数据采集； (4)空间数据质量； (5)空间数据标准化及元数据获取	1.GIS数据源的多样性，体现了一定的包容性和强大的适应性； 2.分类和编码，有特定的规则，培养学生遵守规则的品质； 3.数据采集中要确保数据的可靠性、可用性； 4.数据质量的评定要遵守规定的要求，体现"守纪律、讲规律"的觉悟
	4.空间数据的编辑与处理 (1)空间数据编辑、拓扑关系建立； (2)空间数据坐标变换； (3)图幅裁剪与拼接； (4)空间数据插值、空间数据的压缩； (5)空间数据插值	1.熟知数据编辑流程，数据处理过程有检核，精度评定有依据，做到实事求是、精益求精； 2.空间数据的大量编辑工作，体现"吃苦奉献、拼搏争先"的优良品质； 3.图幅分割和拼接，体现"团队协同、合作进取"的团队精神
	5.空间查询与空间分析 (1)空间查询； (2)缓冲区分析、叠置分析； (3)网络分析、DEM分析； (4)泰森多边形分析、空间统计分析	1.GIS空间分析，结合空间选址案例，体现资源优化、合理配置； 2.叠置分析经常需要与缓冲区分析同时使用，体现了事物之间有联系是必然的； 3.洪水淹没预测是提前预估洪水的淹没范围，是下游人民生命和财产安全的保障
	6.GIS产品的输出 (1)GIS的产品输出形式； (2)地理信息的专题信息表示； (3)空间信息可视化	1.地图的应用要有法律意识； 2.专题图制作，要求遵循一定的制图规范，"规范使用地图，一点都不能错"； 3.数字城市、智慧城市、虚拟仿真等技术的逐步大众化，坚定了同学们作为GIS人为社会发展、国家安全贡献力量的决心
教学方法	任务驱动法、案例教学法、讲授法、讨论法、直观演示法、现场教学法等	
考核评价	总评成绩＝平时成绩(30%)＋过程性考核成绩(70%) 其中： 1.平时成绩由考勤、作业成绩、MOOC学习进度、课堂表现四部分组成； 2.过程性考核成绩由数据栅格编码、专题地图制作和在线考核三部分组成	
行业规范	1.《基础地理信息1∶10000地形要素数据规范》(GB/T 33462—2016)； 2.《土地利用现状分类》(GB/T 21010—2017)； 3.《城市地理信息系统设计规范》(GB/T 18578—2016)； 4.《城市道路交通组织设计规范》(GB/T 36670—2018)； 5.《全球定位系统(GPS)测量规范》(GB/T 18341—2016)； 6.《工程测量标准》(GB 50026—2020)	

表 1-3-50 "钢结构建模与应用"课程教学要求

课程名称	钢结构建模与应用		
开课学期	第 3 学期	学时/学分	32 学时/2 学分
学习目标	1. 素质目标 (1)具备科学、缜密、严谨工作的作风和良好的职业道德； (2)具备团队合作精神和管理协调的能力； (3)具备吃苦耐劳、艰苦奋斗、乐于奉献、拼搏争先的精神； (4)具备利用国家标准指导钢结构识图的能力； (5)具备自主学习、理论联系实际的能力。 2. 知识目标 (1)熟悉钢结构理论基本知识； (2)掌握钢结构施工图的识读方法； (3)掌握钢结构软件 TEKLA 的基础知识及软件设置； (4)掌握钢结构软件 TEKLA 的建模方法及思路； (5)掌握钢结构模型纠错及改正能力； (6)掌握图纸生成及打印输出的方式及步骤。 3. 能力目标 (1)能执行制图国家标准； (2)能独立识读钢结构施工图； (3)能使用 TEKLA 软件进行门式钢架模型的搭建； (4)能对 TEKLA 软件视图、线型、颜色管理进行设置及应用； (5)能对 TEKLA 软件文字、尺寸标注进行设置及应用； (6)能应用 TEKLA 进行图纸生成及输出； (7)能正确查阅施工图规则； (8)能独立完成钢结构施工图的识读与建模		
	知识点	**思政映射点**	
学习内容	1. 钢结构基本知识 (1)钢结构类型； (2)钢材分类、规格及用途； (3)钢结构的连接形式	1. 通过讲解钢结构的典型建筑，让学生感受我国的大好河山及地大物博，激发学生的爱国意识和民族自豪感，增强爱国情怀； 2. 通过介绍我国钢结构技术的发展历程，以此说明我国科学技术的发展和所取得的成绩，借此鼓励学生不甘落后、奋勇争先、追求进步的责任感和使命感	
	2. TEKLA 软件基础知识 (1)TEKLA 软件界面认识； (2)TEKLA 软件自定义设置； (3)TEKLA 软件基本绘图及编辑命令； (4)TEKLA 软件的轴线及轴线视图的创建方法； (5)梁、板、柱、螺栓的创建及零件的拆分及组合等命令的学习	1. 通过讲解软件自定义设置，要求学生"具体问题具体分析"，要把自定义设置参数与接下来要做的具体钢结构模型结合统一起来，使得设置的参数适用于本案例或工程； 2. "九层之塔始于垒土"，让学生重视基础命令的重要性，杜绝眼高手低，培养学生求真务实、脚踏实地的职业精神； 3. 强调"整体与部分"的关系，映射"大我与小我"的关系，激发学生的社会责任感和国家荣誉感； 4. 强化实训室使用和卫生要求，培养劳动精神和制度意识	

续表

	知识点	思政映射点
学习内容	3. 应用 TEKLA 软件进行钢结构模型创建 (1) 门刚柱及抗风柱的识读与创建； (2) 柱底板节点和牛腿的识读与模型创建； (3) 屋面梁、吊车梁、柱梁端板的识读与创建； (4) 梁梁连接节点、柱梁连接节点识读与模型创建； (5) 水平支撑及其节点的识读与模型创建； (6) 碰撞检查及修改方法	1. 讲解建模思路，要求学生在读图和建模的过程中做到"求真务实"，不能经验主义，培养科学严谨、实事求是的工作态度，感悟工匠精神； 2. 学习建模思路和方法，培养严谨细致、实事求是的工作态度和吃苦耐劳、艰苦奋斗的职业精神； 3. 对接规范，严守标准，强化质量，树立规范观念，强化责任意识； 4. 划分小组，分工合作，提高学生大局意识和全局意识，发扬团队协作精神和集体主义精神
	4. 应用 TEKLA 进行图纸生成及输出 (1) 模型的检查和修正； (2) 出图前的设置； (3) 整体布置图、零件图和构件图的做法； (4) 图纸布局及图纸编辑美化； (5) 对图纸中存在的错误进行分析； (6) 应用 TEKLA 软件进行图纸的输出打印	1. 通过模型纠错培养学生"反思"的能力，善于应用辩证唯物思想解决问题； 2. 图纸布局中善用大局和全局意识，做到思在前，行在后，同时对接制图标准，强化规范学习，增强学生的职业认同感和行业归属感； 3. 教学中融入新技术、新方法，培养具有新技术、新设备、新方法的改革和创新的思想
	5. 应用 TEKLA 软件进行钢结构桥梁模型创建练习 (1) 钢结构桥梁的基础知识； (2) 钢结构桥梁施工图的识读； (3) 模型创建； (4) 图纸的输出打印	1. 练习训练，培养学生"学以致用、举一反三"的实干精神； 2. 依托工程案例，塑造学生求真、求精、求稳的测绘工匠精神，形成严谨认真、精益求精的专业素养； 3. 熟知建模流程，养成大局和全局意识； 4. 对接制图规范，强化信息化模型规范学习，树立规范观念，强化责任意识； 5. 团队合作练习，强化学生团队协作能力，培养团结精神和集体主义精神
教学方法	任务驱动法、示范教学法、讲授法、讨论法、直观演示法、自主学习法等	
考核评价	总评成绩＝平时成绩(30%)＋过程性考核成绩(70%) 其中： 1. 平时成绩由考勤、作业成绩、课堂表现三部分组成； 2. 过程性考核成绩由 TEKLA 软件基础操作、门钢创建、TEKLA 图纸打印三部分组成	
行业规范	1.《铁路工程信息模型统一标准》(TB/T 10183—2021)； 2.《铁路工程信息模型施工阶段实施标准》(T/CRBIM 013—2018)； 3.《建筑钢结构防火技术规范》(CECS 200—2006)； 4.《技术制图图纸幅面和格式》(GB/T 14689—2008)	

表 1-3-51 "无损检测技术"课程教学要求

课程名称	无损检测技术	学时/学分	48学时/2.5学分
学习目标	1.素质目标 (1)具有正确的世界观、人生观、价值观； (2)具有敬业精神、团队协作、诚实守信的职业素养； (3)具有吃苦耐劳、踏实肯干的作风； (4)具有逻辑思维、分析问题、解决问题的能力； (5)具有健康体魄，能承受压力、挫折及失败； (7)具有制订工作计划、资料分析、信息技术应用的能力； (8)具有自我学习、思维敏捷、乐于创新的能力。 2.知识目标 (1)了解无损检测技术概况及基本内容； (2)了解及掌握常规无损检测技术的设备与器材； (3)掌握铁路路基下沉检测、动静态变形模量检测的方法； (4)掌握桥梁结构裂缝、缺陷检测,桥梁钢筋质量检测,孔道灌浆密实度检测的方法； (5)掌握喷射混凝土强度、厚度,锚杆长度,灌浆密实度检测的方法； (6)掌握铁路隧道空洞检测； (7)掌握二衬混凝土强度、厚度、缺陷检测的方法。 3.能力目标 (1)具备吃苦奉献、勇于负责、兢兢业业的良好职业道德； (2)具备组织协调、团队意识、沟通交流、工作创新的能力； (3)能进行铁路路基的下沉检测、变形模量检测； (4)能进行桥梁混凝土缺陷检测、混凝土裂缝检测、桥梁钢筋质量检测； (5)能进行铁路隧道喷射混凝土强度、厚度检测,锚杆长度、灌浆密实度检测； (6)能进行初期支护背后空洞检测,二次衬砌强度、厚度、缺陷检测		
学习内容	**知识点**	**思政映射点**	
	1.无损检测基础知识 (1)无损检测概念； (2)无损检测方法及选择； (3)无损检测技术发展过程	1.激发爱国热情和民族自豪感； 2.培育科技兴国、学习强国的理想和信念； 3.培养注重质量、注重信誉的诚信意识	
	2.铁路路基工程检测 (1)高速铁路路基工程特点及施工工艺； (2)路基工程路基下沉检测； (3)路基工程路基动静态变形模量检测； (4)高速铁路路基工程检测评定	1.增强文化自信； 2.培养爱岗敬业、严谨求实的职业素养； 3.了解路基工程施工技术的发展,树立科技兴国、学习强国的理想和信念	
	3.铁路桥梁工程检测 (1)高速铁路桥梁工程特点及施工工艺； (2)桥梁混凝土缺陷检测； (3)桥梁结构裂缝检测； (4)桥梁钢筋分布及保护层厚度检测； (5)桥梁孔道灌浆密实度检测； (6)高速铁路桥梁工程检测评定	1.引入目前桥梁施工技术研究进展,提高创新能力； 2.了解国产仪器全面发展,体会国家科技大力推进； 3.培养学生的规范与标准意识； 4.劳模示范操作,学习劳模的工匠精神	

续表

	知识点	思政映射点
学习内容	4.铁路隧道工程检测 (1)高速铁路隧道工程特点及施工工艺； (2)隧道工程喷射混凝土强度、厚度检测； (3)隧道工程锚杆长度、灌浆密实度检测； (4)隧道工程初支背后空洞检测； (5)隧道工程二衬强度、厚度、缺陷检测； (6)高速铁路隧道工程检测评定	1.融入国家"一带一路"高铁隧道建设，增强民族自豪感； 2.培养学生求真务实的检测工匠精神，养成严谨认真、精益求精的专业精神； 3.对接国家标准，增强学生的职业认同感和行业归属感； 4.体会劳模精神，感受榜样力量
	5.无损检测技术展望 (1)数字化； (2)高智能化； (3)自动化	1.激发对高铁工程无损检测技术的热爱； 2.感受我国科技工作者和工匠的创新和求真能力； 3.激发学习兴趣、专业自豪感，树立远大的理想信念
教学方法	任务驱动法、案例教学法、讲授法、讨论法、直观演示法、现场教学法等	
考核评价	总评成绩＝平时成绩(20%)＋过程性考核成绩(50%)＋期末考核成绩(30%) 其中： 1.平时成绩由考勤、作业成绩、课件学习进度、课堂表现四部分组成； 2.过程性考核成绩由无损检测基础知识、检测方法及选择，高速铁路路基工程施工质量检测，高速铁路桥梁工程施工质量检测，高速铁路隧道工程施工质量检测组成； 3.期末考核成绩即为理论试卷考核成绩	
教师要求	1.具备爱国情怀、爱岗敬业、扎实的专业知识及过硬的实践技能； 2.熟练使用检测仪器，并具备一定的现场经验； 3.具有一定的项目管理、组织、实施的方法能力和社会能力	
行业规范	1.《高速铁路路基工程施工质量验收标准》(TB 10751－2018)； 2.《高速铁路桥涵工程施工质量验收标准》(TB 10752－2018)； 3.《高速铁路隧道工程施工质量验收标准》(TB 10753－2018)； 4.《铁路工程结构混凝土强度检测规程》(TB 10426－2019)； 5.《超声回弹综合法检测混凝土抗压强度技术规程》(T/CECS 02－2020)； 6.《混凝土中钢筋检测技术标准》(JGJ/T 152－2019)	

表 1-3-52 "BIM 软件开发及应用"课程教学要求

课程名称	BIM 软件开发及应用		
开课学期	第 4 学期	学时/学分	32 学时/2 学分
学习目标			

学习目标	1.素质目标 (1)具有良好的爱国情怀、民族自豪感和社会主义世界观、人生观、价值观； (2)具备良好的大局意识、责任意识、自主学习意识； (3)具备语言表达、沟通协调、团队协作的能力； (4)具备科学、缜密、严谨的工作作风和良好的职业道德。 2.知识目标 (1)掌握编程相关的英语词汇； (2)了解 Revit 二次开发的发展现状和趋势； (3)了解 Revit 二次开发具备的工具与条件； (4)掌握 Revit 二次开发的编程语言(C♯语言)； (5)熟悉 Revit API 文档中的类、方法、属性等； (6)了解 Revit 软件的数据结构。 3.能力目标 (1)具备较强的英语阅读和写作能力； (2)具备学习和使用常用软件的基本能力； (3)具备应用专业知识分析实际问题的能力,确定 Revit 二次开发的目标； (4)具备解决实际问题的能力,确定 Revit 二次开发的功能需求； (5)能够熟练运用 Revit API 文档实现 Revit 二次开发的功能需求； (6)能够对 Revit 二次开发实现的功能进行调试

学习内容	知识点	思政映射点
	1.Revit 二次开发概述 (1)Revit 二次开发的发展现状和趋势； (2)Revit 二次开发的条件； (3)Revit 二次开发的工具	1.了解国家 BIM 行业软件开发情况,树立人生远大理想,担当时代责任； 2.学习 BIM 开发技术,激发学生强烈的好奇心,增强学生的探索精神
	2.C♯程序设计 (1)C♯语言概述； (2)C♯程序设计基础； (3)C♯控制语句； (4)继承和接口设计； (5)Winform 窗体设计； (6)错误调试和异常处理	1.掌握 C♯语言程序设计的基本概念、程序设计思想,培养科学思维方式； 2.掌握软件系统的开发方法,在设计环节中体现创新意识； 3.通过实践教学环节,培养学生的严谨求实态度、工匠精神、创新精神,提高其创新能力； 4.了解目前我国在程序设计、开发方面的现状,从而激发学生的爱国热情和责任心

续表

	知识点	思政映射点
学习内容	3.Revit 二次开发技术 (1)Revit API 概述； (2)外部命令和外部应用； (3)Revit 文档类和应用类； (4)事务处理； (5)元素； (6)族； (7)功能区扩展	1.在教学过程中，充分挖掘 BIM 开发课程的道德教育资源，通过逻辑推理、计算、编程等方法，培养学生严谨、理性、求实的品质； 2.教学中融入新技术、新方法，培养学生具有新技术、新方法的改革和创新的思想； 3.通过引导学生思维深入知识的发现或再发现过程中，激发创新意识，提高学生独立思考的能力和逻辑思维能力
	4.实战实例 (1)需求目标； (2)需求分析； (3)功能分析； (4)功能实现； (5)功能调试； (6)项目实现	1.强化理实一体学习实践，深悟"具体问题具体分析"和"理论与实践相结合"的哲学思想； 2.在设计解决方案时，要求学生做到精益求精并有所创新，培养学生的工匠精神； 3.通过典型案例剖析，让学生感受理论与实际的差异，并能够正确理解技术问题，使学生具有提出问题、分析问题、解决问题以及归纳总结的综合能力，培养学生求真务实、脚踏实地的学习精神
教学方法	讲授法、案例法、行动导向法、任务驱动法等	
考核评价	总评成绩＝平时成绩(30%)＋过程性考核成绩(70%) 其中： 1.平时成绩由考勤、作业成绩、课堂表现三部分组成； 2.过程性考核成绩由项目需求分析、项目设计和项目实现三部分组成	
行业规范	1.《铁路工程信息模型统一标准》(TB/T 10183—2021)； 2.《铁路工程信息模型施工阶段实施标准》(T/CRBIM 013—2018)； 3.《铁路工程信息模型分类和编码标准》(T/CRBIM 002—2014)； 4.《铁路工程信息模型数据存储标准》(CRBIM 1002—015)	

四、综合实训模块课程

综合实训模块课程的教学要求见表 1-3-53 至表 1-3-68。

表 1-3-53　高速铁路施工与维护专业"跟岗实习"课程教学要求

课程名称	跟岗实习	学时/学分	96 学时/4 学分
学习目标	1.素质目标 (1)具备沟通交际能力； (2)具备语言表达能力； (3)具备团队协作能力； (4)具备独立自主思考能力，以及对工程质量及精度的把控能力； (5)具备精益求精的工作态度，严谨的职业素养； (6)具备深厚的民族自豪感		

学习目标	2.知识目标 (1)掌握高速铁路桥梁施工方案编写； (2)掌握高速铁路路基地基处理、防护及加固施工方案编写； (3)掌握高速铁路隧道施工方案编写； (4)掌握高速铁路桥梁、路基及隧道工程图纸识读； (5)掌握高速铁路桥梁、路基及隧道工程量计算； (6)掌握高速铁路路基压实度检测方法； (7)掌握高速铁路桥梁桩基础检测方法。 3.能力目标 (1)具备高速铁路桥梁、路基及隧道工程施工方案编写的能力； (2)具备高速铁路桥梁、路基及隧道施工图纸识读的能力； (3)具备高速铁路桥梁、路基及隧道工程量计算的能力； (4)具备高速铁路路基压实度检测的能力； (5)具备高速铁路桥梁桩基础检测的能力； (6)具备在现有知识、技能基础上不断获取新知识、新技能的能力	
学习内容	**知识点**	**思政映射点**
	1.高速铁路路基部分 (1)高速铁路路基换填法处理地基基础施工方案编写； (2)高速铁路路基挖、填方工程量计算； (3)EVD检测路基压实度； (4)K30平板荷载仪检测路基压实度	1.路基挖、填方工程量计算：体验"失之毫厘，谬以千里"的工作态度； 2.路基质量检测：精益求精的工作态度； 3.路基压实度检测：科学严谨的工作思维
	2.高速铁路桥涵部分 (1)高速铁路三跨连续梁桥图纸识读； (2)高速铁路三跨连续梁桥预应力工程量计算； (3)高速铁路三跨连续梁桥挂篮施工方案编写； (4)桥涵桩基础桩身完整性检测	1.图纸识读：认真严谨的工作作风； 2.中国建造纪录片：体会高铁桥梁工程师的敬业精神； 3.京港澳大桥案例学习：大国工匠精神； 4.方案编写：文字表达能力，工程师技术编写能力
	3.高速铁路隧道部分 (1)高速铁路隧道图纸识读； (2)高速铁路隧道工程量计算； (3)高速铁路隧道施工方案编写； (4)单孔箱涵混凝土方量计算	1.隧道图纸识读：严谨的工作态度； 2.国内知名海底隧道案例：不断解决问题，坚持不懈的工程精神； 3.土方量计算：大局意识，科学经济的合理方案
	4.高速铁路轨道部分 (1)无砟轨道几何状态检查； (2)CPⅢ控制网测量及计算； (3)CRTSⅢ型板施工精调； (4)长钢轨精测精调	1.几何状态检查：铁路人标准化职业素养； 2.轨道施工精调：精益求精，追求卓越的精神品质； 3.高速铁路运行速度的提升：提高学生对"高铁名片"的深入理解

续表

教学方法	1.线上线下混合式教学法:利用云课堂线上平台进行课前激发学习热情、课中通过实际工程案例进行任务实施、课后通过布置线上作业进行学习巩固; 2.分组讨论法:分小组进行做与评及协作,完成学习任务; 3.任务驱动法:引入企业典型施工案例,让课堂接近实际施工环境,让学生充当企业技术人员
考核评价	平时20%,过程性考核50%,实训报告30%
行业规范	1.《高速铁路路基工程施工质量验收标准》(TB 10751—2018); 2.《高速铁路桥涵工程施工质量验收标准》(TB 10752—2010); 3.《高速铁路隧道工程施工质量验收标准》(TB 10753—2010); 4.《高速铁路轨道工程施工质量验收标准》(TB 10754—2010)

表1-3-54 高速铁路施工与维护专业"认识实习"课程教学要求

课程名称	认识实习	学时/学分	24学时/1学分
学习目标	1.素质目标 (1)提高学生的团队协作意识和团队精神,强化学生的事业心和责任感,提高专业思想; (2)提高学生的安全意识,提高其组织协调能力; (3)培养学生的职业自豪感。 2.知识目标 (1)要求学生经过认识实习之后能够对铁路线路、桥梁、涵洞以及隧道等基本结构物有初步认识; (2)要求学生熟悉铁路道口; (3)经过实习要求学生加深对专业的理解和对将来工作性质的理解。 3.能力目标 (1)具有利用网络、文献等获取信息的能力; (2)具备搜集整理资料的能力; (3)具备制订、实施工作计划的能力; (4)具有自学测量新技术的能力; (5)具有实践动手能力			
学习内容	知识点		思政映射点	
^	1.参观实训工区 (1)轨道的类型及组成; (2)道岔的种类及作用; (3)认识无缝线路; (4)线路维修基本知识		1.了解高速铁路发展史,增强民族自豪感; 2.了解轨道的发展和线路维修的工作内容,理解为实现高铁速度背后无数高铁人精益求精的工作态度,以及默默奉献的无私精神	
^	2.参观铁路桥涵、隧道等实体建筑结构 (1)桥涵、隧道的主要构成部分; (2)高速铁路隧道的主要作用及类型; (3)高速铁路桥梁施工技术要求及特点		1.通过徒步锻炼,使学生体会铁路人吃苦耐劳的工作态度; 2.参观户外实体时,培养学生之间的协作精神、团队意识、组织协调能力; 3.学习铁路工人在面对户外艰苦条件时,坚持不懈、追求卓越的品质	

续表

	知识点	思政映射点
学习内容	3.走访铁路道口 (1)平交道口的组成； (2)道口安全标识； (3)道口的管理措施； (4)铁路道口行车规范要求	1.通过走访铁路道口,强调安全生产意识、环境保护意识； 2.走访铁路道口的铁路工人,体会敬业精神、责任意识和诚信品质等良好的职业道德
	4.参观高铁车站 (1)高速铁路车站组成、作用及分类； (2)高速铁路车站的主要运营方式	1.观看各地高铁车站的建筑构造,体会高铁文化之美； 2.体会车站枢纽的重要性
	5.完成实训报告 (1)实训报告的整体排版； (2)实训日志	(1)对待工作精益求精的工作态度； (1)严谨认真的文字梳理习惯
教学方法	案例教学及实操演练结合	
考核评价	总评成绩＝平时成绩(20％)＋过程性考核成绩(50％)＋实训报告(30％)	
行业规范	1.《高速铁路路基工程施工质量验收标准》(TB 10751－2018)； 2.《高速铁路桥涵工程施工质量验收标准》(TB 10752－2010)； 3.《高速铁路隧道工程施工质量验收标准》(TB 10753－2010)； 4.《高速铁路轨道工程施工质量验收标准》(TB 10754－2010)	

表 1-3-55　高速铁路施工与维护专业"毕业设计"课程教学要求

课程名称	毕业设计	学时/学分	120学时/5学分
学习目标	1.素质目标 (1)具备沟通交际能力； (2)具备语言表达能力； (3)具备团队协作能力； (4)具备独立自主思考能力,以及对工程质量及精度的把控能力； (5)具备精益求精的工作态度,严谨的职业素养； (6)具备深厚的民族自豪感。 2.知识目标 (1)熟悉顶岗实习流程； (2)掌握岗位工作内容； (3)掌握常用高铁施工工艺,以及施工机械设备的使用方法； (4)掌握高铁施工项目工程管理。 3.能力目标 (1)具备在现有知识、技能基础上不断获取新知识、新技能的能力； (2)能完成岗位工作任务； (3)能够完成学校毕业设计要求		

续表

	知识点	思政映射点
学习内容	1.调查研究、查阅中外文献和收集资料； 2.理论分析、制定设计或试验方案； 3.方案设计和数据处理； 4.撰写论文	1.查阅资料要有科学严谨、实事求是的工作态度； 2.要有"理论与实践相结合"和"具体问题具体分析"的哲学思想； 3.方案设计要渗透科学的思路、严谨的思维、上进的思想； 4.撰写论文要体现细节与整体的关系,要融入爱国主义情怀、遵守高铁行业规范
教学方法	1.任务布置,理论联系实际； 2.查阅资料,搜集国内外研究现状； 3.分析研究,解决遇到的实际问题； 4.归纳总结,能从专业角度完成任务并总结； 5.教师指导,根据完成情况对学生毕业设计进行指导和优化	
考核评价	总评成绩＝平时成绩(30%)＋期末成绩(70%) 其中： 1.平时成绩由考勤、毕业论文质量优劣来判定； 2.期末成绩为毕业设计答辩成绩	
教师要求	1.具备爱国情怀、爱岗敬业； 2.具备扎实的专业知识及过硬的实践技能； 3.熟练完成现场施工任务,并具备一定的现场经验； 4.具有一定的项目管理、组织、实施的方法能力和社会能力； 5.具备应对紧急突发状况的能力	
行业规范	1.《高速铁路路基工程施工质量验收标准》(TB 10751—2018)； 2.《高速铁路桥涵工程施工质量验收标准》(TB 10752—2010)； 3.《高速铁路隧道工程施工质量验收标准》(TB 10753—2010)； 4.《高速铁路轨道工程施工质量验收标准》(TB 10754—2010)	

表 1-3-56 高速铁路施工与维护专业"顶岗实习"课程教学要求

课程名称	顶岗实习	学时/学分	408学时/17学分
学习目标	1.素质目标 (1)具备沟通交际能力； (2)具备语言表达能力； (3)具备团队协作能力； (4)具备独立自主思考能力,以及对工程质量及精度的把控能力； (5)具备精益求精的工作态度,严谨的职业素养； (6)具备深厚的民族自豪感。 2.知识目标 (1)熟悉顶岗实习流程； (2)掌握岗位工作内容； (3)掌握常用高铁施工工艺,以及施工机械设备的使用方法； (4)掌握高铁施工项目工程管理		

续表

学习目标	3.能力目标 (1)具备高速铁路桥梁、路基及隧道工程施工方案编写的能力； (2)具备高速铁路桥梁、路基及隧道施工图纸识读的能力； (3)具备高速铁路桥梁、路基及隧道工程量计算的能力； (4)具备高速铁路路基压实度检测的能力； (5)具备高速铁路桥梁桩基础检测的能力； (6)具备在现有知识、技能基础上不断获取新知识、新技能的能力； (7)能完成岗位工作任务； (8)能够完成学校顶岗实习要求	
学习内容	知识点	思政映射点
	1.行业通用能力 (1)理论知识的实际应用； (2)自我学习、知识技能更新、适应岗位变化	1.学生自我学习的自制力； 2.爱岗敬业、奉献社会的好品质
	2.关键岗位能力 (1)关键工作的完成度； (2)关键工作的合格度	1.精益求精的工匠精神； 2.不断发现新问题并能够解决问题的创造力； 3.热爱祖国、忠诚事业、艰苦奋斗、无私奉献的测绘精神； 4.良好的职业规范,规范与标准意识； 5.现场作业要求的劳动精神
	3.个人素质能力 (1)团队合作； (2)人际交往	1.团队合作意识； 2.个人的奉献意识； 3.关键时刻的大局意识
	4.知识拓展能力：交叉学科知识的学习	1.多学科知识的学习,对科学知识的求知精神； 2.多学科知识的应用,知识的重塑创造精神
	5.实习报告的撰写	1.撰写文本的能力,更好地总结经验,奉献行业； 2.认真完成实习报告,培养一丝不苟、科学严谨的科学精神； 3.企业教师打分,师徒制下的尊师重道得到认同
教学方法	1.企业导师的引导,校内导师的指导 (1)通过具体的项目将所学知识的原理、方法、重点、难点及注意事项落实； (2)企业教师现场示范操作,强调经验要领和工作岗位责任； (3)学生练习,通过实际项目调动学生学习积极性。 2.现场观察,现场学习,现场求教 (1)学生通过现场观察施工过程,通过现场翻阅工程文件、图纸进行自学； (2)学生通过询问现场技术人员进行知识的针对性学习； 3.企业教师、校内导师双评价,促进学生的学习积极性	
考核评价	总评成绩＝平时成绩(20％)＋过程性考核成绩(20％)＋期末成绩(60％) 其中： 1.平时成绩由考勤、周报、月报三部分组成； 2.过程性考核成绩由企业教师根据实习过程中的表现进行打分； 3.期末成绩根据学生的顶岗实习报告情况进行打分	

续表

行业规范	1.《高速铁路路基工程施工质量验收标准》(TB 10751—2018); 2.《高速铁路桥涵工程施工质量验收标准》(TB 10752—2010); 3.《高速铁路隧道工程施工质量验收标准》(TB 10753—2010); 4.《高速铁路轨道工程施工质量验收标准》(TB 10754—2010)

表1-3-57 工程测量技术专业"认识实习"课程教学要求

课程名称	认识实习	学时/学分	24学时/1学分
学习目标	1.素质目标 (1)具备爱国情怀、热爱测绘工程专业; (2)具有野外生存与自我保护的能力; (3)具有团队协作的能力; (4)具有构建社会关系的能力; (5)具备能应对紧急突发状况的能力; (6)具有决策与执行能力。 2.知识目标 (1)认识测量仪器设备的种类及作用; (2)认识地形图元素、内容及测绘工作; (3)认识铁路及其附属物的定位、放线和控制标高的工作; (4)认识无人机航测、遥感卫星图像处理以及4D产品生产; (5)认识桥梁组成与结构。 3.能力目标 (1)具有利用网络、文献等获取信息的能力; (2)具备搜集整理资料的能力; (3)具备能制订、实施工作计划的能力; (4)具有自学测量新技术的能力; (5)具有实践动手能力			
学习内容	知识点		思政映射点	
学习内容	1.测绘专业介绍和实训任务的安排 首先讲解测量专业是干什么的行业,以及测量专业的发展历史,让学生了解国内外测量技术的现状,使学生对该专业有一个简单的了解,掌握认识实习课程的具体任务和安排		1.通过引入国测一大队的发展历程讲述我国测绘事业的发展史,用国测一大队先进事迹教育学生; 2.引导学生向老一辈测量前辈学习,时刻牢记学校"吃苦奉献、拼搏争先"的精神; 3.用测量先进事迹教育学生,增加学生对专业的认同感	
学习内容	2.参观学习校内外实训基地 (1)通过参观学校三大实训基地,使学生对学校建筑、隧道、高铁实训基地有清晰的认识和了解,熟悉实训的地点和内容;		1.介绍白志勇测量大师的先进事迹,继承和发扬学校吃苦奉献、拼搏争先的精神; 2.讲解测量精益求精的测量精神,从事测量工作一定要高标准、高精度;	

续表

	知识点	思政映射点
学习内容	(2)通过参观学习学校测绘实训基地,全站仪室、实训室206模型、水准仪、电子水准仪室、GPS仪器,使学生认识测绘的常用仪器设备,对测量的各种设备有一个简单的了解; (3)通过参观学习校外南源测绘实训基地,让同学们认识测量野外工作的流程和采集的地形地物内容,以及野外实习的纪律和人身安全	3.仪器操作与使用规范:爱护仪器,保证设备完好; 4.实训场使用要求:劳动精神; 5.实践任务:敢于探索、积极实践的工匠精神; 6.北斗导航系统介绍:激发民族自豪感; 7.学校地形图测绘图根控制网测量案例:严谨认真、精益求精的专业精神
	3.参观学习校外高速、铁路线路 (1)参观高速铁道郑西线高铁桥,使学生在老师的讲解下认识高速铁路桥梁的结构组成; (2)通过参观郑西线渭南北客站,使学生在老师的讲解下认识高铁站的建筑物结构组成,认识高铁站各种设施和结构	1.通过高速铁道郑西线,讲解我国高铁从无到有、从有到强的过程,展现国家改革开放四十年发展历程; 2.大国工匠精神讲解; 3.我国坐标基准发展史:"艰苦奋斗、无私奉献"的测绘精神; 4.著名校友窦铁成精神的讲解; 5.讲解高铁施工过程中劳模精神和榜样力量
	4.参观无人机实训基地 (1)通过参观无人机实训基地:使学生在指导老师的讲解下,了解无人机的构造、组成、类型,以及在航测及其他行业中的应用; (2)参观航模协会,了解无人机航模的结构、制作过程,使学生熟悉无人机航模的结构、类型,激发同学学习专业知识的兴趣	1.由无人机的发展历史引申到我国改革开放,讲述我国改革开放中的先进事迹; 2.引入大疆无人机的创新创业故事,启发学生对无人机测绘新技术的兴趣,激发学生认真学习专业知识的动力; 3.学校的校训和学校精神讲解; 4.发扬铁院人艰苦朴素、吃苦奉献的精神
教学方法	1.实习任务布置、理论联系实际; 2.查阅资料,了解无人机相关专业发展历史; 3.分析研究,解决遇到的实际问题; 4.归纳总结,从专业角度完成任务并完成实习总结; 5.学生总结,小组任务完成以后分组进行汇报、讨论	
考核评价	总评成绩=平时考核(20%)+过程性考核成绩(50%)+实训报告(30%) 其中: 1.平时成绩由考勤、作业成绩、MOOC学习进度、课堂表现四部分组成; 2.过程性考核成绩分为新校区平面图手绘、桥梁建筑结构图手绘、参观图集制作三部分; 3.实训报告分为版面格式、实习日志撰写、总结思考三部分	

续表

行业规范	1.《工程测量标准》(GB 50026—2020)； 2.《高速铁路工程测量规范》(TB 10601—2009)； 3.《低空数字航空摄影规范》(CH/Z 3005—2010)； 4.《城市轨道交通工程测量规范》(GB 50308—2008)； 5.《国家基本比例尺地图图式第1部分　1:500 1:1000 1:2000 地形图图式》(GB/T 20257.1—2017)； 6.《测绘成果质量检查与验收》(GB/T 24356—2009)

表 1-3-58　工程测量技术专业"跟岗实习"课程教学要求

课程名称	跟岗实习	学时/学分	48 学时/2 学分
学习目标		1.素质目标 (1)具备爱国情怀、热爱测绘工程专业； (2)具备求真务实、精益求精的工匠精神； (3)具备吃苦奉献、扎根一线的劳动精神； (4)具备应对紧急突发状况的能力； (5)具备野外生存、自我保护、团队协作的能力； (6)具备遵守测量人员工作纪律和国家法律法规，严格执行国家标准和行业标准的素养。 2.知识目标 (1)熟悉水准测量原理，掌握四等和五等水准测量外业观测及水准测量的内业计算； (2)了解光电测距三角高程测量的原理及观测方法； (3)了解经纬仪的构造及安置； (4)掌握全站仪的构造、安置及水平角、水平距离的观测方法； (5)掌握导线测量外业观测及内业计算的方法； (6)掌握控制测量的基本工作。 3.能力目标 (1)能熟练操作各种测量仪器及设备； (2)能够进行角度、距离及高程测量； (3)具备使用通讯等辅助工具的能力； (4)具备搜集整理资料的能力； (5)具备制订、实施工作计划的能力； (6)具备综合分析判断的能力

学习内容	知识点	思政映射点
	1.高程测量 (1)水准测量原理； (2)水准仪的操作和使用； (3)水准路线测量方法； (4)水准路线测量内业计算； (5)四等水准测量的方法	1.学习强国中珠峰测量之水准测量推文：科学严谨、实事求是的工作态度； 2."具体问题具体分析"的哲学思想； 3.仪器操作与使用规范； 4."理论与实践相结合"的哲学思想； 5."1975 年珠峰测量纪实"视频：测绘精神； 6.工程测量规范："步步检核"的职业规范，规范与标准意识； 7.实训场使用要求：劳动精神； 8.实践任务：敢于探索、积极实践的工匠精神

续表

	知识点	思政映射点
学习内容	2.平面测量 (1)经纬仪的操作； (2)全站仪的操作(测角和测距)； (3)测回法观测水平角； (4)竖直角测量、三角高程测量	1.全站仪构造微课：把握细节，全局学习； 2.2020珠峰高程测量视频：全站仪规范操作，精益求精； 3.全国劳模示范进行全站仪安置视频：学习劳模的工匠精神； 4.国产高精度全站仪测距介绍视频：国产仪器全面发展，国家科技大力推进； 5.珠峰测量记录片中精确测量距离视频：精益求精，彰显工匠精神； 6.工程测量规范：规范与标准意识； 7.测回法的计算与检核微课：按规范计算角度，明确质量要求
	3.小区域控制测量 (1)方位角、象限角及相互之间的关系； (2)导线的布设形式及适用情况； (3)导线外业观测及内业计算； (4)GNSS接收机的构造； (5)GNSS静态测量的原理及方法	1.学习北斗卫星定位技术原理系列资料，培养爱国热情和民族自豪感，树立科技兴国、学习强国的理想和信念； 2.熟知测量流程，养成测量工作步步有检核、精度至上的原则； 3.教学中融入新技术、新方法，培养具有新技术、新设备、新方法的改革和创新的思想； 4.依托典型工程案例，塑造学生求真、求精、求稳的测绘工匠精神，形成严谨认真、精益求精的专业素养； 5.对接国家标准，强化测量规范学习，增强学生的职业认同感和行业归属感； 6.技能大师现场教学，体会劳模精神，感受榜样力量
教学方法	1.理论讲解，教师演示，学生跟练 (1)理论部分：任务驱动，通过PPT给学生讲解知识目标、原理、方法、重点、难点及注意事项； (2)操作部分：教师现场示范整个测量过程，并强调注意事项； (3)学生跟练：教师边操作，学生边练习，激发学生学习兴趣，调动学生学习积极性。 2.布置任务，小组完成，学生讨论，小组互评 (1)布置课堂任务，引导学生分组完成实习任务，理实一体化，从而掌握整个环节所有知识； (2)对测量结果小组互评，并对存在问题及时纠正，大家相互学习，共同进步； (3)对个别学生重点辅导。 3.教师点评 (1)小组汇报任务完成情况； (2)教师点评学生完成情况，对于优秀学生提出表扬，并对个别学生存在问题重点辅导并对其进行鼓励； (3)教师强调测量仪器安全及人身安全，引发思政教育	
考核评价	总评成绩＝平时成绩(20%)＋期中成绩(50%)＋期末成绩(30%) 其中： 1.平时成绩由考勤、作业成绩、云课堂学习进度三部分组成； 2.期中成绩由实习期间在企业的表现来决定，由企业指导教师进行评价打分； 3.期末成绩为跟岗实习报告成绩，主要体现在完成度和准确度上	
行业规范	1.《工程测量标准》(GB 50026－2020)； 2.《全球定位系统(GPS)测量规范》(GB/T 18341－2016)； 3.《铁路工程测量规范》(TB 10101－2018)	

表 1-3-59　工程测量技术专业"毕业设计"课程教学要求

课程名称	毕业设计	学时/学分	144学时/6学分
学习目标			

| 学习目标 | 1.素质目标
(1)具备爱国情怀、热爱无人机测绘技术专业；
(2)具备合作精神和管理协调的能力；
(3)具备能处理突发事件的能力；
(4)具备吃苦耐劳、艰苦奋斗、拼搏争先精神；
(5)具备遵守测量人员工作纪律，严格执行测量工作技术规范的职业道德。
2.知识目标
(1)掌握无人机专业的基本内涵；
(2)掌握无人机专业的知识体系；
(3)了解无人机测绘项目的基本任务；
(4)掌握无人机测绘影像数据的处理方法；
(5)掌握无人机设备和软件的使用方法；
(6)掌握论文撰写的基本要求；
(7)了解生产项目的主要流程及内容。
3.能力目标
(1)具备使用通讯等辅助工具的能力；
(2)具备搜集整理资料的能力；
(3)具备制订、实施工作计划的能力；
(4)具备综合分析判断的能力；
(5)能熟练操作各种测绘设备；
(6)能完成测绘任务的实施；
(7)能进行测绘项目的流程管理；
(8)能进行测绘项目资料的整理、总结报告的撰写 |

学习内容	知识点	思政映射点
	1.调查研究,查阅中外文献和收集资料 (1)理论知识的实际应用； (2)拟题、选题	1.查阅资料要有科学严谨、实事求是的工作态度； 2.自我学习、研究实验的学习精神
	2.理论分析,制定设计或试验方案 (1)严密思维、科学组织； (2)施工工艺流程	1.实事求是、尊重科学的敬业精神； 2.要有"理论与实践相结合"和"具体问题具体分析"的哲学思想
	3.方案设计和数据处理 (1)施工组织和技术规程； (2)质量管理	1.方案设计要渗透科学的思路、严谨的思维、上进的思想； 2.科学严谨的推算,合规逻辑的规范精神
	4.撰写论文	1.撰写论文体现细节与整体的关系,要融入爱国主义情怀、遵守测绘行业标准。 2.精益求精、力争优异的拼搏精神

续表

教学方法	1.任务布置,理论联系实际; 2.查阅资料,搜集国内外研究现状; 3.分析研究,解决遇到的实际问题; 4.归纳总结,能从专业角度完成任务并总结; 5.教师指导,根据完成情况对学生毕业设计进行指导和优化
考核评价	总评成绩＝平时成绩(30％)＋期末成绩(70％) 其中: 1.平时成绩由考勤、毕业论文质量优劣来判定; 2.期末成绩为毕业设计答辩成绩
行业规范	1.《工程测量标准》(GB 50026－2020); 2.《全球定位系统(GPS)测量规范》(GB/T 18341－2016); 3.《铁路工程测量规范》(TB 10101－2018); 4.《高速铁路工程测量规范》(TB 10601－2009); 5.《国家一、二等水准测量规范》(GB/T 12897－2006); 6.《国家三、四等水准测量规范》(GB/T 12898－2009); 7.《精密工程测量规范》(GB/T 15314－1994)

表1-3-60 工程测量技术专业"顶岗实习"课程教学要求

课程名称	顶岗实习	学时/学分	408学时/17学分
学习目标	1.素质目标 (1)具备测绘精神、工匠精神、劳模精神; (2)具备合作精神和管理协调的能力; (3)具备使用和判断肢体语言的能力; (4)具备应对紧急突发状况的能力; (5)具备遵守测量人员工作纪律,严格执行测量工作技术规范的职业道德。 2.知识目标 (1)熟悉顶岗实习流程; (2)掌握岗位工作内容; (3)掌握常用数据处理软件的使用方法。 3.能力目标 (1)具备理解规范、标准的能力; (2)具备野外数据获取、数据检查、成果复核和判断的能力; (3)具备常用数据处理软件的应用能力; (4)具备制订、实施工作计划的能力; (5)具备使用通讯等辅助工具的能力; (6)能完成岗位工作任务; (7)能够完成学校顶岗实习要求			

	知识点	思政映射点
学习内容	1.行业通用能力 (1)理论知识的实际应用; (2)自我学习、知识技能更新、适应岗位变化	1.学生自我学习的自制力; 2.爱岗敬业、奉献社会的好品质

续表

学习内容	知识点	思政映射点
	2.关键岗位能力 (1)关键工作的完成度； (2)关键工作的合格度	1.精益求精的工匠精神； 2.不断发现新问题并能够解决问题的创造力； 3.热爱祖国、忠诚事业、艰苦奋斗、无私奉献的测绘精神； 4."步步检核"的职业规范,规范与标准意识； 5.现场作业要求的劳动精神
	3.个人素质能力 (1)团队合作； (2)人际交往	1.团队合作意识； 2.个人的奉献意识； 3.关键时刻的大局意识
	4.知识拓展能力:交叉学科知识的学习	1.多学科知识的学习,对科学知识的求知精神； 2.多学科知识的应用,知识的重塑创造精神
	5.实习报告的撰写	1.撰写文本的能力,更好地总结经验,奉献行业； 2.认真完成实习报告,培养一丝不苟、科学严谨的科学精神； 3.企业教师打分,师徒制下的尊师重道得到认同
教学方法	任务驱动法、案例教学法、讲授法、讨论法、直观演示法、现场教学法等	
考核评价	总评成绩＝平时成绩(20％)＋过程性考核成绩(20％)＋期末成绩(60％) 其中： 1.平时成绩由考勤、周报、月报三部分组成； 2.过程性考核成绩由企业教师根据实习过程中的表现进行打分； 3.期末成绩根据学生的顶岗实习报告情况进行打分	
行业规范	1.《工程测量标准》(GB 50026—2020)； 2.《全球定位系统(GPS)测量规范》(GB/T 18341—2016)； 3.《铁路工程测量规范》(TB 10101—2018)； 4.《高速铁路工程测量规范》(TB 10601—2009)； 5.《国家一、二等水准测量规范》(GB/T 12897—2006)； 6.《国家三、四等水准测量规范》(GB/T 12898—2009)； 7.《精密工程测量规范》(GB/T 15314—1994)	

表1-3-61 土木工程检测技术专业"认识实习"课程教学要求

课程名称	认识实习	学时/学分	24学时/1学分
学习目标	1.素质目标 (1)具备爱国情怀、热爱土木工程检测技术工程专业； (2)具备合作精神和管理协调的能力； (3)具备吃苦耐劳、艰苦奋斗、拼搏争先精神； (4)具备应对紧急突发状况的能力； (5)具备遵守工程检测人员工作纪律,严格执行工程检测工作技术规范的职业道德。		

续表

学习目标	2.知识目标 (1)了解铁路、公路、桥梁、隧道、房建等土工结构物的基本组成及各组成的基本作用； (2)了解铁路、公路、桥梁、隧道、房建等土工结构物各自组成材料及各组成材料的基本作用； (3)了解普通铁路与高速铁路的各自不同点，沥青路面与水泥路面的各自特点； (4)了解各类土木工程试验室的功能以及常规试验仪器名称和基本作用。 3.能力目标 (1)能说出铁路、公路、桥梁、隧道、房建等土工结构物的基本组成结构及各结构的基本作用； (2)能说出铁路、公路、桥梁、隧道、房建等土工结构物各自组成材料及各组成材料的基本作用； (3)能说出普通铁路与高速铁路的各自不同点，沥青路面与水泥路面的各自特点； (4)能说出各类土木工程试验室的功能及对应资质等级，各个常规试验仪器名称及基本作用	
学习内容	知识点	思政映射点
	1.铁路结构认知 (1)铁路类型及结构认知； (2)铁路结构的作用及组成材料认知； (3)铁路施工方式认知； (4)铁路质量控制及检验技术要点认知	1.培养爱国热情和民族自豪感； 2.激发对土木工程检测技术的热爱； 3.树立工程质量意识； 4.培育科技兴国、学习强国的理想和信念
	2.公路结构认知 (1)公路类型及结构认知； (2)公路结构的作用及组成材料认知； (3)公路施工方式认知； (4)公路质量控制及检验技术要点认知	1.培养爱国热情和民族自豪感； 2.实践过程中，体会"工匠精神"的精髓； 3.加深和巩固质量意识； 4.理解劳动精神
	3.桥涵认知 (1)桥涵类型及结构认知； (2)桥涵结构的作用及组成材料认知； (3)桥涵施工方式认知； (4)桥涵质量控制及检验技术要点认知	1.培养爱国热情和民族自豪感； 2.锻炼团队协作的能力； 3.树立"精益求精"的理念； 4.培养劳动精神
	4.隧道结构认知 (1)隧道类型及结构认知； (2)隧道结构的作用及组成材料认知； (3)隧道施工方式认知； (4)隧道质量控制及检验技术要点认知	1.培养爱国热情和民族自豪感； 2.树立科技兴国、学习强国的理想和信念； 3.培养"敢于奉献，永不放弃"的中国工匠精神； 4.锻炼团队协作的能力
	5.民用建筑认知 (1)民用建筑类型及结构认知； (2)民用建筑结构的作用及组成材料认知； (3)民用建筑施工方式认知； (4)民用建筑控制及检验技术要点认知	1.培养爱国热情和民族自豪感； 2.启发新技术、新方法的改革和创新的思想； 3.培养学生求真、求精的工匠精神； 4.养成严谨认真、精益求精的专业精神

续表

	知识点	思政映射点
学习内容	6.土木工程试验室认知 (1)各类土木工程试验室类型及功能认知； (2)各类土木工程试验室资质及检测范围认知； (3)土木工程试验室管理制度认知及职责； (4)土木工程试验室常规设备及仪器认知	1.对接国家标准，增强学生的职业认同感和行业归属感； 2.对标试验室管理条例，培养学生规范与标准意识； 3.了解国产仪器全面发展，体会国家科技大力推进； 4.感受我国科技工作者和工匠的创新和求真能力； 5.理解试验检测过程中的大局意识，注重细节，步步精准，培养精益求精的职业素养
教学方法	现场教学法、任务驱动法、案例教学法、讲授法、讨论法、直观演示法等	
考核评价	总评成绩＝平时成绩(20%)＋过程性考核成绩(50%)＋实习报告成绩(30%) 其中： 1.平时成绩由考勤、实习现场表现、实习现场问答三部分组成； 2.过程性考核成绩由实习过程性线上考核、实习现场任务完成质量、实习现场实践考核三部分组成； 3.实习报告成绩即为实习报告质量评定成绩	
教师要求	1.具备爱国情怀、爱岗敬业、扎实的专业知识及过硬的实践技能； 2.熟悉铁路、公路、桥梁、隧道、房建等土工结构物的施工、检测，各自的组成材料及各组成材料基本作用，并具备丰富的现场经验； 3.具有一定的管理、组织能力和社会能力	
行业规范	1.《铁路混凝土与砌体工程施工规范》(TB 10210－2001)； 2.《铁路架桥机架梁规程》(TB 10213－1999)； 3.《铁路工程基桩无损检测规程》(TB 10218－1999)； 4.《铁路隧道衬砌质量无损检测规程》(TB 10223－2004)； 5.《铁路轨道施工及验收规范》(TB 10302－1996)； 6.《铁路建设工程监理规范》(TB 10402－2003)； 7.《铁路轨道工程施工质量验收标准》(TB 10413－2003)； 8.《铁路路基工程施工质量验收标准》(TB 10414－2003)； 9.《铁路桥梁涵工程施工质量验收标准》(TB 10415－2003)； 10.《铁路隧道工程施工质量验收标准》(TB 10417－2003)； 11.《铁路混凝土与砌体工程施工质量验收标准》(TB 10424－2003)； 12.《铁路混凝土强度检验评定标准》(TB 10425－1994)； 13.《铁路工程结构混凝土强度检测规程》(TB 10426－2004)； 14.《民用建筑设计统一标准》(GB 50352－2019)； 15.《AFC 工程实验室建设方案》(案例)	

表 1-3-62 土木工程检测技术专业"跟岗实习"课程教学要求

课程名称	跟岗实习	学时/学分	96 学时/4 学分
学习目标	1.素质目标 (1)具备爱国情怀，热爱土木工程检测技术专业； (2)具备合作精神和管理协调的能力； (3)具备吃苦耐劳、艰苦奋斗、拼搏争先精神； (4)具备严谨、求实、规范、公正的职业素养； (5)具备职业健康与安全理念		

续表

学习目标	2.知识目标 (1)熟悉铁路常用工程材料的性能及应用,掌握铁路常用工程材料的质量检测方法; (2)掌握高性能混凝土性能检测方法; (3)熟悉铁路路基路面试验检测项目,掌握各种检测方法; (4)熟悉桥梁工程试验检测项目,掌握各种检测方法; (5)熟悉隧道工程试验检测项目,掌握各种检测方法; (6)能对试验检测数据处理及结果进行判定。 3.能力目标 (1)能熟练操作各种检测仪器及设备; (2)能够进行铁路常用工程材料的质量检测; (3)能够进行高性能混凝土性能检测; (4)能够对桥梁工程基本项目进行检测; (5)能够对隧道工程基本项目进行检测	
学习内容	知识点	思政映射点
	1.土木工程材料试验与检测 (1)土工试验检测; (2)建筑材料及其混合料试验检测; (3)集料试验与检测; (4)水泥和水泥混凝土试验与检测; (5)沥青和沥青混合料试验与检测; (6)无机结合料稳定材料试验与检测; (7)钢材性能检测; (8)土工合成材料试验与检测	1.培养严谨、求实、规范、公正的职业素养; 2.增强文化自信; 3.激发爱国热情和民族自豪感; 4.培育科技兴国、中国制造的理想和信念
	2.铁路路基路面工程试验与检测 (1)铁路工程质量检验评定方法; (2)路基土石方工程质量检查项目、路基排水工程质量检验评定、挡土墙防护及其他砌筑工程质量检验评定; (3)路面面层工程质量检验评定; (4)沥青和沥青混合料; (5)无机结合料稳定材料	1.培养严谨、求实、规范、公正的职业素养; 2.培养学生"理论与实践相结合,具体问题具体分析"的哲学思想; 3.培育"艰苦奋斗、无私奉献、精益求精"的检测精神; 4.强化成果质量意识; 5.锻炼团队协作的能力; 6.培育劳动精神
	3.桥梁工程试验与检测 (1)桥梁工程原材料检测; (2)桥梁工程基础检测; (3)桥梁上部结构检测; (4)桥梁荷载试验检测	1.培养学生的规范与标准意识; 2.榜样的力量,学习劳模的工匠精神; 3.对接规范,严格把控质量关,明确质量要求
	4.隧道工程试验与检测 (1)隧道工程质量检测评定; (2)超前支护与预加固围岩; (3)隧道开挖、初期支护、防排水、施工监控量测; (4)衬砌、隧道环境等所涉及的检测	1.培养严谨、求实、规范、公正的职业素养; 2.培养爱国热情和民族自豪感; 3.养成试验检测"做准备,有计划,遵原则"的意识; 4.培养学生求真、求精、求稳的工匠精神,养成严谨认真、精益求精的专业精神; 5.对接国家标准,增强学生的职业认同感和行业归属感; 6.具备安全意识,培养职业素养

续表

教学方法	任务驱动法、案例教学法、讲授法、讨论法、直观演示法、现场教学法等
考核评价	总评成绩＝平时成绩(20%)＋过程性考核成绩(50%)＋期末考核成绩(30%) 其中： 1.平时成绩由考勤、作业成绩、MOOC 学习进度、课堂表现四部分组成； 2.过程性考核成绩由支水准路线测量、测回法测角核和 MOOC 在线测试三部分组成； 3.期末考核成绩即为理论试卷考核成绩
教师要求	1.了解铁路及公路工程施工的相关技术，熟悉试验检测岗位的岗位要求、工作任务和能力要求； 2.精通铁路及公路工程试验检测系统知识和理论，具有很强的试验检测技能； 3.具有教书育人的本领及现代教学理念； 4.掌握现代教育技术
行业规范	1.《铁路混凝土》(GB/T 3275－2018)； 2.《铁路混凝土工程施工质量验收标准》(TB 10424－2018)； 3.《铁路隧道衬砌质量无损检测规范》(TB 10223－2004)； 4.《回弹法检测混凝土抗压强度技术规程》(JGJ/T 23－2001)； 5.《公路工程质量检验评定标准》(JTG F80/1－2004)； 6.《水泥及水泥混凝土试验规程》(JTG E30－2005)

表 1-3-63 土木工程检测技术专业"毕业设计"课程教学要求

课程名称	毕业设计	学时/学分	120 学时/5 学分
学习目标	1.素质目标 (1)具备职业健康与安全理念； (2)具备团队组织与协调能力； (3)具备创新精神； (4)具备诚实守信的职业道德； (5)具备分析问题和解决问题的能力。 2.知识目标 (1)能对混凝土等混合料的组成进行设计； (2)能用电子表格软件 Excel 绘制工作表并进行试验数据处理； (3)能组建工地试验室(或拌和站)； (4)能对高速铁路中的新型材料进行性能检测； (5)能对大桥进行检测方案设计、编写； (6)能对高速铁路路基、桥梁、隧道施工方案及路基施工质量检测编制实施方案。 3.能力目标 (1)具备查阅资料、规范的能力； (2)具备获取信息的能力； (3)具备分析问题、解决问题的能力； (4)具备制订工作计划的能力； (5)具备计算机应用的能力； (6)具备自我学习的能力			

续表

	知识点	思政映射点
学习内容	1. 混合料的配合比设计 (1)无机结合料稳定材料组成设计； (2)普通混凝土配合比设计； (3)高性能混凝土配合比设计； (4)沥青混合料配合比设计	1. 激发学习兴趣、专业自豪感,树立远大的理想信念； 2. 培养科学严谨、实事求是的工作态度； 3. 培养学生规范意识； 4. 对接国家标准,增强学生的职业认同感和行业归属感
	2. Excel在试验数据处理中的应用 (1)水泥混凝土用砂、石、水泥的试验检测方法及其质量评定； (2)水泥混凝土拌和物的工作性检测方法及其力学性能检测方法； (3)土的物理指标检测方法及其数据处理； (4)Excel应用	1. 培养学生科学、严谨、求实的作风； 2. 形成精益求精的理念； 3. 理解劳动精神； 4. 培育"热爱祖国、忠诚事业、艰苦奋斗、无私奉献"的精神； 5. 培养创新意识
	3. 新型材料在高铁中的应用 (1)CA砂浆中水泥、沥青、外加剂的试验检测方法； (2)CA砂浆的组成设计及其性能检测方法； (3)CA砂浆的施工技术； (4)聚脲弹性体的发展趋势、性能检测、施工工艺和施工方案	1. 培养规范与标准意识； 2. 增强学生的职业认同感和行业归属感； 3. 具备安全意识,培养职业素养； 4. 具有新技术、新设备、新方法的改革和创新的思想； 5. 培养创新意识
	4. 拌合站及试验室组建 (1)试验及仪器配置要求； (2)试验室(或拌和站)规章制度； (3)试验室(或拌和站)布置设计	1. 培养爱国热情和民族自豪感,树立科技兴国、学习强国的理想和信念； 2. 培养精益求精、实事求是的职业素养； 3. 培养安全意识
	5. 大桥检测方案设计 (1)桥梁静载试验； (2)桥梁动载试验	1. 对标规范,培养学生规范与标准意识； 2. 培养学生的创新意识与安全意识； 3. 具备工程施工安全意识； 4. 具有新技术、新设备、新方法的改革和创新的思想
	6. 高速铁路路基、桥梁、隧道施工技术 (1)铁路路基的施工方法； (2)铁路桥梁的施工方法； (3)铁路隧道的施工方法； (4)路基用原材料性能检测方法； (5)CAD应用	1. 激发社会责任意识以及民族自豪感； 2. 学习劳模的工匠精神； 3. 具备工程施工安全意识； 4. 培养创新意识； 5. 感受我国综合国力、自主创新能力
教学方法	讲授法、案例教学、现场教学法	
考核评价	总评成绩＝平时成绩(30%)＋期末考核成绩(70%) 其中： 1. 平时成绩即为答辩情况评分； 2. 期末考核由指导教师根据学生签到、毕业设计完成情况综合评定	

续表

教师要求	1.了解公路及铁路路基、桥梁和隧道施工技术,熟悉公路、铁路试验检测岗位的岗位要求、工作任务和能力要求; 2.掌握公路、铁路试验室及现场试验检测系统知识和理论,具有较强的公路和铁路试验检测技能; 3.具有教书育人的本领及现代教学理念; 4.掌握现代教育技术; 5.具有土建工程现场实践经历
行业规范	1.《普通混凝土配合比设计规程》(JGJ 55—2011); 2.《铁路混凝土工程施工质量验收标准》(TB 10424—2018); 3.《铁路混凝土结构耐久性设计规范》(TB 1005—2010); 4.《高强现代混凝土用矿物外加剂》(GB/T 18736—2017); 5.《铁路土工试验规程》(TB 10102—2010); 6.《高速铁路路基工程质量验收标准》(TB 10751—2018); 7.《高速铁路路基工程施工技术规程》(Q/CR9602—2015); 8.《铁路隧道锚杆支护技术规范》(Q/CR 9248—2020); 9.《超声回弹综合法检测混凝土抗压强度技术规程》(T/CECS 02—2020); 10.《高速铁路隧道工程施工质量验收标准》(TB 10753—2010); 11.《铁路建设项目工程试验室管理标准》(Q/CR 9204—2015)

表 1-3-64 土木工程检测技术专业"顶岗实习"课程教学要求

课程名称	顶岗实习	学时/学分	408 学时/17 学分
学习目标	1.素质目标 (1)具备收集资料的能力; (2)具备良好的沟通与表达的能力; (3)具备较强的责任心与良好职业道德; (4)具备自我保护的能力; (5)具备认知自我的能力; (6)具备团队组织与协调能力; (7)具备创新精神; (8)具备诚实守信的职业道德; (9)具备分析问题和解决问题的能力。 2.知识目标 (1)能进行试验室常规仪器的检验和校正; (2)能进行原材料、混凝土、无机结合料、沥青及沥青结合料的技术性能检测; (3)能进行路基路面、桥梁和隧道等构造物的检测; (4)能正确分析、处理试验数据和评定试验结果; (5)能进行试验室的日常管理。 3.能力目标 (1)具备能查阅资料的能力; (2)具备能识读施工图的能力; (3)具备能进行工程试验与检测的能力; (4)具备能对工程试验数据进行分析与处理的能力; (5)具备资料编定的能力; (6)具备试验室管理的能力		

续表

	知识点	思政映射点
学习内容	1.土木工程材料试验与检测 (1)水泥试验与检测； (2)集料试验与检测； (3)钢材试验与检测； (4)土工试验与检测	1.培养科学严谨、实事求是的工作态度； 2.培育"热爱祖国、忠诚事业、艰苦奋斗、无私奉献"的精神； 3.体会"理论与实践相结合"的哲学思想； 4.激发学习兴趣、专业自豪感,树立远大的理想信念
	2.混合材料的组成设计 (1)水泥混凝土配合比设计； (2)沥青混合料配合比设计； (3)无机结合材料组成设计	1.培养学生科学、严谨、求实的作风； 2.培养学生规范意识； 3.形成精益求精的理念； 4.锻炼团队协作的能力； 5.理解劳动精神
	3.施工现场试验检测 (1)桥梁试验与检测； (2)隧道试验与检测； (3)路基路面现场试验与检测	1.培养规范与标准意识； 2.增强学生的职业认同感和行业归属感； 3.具备安全意识,培养职业素养； 4.具有新技术、新设备、新方法的改革和创新的思想
教学方法	讲授法、现场教学法等	
考核评价	总评成绩＝平时成绩(20％)＋过程性考核成绩(20％)＋期末考核成绩(60％) 其中： 1.平时成绩根据学生签到、周报、月报等完成情况综合评定； 2.过程性考核成绩由企业指导教师评定； 3.期末考核成绩即为指导教师根据顶岗实习报告完成情况进行评定	
教师要求	1.能识读各类施工图纸； 2.熟悉各种试验与检测相关基础知识； 3.能熟练使用常规试验与检测仪器； 4.需要具有一定的项目管理、组织、实施的方法能力和社会能力	
行业规范	1.《普通混凝土配合比设计规程》(JGJ 55－2011)； 2.《铁路土工试验规程》(TB 10102－2010)； 3.《高速铁路路基工程质量验收标准》(TB 10751－2018)； 4.《高速铁路路基工程施工技术规程》(Q/CR 9602－2015)； 5.《铁路隧道锚杆支护技术规范》(Q/CR 9248－2020)； 6.《超声回弹综合法检测混凝土抗压强度技术规程》(T/CECS 02－2020)； 7.《高速铁路隧道工程施工质量验收标准》(TB 10753－2010)	

表 1-3-65 建设工程管理专业"认识实习"课程教学要求

课程名称	认识实习		
开课学期	第 3 学期	学时/学分	24 学时/1 学分
学习目标	1.素质目标 (1)具有良好的爱国情怀、民族自豪感和社会主义世界观、人生观、价值观； (2)具备良好大局意识、责任意识、自主学习意识； (3)具备团队协作、沟通协调的能力； (4)具备吃苦耐劳、艰苦奋斗、乐于奉献、拼搏争先的工作精神； (5)具备开拓创新的职业精神和精益求精的工匠精神； (6)具备科学、缜密、严谨的工作作风和良好的职业道德。 2.知识目标 (1)掌握高速铁路的主要组成部分及各部分的主要功能； (2)掌握高速铁路轨道结构组成和基本构造； (3)掌握高速铁路桥梁结构组成和基本构造； (4)掌握高速铁路隧道结构组成和基本构造； (5)掌握高速铁路路基结构组成和基本构造。 3.能力目标 (1)能对高速铁路总体组成及各部分的主要功能有全面的认识； (2)能识别高速铁路轨道结构构件的名称、类型、基本功能； (3)能识别高速铁路桥梁结构构件的名称、类型、基本功能； (4)能识别高速铁路隧道结构构件的名称、类型、基本功能； (5)能识别高速铁路路基结构构件的名称、类型、基本功能； (6)具备自主学习、理论联系实际的能力		
学习内容	知识点	思政映射点	
	1.高速铁路基本认识 (1)高速铁路的发展历程； (2)高速铁路的组成； (3)高速铁路各部分的作用	1.了解世界铁路和中国铁路的发展历程，激发学生的爱国情怀和民族自豪感，帮助学生树立正确的社会主义世界观、人生观和价值观； 2.通过学习我国高速铁路的飞速发展，鼓励学生作为新时代的青年应树立远大理想； 3.通过学习高速铁路的组成和各部分之间的作用，融入"整体与部分"的关系，映射"大我和小我"的关系，激发学生的社会责任感和爱国意识	
	2.高速铁路轨道结构 (1)高速铁路轨道结构的组成与类型； (2)高速铁路轨道结构的构造与各部分的功能	1.熟悉轨道概念，告诫学生"脱轨"的危害，渗透学习职业行为规范的重要性，培养学生规范和标准意识； 2.组织学生到铁路实训基地的车辆段和车站参观，学生获取新知识并巩固旧知识，同时感悟"理论实践相结合"的哲学思想	
	3.高速铁路桥梁结构 (1)高速铁路桥梁结构的组成与类型； (2)高速铁路桥梁结构的构造与各部分的功能	1.介绍我国从古至今桥梁建造的历史，激发学生以国为荣的认同感与责任感； 2.讲解港珠澳大桥背后的建设者们"逢山开路、遇水架桥"的奋斗精神，激励学生为中华名族伟大复兴而树立攻坚克难、吃苦耐劳的精神	

续表

	知识点	思政映射点
学习内容	4.高速铁路隧道结构 (1)高速铁路隧道结构的组成与类型; (2)高速铁路隧道结构的构造与各部分的功能	1.依据案例分析,让学生领会"水滴穿石"的奋斗精神和持之以恒的拼搏精神,克服学习和工作中的畏难心理,培养学生艰苦奋斗的职业精神; 2.讲解港珠澳大桥桥岛隧道工程项目总经理、总工程师林铭的沉管故事,培养学生忠于职守、精益求精、持之以恒、勇于创新的工匠精神; 3.介绍秦岭终南山公路隧道,引导学生树立注重传承、与时俱进、自主革新的精神
	5.高速铁路路基结构 (1)高速铁路路基结构的组成与类型; (2)高速铁路路基结构的构造与各部分的功能	1.依据案例分析,弘扬无私奉献和爱岗敬业的工匠精神,培养学生树立积极向上的人生观,发扬艰苦奋斗、无私奉献的孺子牛精神,培养和践行社会主义核心价值观; 2.学习路基的组成及其作用,促使学生了解"基础"的重要性,感悟"基础决定建筑"的哲学思想
教学方法	讲授法、现场观摩法、视频教学法、自主学习法等	
考核评价	总评成绩=平时成绩(20%)+过程性考核成绩(50%)+实训报告(30%) 其中: 1.平时成绩由考勤、作业成绩、课堂表现三部分组成; 2.过程性考核成绩由高速铁路轨道结构、高速铁路桥梁结构、高速铁路隧道结构、高速铁路路基结构四部分组成 3.实训报告为纸质版,包括实训封面、成绩评定表、指导书任务书和实训报告四个部分	
行业规范	1.《高速铁路轨道工程施工技术规程》(QCR 9605—2017); 2.《高速铁路桥涵工程施工技术规程》(QCR 9603—2015); 3.《高速铁路隧道工程施工技术规程》(QCR 9604—2015); 4.《高速铁路路基工程施工技术规程》(QCR 9602—2015)	

表 1-3-66 建设工程管理专业"跟岗实习"课程教学要求

课程名称	跟岗实习		
开课学期	第5学期	学时/学分	48学时/2学分
学习目标	1.素质目标 (1)具有良好的爱国情怀、民族自豪感和社会主义世界观、人生观、价值观; (2)具备良好的大局意识、责任意识、自主学习意识; (3)具备团队协作、沟通协调、理论联系实际的能力; (4)具备开拓创新的职业精神和精益求精的工匠精神; (5)具备科学、缜密、严谨的工作作风和良好的职业道德。 2.知识目标 (1)掌握铁路工程信息模型统一标准; (2)掌握铁路工程信息模型施工阶段实施标准; (3)掌握BIM建模员和施工员的工作流程、岗位职责; (4)掌握高速铁路桥梁、隧道、轨道、隧道的建模; (5)掌握高速铁路施工工艺及动画制作;		

续表

学习目标	(6)掌握高速铁路施工组织设计与预算编写； (7)掌握BIM技术在高速铁路施工阶段的应用方法。 3.能力目标 (1)能执行铁路工程信息模型统一标准； (2)能执行铁路工程信息模型施工阶段实施标准； (3)能明确BIM建模员和施工员的工作流程、岗位职责； (4)具备识读高速铁路施工图的能力； (5)具备创建高速铁路BIM模型的能力； (6)具备制作高速铁路施工技术动画的能力； (7)具备高速铁路工程计量计价的能力； (8)能在高速铁路施工阶段运用BIM技术进行综合管理	
	知识点	思政映射点
学习内容	1.岗位职责与BIM标准 (1)了解建设工程项目管理专业的就业现状及对应的就业岗位； (2)通过老师讲解，结合自学，了解我国现行的BIM标准框架体系； (3)绘制建筑信息模型施工与BIM应用典型流程图； (4)绘制铁路工程信息模型施工与BIM应用典型流程图	1.通过对人物事迹的讲述，使学生明白工匠精神、吃苦耐劳、精益求精的重要性； 2.学习建设工程项目管理专业相关标准概念，增强爱国情怀，强化法律标准意识； 3.对比世界高速铁路与我国高速铁路现状，激发学生的爱国情怀、民族自豪感和社会主义世界观、人生观、价值观
	2.项目整体规划模型创建 (1)铁路工程信息模型统一标准主要内容； (2)铁路工程信息模型施工阶段实施标准主要内容； (3)BIM建模员和施工员的工作流程、岗位职责	1.通过识读铁路工程信息模型统一标准，培养科学、缜密、严谨的工作作风和良好的职业道德； 2.铁路工程信息模型施工阶段实施标准的识读，培养学生理论联系实践的能力； 3.BIM建模员和施工员的工作流程、岗位职责，激发学生自主探索的热情
	3.高速铁路施工模型创建 (1)高速铁路桥梁施工图识读与BIM精细化模型创建； (2)高速铁路隧道施工图识读与BIM精细化模型创建； (3)高速铁路路基施工图识读与BIM精细化模型创建； (4)高速铁路轨道施工图识读与BIM精细化模型创建	1.高速铁路施工创建，启发学生建立合作共赢的思想； 2.高速铁路桥梁、隧道、路基、轨道的创建，培养学生团队协作、沟通协调的能力

续表

	知识点	思政映射点
学习内容	4.高速铁路BIM施工现场与管理技术 (1)高速铁路BIM计量计价； (2)高速铁路施工阶段BIM技术综合应用与管理； (3)高速铁路施工现场管理技术； (4)检查模型的规范性和准确性，完善高速铁路的相关模型	1.通过对不同模型的实践，了解任务不同，目的不同，但又相互联系； 2.创建高速铁路BIM计量计价技术，使学生明白分工与合作的重要性； 3.高速铁路BIM综合应用技术，培养学生BIM技术综合应用能力
	5.模型的整合与应用 (1)项目中已经完成的轨道模型分别连接到Navisworks软件中； (2)进行高速铁路施工工艺与动画制作； (3)制作整体场景漫游动画	1.通过对项目检查、检测、分析、总结和整改，使学生明白探索的价值； 2.将先前的内容进行总结、归纳、汇总、分析，培养学生的总结能力
教学方法	任务驱动法、现场教学法、自主学习法、讲授法等	
考核评价	总评成绩＝平时成绩(20%)＋过程性考核成绩(50%)＋实训报告(30%) 其中： 1.平时成绩由考勤、实训态度两部分组成； 2.过程性考核成绩包括5个项目的作业得分； 3.实训报告由报告内容和总结思考组成	
行业规范	1.《建筑信息模型施工应用标准》(GB/T 51235—2017)； 2.《高速铁路轨道工程施工技术规程》(Q/CR 9605—2017)； 3.《高速铁路桥涵工程施工技术规程》(Q/CR 9603—2015)； 4.《高速铁路隧道工程施工技术规程》(Q/CR 9604—2015)； 5.《高速铁路路基工程施工技术规程》(Q/CR 9602—2015)； 6.《铁路工程施工组织设计规范》(Q/CR 9004—2018)	

表1-3-67 建设工程管理专业"毕业设计"课程教学要求

课程名称	毕业设计		
开课学期	第5学期	学时/学分	144学时/6学分
学习目标	1.素质目标 (1)具备规范意识和质量意识； (2)具备高度的责任心和吃苦耐劳、爱岗敬业的精神； (3)具备团队协作、沟通协调、理论联系实际的能力； (4)具备开拓创新的职业精神和精益求精的工匠精神； (5)具备科学、缜密、严谨的工作作风和良好的职业道德。 2.知识目标 (1)掌握高速铁路施工组织设计的编制原则和编制依据； (2)掌握高速铁路施工组织设计的主要内容； (3)掌握高速铁路施工组织设计的编制流程与方法； (4)掌握BIM建模技术； (5)掌握BIM计量与计价技术；		

续表

学习目标	(6)掌握高速铁路BIM项目管理技术； (7)掌握高速铁路BIM综合应用技术。 3.能力目标 (1)能编写高速铁路施工组织设计； (2)能识读高速铁路相关专业施工图纸； (3)能进行具体工程BIM模型创建； (4)能运用BIM技术进行具体工程的计量计价； (5)能运用BIM技术进行施工模拟； (6)能运用BIM技术进行具体工程的项目管理； (7)能根据具体实际情况运用BIM技术解决问题	
学习内容	知识点	思政映射点
	1.高速铁路施工组织设计 (1)施工组织设计的编制原则和编制依据； (2)施工组织设计的主要内容； (3)施工组织设计的编制流程与方法	1.了解高速铁路工程建设历程,增强爱国热情和民族自信； 2.了解施工规范,培养工程施工安全意识； 3.施工组织设计直接关系着工程建设的质量问题,要求学生除了具备扎实的理论知识外,还需要具有工匠精神和精益求精的态度； 4.在施工组织设计过程中,坚持以人为本的思想
	2.高速铁路施工BIM模型 (1)专业施工图纸的识读； (2)BIM模型的构建	1.学习BIM技术系列资料,培养爱国热情和民族自豪感,树立科技兴国、学习强国的理想和信念； 2.教学中融入新技术、新方法,培养具有新技术、新方法的改革和创新的思想； 3.对接国家铁路BIM标准,强化BIM标准学习,增强学生的职业认同感和行业归属感
	3.高速铁路BIM技术应用 (1)工程量统计； (2)施工模拟； (3)进度控制； (4)成本控制； (5)综合管理	1.培养施工工作中把握全局、注重细节和精益求精的职业素养； 2.在项目中应用BIM技术展现的效果和效益,使学生了解项目所体现的工程技术管理人员的聪明才智、专业素质、拼搏精神和创新能力
教学方法	任务驱动法、示范教学法、训练教学法、自主学习法、讲授法等	
考核评价	总评成绩＝平时成绩(30%)＋毕业设计考核成绩(70%) 其中： 1.平时成绩由考勤、毕业设计阶段性完成的进度、毕业设计阶段性完成的质量三部分组成； 2.毕业设计考核成绩由毕业设计完成的质量和毕业设计答辩的效果两部分组成	
行业规范	1.《铁路工程信息模型统一标准》(TB/T 10183－2021)； 2.《工程量清单计价指南(土建部分)》(铁建设〔2007〕108号)； 3.《高速铁路轨道工程施工技术规程》(Q/CR 9605－2017)； 4.《高速铁路桥涵工程施工技术规程》(Q/CR 9603－2015)； 5.《高速铁路隧道工程施工技术规程》(Q/CR 9604－2015)； 6.《高速铁路路基工程施工技术规程》(Q/CR 9602－2015)； 7.《铁路工程施工组织设计规范》(Q/CR 9004－2018)	

表 1-3-68　建设工程管理专业"顶岗实习"课程教学要求

课程名称	顶岗实习		
开课学期	第 6 学期	学时/学分	480 学时/20 学分
学习目标	1.素质目标 (1)具有良好的爱国情怀、民族自豪感和社会主义世界观、人生观、价值观； (2)具备良好安全意识、风险意识、担当意识、责任意识； (3)具备团队协作、沟通协调； (4)具备开拓创新的职业精神和精益求精的工匠精神； (5)具备科学、缜密、严谨的工作作风和良好的职业道德。 2.知识目标 (1)了解企业文化,熟悉企业环境； (2)熟悉企业的各种规章制度； (3)掌握企业生产机制和管理流程； (4)掌握高速铁路施工图识读； (5)掌握高速铁路施工技术； (6)掌握高速铁路 BIM 建模及应用技术 3.能力目标 (1)具有快速适应企业环境的能力； (2)具有担任 BIM 建模员、施工员的能力； (3)能积极参与企业一线的生产工作； (4)能通过不断努力,提升自己的专业综合能力		
学习内容	知识点	思政映射点	
	1.企业规章制度和企业文化学习 (1)学习企业文化； (2)学习企业环境,培养学生快速适应环境的能力； (3)学习企业各种规章制度	1.培养学生的担当意识、责任意识、爱国情怀、民族自豪感； 2.培养学生的纪律性,科学、缜密、严谨的工作作风和良好的职业道德	
	2.五大能力实践与提升 (1)高速铁路专业施工图的识读绘制能力,BIM 建模技术理论联系实践的能力； (2)技术管理能力,施工组织设计编写； (3)BIM 应用能力； (4)工程造价管理能力,高速铁路 BIM 计量计价技术； (4)项目管理能力施工现场管理技术,培养学生团队协作、沟通协调的能力	1.劳模现身示范,领略劳模精湛技艺,感受精益求精的工匠精神； 2.具备解决复杂工程问题的能力,以适应在 BIM 迅速推广应用的大环境下,社会对合格工程建设人才的要求； 3.具备扎实的专业基础和专业知识创新应用能力,对接规范,严守标准,强化质量,培养学生的规范与标准意识	
	3.项目信息化管理能力 (1)高速铁路 BIM 综合应用技术,培养学生 BIM 技术综合应用能力； (2)高速铁路施工现场管理技术,培养学生团队协作、沟通协调的能力	1.熟知建模流程,养成建模工作步步有检核,以及精度至上的原则； 2.教学中融入新技术、新方法,培养学生具有新技术、新设备、新方法的改革和创新的思想； 3.依托典型工程案例,塑造学生求真、求精、求稳的建模工匠精神,形成严谨认真、精益求精的专业素养； 4.对接国家标准,强化建模标准学习,增强学生的职业认同感和行业归属感	

续表

教学方法	任务驱动法、案例教学法、讲授法、讨论法、直观演示法等
考核评价	总评成绩＝平时成绩(20%)＋过程性考核成绩(20%)＋期末考核成绩(60%) 其中： 1.平时成绩由签到、周报、月报和实习总结四部分组成； 2.过程性考核成绩由企业指导老师考核； 3.期末考核成绩由校内指导老师考核
行业规范	1.《铁路工程信息模型统一标准》(TB/T 10183—2021)； 2.《铁路工程信息模型施工阶段实施标准》(T/CRBIM 013—2018)； 3.《高速铁路桥涵工程施工技术规程》(Q/CR 9603—2015)； 4.《高速铁路桥涵工程施工质量验收标准》(TB 10752—2010)

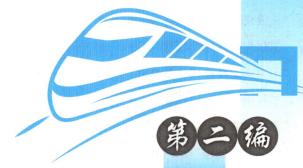

第二编

高速铁路施工与维护专业群课程标准

目 录

"铁道概论"课程标准 …………………………………………………………………… 143

"工程测量基础"课程标准 ……………………………………………………………… 152

"土木工程材料试验与检测"课程标准 ………………………………………………… 160

"工程识图与 CAD"课程标准 …………………………………………………………… 170

"工程力学应用"课程标准 ……………………………………………………………… 181

"BIM 技术应用"课程标准 ……………………………………………………………… 189

"工程地质与土力学"课程标准 ………………………………………………………… 197

"高速铁路路基施工"课程标准 ………………………………………………………… 205

"高速铁路轨道施工"课程标准 ………………………………………………………… 213

"高速铁路隧道施工"课程标准 ………………………………………………………… 224

"高速铁路桥涵施工"课程标准 ………………………………………………………… 233

"高速铁路工程施工组织设计"课程标准 ……………………………………………… 244

"高速铁路工程概预算"课程标准 ……………………………………………………… 251

"高铁线路养护维修"课程标准 ………………………………………………………… 258

"高铁桥隧养护维修"课程标准 ………………………………………………………… 266

"线桥隧施工测量"课程标准 …………………………………………………………… 275

"高速铁路精密测量"课程标准 ………………………………………………………… 283

"高速铁路变形监测"课程标准 ………………………………………………………… 291

"工程控制测量与数据处理"课程标准 ………………………………………………… 299

"GNSS 测量技术与应用"课程标准 …………………………………………………… 307

"数字测图"课程标准 …………………………………………………………………… 315

"摄影测量与遥感"课程标准 …………………………………………………………… 324

"无人机测绘技术与应用"课程标准 …………………………………………………… 331

"建筑材料化学分析"课程标准 ………………………………………………………… 338

"混合材料组成与设计"课程标准 ……………………………………………………… 348

"现代混凝土试验与检测"课程标准 …………………………………………………… 357

"高速铁路路基试验与检测"课程标准 ………………………………………………… 366

"高速铁路轨道线路试验与检测"课程标准 ·················· 377

"高速铁路桥涵试验与检测"课程标准 ······················ 386

"高速铁路隧道试验与检测"课程标准 ······················ 396

"试验室组建与管理"课程标准 ····························· 407

"高速铁路轨道结构建模与施工"课程标准 ················· 415

"高速铁路桥涵结构建模与施工"课程标准 ················· 423

"高速铁路隧道结构建模与施工"课程标准 ················· 432

"高速铁路路基结构建模与施工"课程标准 ················· 441

"高速铁路施工组织与预算"课程标准 ······················ 448

"三维动画与工程仿真"课程标准 ··························· 458

"工程项目管理"课程标准 ···································· 467

"BIM 数据集成与应用"课程标准 ·························· 475

"铁道概论"课程标准

一、课程性质与任务

(一)课程性质

"铁道概论"是高速铁路施工与维护专业群的一门专业基础课,目的在于使初学者对整个铁路行业有一个概括的了解和认识。本课程全面系统地介绍了我国铁路运输业的基本概况、铁路运输设备和生产过程的基本知识,借助精炼的语言、真实丰富的案例、形象生动的动画视频及其他教学资源,全面细致地阐述铁路发展历程、铁路线路、铁路车站、铁路机车车辆、铁路信号与通信设备、铁路运输组织、高速铁路与重载运输等方面的相关内容。

通过本课程的学习,有助于初学者建立铁路运输全局观念、掌握铁路设备性能结构及工作过程、熟悉铁路运营机制,确定高速铁路施工与维护专业群中各专业在整个铁路运输业中的地位和重要性,同时也有助于开拓学生的知识面,为以后从事铁路建设及运营相关工作打下基础。

(二)课程任务

以习近平新时代中国特色社会主义思想为指导思想,落实立德树人的根本任务,基于高速铁路施工与维护专业群的人才培养方案,借助信息化教学手段,通过线上线下一体化教学方法,使学生掌握铁路线路结构、铁道机车车辆、铁路运营管理、铁路车站及通信信号设备等基础知识,为中国铁路事业蓬勃发展培养高素质人才。

二、课程目标

(一)素质目标

(1)培养学生良好的语言表达、沟通协调、自我提升等优秀职业素养;

(2)培养学生严谨缜密的逻辑思维和独立思考的学习能力;

(3)培养学生团队合作的意识和探索创新的精神;

(4)树立学生热爱行业、奉献社会的高尚情操;

(5)树立学生"忠诚、担当、科学、求实、创新"的新时代铁路精神。

(二)知识目标

(1)熟悉国内外铁路现状与发展趋势;

(2)掌握铁路线路各组成部分及功用,工务工作范围;

(3)掌握铁路车辆的基本构造,以及车辆段的工作范围;

(4)掌握铁路机车的种类、组成部分,以及机务段的工作范围;

(5)掌握各种车站的性质,以及车务段的工作范围;

(6)掌握铁路信号的组成及其功能,以及电务段的工作范围;

(7)掌握铁路通信设备的组成,以及通信段的工作范围;

(8)熟悉铁路旅客运输、货物运输和行车组织基本知识;

(9)熟悉高速铁路、磁悬浮铁路等轨道结构。

(三)技能目标

(1)具有认识轨道、道岔、路基、桥梁、隧道的能力;

(2)具有辨认线路标志、线路平纵断面识读的能力;

(3)具有认识铁路车辆种类及结构的能力;

(4)具有认识铁路机车种类及结构的能力;

(5)具有认识牵引供电系统各个组成部件的能力;

(6)具有识别不同车站、车站线路种类、股道及道岔编号的能力;

(7)具有识别不同铁路信号、车站联锁设备、区间闭塞设备和铁路通信系统的能力;

(8)具备识读列车运行图、看懂旅客编制计划、掌握客货运输组织的能力。

三、课程思政

思想政治理论课是落实立德树人根本任务的关键课程,这就要求各类课程与思想政治理论课同向同行,形成协同效应,实现从"思政课程"到"课程思政",构建全员全程育人格局的课程思政体系。课程是职业教育最重要的元素,课堂教学是学生素质养成和能力培养最重要的途径。课程思政推广的目标是在向学生传授课程知识的同时使其树立正确的价值观、人生观和世界观,将思想政治教育融入教育教学全过程,充分发挥各项课程的思想政治教育功能,营造氛围浓郁的思想政治教育环境,不断提高学生思想水平、政治觉悟、道德品质、文化素养,让学生成为德才兼备、全面发展的人才。

思政教育不是生搬硬套,更不是强行植入,而是在授课过程中让学生感受到自身的成长成才与国家民族的兴旺发展密不可分,根植爱国主义精神和职业奉献精神,强技能、夯基础。"铁道概论"是高速铁路施工与维护专业群的一门公共基础课,授课内容知识面广。该门课课程思政元素挖掘点较多,在授课过程中应坚持理论知识与新时期中国特色社会主义核心价值观、新时期中国铁路精神价值引领相结合,为中国铁路建设事业培养合格的接班人。

中国铁路建设历程方面,可通过弘扬詹天佑等老一辈建设者的大无私精神,激励学生投身到祖国建设最需要的地方,发扬不怕辛苦、不计个人得失的大无畏精神;铁路线路结构方面,以西藏铁路建设为典型工程案例,结合高寒高海拔地区轨道、路基、桥梁、隧道等建筑物施工难度大、高寒缺氧等挑战,激励学生发扬不怕困难、勇于挑战、无私奉献的新时代"愚公"精神;铁路车站方面,引入"西安北站""南京南站"等典型案例,展示新时期中国铁路车站建设的伟大成就和技术进步,鼓励学生们培养不断学习、开拓进取、自主创新的精神;机车车辆方面,以"复兴号"和无砟轨道技术为例,展示中国高铁近年来通过技术引进、技术消化、技术创新道路取得的重大成就,激励学生们要善于学习国内外先进技术,并不断进行技术创新和突破;电气化铁道供电系统方面,以异物侵入接触网造成供电事故为例,培养学生铁路安全意识,传授安全行为准则;铁路信号与通信方面,基于信号机不同颜色传达不同的行车指示命令,引导学生学会遵守规则,根植"无规矩不成方圆"的行为意识,同时利用行车闭塞制式,传达铁路运营安全的思想和准则;铁路运输工作组织方面,引入客运、货运经典案例,结合新技术、新设备、新管理,弘扬中国铁路建设取得的伟大成就,激发广大学子的爱国情怀和民族自豪感,激励他们发扬为祖国建设添砖加瓦、鞠躬尽瘁的核心价值观和精神。此外,进一步完善课程体系建设,落实教书育人的核心要求,贯彻社会主义核心价值观,实现思想政治理论课对"铁道概论"的引领作用,推进教书育人有机统一,形成育人合力。

四、课程结构与教学内容

根据高等职业学校专业和高速铁路施工与维护专业群教学标准要求,结合"铁道概论"课程目标,确定本课程结构与教学内容,设计合理的学习项目及学时安排。

(一)课程模块

"铁道概论"课程由绪论模块、铁路运输基本设备模块、铁路运输工作组织模块三部分构成。

绪论模块是学生学习了解国内外铁路建设与发展的基础,包含世界铁路的发展、中国铁路的发展、铁路的分类等三部分内容,重点结合近年来中国铁路,特别是中国高铁的发展,以此展示中国铁路取得的巨大成就。

铁路运输基本设备模块包含线路平纵断面识读、铁路轨道结构、铁路路基及桥隧建筑物、铁路机车、铁路车辆、动车组、车站作用及分类、铁路信号及铁路通信、闭塞联锁及列车运行控制系统等九部分内容。

铁路运输工作组织模块涉及铁路客货运输及相关的管理工作,包含铁路旅客运输组织、铁路货物运输组织、铁路行车工作组织等三部分内容。同时,结合相关实际案例,阐述铁路运输工作组织的严谨性和重要性。

(二)教学内容及项目、学时安排

"铁道概论"课程教学内容、教学项目安排如表2-1所示。

表2-1 "铁道概论"课程教学内容、教学项目安排表

模块	学习项目	教学内容	思政融入点	学时
绪论模块	铁路的发展与分类	1.现代交通运输的种类与作用; 2.世界铁路的发展; 3.中国铁路的发展; 4.高速铁路; 5.磁悬浮铁路; 6.重载铁路	1.辩证地看待事物的发展与变化; 2.无私的奉献精神; 3.不耻下问的好学精神; 4.创新精神; 5.家国情怀; 6.民族自豪感	4

续表

模块	学习项目	教学内容	思政融入点	学时
铁路运输基本设备模块	1.铁路线路结构； 2.机车车辆； 3.车站与信号通信设备	1.线路平纵断面识读； 2.铁路轨道结构； 3.铁路路基及桥隧建筑物； 4.铁路机车； 5.铁路车辆； 6.动车组； 7.车站作用及分类； 8.铁路信号及铁路通信； 9.闭塞联锁及列车运行控制系统	1.团队协作、互相学习； 2.独立思考、总结归纳的学习意识； 3.发现问题、分析问题、解决问题的能力； 4.培养大国工匠精神，激发家国情怀； 5."纸上得来终觉浅，绝知此事要躬行"的探究精神； 6.职业精神和岗位职责； 7.基于理论与实践相结合的创新精神和能力	22
铁路运输工作组织模块	运输与行车工作组织	1.铁路旅客运输计划； 2.旅客列车运行组织； 3.铁路货物运输计划； 4.铁路货物运输基本作业； 5.铁路行车工作组织	1.严谨认真、精益求精的专业精神； 2.立足岗位，做好本职工作，服务国家和人民的奉献精神和大局观念； 3.防微杜渐，消灭运输事故的安全责任； 4.铁路事业中的劳动教育； 5.责任重于泰山	4

(三)学习项目设计

"铁道概论"课程的学习项目设计如表 2-2 至表 2-6 所示。

表 2-2 项目 1:铁路的发展与分类项目设计

教学目标	1.了解现代交通运输的种类； 2.熟悉交通运输业的性质与特点； 3.熟悉交通运输的技术经济特征及适用范围； 4.熟悉世界铁路的发展历程及成果； 5.掌握我国铁路事业的发展历程及取得成果； 6.熟悉常见的铁路分类方法； 7.掌握高速铁路、磁悬浮铁路及重载铁路的结构组成及工作原理
教学内容	1.现代交通运输的种类、性质及特点； 2.世界铁路建设及发展； 3.中国铁路的建设历程及特点； 4.新中国铁路建设成就； 5.高速铁路； 6.磁悬浮铁路； 7.重载铁路

续表

	序号	任务描述
教学任务设计	任务1.世界铁路的发展	1.学习世界铁路的发展历程; 2.学习世界铁路建设取得的辉煌成果; 3.分组讨论; 4.制定世界铁路发展节点图谱
	任务2.中国铁路的发展	1.学习中国铁路的发展历程; 2.学习中国铁路建设取得的辉煌成果; 3.分组讨论新中国成立后典型铁路线路的建设; 4.制定中国铁路发展节点图谱; 5.讨论中国铁路建设代表人物及精神引领
	任务3.铁路的分类	1.学习高速铁路的定义、基础设施及运输组织; 2.分组学习磁悬浮铁路的工作原理和基本设备; 3.重载运输技术设备; 4.分组讨论
学时	4	
教学方法	分组讨论法、案例法、讲授法、任务驱动法、自主探究学习	

表2-3 项目2:铁路线路结构

教学目标	1.掌握铁路等级和主要技术标准; 2.掌握铁路线路的平面及平面图; 3.掌握铁路线路的纵断面及纵断面图; 4.掌握铁路轨道结构及道岔; 5.掌握铁路路基结构; 6.掌握铁路桥梁结构; 7.掌握铁路隧道结构; 8.形成线上线下整体结构的铁路线路施工与养护维修意识
教学内容	1.铁路主要技术标准; 2.平、纵断面组成要素及平、纵断面图识读; 3.轨道结构的基本组成要素; 4.道岔的工作原理及结构组成; 5.路基、桥梁、隧道的结构、种类及作用

续表

教学任务设计	序号	任务描述
	任务1.线路平、纵断面识读	1.分组学习线路平、纵断面组成要素； 2.等高线的定义及识读； 3.线路标志的学习； 4.铁路线路平、纵断面图的识读
	任务2.铁路轨道结构	1.自主学习钢轨、轨枕、扣件、道砟等轨道要素； 2.学习道岔结构，讨论道岔的工作原理； 3.分析轨道平面几何状态与常见病害的关系； 4.对比普铁、高铁轨道结构差异性
	任务3.铁路路基及桥隧建筑物	1.学习路基种类及结构； 2.学习桥梁种类及结构； 3.学习隧道种类及结构； 4.讨论线下结构物的作用
学时	6	
教学方法	分组讨论法、案例法、讲授法、任务驱动法、自主探究学习	

表2-4 项目3：机车车辆

教学目标	1.掌握铁路机车的分类及工作过程； 2.熟悉机车的检修与运用； 3.掌握铁路牵引供电系统的组成与供电方式； 4.掌握铁路车辆的种类和基本构造； 5.熟悉车辆的检修与运用； 6.掌握动车组的分类、基本构造及特点； 7.熟悉动车组的检修	
教学内容	1.内燃机车、电力机车的结构组成与工作原理； 2.牵引供电系统电力传输过程； 3.车辆基本构造、车辆代码、标记和技术经济参数； 4.和谐号、复兴号动车组的结构组成与特性	
教学任务设计	序号	任务描述
	任务1.铁路机车	1.学习内燃机车分类及工作原理； 2.学习电力机车分类及工作原理； 3.分组讨论，学习牵引供电系统的供电方式
	任务2.铁路车辆	1.自学车辆的分类及用途； 2.学习车辆的结构组成，绘制结构简图； 3.学习车辆代码、标记和技术经济参数，完成图片参数识读； 4.分组讨论车辆检修相关任务
	任务3.动车组	1.动车组的特点； 2.复兴号动车组的学习； 3.分组讨论动车组与传统列车的区别
学时	8	
教学方法	分组讨论法、案例法、讲授法、任务驱动法、自主探究学习	

表2-5 项目4:车站与信号通信设备

教学目标	1.熟悉铁路车站的作用及分类; 2.掌握车站线路股道和道岔编号; 3.掌握中间站、区段站、编组站的组成设备和主要作业; 4.掌握铁路信号通信设备的分类及作用; 5.掌握车站联锁条件; 6.掌握区间闭塞设备的分类及工作过程	
教学内容	1.车站分类,车站线路股道和道岔编号; 2.中间站、区段站、编组站的主要作业; 3.信号分类及信号机; 4.联锁设备及联锁条件; 5.区间闭塞设备	
教学任务设计	序号	任务描述
	任务1.车站作用及分类	1.分组学习车站的作用和分类,讨论熟知的典型车站; 2.学习站线和道岔股道编号,完成现场测试; 3.讨论中间站、区段站、编组站主要作业的区别; 4.自主介绍熟知的技术站
	任务2.铁路信号及铁路通信	1.信号分类的学习; 2.常见信号机的作用及显示意义; 3.分组讨论、总结常见信号机的差异; 4.自主学习移动信号和手信号等
	任务3.闭塞联锁及列车运行控制系统	1.联锁的意义及分类; 2.分组学习联锁条件; 3.自主学习轨道电路; 4.讨论半自动闭塞和自动闭塞的差异; 5.列车运行控制系统
学时	8	
教学方法	分组讨论法、案例法、讲授法、任务驱动法、自主探究学习	

表2-6 项目5:运输与行车工作组织

教学目标	1.掌握旅客运输计划的主要内容和指标; 2.熟悉客流分类及旅客列车的种类和车次; 3.熟悉铁路货物运输的种类; 4.掌握铁路货物运输基本作业; 5.掌握列车的编组,熟悉车站行车组织工作; 6.能够识读旅客列车运行图
教学内容	1.客流计划、旅客列车票额分配计划; 2.客运量、旅客周转量、直通客流、管内客流及旅客列车的种类车次; 3.货物运输分类及货物的发送作业、途中作业和到达作业; 4.列车编组和行车组织工作; 5.列车运行图的分类、识读

续表

	序号	任务描述
教学任务设计	任务1.铁路旅客运输组织	1.分组学习旅客运输计划的主要内容和指标； 2.学习讨论客流分类； 3.自主学习旅客列车种类,对比分析之间的差异
	任务2.铁路货物运输组织	1.学习发送作业； 2.学习途中作业； 3.学习达到作业
	任务3.铁路行车工作组织	1.自主学习接发列车作业； 2.讨论车站的调车工作和日常计划； 3.分组讨论、识读列车运行图
学时	4	
教学方法	分组讨论法、案例法、讲授法、任务驱动法、自主探究学习	

(四)教学要求

"铁道概论"课程教学要紧扣高速铁路施工与维护专业群教学标准和课程目标,以新时代中国特色社会主义教育发展规律为指导思想,在教学实践中结合课程主要内容,突出职业教育特色,培养学生对于新时期中国铁路事业的发展与建设成果的高度认可和民族自豪感。

课程教学要采用适合职业教育的教材及资源,在信息化教学趋势下,合理利用各类在线教学资源,调动学生的学习积极性与主动性,提高课堂学习氛围。任课老师要紧密结合中国铁路建设的新发展、新要求,引入最新行业规范和标准,采用最新施工养护技术,培养学生对整个铁路系统的高度认知,根植其强烈的民族自豪感和爱国情怀。

(五)引入行业标准

(1)《铁路线路设计规范》(TB 10098—2017)；

(2)《铁路轨道设计规范》(TB 10082—2017)；

(3)《高速铁路安全防护设计规范》(TB 10671—2019)；

(4)《铁路无缝线路设计规范》(TB 10015—2012)；

(5)《铁路隧道设计规范》(TB 10003—2016)；

(6)《高速铁路设计规范》(TB 10621—2014)；

(7)《重载铁路设计规范》(TB 10625—2017)；

(8)《铁路路基设计规范》(TB 10001—2016)；

(9)《铁路桥涵设计规范》(TB 10002—2017)；

(10)《铁路信号设计规范》(TB 10007—2017)；

(11)《铁路电力设计规范》(TB 10008—2015)；

(12)《铁路客车车辆设备设计规范》(TB 10029—2019)；

(13)《铁路机务设备设计规范》(TB 10004—2018)；

(14)《铁路旅客车站建筑设计规范》(GB 50226—2007)。

五、课程考核与评价

本课程采用过程性考核与评价,全面、客观、多维度地评价学生的学习效果。过程性考核旨在掌握学生真实的学习效果,以便及时地调整教学策略和方法。本课程过程性考核主要聚焦在铁路发展与线路结构、机车车辆、车站与信号通信设备、运输及行车工作组织等四个方面。具体评价标准见表2-7。

表2-7 "铁道概论"课程考核评价体系

过程性考核（分值权重）	考核项目	评价标准	过程性考核（30%）	平时考核（20%）	期末考核（50%）
铁路发展与线路结构（20%）	国内外铁路发展史	问题作答准确	在线试题（5%）	1.课堂参与评价,包括出勤情况、在线资源学习、课堂表现等综合成绩； 2.作业质量评价,主要包括线上线下作业完成情况及完成质量； 3.课后学习情况评价,主要包括与老师的沟通互动、自主拓展学习情况等	以期末考试卷面总成绩为准
铁路发展与线路结构（20%）	轨道及道岔结构	案例分析合理	在线试题（10%）		
铁路发展与线路结构（20%）	路基桥隧结构	题目作答准确	在线试题（5%）		
机车车辆（30%）	机车工作原理	问题作答准确	在线试题（10%）		
机车车辆（30%）	车辆结构及参数	题目作答准确	在线试题（10%）		
机车车辆（30%）	动车组特性	案例分析合理	在线试题（10%）		
车站与信号通信设备（30%）	技术站作业及区别	案例分析合理	在线试题（10%）		
车站与信号通信设备（30%）	连锁条件	案例分析合理	在线试题（10%）		
车站与信号通信设备（30%）	闭塞设备的差异性	题目作答准确	在线试题（10%）		
运输及行车工作组织（20%）	客货运输组织	题目作答准确	在线试题（10%）		
运输及行车工作组织（20%）	行车工作组织	题目作答准确	在线试题（10%）		

六、课程资源

（一）教材选用

所用教材要求为近三年出版的高等职业教育规划教材,教材内容要与时俱进,呈现最新最先进的铁路系统研究成果,同时,在课程思政教育背景下,要求教材内容要体现无私奉献的职业精神和家国天下的大局观念。教材内容应包括前文所述绪论模块、铁路运输基本设备模块、铁路运输工作组织模块的全部内容。

（二）数字化资源

依据本课程标准,结合教学改革需求,开发微课、动画、多媒体课件等教学资源,建设在线开放课,或引用已有优秀的教学资源,利用信息化技术手段进一步提高教学质量。

七、教学团队

专业教师必须具备本专业或相近专业硕士及以上学历,具有高等学校教师资格证书；具有扎实的专业理论,丰富的实践经验,先进的高职教学理念,较强的专业建设与教学改革能力；具备指导学生参加生产性实训、技能大赛的能力水平。

(一)团队结构

建立课程负责人制度,组建课程教学团队,建设一支年龄、性别、职称与学历等结构合理,具有较强信息化教学能力的教学团队。

(二)双师素质

课程团队教师应结合个人发展及学校规划,在不断加强理论知识学习的基础上,定期到铁路建设及养护作业一线进行实践锻炼,学习最新的施工工艺与维修技术,不断提高理论知识与实践技能相结合水平,提高授课质量。

八、教学设备要求

"铁道概论"课程教学设备配备要求见表2-8。

表2-8 "铁道概论"课程教学设备配备要求

项目	技术参数与要求	数量
教学投影显示设备	投影仪或智慧一体机	≥1台
教学实践场地	高铁实训工区,具备完善的轨道及道岔结构、信号设备、接触网等	根据教学需要选用

"工程测量基础"课程标准

一、课程性质与任务

(一)课程性质

伴随着国家经济的飞速发展,基础设施建设、标志性工程以及精密工程的相继启动,尤其是高速铁路的快速发展,这对工程测量的精度与工作方式提出了越来越高的要求。本课程对接高速铁路工程测量规范,将工程中复杂的测量工作分解为基础知识点,以学生能力培养为目标,引导学生了解现代测量技术,掌握各种测量方法和手段在工程中的应用。

"工程测量基础"课程是高速铁路施工与维护专业群的专业基础课。课程中所阐述的基本理论、基本知识以及基本操作技能是高速铁路施工与维护专业技术人员所必须具备的基础知识和技能,通过学习本课程,使学生具有工程测量方面的基本知识和技能,为后续课程的学习奠定基础。本课程按照项目导向、任务驱动展开教学,培养学生的规范意识和质量意识,增强学生团队协作能力和分析、解决工程测量实际问题的能力。

(二)课程任务

为满足高铁智慧建造对人才培养的要求,对接工程测量岗位工作要求,在掌握测量学的基本知识和理论,熟练使用各种测量仪器的基础上,本课程通过虚实结合,线上线下混合式教学,提升学生理论结合实际,通过搜集有关测量资料,应用合适的测量方法和手段解决工程实际问题的能力,培养学生成为高素质技术技能人才。

二、课程目标

（一）素质目标

(1)具备理论联系实际,分析和解决工程实际问题的能力;

(2)具有良好的工程思维,对复杂工程问题进行计算分析及评估的能力;

(3)具备规范意识、安全意识和质量意识;

(4)具有高度团队协作的意识和吃苦耐劳的精神;

(5)具备脚踏实地、勤学苦练、精益求精的工匠精神。

（二）知识目标

(1)熟悉水准测量原理;

(2)了解水准仪的构造,掌握水准仪的操作方法;

(3)掌握水准测量外业数据采集方法及内业计算;

(4)了解光电测距三角高程测量的原理、观测方法和数据处理;

(5)了解经纬仪的构造及操作方法;

(6)掌握全站仪的操作及数据采集方法;

(7)掌握导线测量外业数据采集及内业数据处理;

(8)了解GNSS技术测量原理;

(9)了解误差的来源及避免措施;

(10)了解地形图的测绘及应用的基本工作。

（三）技能目标

(1)能熟练操作各种测量仪器、设备;

(2)能进行高程测量和数据处理;

(3)能进行平面测量及数据处理;

(4)能编制项目技术设计书和技术总结报告;

(5)能正确分析测量误差来源并采取有效措施。

三、课程思政

课程思政的目标是以马克思主义理论为指导,坚持知识传授与价值引领相结合,运用可以培养学生理想信念、价值取向、社会责任的题材与内容,融入社会主义核心价值观,全面提高大学生缘事析理、明辨是非的能力,让学生成为德才兼备、全面发展的人才。测量的工作,不仅要求学生要懂得理论知识、技能操作,还需要从业人员具有良好的职业道德规范。

"工程测量基础"课程作为高速铁路施工与维护专业群基础课,对保障和提高学生的专业素质有着重要的意义。课程内容包括测量概述、理论知识和实践操作几个部分。教学过程中引入中国古代的测绘历史、中国测量坐标系的发展历程和珠穆朗玛峰高程测量等中国测量故事,向学生展示我国测绘技术的迅猛发展,彰显我们的大国实力,弘扬中国精神,帮助学生树立文化自信和技术自信。采用虚实结合介绍测量仪器和操作方法,强调规范操作仪器,培养学生爱护测量仪器的习惯,提升安全意识。引入超站仪、北斗等先进测量设备的发展和应用,引导学生关注我国科技发展,激发学生的学习兴趣。依托某高速铁路施工项目展开具体工作任务,培养学生团结协作、自主探究、理论联系实际的能力,提升岗位实践能力和职业责任感。

对接行业标准和规范,提高学生的数据质量意识和规范意识,结合测绘劳模先进事迹、港珠澳大桥等超级工程,帮助学生养成认真、严谨、执着的工作态度,培养学生的职业责任感和使命感,提升职业素养。结合劳动教育和安全教育,培养学生不畏困难、吃苦奉献、拼搏争先的职业精神。

四、课程结构与教学内容

根据高等职业学校专业和高速铁路施工与维护专业群教学标准要求,结合"工程测量基础"课程目标,确定本课程结构与教学内容,设计合理的学习项目及学时安排。

(一)课程模块

"工程测量基础"课程由高程测量、平面测量、地形图测绘三个模块构成。

高程测量模块主要使学生掌握高程测量方法及数据处理能力,模块内容包含水准测量原理、水准仪的构造及操作、水准测量的外业数据采集及内业数据、三角高程测量原理、三角高程的测量方法及内业计算等内容。

平面测量模块主要使学生掌握平面控制测量的基本方法和数据处理能力,模块内容包括经纬仪和全站仪的构造及操作、角度测量、距离测量、导线测量原理、导线的布设形式和野外测量方法、单一导线的平差及导线点计算等内容。

地形图测绘模块主要是使学生了解地形图识读的基本方法,能够利用地形图说明其包含的地物、地貌的特征,能够根据应用情况选择合适的比例尺,达到相应能力要求。

(二)教学内容及项目、学时安排

"工程测量基础"课程教学内容、教学项目安排如表2-9所示。

表2-9 "工程测量基础"课程教学内容、教学项目安排表

模块	学习项目	教学内容	思政融入点	学时
高程测量模块	1.水准测量; 2.三角高程测量	1.测量的基本知识; 2.水准测量原理; 3.水准仪的操作和使用; 4.水准测量方法; 5.水准测量内业计算; 6.三角高程测量原理; 7.三角高程测量方法及内业计算	1.中国坐标系的发展历程; 2.中国古代测量发展历程与成就; 3.珠峰高程测量大事件; 4."榜样的力量"国测一大队先进事迹; 5.安全规范操作意识; 6.质量意识和责任意识; 7.团结协作精神	24
平面测量模块	3.水平角测量; 4.导线测量; 5.GNSS技术测量	1.经纬仪的操作; 2.水平角的测量及内业计算; 3.导线测量外业工作; 4.导线测量内业工作; 5.GNSS技术测量原理; 6.GNSS接收机的认识	1.认真、严谨的学习态度; 2.精益求精的工匠精神; 3.吃苦耐劳、拼搏争先的精神; 4.劳动教育和安全教育; 5.严格遵守测量规范,守护职业操守与底线,提升职业责任感; 6.讲述中国北斗建设历程,发扬北斗精神	32
地形图测绘模块	6.地形图的认识	1.地形图的基本知识; 2.地物、地貌的表示方法; 3.地形图的绘制方法; 4.地形图的判读和应用	1.团结协作的精神; 2.测绘人的社会责任感和法治意识	4

(三)学习项目设计

"工程测量基础"课程的学习项目设计如表2-10至表2-15所示。

表2-10 项目1:水准测量

教学目标	1.掌握测量基本知识; 2.熟悉水准测量原理; 3.掌握水准仪的操作和使用; 4.掌握五等水准测量方法及数据处理; 5.掌握四等水准测量方法及数据处理	
教学内容	1.测量基本知识; 2.水准测量原理; 3.水准仪的操作和使用; 4.水准测量方法; 5.水准测量内业计算; 6.水准测量误差及水准仪的检验	
教学任务设计	序号	任务描述
	任务1.测量基本知识	1.学习测量的基准面与基准线; 2.了解测量坐标系的类型及发展历程; 3.学习地面点空间位置的表示方法; 4.学习高程和高差的概念; 5.正确计算两点间高差,判断点位的高低关系
	任务2.水准测量	1.学习水准测量原理和水准仪的构造及操作; 2.学习水准测量的相关规范; 3.学生分组,协作完成设计水准路线形式; 4.学习不同等级水准路线的观测方法; 5.小组合作完成数据采集; 6.外业数据质量检核及平差计算
学时	16	
教学方法	演示法、讲授法、案例法	

表2-11 项目2:三角高程测量

教学目标	1.了解全站仪的构造及操作; 2.掌握竖直角的测量及数据处理; 3.了解距离测量方法及精度评定; 4.掌握三角高程测量原理; 5.掌握三角高程测量方法及数据处理
教学内容	1.全站仪的构造及操作; 2.竖直角测量; 3.距离测量; 4.三角高程测量原理; 5.三角高程测量方法; 6.三角高程测量内业计算

续表

	序号	任务描述
教学任务设计	任务1.全站仪的构造及操作	1.了解全站仪的构造； 2.学习全站仪的安置及界面操作
	任务2.竖直角和距离测量	1.学习竖直角和距离测量方法； 2.学习竖直角和距离测量相关测量规范； 3.学生分组，小组协作完成竖直角和距离测量； 4.小组合作完成数据采集； 5.外业数据质量检核
	任务3.三角高程测量	1.学习三角高程测量原理； 2.小组合作完成两个点间高差的测量； 3.根据规范要求评定数据测量精度及数据处理
学时	8	
教学方法	演示法、讲授法、案例法	

表2-12　项目3：水平角测量

教学目标	1.理解水平角测量的原理； 2.了解经纬仪各部件名称、作用及经纬仪角度测量方法； 3.掌握测回法观测水平角测量方法及数据处理； 4.掌握方向观测法观测水平角测量方法及数据处理； 5.了解角度测量相关规范要求
教学内容	1.经纬仪的操作； 2.测回法观测水平角； 3.方向观测法观测水平角

	序号	任务描述
教学任务设计	任务1.测回法观测水平角	1.学习经纬仪的构造及操作方法； 2.了解测回法观测水平角测量规范要求； 3.测回法观测水平角及数据处理
	任务2.方向观测法观测水平角	1.方向观测法观测水平角测量规范要求； 2.方向观测法观测水平角及数据处理
学时	8	
教学方法	启发式教学、任务驱动、案例教学法	

表2-13　项目4：导线测量

教学目标	1.理解方位角、象限角及相互之间的关系； 2.掌握坐标正算和坐标反算计算方法； 3.了解导线的布设形式及适用情况； 4.掌握导线外业观测及数据处理方法； 5.了解导线测量相关规范要求

续表

教学内容	1.方位角和象限角； 2.坐标正算和坐标反算； 3.导线的布设形式及适用条件； 4.导线测量外业工作； 5.导线测量数据精度评定和数据处理	
教学任务设计	序号	任务描述
	任务1.导线测量	1.学习导线布设形式及适用条件； 2.学习导线外业数据采集及数据处理； 3.小组协作选择合适的导线形式，完成外业踏勘、选点； 4.数据采集及数据质量检核； 5.导线数据平差及坐标计算
学时	20	
教学方法	启发式教学、任务驱动、案例教学法	

表2-14 项目5：GNSS技术测量

教学目标	1.理解GNSS技术测量的原理； 2.了解GNSS技术测量方法； 3.了解GNSS测量误差产生的原因； 4.了解GNSS接收机的操作方法	
教学内容	1.GNSS技术测量原理； 2.GNSS技术测量方法； 3.GNSS测量误差来源； 4.GNSS接收机的操作	
教学任务设计	序号	任务描述
	任务1.GNSS技术测量	1.学习GNSS技术测量的原理和方法； 2.了解GNSS接收机的操作方法
学时	4	
教学方法	启发式教学、任务驱动、案例教学法	

表2-15 项目6：地形图的认识

教学目标	1.了解地形图的基本知识； 2.了解地物、地貌的表示方法； 3.了解地形图的绘制方法； 4.能够进行地形图的判读和应用
教学内容	1.地形图的基本知识； 2.地物、地貌的表示方法； 3.地形图的绘制方法； 4.地形图的判读和应用

续表

教学任务设计	序号	任务描述
	任务1.地形图的认识	1.学习地形图的基本知识,了解地物、地貌的表示方法; 2.小组协作完成地形图的判读
学时	4	
教学方法	启发式教学、任务驱动、案例教学、卡片式教学	

(四)教学要求

"工程测量基础"课程教学要紧扣高速铁路施工与维护专业群教学标准和课程目标,采用理实一体化教学,结合岗位工作要求,将工作任务转化成学习任务,理论与实践相结合,提升学生的工程实践能力,在实践中帮助学生培养安全意识、质量意识和规范意识,从而提升学生的职业责任感和使命感,提升职业素养。

(五)引入行业标准

1.《工程测量标准》(GB 50026—2020);

2.《测绘技术总结编写规定》(CH/T 1001—2005);

3.《高速铁路工程测量规范》(TB 10601—2009);

4.《全球定位系统(GPS)测量规范》(GB/T 18314—2009);

5.《国家基本比例尺地形图分幅与编号》(GB/T 13989—2012);

6.《地形图分幅与编号》(GB/T 13989—2012)。

五、课程考核与评价

课程采用全过程性考核与评价,项目考核与期末考试相结合的方式,全面、客观地评价学生的学习效果。过程性考核在考察学生技能掌握程度的基础上,关注学生综合素养和技能应用能力,主要考评水准测量、水平角测量和导线计算等三个方面,期末考试主要侧重考察学生对测量基本知识和相关理论的掌握。具体评价标准见表2-16。

表2-16 "工程测量基础"课程考核评价体系

过程性考核 (分值权重)	考核项目	评价标准	过程性考核 (40%)	平时考核 (30%)	期末考核 (30%)
水准测量 (30%)	水准仪的操作	仪器操作规范	仪器操作(10%)	1.基本素质评价,包括出勤情况、资源学习、课堂参与等综合表现; 2.职业素质评价,包括项目参与度、承担角色和任务完成情况、劳动意识、创新精神等	1.对测量基本知识的掌握程度; 2.对测量相关理论知识的掌握程度
	数据采集	数据记录格式规范	仪器操作(10%)		
	数据处理	数据处理成果可靠	数据计算(10%)		
水平角测量 (30%)	全站仪的安置	仪器操作规范、安置精度合格	仪器操作(10%)		
	数据采集	数据记录格式规范	数据记录(10%)		
	数据处理	数据处理成果可靠	数据计算(10%)		
导线计算 (40%)	导线计算	数据处理流程正确、坐标计算正确	主观试题(40%)		

六、课程资源

（一）教材选用

所用教材要求为近三年出版的高职高专规划教材，能反映最新测量技术和方法，且能结合工程案例编排教学内容，帮助学生进行知识梳理和总结，提高学生理论联系实践和解决工程实际问题的能力。教材应包括测量的基本知识、高程测量、平面测量、地形图测绘等内容，同时包含图片、视频等教学资源，方便学生自主学习探究。在测量实训教学中，鼓励教师结合最新工程案例并将其转化为实训任务，坚持科学性、先进性和规范性原则，编写活页式教材。

（二）数字化资源

依据本课程标准，充分运用各种信息技术手段并结合教学改革需要，开发微课、动画、多媒体课件等数字化教学资源，建设在线开放课，开发三维仿真训练系统，从而提升课程的教学效果。

七、教学团队

教师是学生知识技能学习的领路人，对学生的价值引领和职业导向起着至关重要的作用，因此，任课教师要熟悉本学科的法律法规和规章制度，具备较高的科研素养和学术水平，能够主动了解掌握学生学习动机、年龄特点及个体差异，并据此调整教学策略。

（一）团队结构

以课程负责人制，积极吸纳科研能力强、工程实践经验丰富的先进人才，组建年龄和学历结构合理的课程教学团队；同时，积极组织教学设计研讨活动和信息化教学能力培训，开展课堂思政大练兵，从而提升团队教育教学水平。

（二）双师素质

课程团队教师积极参加企业实践锻炼，考取测量相关职业资格证书，达到双师素质水平。同时，积极提升教师的工程测量技术水平和实践能力，让教师走访南方、中海达等测量仪器公司，了解测量先进设备，跟进技术前沿。另外，鼓励教师积极参与课程教学改革和创新，满足因材施教的需要，提升教育教学效果。

八、教学设备要求

"工程测量基础"课程教学设备配备要求如表 2-17 所示。

表 2-17 "工程测量基础"课程教学设备配备要求

项目	技术参数与要求	数量
教学投影显示设备	投影仪或智慧一体机	≥1 台
计算机基本配置	操作系统及相关驱动；常用工具软件，办公软件，图形编辑软件；信息安全防护软件；互联网软件	根据教学需要选用
仪器设备与软件	GNSS 接收机及附件	每 4~6 工位 1 套，每套设备≥4 台
	水准仪及其配套设备	每 3~4 个工位 1 套
	全站仪及附件	每 3~4 个工位 1 套
	经纬仪及附件	每 3~4 个工位 1 套
	地面控制点资料	每 3~4 个工位 1 套

"土木工程材料试验与检测"课程标准

一、课程性质与任务

(一)课程性质

土木工程是建造各类工程设施的科学技术的统称,包括房屋、道路、铁路、运输管道、隧道、桥梁、堤坝、港口、飞机场、给水和排水以及防护工程等。用于土木工程中的各种材料及其制品统称为土木工程材料。土木工程材料应用广泛,材料的合理选择及合格与否直接关系到工程质量的优劣;土木工程材料试验与检测在高铁施工等基础设施建设中发挥着重要的技术支撑作用。

"土木工程材料试验与检测"课程是高速铁路施工与维护专业群的专业核心课。本课程从土木工程材料在土建工程中的试验与检测出发,培养学生对常用工程材料进行试验检测的能力,为后续课程的学习以及将来的工作打下坚实的基础。同时,该课程也是学生职业素质养成的一个重要平台,可以培养学生的组织协调能力、团队合作能力、吃苦耐劳的精神,培养学生的质量意识、规范意识、标准意识与创新能力。

(二)课程任务

全面贯彻党的教育方针,落实立德树人根本任务,满足高铁智慧建造对人才培养的要求,围绕高等职业教育土木工程检测技术专业对土木工程材料试验与检测人才的培养需求,拓展土建工程试验检测领域的前沿技术,通过理实一体化教学,提升学生应用土木工程材料试验与检测技术解决工程实际问题的综合能力,使学生成为德、智、体、美、劳全面发展的高素质技术技能人才。

二、课程目标

(一)素质目标

(1)养成安全规范操作的职业素养;
(2)增强质量意识;
(3)具备吃苦耐劳、甘于奉献、克服困难的敬业精神;
(4)具备熟练操作、精益求精的工匠精神;
(5)具备职业健康与环境保护意识;
(6)培养学生6S管理素养。

(二)知识目标

(1)掌握技术标准的分类和组成;
(2)掌握有效数字组成;
(3)熟悉数值修约规则;
(4)了解土木工程材料的基本性质及其应用;
(5)掌握石灰、水泥、集料、外加剂、建筑钢材和沥青的主要技术性能及其检测方法。

(三)技能目标

(1)能认知材料的基本性质;
(2)能制订材料的试验检测计划;
(3)能进行常用工程材料的试验检测;

（4）能进行常用工程材料的质量评定；

（5）能够合理选择材料。

三、课程思政

课程思政指以构建全员、全过程、全方位育人格局的形式将各类课程与思想政治理论课同向同行，形成协同效应，把"立德树人"作为教育的根本任务的一种综合教育理念。"土木工程材料试验与检测"作为高速铁路施工与维护专业群核心课，其课程思政的主要形式是将思想政治教育元素，包括思想政治教育的理论知识、价值理念以及精神追求等融入课程学习及实践中去，潜移默化地对学生的思想意识、行为举止产生影响，具体包括科学严谨的态度、质量意识、工匠精神、劳动精神、创新思维等方面。

"土木工程材料试验与检测"课程的课程思政方式具体如下：引入工程检测案例、检测人榜样，融入检测精神。以提升学生"熟练、扎实"的试验检测能力为突破点，选取教学题材（例如青藏铁路等），以行业精神为引领培养学生的职业认同感和自豪感，坚持把"热爱祖国，爱岗敬业，艰苦奋斗，无私奉献"的精神融入课程教学过程。土木工程材料试验与检测需对试验检测数据进行处理，可融入"理论联系实际"和"实践检验真知"的哲学思想和质量意识。数据处理后按照规范要求对材料进行质量评定，引导学生正确认识成果质量，严把质量关。教学中结合试验检测技术的发展和工程实践应用，结合工程一线的大国工匠的先进事迹，引导学生关注我国科技发展，帮助学生树立起对职业敬畏、对工作执着、对成果负责的态度，养成敬业、精益、专注、创新的工匠精神。依托真实的实训环境，开展劳动教育、安全教育。依托土建材料实训基地、高铁实训工区开展项目教学，规范学生的安全意识，提升岗位实践能力，加强对学生的劳动教育。以高铁施工生产案例为载体，将现场检测人员遇到的生产问题引入课堂活动中，开展灵活教学形式，激发学生思维，引导学生提出解决问题的途径，提高学生团队协作、自主探究的创新思维能力。

四、课程结构与教学内容

根据高等职业学校专业和高速铁路施工与维护专业群教学标准要求，结合"土木工程材料试验与检测"课程目标，确定本课程结构与教学内容，设计合理的学习项目及学时安排。

（一）课程模块

"土木工程材料试验与检测"课程由土木工程材料试验与检测基础知识认知模块、胶凝材料试验检测模块、集料试验检测模块、外加剂基本知识认知模块、钢材试验检测模块五部分构成。

土木工程材料试验与检测基础知识认知模块是学生开展土木工程材料试验与检测的基础，包含技术标准的分类和组成、有效数字组成、数值修约规则、土木工程材料的基本性质及其应用等4部分内容。

胶凝材料试验检测模块是学生提升其应用开展复合材料组成设计的基础，包含石灰的技术性能及其检测、石灰的特点及其应用、石灰储存与保管、通用水泥的技术性能及其检测、通用水泥的特点及其应用、通用水泥的保管、石油沥青的技术性质能及其检测等7部分内容。

集料试验检测模块是学生提升其应用开展复合材料组成设计的基础，包含粗细集料的定义、分类及其特点和粗细集料的技术性能及其检测等2部分内容。

外加剂基本知识认知模块是学生提升其应用开展复合材料组成设计的基础，包含化学外加剂的定义、分类及其特点和矿物外加剂的种类、特点及其技术性能要求等2部分内容。

钢材试验检测模块是学生提升其原材料试验与检测能力的基础，包含建筑建筑钢材的性能特点及其检测、建筑钢材的技术标准等2部分内容。

(二)教学内容及项目、学时安排

"土木工程材料试验与检测"课程教学内容、教学项目安排如表 2-18 所示。

表 2-18 "土木工程材料试验与检测"课程教学内容、教学项目安排表

模块	学习项目	教学内容	思政融入点	学时
土木工程材料试验与检测基础知识认知模块	1. 试验与检测基础知识认知; 2. 土木工程材料的基本性质认知	1. 技术标准的分类和组成; 2. 有效数字组成; 3. 数值修约规则; 4. 土木工程材料的基本性质及其应用	1. "无规矩不成方圆"的哲学道理; 2. "青藏铁路"——行业情怀; 3. 科学严谨的态度; 4. 质量意识、规范意识; 5. 服务人民、奉献社会的人生观	6
胶凝材料试验检测模块	3. 石灰试验检测; 4. 水泥试验检测; 5. 沥青试验检测	1. 石灰的技术性能及其检测; 2. 石灰的特点及其应用; 3. 石灰储存与保管	1. 团队合作意识; 2. "实践检验真知"的哲学思想; 3. 求实、求真的科学意识; 4. 敬业、精益、专注、创新的工匠精神; 5. 安全教育	4
		1. 通用水泥的技术性能及其检测; 2. 通用水泥的特点及其应用; 3. 通用水泥的保管; 4. 石油沥青的技术性能及其检测	1. 新设备、新方法的改革和创新思想; 2. 环保意识; 3. 职业健康理念	22
集料试验检测模块	6. 细集料试验检测; 7. 粗集料试验检测	1. 粗、细集料的定义、分类及其特点; 2. 粗、细集料的技术性能及其检测方法	1. 团队协作精神; 2. "理论联系实践——灵活应用"的思想意识; 3. 精益求精的态度; 4. 环保意识	14
外加剂基本知识认知模块	8. 化学外加剂试验检测; 9. 矿物外加剂试验检测	1. 化学外加剂的定义、分类及其特点; 2. 矿物外加剂的种类、特点及其技术性能要求	1. 严谨认真的态度; 2. 环保意识	4
钢材试验检测模块	10. 钢筋混凝土用钢试验检测 11. 钢结构用钢基础知识认知	1. 建筑钢材的性能特点及其检测; 2. 建筑钢材的技术标准	1. 团队协作的精神; 2. 实事求是的态度; 3. 敬业、执著精神; 4. 安全意识	10

(三)学习项目设计

"土木工程材料试验与检测"课程学习项目设计如表2-19至表2-29所示。

表2-19 项目1:试验与检测基础知识认知

教学目标	1.掌握材料技术标准的表达方法及其含义; 2.掌握有效数字组成; 3.掌握数值修约规则	
教学内容	1.材料的分类、发展和技术标准表达方法; 2.有效数字组成; 3.数值修约规则	
教学任务设计	序号	任务描述
	任务1.技术标准基本知识认知	学习技术标准相关知识
	任务2.数值修约知识认知	1.学习有效数字的相关知识; 2.学习材料数值修约规则的相关知识
学时	2	
教学方法	启发式教学法、讲授法、任务驱动法	

表2-20 项目2:土木工程材料的基本性质认知

教学目标	1.掌握材料的力学性质及耐久性的基本概念; 2.掌握与材料质量、水有关的性质及其表示指标; 3.了解影响材料基本性质的相关因素; 4.能对材料的基本性质指标进行计算	
教学内容	1.材料与质量有关的性质; 2.材料与水有关的性质; 3.材料的力学性质及耐久性	
教学任务设计	序号	任务描述
	任务1.材料的基本物理性质知识认知	1.学习材料与质量有关的性质; 2.学习材料与水有关的性质
	任务2.材料的基本力学性质认知	1.学习材料的强度与比强度; 2.学习材料的弹性与塑性; 3.学习材料的韧性与脆性
	任务3.材料的耐久性质认知	1.学习材料的耐久性定义; 2.学习影响耐久性的因素
学时	4	
教学方法	启发式教学法、讲授法、任务驱动法	

表 2-21　项目 3：石灰试验检测

教学目标	1. 掌握石灰的生产过程； 2. 熟悉石灰的消化过程； 3. 了解石灰的硬化过程； 4. 熟悉石灰的特点及其应用； 5. 具备检测石灰质量的能力	
教学内容	1. 石灰的生产及其分类； 2. 石灰的熟化、硬化； 3. 石灰的技术性质及应用； 4. 石灰的性能试验与检测	
教学任务设计	序号	任务描述
	任务 1. 石灰基础知识认知	1. 石灰的生产、分类、熟化、硬化知识学习； 2. 石灰的技术性能学习
	任务 2. 石灰有效氧化钙和氧化镁含量测定	1. 学生分组，完成试验流程图； 2. 试验准备，配制试验用试剂； 3. 完成有效氧化钙和氧化镁测定； 4. 数据处理
学时	4	
教学方法	任务驱动法、直观演示法、理实一体教学法	

表 2-22　项目 4：水泥试验检测

教学目标	1. 掌握硅酸盐水泥熟料矿物的组成及其特性； 2. 熟悉硅酸盐水泥的水化产物及其特性； 3. 了解硅酸盐水泥的凝结硬化过程及技术要求； 4. 掌握掺混合材料的硅酸盐水泥的特点； 5. 了解其他品种水泥的性能特点； 6. 能够识别通用水泥品种、具备检测水泥质量的能力，能出具试验报告单	
教学内容	1. 硅酸盐水泥的生产和基本组成，硅酸盐水泥的水化硬化，硅酸盐水泥的技术要求； 2. 水泥混合材料，通用水泥的组成、技术要求、性能特点及应用； 3. 水泥技术性能试验与检测； 4. 水泥储存与保管	
教学任务设计	序号	任务描述
	任务 1. 通用水泥概述	1. 学习通用水泥的品种； 2. 学习硅酸盐水泥的生产和基本组成； 3. 学习硅酸盐水泥的腐蚀与防止； 4. 学习水泥的储存与保管
	任务 2. 通用水泥性能检测	1. 学生分组，完成试验流程图； 2. 完成水泥细度、标准稠度用水量、凝结时间、安定性、胶砂强度试验检测； 3. 完成数据处理

续表

学时	16
教学方法	启发式教学、任务驱动、案例教学、卡片式教学、直观演示法、理实一体教学法

表 2-23 项目 5：沥青试验检测

教学目标	1.熟悉沥青的分类； 2.掌握石油沥青的组分及其特点； 3.了解石油沥青的结构类型及其特点； 4.熟悉沥青的技术性能； 5.掌握沥青的三大指标检测方法	
教学内容	1.沥青的分类和应用； 2.石油沥青的组成与结构； 3.沥青取样方法； 4.石油沥青的技术性质检测	
教学任务设计	序号	任务描述
	任务1.石油沥青基础知识认知	1.学习沥青的分类； 2.学习石油沥青的组分及其特点； 3.学习石油沥青的结构及其特点； 4.学习石油沥青的技术性能
	任务2.沥青三大指标检测	1.学生分组，完成试验流程图； 2.完成沥青针入度、延度和软化点试验检测； 3.完成数据处理
学时	8	
教学方法	启发式教学、任务驱动、案例教学、卡片式教学、直观演示法、理实一体教学法	

表 2-24 项目 6：细集料试验检测

教学目标	1.掌握水泥混凝土用砂的技术性质； 2.具备检测水泥混凝土用砂质量的能力	
教学内容	1.砂的粗细程度与级配、表观密度、堆积密度、含泥量、泥块含量等技术性质； 2.砂技术性能试验检测	
教学任务设计	序号	任务描述
	任务1.细集料基础知识认知	1.学习细集料的定义、分类； 2.学习细集料的技术性质
	任务2.细集料的性能检测	1.学习细集料性能相关知识； 2.学生分组，完成试验流程图； 3.完成砂表观密度、堆积密度、筛分析试验检测； 4.完成数据处理
学时	6	
教学方法	启发式教学、任务驱动、案例教学、卡片式教学、直观演示法、理实一体教学法	

表 2-25 项目 7：粗集料试验检测

教学目标	1.掌握水泥混凝土用砂和石的技术性质； 2.具备检测水泥混凝土用砂和石质量的能力	
教学内容	1.砂的粗细程度与级配、表观密度、堆积密度、含泥量、泥块含量等技术性质； 2.石的级配、表观密度、堆积密度、含泥量、泥块含量、针片状、压碎值等技术性质； 3.砂石技术性质试验检测	
教学任务设计	序号	任务描述
	任务 1.细集料的性能检测	1.学习细集料相关知识； 2.学生分组，完成试验流程图； 3.完成砂表观密度、堆积密度、筛分析试验检测； 4.完成数据处理
	任务 2.粗集料的性能检测	1.学习细集料相关知识； 2.学生分组，完成试验流程图； 3.完成石表观密度、堆积密度、筛分析、针片状颗粒含量、压碎指标试验检测； 4.完成数据处理
学时	8	
教学方法	启发式教学、任务驱动、案例教学、卡片式教学、直观演示法、理实一体教学法	

表 2-26 项目 8：化学外加剂试验检测

教学目标	1.能说出减水剂的特点； 2.查阅规范，能说出减水剂的检测项目	
教学内容	1.化学外加剂的定义和分类； 2.减水剂的分类、特点和技术指标	
教学任务设计	序号	任务描述
	任务 1.外加剂基础知识认知	引导学生掌握外加剂的定义及分类
	任务 2.减水剂基础知识认知	1.引导学生掌握减水剂的特点； 2.以工程案例给学生分析其技术性能指标
学时	2	
教学方法	案例教学、任务驱动、测站教学法	

表 2-27 项目 9：矿物外加剂试验检测

教学目标	1.能说出矿物外加剂的特点； 2.查阅规范，能说出矿物外加剂的检测项目
教学内容	1.矿物外加剂的分类； 2.矿物外加剂的特点和技术指标

续表

教学任务设计	序号	任务描述
	任务1.化学外加剂	1.引导学生掌握外加剂的定义及分类； 2.以工程案例给学生分析减水剂对混凝土的性能影响
	任务2.矿物外加剂	1.引导学生掌握粉煤灰、矿渣和硅灰的特点； 2.以工程案例给学生分析其技术性能指标
学时	30	
教学方法	案例教学、任务驱动、测站教学法	

表 2-28 项目10：钢筋混凝土用钢试验检测

教学目标	1.了解钢材的分类，掌握钢材的主要性能； 2.了解钢材的化学成分对钢性能的影响； 3.了解钢材的冷加工与热处理的作用； 4.掌握常用钢筋的技术要求与选用； 5.掌握钢筋质量检测及评定方法
教学内容	1.建筑钢材的冶炼和分类； 2.建筑钢材的拉伸性能； 3.建筑钢材的耐疲劳性； 4.建筑钢材的工艺性能

教学任务设计	序号	任务描述
	任务1.建筑钢材的基础知识认知	1.学习钢材的冶炼与分类； 2.学习钢材的化学成分对钢性能的影响； 3.学习钢材的冷加工与时效
	任务2.钢筋试验检测	1.学习低碳钢拉伸的应力与应变变化规律； 2.学习钢材的冲击性能和疲劳性能； 3.学生分组，完成试验流程图； 4.完成钢筋拉伸、冷弯、反向弯曲试验检测，完成数据处理
学时	10	
教学方法	启发式教学、任务驱动、案例教学、卡片式教学、直观演示法、理实一体教学法	

表 2-29 项目11：钢结构用钢基础知识认知

教学目标	1.掌握钢结构用钢的分类； 2.掌握碳素结构钢与低合金高强度结构钢的牌号含义； 3.掌握碳素结构钢与低合金高强度结构钢的应用
教学内容	1.碳素结构钢与低合金高强度结构钢的牌号； 2.碳素结构钢与低合金高强度结构钢的标准与选用

续表

序号	任务描述
任务1.碳素钢结构的技术标准及选用	1.学习钢结构用钢的分类及其牌号表示方法和应用； 2.学习钢筋混凝土用钢的种类及其牌号表示方法和应用
任务2.低合金高强度结构钢的技术标准及选用	1.学习钢结构用钢的分类及其牌号表示方法和应用； 2.学习钢筋混凝土用钢的种类及其牌号表示方法和应用

（教学任务设计）

学时	4
教学方法	启发式教学、任务驱动、案例教学、卡片式教学、直观演示法、理实一体教学法

（四）教学要求

"土木工程材料试验与检测"课程教学要紧扣高速铁路施工与维护专业群教学标准和课程目标，在全面贯彻党的教育方针、落实立德树人根本任务的基础上，突出职业教育特色，培养学生对土建工程中常用材料进行试验检测以解决工程实际问题的能力，提升学生的工程实践能力。

课程教学要落实立德树人的根本任务，贯彻课程思政要求，使学生在复杂的社会环境和工作环境中能够有担当、辨是非、求上进、有作为。突出学生技能培养，提升学生在高铁等土建工程中进行合理选择材料及试验检测的能力。培养学生的创新意识，对工作中出现的问题能够进行正确分析判断，提出合理解决方案的能力。

（五）引入行业标准

(1)《建筑石灰试验方法 第2部分 化学分析方法》(JC/T 478.2—2013)；

(2)《水泥细度检验方法筛析法》(GB/T 1345—2005)；

(3)《水泥比表面积测定方法：勃氏法》(GB/T 8074—2008)；

(4)《水泥标准稠度用水量、凝结时间、安定性检测方法》(GB/T 1346—2011)；

(5)《普通混凝土用砂、石质量及检验方法标准》(JGJ 52—2006)；

(6)《混凝土外加剂应用技术规范》(GB 50119—2013)；

(7)《用于水泥和混凝土中的粉煤灰》(GB/T 1596—2017)；

(8)《金属材料拉伸试验第1部分：室温试验方法》(GB/T 228.1—2010)；

(9)《公路工程沥青及沥青混合料试验规程》(JTG E20—2011)；

五、课程考核与评价

课程采用全过程性考核与评价，线上知识测试与线下技能考核相结合的方式，全面、客观地评价学生的学习效果。过程性考核在考察学生技能掌握程度的基础上，关注学生综合素养和技能应用能力，主要考评水泥试验与检测、集料试验与检测、建筑钢材试验与检测、沥青试验与检测、基础知识在线测试等五个方面。具体评价标准见表2-30。

表 2-30 "土木工程材料试验与检测"课程考核评价体系

过程性考核 （分值权重）	考核项目	评价标准	过程性考核 （70%）	平时考核 （30%）
水泥试验与检测（25%）	比表面积试验	试验操作规范、数据处理正确	试验操作（10%）	1. 基本素质评价，包括出勤情况、资源学习、课堂参与等综合表现； 2. 职业素质评价，包括项目参与度、承担角色和任务完成情况、劳动意识、创新精神等
	标准稠度用水量试验	试验操作规范、数据处理正确	试验操作（5%）	
	胶砂强度试验	试验操作规范、数据处理正确	试验操作（10%）	
集料试验与检测（20%）	砂筛分试验	试验操作规范、数据处理正确	试验操作（10%）	
	石表观密度试验	试验操作规范、数据处理正确	试验操作（10%）	
建筑钢材试验与检测（25%）	拉伸试验	试验操作规范、数据处理正确	试验操作（10%）	
	冷弯试验	试验操作规范、数据处理正确	试验操作（15%）	
沥青试验与检测（20%）	针入度试验	试验操作规范、数据处理正确	试验操作（10%）	
	软化点试验	试验操作规范、数据处理正确	试验操作（10%）	
基础知识在线测试（10%）	在线课程期末考试	题目作答准确	客观试题（10%）	

六、课程资源

（一）教材选用

所用教材要求为近三年出版的高职高专规划教材，既能反映最新发展水平，又可以适应高等职业教育的需要，能够帮助学生提高分析问题、解决问题的能力，突出高素质技术技能人才培养特点。教材应包括材料的技术标准、数值修约和有效数字、材料的基本性质、石灰、水泥、集料、外加剂、建筑钢材、沥青等内容。鼓励教师结合教育教学改革和信息化教学需要，以思想性、科学性、发展性、规范性为原则，校企合作编写立体化和富媒体化教材、活页式教材、云教材等。

（二）数字化资源

依据本课程标准，充分运用各种信息技术手段结合教学改革需要，开发微课、多媒体课件等数字化教学资源，建设在线开放课，实现优质资源共建共享，提升课程的教学效果。

七、教学团队

教师是学生学习课程的纽带，是引导学生掌握实践技能的关键。任课教师要树立良好的师德师风，符合教师专业标准要求，具有扎实的专业基础，有一定的工程实践经验和良好的教育教学能力。

（一）团队结构

建立课程负责人制度，组建课程教学团队，积极组织开展各类教研活动，促进青年教师成长。学校应采用人才引进、自主培养等途径，组建年龄、性别、职称与学历结构合理，具有较强信息化教学能力的教学团队。

（二）双师素质

课程团队教师应具有双师素质，同时开展校企合作。教师应坚持定期到高铁项目等施工一线进行实践锻炼，与时俱进地提升教师的试验检测水平和工程实践经验。鼓励支持教师进行课程教学改革创新，使课程教学更好地适应学生全面发展和个性化发展的需要，满足经济社会发展需求。

八、教学设备要求

"土木工程材料试验与检测"课程教学设备配备要求如表2-31所示。

表2-31 "土木工程材料试验与检测"课程教学设备配备要求

项目	技术参数与要求	数量
教学投影显示设备	投影仪或智慧一体机	≥1台
计算机基本配置	操作系统及相关驱动；常用工具软件、办公软件；信息安全防护软件；互联网软件	根据教学需要选用
仪器设备	全自动比表面积仪、标准法维卡仪	每6~8人一台
仪器设备	万能材料试验机至少达到1级，试验机的测力示值误差不大于1%	≥1台
仪器设备	沥青针入度测定仪、软化点测定仪	每6~8人一台

"工程识图与CAD"课程标准

一、课程性质与任务

（一）课程性质

"工程识图与CAD"课程是高速铁路施工与维护专业群的通用模块课程，其主要任务是通过工程制图基本理论、基本原理的学习，培养学生空间思维能力和空间几何形体的图示能力，使学生能够熟练掌握国家制图标准，能够熟练使用CAD绘图软件，培养学生识读与绘制专业工程施工中各种专业图（线路、桥梁、涵洞、隧道工程图）的能力，增强分析问题和解决问题的能力。同时，该课程也是学生职业素质养成的一个重要平台，培养学生的组织协调能力、团队合作能力、吃苦耐劳的精神，培养学生的质量意识、规范意识、标准意识、效率意识与创新能力，培养学生科学、缜密、严谨的工作作风和良好的职业道德。

（二）课程任务

本课程全面贯彻党的教育方针，落实立德树人根本任务，满足高速铁路施工与维护专业群对人才培养的要求，围绕高等职业教育交通土建类专业对工程制图、CAD软件应用的培养需求。按照学生思维成长由平面到空间，识图绘图技能培养由单一到综合的特点，以培养学生识图绘图能力、精益求精的工匠精神为核心，基于"工程图样"+"工程模型"为任务驱动载体，围绕知识、能力、素养三大目标，实施德育＋智育、项目化＋信息化、线上＋线下、过关考核＋过程考核的教学内容、方法手段、课程资源及评价体系四方面的融合创新，通过理实一体化教学，提升学生识读工程图样的综合能力，使学生成为德智体美劳全面发展的高素质技术技能人才。

二、课程目标

（一）素质目标

（1）具备良好的行业规范意识及法律意识；

(2)具备精益求精、追求完美的精神理念及工匠精神;

(3)具备团队协作、开拓创新的职业精神;

(4)具备科学、缜密、严谨的工作作风和良好的职业道德;

(5)具备爱国主义理想情怀;

(6)具备发扬中国传统文化的精神。

(二)知识目标

(1)掌握制图国家标准的基本规定;

(2)掌握形体三面投影图的识读与绘制;

(3)掌握形体轴测投影图的绘制;

(4)掌握形体剖、断面图的绘制;

(5)掌握线路工程图的识读内容与表达方法;

(6)掌握桥梁工程图的识读与绘制;

(7)掌握涵洞工程图的识读与绘制;

(8)掌握隧道工程图的识读与绘制;

(9)掌握CAD软件绘图环境的基本设置;

(10)掌握CAD的绘图及修改命令;

(11)掌握CAD图层管理方法;

(12)掌握文字样式、尺寸标注样式、表格样式的设置及注写方法;

(13)掌握CAD三维建模的方法;

(14)掌握CAD绘制工程图的基本流程及准确绘图的方法;

(15)掌握用CAD对工程构筑物进行三维建模的方法;

(16)掌握出图打印的设置及方法。

(三)技能目标

(1)能在绘图中严格执行制图国家标准;

(2)能识读与绘制工程构筑物三视图;

(3)能绘制工程构筑物轴测图;

(4)能识读与绘制工程构筑物剖面图、断面图等;

(5)能识读与绘制线路工程图;

(6)能识读与绘制桥梁工程图;

(7)能识读与绘制涵洞工程图;

(8)能识读与绘制隧道工程图;

(9)能熟练应用CAD软件绘制平面图形;

(10)能应用CAD软件中的图层管理进行图样绘制;

(11)能应用CAD软件中的文字样式、尺寸标注样式、表格样式等绘制出符合制图国标的图样;

(12)能应用CAD绘制工程线路、桥梁、涵洞、隧道工程图;

(13)能应用CAD软件对工程构筑物进行三维实体建模;

(14)能应用CAD软件进行图纸打印输出;

(15)能对图纸中存在的错误进行分析与修正。

三、课程思政

"工程识图与CAD"课程坚持"立德树人"为根本,秉承我校"德修身、技立业"的校训,遵循课程知识由简单到复杂、技能由单一到综合的特点,对课程专业知识、技能进行梳理与分析,并将专业质量文化、精益求精的品质、社会主义核心价值观等思政元素融入课堂,按照"一中心、二驱动、三目标、四融合"的课程思政改革思路,创新"素养融入、模型贯穿、能力递进"的课程教学模式,构建"工程识图与CAD"课程思政体系,实现满足教学需求的"资源型建设"向以学生为中心的"育人型建设"的成功转变。

课程团队深挖思政元素,从"通志图谱"到"营造法式",从"古代制图思想"到"现在制图技法",从"点、线、面"到"3D打印技术",从"鲁班工法"到"智慧建造",从"传统工艺"到"中国速度"等,围绕学习任务,寻找思政元素与课程结合的"契合点",建立二者之间的内在契合关系,挖掘了规范意识、中国古代思想精华、抗疫精神等11个主思政元素,以及辩证唯物主义世界观、扶贫政策、中国速度等39个辅思政元素,形成课程思政教学内容,并通过思政实践,动态调整思政元素,实现思政教育与技能培养无缝对接和有机互融。

围绕课程培养目标,实施以"技能训练为基础,工匠精神为内核,思政教育为灵魂"的"德技双修、三维共育"课程思政体系。将课内与课外、线上与线下相结合,创新课程思政第一课堂,拓展技能竞赛第二课堂,网络文化空间第三课堂,形成"三维"课程思政育人空间,全方位提升学生职业素质。

四、课程结构与教学内容

根据高等职业学校专业和高速铁路施工与维护专业群教学标准要求,结合"工程识图与CAD"课程目标,确定本课程结构与教学内容,设计合理的学习项目及学时安排。

(一)课程模块

"工程识图与CAD"课程由工程制图基础应用模块、专业工程图识读与绘制模块两部分构成。

工程制图基础应用模块围绕国家制图标准、投影基础知识、形体的三视图、剖断面图的学习,设计一系列活动训练,使学生在观察、绘制、思考、描述等能力上全面提高,掌握土木工程构造以及工程构造图的阅读方法,学习CAD绘图操作并打印等形式,掌握土木工程制图国家标准,以熟练的对各种平面图作出正确分析并绘制。同时,培养学生建立良好的执行行业规范的意识,建立生活中的安全意识、质量意识、效率意识、法律意识,培养学生自我学习、善于归纳的能力。

专业工程图识读与绘制模块以线路工程图纸为载体,让学生掌握线路工程图的特点与识读方法;以桥梁工程施工图为载体,让学生熟悉桥梁工程图的组成与构造形式,能够阅读桥墩及桥台工程图并准确绘制,掌握桥梁结构图的内容,并能够识读钢筋布置图;以管涵、盖板涵、拱涵工程图为任务,带领学生分析及识读涵洞的构造及组成方式,了解涵洞工程图样的表达方法,并能够准确绘制涵洞图样;以隧道工程图为任务,让学生进行隧道的认知及洞门图的识读、隧道衬砌图及避车洞的识读、隧道工程图的绘制。

(二)教学内容及项目、学时安排

"工程识图与CAD"课程教学内容、教学项目安排如表2-32所示。

表 2-32 "工程识图与 CAD"课程教学内容、教学项目安排表

模块	学习项目	教学内容	思政融入点	学时
工程制图基础应用模块	1.工程构筑物平面图识读与绘制； 2.工程构筑物构造图识读与绘制	1.介绍本课程的特点、要求、基本内容及学习方法； 2.制图国家标准的基础部分； 3.学习平面图形的分析方法； 4.学习投影的概念、基本性质和三面投影图的投影规律； 5.学习基本体、叠加体、截切体的投影图特点及投影分析方法； 6.学习工程构筑物构造图的绘制与识读方法及尺寸标注； 7.学习工程构筑物的各种表达手法； 8.认识 CAD 绘图软件的操作界面； 9.学习 CAD 二维精准绘图与快速修改的方法； 10.学习 CAD 中图层设置和管理的方法； 11.学习在 CAD 中进行尺寸标注样式设置和文字样式设置； 12.学习在 CAD 中进行图样的尺寸标注修改和文字注写修改	1.行业"规范意识"及法律意识； 2.精雕细琢、精益求精、追求完美的精神理念； 3.辩证唯物主义世界观； 4."理论联系实际"的哲学思想； 5.古代思想精华； 6.责任感及职业道德	36
专业工程图识读与绘制	3.线路工程图识读与绘制； 4.桥梁工程图识读与绘制； 5.涵洞工程图识读与绘制； 6.隧道工程图识读与绘制	1.认识线路工程图包括的主要图样； 2.学习线路平面图中线路的平面设计，学习线路设计曲线要素的名称与含义； 3.阅读线路平面图中线路上构筑物的形式与位置，介绍相关符号的含义； 4.阅读图例，了解线路平面图中线路周边的地形与地貌的状况； 5.学习线路纵剖面图中线路的竖向设计； 6.阅读线路纵剖面图中线路土方施工状况； 7.综合线路平面与纵剖面图，整理清楚整个线路的空间设计状况； 8.学习线路的路基形式，阅读线路横断面图的内容； 9.介绍桥梁的形式，学习桥梁的构造组成； 10.了解桥梁施工图的图样组成及桥梁施工图的图示特点； 11.学习分析桥墩、桥台各组成部分的构造、材料要求、尺寸； 12.学习梁体的构造； 13.学习钢筋混凝土结构的基本知识； 14.描述钢筋布置图的表达特点； 15.阅读梁、板、柱结构钢筋布置图的方法； 16.学习用 CAD 绘制桥梁工程图的方法； 17.讨论涵洞在铁路线路中的作用与位置； 18.介绍涵洞构筑物的类型与构造组成； 19.了解涵洞工程施工图的图样组成与表达方法； 20.学习分析涵洞各组成部分构造与绘制立体效果图的方法； 21.了解涵洞各组成部分构造的材料要求和尺寸大小； 22.隧道的构造组成及施工图图样组成； 23.隧道洞口的分类与洞口图的特点； 24.隧道衬砌的作用与结构类型，隧道衬砌断面图的图样组成及图示特点； 25.隧道避车洞的作用与布置，隧道避车洞图的图样组成及图示特点； 26.隧道钢筋布置图和隧道支护工程图； 27.学习用 CAD 绘制隧道洞门构造图的方法与做图要领； 28.学习绘制隧道衬砌断面图的方法与做图要领	1.爱国主义情怀； 2.规矩意识； 3.质量意识； 4.效率意识； 5.行业规范意识； 6.法律意识； 7.个人发展和实现"中国梦"； 8.科学、缜密、严谨的工作作风； 9.团队协作、开拓创新的职业精神； 10.民族自豪感； 11.抗疫精神； 12.中国速度	48

(三)学习项目设计

"工程识图与CAD"课程学习项目设计如表2-33至表2-38所示。

表2-33 项目1:工程构筑物平面图识读与绘制

教学目标	1.了解本课程学习的方法,树立端正的学习态度; 2.能够执行制图国家标准中的有关规定; 3.能根据已知条件按几何原理准确地绘制出常见的平面图形; 4.能够对平面图形进行分析并确定图形的作图顺序; 5.认识与介绍CAD绘图软件的界面及操作规律; 6.掌握CAD二维基础绘图与修改命令,能够准确绘制及修改平面二维图形; 7.能够按照制图国家标准进行CAD尺寸标注样式设置及标注和文字样式设置及注写; 8.能够设置合理的图层并对图形要素做管理; 9.能够应用模型空间进行打印出图		
教学内容	1.介绍本课程的特点、要求、基本内容及学习方法; 2.制图国家标准的基础部分; 3.学习平面图形的分析方法; 4.认识CAD绘图软件的操作界面; 5.学习CAD二维精准绘图与快速修改的方法; 6.学习CAD中图层设置和管理的方法; 7.学习在CAD中进行尺寸标注样式设置和文字样式设置; 8.学习在CAD中进行图样的尺寸标注修改和文字注写修改; 9.实践模型空间打印出图		
教学任务设计	序号	任务描述	
	任务1.国家制图标准应用	通过完成本任务,能够掌握制图国家标准的相关规定,包括图幅、图框、线型、字体、比例、尺寸标注、建筑材料图例等,并在绘制图样时合理应用。建立良好的执行行业规范的意识,形成良好的检查、判断能力。掌握分析平面图形的方法,并对工程构筑物平面图形进行尺寸及形状分析,且准确进行尺寸标注。将"精雕细琢、精益求精、追求完美的精神"融入尺规绘图中。树立学生的审美观	
	任务2.识读工程构筑物平面图	通过完成本任务,能够掌握分析平面图形的方法,并对工程构筑物平面图形进行尺寸及线段分析,且准确进行尺寸标注。同时,将"精雕细琢、精益求精、追求完美的精神"融入尺规绘图中	
	任务3.用CAD绘制工程构筑物平面图	通过完成本任务,能认识CAD软件界面,能熟练掌握绘图命令进行二维平面图形绘制,能掌握CAD精确绘制操作方法、CAD模型空间设置与打印	
学时	18		
教学方法	"实例+实战"教学、"学+做+考"教学、任务驱动教学、小组讨论教学、多媒体教学等		

表 2-34 项目 2:工程构筑物构造图识读与绘制

教学目标	1. 会利用投影理论绘制与阅读基本形体的三视图; 2. 能够分析与绘制组合体的投影图,培养三维空间想象能力; 3. 能识读与绘制工程构筑物的构造图,能对工程构筑物图样进行尺寸标注; 4. 能阅读工程构筑物的剖面图和断面图; 5. 能够用 CAD 绘制工程构筑物的三视图与轴测图; 6. 能够用 CAD 进行实体的三维造型; 7. 能够用布局空间进行打印出图	
教学内容	1. 学习投影的概念、基本性质和三面投影图的投影规律; 2. 学习基本体、叠加体、截切体的投影图特点及投影图分析方法; 3. 学习工程构筑物构造图的绘制与识读方法及尺寸标注; 4. 学习工程构筑物的各种表达手法; 5. CAD 三视图与轴测图绘制方法; 6. CAD 实体造型操作技术; 7. CAD 布局设置与打印	
教学任务设计	序号	任务描述
	任务 1. 形体三视图识读	通过完成本任务,能够认识形体的空间形状特征;掌握投影的形成过程,应用投影基本原理,表达各种形体的投影。能应用基本体的投影规律,想象出工程简单构造的空间形状,表达其投影;利用基本体的投影特点,总结叠加体的投影规律,想象出工程叠加类构造的空间形状,表达出投影;利用截切体的形成过程,总结截切体的投影规律及识读方法,并能够准确识读截切类形体。锻炼学生的逻辑思维能力,培养学生主动发现、总结规律的能力
	任务 2. 形体轴测图绘制	通过完成本任务,能描述出轴测投影的分类及图示特点,并绘制工程构筑物的轴测投影
	任务 3. 工程构筑物构造图识读	通过完成本任务,能用视图表达工程形体的外部结构形状,能够介绍剖、断面图的分类及各自特点,能够识读与绘制工程构筑物的剖、断面图
	任务 4. 工程工程构筑物构造图 CAD 绘制	通过完成本任务,能用 CAD 精确绘制工程构筑物的三视图与轴测图,能用 CAD 进行实体的三维造型
学时	18	
教学方法	"实例+实战"教学、"学+做+考"教学、任务驱动教学、小组讨论教学、多媒体教学等	

表 3-35 项目 3:线路工程图识读与绘制

教学目标	1. 能够说明线路工程图包括的主要图样; 2. 能够描述线路平面图中线路的平面设计状况,掌握设计曲线要素的名称与含义; 3. 能够描述线路平面图中线路上构筑物的设计形式与位置; 4. 能够描述线路平面图中线路周边的地形与地貌状况; 5. 能够描述线路纵剖面图中线路的竖向设计状况; 6. 能够描述线路纵剖面图中线路土方施工状况; 7. 能够将线路平面与纵剖面图结合,描述出整个线路的空间设计状况; 8. 能够结合路基横断面图,描述线路的路基形式

		续表
教学内容	1.认识线路工程图包括的主要图样； 2.学习线路平面图中线路的平面设计,学习线路设计曲线要素的名称与含义； 3.阅读线路平面图中线路上构筑物的形式与位置,介绍相关符号的含义； 4.阅读图例,了解线路平面图中线路周边的地形与地貌的状况； 5.学习线路纵剖面图中线路的竖向设计； 6.阅读线路纵剖面图中线路土方施工状况； 7.综合线路平面与纵剖面图,整理清楚整个线路的空间设计状况； 8.学习线路的路基形式,阅读线路横断面图的内容	
教学任务设计	序号	任务描述
	任务1.铁路线路平面图的识读	阅读线路工程图相关学习资料,从提取资料中的关键词入手,认识专业术语,了解线路工程图中线路平面图的图样组成、图样内容、图样表达手法,掌握与工程施工相关的专业基础知识与技能
	任务2.铁路线路纵断面图及路基横断面图的识读	以实际线路纵断面图及路基横断面图为载体,了解线路纵断面图及路基横断面图的图样内容组成、图样表达手法,掌握与工程施工相关的专业基础知识与技能
	任务3.城市道路及公路工程图的识读	以公路工程图样及城市道路工程图为载体,了解公路工程图样及城市道路工程图的图样内容组成、图样表达手法,掌握与工程施工相关的专业基础知识与技能
学时	6	
教学方法	"实例＋实战"教学、"学＋做＋考"教学、任务驱动教学、小组讨论教学、多媒体教学等	

表 2-36 项目 4:桥梁工程图识读与绘制

教学目标	1.能描述桥梁的形式与构造组成； 2.能介绍桥梁工程施工图的图样组成； 3.能介绍桥位图的作用,能对桥位图进行识读； 4.能阅读全桥布置图的主体内容和其他信息,解读全桥布置图的图示方法； 5.能介绍桥梁的组成与构造名称； 6.能阅读桥墩、桥台总体与局部构造详图； 7.能绘制桥墩、桥台构造的立体效果图； 8.能应用钢筋混凝土结构的基本知识、钢筋布置图的表达特点和内容,对各种梁、板、柱结构物的钢筋布置图进行识读与绘制； 9.能够运用 CAD 绘制桥梁构造图； 10.能够运用 CAD 绘制钢筋图

续表

教学内容	1. 介绍桥梁的形式,学习桥梁的构造组成; 2. 了解桥梁施工图的图样组成及桥梁施工图的图示特点; 3. 学习分析桥墩、桥台各组成部分的构造、材料要求、尺寸; 4. 学习梁体的构造; 5. 学习钢筋混凝土结构的基本知识; 6. 描述钢筋布置图的表达特点; 7. 阅读梁、板、柱结构钢筋布置图的方法; 8. 描述钢筋混凝土结构中钢筋的绑扎关系; 9. 学习用CAD绘制桥梁工程图的方法	
教学任务设计	序号	任务描述
	任务1. 桥梁工程图的认知及桥墩图的识读	以小组为单位,简要介绍一座桥,了解桥梁的组成、分类及尺寸信息。通过实际桥梁工程图为载体,认识桥位图、全桥布置图、桥墩图并能够准确识读出相关构造的形状及尺寸信息
	任务2. 桥台图的识读	以小组为单位,手工制作桥台模型,课堂上小组进行作品汇报,检验学生专业知识的学习状况,考察小组成员的合作状况,评价学生的个人素养与素质,并详细讲解桥台图的组成特点及内容,使学生掌握桥台构造的特点,并手工绘制桥台构造图
	任务3. 梁体构造图的识读	讲解梁体构造的形式及表达,通过对梁体构造图的讲解,巩固剖、断面的相关知识,并以钢筋混凝土T形梁为小组任务,小组完成自学并汇报
	任务4. 钢筋布置图的识读	认识钢筋的作用、种类和分类,了解钢筋的图示的组成及表达方法,能够准确识读梁、板、柱内的钢筋种类、位置及根数
	任务5. 用CAD绘制桥梁构造图	用CAD绘制桥梁的桥墩构造图、桥台构造图、梁体构造图,掌握绘制构造工程图的步骤与要领,强化CAD绘图中制图国家标准的应用能力
	任务6. 用CAD绘制钢筋工程图	用CAD绘制梁、板、柱内的钢筋布置图,掌握绘制钢筋工程图的步骤与要领,强化CAD绘图中制图国家标准的应用能力
	任务7. 用CAD绘制桥梁工程图	能够利用CAD创建桥墩实体模型
学时	22	
教学方法	"实例+实战"教学、"学+做+考"教学、任务驱动教学、小组讨论教学、多媒体教学等	

表2-37 项目5:涵洞工程图识读与绘制

教学目标	1. 能够描述涵洞在铁路线路中的位置与作用; 2. 能够描述涵洞的类型与各式涵洞的构造组成; 3. 能够介绍涵洞工程施工图的图样组成与表达方法; 4. 能够阅读涵洞各组成部分的构造和绘制立体效果图; 5. 阅读描述涵洞各组成部分构造的材料要求和尺寸大小; 6. 能够利用CAD绘制涵洞工程图

续表

教学内容	1.讨论涵洞在铁路线路中的作用与位置； 2.介绍涵洞构筑物的类型与构造组成； 3.了解涵洞工程施工图的图样组成与表达方法； 4.学习分析涵洞各组成部分构造与绘制立体效果图的方法； 5.了解涵洞各组成部分构造的材料要求和尺寸大小； 6.强化CAD绘制专业工程图	
教学任务设计	序号	任务描述
	任务1.涵洞认知及圆管涵的识读	阅读涵洞工程图教材与资料，书写学习笔记，内容包括：解释10个关键词，阐述5项有标题的内容；识读圆管涵的构造，了解各个构造的形状及尺寸，掌握圆管涵工程图的识读方法
	任务2.盖板涵的识读与绘制	识读盖板涵的构造，了解各个构造的形状及尺寸，掌握盖板涵工程图的识读方法，并能够绘制盖板涵工程图样
	任务3.拱涵的识读与绘制	了解拱涵工程图的组成和特点，能够准确识读拱涵各个构造的形状和尺寸，并以小组为单位，组内成员每人完成拱涵管节的图样绘制并进行拼装，检验学生的综合运用水平
	任务4.用CAD绘制拱涵工程图	阅读拱涵工程图样，利用CAD进行拱涵的建模
学时	12	
教学方法	任务教学法、演示法、实践操作法、讨论法、讲述法、观察法、小组任务法	

表3-38 项目6：隧道工程图识读与绘制

教学目标	1.知道隧道在铁路线路工程中的作用； 2.能描述隧道的构造形式及组成； 3.能介绍隧道工程施工图的图样组成； 4.能介绍隧道洞口的作用及分类，能对隧道洞口工程图进行识读； 5.能介绍隧道衬砌的作用，能对隧道衬砌断面图进行识读； 6.能介绍隧道避车洞的作用及布置，能对隧道避车洞图进行识读； 7.能阅读隧道钢筋布置图和隧道支护工程图
教学内容	1.隧道在铁路线路中的作用与位置； 2.隧道的构造组成及施工图图样组成； 3.隧道洞口的分类与洞口图的特点； 4.隧道衬砌的作用与结构类型，隧道衬砌断面图的图样组成及图示特点； 5.隧道避车洞的作用与布置，隧道避车洞图的图样组成及图示特点； 6.隧道钢筋布置图和隧道支护工程图； 7.学习CAD绘制隧道洞门构造图的方法与做图要领

续表

	序号	任务描述
教学任务设计	任务1.隧道的认知及洞门图的识读	课前准备：阅读隧道工程图教材与资料，查询收集有关隧道工程的信息，制作出4~6片的PPT，打印上交。书写学习笔记，并解释10个关键词，掌握隧道工程图洞门的组成内容及阅读方法
	任务2.隧道衬砌图及避车洞的识读	学习隧道衬砌图的识读，了解衬砌中钢筋布置的位置，能够手绘隧道衬砌图，掌握避车洞的设置位置，能够准确识读避车洞的尺寸和形状
	任务3.地下工程图的识读	了解地下工程图样的组成，清楚地下工程平面图、纵断面图的组成内容，掌握地下工程图的识读方法
	任务4.用CAD绘制隧道工程图	阅读隧道工程图，能够利用CAD快速完成隧道工程图样的绘制
学时	8	
教学方法	"实例＋实战"教学、"学＋做＋考"教学、任务驱动教学、小组讨论教学、多媒体教学等	

（四）教学要求

"工程识图与CAD"课程教学要紧扣高速铁路施工与维护专业群教学标准和课程目标，在全面贯彻党的教育方针、落实立德树人根本任务的基础上，突出职业教育特色，培养学生识读、绘制专业工程图样的综合能力、解决工程实际问题的能力，提升学生的工程实践能力。

课程教学要落实立德树人的根本任务，贯彻课程思政要求，使学生在复杂的社会环境和工作环境中能够有担当、辨是非、求上进、有作为。突出学生技能培养，使工程技术专业领域的学生掌握绘制和阅读工程图样的基本要领和方法。培养学生创新意识，对于工作中出现的各类问题能够进行分析判断，提出合理解决方案的能力。

（五）引入行业标准

(1)《建筑制图标准》(GB/T 50104—2010)；

(2)《铁路工程制图标准》(TB/T 10058—2015)；

(3)《公路路线设计规范》(JTG D20—2017)；

(4)《房屋建筑制图统一标准》(GB/T 50001—2017)；

(5)《建筑结构制图标准》(GB/T 50105—2010)；

(6)《CAD通用技术规范》(GB/T 17304—2009)；

(7)《铁路桥涵设计规范》(TB 10002—2017)；

(8)《CAD工程制图规则》(GB/T 18229—2000)。

五、课程考核与评价

本课程考核评价实施"总评成绩(100%)＝平时成绩(20%)＋过程性考核(50%)＋期末考试(30%)"的多元化考核评价方式，其中平时成绩由作业、考勤、线上学习等成绩构成；过程性考核在考察学生二维平面图形绘制、三视图绘制、三维实体建模、专业工程图绘制能力的基础上，关注学生综合素养和技能应用能力；期末考试考核学生制图基础理论应用能力、专业工程图识读能力。具体评价标准见表2-39。

表 2-39 "工程识图与 CAD"课程考核评价体系

过程性考核 (分值权重)	考核项目	评价标准	过程性考核 (50%)	平时考核 (20%)	期末考试 (30%)
CAD 绘制二维平面图形（30%）	图框、标题栏的绘制	尺寸、线宽、线型等符合国家制图标准	软件操作(10%)	1. 基本素质评价,包括出勤情况、在线课程资源学习、课堂参与等综合表现； 2. 职业素质评价,包括作业完成质量、学习任务完成质量、学习过程中的规矩(标准)意识、合作意识、创新精神等	1. 对国家制图标准的应用； 2. 对投影理论的应用； 3. 对专业工程图识读内容、方法的应用
CAD 绘制二维平面图形（30%）	绘图环境的设置	图层的建立、文字样式设置、尺寸标注正确	软件操作(10%)		
CAD 绘制二维平面图形（30%）	平面图形的绘制	图形绘制准确、按时完成任务	软件操作(10%)		
CAD 绘制形体三视图、CAD 三维实体造型(30%)	绘图环境的设置	图层的建立、文字样式设置、尺寸标注正确	软件操作(10%)		
CAD 绘制形体三视图、CAD 三维实体造型(30%)	三视图绘制	图形绘制准确、按时完成任务	软件操作(10%)		
CAD 绘制形体三视图、CAD 三维实体造型(30%)	三维实体模型建立	三维实体模型尺寸正确、形状准确、按时完成任务	软件操作(10%)		
专业工程图识读(40%)	专业工程图图纸内容、识读方法及工程素养考核	准确识读工程图样内容、熟练掌握工程图样识读方法、具备良好的工程素养	主观、客观试题或者 PPT 汇报(40%)		

六、课程资源

(一)教材选用

所用教材要求为近三年出版的高职高专规划教材,既能反映最新发展水平,又可以适应高等职业教育的需要,能够帮助学生提高分析问题、解决问题的能力,突出高素质技术技能人才培养特点。教材应包括国家制图标准应用、工程构筑物平面图绘制、形体三视图绘制、轴测图绘制、剖断面图绘制、线路工程图识读与绘制、桥梁工程图识读与绘制、涵洞工程图识读与绘制、隧道工程图识读与绘制等内容。鼓励教师结合教育教学改革和信息化教学需要,以思想性、科学性、发展性、规范性为原则,校企合作编写立体化和富媒体化教材、活页式教材、云教材等。

(二)数字化资源

依据本课程标准,充分运用各种信息技术手段结合教学改革需要,开发微课、多媒体课件等数字化教学资源,建设在线开放课,实现优质资源共建共享,提升课程的教学效果。

七、教学团队

教师是学生学习课程的纽带,是引导学生掌握实践技能的关键。任课教师要树立良好的师德师风,符合教师专业标准要求,具有扎实的专业基础,有一定的工程实践经验和良好的教育教学能力。

(一)团队结构

建立课程负责人制度,组建课程教学团队,积极组织开展各类教研活动,促进青年教师成长。学校应采用人才引进、自主培养等途径,组建年龄、性别、职称与学历结构合理,具有较强信息化教学能力的教学团队。

(二)双师素质

课程团队教师应具有双师素质,同时开展校企合作。教师应坚持定期到高铁项目施工一线进行实践锻炼,与时俱进地提升教师的识图和绘图水平以及工程实践经验。鼓励支持教师进行课程教学改革创新,使课程教学更好地适应学生全面发展和个性化发展的需要,满足经济社会发展需求。

八、教学设备要求

"工程识图与CAD"课程教学设备配备要求如表2-40所示。

表2-40 "工程识图与CAD"课程教学设备配备要求

项目	技术参数与要求	数量
计算机	满足主流教学软件要求;支持网络同传和硬盘保护;多媒体教学系统	每工位1台
教学投影显示设备	投影仪或智慧一体机	≥1台
计算机基本配置	操作系统及相关驱动;常用工具软件,办公软件,图形编辑软件;信息安全防护软件;互联网软件	根据教学需要选用
仪器设备与软件	AutoCAD 2018软件	每台电脑均安装该软件

"工程力学应用"课程标准

一、课程性质与任务

(一)课程性质

"工程力学应用"课程是力学庞大分支中的一个小方向,主要研究力学在土木工程建筑中的应用。"工程力学应用"课程涵盖了原有理论力学、材料力学和结构力学三门课程的主要经典内容,其研究对象是杆系结构。

"工程力学应用"课程是高速铁路施工与维护专业群一门重要的专业基础课,是基础理论课与专业课的桥梁,它主要研究杆系结构在荷载作用下产生的效应:强度、刚度、稳定性。"工程力学应用"课程的前导课程是"高等数学""工程识图与CAD"等基础课程,后续课程是"混凝土(钢)结构检算""铁路桥梁施工与维护"等专业课程,它起着承上启下作用,因此对课程的理解与掌握对后续课程学习有很大的影响。

(二)课程任务

通过本课程的学习,引导学生了解所学专业,由专业发展历史,激发学生热爱专业;由公式学习和解题技巧培养学生逻辑思维,增强学生的结构检算能力,同时为后续专业课程的学习和工作后解决工程实际问题提供基本理论和方法,使学生成为德智体美劳全面发展的高素质技术技能人才。

二、课程目标

(一)素质目标

(1)拥有"大国重器"的爱国情怀;
(2)具有诚实守信、尊重工程伦理的职业道德;
(3)具备吃苦耐劳、甘于奉献、团队协作的敬业精神;

(4)具备熟练操作、精益求精的工匠精神;
(5)具备科学严谨的态度。

(二)知识目标

(1)能理解结构的计算简图,会画结构的受力图,会静力平衡计算;
(2)掌握用截面法计算内力;
(3)掌握轴向拉压杆件横截面上的应力、材料在轴向拉压时的力学性能、强度条件、轴向拉压杆件的强度计算;
(4)掌握桁架结构的内力计算;
(5)理解压杆稳定性概念,掌握细长受压杆件的临界力及临界应力、稳定性计算;
(6)理解剪切、挤压实用计算;
(7)理解平面弯曲概念,掌握剪力图和弯矩图;
(8)掌握梁的强度计算;
(9)理解梁的变形,掌握弯曲刚度条件和刚度计算;
(10)理解移动荷载作用下梁的影响线,掌握最不利荷载位置、绝对最大弯矩;
(11)理解组合变形概念、掌握拉(压)与弯曲组合变形的强度计算。

(三)技能目标

(1)会画结构的受力图,会静力平衡计算;
(2)能对三角托架杆件、吊装机具钢丝绳进行力学检算;
(3)会对连接件中螺栓进行力学检算;
(4)会绘制弯曲杆件的剪力图和弯矩图,会对单跨静定梁桥进行强度检算;
(5)能对简支梁桥进行变形检算;
(6)能对钢管支柱进行稳定性分析;
(7)会对挡土墙、牛腿柱强度计算。

三、课程思政

教育部 2020 年 5 月 28 日发布的《高等学校课程思政建设指导纲要》指出:"培养什么人、怎样培养人、为谁培养人是教育的根本问题,立德树人成效是检验高校一切工作的根本标准。落实立德树人根本任务,必须将价值塑造、知识传授和能力培养三者融为一体、不可割裂。"

"工程力学应用"课程是高职院校工科土建类专业一门重要的专业基础课,是基础理论课与专业课的桥梁,与理论和工程实践密切相关。在教学过程中,教师应深度挖掘提炼课程知识体系中蕴含的思想价值和精神内涵,拓展课程的广度、深度和温度,从课程所涉专业、行业、国家、国际、文化、历史等角度,增加课程的知识性、人文性,提升引领性、时代性和开放性。同时,注重强化学生工程伦理教育,培养学生精益求精的大国工匠精神,激发学生科技报国的家国情怀和使命担当。

具体在教学过程中,第一堂课学习导论的时候,列举咱们国家举世闻名的工程案例,激发学生认识专业、热爱专业,进而想投身专业,建设祖国的精神;学习作用与反作用定理时,启发学生珍惜同学情谊,明白只有组成优秀团队,才能走的又快又远;在分析多跨静定梁的组成时,由基本部分与附属部分的定义与作用,引申到父母与孩子的关系,孩子小时候是附属部分,父母是基本部分,而孩子成人之后,赡养父母,再继续养育自己的儿女,变成了一个基本部分,以此鼓励学生努力学习,尽快成长为一个有担当的基本部分;在学习压杆的稳定性时,将提升压杆稳定性措施和做人抗困难击打能力相联系,鼓励同学们发展自己的兴趣爱好,将自己建设成一个"稳定的平衡状态"结构,提高自己抵御压力、处理压力的能力。同时,努力在"工程力学应用"课堂教学中,以力学概念为启发,让学生对人生有所感悟。

四、课程结构与教学内容

根据高等职业学校专业和高速铁路施工与维护专业群教学标准要求,结合"工程力学应用"课程目标,确定本课程结构与教学内容,设计合理的学习项目及学时安排。

(一)课程模块

"工程力学应用"课程由工程力学应用基本理论模块、构件四种基本变形力学分析模块、组合变形构件力学分析模块三部分构成。

工程力学应用基本理论模块是学生理解与掌握构件四种基本变形力学分析的基础,包含结构计算简图绘制、结构受力分析与受力图、结构平衡计算、平面体系几何组成分析、截面的几何性质等内容。

构件四种基本变形力学分析模块是组合变形结构力学分析的基础,包含轴向拉压构件力学分析、剪切构件力学分析、扭转构件力学分析、弯曲构件力学分析等内容。

组合变形构件力学分析模块是构件四种基本变形力学分析的综合应用,通过牛腿柱、桥墩等高铁工程实例的强度检算,从分析外力、计算内力、计算应力到强度计算,以课程大作业的方式完成实践应用,培养学生综合应用的能力。

(二)教学内容及项目、学时安排

"工程力学应用"课程教学内容、学习项目安排如表2-41所示。

表2-41 "工程力学应用"课程教学内容、教学项目安排表

模块	学习项目	教学内容	思政融入点	学时
工程力学应用基本理论模块	1.结构受力分析与平衡计算	1.工程力学应用研究对象与任务 2.结构计算简图绘制 3.结构受力分析与受力图 4.平衡方程与平衡计算 5.平面体系几何组成分析 6.形心、面积矩、惯性矩计算	1.中国第一石拱桥"赵州桥"; 2.质量意识、规范意识; 3."深入细节、兼顾全局"的哲学思想; 4."理论联系实际"的哲学思想; 5.敬业、精益、专注、创新的工匠精神	28
构件四种基本变形力学分析模块	2.拉压构件力学分析; 3.剪切构件力学分析; 4.扭转构件力学分析; 5.弯曲构件力学分析	1.轴向拉压构件内力、应力、变形计算; 2.材料在轴向拉压时的力学性能检测; 3.轴向拉压构件强度计算; 4.静定平面桁架力学分析; 5.压杆稳定性计算; 6.剪切构件实用计算; 7.扭转构件内力、应力、变形计算; 8.扭转构件强度、刚度计算; 9.弯曲构件内力计算、内力图绘制; 10.影响线绘制与应用; 11.弯曲构件应力与强度计算; 12.弯曲构件变形与刚度计算	1.科学严谨的态度; 2.团队协作意识; 3."实践检验真知"的哲学思想和质量及规范意识; 4.敬业、精益、专注、创新的工匠精神; 5.求实、求真的科学意识; 6.安全教育; 7.新技术、新设备、新方法的改革和创新思想	64
组合变形构件力学分析模块	6.组合变形构件力学分析	1.斜弯曲构件力学分析; 2.牛腿柱、桥墩强度检算实践	1.严谨认真、精益求精的专业精神; 2.团队意识和协作精神; 3.劳动教育和安全教育	6

(三)学习项目设计

"工程力学应用"课程学习项目设计如表2-42至表2-47所示。

表2-42 项目1:结构受力分析与平衡计算

教学目标	1.能理解结构的计算简图; 2.能理解力的性质、约束的类型与约束反力的画法; 3.能理解几何不变体系的简单组成规则,会对平面体系进行几何组成分析; 4.会对工程结构进行受力分析并会画受力图; 5.理解平衡方程,会对结构进行平衡计算; 6.会计算常见图形的形心及对形心主轴(特别是对中性轴)的面积矩和惯性矩
教学内容	1.工程力学应用研究对象与任务; 2.绘制结构的计算简图; 3.力的性质、工程中常见的约束与约束反力; 4.受力分析与受力图; 5.投影、力矩、力偶; 6.平衡方程与平衡计算; 7.平面体系的几何组成分析; 8.形心、面积矩、惯性矩计算

教学任务设计	序号	任务描述
	任务1.结构计算简图绘制	1.学习结构简化内容与方法; 2.学习简单结构计算简图的绘制
	任务2.结构受力分析与受力图	1.学习的概念; 2.学习投影、力矩、力偶计算; 3.学习工程中常见约束与约束反力画法; 4.对结构受力分析并画出受力图
	任务3.结构平衡计算	1.基本方程计算; 2.二矩式计算; 3.三矩式计算; 4.物体系平衡计算
	任务4.平面体系几何组成分析	1.学习自由度计算、几何不变体系几何组成规则; 2.平面体系几何组成分析方法
	任务5.截面的几何性质	1.截面形心与静面矩计算; 2.惯性矩与惯性半径计算

学时	28
教学方法	演示法、讲授法、案例法

表 2-43　项目 2:拉压构件力学分析

教学目标	1.理解内力概念、理解截面法计算内力的步骤； 2.会用截面法计算轴向拉压杆内力并会画轴力图； 3.理解应力概念并会计算轴向拉压杆横截面上的正应力； 4.理解轴向拉压杆变形与胡克定理； 5.掌握材料在轴向拉压时的力学性能； 6.理解强度条件，会对轴向拉压杆进行强度计算； 7.能对三角托架杆件、吊装机具钢丝绳进行力学检算； 8.会计算静定平面桁架内力； 9.理解压杆稳定的概念，会对细长受压杆件进行稳定性计算	
教学内容	1.截面法计算轴向拉压杆横截面内力并画出轴力图； 2.工程材料在轴向拉压时的力学性能检测； 3.轴向拉压构件应力与强度计算； 4.静定平面桁架内力计算； 5.压杆稳定概念、细长受压杆件稳定性计算	
教学任务设计	序号	任务描述
	任务1.轴向拉压杆内力、应力及强度计算	1.截面法计算轴向拉压杆横截面内力并画出轴力图； 2.轴向拉压构件应力与变形计算； 3.轴向拉压构件强度计算； 4.静定平面桁架内力计算
	任务2.工程材料在轴向拉压时的力学性能检测	1.低碳钢在轴向拉压时的力学性能检测； 2.铸铁在轴向拉压时的力学性能检测
	任务3.细长受压杆件稳定性计算	1.压杆稳定概念； 2.欧拉公式应用； 3.细长压杆稳定性计算； 4.细长压杆稳定性测定
学时	26	
教学方法	启发式教学、任务驱动、案例教学法、试验教学法	

表 2-44　项目 3:剪切构件力学分析

教学目标	1.理解剪切和挤压的概念； 2.掌握剪切和挤压的实用计算； 3.理解剪切胡克定理	
教学内容	1.剪切和挤压的实用计算； 2.剪切胡克定理	
教学任务设计	序号	任务描述
	任务1.连接件中螺栓的力学检算	1.学习剪切与挤压的实用计算； 2.学习连接件的实用力学检算
学时	4	
教学方法	任务驱动、案例教学、启发式教学	

表 2-45 项目 4:扭转构件力学分析

教学目标	1.理解扭转和扭转变形的概念; 2.掌握扭转杆件的内力(扭矩)计算和扭矩图的画法; 3.理解扭转杆件的应力、变形计算; 4.掌握圆轴扭转时的强度条件和刚度条件; 5.形成理论联系实际的工作意识; 6.树立精益求精的职业素养	
教学内容	1.扭转杆件的内力(扭矩)计算和扭矩图的画法; 2.圆轴扭转时的横截面上的应力和强度计算; 3.圆轴扭转时的变形、刚度计算	
教学任务设计	序号	任务描述
	任务1.扭矩图画法	1.截面法计算扭矩; 2.扭矩图画法
	任务2.圆轴强度计算	1.圆轴扭转时横截面上的应力计算; 2.圆轴强度计算
	任务3.圆轴刚度计算	1.圆轴扭转时的变形计算; 2.圆轴刚度计算
学时	6	
教学方法	启发式教学、任务驱动、案例教学、卡片式教学	

表 2-46 项目 5:弯曲构件力学分析

教学目标	1.理解弯曲变形及剪力、弯矩的概念; 2.掌握截面法计算剪力、弯矩并会画剪力图、弯矩图; 3.理解弯曲构件横截面上的正应力、剪应力概念,掌握弯曲构件强度计算; 4.理解弯曲变形概念,掌握叠加法计算弯曲杆件挠度与转角; 5.掌握弯曲构件刚度计算; 6.理解影响线概念并会画简支梁影响线; 7.会确定移动荷载的最不利荷载位置,会计算简支梁的绝对最大弯矩; 8.能理论联系实际,提高解决实际问题的能力
教学内容	1.计算剪力、弯矩,绘制剪力图、弯矩图; 2.弯曲杆件的强度计算; 3.弯曲杆件的刚度计算; 4.纯弯曲杆件的应力、挠度检测; 5.画简支梁的影响线并会应用

续表

	序号	任务描述
教学任务设计	任务1.单跨静定梁桥强度检算	1.绘制单跨静定梁内力图； 2.计算单跨静定梁应力与强度
	任务2.单跨静定梁桥刚度检算	1.计算单跨静定梁挠度； 2.检算单跨静定梁刚度
	任务3.影响线绘制及应用	1.画简支梁的影响线； 2.确定移动荷载最不利荷载位置,计算简支梁绝对最大弯矩
学时	28	
教学方法	案例教学、任务驱动、试验教学法	

表2-47 项目6:组合变形构件力学分析

教学目标	1.能对檩条进行力学分析； 2.能对牛腿柱、桥墩进行力学分析； 3.做到理论联系实际,提高解决实际问题的能力	
教学内容	1.斜弯曲构件力学分析； 2.弯曲与轴向拉压构件力学分析	
	序号	任务描述
教学任务设计	任务1.檩条强度检算	对檩条按照外力分析、内力计算、应力计算、强度计算的步骤进行检算
	任务2.牛腿柱、桥墩强度检算	对牛腿柱与桥墩按照外力分析、内力计算、应力计算、强度计算的步骤进行检算
学时	6	
教学方法	案例教学、任务驱动、演示教学法	

(四)教学要求

"工程力学应用"课程教学要紧扣高速铁路施工与维护专业群教学标准和课程目标,在立德树人根本任务的基础上,突出职业教育特色,培养学生利用力学知识解决工程实际问题的能力,提升学生的工程实践能力。

课程教学要紧扣课程思政要求,落实立德树人的根本任务,突出学生技能培养,提升学生对高铁工程结构受力分析、强度、刚度、稳定性检算的能力。培养学生严谨认真、团队协作、理论联系实际的专业精神,提高解决高铁工程实际中力学问题的能力。

(五)引入行业标准

(1)《铁路桥梁钢结构设计规范》(TB 10091—2017);

(2)《高速铁路桥涵工程施工技术规程》(Q/CR 9603—2015);

(3)《高速铁路设计规范》(TB 10621—2014);

(4)刘东跃.施工临时支撑结构专项技术方案[M].沈阳:辽宁科学技术出版社,2013;

(5)《钢结构设计标准》(GB 50017－2017);

五、课程考核与评价

"工程力学应用"课程采用"235"考核体系,课程总评成绩＝平时(考勤、课题提问、课堂笔记、作业、试验,20%)＋过程性考试成绩(30%)＋期末试卷成绩(50%)。所有的重点及练习题都需要学生整齐地反映到课堂笔记上,并通过定期批阅打分检查来督促学生课堂笔记的质量。过程性考核中,设置个性化考题,结构形式一致,但荷载数值设置为学生自己的学号,防止学生相互参考最终结果。具体评价标准见表2-48。

表2-48 "工程力学应用"课程考核评价体系

过程性考核 (分值权重)	考核项目	评价标准	过程性考核 (30%)	期末考核 (50%)	平时考核 (20%)
第一次考核： 工程力学基础(30%)	画结构受力图	受力图表达的准确性	主观试题(10%)	1.基本力学概念的理解； 2.结构受力分析与受力图是否准确； 3.轴力图是否正确； 4.欧拉公式应用是否准确； 5.轴向拉压构件强度计算是否正确； 6.弯曲构件支座反力、内力图、强度计算是否正确	1.基本素质评价,包括出勤情况、资源学习、课堂参与、作业完成情况等综合表现； 2.职业素质评价,包括项目参与度、团队协作程度、承担角色和任务完成情况、劳动意识、创新精神等
	结构平衡计算	约束反力计算的准确率	主观试题(20%)		
第二次考核： 轴向拉压构件力学分析(25%)	轴向拉压构件强度计算	轴向拉压构件强度条件的应用是否熟练	主观试题(10%)		
	压杆稳定性计算	欧拉公式应用是否准确	主观试题(5%)		
	低碳钢与铸铁在轴向拉伸、压缩时的力学性能测定	实验操作是否规范,组员是否积极配合	试验操作(10%)		
第三次考核： 弯曲构件力学分析(25%)	画剪力图、弯矩图	剪力图、弯矩图是否正确	主观试题(15%)		
	弯曲构件强度计算	弯曲构件强度条件应用是否熟练	主观试题(10%)		
工程力学应用 MOOC成绩 (20%)	完成MOOC所有学习内容	学习内容完成程度	学习内容(20%)		

六、课程资源

(一)教材选用

所用教材要求为近三年出版的高职高专规划教材,既能反映最新发展水平,又可以适应高等职业教育的需要,能够帮助学生提高分析问题、解决问题的能力,突出高素质技术技能人才培养特点。教材应包括工程力学基本理论、轴向拉压构件力学分析、剪切构件力学分析、扭转构件力学分析、弯曲构件力学分析、组合变形构件力学分析等内容。同时,鼓励教师结合教育教学改革和信息化教学需要,以思想性、科学性、发展性、规范性为原则,校企合作编写立体化和富媒体化教材、云教材等。

(二)数字化资源

依据本课程标准,充分运用各种信息技术手段结合教学改革需要,开发微课、试验视频、动画、多媒体课件等数字化教学资源,建设在线开放课,实现优质资源共建共享,提升课程的教学效果。

七、教学团队

任课教师要以"四有"教师为目标,树立良好的师德师风,符合教师专业标准要求,具有扎实的专业基础,有一定的工程实践经验和良好的教育教学能力。

(一)团队结构

建立课程负责人制度,组建课程教学团队,积极组织开展各类教研活动,促进青年教师成长。学校应采用人才引进、自主培养等途径,组建年龄、性别、职称与学历结构合理,具有较强信息化教学能力的教学团队。

(二)双师素质

课程团队教师应具有双师素质,同时开展校企合作。教师应坚持定期到高铁项目施工一线进行实践锻炼,与时俱进地提升教师的工程力学应用水平和工程实践经验。支持教师进行课程教学改革与创新,使课程教学更好地适应学生全面发展和个性化发展的需要。

八、教学设备要求

"工程力学应用"课程教学设备配备要求如表 2-49 所示。

表 2-49 "工程力学应用"课程教学设备配备要求

项目	技术参数与要求	数量
教学投影显示设备	投影仪或智慧一体机	≥1 台
试验仪器设备	微机控制电子式万能实验机	每 4~6 工位 1 台
	压力机或万能试验机	每 4~6 工位 1 台
	XL3410S 多功能压杆稳定实验台	每 2~3 工位 1 台
	XL2101B2 静态电阻应变仪	每 2~3 工位 1 台
	XL3418C 多功能实验台	每 2~3 工位 1 台
	XL2118 系列力 & 应变综合参数测试仪	每 2~3 工位 1 台
	数显式游标卡尺	每 2~3 工位 1 把
	钢板尺	每 2~3 工位 1 把

"BIM 技术应用"课程标准

一、课程性质与任务

(一)课程性质

BIM(Building Information Modeling)即"建筑信息模型"。首先建立建筑物的 3D 模型,然后为该模型添加相应的数字化信息,使3D模型在模拟实际工程中建筑物的同时集成了全部数字化信息,这种技术称为BIM技术。BIM技术在数字中国、智慧城市、高铁施工等基础设施建设中发挥着重要的技术支撑作用,对个人的生活、学习和工作,对全面建设社会主义现代化国家具有重大意义。

"BIM技术应用"课程是三年制土木工程类专业拓展课程。本课程从BIM技术的工程应用出发,培养学生应用BIM技术进行建筑模型创建、工程量导出、模型渲染和出图等能力,为后续课程的学习以及将来的工作打下坚实的基础。同时,该课程也是学生职业素质养成的一个重要平台,可以培养学生的组织协调能力、团队合作能力、吃苦耐劳的精神,培养学生的质量意识、规范意识、标准意识与创新能力。

(二)课程任务

依据本课程在各类土木工程类专业人才培养方案中的性质和定位,即专业拓展课,在分析典型工作任务的基础上,根据工作过程和"1+X"建筑信息模型(BIM)职业技能等级证书(初级)大纲,本课程主要设计了四个并行关系的学习任务,即BIM基础知识及相关法律法规,BIM(Revit)建模基础,族、体量创建与编辑,BIM模型基础应用。教学组织设计为分组实施、反复递进训练、BIM真题强化、工程项目贯穿、过程性考核等形式,目的在于通过具体的学习过程,加深学生对理论知识的理解,使学生在做中学、学中做,培养学生扎实的专业基本功、团队协作等社会能力。

二、课程目标

(一)素质目标

(1)具备将二维图纸转变为三维模型的基本职业素养;
(2)增强质量意识和工匠精神;
(3)具备吃苦耐劳、甘于奉献、克服困难的敬业精神;
(4)具备熟练操作、精益求精的工匠精神;
(5)培养学生认识"大国重器",用好"大国重器"的爱国情怀。

(二)知识目标

(1)掌握BIM基础知识;
(2)了解BIM相关法律法规;
(3)熟悉Revit软件的操作界面;
(4)熟练掌握项目文件的创建及标记;
(5)熟练掌握房建BIM信息模型的创建(BIM建模基础);
(6)熟练掌握族的创建;
(7)熟练掌握体量的创建;
(8)掌握桥梁桩基、桥墩、桥台、支座及梁体模型的创建;
(9)熟练参数化BIM模型的创建;
(10)熟悉BIM技术在信息化施工管理中的基本应用并熟练掌握BIM模型成果的输出。

(三)技能目标

(1)能熟练操作计算机BIM软件;
(2)能进行单体建筑的创建;
(3)能进行族、体量模型的创建;
(4)能进行参数化BIM模型的创建;

(5)能制订、实施工作计划;

(6)能利用 BIM 技术对工程项目全寿命周期进行管理应用。

三、课程思政

课程思政指以构建全员、全过程、全方位育人格局的形式将各类课程与思想政治理论课同向同行,形成协同效应,把"立德树人"作为教育的根本任务的一种综合教育理念。"BIM 技术应用"作为各类土木工程类专业拓展课,课程思政的主要形式是将思想政治教育元素,包括思想政治教育的理论知识、价值理念以及精神追求等融入课程学习及实践中去,潜移默化地对学生的思想意识、行为举止产生影响,具体包括测绘精神、质量意识、工匠精神、劳动精神、创新思维等方面。

引入工程建筑大事件、BIM 技术应用能手,融入建筑精神。以提升学生的"熟练、扎实"的技术应用能力为突破点,选取教学题材(如 BIM 技术优秀人才、校友优秀案例、行业 BIM 技术应用经典案例等),以行业精神为引领,培养学生的职业认同感和自豪感,坚持把"热爱祖国,忠诚事业,艰苦奋斗,无私奉献"的建筑精神融入课程教学过程。引导学生关注我国建筑业发展,帮助学生树立起对职业敬畏、对工作执着、对成果负责的态度,养成敬业、精益、专注、创新的工匠精神。依托 BIM 实训基地开展项目教学,唤醒学生的职业使命感,提升岗位实践能力,加强对学生的安全教育。以房屋建筑案例为载体,将现场 BIM 技术人员遇到的生产问题引入课堂活动中,开展灵活教学形式,激发学生思维,引导学生提出解决问题的途径,提高学生团队协作、自主探究的创新思维能力。

四、课程结构与教学内容

根据高等职业学校专业和相关专业群教学标准要求,结合"BIM 技术应用"课程目标,确定本课程结构与教学内容,设计合理的学习项目及学时安排。

(一)课程模块

"BIM 技术应用"课程由 BIM 基础知识及相关法律法规,BIM(Revit)建模基础,族、体量创建与编辑,BIM 模型基础应用四部分构成。

BIM 基础知识及相关法律法规模块是学生在老师的指导下,学习建筑信息模型(BIM)的概念,建筑信息模型(BIM)的特点、优势和价值,建筑信息模型(BIM)软件体系,建筑信息模型(BIM)相关硬件,建筑信息模型(BIM)建模精度等级,建筑信息模型(BIM)相关标准和技术政策以及相关法律法规等内容。

BIM(Revit)建模基础模块是学生在老师的指导下,熟悉 Revit 软件的操作界面,掌握标高轴网、墙、楼板、屋顶等房屋基本构件的创建,为适应"1+X"建筑信息模型(BIM)职业技能等级证书(初级)考试打基础。

族、体量创建与编辑模块是学生在老师的指导下,以"1+X"建筑信息模型(BIM)职业技能等级证书(初级)真题为载体,以工程实例贯穿提升,使学生充分掌握族及体量创建与编辑的基本方法,能够熟练进行参数化建模。

BIM 模型基础应用模块是学生在老师的指导下,以施工图纸为载体,完成 BIM 标记、标注与注释以及 BIM 成果输出。

(二)教学内容及项目、学时安排

"BIM 技术应用"课程教学内容、教学项目安排如表 2-50 所示。

表 2-50 "BIM 技术应用"课程教学内容、教学项目安排表

模块	学习项目	教学内容	思政融入点	学时
BIM 基础知识及相关法律法规	1. BIM 基础知识及相关法律法规	1.建筑信息模型（BIM）的概念； 2.建筑信息模型（BIM）的特点、优势和价值； 3.建筑信息模型（BIM）软件体系； 4.建筑信息模型（BIM）相关硬件； 5.建筑信息模型（BIM）建模精度等级； 6.建筑信息模型（BIM）相关标准和技术政策以及相关法律法规	1.我国改革开放以来的建设成就； 2.我国 BIM 推广及应用情况； 3.我国 BIM 市场发展情况及在世界所处的地位； 4.树立专业荣誉感和使命感； 5.引导学生对未来职业生涯的认识和思考； 6.质量意识、规范意识； 7.服务人民、奉献社会的人生观	6
BIM(Revit)建模基础	2. Revit 综合命令运用及房建模型创建	1.项目设置、坐标系定义； 2.标高及轴网绘制； 3.CAD 图纸处理、导入、设置； 4.利用系统族参数化建模； 5.简单族认识及创建； 6.漫游、相机； 7.渲染及其他相关设置	1.团队合作意识； 2."实践检验真知"的哲学思想和质量意识、规范意识； 3.求实、求真的科学意识； 4.敬业、精益、专注、创新的工匠精神； 5.劳模精神； 6.新技术、新设备、新方法的改革和创新思想； 7.具备解决复杂工程问题的能力，以适应在 BIM 迅速推广应用的大环境下，社会对合格工程建设人才的要求	24
族、体量创建与编辑	3.桩基、桥墩、窗参数化模型创建	1.族创建与编辑； 2.体量创建与编辑； 3.参数化 BIM 模型的创建； 4.参数化专业施工 BIM 模型的创建	1.严谨认真、精益求精的专业精神； 2."理论联系实际"和"实践检验真知"的哲学思想和质量意识； 3.团队意识和协作精神； 4.具备扎实的专业基础和专业知识创新应用能力	22
BIM 模型基础应用	4. BIM 模型标记、标注及成果输出	1.掌握标记创建与编辑方法； 2.掌握标注类型及其标注样式的设定方法； 3.掌握注释类型及其注释样式的设定方法； 4.掌握明细表创建方法； 5.掌握图纸创建方法； 6.掌握模型文件管理与数据转换方法	1.我国工程技术及管理人员表现出来的专业素质、拼搏精神和创新能力； 2.劳模精神； 3.新技术、新设备、新方法的改革和创新思想	4

(三)学习模块设计

"BIM 技术应用"课程学习模块设计如表 2-51 至表 2-54 所示。

表 2-51　项目 1:BIM 基础知识及相关法律法规

教学目标	1. 掌握建筑信息模型(BIM)的概念; 2. 了解建筑信息模型(BIM)的特点、优势和价值; 3. 了解建筑信息模型(BIM)软件体系; 4. 了解建筑信息模型(BIM)相关硬件; 5. 了解建筑信息模型(BIM)建模精度等级; 6. 了解建筑信息模型(BIM)相关标准及技术政策; 7. 具备"1+X"建筑信息模型(BIM)职业技能等级证书(初级)要求的基本知识能力	
教学内容	1. 建筑信息模型(BIM)基础知识; 2. 建筑信息模型(BIM)相关标准及技术政策	
教学任务设计	序号	任务描述
	任务 1. 建筑信息模型(BIM)基础知识	1. 学习建筑信息模型(BIM)的概念,BIM 技术发展及现状; 2. 学习建筑信息模型(BIM)的特点、优势和价值; 3. 了解建筑信息模型(BIM)软件体系、相关硬件以及建模精度等级
	任务 2. 建筑信息模型(BIM)相关标准及技术政策	了解建筑信息模型(BIM)相关标准及技术政策
学时	6	
教学方法	启发法、演示法、讲授法、案例法	

表 2-52　项目 2:Revit 综合命令运用及房建模型创建

教学目标	1. 能够操作和使用 Revit 软件; 2. 能够进行墙、屋顶、楼板、楼梯、门、窗的创建; 3. 能够进行墙、屋顶、楼板、楼梯、门、窗标记; 4. 具备"1+X"建筑信息模型(BIM)职业技能等级证书(初级)要求的基本知识能力及应用能力	
教学内容	1. 项目设置、坐标系定义; 2. 标高及轴网绘制; 3. CAD 图纸处理、导入、设置; 4. 参数化建模(柱、一般墙、复合墙、幕墙、门、窗、楼梯、扶手、屋顶、预留洞口等); 5. 简单族认识及创建(脚线轮廓); 6. 漫游、相机; 7. 渲染及其他相关设置(日光、可见性)	
教学任务设计	序号	任务描述
	任务 1. 熟悉项目设置、坐标系定义(含概况介绍)	1. 学习 BIM 建模软件的基本概念; 2. 熟悉 Revit 软件的操作界面; 3. 掌握项目设置及坐标系定位

续表

教学任务设计	序号	任务描述
	任务2.掌握参数化建模	1.练习理解Revit的样板文件的创建（参数、族、视图、渲染场景、导入\导出以及打印设置等），并能够熟练创建任意系统族； 2.根据创建好的单体建筑，对项目进行标记，总结出项目参数的添加步骤； 3.掌握标高轴网、墙、楼板、屋顶等房屋基本构件的创建，为适应"1+X"建筑信息模型（BIM）职业技能等级证书（初级）考试打基础
	任务3.渲染及漫游	通过渲染及漫游等功能实现对项目的综合展示，能实现BIM技术三维交底
学时	24	
教学方法	启发法、任务驱动法、案例法、讲授法	

表2-53 项目3：桩基、桥墩、窗参数化模型创建

教学目标	1.能够掌握族、体量创建与编辑的基本方法； 2.能根据具体工程案例，快速确定建模方案； 3.能熟练进行参数化建模； 4.具备"1+X"建筑信息模型（BIM）职业技能等级证书（初级）要求的基本知识能力及应用能力	
教学内容	1.族创建与编辑； 2.体量创建与编辑； 3.参数化BIM模型的创建； 4.参数化专业施工BIM模型的创建	
	序号	任务描述
教学任务设计	任务1.族创建与编辑	1.族的基本认识及作用； 2.族创建的基本理论； 3.族创建基本方法； 4.专题训练
	任务2.体量创建与编辑	1.体量的基本认识及作用； 2.体量创建的基本理论； 3.体量创建基本方法； 4.专题训练任务
	任务3.参数化BIM模型的创建	1.参数化建模基础、理解构件设计图纸； 2.参数化三维信息模型创建基本方法； 3.创建参数化三维信息模型、嵌套族参数设定及应用
	任务4.参数化专业施工BIM模型的创建	1.理解桥梁施工图纸； 2.理解箱梁施工图纸、创建参数化桥梁墩身三维信息模型； 3.创建参数化箱梁三维信息模型
学时	22	
教学方法	启发法、任务驱动法、案例法、讲授法	

表 2-54 项目 4：BIM 模型标记、标注及成果输出

教学目标	1.掌握标记创建与编辑方法； 2.掌握标注类型及其标注样式的设定方法； 3.掌握注释类型及其注释样式的设定方法； 4.掌握明细表创建方法； 5.掌握图纸创建方法； 6.掌握模型文件管理与数据转换方法； 7.具备"1+X"建筑信息模型（BIM）职业技能等级证书（初级）要求的基本知识能力及应用能力	
教学内容	1.BIM 标记、标注与注释； 2.BIM 成果输出	
教学任务设计	序号	任务描述
	任务 1.BIM 标记、标注与注释	1.学习标记创建与编辑方法； 2.学习标注类型及其标注样式的设定方法； 3.学习注释类型及其注释样式的设定方法
	任务 2.BIM 成果输出	1.学习明细表创建方法、图纸创建方法； 2.学习 BIM 模型的浏览、漫游及渲染方法； 3.学习模型文件管理与数据转换方法
学时	4	
教学方法	启发法、任务驱动法、案例法、讲授法	

（四）教学要求

"BIM 技术应用"课程教学要紧扣高速铁路施工与维护专业群教学标准和课程目标，在全面贯彻党的教育方针、落实立德树人根本任务的基础上，突出职业教育特色，培养学生利用 BIM 技术解决工程实际问题的能力，提升学生的工程实践能力。

课程教学要落实立德树人的根本任务，贯彻课程思政要求，使学生在复杂的社会环境和工作环境中能够有担当、辨是非、求上进、有作为。突出学生技能培养，使学生在基于 BIM 基础知识及相关法律法规前提下，掌握利用 BIM 技术对房屋建筑、高铁、桥梁、隧道等建筑物进行 BIM 建模，族、体量创建与编辑以及 BIM 技术在信息化施工管理中基础应用的能力。培养学生创新意识，对于工作中出现的各类问题能够进行分析判断，提出合理解决方案的能力。

（五）引入行业标准

(1)《建筑信息模型应用统一标准》(GB/T 51212—2016)；
(2)《建筑信息模型分类和编码标准》(GB/T 51269—2017)；
(3)《建筑信息模型施工应用标准》(GB/T 51235—2017)；
(4)《建筑信息模型设计交付标准》(GB/T 51301—2018)；
(5)《建筑工程设计信息模型制图标准》(JGJ/T 448—2018)。

五、课程考核与评价

课程采用全过程性考核与评价、线上知识测试与线下技能考核相结合的方式，全面、客观地评价学生的学习效果。过程性考核在考察学生技能掌握程度的基础上，关注学生综合素养和技能应用能力，主要考评职业道德和基础知识，单体建筑模型创建，族、体量模型创建，智慧树"BIM 技术应用"在线课程学分考核等四个方面。具体评价标准见表 2-55。

表 2-55 "BIM 技术应用"课程考核评价体系

过程性考核 (分值权重)	考核项目	评价标准	过程性考核 (70%)	平时考核 (30%)
职业道德和基础知识 (20%)	"1+X"(BIM)初级对应的理论部分1	题目作答准确	客观试题(10%)	1.基本素质评价,包括出勤情况、资源学习、课堂参与等综合表现; 2.职业素质评价,包括项目参与度、承担角色和任务完成情况、劳动意识、创新精神等
	"1+X"(BIM)初级对应的理论部分2	题目作答准确	客观试题(10%)	
单体建筑模型创建 (30%)	单体建筑模型创建	模型创建的完整性与准确性	上机操作(30%)	
族、体量模型创建 (30%)	族、体量模型创建	模型创建的完整性与准确性	上机操作(30%)	
智慧树"BIM技术应用"在线课程学分考核(20%)	在线课程学习及章节测试与线上期末考试	结合课程学习完成度及测试得分(智慧树平台给出成绩)	客观试题(20%)	

六、课程资源

(一)教材选用

所用教材为我校 2021 年编写的内部教材,既能反映最新发展水平,又可以适应高等职业教育的需要,能够帮助学生提高分析问题、解决问题的能力,突出高素质技术技能人才培养特点。

(二)数字化资源

依据本课程标准,充分运用各种信息技术手段并结合教学改革需要,开发微课、多媒体课件等数字化教学资源,建设在线开放课,实现优质资源共建共享,提升课程的教学效果。

七、教学团队

教师是学生学习课程的纽带,是引导学生掌握实践技能的关键。任课教师要树立良好的师德师风,符合教师专业标准要求,具有扎实的专业基础,有一定的工程实践经验和良好的教育教学能力。

(一)团队结构

建立课程负责人制度,组建课程教学团队,积极组织开展各类教研活动,促进青年教师成长。学校应采用人才引进、自主培养等途径,组建年龄、性别、职称与学历结构合理,具有较强信息化教学能力的教学团队。

(二)双师素质

课程团队教师应具有双师素质,同时开展校企合作。教师应坚持定期到高铁项目施工一线进行实践锻炼,与时俱进地提升教师的 BIM 技术应用水平和工程实践经验。鼓励支持教师进行课程教学改革创新,使课程教学更好地适应学生全面发展和个性化发展的需要,满足经济社会发展需求。

八、教学设备要求

"BIM 技术应用"课程教学设备配备要求如表 2-56 所示。

表 2-56 "BIM 技术应用"课程教学设备配备要求

项目	技术参数与要求	数量
计算机	满足主流教学软件要求；支持网络同传和硬盘保护；多媒体教学系统	每工位 1 台
教学投影显示设备	投影仪或智慧一体机	≥1 台
计算机基本配置	操作系统及相关驱动；Revit；CAD；常用工具软件，办公软件，图形编辑软件；信息安全防护软件；互联网软件	根据教学需要选用

"工程地质与土力学"课程标准

一、课程性质与任务

（一）课程性质

"工程地质与土力学"课程作为高速铁道工程技术专业学生的一门通用模块课，面对高速铁路行业发展的新态势，其在培养铁路建设与维护建设者的过程中具有重要的作用。本课程从工程地质与土力学专业知识的工程应用出发，培养学生具备岩石鉴定分析、地质构造识别、地质灾害防治、土工试验检测、土体强度变形计算的能力，为后续课程的学习以及将来的工作打下坚实的基础。同时，该课程也是学生职业素质养成的一个重要平台，可以培养学生的动手操作能力、组织协调能力、团队合作能力、精益求精的精神，培养学生的规范意识、标准意识、质量意识与创新能力。

（二）课程任务

全面贯彻党的教育方针，落实立德树人根本任务，满足高铁智慧建造对人才培养的要求，围绕高等职业教育高速铁路施工与维护专业对工程地质与土力学知识应用的培养需求，融入多种学习素材及教学资源，突出专业技术知识的实用性、综合性和先进性，通过理实一体化教学，培养学生进行工程地质问题分析及工程试验检测等解决工程实际问题的综合能力，使学生成为德智体美劳全面发展的高素质技术技能人才。

二、课程目标

（一）素质目标

（1）具备规范意识、质量意识、安全意识和环保意识；

（2）具备语言表达、沟通协调的能力；

（3）具备团队协作、协同努力精神；

（4）具备吃苦耐劳、爱岗敬业的职业道德；

（5）具备熟练操作、精益求精的工匠精神。

（二）知识目标

（1）熟悉高铁施工与维护工程中常见工程地质问题与处理方法；

（2）掌握土的物理指标检测方法和土的物理状态判别；

（3）掌握土的工程分类及其判别方式；

(4)掌握土的最大密实度确定和现场质量检测与评定;

(5)掌握土的渗透变形判断与渗透变形防治;

(6)掌握土的强度理论及其破坏状态的判定方法;

(7)掌握地基承载力的相关概念及其确定方法。

(三)技能目标

(1)能够分析工程建筑与工程地质条件的关系;

(2)能够针对工程地质问题提出合理的建议与处理措施;

(3)能编写工程地质勘察报告;

(4)能熟练运用仪器和设备进行土的识别与性质判断;

(5)能根据土的物理状态进行土的工程分类;

(6)能进行地基渗透变形的判断与防治;

(7)能进行地基变形分析和稳定性分析;

(8)能根据试验数据确定地基承载力。

三、课程思政

高职院校加强思想政治教育工作,是职业教育"育人"的本质要求,而课程思政正是强调在课程中均渗透思想政治教育,充分挖掘课程的价值意蕴,真正把教书育人落到实处,使专业课程与思想政治课方向一致,形成协同效应。

"工程地质与土力学"课程对学生进行专业教育的同时,可以培养学生的家国情怀、国际视野、创新思维、工匠精神、人文情怀等。因此,教师应充分挖掘和运用本课程所蕴含的思想政治教育资源,梳理"思政元素",将其合理地融入教学任务,优化教学设计,改进评价方式,将知识教育同价值观教育结合起来,把思想政治工作贯穿教育教学全过程,使课程知识与思政理论同向同行,形成协同效应,将"价值引领、知识传授、能力培养"的理念特别是"价值引领"始终贯穿到人才培养全过程和各环节。同时,教师应帮助学生树立起对职业敬畏、对工作执着、对成果负责的态度,养成敬业、精益、专注、创新的工匠精神。

四、课程结构与教学内容

根据高等职业学校专业和高速铁道工程技术专业群教学标准要求,结合"工程地质与土力学"课程目标,确定本课程结构与教学内容,设计合理的学习项目及学时安排。

(一)课程模块

"工程地质与土力学"课程由工程地质模块、土力学模块、工程检测模块三部分构成。

工程地质模块培养学生进行岩土工程性质评价及工程地质问题分析处理的能力,包含矿物与岩石鉴定分析、地质构造识别判定、常见地质灾害防治等三部分内容。

土力学模块培养学生掌握土力学的相关理论及常规试验原理、操作步骤、数据处理的能力,包含土的物理性质、土的渗透性、土体中的应力、地基变形计算、土的抗剪强度等内容。

工程检测模块培养学生进行地基与路基的强度及承载力检测的能力,主要是结合典型的高铁工程实例,从地基承载力的检测、高铁路基填料压实标准、路基压实质量试验检测等方面开展应用实践教学。

(二)教学内容及项目、学时安排

"工程地质与土力学"课程教学内容、教学项目安排如表2-57所示。

表 2-57 "工程地质与土力学"课程教学内容、教学项目安排表

模块	学习项目	教学内容	思政融入点	学时
工程地质模块	1.工程地质勘察	1.矿物与岩石鉴定分析； 2.地质构造识别判定； 3.常见地质灾害防治	1.工匠精神：郑颖人院士的"岩土人生"； 2.钻研精神："硬骨头"胜过岩石的工程勘察专家； 3.自我牺牲精神：地质灾害防治专家纪实； 4.安全教育； 5.服务人民、奉献社会的人生观	5
土力学模块	2.土的物理性质及工程分类； 3.土的渗透性； 4.土体中的应力； 5.土的抗剪强度	1.土的基本指标及工程分类； 2.土的渗透性及渗透变形防治； 3.地基变形验算； 4.地基强度验算	1.规范意识； 2.质量意识； 3.团队合作意识； 4.新技术、新设备、新方法创新与发展意识； 5."实践出真知"的哲学思想； 6.求实、求真的科学意识； 7.敬业、精益、创新的工匠精神	24
工程检测模块	6.高铁路基土工试验检测	结合高铁工程实例，开展压实地基土工试验检测应用实践	1."理论联系实际"和"实践出真知"的哲学思想； 2.质量意识、规范意识、安全意识； 3.职业敬畏精神； 4.工作担当精神； 5.严谨认真、精益求精的专业精神； 6.团队意识和协作精神	3

(三)学习项目设计

"工程地质与土力学"课程学习项目设计如表 2-58 至表 2-63 所示。

表 2-58 项目1:工程地质勘察

教学目标	1.了解常见的岩石和矿物及其特征； 2.掌握三大类岩石的形成及关系，能够辨别常见的岩石和矿物； 3.了解常见地质构造的类型，掌握野外识别地质构造的方法； 4.掌握常见自然地质作用和地质灾害类型； 5.了解泥石流、滑坡及岩溶等地质灾害的工程危害和处理措施
教学内容	1.常见的岩石和矿物及其特征； 2.常见地质构造的类型及其野外识别判定； 3.常见自然地质作用和地质灾害类型； 4.常见的工程地质问题处理方法
教学任务设计	序号 | 任务描述 任务1.矿物与岩石鉴定分析 | 1.学生分组，领取任务； 2.学习矿物特征及岩石的形成过程； 3.学习岩石的矿物成分、结构、构造等工程特征； 4.在实验室对矿物和岩石进行鉴定分析并完成试验报告

续表

	序号	任务描述
教学任务设计	任务2.地质构造识别判定	1.学习岩层及其产状测量； 2.学习褶皱构造识别及工程评价； 3.学习断裂构造识别及工程评价； 4.各小组进行地质构造的野外识别判定； 5.各小组进行地质构造对高铁工程影响评价
	任务3.常见地质灾害防治	1.学习滑坡及其工程防治； 2.学习崩塌及其工程防治； 3.学习泥石流及其工程防治； 4.学习岩溶及其工程防治； 5.各小组进行野外滑坡、泥石流、崩塌的调查并编写报告
学时	5	
教学方法	现场教学法、演示法、讲授法、案例法	

表2-59 项目2：土的物理性质及工程分类

教学目标	1.理解和掌握土的基本物理性质； 2.掌握土的基本指标测定； 3.掌握土的物理状态判定； 4.能根据土的物理状态对土进行工程分类； 5.具备规范操作、团队协作的精神	
教学内容	1.土的基本物理指标检测； 2.土的物理状态判定； 3.土的工程分类	
	序号	任务描述
教学任务设计	任务1.土的基本物理指标测定	1.了解土的结构和形成，掌握土的三相组成； 2.掌握土的粒径级配含义和粒径级配累计曲线的绘制； 3.了解土的密度、含水率、颗粒密度等基本物理指标的含义； 4.掌握不同指标检测的实验方法
	任务2.土的物理状态判定	1.掌握无黏性土密实度的测定方法； 2.掌握黏性土密实程度测定方法； 3.掌握土的物理状态的判别方法
	任务3.土的工程分类	1.了解土的工程分类目的和土的成因类型特征； 2.掌握土的工程分类划分原则与标准； 3.了解土的简易鉴别方法
学时	5	
教学方法	启发式教学、任务驱动、案例教学法、实验教学法	

表 2-60　项目 3:土的渗透性

教学目标	1.掌握达西定律的适用条件和原理; 2.掌握确定渗透系数的试验方法; 3.能针对常见的渗流工程问题提出处理措施; 4.能熟练及初步计算渗透力和临界水力坡降; 5.具备规范操作、精益求精的工匠精神	
教学内容	1.达西定律; 2.渗透系数的测定; 3.渗透力与渗透变形	
教学任务设计	序号	任务描述
	任务 1.渗透系数测定	1.学习达西定律内容; 2.掌握确定渗透系数的试验方法; 3.了解影响渗透系数的主要因素
	任务 2.土的渗透变形判断与防治	1.掌握渗透力与渗透变形的概念; 2.掌握渗透变形的基本形式与防治措施
学时	2	
教学方法	启发式教学、案例教学、实验教学法、项目教学法	

表 2-61　项目 4:土体中的应力

教学目标	1.掌握土中应力的计算方法; 2.掌握土的压缩性的确定方法; 3.掌握地基变形的验算理论; 4.能根据工程情况,进行土中应力的计算; 5.能根据工程情况,进行土的压缩性确定; 6.能根据工程基本资料,进行地基变形的验算	
教学内容	1.土的自重应力; 2.基底压力; 3.地基中的附加应力; 4.土的压缩性; 5.地基最终沉降量计算; 6.地基变形与时间关系	
教学任务设计	序号	任务描述
	任务 1.土体应力计算	1.了解土体的自重应力和基地的附加应力等基本知识; 2.掌握自重应力和基地的附加应力的计算方法
	任务 2.土的压缩性指标确定	1.了解土的压缩性及其压缩性指标; 2.掌握压缩试验原理及操作,会绘制压缩曲线
	任务 3.地基变形验算	1.了解沉降、倾斜等地基变形特征; 2.掌握地基变形验算的理论和方法
学时	10	
教学方法	启发式教学、案例教学、角色扮演法、项目教学法	

表 2-62　项目 5:土的抗剪强度

教学目标	1.掌握土的抗剪强度指标; 2.掌握土的抗剪强度指标的确定方法; 3.能根据工程基本资料计算土的抗剪强度; 4.掌握地基承载力的确定方法; 5.能根据工程基本资料,进行地基承载力验算确定	
教学内容	1.库伦定律; 2.土的极限平衡条件; 3.土的抗剪强度指标试验方法; 4.地基承载力	
教学任务设计	序号	任务描述
	任务 1.土的抗剪强度指标确定	1.掌握抗剪强度指标物理意义及其影响因素; 2.掌握抗剪强度指标的确定方法
	任务 2.地基承载力确定	1.了解各种地基的破坏形式; 2.掌握地基的临塑荷载、临界荷载、地基极限承载力的确定方法
学时	7	
教学方法	任务驱动、项目教学法、案例教学法、试验教学法	

表 2-63　项目 6:高铁路基土工试验检测

教学目标	1.掌握高铁路基填料及压实标准; 2.能结合工程案例进行地基承载力检测及数据处理; 3.能结合案例进行路基压实质量试验检测; 4.能做到理论联系实际,提高解决实际问题的能力	
教学内容	结合具体工程案例要求,开展地基承载力检测及数据处理、路基压实质量试验检测,具备现场试验、数据采集和编写试验报告的能力	
教学任务设计	序号	任务描述
	任务 1.地基承载力检测及数据处理	1.静力载荷试验; 2.标准贯入试验; 3.圆锥动力触探试验
	任务 2.路基压实质量试验检测	1.高铁路基填料及压实标准; 2.路基压实质量试验检测
学时	3	
教学方法	案例教学、任务驱动、项目教学法、试验教学法	

(四)教学要求

"工程地质与土力学"课程教学以高速铁道工程技术专业群教学标准和课程目标为导向,全面贯彻党的教育方针,突出职业教育特色,培养学生利用工程地质与土力学的专业知识解决工程实际问题的能力,提升学生的工程实践能力。

课程教学过程中实施课程思政教育,落实立德树人的根本任务,使学生在复杂的社会环境和工作环境中具有较高的政治意识和正确的人生观、价值观、大局观。突出学生技能培养,提升学生掌握利用工程地质和土力学的专业知识进行高铁工程施工中的工程灾害防治、土工试验检测、工程质量评价及工程综合应用的能力。培养学生创新意识,对于工作中出现的各类问题能够进行分析判断,提出合理解决方案的能力。

(五)引入行业标准

(1)《土工试验方法标准》(GB/T 50123—2019);
(2)《岩土工程勘察规范》(GB 50021—2018);
(3)《工程岩体试验方法标准》(GB/T 50266—2013);
(4)《高速铁路路基工程施工技术规程》(Q/CR 9602—2015);
(5)《高速铁路路基工程施工质量验收标准》(TB 10751—2018)。

五、课程考核与评价

课程采用全过程性考核与评价,总评成绩(100%)=平时成绩(30%)+过程性考核(70%),全面、客观地评价学生的学习效果。过程性考核在考察学生技能掌握程度的基础上,关注学生综合素养和技能应用能力,主要考评工程地质综合知识、土工综合知识、工程地质及土工试验报告等三个方面。具体评价标准见表2-64。

表2-64 "工程地质与土力学"课程考核评价体系

过程性考核 (分值权重)	考核项目	评价标准	过程性考核 (70%)	平时考核 (30%)
工程地质综合知识(20%)	矿物与岩石的基本分类及性质	标本判定正确	鉴别判定(10%)	1.基本素质评价,包括出勤情况、资源学习、课堂参与等综合表现; 2.职业素质评价,包括项目参与度、承担角色和任务完成情况、劳动意识、创新精神等。
	地质构造识别与处治	识别正确、措施合理	识别及处治方案(5%)	
	常见地质灾害防治	处治措施合理	处治措施(5%)	
土工综合知识(50%)	土的物理性质及工程分类	数据处理正确、案例分析正确	数据处理、案例分析(15%)	
	土的渗透性	案例分析正确	案例分析(5%)	
	土体中的应力	数据处理正确、案例分析正确	数据处理、案例分析(20%)	
	土的抗剪强度	数据处理正确、案例分析正确	数据处理、案例分析(10%)	
工程地质及土工试验报告(30%)	工程地质报告编写	操作规范、数据处理正确、报告编写规范	操作及报告(10%)	
	土工试验报告编写	操作规范、数据处理正确、报告编写规范	操作及报告(20%)	

六、课程资源

(一)教材选用

所用教材要求为近三年出版的高职高专规划教材,能反映该专业课程最新发展水平,引用最新行业、企业规范标准,有利提升学生分析问题、解决问题的能力,突出高素质技术技能人才培养特点。同时,适应教育教学改革和信息化教学需要,建议选用校企合作编写的立体化、富媒体化教材。

(二)数字化资源

依据本课程标准,充分运用各种信息技术手段满足教学改革需要,实现优质资源共建共享,借助相关教学资源平台,充分利用微课、多媒体课件、在线开放课等数字化教学资源,提升课程的教学效果。

七、教学团队

由学校教师与行业企业专家组成的教师教学团队,是引导学生掌握实践技能的关键。任课教师要树立良好的师德师风,符合教师专业标准要求,具有扎实的专业基础,有一定的工程实践经验和良好的教育教学能力。

(一)团队结构

建立课程负责人制度,课程负责人具有超前的专业建设理念,较强的课程开发和资源整合能力,较强的教研教改能力尤其是技术开发能力、组织协调能力,积极组织开展各类教研活动。同时,教学团队年龄、性别、职称与学历结构要合理,具有较强信息化教学能力、专业建设能力、教科研能力和社会服务能力。

(二)双师素质

课程团队教师应具有双师素质,同时开展校企合作。教师应坚持定期到高铁项目施工一线进行实践锻炼,团队教师中要有一定数量来自企业一线的兼职教师。同时,教师应具有先进的高职教学理念和较强的课程建设与教学组织能力、开发课程的能力、整合社会资源的能力及应用性技术服务的能力。

八、教学设备要求

"工程地质与土力学"课程教学设备配备要求如表 2-65 所示。

表 2-65 "工程地质与土力学"课程教学设备配备要求

项目	技术参数与要求	数量
矿物与岩石识别	常见矿物、三大类常见岩石	每组1套(6~8组/班)
土工试验设备	有完成土的三项基本指标测定、液塑限联合测定、击实试验、固结试验和直接剪切试验等的相关仪器设备	每组1套(6~8组/班)
工程检测设备	有完成压实度试验、地基承载力检测、路基变形模量检测等的相关仪器设备	每组1套(6~8组/班)

"高速铁路路基施工"课程标准

一、课程性质与任务

(一)课程性质

本课程是高铁专业群中三年制高速铁道工程技术专业的专业核心课程,主要培养学生相关路基工程的初步设计方案,编写施工技术交底书,合理组织施工、检测检查施工质量的专业能力,培养学生良好的表达沟通、团队协作、组织协调、吃苦耐劳、安全防护、环境保护、职业素养等综合素质的社会能力。

(二)课程任务

培养中国高铁建设人才,让学生具备职业岗位中高速铁路路基施工相关工作过程的技术指导、质量检查和简单的事故分析与处理的能力,具有独立学习、独立计划、独立工作的能力,具有职业岗位所需的合作、交流等能力。

二、课程目标

(一)素质目标

(1)培养学生具有强烈的社会责任感,明确的职业理想和良好的职业道德,具有一定的吃苦耐劳的精神;

(2)培养学生与人协助工作的良好品德,理论联系实际、实事求是、言行一致的思想作风,踏实肯干、任劳任怨的工作态度;

(3)培养学生与人沟通的能力,不断追求知识、独立思考、勇于自谋职业和自主创业;

(4)具有面向基层、服务基层、扎根于群众的思想观点。

(二)知识目标

(1)学生具备高铁路基施工的基本知识,初步掌握高铁路基施工所需要的基本理论和计算技能,了解路基主体、路基附属设施的基本结构和组成;

(2)熟悉高铁路基施工的常用施工方法及特殊条件下的施工;

(3)了解高铁路基工程常用机械、设备性能及选用方法,掌握其运用场合、特点,能比较充分地发挥其效能;

(4)掌握常见地形下的路堑的开挖方法,能初步完成开挖方案,会分析、比较不同的开挖方案的优缺点;

(5)掌握土石方调配的原则,能初步运用专业软件,完成复杂程度一般的土石方调配方案的初步设计,能初步完成编制施工方案,合理地组织、指导施工;

(6)掌握常见地形下的路基的填筑方法,能初步完成机械填筑方案,会分析、比较不同的填筑方案的优缺点;

(7)掌握路基过渡段的施工初步设计,能编制施工方案,合理地组织、指导施工;

(8)掌握路基沉降监测的基本知识和技能。

(三)技能目标

(1)能阅读、校核施工图纸;

(2)能进行高铁路基施工测量、竣工测量;

(3)能运用专业软件进行土石方调配及检算;
(4)能选用适合路基工程的工程机械、会编写初步的施工方案,会指导路堤填筑、路堑开挖施工;
(5)能编制路堑开挖、路堤填筑、过渡段等工程的施工方案并能指导施工,会检查施工质量。

三、课程思政

德是做人之本,德育是教育之魂。高校的根本任务是育人,育于民族、国家、社会、人民有益之人。当前,高职院校正大力倡导实施课程思政教育,教师应发挥专业课作为德育教育主阵地和主渠道作用,让专业课堂责无旁贷肩负起育人功能,真正实现从思政教育向课程思政转变。基于"高速铁路路基施工"课程,在讲述铁路路基施工的教学过程中巧妙地融入育人内容,从而实现教书与育人的双重目的。

高职高速铁道工程技术专业学生毕业后主要从事铁道交通领域的相关工作,不仅要求学生要懂得理论知识、技能操作,还需要从业人员具备顽强拼搏的铁路精神以及求真务实的职业操守,才能建立百年工程。在课堂中,教师可以采用"趣味漫画述主体、典型案例做支撑、兴趣激发奠基础、贯穿始终渗思政"四个特色教学对策深挖思政元素,将顽强拼搏、求真务实等思政元素相结合进行教学设计。

四、课程结构与教学内容

根据高等职业学校专业和高速铁道工程技术专业群教学标准要求,结合"高速铁路路基施工"课程目标,确定本课程结构与教学内容,设计合理的学习项目及学时安排。

(一)课程模块

"高速铁路路基施工"课程由高速铁路线路要览、路基附属工程施工、路基主体施工、路基检测四部分构成。

高速铁路线路要览介绍高铁的发展概况,让学生理解铁路线路平面、纵断面的设计内容,理解线路平、纵断面图;掌握高铁路基的构造,掌握路基的横断面标准图。

路基附属工程作为高铁包括普铁线路施工的重要组成部分,一般先于路基主体施工,包括路基防护、加固工程施工。学生通过学习路基防排水、边坡加固、挡土墙施工、四电工程协调施工等内容,初步具备采用机械化工法施工路基附属工程的基本技能。

路基主体施工模块主要包括路基换填处理、路基水泥搅拌桩施工、路基高压旋喷桩施工、路基预制管桩施工、路基CFG桩施工等内容。

路基检测包括路基沉降观测、施工质量控制,具体为动力触探、钻芯取样、K30、Evd等试验技术。

(二)教学内容及项目、学时安排

"高速铁路路基施工"课程教学内容、教学项目安排如表2-66所示。

表2-66 "高速铁路路基施工"课程教学内容、教学项目安排表

模块	学习项目	教学内容	思政融入点	学时
高速铁路线路要览	1.铁路平、纵断面设计原则及识图	1.铁路平面曲线半径设置的原则; 2.铁路曲线超高取值; 3.铁路缓和曲线设置要求; 4.不同时速铁路曲线要素规定; 5.识读平、纵断面图纸。	1.詹天佑人字形铁路设计,团结就是力量; 2.工匠精神	8

续表

模块	学习项目	教学内容	思政融入点	学时
路基附属工程施工	2.路基防排水及防护工程	1.路基各种防排水作用和施工； 2.路基绿色防护施工； 3.路基坡面防护施工； 4.路基锚杆施工； 5.路基挡墙施工； 6.路基锚索施工	1.协同工作，各司其职； 2.精益求精精神	8
路基主体施工	3.地基处理及填筑施工	1.路基换填处理； 2.路基水泥搅拌桩施工； 3.路基高压旋喷桩施工； 4.路基预制管桩施工； 5.路基CFG桩施工	1.路基施工常用设备：国产机械的崛起； 2.铁路路基填筑工艺：九层之台，起于累土； 3.路基基础是质量的根本	30
路基检测	4.路基检测试验	1.路基压实度检测； 2.路基承载力检测	1.沉降观测仪器的变革，国产仪器的升级； 2.实践是检验真理的唯一标准	18

(三)学习项目设计

"高速铁路路基施工"课程学习项目设计如表2-67至表2-70所示。

表2-67 项目1：铁路平、纵断面设计原则及识图

教学目标	1.掌握铁路特别是高速铁路线路的基本要素； 2.了解高速铁路线路的设计原理； 3.掌握铁路的等级及主要技术标准； 4.理解铁路特别是高速铁路在区间、站坪及线桥隧的平、纵断面设计要素； 5.能读懂相关的平、纵断面图，能认知相关的设施、设备； 6.掌握铁路特别是高速铁路的路基和过渡段的构造，知晓各个组成部分的功能和作用		
教学内容	1.铁路的等级及主要技术标准、高速铁路的技术特征； 2.铁路特别是高速铁路在区间、站坪及线桥隧的平、纵断面设计要素：圆曲线、夹直线、缓和曲线、坡度、坡度长度、最大坡度折减； 3.铁路特别是高速铁路在区间、站坪及线桥隧的平、纵断面图； 4.高速铁路的路基特点； 5.高速铁路路基的基床结构：基床表层、基床底层； 6.高速铁路路基的地基条件； 7.高速铁路的路基过渡段		
教学任务设计	序号	任务描述	
	任务1.普速铁路的平、纵断面的识读、相关概念及专业名词的释义	本教学任务通过普速铁路的平、纵断面图的识读，学生可在其中学习铁路等级及主要技术标准，有关的线路的基本技术要素如圆曲线、缓和曲线、夹直线、坡度、竖曲线、站坪、中间站、路基的构造、基床等知识，这是铁路线路的基础知识，对以后专业知识的理解、技能的形成、专业素质的养成具有非常重要的意义。本任务将遵循认知规律，在一定的教学条件下，激发学生的学习兴趣，提高其学习能力，以达到知识、技能和素质目标	

续表

教学任务设计	序号	任务描述
	任务2.高速铁路平、纵断面图的识读、相关概念及专业名词的释义	本教学任务通过高速铁路的平、纵断面图的识读,学生可在其中学习高速铁路的主要技术特征和技术标准,高铁路基的构造、基床的结构、过渡段等核心知识,在整个学习领域中具有重要作用,对整个学习领域的学习具有极大的促进作用,且对以后专业知识的理解、技能的形成、专业素质的养成具有非常重要的意义。本任务将遵循认知规律,在一定的教学条件下,激发学生的学习兴趣,提高其学习能力,以达到知识、技能和素质目标
	任务3.高铁线路的平、纵断面的解析	本教学任务通过高速铁路的平、纵断面图的讲解和汇报,学生可在其中学会团队协作的基本方法、小组学习的基本能力,提高其社会协调能力,锻炼学生的文字、口头表达能力,加深学生对核心知识的记忆和理解,在整个学习领域中具有极大的促进作用。本任务将遵循认知规律,在一定的教学条件下,激发学生的学习兴趣,提高其学习能力、竞争意识,以达到知识、技能和素质目标
学时	8	
教学方法	演示法、讲授法、案例法	

表2-68 项目2:路基防排水及防护工程

教学目标	1.掌握铁路特别是高铁路基附属工程常见的施工方法及特殊条件下的施工方法; 2.能初步编制施工方案,初步具有组织、指导架子队进行安全施工的能力; 3.能完成路基排水设施的施工及质量控制任务; 4.能完成高铁路基防护与加固施工和质量控制,初步具有施工方案的写作能力,现场组织、控制施工的能力; 5.强化识图能力,强化现场施工的组织能力; 6.积极的学习,细心、谦虚、谨慎,有良好的沟通能力,养成守时、守纪律的工作习惯	
教学内容	1.路基排水设施及施工; 2.路基边坡防护设施及施工; 3.路基加固设施及施工	
	序号	任务描述
教学任务设计	任务1.路基排水设施及施工	本教学任务通过路基排水设施的教学和模型制作,学生可在其中学习路基排水设施及施工的基本组织原则、施工顺序、施工准备。路基排水设施作为路基的重要组成部分,在保证路基质量和线路安全长久运行方面具有重要地位,对掌握路基排水施工技术具有重要作用。本教学任务将遵循认知规律,在一定的教学条件下,组织学生学习路基排水设施及施工,激发其学习兴趣,提高其学习能力,以达到知识、技能和素质目标
	任务2.路基边坡防护设施及施工	本教学任务通过实际铁路边坡防护方案的学习,让学生能够理论结合实际,详细地了解和掌握边坡防护施工的工艺工法和施工的重难点

续表

教学任务设计	序号	任务描述
	任务3.路基加固设施及施工	本教学任务通过路基加固设施的教学和模型制作,学生可在其中学习路基加固设施及施工的基本组织原则、施工顺序、施工准备。路基加固设施作为路基的重要组成部分,在保证路基质量和线路安全长久运行方面具有重要地位,对掌握路基加固施工技术具有重要作用。本教学任务将遵循认知规律,在一定的教学条件下,组织学生学习路基加固设施及施工,激发其学习兴趣,提高其学习能力,以达到知识、技能和素质目标
学时		8
教学方法		启发式教学、任务驱动、案例教学法

表2-69 项目3:地基处理及填筑施工

教学目标	1.掌握路基施工特别是高铁路基常见的施工方法及特殊条件下的施工方法; 2.结合实际现场,能初步编制施工方案,初步具有组织、指导架子队进行安全施工的能力; 3.了解施工准备的主要内容; 4.掌握土石方调配的原则; 5.能初步运用路基工程常用机械,进行路堤的填筑、路堑的开挖,会选用地基处理的施工方法,会进行施工方案的编制,并能根据现场的实际情况,组织、指导架子队安全施工
教学内容	1.路基施工的准备工作; 2.土石方调配原则和运用专业软件进行土石方调配技术; 3.土质路堤、路堑的施工,石质路基的施工; 4.机械化施工及工程机械; 5.季节性及特殊条件下的路基施工技术; 6.高铁路基的地基处理技术; 7.基床及基床以下的路堤施工技术; 8.过渡段施工技术; 9.高铁路基施工的质量控制技术

教学任务设计	序号	任务描述
	任务1.运用专业软件进行土石方调配	本教学任务通过土石方调配的原理及专业软件的教学,学生可在其中学习路基施工的基本组织原则、施工顺序、施工准备,以及土石方调配的原则和方法。土石方调配作为一种基本方法,在路基施工技术中具有重要地位,对掌握路基施工技术具有很大的促进作用。本教学任务将遵循认知规律,在一定的教学条件下,组织学生学习土石方调配及路基主体施工内容,激发其学习兴趣,提高其学习能力,以达到知识、技能和素质目标
	任务2.路基的机械化施工技术	本教学任务通过路基的机械化施工技术,学生可在其中学习路基施工机械的特点,掌握基本组织原则、施工顺序、施工准备,以及机械化施工原则和方法。机械化施工作为路基施工的一种基本方法,在路基施工技术中具有重要地位,对掌握施工机械的施工特点技术,以及对本学习领域具有很大的促进作用。本教学任务将遵循认知规律,在一定的教学条件下,组织学生学习机械化施工及路堑、路堤的施工技术,激发其学习兴趣,提高其学习能力,以达到知识、技能和素质目标

续表

教学任务设计	序号	任务描述
	任务3.路基施工图的识读	本教学任务通过对路基施工图的识读,学生可在其中学习、理解路基施工,掌握基本组织原则、施工顺序、施工准备。路基施工图的识读作为一项基本能力,在路基施工技术中具有重要地位,对本学习领域具有很大的促进作用。本教学任务将遵循认知规律,在一定的教学条件下,组织学生做三维立体模型,学习路基施工图的识读,激发其学习兴趣,提高其学习能力,以达到知识、技能和素质目标
	任务4.路基施工方案的编制	本教学任务是对前面所有内容的综合和提高,通过土石方的调配、路基的机械化施工技术、路基施工图的识别等教学任务的学习,学生可针对具体情况,编制初步的路基施工方案,这在路基施工技术中具有重要地位,对本学习领域具有很大的促进作用。本教学任务将遵循认知规律,在一定的教学条件下,组织学生由易到难学习相关知识,激发其学习兴趣,提高其学习能力,以达到知识、技能和素质目标
学时	30	
教学方法	启发式教学、任务驱动、案例教学、卡片式教学	

表2-70 项目4:路基检测试验

教学目标	1.掌握路基沉降监测的基本原理、路基养护与维修的基本方法; 2.能编制路基沉降检测的初步方案; 3.能初步使用路基评估的专业软件; 4.能初步编制路基病害的养护维修方案; 5.能初步组织、指导路基病害的养护与维修工作,熟知其质量控制要点; 6.能正确阅读施工图纸; 7.能正确理解相关规范; 8.能指导施工,具有安全施工、环境保护的职业意识,具有一定的组织现场施工的能力
教学内容	1.路基沉降监测技术:网络自动化监测、信息化施工方法和特点、资料整理与分析、路基沉降推算方法等; 2.路基检测技术:复合地基承载力、动力触探、钻芯取样、K30、Evd等试验技术

教学任务设计	序号	任务描述
	任务1.路基沉降监测	路基沉降监测作为一种信息化施工技术,采用网络自动化监测方案,用于路基质量评估。本任务将遵循认知规律,组织学生学习测点布置、资料整理分析、路基沉降推算等内容,学习本学习任务后,学生初步具备一定的专业知识、技能和素质目标
	任务2.路基检测	路基检测作为一种质量检测技术,用于路基施工质量检查。本任务将遵循认知规律,组织学生学习复合地基承载力、动力触探、钻芯取样、K_{30}、Evd等试验技术内容,学习本学习任务后,学生初步具备一定的专业知识、技能和素质目标
学时	14	
教学方法	启发式教学、任务驱动、案例教学、卡片式教学	

(四)教学要求

本课程采用理论与实践并重的授课方式,教师有目的、有计划、有组织地引导学生积极自觉地学习掌握路基施工理论知识,并通过实训锻炼,使学生掌握路基施工的基本技能,提高路基施工的管理技术水平与能力。同时,促进学生多方面素质全面提高,使他们成为社会及企业所需要的技能者。

(五)引入行业标准

(1)《高速铁路路基工程施工质量验收标准》(TB 10751-2018);

(2)《高速铁路路基工程施工技术规程》(Q/CR 9602-2015);

(3)《高速铁路设计规范》(TB 10621-2014)。

五、课程考核与评价

本课程考核与评价突出的原则"过程知识考核与专业技能考核相结合,教师评价、小组自评与互评相结合"。

本课程根据岗位对学生能力的要求,把考核学生的实际能力作为考核的主要方面。本课程以书面考试和能力评价相结合,即采用笔试、实际操作相结合的考核方法。每一工作任务都进行评价,每一个项目进行一次考核,理论知识考试采取闭卷或答辩相结合综合评分。实际操作考核采取现场考核的方式,由专兼职教师组成考核小组,针对每一个项目进行考核;同时为了培养学生良好的工作态度,将平时表现、出勤等纳入综合素质,按一定的比例计入总成绩。具体评价标准见表2-71。

表2-71 "高速铁路路基施工"课程考核评价体系

过程性考核 (分值权重)	考核项目	评价标准	过程性考核 (30%)	平时考核 (20%)	期末考试 (50%)
高铁线路基本要素的认识 (25%)	平、纵断面图的识读	是否正确	题目作答(5%)	1.基本素质评价,包括出勤情况、资源学习、课堂参与等综合表现; 2.职业素质评价,包括项目参与度、承担角色和任务完成情况、劳动意识、创新精神等	题目作答准确
	平、纵断面专业名词释义	是否准确	题目作答(10%)		
	高铁路基的平、纵断面的解析	准确率	题目作答(10%)		
路基附属工程施工 (25%)	路基排水设施及施工	排水设施关键点	题目作答(15%)		
	路基边坡防护设施及施工	防护施工过程是否熟悉	题目作答(10%)		
路基主体施工 (25%)	路基的机械化施工技术	机械配置是否合理	题目作答(10%)		
	软基处理施工技术	流程是否清楚	题目作答(15%)		
路基检测与维护 (25%)	路基沉降监测	布置的要求是否清楚	题目作答(25%)		

六、课程资源

(一)教材选用

选用近三年出版的高职高专规划教材,同时要求所选教材为高校与施工单位合编,能够结合现场实际施工工艺和先进的技术水平。

(二)数字化资源

根据课程标准,注重课程资源和现代化教学资源的开发和利用,建立精品课程和课程资源库,努力实现跨学校精品课程资源的共享,扩大课程资源的交互空间,以提高课程资源利用效率。

七、教学团队

选用具备扎实的专业相关知识教师授课,且要求具有现场施工经验的教师。

(一)团队结构

建立课程负责人制度,组建课程教学团队,建立合理的老中青教师团队。同时,引入施工单位相关技术人员进入教学团队。

(二)双师素质

课程团队教师应具有双师素质,同时引进有现场施工经验的人才,并开展校企合作。教师轮流定期到高铁路基施工项目现场进行实践锻炼,收集新技术和新工法。鼓励支持教师进行课程教学改革创新,使课程教学更好地适应学生全面发展和个性化发展的需要,满足经济社会发展需求。

八、教学设备要求

"高速铁路路基施工"课程教学设备配备要求如表2-72所示。

表2-72 "高速铁路路基施工"课程教学设备配备要求

项目	技术参数与要求	数量
教学投影显示设备	投影仪或智慧一体机	≥1台
软件配置	操作系统及相关驱动;常用工具软件,办公软件,图形编辑软件;信息安全防护软件;互联网软件	根据教学需要选用
软基处理检测设备	低应变检测设备	每12工位1套,每套设备≥4台
路基填筑检测设备	动态变形模量测试仪	每6工位1套,每套设备≥8台
	静态变形模量测试仪	每6工位1套,每套设备≥8台
	平板荷载测试仪	每6工位1套,每套设备≥8台

"高速铁路轨道施工"课程标准

一、课程性质与任务

(一)课程性质

"高速铁路轨道施工"课程是高速铁路施工与维护专业群的核心模块课程。本课程依据高速铁路轨道施工和维护基本工作内容进行编排,包含高速铁路轨道构造、无砟轨道施工、跨区间无缝线路铺设、轨道养护维修等内容。通过本课程的学习,学生不但能够掌握高速铁路轨道施工、跨区间无缝线路施工、高速铁路轨道养护维修的专业知识和专业技能,还能够全面培养学生编写施工计划、合理组织施工、检测检查施工质量等能力和团队组织能力、吃苦耐劳等职业综合素质,让学生掌握工作岗位所需要的相关专业知识和各项技能。

(二)课程任务

全面贯彻党的教育方针,落实立德树人根本任务,满足高铁施工单位和运营维护单位对人才培养的要求,围绕高速铁路轨道施工与维护技术应用的培养需求,拓展高铁轨道的前沿技术,通过理实一体化教学,提升学生的综合能力,使学生成为德智体美劳全面发展的高素质技术技能人才。

二、课程目标

(一)素质目标

(1)增强沟通交际能力与团队合作能力;
(2)具备精益求精的职业道德;
(3)具备吃苦耐劳与较强责任心的职业道德;
(4)提高户外工作适应能力;
(5)安全与自我保护能力;
(6)培养学生热爱铁路、奉献铁路的爱国情怀和使命感。

(二)知识目标

(1)掌握高速铁路有砟轨道、无砟轨道的基本结构和组成;
(2)熟悉高速铁路轨道施工的配套工具;
(3)掌握高速铁路轨道施工的基本知识;
(4)掌握高速铁路无砟轨道铺设施工和检测的方法和标准;
(5)掌握高速铁路有砟轨道的验收标准;
(6)掌握高速铁路无砟轨道的验收标准;
(7)掌握高速道岔的拼装和铺装的方法;
(8)掌握跨区间无缝线路铺设施工的基本方法;
(9)掌握高速铁路轨道病害的主要形式,确定病害的处理方案和使用的主要设备;
(10)掌握无砟轨道底座板施工的基本工序和检测要点;
(11)掌握无砟轨道结构施工的基本工序和检测要点。

(三)技能目标

(1)具备进行施工图纸阅读及校核的能力;
(2)具备进行底座板施工放样的能力;
(3)具备指导无砟轨道铺设施工的能力;
(4)具备指导无砟轨道施工质量检测的能力;
(5)具备指导高速道岔铺设施工的能力;
(6)具备指导铁路轨道精调施工的能力;
(7)具备指导铁路长钢轨铺设施工的能力;
(8)具备指导铁路轨道主要病害检测及处理,以及设备使用的能力。

三、课程思政

作为高速铁路施工与维护专业群核心课,本课程把立德树人作为中心环节,把思想政治工作贯穿教育教学全过程,实现全程育人、全方位育人。学生将来从事的是铁路一线的施工或维护工作,工作环境艰苦,对学生的思想挑战较大,要想学生扎根铁路事业,急需对学生的精神意志、思想境界进行培育,使学生能够安心祖国铁路建设,争做大国工匠。

本课程挖掘其中的人文精神和科学精神,重点强化创新意识、科学素养、生态文明和工匠精神教育,如高铁精神、民族自豪感、劳动精神、传统文化等方面;同时课程实践环节较多,通过整合实践资源,通过有效的实践活动形式来挖掘或融入思想政治教育元素,使得学生受到多学科的熏陶,树立正确的价值导向,发展出多种能力,有效培养其理性平和的心态、富于人文关怀的情感、高尚的审美情操、作为铁路人的担当和使命、责任感、工匠精神等。

四、课程结构与教学内容

根据高等职业学校专业和高速铁路施工与维护专业群教学标准要求,结合"高速铁路轨道施工"课程目标,确定本课程结构与教学内容,设计合理的学习项目及学时安排。

(一)课程模块

"高速铁路轨道施工"课程由高速铁路轨道构造、无砟轨道施工、高速铁路道岔铺设施工、跨区间无缝线路铺设施工四部分构成。

高速铁路轨道构造模块是高速铁路轨道施工与维护的基础,包含高速铁路有砟轨道结构、高速铁路无砟轨道结构两部分内容。

无砟轨道施工模块是高速铁路轨道施工与维护的重点,包含双块式无砟轨道施工、板式无砟轨道施工两部分内容。

高速铁路道岔铺设施工模块是高速铁路轨道施工与维护的难点,包含高速铁路道岔铺设、道岔铺设质量检测两部分内容。

跨区间无缝线路铺设施工模块是高速铁路轨道施工与维护的重点,包含跨区间无缝线路工作原理、跨区间无缝线路铺设施工两部分内容。

（二）教学内容及项目、学时安排

"高速铁路轨道施工"课程教学内容、教学项目安排如表 2-73 所示。

表 2-73 "高速铁路轨道施工"课程教学内容、教学项目安排表

模块	学习项目	教学内容	思政融入点	学时
高速铁路轨道构造	1.高速铁路有砟轨道结构； 2.高速铁路无砟轨道结构	1.高速铁路有砟轨道结构； 2.道岔结构及分类； 3.高速铁路无砟轨道结构； 4.高速铁路轨道状态	1.民族自豪感； 2.遵纪守法； 3.吃苦耐劳； 4.敬业精神； 5.拼搏奉献的铁路情怀	22
无砟轨道施工	3.双块式无砟轨道施工； 4.板式无砟轨道施工	1.CRTSⅠ型双块式无砟轨道施工； 2.CRTSⅡ型板式无砟轨道施工； 3.CRTSⅢ型板式无砟轨道施工	1.精益求精的大国工匠精神； 2.安全教育与劳动教育； 3.创新思想； 4.爱国主义； 5.团队协作能力	28
高速铁路道岔铺设施工	5.高速铁路道岔铺设； 6.道岔铺设质量检测	1.道岔放样图识读并进行道岔放样； 2.铁路板式道岔和长枕埋入式道岔基本施工工艺； 3.道岔质量检测	1.团队合作意识； 2.学习能力； 3.精益求精的大国工匠精神； 4."实践检验真知"的哲学思想； 5.劳动教育和安全教育	22
跨区间无缝线路铺设施工	7.跨区间无缝线路工作原理； 8.跨区间无缝线路铺设施工	1.跨区间无缝线路工作原理； 2.跨区间无缝线路铺设施工； 3.无缝线路长钢轨精调	1.传统文化； 2.吃苦耐劳； 3.敬业精神； 4.良好的协作能力； 5.科学认真的工作态度	24

（三）学习项目设计

"高速铁路轨道施工"课程学习项目设计如表 2-74 至表 2-81 所示。

表 2-74 项目1:高速铁路有砟轨道结构

教学目标	1.熟悉高速铁路轨道结构的类型； 2.掌握有砟轨道结构及组成； 3.掌握道岔工作原理、基本结构及组成； 4.遵纪守法； 5.拼搏奉献的铁路情怀
教学内容	1.高速铁路轨道结构的类型； 2.有砟轨道结构及组成； 3.钢轨的作用、类型及结构,钢轨的伤损； 4.轨枕的作用、类型及结构； 5.道床的作用、类型及结构； 6.连接零件的作用、类型及结构、安装； 7.道岔工作原理； 8.道岔的基本结构及组成

续表

	序号	任务描述
教学任务设计	任务1.高速铁路有砟轨道结构	通过现场实训,掌握轨道各组成部分的结构、作用及相互连接关系,具体如下: 1.高速铁路轨道结构的类型认知; 2.有砟轨道结构及组成认知; 3.钢轨的作用、类型及结构认知,钢轨的伤损判断; 4.轨枕的作用、类型及结构认知; 5.道床的作用、类型及结构认知; 6.连接零件的作用、类型及结构认知、安装
	任务2.道岔结构及分类	1.单开道岔的工作原理; 2.单开道岔的基本结构及组成认知; 3.道岔的分类; 4.掌握高速道岔转辙器和辙叉的连接方式
学时	12	
教学方法	现场教学法、讲授法、案例法	

表 2-75 项目 2:高速铁路无砟轨道结构

教学目标	1.掌握无砟轨道结构基本形式; 2.掌握板式无砟轨道结构的基本结构组成; 3.掌握双块式无砟轨道结构的基本结构组成; 4.掌握轨道状态检查的基本方法; 5.培养精益求精的工匠精神; 6.民族自豪感; 7.敬业精神
教学内容	1.无砟轨道结构基本形式; 2.CRTSⅠ型板式无砟轨道结构的基本结构; 3.CRTSⅠ型双块式无砟轨道结构; 4.CRTSⅡ型双块式无砟轨道的基本结构; 5.CRTSⅡ型板式无砟轨道结构; 6.CRTSⅢ型板式无砟轨道结构; 7.轨距检查方法; 8.水平检查方法; 9.轨向检查方法; 10.高低检查方法; 11.轨底坡检查方法

	序号	任务描述
教学任务设计	任务1.高速铁路无砟轨道结构	1.无砟轨道结构基本形式认知; 2.CRTSⅠ型板式无砟轨道结构的基本结构认知; 3.CRTSⅠ型双块式无砟轨道结构认知; 4.CRTSⅡ型双块式无砟轨道的基本结构认知; 5.CRTSⅡ型板式无砟轨道结构认知; 6.CRTSⅢ型板式无砟轨道结构认知; 7.WJ-8型扣件安装

续表

教学任务设计	序号	任务描述
	任务2.轨道状态检查	1.轨距检查； 2.水平检查； 3.轨向检查； 4.高低检查； 5.轨底坡检查
学时	12	
教学方法	项目教学法、任务驱动、案例教学法	

表2-76 项目3:双块式无砟轨道施工

教学目标	1.掌握CRTSⅠ型双块式无砟轨道结构； 2.掌握双块式无砟轨道底座板放样、施工方法； 3.掌握CRTSⅠ型双块式无砟轨道轨道精调方法； 4.掌握CRTSⅠ型双块式无砟轨道质量检测方法； 5.具备精益求精的工匠精神； 6.安全教育与劳动教育； 7.团队协作能力
教学内容	1.双块式无砟轨道底座板放样施工； 2.CRTSⅠ型双块式轨枕施工工艺和质量检测； 3.CRTSⅠ型双块式无砟轨道轨道精调； 4.CRTSⅠ型双块式无砟轨道道床板施工； 5.双块式无砟轨道结构图纸识读

教学任务设计	序号	任务描述
	任务1.双块式无砟轨道底座板放样施工	1.识读双块式无砟轨道底座结构图纸； 2.进行双块式无砟轨道底座板放样； 3.进行双块式无砟轨道底座板施工验收
	任务2.CRTSⅠ型双块式轨枕施工工艺和质量检测	1.识读双块式无砟轨道双块式轨枕结构图纸； 2.进行CRTSⅠ型双块式轨枕施工验收
	任务3.CRTSⅠ型双块式无砟轨道道床板施工	1.识读双块式无砟轨道道床板结构图纸； 2.进行CRTSⅠ型双块式无砟轨道轨道精调； 3.进行CRTSⅠ型双块式无砟轨道道床板施工验收
	任务4.弹性支承块式无砟轨道施工	1.进行弹性支承块式轨枕预制验收； 2.进行弹性支承块式无砟轨道施工验收
学时	12	
教学方法	现场教学法、任务驱动、项目教学法	

表 2-77　项目 4：板式无砟轨道施工

教学目标	1.掌握 CRTSⅡ型板式无砟轨道结构、CRTSⅢ型板式无砟轨道结构，清楚其结构区别； 2.掌握板式无砟轨道底座板放样、施工方法； 3.掌握 CRTSⅡ型板式无砟轨道、CRTSⅢ型板式无砟轨道施工工艺和质量检测方法； 4.掌握轨道板精调工艺和方法； 5.掌握 CA 砂浆灌注或者自流平混凝土施工工艺和质量检测要点； 6.创新思维； 7.爱国主义	
教学内容	1.CRTSⅢ型板式无砟轨道底座板放样施工； 2.CRTSⅢ型轨道板预制施工； 3.CRTSⅢ型板式无砟轨道施工工艺和质量检测； 4.CRTSⅢ型轨道板精调施工； 5.自密实混凝土灌注施工； 6.CRTSⅡ型轨道板预制施工； 7.CRTSⅡ型板式无砟轨道施工工艺和质量检测； 8.CA 砂浆灌注施工	
教学任务设计	序号	任务描述
	任务1.CRTSⅢ型板式无砟轨道施工	1.识读 CRTSⅢ型板式无砟轨道施工图； 2 进行 CRTSⅢ型无砟轨道底座板放样； 3.进行 CRTSⅢ型无砟轨道底座板施工验收； 4.进行 CRTSⅢ型轨道板预制施工验收； 5.进行 CRTSⅢ型板式无砟轨道道床板施工过程的质量检测； 6.进行 CRTSⅢ型轨道板精调施工； 7.进行自密实混凝土灌注施工
	任务2.CRTSⅡ型板式无砟轨道施工	1.识读 CRTSⅡ型板式无砟轨道施工图； 2.进行 CRTSⅡ型轨道板预制施工验收； 3.进行 CRTSⅡ型板式无砟轨道施工过程的质量检测； 4.进行 CA 砂浆灌注施工
学时	16	
教学方法	现场教学法、案例教学、项目教学法	

表 2-78　项目 5:高速铁路道岔铺设

教学目标	1. 掌握铁路道岔结构的基本组成和结构要求； 2. 熟悉高速铁路道岔铺设基本标准和主要施工工艺； 3. 具有组织控制施工的基本能力； 4. 掌握运用检测设备进行道岔质量检测的方法； 5. 做到理论联系实际，提高解决实际问题的能力； 6. 具备安全规范测量的职业素养	
教学内容	1. 道岔图识读； 2. 道岔放样； 3. 高速铁路板式道岔基本施工工艺； 4. 高速铁路长枕埋入式道岔基本施工工艺； 5. 道岔铺设质量检测； 6. 团队合作意识； 7. 学习能力	
教学任务设计	序号	任务描述
	任务 1.高速铁路板式道岔基本施工工艺	1. 道岔施工图识读； 2. 道岔放样； 3. 高速铁路板式道岔基本施工
	任务 2.高速铁路长枕埋入式道岔基本施工工艺	1. 埋入式道岔底座施工； 2. 滑动层和弹性垫层施工； 3. 无砟轨道埋入式道岔道床板施工
学时	10	
教学方法	案例教学、任务驱动、现场教学法	

表 2-79　项目 6:道岔铺设质量检测

教学目标	1. 掌握铁路道岔结构的基本组成和结构要求； 2. 掌握运用检测设备进行道岔质量检测的方法； 3. 精益求精的大国工匠精神； 4. "实践检验真知"的哲学思想； 5. 劳动教育和安全教育
教学内容	1. 道岔结构图识读； 2. 轨距水平测量； 3. 支距的定义及测量； 4. 结构密贴检查； 5. 联接零件检查； 6. 咽喉宽检查； 7. 查照间隔检查； 8. 护轨轮缘槽宽度检查； 9. 尖轨爬行和限位器检查； 10. 道岔标识检查； 11. 轨枕检查

续表

	序号	任务描述
教学任务设计	任务1.普通单开道岔检查	1.道岔结构图识读； 2.轨距水平测量； 3.支距的定义及测量
	任务2.可动心轨道岔检查	1.钢轨检查； 2.结构密贴检查； 3.联接零件检查； 4.咽喉宽检查； 5.查照间隔检查； 6.护轨轮缘槽宽度检查； 7.尖轨爬行和限位器检查； 8.道岔标识检查； 9.轨枕检查
学时	12	
教学方法	现场教学法、讲授法、任务驱动	

表2-80 项目7:跨区间无缝线路工作原理

教学目标	1.掌握跨区间无缝线路的工作原理； 2.具备识读相关图纸的基本能力； 3.掌握无缝线路的结构； 4.传统文化； 5.吃苦耐劳； 6.敬业精神
教学内容	1.无缝线路的工作原理； 2.无缝线路的分类； 3.无缝线路的结构； 4.胶结绝缘接头结构； 5.钢轨伸缩调节器结构

	序号	任务描述
教学任务设计	任务1.无缝线路的工作原理	1.无缝线路的工作原理； 2.轨温； 3.温度力计算； 4.线路阻力； 5.无缝线路的分类
	任务2.无缝线路的结构	1.无缝线路的结构； 2.胶结绝缘接头结构； 3.钢轨伸缩调节器结构
学时	10	
教学方法	讲授法、任务驱动	

表 2-81 项目 8:跨区间无缝线路铺设施工

教学目标	1.掌握跨区间无缝线路施工的基本工艺流程; 2.具备相应的组织跨区间无缝线路施工的基本能力; 3.掌握无缝线路长钢轨铺设施工的方法; 4.掌握无缝线路长钢轨焊接的方法; 5.掌握应力放散的方法; 6.掌握轨道精调基本方法和设备使用; 7.敬业精神; 8.良好的协作能力; 9.科学认真的工作态度	
教学内容	1.跨区间无缝线路施工的基本工艺流程; 2.长钢轨单枕连续作业法铺设施工; 3.长钢轨推送法铺设施工; 4.长钢轨移动闪光焊接; 5.长钢轨铝热焊焊接; 6.应力放散; 7.无缝线路长钢轨精调	
教学任务设计	序号	任务描述
	任务 1.无缝线路铺设施工	1.跨区间无缝线路施工的基本工艺流程; 2.长钢轨单枕连续作业法铺设施工; 3.长钢轨推送法铺设施工; 4.长钢轨移动闪光焊接; 5.长钢轨铝热焊焊接; 6.应力放散
	任务 2.无缝线路长钢轨精调	1.精调原理; 2.现场数据采集; 3.精调方案制定; 4.现场调整; 5.质量检查
学时	14	
教学方法	现场教学法、案例教学、任务驱动	

(四)教学要求

"高速铁路轨道施工"课程教学要紧扣高速铁路施工与维护专业群教学标准和课程目标,在全面贯彻党的教育方针、落实立德树人根本任务的基础上,突出职业教育特色,培养学生高速铁路施工的专业能力,提升学生的工程实践能力。

课程要把立德树人作为中心环节,把思想政治工作贯穿教育教学全过程,实现全程育人、全方位育人,使学生扎根铁路事业,争做大国工匠。同时,课程要对接铁路一线的施工或维护工作,重点培养学生高速铁路轨道施工、跨区间无缝线路施工的专业知识和专业技能,尤其是编写施工计划、合理组织施工、检测检查施工质量等能力和团队组织能力、吃苦耐劳等职业综合素质。

(五)引入行业标准

(1)《高速铁路轨道工程施工质量验收标准》(TB 10754—2018);

(2)《高速铁路轨道工程施工技术规程》(Q/CR 9605—2017);

(3)《铁路轨道设计规范》(TB 10082—2017)。

五、课程考核与评价

课程采用平时、过程性考核与期末评价相结合的方式,全面、客观地评价学生的学习效果。课程总评成绩＝平时考核(20%)＋过程性考核(30%)＋期末考试(50%)。平时成绩主要是线上知识测试与作业的完成情况,过程性考核是现场技能考核,期末考试为闭卷考试。过程性考核在考察学生技能掌握程度的基础上,关注学生综合素养和技能应用能力,主要考评底座放样、高铁扣件安装、道岔检查、TDES软件数据处理等四个方面。具体评价标准见表2-82。

表2-82 "高速铁路轨道施工"课程考核评价体系

过程性考核 (分值权重)	考核项目	评价标准	过程性考核 (30%)	平时考核 (20%)	期末 (50%)
底座放样 (25%)	CRTSⅢ型板式无砟轨道底座放样	放样质量	外业操作(25%)	1.基本素质评价,包括出勤情况、资源学习、课堂参与等综合表现; 2.职业素质评价,包括项目参与度、承担角色和任务完成情况、劳动意识、创新精神等	1.轨道结构; 2.无砟轨道施工工艺; 3.无缝线路施工工艺; 4.道岔施工工艺
底座放样 (25%)	CRTSⅢ型板式无砟轨道底座放样	完成时间	外业操作(25%)	1.基本素质评价,包括出勤情况、资源学习、课堂参与等综合表现; 2.职业素质评价,包括项目参与度、承担角色和任务完成情况、劳动意识、创新精神等	1.轨道结构; 2.无砟轨道施工工艺; 3.无缝线路施工工艺; 4.道岔施工工艺
高铁扣件安装(25%)	WJ-8扣件安装	零件安装位置的正确性	外业操作(25%)	1.基本素质评价,包括出勤情况、资源学习、课堂参与等综合表现; 2.职业素质评价,包括项目参与度、承担角色和任务完成情况、劳动意识、创新精神等	1.轨道结构; 2.无砟轨道施工工艺; 3.无缝线路施工工艺; 4.道岔施工工艺
高铁扣件安装(25%)	WJ-8扣件安装	完成时间	外业操作(25%)	1.基本素质评价,包括出勤情况、资源学习、课堂参与等综合表现; 2.职业素质评价,包括项目参与度、承担角色和任务完成情况、劳动意识、创新精神等	1.轨道结构; 2.无砟轨道施工工艺; 3.无缝线路施工工艺; 4.道岔施工工艺
道岔检查 (25%)	12号可动心轨道岔检查	现场检查表格数据的准确性	外业操作(25%)	1.基本素质评价,包括出勤情况、资源学习、课堂参与等综合表现; 2.职业素质评价,包括项目参与度、承担角色和任务完成情况、劳动意识、创新精神等	1.轨道结构; 2.无砟轨道施工工艺; 3.无缝线路施工工艺; 4.道岔施工工艺
道岔检查 (25%)	12号可动心轨道岔检查	完成时间	外业操作(25%)	1.基本素质评价,包括出勤情况、资源学习、课堂参与等综合表现; 2.职业素质评价,包括项目参与度、承担角色和任务完成情况、劳动意识、创新精神等	1.轨道结构; 2.无砟轨道施工工艺; 3.无缝线路施工工艺; 4.道岔施工工艺
TDES软件数据处理(25%)	长钢轨精调方案制定	系统给分	软件操作(25%)	1.基本素质评价,包括出勤情况、资源学习、课堂参与等综合表现; 2.职业素质评价,包括项目参与度、承担角色和任务完成情况、劳动意识、创新精神等	1.轨道结构; 2.无砟轨道施工工艺; 3.无缝线路施工工艺; 4.道岔施工工艺

六、课程资源

(一)教材选用

所用教材要求为近三年出版的高职高专规划教材,既能反映最新发展水平,又可以适应高等职业教育的需要,能够帮助学生提高分析问题、解决问题的能力,突出高素质技术技能人才培养特点。教材应包括有砟轨道结构、高速铁路无砟轨道结构、双块式无砟轨道施工、板式无砟轨道施工、高速铁路道岔铺设、道岔铺设质量检测、无缝线路工作原理、无缝线路铺设施工等内容。鼓励教师结合教育教学改革和信息化教学需要,以思想性、科学性、发展性、规范性为原则,校企合作编写立体化和富媒体化教材、活页式教材、云教材等。

(二)数字化资源

依据本课程标准,充分运用各种信息技术手段结合教学改革需要,开发微课、多媒体课件等数字化教学资源,建设在线开放课,实现优质资源共建共享,提升课程的教学效果。

七、教学团队

教师是学生学习课程的纽带,是引导学生掌握实践技能的关键。任课教师要树立良好的师德师风,符合教师专业标准要求,具有扎实的专业基础,有一定的工程实践经验和良好的教育教学能力。

(一)团队结构

建立课程负责人制度,组建课程教学团队,积极组织开展各类教研活动,促进青年教师成长。学校应采用人才引进、自主培养等途径,组建年龄、性别、职称与学历结构合理,具有较强信息化教学能力的教学团队。

(二)双师素质

课程团队教师应具有双师素质,同时开展校企合作。教师应坚持定期到高铁项目施工一线进行实践锻炼,与时俱进地提升教师的高铁轨道工程实践经验。鼓励支持教师进行课程教学改革创新,使课程教学更好地适应学生全面发展和个性化发展的需要,满足经济社会发展需求。

八、教学设备要求

"高速铁路轨道施工"课程教学设备配备要求如表 2-83 所示。

表 2-83 "高速铁路轨道施工"课程教学设备配备要求

项目	技术参数与要求	数量
计算机	满足主流教学软件要求;支持网络同传和硬盘保护;多媒体教学系统	每工位 1 台
教学投影显示设备	投影仪或智慧一体机	≥1 台
计算机基本配置	操作系统及相关驱动;常用工具软件,办公软件,图形编辑软件;信息安全防护软件;互联网软件	根据教学需要选用
仪器设备与软件	轨道几何尺寸测量仪(安伯格手推式轨检小车)	根据教学需要选用
	徕卡全站仪(安伯格 GRP1000 配套)	根据教学需要选用
	全站仪(CRTSⅢ型轨道板精调测量系统中配套)	根据教学需要选用
	CRTSⅢ型轨道板精调测量系统	根据教学需要选用
	轨道检查仪(瑞邦)	根据教学需要选用
	南方轨检小车	根据教学需要选用
	TDES 数据处理软件	根据教学需要选用
实训基地	CRTSⅢ型板式无砟轨道	根据教学需要选用
	CRTSⅠ型双块式无砟轨道	根据教学需要选用
	CRTSⅡ型板式无砟轨道	根据教学需要选用
	可动心轨道岔	根据教学需要选用
	有砟轨道直线、曲线	根据教学需要选用

"高速铁路隧道施工"课程标准

一、课程性质与任务

(一)课程性质

"高速铁路隧道施工"是土木工程施工类专业的一门必修课程,也是高速铁路施工与维护专业群的一门核心模块课程。随着我国高铁的迅猛发展,今后仍需要修建大量的高铁隧道、海底隧道。本课程以高速铁路山岭隧道项目为载体,从隧道施工员岗位出发,培养学生能从事隧道施工现场的各项作业(施工准备、开挖作业、初期支护、二次衬砌、装渣运输、防排水工程等)施工,为后续课程的学习以及将来的工作打下坚实的基础。同时,该课程也是学生职业素质养成的一个重要平台,培养学生的动手操作能力、组织协调能力、团队合作能力、精益求精的精神,培养学生的规范意识、标准意识、质量意识与创新能力。

(二)课程任务

全面贯彻党的教育方针,落实立德树人根本任务,满足高铁智慧建造对人才培养的要求,围绕高等职业教育高速铁路施工与维护专业对高速铁路隧道施工的培养需求,融入行业、企业技术标准,开发数字化教学资源,突出专业技术知识的实用性、综合性和先进性,拓展隧道新技术、新工艺、新设备等前沿技术,通过理实一体化教学,提升学生应用隧道施工技术解决隧道工程实际问题的综合能力,使学生成为德智体美劳全面发展的高素质技术技能人才。

二、课程目标

(一)素质目标

(1)具有规范意识、质量意识、安全意识和环保意识;
(2)具有一丝不苟、精益求精的工匠精神;
(3)具备团队协作、勇于开拓的创新精神;
(4)具备语言表达、沟通协调的能力;
(5)具备吃苦耐劳、甘于奉献、克服困难的敬业精神。

(二)知识目标

(1)熟悉隧道施工图纸,掌握隧道的构造;
(2)掌握隧道围岩分级基本方法,熟悉围岩的特性;
(3)掌握隧道各种开挖方法工序流程及其选择;
(4)熟悉隧道爆破参数的选择要求和光面爆破的参数选择;
(5)熟悉装渣运输方式的选择要求及配套的机械设备,掌握如何确定机具设备数量;
(6)掌握隧道支护工程的施工工艺,熟悉支护工程施工注意事项;
(7)熟悉隧道风水电的内容,熟悉隧道三管两线的布置;
(8)熟悉隧道辅助坑道的内容和辅助坑道的技术条件;
(9)熟悉隧道结构防排水的设施,掌握隧道防排水设施的施工。

(三)技能目标

(1)能辨别围岩级别;

(2)能进行隧道断面放样、中线和高程测量;

(3)能拟定施工方案;

(4)能进行开挖断面的检查;

(5)能选配施工机械设备;

(6)能编制各工序的作业指导书;

(7)能组织隧道装渣运输;

(8)能进行支护质量检查;

(9)能收集、整理、分析量测数据;

(10)能进行安全施工。

三、课程思政

课程思政指以构建全员、全过程、全方位育人格局的形式将各类课程与思想政治理论课同向同行,形成协同效应,把"立德树人"作为教育的根本任务的一种综合教育理念。本课程对学生进行专业教育的同时,还要培养学生的家国情怀、国际视野、创新思维、工匠精神、人文情怀等,同时充分挖掘和运用本课程所蕴含的思想政治教育资源,将其合理地融入教学任务,优化教学设计,改进评价方式,将"价值引领、知识传授、能力培养"的理念始终贯穿到人才培养全过程和各环节。

课程引入隧道故事和隧道人物,激发学生的报国热情,培养学生艰苦奋斗、甘于奉献的劳模精神;融入隧道施工新技术新工艺,树立当代大学生的文化自信,培养实现中华民族伟大复兴的责任意识;融入行业企业标准规范,强化质量意识、知敬畏、守规矩的工程伦理;引入隧道工程典型案例,培养学生吃苦奉献、爱岗敬业、精益求精、专注创新的内在品质。

四、课程结构与教学内容

根据高等职业学校专业和高速铁路施工与维护专业群教学标准要求,结合"高速铁路隧道施工"课程目标,确定本课程结构与教学内容,设计合理的学习项目及学时安排。

(一)课程模块

"高速铁路隧道施工"课程按照学生的认知规律,结合高铁隧道施工过程,将课程内容划分为隧道建筑物认知、施工准备、隧道开挖与出渣、隧道支护与防排水等四个模块。

隧道建筑物认知模块是学习隧道施工的基础,其通过工程图纸认识隧道和各个建筑物,包含隧道基本知识、隧道主体建筑物、隧道附属建筑物和围岩认识等四部分内容。

施工准备模块是隧道工程施工的首要条件,在准备阶段,部门之间通力合作,为隧道开工做好准备。施工准备模块包含施工准备内容、隧道通风与防尘、隧道风水电供应等三部分内容。

隧道开挖与出渣模块是隧道安全施工的基本作业,选择合理的开挖方法、实施开挖是隧道安全施工的重要环节,高效的装渣运输机械是隧道快速施工的保障。隧道开挖与出渣模块包含隧道开挖方法、凿岩机具、隧道爆破设计、光面爆破、装渣运输等内容。

隧道支护与防排水模块是隧道安全施工的基本作业,是隧道施工重要工序。支护类型选定是隧道稳定的关键因素,确保隧道不渗不漏是安全运营的前提。隧道支护与防排水模块包含初期支护、二次衬砌、预支护、监控量测和防排水工程施工等五部分内容。

(二)教学内容及项目、学时安排

"高速铁路隧道施工"课程教学内容、教学项目安排如表 2-84 所示。

表 2-84 "高速铁路隧道施工"课程教学内容、教学项目安排表

模块	学习项目	教学内容	思政融入点	学时
隧道建筑物认知	1.隧道建筑物	1.隧道基本知识; 2.隧道主体建筑物; 3.隧道附属建筑物; 4.围岩认识	1.爱国精神——詹天佑; 2.民族自豪感——大国重器(盾构机); 3.传承两路精神——川藏和青藏铁路建设; 4.艰苦奋斗、爱岗敬业精神; 5.新技术、新设备、新方法的改革和创新思想	8
施工准备	2.施工准备	1.施工准备内容; 2.施工通风与防尘; 3.隧道风水电供应	1.团队合作意识; 2."实践检验真知"的哲学思想和质量意识、规范意识; 3.工作严谨、求真务实的态度; 4.吃苦耐劳精神	6
隧道开挖与出渣	3.隧道开挖方法; 4.隧道开挖作业; 5.装渣运输	1.洞身隧道开挖方法; 2.洞口开挖方法; 3.凿岩机具; 4.隧道爆破设计; 5.光面爆破; 6.装渣运输	1.严谨认真、精益求精的专业精神; 2."实践出真知"的哲学思想; 3.安全意识; 4.团队意识和协作精神; 5.劳动教育和安全教育; 6.新技术、新设备、新方法的改革和创新思想	26
隧道支护与防排水	6.支护工程施工; 7.防排水工程施工	1.初期支护施工; 2.二次衬砌施工; 3.预支护施工; 4.监控量测施工; 5.防排水工程施工	1.规范意识; 2.质量意识; 3.新技术、新设备、新方法创新与发展意识; 4."实践出真知"的哲学思想; 5.求实、求真的科学意识; 6.敬业、精益、创新的工匠精神	24

(三)学习项目设计

"高速铁路隧道施工"课程学习项目设计如表 2-85 至表 2-91 所示。

表 2-85 项目 1:隧道建筑物

教学目标	1.熟悉隧道概念和隧道分类; 2.掌握隧道洞门和复合式衬砌结构组成; 3.熟悉铁路和公路隧道的附属结构物; 4.掌握铁路隧道围岩分级的基本因素; 5.能辨别围岩级别; 6.能利用 CAD 完成衬砌断面图的绘制; 7.培养学生爱岗敬业、不畏艰苦、精益求精的精神
教学内容	1.隧道基本知识; 2.隧道主体建筑物; 3.隧道附属建筑物; 4.围岩认识

续表

	序号	任务描述
教学任务设计	任务1.隧道基本知识	1.学习隧道基本概念； 2.学习隧道分类和我国隧道发展情况
	任务2.隧道主体建筑物	1.学习洞门作用； 2.学习洞门类型； 3.学习复合式衬砌组成； 4.学习隧道净空
	任务3.隧道附属建筑物	1.学习避车洞布置； 2.学习电缆槽布置； 3.学习隧道防排水设施； 4.学习公路隧道附属建筑物
	任务4.围岩分级	1.学习坑道稳定性； 2.学习围岩分级主要因素
学时	8	
教学方法	演示法、讲授法、案例法、小组讨论法	

表2-86 项目2:施工准备

教学目标	1.熟悉隧道施工准备阶段的内容； 2.掌握隧道供风设备的选择和管道布置； 3.掌握隧道供水方式和施工排水方式； 4.掌握隧道通风方式的选择； 5.能选定空压机的大小； 6.能进行通风方式的选择； 7.能选配合理的机械设备； 8.培养学生认真负责、吃苦耐劳的工作态度
教学内容	1.施工准备工作； 2.隧道通风与防尘； 3.风水电供应

	序号	任务描述
教学任务设计	任务1.施工准备	1.学习技术准备内容； 2.学习施工场地布置内容
	任务2.施工通风与防尘	1.学习隧道通风方式选择； 2.学习综合防尘内容
	任务3.风水电供应	1.学习压缩空气供应； 2.学习隧道供水和排水； 3.学习隧道供电和照明
学时	6	
教学方法	启发式教学、任务驱动、案例教学法、头脑风暴法	

表 2-87　项目 3:隧道开挖方法

教学目标	1.熟知矿山法施工原则; 2.掌握隧道洞身开挖方法施工流程、施工要点和施工注意事项; 3.掌握隧道洞口土石方开挖流程; 4.能进行隧道开挖方法选择; 5.能编制开挖方法作业交底书; 6.培养学生团队合作意识和工法革新的意识; 7.培养学生精益求精和不畏艰苦的精神	
教学内容	1.隧道施工方法; 2.隧道洞身各种开挖方法; 3.洞口工程施工	
教学任务设计	序号	任务描述
	任务 1:隧道施工方法	1.学习隧道各种施工方法; 2.矿山法基本原则
	任务 2.隧道洞身各种开挖方法	1.全断面法; 2.台阶法; 3.中隔壁法; 4.双侧壁导坑法
	任务 3.洞口工程施工	1.洞口土石方开挖; 2.明洞施工
学时	12	
教学方法	启发式教学、任务驱动、案例教学、小组合作教学	

表 2-88　项目 4:隧道开挖作业

教学目标	1.了解凿岩机具的工作原理; 2.熟悉工程上常用炸药类型; 3.掌握炮眼的种类作用; 4.掌握隧道爆破参数选择要求; 5.能进行隧道断面放样、中线和高程测量; 6.能进行开挖断面的检查; 7.能编制隧道爆破设计方案; 8.培养学生质量安全意识和吃苦耐劳精神
教学内容	1.凿岩机具; 2.炸药基本知识; 3.隧道爆破设计; 4.光面爆破

续表

	序号	任务描述
教学任务设计	任务1.凿岩机具	1.学习凿岩机具工作原理; 2.学习凿岩机具选择
	任务2.炸药基本知识	1.学习工程常用炸药; 2.学习隧道爆破的起爆方法
	任务3.隧道爆破设计	1.学习炮眼种类和作用; 2.学习爆破设计参数
	任务4.光面爆破	1.学习光面爆破概念; 2.光面爆破参数选择
学时	10	
教学方法	启发式教学、任务驱动、案例教学、小组讨论	

表2-89 项目5:装渣运输

教学目标	1.熟知装渣运输的方式特点; 2.掌握装渣机械和运输设备选择方法; 3.熟悉有轨运输和无轨运输的特点; 4.熟悉隧道渣场处理的方法和环境保护措施; 5.能进行装渣运输机具的选择; 6.能编制文明施工措施; 7.培养学生安全环保意识和热爱劳动的素养
教学内容	1.装渣运输概述; 2.运输; 3.卸渣

	序号	任务描述
教学任务设计	任务1.装渣运输概述	1.学习装渣运输种类; 2.学习装渣运输机械设备; 3.学习装渣机械选择
	任务2.运输	1.学习有轨运输; 2.学习无轨运输
	任务3.卸渣	1.学习卸渣场地布置; 2.制定文明施工措施
学时	4	
教学方法	案例教学、任务驱动、讲授法	

表 2-90 项目 6:支护工程施工

教学目标	1.熟悉喷射混凝土的施工工艺； 2.掌握砂浆锚杆和中空注浆锚杆的工艺流程和施工要点； 3.掌握钢拱架加工和安装工艺； 4.掌握衬砌施工工艺流程、施工要点和衬砌质量检查内容和检查方法； 5.掌握管棚施工工艺和施工要点； 6.掌握超前小导管安装和注浆要求； 7.能编制各种支护作业交底书； 8.能进行钢拱架加工放样； 9.培养学生一丝不苟、精益求精的工匠精神		
教学内容	1.初期支护； 2.监控量测； 3.二次衬砌； 4.预支护		
教学任务设计	序号		任务描述
	任务 1.初期支护		1.学习锚杆施工； 2.学习喷射混凝土施工； 3.学习钢架施工
	任务 2.监控量测		1.学习周边收敛量测； 2.学习拱顶下沉量测； 3.学习地表沉降量测
	任务 3.二次衬砌		1.学习二次衬砌施工； 2.仰拱施工
	任务 4.预支护		1.学习超前锚杆施工； 2.学习管棚施工； 3.学习小导管施工
学时	20		
教学方法	案例教学、任务驱动、讲授法、小组讨论		

表 2-91 项目 7:防排水工程施工

教学目标	1.熟悉地下工程防排水原则； 2.掌握防水板施工流程和要点； 3.掌握施工缝、变形缝的防水施工； 4.掌握纵环向排水盲管的施工； 5.能进行防水板质量检查； 6.培养学生树立安全质量意识和认真负责工作态度
教学内容	1.防排水概述； 2.防水设施； 3.排水设施

续表

	序号	任务描述
教学任务设计	任务1.防排水概述	1.学习防排水原则； 2.学习隧道防水要求
	任务2.防水设施	1.学习防水层施工； 2.学习变形缝、施工缝防水
	任务3.排水设施	1.纵环向盲管施工； 2.沟槽施工
学时		4
教学方法	案例教学、任务驱动、讲授法	

(四)教学要求

"高速铁路隧道施工"课程以高速铁路施工与维护专业群教学标准的人才培养为目标，在全面贯彻党的教育方针、落实立德树人根本任务的基础上，突出职业教育特色，培养学生能通过所学隧道施工的专业知识去解决隧道工程实际问题的能力，提升学生的工程实践能力和工程素养。

课程教学要落实立德树人的根本任务，贯彻课程思政要求，使学生在复杂的社会环境和艰苦的工作环境中树立正确的人生观、价值观和世界观，培养吃苦耐劳、勇于拼搏、精益求精的工匠精神。注重学生技能培养，提升学生隧道开挖、隧道支护、监控量测、防排水工作的作业能力。培养学生创新意识，对于工作中出现的各类问题能够进行分析判断，提出合理的解决方案。

(五)引入行业标准

(1)《铁路隧道设计规范》(TB 10003—2016)；

(2)《高速铁路设计规范》(TB 10621—2014)；

(3)《高速铁路隧道工程施工技术规程》(Q/CR 9604—2015)；

(4)《高速铁路隧道工程施工质量验收标准》(TB/T 10753—2018)；

(5)《岩土锚杆与喷射混凝土支护工程技术规范》(GB 50086—2015)；

(6)《铁路隧道监控量测技术规程》(Q/CR 9218—2015)；

(7)《铁路排水板》(TB/T 3353—2014)；

(8)《铁路隧道防排水施工技术指南》(TZ 331—2009)。

五、课程考核与评价

课程采用全过程性考核与评价，线上MOOC学习与线下技能考核相结合的方式，全面、客观地评价学生的学习效果，总评成绩=平时成绩(30%)+过程性考核(70%)。过程性考核在考察学生技能掌握程度的基础上，关注学生综合素养和技能应用能力，包括隧道开挖方法选择、隧道开挖作业、监控量测、支护工程施工等四个方面。具体评价标准见表2-92。

表 2-92 "高速铁路隧道施工"课程考核评价体系

过程性考核（分值权重）	考核项目	评价标准	过程性考核（70%）	平时考核（30%）
隧道开挖方法选择（30%）	开挖方法选择	方法选择合理	开挖方案(10%)	1. 基本素质评价，包括出勤情况、资源学习、课堂参与等综合表现； 2. 职业素质评价，包括项目参与度、承担角色和任务完成情况、劳动意识、创新精神等
	绘制工序图	工序正确	开挖方案(20%)	
隧道开挖作业（25%）	钻爆设计	炮眼布置图和钻爆参数表正确	爆破设计(10%)	
	工作面炮眼布置	操作规范	外业操作(15%)	
支护工程施工（30%）	锚喷支护质量检查	质量检查内容全面，结论正确	外业操作(10%)	
			表格填写(5%)	
	衬砌质量检查	质量检查内容全面，结论正确	外业操作(15%)	
			表格填写(5%)	
监控量测（15%）	周边收敛量测	数据记录正确，施工状态判断正确	外业操作(5%)	
			表格填写(10%)	

六、课程资源

(一)教材选用

所用教材要求为近三年出版的高职高专规划教材，既能反映最新发展水平，又可以适应高等职业教育的需要，能够帮助学生提高分析问题、解决问题的能力，突出高素质技术技能人才培养特点。教材内容应包括隧道建筑物、施工准备、隧道开挖方法、隧道开挖作业、装渣作业、支护工程施工、防排水工程施工等。鼓励教师结合教育教学改革和信息化教学需要，以思想性、科学性、发展性、规范性为原则，校企合作编写立体化和富媒体化教材、活页式教材、云教材等。

(二)数字化资源

依据本课程标准，充分运用各种信息技术手段，结合教学改革需要，开发微课、多媒体课件等数字化教学资源，建设在线开放课，实现优质资源共建共享，提升课程的教学效果。

七、教学团队

教师是学生学习课程的纽带，是引导学生掌握实践技能的关键。要以"四有"教师为标准，组建由骨干教师＋企业兼职教师组成的教学团队。任课教师要树立良好的师德师风，符合教师专业标准要求，具有扎实的专业基础，有一定的工程实践经验和良好的教育教学能力。

(一)团队结构

建立课程负责人制度，课程负责人要具有超前的专业建设理念、较强的课程开发和资源整合能力、教研教改能力，尤其是技术开发能力、组织协调能力，积极组织开展各类教研活动。教学团队年龄、性别、职称与学历结构合理，具有较强信息化教学能力、专业建设能力、教科研能力和社会服务能力。

(二)双师素质

课程团队教师应具有双师素质，同时开展校企合作。教师应坚持定期到高铁隧道工程项目施工一线进行实践锻炼,与时俱进地提升教师的工程实践经验。鼓励支持教师进行课程教学改革创新,使课程教学更好地适应学生全面发展和个性化发展的需要,满足经济社会发展需求。

八、教学设备要求

"高速铁路隧道施工"课程教学设备配备要求如表 2-93 所示。

表 2-93 "高速铁路隧道施工"课程教学设备配备要求

项目	技术参数与要求	数量
计算机	满足主流教学软件要求;支持网络同传和硬盘保护;多媒体教学系统	每工位 1 台
教学投影显示设备	投影仪或智慧一体机	≥1 台
监控量测仪器	能完成隧道监控量测仪器——收敛计	每组 1 套(6~8 组/班)
质量检测仪器	能进行施工质量检查设备——激光断面仪、锚杆锚固仪、地质雷达等	根据教学需要选用

"高速铁路桥涵施工"课程标准

一、课程性质与任务

(一)课程性质

高速铁路是国家重要的基础设施,高速铁路桥梁不仅起到跨越河流和障碍物的作用,而且为了节约土地,平原地区也大量采用以桥梁代替路基的方式修建高速铁路,高速铁路桥梁在整个高速铁路线路中占的比重很大。高速铁路桥涵施工在整个高速铁路设施建设中发挥着重要的作用,对全面建设社会主义现代化国家具有重大意义。

"高速铁路桥涵施工"课程是高速铁路施工与维护专业群的核心模块课程。本课程也是培养学生职业岗位能力的主干课程,对学生职业能力的培养和职业素养的养成起主要支撑作用。因此,课程设计过程中要力求结合行业特点,发挥课程功能,彰显课程特色,课程设计体现职业性、实践性和开放性,从而培养学生的质量意识、规范意识、标准意识与创新能力。

(二)课程任务

全面贯彻党的教育方针,落实立德树人根本任务,满足高铁智慧建造对人才培养的要求。课程教学内容以高铁桥涵工程施工的真实项目实体为依据,按照施工方法进行整合、细化教学内容,积极推行项目导向、任务驱动等行动导向的教学模式,全方位提升学生的职业能力。课程作为高速铁路施工与维护专业群的核心课程,应根据需要进行现场实践教学,重点培养学生职业技能和素养。

二、课程目标

(一)素质目标

(1)具备吃苦奉献精神;

(2)具备团队协作的能力;

(3)具备强烈的责任心、主人翁精神;

(4)具备创新意识,具备安全、质量意识;

(5)具备了解企业动态、遵守企业制度的素养;

(6)具备良好的职业道德,严谨、规范的工作作风;

(7)培养学生认识"大国重器",用好"大国重器"的爱国情怀。

(二)知识目标

(1)熟悉国内外高铁桥梁发展现状和趋势;

(2)掌握高铁桥梁常用材料种类和性质;

(3)掌握高铁桥梁结构类型、特点和构造;

(4)熟悉高铁桥梁施工方案的编制方法及施工规范、相关工程资料编制办法;

(5)了解高铁桥梁施工准备内容;

(6)掌握高铁桥梁施工方法和使用设备;

(7)掌握支架工程、钢筋工程、混凝土工程、模板工程和预应力工程等内容;

(8)掌握各类高铁桥梁施工工艺流程、技术要点知识;

(9)熟悉各类高铁桥梁质量验收标准。

(三)技能目标

(1)能阅读和绘制高铁桥梁施工图;

(2)能进行高铁桥梁施工放样;

(3)能初步进行高铁桥梁施工方案比选;

(4)能进行工艺分析和参数确定;

(5)能编制高铁桥梁施工方案;

(6)能编制高铁桥梁技术交底和操作要点;

(7)能进行高铁桥梁标准化施工;

(8)能进行高铁桥梁施工质量检查与控制;

(9)能进行高铁桥梁施工技术资料组织管理;

(10)能处理高铁桥梁现场中小问题。

三、课程思政

课程思政指以构建全员、全过程、全方位育人格局的形式将各类课程与思想政治理论课同向同行,形成协同效应,把"立德树人"作为教育的根本任务的一种综合教育理念。"高速铁路桥涵施工"作为高速铁路施工与维护专业群的核心课,课程思政的主要形式是将思想政治教育元素,包括思想政治教育的理论知识、价值理念以及精神追求等融入课程学习及实践中去,潜移默化地对学生的思想意识、行为举止产生影响,具体包括质量意识、工匠精神、劳动精神、创新思维等。

引入高铁桥梁大事件、高铁桥梁建设人物榜样,融入高铁桥梁建设工匠精神。以提升学生的"熟练、扎实"的技术应用能力为突破点,选取教学题材,以行业精神为引领,培养学生的职业认同感和自豪感,坚持把"热爱祖国,忠诚事业,艰苦奋斗,无私奉献"的高铁桥梁建设工匠精神融入课程教学过程。高铁桥涵施工方案要内业与外业相结合,融入"理论联系实际"和"实践检验真知"的哲学思想和质量意识。竣工质量验收按照现场要求进行评价分析,引导学生正确认识成果质量,严把质量关。教学中结合大跨度桥梁施工技术的发展和工程实践应用,结合工程一线的大国工匠的先进事迹,引导学生关注我国科技发展,帮助学生树立起对职业敬畏、对工作执着、对成果负责的态度,养成敬业、精益、专注、创新的工匠精神。依托真实的实训环境,开展劳动教育、安全教育。依托高铁桥梁实训基地开展项目教学,规范学生的安全意识,提升岗位实践能力,加强对学生的劳动教育。以高铁建设生产案例为载体,将现场技术人员遇到的生产问题引入课堂活动中,开展灵活教学形式,激发学生思维,引导学生提出解决问题的途径,提高学生团队协作、自主探究的创新思维能力。

四、课程结构与教学内容

根据高等职业学校专业和高速铁路施工与维护专业群教学标准要求,结合"高速铁路桥涵施工"课程目标,确定本课程结构与教学内容,设计合理的学习项目及学时安排。

(一)课程模块

"高速铁路桥涵施工"课程由高铁桥梁基础施工与控制技术、高铁桥梁墩台施工与控制技术、高铁简支梁施工与控制技术、高铁连续梁施工与控制技术、高铁拱桥施工与控制技术、高铁钢桥施工与控制技术六个模块部分构成。

高铁桥梁基础施工与控制技术模块是学生通过学习明挖基础施工、桩基础施工和沉井基础施工等内容,掌握桥梁结构基础施工技术,具备高铁桥梁基础施工技能。

高铁桥梁墩台施工与控制技术模块是学生通过学习桥台施工、桥墩施工等内容,掌握桥梁结构墩台施工技术,具备进行高铁桥梁墩台施工的技能。

高铁简支梁施工与控制技术模块是学生通过学习梁场布置、梁体预制、梁体运架和移动模架安拆等内容,掌握铁路简支梁结构构造、预制装配法和现场浇注施工技术,具备采用预制装配施工法和移动模架法对高铁桥梁施工的技能。

高铁连续梁施工与控制技术模块是学生通过学习连续梁现场浇筑、悬臂拼装和移动模架浇筑等内容,掌握铁路连续梁结构构造及其现场浇筑、拼装施工技术,具备高铁连续梁的施工与控制技能。

高铁拱桥施工与控制技术模块是学生通过学习各种施工方法的流程及适用范围等内容,熟悉拱桥施工技术,初步具备高铁拱桥的施工与控制技能。

高铁钢桥施工与控制技术模块是学生通过学习高铁钢桥悬拼、拖拉、顶推和浮运施工法等,遵循认知规律并在合理的工作保护和环境保护条件下,组织学生学习钢桥现场施工内容,初步具备高铁钢桥施工与控制技能。

(二)教学内容及项目、学时安排

"高速铁路桥涵施工"课程教学内容、教学项目安排如表2-94所示。

表2-94 "高速铁路桥涵施工"课程教学内容、教学项目安排表

模块	学习项目	教学内容	思政融入点	学时
高铁桥梁基础施工与控制技术模块	1.高铁桥梁施工准备	1.施工调查和技术准备; 2.施工测量准备	1.四大发明之一"指南针"; 2.大国重器——北斗; 3."深入细节、兼顾全局"的哲学思想; 4."理论联系实际"的哲学思想; 5.质量意识、规范意识; 6.服务人民、奉献社会的人生观	8
	2.高铁桥梁基础施工与控制	1.明挖基础施工; 2.桩基础施工; 3.沉井及挖井基础构造与施工	1.团队合作意识; 2."实践检验真知"的哲学思想和质量意识、规范意识; 3.求实、求真的科学意识; 4.敬业、精益、专注、创新的工匠精神; 5.劳模精神	26
高铁桥梁墩台施工与控制技术模块	3.高铁桥梁墩台施工与控制	1.桥台施工与控制; 2.桥墩施工与控制	1."理论联系实际"和"实践检验真知"的哲学思想和质量意识; 2.团队意识和协作精神; 3.劳动教育和安全教育	8
高铁简支梁施工与控制技术模块	4.高铁简支梁预制施工与控制	1.梁场布置; 2.梁体预制; 3.梁体运架	1.团队合作意识; 2.安全教育; 3.新技术、新设备、新方法的改革和创新思想	20
高铁连续梁施工与控制技术模块	5.高铁连续梁施工与控制	1.连续梁(刚构)类型和构造; 2.连续梁现场浇筑施工与控制; 3.连续梁支架法、移动模架法、悬灌法、悬拼法、转体法等工法特点、相关计算; 4.连续梁支架法、移动模架法、悬灌法、悬拼法、转体法施工的资料整理	1."理论联系实际"和"实践检验真知"的哲学思想和质量意识; 2.团队意识和协作精神; 3.劳动教育和安全教育	20
高铁拱桥施工与控制技术模块	6.高铁拱桥施工与控制	1.悬臂浇筑施工; 2.悬臂拼装施工; 3.拱桥转体施工	1."理论联系实际"和"实践检验真知"的哲学思想和质量意识; 2.团队意识和协作精神; 3.劳动教育和安全教育	10
高铁钢桥施工与控制技术模块	7.高铁钢桥施工与控制	1.钢桥结构与构造; 2.钢桥施工方法; 3.钢桥施工控制	1.团队合作意识; 2.求实、求真的科学意识; 3.劳模精神; 4.新技术、新设备、新方法的改革和创新思想	4

(三)学习项目设计

"高速铁路桥涵施工"课程学习项目设计如表2-95至表2-101所示。

表2-95 项目1:高铁桥梁施工准备

教学目标	1. 了解场地布置、编制规划方案、资源配备; 2. 掌握高铁桥梁施工调查和技术准备与控制; 3. 掌握现场基础和墩台施工测量和控制; 4. 具备指导安全施工的能力; 5. 具备编制施工相关文件的能力; 6. 具备技术创新的能力	
教学内容	1. 施工调查和技术准备; 2. 主要施工机械设备的选择和辅助工程; 3. 施工测量准备和标准; 4. 施工控制网布设、墩台定位、桥梁变形监测	
教学任务设计	序号	任务描述
	任务1.施工调查和技术准备	施工调查和技术准备在施工中具有重要的作用,合理准备对施工具有极大促进作用。本任务将遵循认知规律,在合理的工作保护和环境保护条件下,组织学生学习施工调查和技术准备等内容,达到知识、技能和素质目标
	任务2.施工测量准备	施工测量准备是高铁桥梁施工的关键步骤,在本学习情境的学习具有重要作用;墩台定位内容对质量要求较高,要求学生会运用、操作测量设备,对本学习情境的学习具有极大的促进作用。本任务将遵循认知规律,在合理的工作保护和环境保护条件下,组织学生学习施工测量内容,达到知识、技能和素质目标
学时	8	
教学方法	项目教学法、案例教学法、六步教学法、多媒体教学法、小组讨论法等	

表2-96 项目2:高铁桥梁基础施工与控制

教学目标	1. 熟悉明挖基础、桩基础的类型和构造; 2. 掌握高铁桥梁无支护基坑明挖施工、支撑法基坑明挖施工; 3. 掌握支撑法基坑明挖施工的生产流程; 4. 掌握铁路喷射混凝土护壁法基坑明挖施工技术; 5. 能进行土石围堰法施工方案编制; 6. 掌握挖孔灌注桩施工、钻孔灌注桩施工、沉入桩施工、管柱基础施工、水下混凝土灌注施工流程和特点; 7. 能进行沉井基础施工、挖井基础施工控制; 8. 能编制钢板桩围堰、双壁钢围堰施工技术交底、方案和组织; 9. 能进行施工技术资料的编制与管理、评定工程质量; 10. 具有安全施工意识及创新能力
教学内容	1. 明挖基础施工:明挖基础的类型和构造、无支护基坑明挖施工、支撑法基坑明挖施工、喷射混凝土护壁法基坑明挖施工、土石围堰法施工、钢板桩围堰施工、双壁钢围堰施工; 2. 桩基础施工:桩基础的结构构造、桩基础的设计计算特点、挖孔灌注桩施工、钻孔灌注桩施工、沉入桩施工、管柱基础施工、水下混凝土灌注施工; 3. 沉井及挖井基础构造与施工:沉井基础施工、挖井基础施工

续表

	序号	任务描述
教学任务设计	任务1.明挖基础施工与控制	明挖基础施工在高铁桥梁施工中具有重要的作用,学习其施工方法对施工具有极大促进作用。本任务将遵循认知规律、由简入难,组织学生学习明挖基础施工及控制等内容,达到知识、技能和素质目标
	任务2.桩基础施工与控制	桩基础施工作为基础施工的核心内容,在整个学习情境中具有重要作用,掌握桩基础施工控制内容对基础施工学习具有极大的促进作用。本任务将遵循认知规律,在合理的工作保护和环境保护条件下,组织学生现场学习桩基础施工的各环节内容,达到知识、技能和素质目标
	任务3.沉井基础施工与控制	沉井基础施工内容对基础质量要求较高,要求学生会运用、操作施工设备,对本学习情境的学习具有极大的促进作用。本任务将遵循认知规律,在合理的工作保护和环境保护条件下,组织学生学习沉井基础施工控制内容学习,达到知识、技能和素质目标
学时	26	
教学方法	项目教学法、案例教学法、六步教学法、多媒体教学法、小组讨论法等	

表2-97 项目3:高铁桥梁墩台施工与控制

教学目标	1.掌握高铁桥梁常用的桥墩、桥台类型和构造; 2.掌握高铁桥梁桥墩、桥台施工技术; 3.了解高铁桥梁桥墩、桥台施工检算; 4.能指导桥墩施工; 5.能编制桥墩、桥台施工技术交底、施工方案和施工组织; 6.能进行桥墩、桥台施工组织和管理; 7.具备熟练操作、精益求精的工匠精神
教学内容	1.桥台施工与控制:学习桥台的构造、施工技术、施工设备; 2.桥墩施工与控制:熟悉普通桥墩类型、结构和构造,掌握普通桥墩施工技术、施工设备

	序号	任务描述
教学任务设计	任务1.桥墩施工与控制	桥墩作为桥梁下部结构,直接支撑上部结构,桥墩施工一般采用就地施工。本任务将遵循认知规律,在合理的工作保护和环境保护条件下,组织学生学习桥墩施工内容,达到知识、技能和素质目标
	任务2.桥台施工与控制	桥台作为桥梁下部结构,桥台施工一般采用就地施工。本任务将遵循认知规律,在合理的工作保护和环境保护条件下,组织学生学习桥台施工内容,达到知识、技能和素质目标
学时	8	
教学方法	项目教学法、案例教学法、六步教学法、多媒体教学法、小组讨论法等	

表 2-98　项目 4:高铁简支梁预制施工与控制

教学目标	1.梁场选址及布置、编制规划方案、梁场规划设计、资源配备能力； 2.具备模板、钢筋、混凝土、预应力工程施工与控制能力； 3.具备预制梁的施工、养护和荷载试验能力； 4.具备提梁、移梁、运梁、架梁施工控制能力； 5.培养安全施工意识； 6.具备梁场施工相关文件编制能力； 7.具备熟练操作、精益求精的工匠精神	
教学内容	1.梁场布置:梁场知识、梁场布置、梁场规划、梁场施工设备、梁场认证等； 2.梁体预制:钢筋绑扎、混凝土浇筑、预应力张拉、梁体养护、荷载试验、施工文件； 3.梁体运架:移梁、存梁、提梁、运梁、架梁施工技术	
教学任务设计	序号	任务描述
	任务 1.简支梁预制施工与控制	简支梁现场预制作为简支梁施工与控制的核心内容,在整个学习领域中具有重要作用,掌握梁体预制内容对整个学习领域的学习具有极大的促进作用,要求学生会运用、操作运架设备。本任务将遵循认知规律,在合理的工作保护和环境保护条件下,组织学生学习梁场布置、梁体预制、梁体运架等环节内容,达到知识、技能和素质目标
	任务 2.简支梁运架施工与控制	掌握梁体运架内容对整个学习领域的学习具有极大的促进作用,要求学生会运用、操作运架设备。本任务将遵循认知规律,在合理的工作保护和环境保护条件下,组织学生学习梁体运架等环节内容,达到知识、技能和素质目标
学时	20	
教学方法	项目教学法、案例教学法、六步教学法、多媒体教学法、小组讨论法等	

表 2-99　项目 5:高铁连续梁施工与控制

教学目标	1.掌握连续梁桥的构造和类型； 2.掌握连续梁支架法、悬灌法、悬拼法、转体法现场施工流程、注意事项和技术要点； 3.了解连续梁现场施工控制知识； 4.能指导连续梁现场施工； 5.能对支架进行检算并会运用； 6.能编制连续梁现场浇筑施工法施工技术交底、施工方案和施工组织； 7.掌握现场浇筑施工法施工程序和技术要点； 8.能指导各类桥梁现场浇筑施工； 9.能对支架、移动模架进行检算并会运用； 10.能进行连续梁现场浇筑法施工组织和管理； 11.能按国家相关规定进行连续梁施工技术资料的编制与管理、评定工程质量； 12.培养学生创新能力

续表

教学内容	1. 连续梁(刚构)类型和构造,连续梁现场浇筑施工与控制; 2. 连续梁支架法、移动模架法、悬灌法、悬拼法、转体法等工法特点、相关计算、施工设备、施工控制因素等; 3. 连续梁支架法、移动模架法、悬灌法、悬拼法、转体法施工的资料整理,安全意识和创新知识等	
教学任务设计	序号	任务描述
	任务1.连续梁支架现浇施工与控制	连续梁支架法现场浇筑作为连续梁施工的一种基本方法,在桥梁施工中具有重要地位。本任务将遵循认知规律,在合理的工作保护和环境保护条件下,组织学生学习连续梁现场浇筑施工内容,达到知识、技能和素质目标
	任务2.连续梁移动模架施工与控制	本任务将遵循认知规律,在合理的工作保护和环境保护条件下,组织学生学习移动模架(造桥机)整体浇筑施工内容,达到知识、技能和素质目标
	任务3.连续梁悬臂施工与控制	连续梁悬臂施工是最常用的无支架施工技术,它在大跨径的连续梁(刚构)中应用广泛。本任务将遵循认知规律,在合理的工作保护和环境保护条件下,组织学生学习悬臂浇筑、悬臂拼装施工内容,达到知识、技能和素质目标
	任务4.连续梁顶推施工与控制	连续梁顶推施工是一种无支架施工技术,在深谷、高桥墩具备等截面连续梁的情况下使用。由于它缺点较明显,在铁路工程中应用不多,主要用于等截面的连续梁桥。本任务将遵循认知规律,在合理的工作保护和环境保护条件下,组织学生学习顶推施工内容,达到知识、技能和素质目标
学时	20	
教学方法	项目教学法、案例教学法、六步教学法、多媒体教学法、小组讨论法等	

表2-100 项目6:高铁拱桥施工与控制

教学目标	1. 掌握拱桥的类型和构造; 2. 掌握拱桥施工的适用条件和选择原则; 3. 掌握拱桥现场浇注法、悬臂施工法和转体施工法的施工程序和技术要点; 4. 了解拱桥施工控制知识; 5. 能指导拱桥悬臂浇筑和悬臂拼装施工; 6. 能对挂篮、托架等设备进行检算并会运用; 7. 能编制悬臂施工法施工技术交底、施工方案; 8. 能进行悬臂施工法施工组织和管理; 9. 能按国家相关规定进行施工技术资料的编制与管理、评定工程质量; 10. 培养学生创新能力
教学内容	1. 悬臂浇筑施工:适用于悬臂施工的桥梁结构类型和构造;悬臂施工的种类和适用范围,挂篮、托架的种类、构造及相关计算;悬臂浇筑施工技术;悬臂施工控制因素; 2. 悬臂拼装施工:悬臂拼装施工的特点和适用范围;悬臂拼装节段预制的种类和施工技术;悬臂拼装的施工技术及控制因素;悬臂拼装的施工设备; 3. 拱桥转体施工:拱桥转体施工技术和施工控制,拱桥转体施工的设备,拱桥转体施工比较

续表

教学任务设计	序号	任务描述
	任务1.拱桥悬臂施工与控制	拱桥现场浇筑施工是最常用的施工技术,它有支架法、悬灌法和悬拼法。本任务是本学习领域的一个关键学习内容,本任务将遵循认知规律,在合理的工作保护和环境保护条件下,组织学生学习拱桥现场浇筑和现场拼装施工内容,达到知识、技能和素质目标
	任务2.拱桥转体施工与控制	拱桥转体施工是拱桥使用的无支架施工技术的一种,在深谷及其他不利情况下使用,常用于单孔和三孔的拱桥,在铁路工程中应用较少。本任务将遵循认知规律,在合理的工作保护和环境保护条件下,组织学生学习拱桥转体施工内容,达到知识、技能和素质目标
学时	10	
教学方法	项目教学法、案例教学法、六步教学法、多媒体教学法、小组讨论法等	

表2-101 项目7:高铁钢桥施工与控制

教学目标	1.掌握钢桥的类型和构造; 2.掌握钢桥施工的适用条件和选择原则; 3.掌握钢桥悬拼、拖拉、顶推和浮运施工法的施工程序和技术要点; 4.能编制钢桥施工技术交底、施工方案; 5.能指导钢桥悬臂拼装施工; 6.能进行钢桥悬臂施工法施工组织和管理; 7.能按国家相关规定进行钢桥施工技术资料的编制与管理、评定工程质量; 8.培养安全施工意识; 9.培养学生创新能力	
教学内容	1.钢桥结构与构造; 2.钢桥施工方法; 3.钢桥施工控制	
教学任务设计	序号	任务描述
	任务1.钢桥施工与控制	高铁钢桥施工是最常用的施工技术,它有悬拼、拖拉、顶推和浮运施工法。本任务是本学习领域的一个关键学习内容,本任务将遵循认知规律,在合理的工作保护和环境保护条件下,组织学生学习钢桥现场施工内容,达到知识、技能和素质目标
学时	4	
教学方法	项目教学法、案例教学法、六步教学法、多媒体教学法、小组讨论法等	

(四)教学要求

"高速铁路桥涵施工"课程教学要紧扣高速铁路施工与维护专业群教学标准和课程目标,在全面贯彻党的教育方针、落实立德树人根本任务的基础上,突出职业教育特色,培养学生解决工程实际问题的能力,提升学生的工程实践能力。

课程教学要落实立德树人的根本任务,贯彻课程思政要求,使学生在复杂的社会环境和工作环境中能够有担当、辨是非、求上进、有作为。突出学生技能培养,提升学生掌握利用 GNSS 测量技术进行高铁等线性工程的控制测量、施工放样及工程综合应用的能力。培养学生创新意识,对于工作中出现的各类问题能够进行分析判断,提出合理的解决方案。

(五)引入行业标准

(1)《高速铁路桥涵工程施工技术规程》(Q/CR-9603—2015);

(2)《铁路桥涵设计规范》(TB 10002—2017);

(3)《铁路桥梁钢结构设计规范》(TB 10091—2017);

(4)《高速铁路设计规范》(TB 10621—2014);

(5)《工程测量标准》(GB 50026—2020);

(6)《测绘技术总结编写规定》(CH/T 1001—2005);

(7)《铁路工程卫星定位测量规范》(TB 10054—2010)。

五、课程考核与评价

课程采用"平时(20%)+过程性(30%)+最终(50%)"考核与评价,线上知识测试与线下技能考核相结合的方式,全面、客观地评价学生的学习效果。过程性考核在考察学生技能掌握程度的基础上,关注学生综合素养和技能应用能力,主要考评高铁桥梁基础施工、桥墩桥台施工、简支梁预制施工和连续梁施工组织设计等方面。具体评价标准见表 2-102。

表 2-102 "高速铁路桥涵施工"课程考核评价体系

过程性考核 (分值权重)	考核项目	评价标准	过程性考核 (30%)	平时考核 (20%)	最终考核 (50%)
高铁桥梁基础施工与控制技术模块(25%)	高铁桥梁施工准备	数量统计准确	数量统计(5%)	1.基本素质评价,包括出勤情况、资源学习、课堂参与等综合表现; 2.职业素质评价,包括项目参与度、承担角色和任务完成情况、创新精神等	1.通过期末考试全面考查学生对本课程基础知识的掌握情况; 2.考核学生对基础知识的应用能力以及分析工程实践问题、解决问题的专业能力
	高铁桥梁基础施工与控制	施工方案组织设计合理	施工组织设计(20%)		
高铁桥梁墩台施工与控制技术模块(20%)	桥墩桥台施工与控制	施工方案组织设计合理	施工组织设计(20%)		
高铁简支梁施工与控制技术模块(20%)	高铁简支梁预制施工与控制	施工方案组织设计合理	施工组织设计(20%)		
高铁连续梁施工与控制技术模块(20%)	高铁连续梁施工与控制	施工方案组织设计合理	施工组织设计(20%)		
高铁拱桥施工与控制技术模块(10%)	高铁拱桥施工与控制	施工案例编写准确	案例编写(10%)		
高铁钢桥施工与控制技术模块(5%)	高铁钢桥施工与控制	施工案例编写准确	案例编写(5%)		

六、课程资源

(一)教材选用

所用教材要求为近三年出版的高职高专规划教材,既能反映最新发展水平,又可以适应高等职业教育的需要,能够帮助学生提高分析问题、解决问题的能力,突出高素质技术技能人才培养特点。教材应包括高铁桥梁施工准备技术、高铁桥梁基础施工与控制技术、高铁桥梁墩台施工与控制技术、高铁简支梁施工与控制技术、高铁连续梁施工与控制技术、高铁拱桥施工与控制技术、高铁钢桥施工与控制技术等内容。鼓励教师结合教育教学改革和信息化教学需要,以思想性、科学性、发展性、规范性为原则,校企合作编写立体化和富媒体化教材、活页式教材、云教材等。

(二)数字化资源

依据本课程标准,充分运用各种信息技术手段,结合教学改革需要,开发微课、多媒体课件等数字化教学资源,建设在线开放课,实现优质资源共建共享,提升课程的教学效果。

七、教学团队

教师是学生学习课程的纽带,是引导学生掌握实践技能的关键。本课程要以"四有"教师为标准,组建由骨干教师+企业兼职教师组成的教学团队。任课教师要树立良好的师德师风,符合教师专业标准要求,具有扎实的专业基础,有一定的工程实践经验和良好的教育教学能力。

(一)团队结构

建立课程负责人制度,组建课程教学团队,积极组织开展各类教研活动,促进青年教师成长。学校应采用人才引进、自主培养等途径,组建年龄、性别、职称与学历结构合理,具有较强信息化教学能力的教学团队。

(二)双师素质

课程团队教师应具有双师素质,同时开展校企合作。教师应坚持定期到高铁项目施工一线进行实践锻炼,与时俱进地提升教师的高速铁路桥涵施工技术应用水平和工程实践经验。鼓励支持教师进行课程教学改革创新,使课程教学更好地适应学生全面发展和个性化发展的需要,满足经济社会发展需求。

八、教学设备要求

"高速铁路桥涵施工"课程教学设备配备要求如表 2-103 所示。

表 2-103 "高速铁路桥涵施工"课程教学设备配备要求

项目	技术参数与要求	数量
计算机	满足主流教学软件要求;支持网络同传和硬盘保护;多媒体教学系统	每工位 1 台
教学投影显示设备	投影仪或智慧一体机	≥1 台
计算机基本配置	操作系统及相关驱动;常用工具软件,办公软件,图形编辑软件;信息安全防护软件;互联网软件。安装 MIDAS/CIVIL、ANSYS、桥梁博士等分析软件	根据教学需要选用
高速铁路桥梁综合实训基地	回弹仪、混凝土保护层厚度检测仪、桩基础低应变检测仪	根据教学需要选用

"高速铁路工程施工组织设计"课程标准

一、课程性质与任务

(一)课程性质

施工组织设计是针对不同类别建设项目单位工程的特点,结合具体自然环境条件、技术经济条件和现场施工条件,遵循工程项目施工组织的基本原则和规律,利用计算机方法技术对施工生产过程中的技术、质量、进度、资源、现场实施动态管理的控制措施,是保障高效低耗地完成建设项目的施工任务,以保证施工项目质量、工期、造价目标最优实现的重要手段。

"高速铁路工程施工组织设计"课程是高速铁路施工与维护专业群的通用核心模块课程。本课程从施工组织基本原理的工程应用出发,培养学生应用管理技术进行工程进度管理、资源管理及施工现场管理的能力,为后续课程的学习以及将来的工作打下坚实的基础。同时该课程也是学生职业素质养成的一个重要组成部分,可以培养学生良好的表达沟通、团队协作、组织协调、吃苦耐劳、安全防护、环境保护、职业素养等综合素质的社会能力。

(二)课程任务

课程秉承落实为国育才、为党育人的教育精神,结合高铁智慧建造对高职人才培养的要求,围绕高速铁道工程技术专业对项目施工组织管理的岗位要求,拓展施工管理的前沿技术,通过理实一体化教学,提升学生应用施工组织原理解决工程实际问题的综合能力,使学生成为德智体美劳全面发展的高素质技术技能人才。

二、课程目标

(一)素质目标

(1)养成团结协作精神、团队意识、组织协调能力;
(2)培养吃苦耐劳、踏实肯干的作风;
(3)养成吃苦耐劳、甘于奉献、克服困难的品质;
(4)具备熟练操作、精益求精的工匠精神;
(5)培养敬业精神、责任意识和诚信品质等良好的职业道德。

(二)知识目标

(1)了解高铁建设程序及管理模式;
(2)掌握施工现场临时工程准备内容和方法;
(3)掌握施工方案选择原则与注意事项;
(4)掌握流水施工组织原理;
(5)掌握常用施工进度计划图的表达方式、绘制方法和调整方法;
(6)掌握进度管理软件应用;
(7)掌握典型单位工程施工资源配置;
(8)掌握施工场地的布置原则。

(三)技能目标

(1)能收集和整理施工准备工作相关基本资料;
(2)能够根据施工图纸核算工程数量;

(3)能根据工程特点选择适合的施工方案;
(4)能编制工程施工进度计划;
(5)能根据进度计划确定资源配置;
(6)能绘制施工场地平面布置图;
(7)能编制施工组织设计说明书。

三、课程思政

按照专业人才培养的要求,课程思政总体设计思路从"工作任务与职业能力"分析出发,设定职业能力培养目标,依据职业能力培养目标确定课程主要内容模块分别为高铁施工概论及施工准备、高铁施工组织原理及进度控制、单位工程施工组织管理三个模块,然后根据各模块内容特点,全方位在课程内容中寻找与社会主义核心价值观、职业道德、家国情怀、国际视野、创新思维、工匠精神、人文情怀等相关的德育元素,并将其与相应的课堂讲授相融合,将知识教育同价值观教育结合起来,使课程知识与思政理论同向同行,形成协同效应,构建起全课程育人的格局。

结合高速铁路施工行业项目管理典型案例——南京大胜关长江大桥建设管理过程,培养学生的职业认同感和自豪感;结合施工现场岗位工作,引导学生立足岗位主动工作,解决现场存在的难题;从施工技术资料调查内容出发,与"深入细节、兼顾全局"的哲学思想相融合;施工现场临时工程融入"理论联系实际"和"实践检验真知"的哲学思想和求真意识;将流水施工组织原理与创新思想相结合,将进度管理与责任意识相结合;在学习网络图的绘制时,需遵守相应的规则,在学生心中树立起规则意识;在参数计算学习时,给学生灌输底线意识。

教学中对于高铁施工现场组织管理的工程实践应用,可结合工程一线引入大国工匠宁允展的事迹,引导学生关注我国科技发展,帮助学生树立起对职业敬畏、对工作执着、对成果负责的态度,养成敬业、精益、专注、创新的工匠精神。利用真实项目实践训练,提升学生岗位实践能力,加强对学生的劳动教育。同时将高铁施工现场管理中遇到的实际问题引入课堂活动中,开展灵活教学形式,激发学生思维,引导学生提出解决问题的途径,提高学生团队协作、自主探究的创新思维能力。

四、课程结构与教学内容

根据高等职业学校专业和高速铁路施工与维护专业群教学标准要求,结合"高速铁路工程施工组织设计"课程目标,确定本课程结构与教学内容,设计合理的学习项目及学时安排。

(一)课程模块

"高速铁路工程施工组织设计"课程由高铁工程施工准备模块、高铁工程施工组织原理模块、单位工程施工组织管理模块三部分构成。

高铁工程施工准备模块是学生对单位工程进行施工组织管理的基础,包含高铁工程建设的特点及程序、高铁工程项目管理体制、高铁工程施工准备工作分类、高铁工程临时工程准备等内容。

高铁工程施工组织原理模块是学生利用施工组织原理进行施工组织管理的基础,包含流水作业的组织原理、流水作业主要参数、流水作业法的分类及总工期确定、流水作业进度图的绘制、网络计划技术的应用等内容。

单位工程施工组织管理模块是学生利用施工组织原理对项目进行管理应用的关键,主要是结合典型的高铁工程实例,从单位工程施工方案编制、施工机械选择、施工进度管理、施工现场管理等方面开展相对完整的应用实践,实现学生综合应用能力的培养。

(二)教学内容及项目、学时安排

"高速铁路工程施工组织设计"课程教学内容、教学项目安排如表2-104所示。

表 2-104 "高速铁路工程施工组织设计"课程教学内容、教学项目安排表

模块	学习项目	教学内容	思政融入点	学时
高铁工程施工准备模块	1.高铁工程施工准备	1.高铁工程特点及建设程序； 2.高铁工程项目管理体制； 3.施工调查及技术资料准备； 4.临时工程准备及附属企业准备	1.社会责任心，合作意识； 2.大国重器——"和谐号"的追赶之路； 3."深入细节、兼顾全局"的哲学思想； 4."理论联系实际"的哲学思想； 5.服务人民、奉献社会的人生观	20
高铁工程施工组织原理模块	2.流水施工组织原理及工期计算； 3.网络进度计划管理	1.流水作业原理认知； 2.流水作业参数； 3.横道图的绘制； 4.网络图的绘制； 5.网络图参数计算； 6.进度计划的调整及优化	1.严谨科学的工作态度； 2.高度责任心和爱岗敬业精神； 3.规则意识； 4.底线意识； 5.创新教育； 6.安全教育	30
单位工程施工组织管理模块	4.单位工程施工组织管理	结合典型的高铁工程实例，开展相对完整的应用实践	1.安全第一、以人为本的理念； 2.社会责任和担当意识； 3.团队意识和协作精神； 4.劳动教育； 5.新技术、新设备、新方法的改革和创新思想	14

(三)学习项目设计

"高速铁路工程施工组织设计"课程学习项目设计如表 2-105 至表 2-108 所示。

表 2-105 项目 1:高铁工程施工准备

教学目标	1.了解高铁工程特点及建设程序； 2.掌握高铁工程项目管理体制及模式； 3.掌握高铁施工组织准备工作内容； 4.掌握施工调查内容及方法； 5.掌握技术资料准备工作内容； 6.能根据实际要求进行高铁施工现场临时工程准备； 7.能够撰写施工调查报告，编制施工准备工作计划
教学内容	1.高速铁路基本建设的特点； 2.高速铁路建设的程序； 3.高速铁路基本建设项目的划分； 4.我国高铁项目管理体制及模式； 5.高铁施工准备工作分类及内容； 6.高铁施工组织准备； 7.高铁施工原始资料调查； 8.高铁临时工程项目及设置

续表

	序号	任务描述
教学任务设计	任务1.高铁工程施工组织概述	1.学生分组,领取任务; 2.学习高铁基本建设项目划分; 3.学习高铁项目管理体制及模式
	任务2.高铁工程施工准备工作	1.学习高铁施工准备工作分类及内容; 2.学习高铁施工组织准备的模式及工作要点; 3.学习高铁施工原始资料调查的内容及方法; 4.学习高铁临时道路类型及设置要求; 5.学习高铁临时房屋类型及要求; 6.学习高铁临时供水、供电要求及要点
学时	20	
教学方法	案例教学法、演示法、讲授法、分组讨论法	

表2-106 项目2:流水施工组织原理及工期计算

教学目标	1.掌握流水作业的组织原理及主要参数的确定; 2.掌握全等节拍流水作业施工安排; 3.掌握成倍节拍流水作业施工安排; 4.掌握紧凑法和专业队连续作业法施工安排; 5.能对施工任务安排确定施工参数; 6.能够根据施工安排确定流水作业工期计算和横道图的绘制; 7.树立施工组织经济性分析意识; 8.形成理论联系实际的工作意识
教学内容	1.全等节拍流水施工组织安排; 2.成倍节拍流水施工组织安排; 3.无节奏流水施工组织安排; 4.流水作业工期计算; 5.流水作业横道图的绘制

	序号	任务描述
教学任务设计	任务1.全等节拍流水施工组织安排	1.流水作业法原理; 2.流水作业参数; 3.全等节拍流水特点; 4.全等节拍流水工期计算
	任务2.成倍节拍流水施工组织安排	1.成倍节拍流水特点; 2.成倍节拍流水作业工期计算; 3.成倍节拍流水作业横道图绘制
	任务3.无节奏流水施工组织安排	1.紧凑法流水作业安排; 2.专业队连续作业法施工安排; 3.紧凑法与专业队连续作业法对比
学时	12	
教学方法	启发式教学、任务驱动、案例教学法、分组讨论法	

表 2-107　项目 3：网络进度计划管理

教学目标	1. 掌握网络图的绘制； 2. 掌握网络图的参数计算； 3. 掌握时标网络图的绘制； 4. 能够对照网络计划对施工现场进度进行检查； 5. 能够对网络计划进行优化和调整； 6. 具备熟练操作、精益求精的工匠精神	
教学内容	1. 网络图的绘制； 2. 网络图的参数计算； 3. 时标网络图的绘制； 4. 网络计划的调整和优化	
教学任务设计	序号	任务描述
	任务1. 双代号网络进度计划	1. 学习双代号网络的绘制； 2. 学习网络图的参数计算； 3. 时标网络图的绘制
	任务2. 单代号网络进度计划	1. 学习单代号网络的绘制； 2. 学习单代号网络图的参数计算
	任务3. 网络进度计划的调整与优化	1. 双代号双网络计划的检查； 2. 双代号双网络计划的调整和优化； 3. 网络计划软件应用
学时	18	
教学方法	探讨教学、任务驱动法、案例教学、实践教学法	

表 2-108　项目 4：单位工程施工组织管理

教学目标	1. 掌握路基施工方法的选择； 2. 掌握桥梁施工方法的选择； 3. 掌握隧道施工方法的选择； 4. 能够编制单位工程施工组织方案； 5. 能够进行单位工程施工现场组织管理； 6. 具备实事求是、开拓创新精神	
教学内容	1. 路基施工方法的选择； 2. 桥梁施工方法的选择； 3. 隧道施工方法的选择	
教学任务设计	序号	任务描述
	任务1. 路基施工方法的选择	1. 路基施工方法选择； 2. 路基施工机械配置； 3. 路基施工现场管理
	任务2. 桥梁施工方法的选择	1. 桥梁施工方法的选择； 2. 桥梁施工机械配置； 3. 桥梁施工现场管理

续表

教学任务设计	序号	任务描述
	任务3.隧道施工方法的选择	1.隧道施工方法的选择； 2.隧道施工机械配置； 3.隧道施工现场管理
学时		14
教学方法		任务驱动、案例教学、分组讨论法

(四)教学要求

"高速铁路工程施工组织设计"课程教学要紧扣高速铁路施工与维护专业群教学标准和课程目标，在全面贯彻党的教育方针、落实立德树人根本任务的基础上，突出职业教育特色和课程特色，培养学生利用工程施工组织原理解决工程实际问题的能力，提升学生的工程实践能力。

课程教学要落实立德树人的根本任务，贯彻习近平新时代中国特色社会主义思想，弘扬和传承劳模精神和工匠精神，强化政治方向和思想引领，凸显"知识传授与价值引领相结合"的育人使命，引导学生自主学习、自我提升、自强砥砺，在思想上树立"劳动光荣、崇尚劳动"的社会主义劳动观，突出学生技能培养，提升学生利用施工组织原理对高铁施工现场管理的能力。

(五)引入行业标准

(1)《建设工程项目管理规范》(GB/T 50326—2017)；
(2)《铁路工程施工组织设计规范》(Q/CR 9004—2018)；
(3)《铁路基本作业施工安全技术规程》(TB 10301—2020)；
(4)《高速铁路隧道工程施工技术指南》(铁建设〔2010〕241号)；
(5)《高速铁路路基工程施工技术指南》(铁建设〔2010〕241号)；
(6)《建设工程施工现场消防安全技术规范》(GB 50720—2011)；
(7)《施工企业安全生产管理规范》(GB 50656—2011)。

五、课程考核与评价

课程采用过程性考核与终结性考核相结合的评价方式，采用线上知识测试与线下技能考核相结合的方式，在考察学生技能掌握程度的基础上，关注学生综合素养和技能应用能力，同时兼顾学生人文素养和社会主义价值观的培养，全面、客观地评价学生的学习效果。过程性考核主要考评施工准备、流水作业原理及工期计算、网络进度计划分析三个方面。具体评价标准见表2-109。

表2-109 "高速铁路工程施工组织设计"课程考核评价体系

过程性考核 (分值权重)	考核项目	评价标准	过程性考核 (30%)	平时考核 (20%)	终结性考核 (50%)
施工准备 (30%)	高铁建设程序	题目作答准确	客观试题(5%)	1.基本素质评价，包括出勤情况、资源学习、课堂参与等综合表现； 2.职业素质评价，包括项目参与度、承担角色和任务完成情况、劳动意识、创新精神等	期末试卷终结性考试
	组织准备	问题作答准确	客观试题(10%)		
	临时工程准备	案例分析合理	主观试题(15%)		
流水作业原理及工期计算(30%)	有节拍流水	题目作答准确	客观试题(10%)		
	无节拍流水	题目作答准确	客观试题(20%)		
网络进度计划分析(40%)	双代号网络图	题目作答准确	客观试题(30%)		
	单代号网络图	题目作答准确	客观试题(10%)		

六、课程资源

(一)教材选用

所用教材要求为近三年出版的高职高专规划教材,教材要兼顾高职学生特点和高铁施工行业管理特点,能够帮助学生提高高铁施工岗位能力,突出高素质技术技能人才培养特点。教材应包括高铁施工管理组织、施工准备工作、施工调查、施工技术资料准备、施工现场准备、施工组织原理、施工进度控制、施工现场管理等内容。鼓励教师结合教育教学改革和信息化教学需要,以思想性、科学性、发展性、规范性为原则,校企合作编写立体化和富媒体化教材、活页式教材、云教材等。

(二)数字化资源

依据本课程标准,充分运用各种信息技术手段结合教学改革需要,开发微课、动画、多媒体课件等数字化教学资源,建设在线开放课,实现优质资源共建共享,提升课程的教学效果。

七、教学团队

教师是实现学生知识培养目标和课程育人宗旨的重要保障。任课教师要树立良好的师德师风,能够在教学和生活中为人师表,具有扎实的专业基础,具有一定的施工现场经验,同时要有良好的教育教学能力。

(一)团队结构

建立课程负责人制度,组建课程教学团队,教学团队成员应具有相应专业知识或拥有高铁施工管理相关的职业资格证书,课程负责人组织开展各类教研活动,促进青年教师成长。学校应采用人才引进、自主培养等途径,组建年龄、性别、职称与学历结构合理,具有丰富施工管理经验和较强信息化教学能力的教学团队。

(二)双师素质

课程团队教师应具有双师素质,课程团队教师要依托校企合作,坚持定期到高铁项目施工一线进行现场实践锻炼,提升教师工程实践经验,与时俱进地掌握高铁施工一线的新技术、新工艺和新方法。教师在教学过程中要坚持进行课程教学改革创新,使课程教学更好地适应学生全面发展和个性化发展的需要,满足经济社会发展需求。

八、教学设备要求

"高速铁路工程施工组织设计"课程教学设备配备要求如表2-110所示。

表2-110 "高速铁路工程施工组织设计"课程教学设备配备要求

项目	技术参数与要求	数量
计算机	满足主流教学软件要求;支持网络同传和硬盘保护;多媒体教学系统	每工位1台
教学投影显示设备	投影仪或智慧一体机	≥1台
计算机基本配置	操作系统及相关驱动;常用工具软件、办公软件、CAD;信息安全防护软件;互联网软件	根据教学需要选用
教学软件	广联达斑马进度管理软件;CCproject软件	根据教学需要选用

"高速铁路工程概预算"课程标准

一、课程性质与任务

(一)课程性质

"高速铁路工程概预算"课程是高速铁路施工与维护专业群的核心模块课,是以高速铁路工程企业预算员、统计员、施工员、助力造价工程师等职业岗位要求为技能培养目标。本课程培养学生的造价测算能力,使其成为能够熟练运用相关软件进行概预算、标底、报价和计价等文件编制的高素质技术技能型人才。

"高速铁路工程概预算"课程结合实际工程案例,旨在教会学生依据现行《铁路工程概预算编制办法》《铁路工程预算定额》《铁路工程工程量清单计价指南》及设计资料进行项目划分、工程量计量、工料机消耗量的统计和预算单价计算、预算各项费用的计算。通过本课程的学习,使学生具备从事铁路建设施工、造价及工程咨询等职业能力和职业素质,同时该课程也是学生职业素质养成的一个重要平台,可以培养学生的组织协调能力、团队合作能力、吃苦耐劳的精神,培养学生的质量意识、规范意识、标准意识与创新能力。

(二)课程任务

全面贯彻党的教育方针,落实立德树人根本任务,满足高铁铁路工程概预算编制对人才培养的要求,课程核心能力为概(预)算的编制、招标标底和投标报价的编制。通过本课程的学习,使学生成为一名熟练的概预算编制人员,继而获得岗位所需的实际工艺知识和技能,为将来走上社会从事工程造价工作打下坚实的基础。

二、课程目标

(一)素质目标

(1)具有敬业精神、责任意识和诚信品质等良好的职业道德;
(2)具备团队合作精神和管理协调的能力;
(3)具备吃苦耐劳、艰苦奋斗、乐于奉献、拼搏争先精神;
(4)遵守国家法律法规和政策,遵守行业规范。

(二)知识目标

(1)了解铁路工程概预算的费用组成、计算方法和步骤;
(2)掌握铁路预算定额应用的规则;
(3)掌握高速铁路路基工程、轨道工程、隧道工程、桥涵工程的概预算编制;
(4)能按图纸计算清单工程量并计价;
(5)掌握投标报价的编制程序和方法;
(6)熟练使用造价软件完成工程概预算、标底、投标报价的编制。

(三)技能目标

(1)能按照施工图纸计算工程量(定额工程量及清单工程量);
(2)能根据新工艺、新材料、新施工方法编制补充定额;
(3)能按照施工图纸、招标文件,掌握投标报价的编制方法、步骤;
(4)能利用相关软件编制工程造价;
(5)能够编写投标报价相关文字说明书。

三、课程思政

将思想政治教育有机融入高职教育教学各个环节,让课程思政落到实处、植入心田,培养德智体美劳全面发展的社会主义建设者和接班人,是高职院校肩负的重要使命。"高速铁路工程概预算"课程作为高速铁路施工与维护专业群核心课程,其课程思政的主要形式是将思想政治教育元素,包括思想政治教育的理论知识、价值理念以及精神追求等融入课程学习及实践中去,潜移默化地对学生的思想意识、行为举止产生影响。

通过学习投资建设工作的分类与组成,增加学生对工程概预算的了解,增强学生工程造价行业的学习兴趣;通过学习工程定额作用,强化工程概预算工作"定额"意识;掌握造价工程师基本要求,培养科学严谨、实事求是的工作态度,感悟工程造价精益求精的"精准"精神;强化理实一体学习实践,深悟"具体问题具体分析"和"理论与实践相结合"的哲学思想;应用铁路工程预算定额,理解"定额"的职业规范,具有规范与标准意识;强化基本计算能力,感悟"差之毫厘、谬以千里"的精准造价意识;学习铁路工程投资控制系统预算软件,培养学生团结协作、互相帮助的精神;依托典型工程案例,塑造学生求真、求精、求稳的大国工匠精神,形成严谨认真、精益求精的专业素养;对接法律、规范标准,强化工程造价精准计算,增强学生的职业认同感和行业归属感;培养投标工作中把握全局、注重细节、步步为赢、精益求精的职业素养;了解招投标法,培养招投标法律意识;学习典型工程案例,体会"差之毫厘、谬以千里"的精准意识;通过案例教学,培养学生"志存高远、敢想敢干,脚踏实地、循序渐进"的行业精神。

四、课程结构与教学内容

根据高等职业学校专业和高速铁路施工与维护专业群教学标准要求,结合"高速铁路工程概预算"课程目标,确定本课程结构与教学内容,设计合理的学习项目及学时安排。

(一)课程模块

"高速铁路工程概预算"课程由高速铁路工程概预算基础知识模块、铁路工程建筑安装工程费计算模块、高速铁路工程投标报价模块三部分构成。

高速铁路工程概预算基础知识模块包括工程投资系统、铁路工程项目划分、定额工程量计算方法以及铁路工程预算定额的套用等内容。

铁路工程建筑安装工程费计算模块包括单项费用计算和铁路工程投资预算软件应用等内容。

高速铁路工程投标报价模块包括投标报价的编制程序、投标报价的编制方法和技巧、投标报价注意事项、投标报价说明书的编制等内容,学生通过实操练习可以进一步掌握高速铁路工程概预算相关知识,为以后从事工程造价等工作打下基础。

(二)教学内容及项目、学时安排

"高速铁路工程概预算"课程教学内容、教学项目安排如表 2-111 所示。

表 2-111 "高速铁路工程概预算"课程教学内容、教学项目安排表

模块	学习项目	教学内容	思政融入点	学时
高速铁路工程概预算基础知识	1.投资测算体系及相关概念; 2.铁路工程预算定额使用	1.投资建设工程的分类与组成; 2.投资测算体系; 3.定额概述; 4.铁路预算定额组成及使用	1.学习投资建设工作的分类与组成,增加学生对工程概预算的了解,增强学生对工程造价行业的学习兴趣; 2.了解工程定额作用,强化工程概预算工作"定额"意识	16

续表

模块	学习项目	教学内容	思政融入点	学时
铁路工程建筑安装工程费计算	3.单项费用计算； 4.铁路工程投资预算软件应用	1.铁路工程费用组成； 2.人工、材料、机械数量统计； 3.人工、材料、机械单价的计算； 4.直接费、间接费、税金的计算； 5.建筑工程费计算程序； 6.铁路工程投资预算软件应用	1.团队合作意识； 2."实践检验真知"的哲学思想和质量意识、规范意识 3.求实、求真的科学意识； 4.敬业、精益、专注、创新的工匠精神； 5.劳模精神； 6.安全教育； 7.新技术、新设备、新方法的改革和创新思想	28
高速铁路工程投标报价	5.投标报价书的编制	1.投标报价的编制程序； 2.投标报价的编制方法和技巧； 3.投标报价注意事项； 4.投标报价说明书的编制	1.严谨认真、精益求精的专业精神； 2."理论联系实际"和"实践检验真知"的哲学思想和质量意识； 3.团队意识和协作精神； 4.劳动教育和安全教育	20

(三)学习项目设计

"高速铁路工程概预算"课程学习项目设计如表2-112至表2-116所示。

表2-112 项目1:投资测算体系及相关概念

教学目标	1.了解铁路工程施工特点； 2.掌握投资建设工程的分类； 3.掌握投资建设工程的组成； 4.掌握铁路工程投资测算体系； 5.掌握铁路工程概预算的编制深度	
教学内容	1.工程投资与概(预)算； 2.铁路工程概(预)算制度的形成和发展； 3.铁路工程投资额测算体系； 4.铁路工程概(预)算文件的组成； 5.铁路工程概(预)算编制范围； 6.铁路工程概(预)算费用分类与组成	
教学任务设计	序号	任务描述
	任务1.铁路工程投资额测算体系	1.课前预习,领取任务； 2.学习投资测算体系的基本内容； 3.分小组讨论施工图预算和施工预算的区别与特点
	任务2.铁路工程概(预)算费用分类与组成	1.用思维导图绘制铁路工程概预算费用组成； 2.学习铁路工程概(预)算编制范围； 3.学习铁路工程概(预)算文件的组成
学时	6	
教学方法	演示法、讲授法、案例法	

表 2-113 项目 2:铁路工程预算定额使用

教学目标	1. 了解铁路工程概预算费用组成; 2. 掌握工程定额的种类及作用; 3. 掌握施工过程分析及定额的测定; 4. 掌握铁路工程预算定额的基本组成; 5. 掌握铁路工程预算定额的使用方法	
教学内容	1. 工程定额的概念及作用; 2. 工程定额的特点、分类及组成; 3. 铁路预算定额的分类; 4. 铁路预算定额的基本组成; 5. 铁路预算定额的使用方法及注意事项; 6. 根据施工方案划分施工过程	
教学任务设计	序号	任务描述
	任务 1. 工程定额的基本组成及分类	1. 课前预习,领取任务; 2. 学习定额相关概念及作用; 3. 学习定额的分类
	任务 2. 铁路预算定额的认知	1. 分发铁路工程预算定额,浏览学习; 2. 学习铁路预算定额的总说明及章节说明; 3. 分小组翻阅学习定额基本组成; 4. 学习铁路工程预算定额的基本内容
	任务 3. 根据施工方案划分工作内容	1. 学习给定工程案例的施工方案; 2. 根据施工方案划分施工过程; 3. 根据施工过程查阅定额条目; 4. 学习定额使用方法
学时	10	
教学方法	演示法、讲授法、案例法	

表 2-114 项目 3:单项费用计算

教学目标	1. 掌握铁路工程预算定额的构成和基本内容; 2. 掌握铁路工程预算定额的使用方法; 3. 能够依据施工方案划分工作内容; 4. 能够根据工作内容准确查找定额条目; 5. 能统计工、料、机的数量; 6. 能统计工、料、机单项费用
教学内容	1. 根据施工方案划分工作内容; 2. 根据工作内容确定定额条目; 3. 完成工、料、机数量统计; 4. 校核工、料、机的数量; 5. 计算工、料、机的费用

续表

	序号	任务描述
教学任务设计	任务1.根据施工方案划分工作内容	1.路基、桥涵、隧道等单位工程施工方案分析； 2.根据施工方案划分工作内容； 3.查找定额,确定准确的定额条目
	任务2.工、料、机数量统计	1.确定工、料、机数量统计方法； 2.根据定额进行工、料、机数量的统计； 3.工、料、机数量的核对与检查
	任务3.工、料、机单项费用计算	1.确定工、料、机费用单价； 2.计算工、料、机单项费用； 3.计算工、料、机费用价差
学时	14	
教学方法	启发式教学、任务驱动、案例教学法	

表2-115 项目4:铁路工程投资预算软件应用

教学目标	1.了解高速铁路工程量的计算规则； 2.掌握高速铁路施工图预算基本构成； 3.掌握直接工程费计算方法； 4.掌握其他相关费用计算方法； 5.掌握建筑工程费计算程序； 6.具备熟练操作、精益求精的工匠精神	
教学内容	1.高速铁路工程量的计算规则； 2.建筑工程费的计算； 3.施工图预算编制程序； 4.施工图预算说明书编写	
	序号	任务描述
教学任务设计	任务1.核对工程量	1.熟悉施工图纸； 2.掌握工程量的计算规则； 3.根据图纸核对工程数量
	任务2.单项费用计算	1.单项费用计算方法； 2.施工图预算编制程序
	任务3.施工图预算说明书编写	施工图预算说明书编写
学时	14	
教学方法	启发式教学、任务驱动、案例教学	

表 2-116 项目 5:投标报价书的编制

教学目标	1. 掌握工程量清单基本结构组成; 2. 正确划分、还原清单计价工实体细目; 3. 利用软件正确计算投标报价; 4. 能正确进行高速铁路工程投标报价的编制; 5. 具备熟练操作预算软件、精益求精的工匠精神	
教学内容	1. 划分、还原清单计价工实体细目; 2. 预算软件操作应用; 3. 高速铁路工程投标报价书编写	
教学任务设计	序号	任务描述
	任务 1. 正确划分、还原清单计价工实体细目	1. 工程量清单; 2. 还原清单计价工实体细目
	任务 2. 预算软件操作	1. 预算软件的设置; 2. 预算软件单项费用计算
	任务 3. 投标报价文件编写	编写投标报价书
学时	20	
教学方法	启发式教学、任务驱动、案例教学	

(四)教学要求

"高速铁路工程概预算"课程教学要紧扣高速铁路施工与维护专业群教学标准和课程目标,在全面贯彻党的教育方针、落实立德树人根本任务的基础上,突出职业教育特色,培养学生工程招投标以及施工现场计量计价的能力,提升学生的工程实践能力。

课程结合专业发展实际情况,探索课程思政教育改革的路径,深挖课程思政元素,在论证其可行性发展的基础上,找到合适的课程思政教育的有效途径,以适应高职教育人才培养目标要求,同时培养学生创新意识,对于工作中出现的各类问题能够进行分析判断,提出合理解决方案的能力。

(五)引入行业标准

(1)《铁路基本建设工程设计概(预)算编制办法》(TZJ 1001—2017);
(2)《铁路工程基本定额》(TZJ 2000—2017);
(3)《铁路基本建设工程设计概(预)算费用定额》(TZJ 3001—2017);
(4)《铁路工程材料基期价格》(TZJ 3003—2017);
(5)《铁路工程施工机具台班费用定额》(TZJ 3004—2017);
(6)《铁路路基工程预算定额》(TZJ 2001—2017);
(7)《铁路桥涵工程预算定额》(TZJ 2002—2017);
(8)《铁路隧道工程预算定额》(TZJ 2003—2017);
(9)《铁路轨道工程预算定额》(TZJ 2004—2017)。

五、课程考核与评价

课程采用"平时(20%)+过程性(30%)+终结(50%)"考核与评价,线上知识测试与线下技能考核相结合的方式,全面、客观地评价学生的学习效果。过程性考核在考察学生技能掌握程度的基础上,关注学生综合素养和技能应用能力,主要考评建筑工程费计算、铁路预算软件应用、工程量清单及投标报价编制等三个方面。具体评价标准见表2-117。

表2-117 《高速铁路工程概预算》课程考核评价体系

过程性考核（分值权重）	考核项目	评价标准	过程性考核（30%）	终结性考核（20%）	平时考核（50%）
过程工程费计算（30%）	工、料、机数量统计	数量统计准确	填表计算（5%）	1.通过期末考试全面考查学生对本课程基础知识的掌握情况；2.考核学生对基础知识的应用能力以及分析工程实践问题、解决问题的专业能力	1.基本素质评价，包括出勤情况、资源学习、课堂参与等综合表现；2.职业素质评价，包括项目参与度、承担角色和任务完成情况、创新精神等
	工、料、机单价计算	单价计算正确	填表计算（10%）		
	建筑工程费计算程序	计算程序完整	填表计算（15%）		
铁路预算软件应用（30%）	软件操作	软件操作熟练程度	软件操作（15%）		
	工、料、机单价方案设置	工、料、机单价方案设置准确	软件操作（15%）		
工程量清单及投标报价编写（40%）	工程量清单核对	工程量清单核对准确	工程量清单核对（10%）		
	投标报价案例分析	案例编写准确	案例编写（30%）		

六、课程资源

（一）教材选用

所用教材要求为近三年出版的高职高专规划教材，既能反映最新发展水平，又可以适应高等职业教育的需要，能够帮助学生提高分析问题、解决问题的能力，突出高素质技术技能人才培养特点。教材应包括工程定额应用、铁路工程概预算编制办法概述、高速铁路工程量清单计价、铁路工程各单位工程工程量计算、铁路工程概预算示例等内容。鼓励教师结合教育教学改革和信息化教学需要，以思想性、科学性、发展性、规范性为原则，校企合作编写立体化和富媒体化教材、活页式教材、云教材等。

（二）数字化资源

依据本课程标准，充分运用各种信息技术手段结合教学改革需要，开发微课、多媒体课件等数字化教学资源，建设在线开放课，实现优质资源共建共享，提升课程的教学效果。

七、教学团队

教师是学生学习课程的纽带，是引导学生掌握实践技能的关键。任课教师要树立良好的师德师风，符合教师专业标准要求，具有扎实的专业基础，有一定的工程实践经验和良好的教育教学能力。

（一）团队结构

建立课程负责人制度，组建课程教学团队，积极组织开展各类教研活动，促进青年教师成长。学校应采用人才引进、自主培养等途径，组建年龄、性别、职称与学历结构合理，具有较强信息化教学能力的教学团队。

（二）双师素质

课程团队教师应具有双师素质，同时开展校企合作。教师应坚持定期到高铁项目施工一线进行实践锻炼，与时俱进地提升教师的铁路工程概预算及投标报价实践经验。鼓励支持教师进行课程教学改革创新，使课程教学更好地适应学生全面发展和个性化发展的需要，满足经济社会发展需求。

八、教学设备要求

"高速铁路工程概预算"课程教学设备配备要求如表2-118所示。

表2-118 "高速铁路工程概预算"课程教学设备配备要求

项目	技术参数与要求	数量
计算机	满足主流教学软件要求；支持网络同传和硬盘保护；多媒体教学系统	每工位1台
教学投影显示设备	投影仪或智慧一体机	≥1台
教学软件	铁路工程预算教学软件	50个节点

"高铁线路养护维修"课程标准

一、课程性质与任务

(一)课程性质

做好高速铁路线路养护维修工作，保证线路高可靠性、高稳定性、高平顺性，保证高速铁路线路的运营安全和良好的运行品质，对于铁路的运营具有非常重大的意义。

"高铁线路养护维修"课程是高速铁路施工与维护专业群的核心模块课。本课程从高铁工务维护出发，培养学生掌握高速铁路轨道、路基、隧道、桥梁病害产生的原因及养护维修的专业知识和专业技能，还能够全面培养学生合理组织维修施工、检查施工质量等能力和团队组织能力、吃苦耐劳等职业综合素质，使学生掌握工作岗位所需要的相关专业知识及各项技能。

(二)课程任务

随着我国高速铁路的快速发展，尤其是"一带一路"倡议的提出，高铁成为我国走向世界的名片，并且我国高速铁路的营业里程在世界处于绝对领先地位，这就需要大批量的高速铁路养护维修人员。通过本课程的学习，培养学生具备高铁工务养护技能，成为德智体美劳全面发展的高素质技术技能人才。

二、课程目标

(一)素质目标

(1)养成团队协作的习惯；
(2)增强安全操作的职业素养；
(3)具备吃苦耐劳、克服困难的敬业精神；
(4)具备熟练操作、精益求精的工匠精神。

(二)知识目标

(1)了解高速铁路维护的发展状况；
(2)掌握高速铁路轨道检查的测量方法；
(3)掌握高速铁路道岔的病害检查和整治技术；
(4)掌握高速铁路无砟轨道病害修理管理技术；

(5)掌握路基病害及其防治技术;

(6)掌握桥梁病害及其防治技术;

(7)掌握隧道病害及其防治技术。

(三)技能目标

(1)具备识读工程图纸的能力;

(2)具备高速铁路线路测量的能力;

(3)具备指导高速铁路工务维修的能力;

(4)具备使用铁路工务养护机械的能力;

(5)具备制订、实施维修计划的能力;

(6)具备独立分析问题的能力;

(7)具备获取信息的能力;

(8)具备综合分析判断的能力;

(9)具备紧急情况应变的能力。

三、课程思政

课程思政要用好课堂教学这个主渠道,使专业课程与思想政治理论课同向同行,形成协同效应。高职教育是我国高等教育的重要组成部分,高职院校是培养技术技能复合型人才的主阵地,高职教育和高职院校高水平健康发展对促进我国经济社会发展、建设制造强国和交通强国、加速实现中华民族伟大复兴等目标具有重大意义。"高铁线路养护维修"作为高速铁路施工与维护专业群核心课,其课程思政的主要形式是将思想政治教育元素,包括思想政治教育的理论知识、价值理念以及精神追求等融入课程学习及实践中去,潜移默化地对学生的思想意识、行为举止产生影响,具体包括民族自豪感、安全意识、工匠精神、劳动精神等。

引入高速铁路建设大事件、高铁养路榜样,增强民族自豪感。以提升学生的专业技能为主题,选取适当的教学题材(如高速铁路的发展、复兴号的研制、京沪高铁的修建过程等),以行业精神为引领,培养学生的职业认同感和自豪感,将爱国敬业、无私奉献、艰苦奋斗等精神融入课程教学过程。在讲授高铁工务维护相关作业知识时,采用边学边练的教学模式,融入"理论联系实际"和"实践检验真知"的哲学思想和质量意识。结合工程一线的大国工匠的先进事迹,引导学生关注我国科技发展,帮助学生树立起对职业敬畏、对工作执着、对成果负责的态度,养成敬业、精益、专注、创新的工匠精神。依托高铁实训工区开展项目教学,引入标准和规范,规范学生的安全意识,提升岗位实践能力,实践中进一步掌握操作要领,锤炼工务技能。通过分小组教学,培养学生的合作意识和探索精神。

四、课程结构与教学内容

根据高等职业学校专业和高速铁路施工与维护专业群教学标准要求,结合"高铁线路养护维修"课程目标,确定本课程结构与教学内容,设计合理的学习项目及学时安排。

(一)课程模块

"高铁线路养护维修"课程由高速铁路轨道养护维修模块、高速铁路路基养护维修模块、高速铁路桥隧病害及其防治模块、高速铁路线路主要作业模块四部分构成。

高速铁路轨道养护维修模块是本课程的核心内容,包含高速铁路维护基础知识、高速铁路轨道检查、高速铁路钢轨养护维修、道岔检查及作业、扣件系统维修作业等内容。

高速铁路路基养护维修模块可以丰富学生的铁路养护知识，包含基床变形及其防治、路基冻害及其防治等两部分内容。

高速铁路桥隧病害及其防治模块可以提升学生对于桥隧维护的能力，包含高速铁路桥梁病害产生的原因及防治、高速铁路隧道病害产生的原因及防治等两部分内容。

高速铁路线路主要作业模块是提升学生高铁工务维护技能的关键，主要是结合规范要求，选取高铁主要的作业操作，然后进行实践，实现对学生综合应用能力的培养。

(二)教学内容及项目、学时安排

"高铁线路养护维修"课程教学内容、教学项目安排如表2-119所示。

表2-119 "高铁线路养护维修"课程教学内容、教学项目安排表

模块	学习项目	教学内容	思政融入点	学时
高速铁路轨道养护维修	1.高速铁路维护基础知识； 2.高速铁路轨道养护维修	1.线路平、纵断面基础知识； 2.无缝线路故障处理； 3.无缝线路应力放散与调整； 4.高铁线路检查及数据分析； 5.高铁钢轨养护维修； 6.高铁扣件系统维修作业； 7.高铁道岔检查及作业	1.无规矩不成方圆； 2.大国重器——复兴号； 3.精益求精的工匠精神； 4.提高安全意识、质量意识； 5.不积跬步无以至千里； 6.服务人民、奉献社会的人生观	32
高速铁路路基养护维修模块	3.高速铁路路基病害及防治	1.高速铁路路基基床变形及其防治； 2.路基冻害及其防治	1.认真负责的职业素养； 2.劳模精神； 3.安全教育； 4.万丈高楼平地起，一砖一瓦皆根基，打好基础，走好人生路	6
高速铁路桥隧病害及其防治模块	4.高速铁路桥隧病害及其防治	1.高速铁路桥梁病害产生的原因及防治； 2.高速铁路隧道病害产生的原因及防治	1.实事求是的态度； 2.求实、求真的科学意识； 3.敬业、精益、专注、创新的工匠精神； 4.新技术、新设备、新方法的改革和创新思想	6
高速铁路线路主要作业	5.高铁线路主要作业	结合高铁线路各结构病害整治，开展相对完整的应用实践	1."理论联系实际"和"实践检验真知"的哲学思想和质量意识； 2.团队意识和协作精神； 3.劳动教育和安全教育； 4.精益求精的工匠精神	20

(三)学习项目设计

"高铁线路养护维修"课程学习项目设计如表 2-120 至表 2-124 所示。

表 2-120 项目 1:高速铁路维护基础知识

教学目标	1.掌握平、纵断面的识读; 2.了解无缝线路基本知识; 3.掌握无缝线路故障处理; 4.掌握无缝线路应力放散的流程; 5.掌握铁路线路检查及数据分析; 6.能够进行轨道精调	
教学内容	1.线路平、纵断面基础知识; 2.无缝线路基本知识; 3.无缝线路故障处理; 4.无缝线路应力放散与调整; 5.高铁线路检查及数据分析; 6.轨道几何尺寸调整(钢轨精调)	
教学任务设计	序号	任务描述
	任务 1.高铁平、纵断面图识读	1.高铁平面图的特点及组成要素; 2.高铁纵断面图的特点及组成要素; 3.高铁平、纵断面图识别读取的数据讲解; 4.根据实际案例展示平、纵断面图的识读过程
	任务 2.无缝线路故障处理及应力放散	1.学习无缝线路的基本知识,包括定义、分类、原理、锁定轨温、优势、弊端等; 2.学习无缝线路常见故障处理办法; 3.无缝线路应力放散的原理; 4.无缝线路应力放散的流程和不同方法; 5.进行无缝线路应力调整
	任务 3.高铁线路检查和钢轨精调	1.动态检查; 2.静态检查; 3.高速铁路轨道不平顺管理; 4.无砟轨道精调
学时	18	
教学方法	任务驱动法、演示法、讲授法、案例法	

表 2-121 项目 2：高速铁路轨道养护维修

教学目标	1.掌握高速铁路钢轨的维修管理； 2.熟悉钢轨的伤损分类评判标准； 3.会进行钢轨的伤损处理； 4.熟悉扣件的类型及适用范围； 5.掌握扣件的修理及维护； 6.能够进行道岔检查及数据分析； 7.掌握高速铁路道岔安全作业流程	
教学内容	1.高铁钢轨养护维修； 2.高铁扣件系统维修作业； 3.高铁道岔检查及维修作业	
教学任务设计	序号	任务描述
	任务1.高铁钢轨养护维修	1.学习钢轨伤损分类及评判标准； 2.钢轨伤损的处理措施； 3.根据案例进行钢轨伤损评判； 4.钢轨的打磨作业
	任务2.高铁扣件系统维修作业	1.高速铁路扣件类型及适用范围； 2.扣件的安装流程及注意事项； 3.进行扣件涂油和更换
	任务3.高铁道岔检查及维修作业	1.高速铁路道岔检查作业； 2.分析检查的数据，进行超限勾划； 3.道岔的精调作业； 4.道岔安全作业流程
学时	14	
教学方法	多媒体教学法、现场教学法、分组实践操作法	

表 2-122 项目 3：高速铁路路基病害及防治

教学目标	1.掌握路基的结构组成； 2.能够分析基床变形原因； 3.能够指导基床变形整治； 4.能够分析路基冻害的原因； 5.能够指导路基冻害防治
教学内容	1.路基的结构组成； 2.基床变形成因； 3.基床变形防治； 4.路基冻害的成因及防治

续表

	序号	任务描述
教学任务设计	任务1.路基结构组成	1.学习路基的分类； 2.学习路基的结构组成； 3.进行路基分类和结构部分识别
	任务2.基床变形及防治	1.学习基床变形的成因； 2.学习基床变形的防治方法； 3.根据实际情况给出基床变形的整治措施
	任务3.路基冻害成因及防治	1.学习路基冻害的成因分析及防治方法； 2.根据实际情况给出路基冻害的整治措施
学时	6	
教学方法	启发式教学、任务驱动、案例教学	

表2-123 项目4：高速铁路桥隧病害及其防治

教学目标	1.掌握高铁桥梁常见病害的成因； 2.掌握高铁桥梁病害的防治方法； 3.掌握高铁隧道病害的防治方法； 4.能够进行高铁桥梁病害识别； 5.能够进行高铁隧道病害识别； 6.能够指导高铁桥隧病害整治
教学内容	1.高铁桥梁的结构及常见病害； 2.高铁桥梁病害防治方法； 3.高铁隧道常见病害及防治方法

	序号	任务描述
教学任务设计	任务1.高铁桥梁的结构及常见病害	1.学习高铁桥梁结构组成； 2.学习高铁桥梁常见病害
	任务2.高铁桥梁病害防治方法	1.高铁桥梁病害防治方法； 2.高铁桥梁病害识别
	任务3.高铁隧道常见病害及防治方法	高铁隧道常见病害及防治办法
学时	6	
教学方法	启发式教学、任务驱动、案例教学、卡片式教学	

表 2-124　项目 5:高铁线路主要作业

教学目标	1.对接案例,掌握 GNSS 网形设计的依据和方法; 2.能够结合案例进行 GNSS 控制网数据采集; 3.能够应用指定软件进行控制网数据处理及精度评定; 4.能够结合图纸,完成线路施工放样; 5.做到理论联系实际,提高解决实际问题的能力; 6.具备安全规范测量的职业素养	
教学内容	在教师的引导下,结合案例要求,在高铁实训工区,主要是结合规范要求,选取高铁主要的作业操作,进行实践,实现学生综合应用能力的培养	
教学任务设计	序号	任务描述
	任务 1.高速铁路安全作业流程	1.作业防护; 2.作业材料及作业种类; 3.质量回检
	任务 2.无砟轨道维护作业	1.轨道精调作业; 2.无砟轨道垫板作业; 3.扣件安装维修作业
	任务 3.有砟轨道养护作业	1.有砟轨道起道捣固作业; 2.有砟轨道线路拨道作业
学时	20	
教学方法	案例教学、任务驱动、分组实践法	

(四)教学要求

"高铁线路养护维修"课程教学要紧扣高速铁路施工与维护专业群教学标准和课程目标,在全面贯彻党的教育方针、落实立德树人根本任务的基础上,突出职业教育特色,培养学生高速铁路工务维护能力,增加工程实践经验。

课程教学要落实立德树人的根本任务,贯彻课程思政要求,培养学生正确的价值观,深入领会工匠精神,使学生在以后的工作学习中能够自信、自强、有理想、有担当。突出学生技能培养,增强工务技能,在高铁工务实操中学习相关知识,以及提高综合运用知识的能力,培养团队协作的习惯。增加实际工程案例的引入,训练学生根据已学知识解决高铁相关设备病害问题,培养其解决问题的能力。

(五)引入行业标准

(1)《高速铁路工务安全规则(试行)》(TG/GW 121—2014);

(2)《高速铁路轨道工程施工质量验收标准》(TB 10754—2010);

(3)《铁路技术管理规程》(铁道部令〔2006〕29 号);

(4)《高速铁路路基工程施工质量验收标准》(TB 10751—2010);

(5)《高速铁路隧道工程施工质量验收标准》(TB 10753—2010);

(6)《高速铁路桥涵工程施工质量验收标准》(TB 10752—2010)。

五、课程考核与评价

课程采用"平时考核(20%)+过程性考核(30%)+终结性考核(50%)",线上知识测试与线下技能考核相结合的方式,全面、客观地评价学生的学习效果。平时考核注重学生基础知识的掌握情况、职业素养的培养;过程性考核注重考察学生的工务维修操作技能,关注学生综合素养和技能应用能力,主要考评高铁线路检查及扣件维修、高速铁路道岔检查及数据分析、高速铁路线路主要作业、基础知识在线测试等四个方面。具体评价标准见表2-125。

表2-125 "高铁线路养护维修"课程考核评价体系

过程性考核 (分值权重)	考核项目	评价标准	过程性考核 (30%)	平时考核 (20%)	终结性考核 (50%)
高铁线路检查及扣件维修(30%)	高铁线路检查	数据准确、超限勾划正确	操作仪器(20%)	1.基本素质评价,包括出勤情况、资源学习、课堂参与等综合表现; 2.职业素质评价,包括项目参与度、承担角色和任务完成情况、劳动意识、创新精神等	根据教学内容,结合课程目标,采用期末考试方式,全面考察学生知识掌握情况,同时设计案例分析部分,考察学生综合运用知识解决问题的能力
	扣件维修作业	操作流程正确	作业规范(10%)		
高速铁路道岔检查及数据分析(30%)	道岔检查	检查位置正确、工具使用正确	操作仪器(15%)		
	数据分析	数据处理合理	数据处理(15%)		
高速铁路线路主要作业(40%)	高速铁路线路安全作业流程	作业流程正确	作业规范(15%)		
	无砟轨道精调	操作流畅、合理	操作仪器(25%)		
在线测试(10%)	在线课程期末考试	题目作答准确	客观试题(10%)		

六、课程资源

(一)教材选用

所用教材要求为近三年出版的高职高专规划教材,既能反映最新发展水平,又能适应高等职业教育的需要,能够帮助学生提高分析问题、解决问题的能力,突出高素质技术技能人才培养特点。教材应包括高铁轨道养护维修、高速铁路路基养护维修、高速铁路桥隧养护维修、高速铁路线路主要作业等内容。鼓励教师结合教育教学改革和信息化教学需要,以思想性、科学性、发展性、规范性为原则,校企合作编写立体化和富媒体化教材、活页式教材、云教材等。

(二)数字化资源

依据本课程标准,充分运用各种信息技术手段,结合教学改革需要,开发微课、多媒体课件等数字化教学资源,建设在线开放课,实现优质资源共建共享,提升课程的教学效果。

七、教学团队

教师是学生学习课程的纽带,是引导学生掌握实践技能的关键。任课教师要树立良好的师德师风,符合教师专业标准要求,具有扎实的专业基础,有一定的工程实践经验和良好的教育教学能力。

(一)团队结构

组建课程教学团队,确定课程负责人,积极组织开展各类教研活动,帮助青年教师成长,提高中青年教师教学水平,制定教学团队规范制度,不断优化教学内容。学校应组建年龄、性别、职称与学历结构合理,具有较强信息化教学能力的教学团队。

(二)双师素质

课程团队教师应具有双师素质,加强与企业合作。教师应坚持去铁路局高铁维护现场进行实践锻炼,提高高铁工务维护技能水平,积累一线高铁工务维护经验。加强教师信息化能力培养,提高创新意识,鼓励教师进行教学改革创新。

八、教学设备要求

"高铁线路养护维修"课程教学设备配备要求如表2-126所示。

表2-126 "高铁线路养护维修"课程教学设备配备要求

项目	技术参数与要求	数量
计算机	满足主流教学软件要求;支持网络同传和硬盘保护;多媒体教学系统	每工位1台
教学投影显示设备	投影仪或智慧一体机	≥1台
计算机基本配置	操作系统及相关驱动;常用工具软件,办公软件,图形编辑软件;信息安全防护软件;互联网软件	根据教学需要选用
仪器设备与软件	道尺、支距尺、弦绳、钢板尺	每4～6工位1套
	轨检小车、全站仪、配套棱镜	≥1套
	移动防护信号设备	每10～15工位1套

"高铁桥隧养护维修"课程标准

一、课程性质与任务

(一)课程性质

"高铁桥隧养护维修"课程是高速铁路施工与维护专业群的核心模块课程。本课程基于高速铁路桥涵和隧道养护维修的典型工作任务,以培养学生具备高速铁路桥涵病害检测维修与养护、高速铁路隧道病害检测与养护维修技能为目标,并为学生后续课程的学习以及将来的工作打下坚实的专业基础;同时该课程为学生铁路养护职业素质养成搭建了一个重要平台,培养学生的组织协调能力、团队合作能力、吃苦耐劳的精神,培养学生的专业素养、职业道德、规范意识与创新能力。

(二)课程任务

全面贯彻党的教育方针,落实立德树人根本任务,满足高铁桥隧养护维修对人才培养的要求,围绕高等职业教育高铁施工与维护技术专业对高铁桥隧养护维修的培养需求,拓展高铁养护维修领域的前沿技术,通过理实一体化教学,提升学生解决高速铁路桥隧养护实际问题的综合能力,使学生成为德智体美劳全面发展的高素质技术技能人才。

二、课程目标

(一)素质目标

(1)养成安全规范操作的职业素养;

(2)增强安全优质、兴路强国的新时代铁路精神;

(3)具备吃苦耐劳、甘于奉献、克服困难的敬业精神;

(4)具备熟练操作、精益求精的工匠精神;

(5)培养学生掌握"中国标准",作好输出"中国标准"的准备。

(二)知识目标

(1)熟悉中国高速铁路桥梁和隧道发展现状及构造;

(2)掌握高速铁路桥梁和隧道常见的病害及成因;

(3)掌握高速铁路桥梁和隧道病害的检查方法;

(4)掌握高速铁路桥梁和隧道病害的检定与评估;

(5)掌握高速铁路桥梁和隧道病害的整治方法;

(6)掌握高速铁路桥梁和隧道病害整治检查验收细则;

(7)掌握高速铁路桥梁和隧道施工安全配合和施工计划管理。

(三)技能目标

(1)能认知各种高速铁路桥梁和隧道的病害;

(2)能检测高速铁路桥梁和隧道病害;

(3)能对高速铁路桥梁和隧道病害进行分类和等级评定;

(4)能进行高速铁路桥梁和隧道病害分析并制订养护维修的方案或计划;

(5)能进行常规的高速铁路桥梁和隧道病害整治;

(6)能够对维修后的高速铁路桥梁和隧道的病害进行质量评估;

(7)能够进行高速铁路桥梁和隧道作业现场的安全防护工作。

三、课程思政

课程思政是指以构建全员、全过程、全方位育人格局的形式将各类课程与思想政治理论课同向同行,形成协同效应,把"立德树人"作为教育的根本任务的一种综合教育理念。"高铁桥隧养护维修"作为高速铁路施工与维护专业群核心课,其课程思政的主要形式是将思想政治教育元素,包括思想政治教育的理论知识、价值理念以及精神追求等融入课程学习和实践中去,潜移默化地对学生的思想意识、行为举止产生影响,具体包括新时代铁路精神、"火车头"精神、巴山精神、精益求精、大国工匠、创新思维等。

分享中国高铁技术的崛起,厚植学生的爱国主义情怀。以提升学生高铁桥隧养护维修技术应用能力为突破点,选取教学题材(如中国名片、中国标准、京沪高铁等),以新时代铁路精神——安全优质、兴路强国为引领,培养学生的职业认同感和自豪感,坚持把"安全优质、兴路强国"新时代铁路精神和"艰苦奋斗、无私奉献,严谨科学、精益求精,务实创新、开拓进取"的巴山精神融入课程教学过程。高铁桥隧养护维修要将检测与维修作业相结合,融入"理论联系实际"和"实践检验真知"的哲学思想和质量意识。要求学生能够利用机具和设备进行高铁桥隧设备的病害检测,引导学生正确认识养护维修质量对高铁运行的影响,严把质量关。教学中结合中国高铁技术和桥隧建设的发展和工程实践应用,结合工程一线的大国工匠的先进事迹,引导学生关注我国高铁行业工程方向的发展，帮助学生树立起对职业敬畏、对工作执着、对成果负责的态度，养成敬业、精益、专注、创新的工匠精神。依托真实的实训环境，开展劳动教育、安全教育。依托高铁实训工区、高铁隧道实训基地、桥梁实训基地开展项目教学，规范学生的安全意识，提升高铁桥隧检测和养护维修的岗位实践能力，加强对学生的劳动教育。以高铁桥隧养护维修案例为载体，将现场技术人员遇到的生产问题引入课堂活动中，开展灵活教学形式，激发学生思维，引导学生提出解决问题的途径，提高学生团队协作、自主探究的创新思维能力。

四、课程结构与教学内容

根据高等职业学校专业和高速铁路施工与维护专业群教学标准要求，结合"高铁桥隧养护维修"课程目标，确定本课程结构与教学内容，设计合理的学习项目及学时安排。

(一)课程模块

"高铁桥隧养护维修"课程由高铁桥梁养护维修模块、高铁涵洞养护维修模块、高铁隧道养护维修模块三部分构成。

高铁桥梁养护维修模块是让学生掌握高铁桥梁病害及养护维修方法，包含高铁桥梁病害的认知、高铁桥梁病害的检查、高铁桥梁上部结构的维修、高铁桥梁下部结构的养护维修、高铁桥梁维修标准等内容。

高铁涵洞养护维修模块是让学生认识高铁涵洞及其病害并进行维修，包含高铁涵洞的认知、高铁涵洞病害的分析、高铁涵洞病害的整治等内容。

高铁隧道养护维修模块是让学生认识高速铁路隧道病害并进行病害分析和提出整治的方法，主要是结合典型的高铁隧道病害实例，从病害分析、等级评定、整治方案制定、技术总结等方面，开展相对完整的应用实践，实现学生综合应用能力的培养。

(二)教学内容及项目、学时安排

"高铁桥隧养护维修"课程教学内容、教学项目安排如表 2-127 所示。

表 2-127 "高铁桥隧养护维修"课程教学内容、教学项目安排表

模块	学习项目	教学内容	思政融入点	学时
高铁桥梁养护维修	1.高铁桥隧养护维修基本知识； 2.高铁桥梁病害检测； 3.高铁桥梁病害整治	1.高铁桥梁基本构造； 2.高铁桥梁养护维修的基本方法； 3.高铁桥梁病害的检查； 4.高铁桥梁上部结构维修； 5.高铁桥梁下部结构的维修； 6.高铁桥梁养护维修验收标准	1.新时代铁路精神——安全优质，兴路强国； 2.中国名片——高铁技术； 3."深入细节、兼顾全局"的哲学思想； 4."理论联系实际"的哲学思想； 5.质量意识、规范意识； 6.青藏铁路精神； 7.新技术、新设备、新方法的改革和创新思想	30
高铁涵洞养护维修模块	4.涵洞的构造及病害检查； 5.涵洞常见病害养护维修	1.高铁涵洞的构造； 2.涵洞检查； 3.涵洞常见病害整治	1.严谨科学、精益求精； 2."实践检验真知"的哲学思想和质量意识、规范意识； 3.求实、求真的科学意识； 4.敬业、精益、专注、创新的工匠精神	4

续表

模块	学习项目	教学内容	思政融入点	学时
高铁隧道养护维修模块	6.高铁隧道日常检查及评定； 7.高铁隧道水害、冻害防治； 8.高铁隧道衬砌裂损及腐蚀防治； 9.高铁桥隧病害维修验收标准	结合典型的高铁工程实例，开展相对完整的应用实践	1.艰苦奋斗、无私奉献的专业精神； 2."理论联系实际"和"实践检验真知"的哲学思想和质量意识； 3.团队意识和协作精神； 4.劳动教育和安全教育； 5.巴山精神，王庭虎——全国劳模精神事迹； 6.安全教育	30

(三)学习项目设计

"高铁桥隧养护维修"课程学习项目设计如表2-128至表2-136所示。

表2-128 项目1：高铁桥隧养护维修基本知识

教学目标	1.了解高速铁路桥梁的种类及其组成； 2.掌握高速铁路桥梁养护维修的基本理论； 3.掌握高速铁路桥梁养护维修的基本方法； 4.掌握高速铁路桥梁养护维修的基本内容	
教学内容	1.高铁桥梁的分类及构造； 2.高铁桥梁养护维修基本理论； 3.高铁桥梁养护维修基本方法； 4.高铁桥梁养护维修基本内容	
教学任务设计	序号	任务描述
	任务1.高铁桥梁的分类及基本构造	1.学生分组，领取任务； 2.学习高速铁路桥梁的分类及构造； 3.熟悉高速铁路桥梁的各部构造； 4.熟悉病害容易产生的位置
学时	4	
教学方法	测站法、演示法、讲授法、案例法	

表2-129 项目2：高铁桥梁病害检测

教学目标	1.掌握高铁桥梁材料性能的检测方法； 2.掌握高铁桥梁工程制品的检测； 3.掌握合理安排桥梁检查作业和车站登记制定； 4.能够进行高铁桥梁的检查； 5.能够分析高铁桥梁病害的成因； 6.培育精益求精的职业素养； 7.形成理论联系实际的工作意识
教学内容	1.高铁桥梁材料性能检测； 2.高铁桥梁工程制品的检测； 3.高铁桥梁的检查； 4.高铁桥梁作业的安全防护

续表

	序号	任务描述
教学任务设计	任务1.高铁材料性能检测	1.无损检测技术； 2.混凝土强度检测； 3.混凝土缺陷检测； 4.钢筋检测
	任务2.桥梁工程制品的检测	1.锚具、夹具等的检测； 2.桥梁支座试验检测； 3.桥梁荷载试验
	任务3.桥梁检查	1.桥梁检测的方法； 2.桥梁常见病害检查
学时	14	
教学方法	启发式教学、任务驱动、案例教学法、测站教学法	

表2-130 项目3：高铁桥梁病害整治

教学目标	1.掌握钢桥维修技术； 2.掌握钢结构涂装技术； 3.掌握圬工梁桥的维修技术； 4.掌握桥梁支座的维修和养护技术； 5.掌握圬工墩台的维修技术； 6.掌握墩台基础的维修技术	
教学内容	1.钢桥上部结构维修； 2.混凝土桥上部结构维修； 3.桥梁支座维修； 4.墩台基础维修	
	序号	任务描述
教学任务设计	任务1.桥梁上部结构病害整治	1.钢桥除锈涂装； 2.圬工梁维修
	任务2.桥梁支座维修	1.支座病害预防； 2.支座常见病害维修
	任务3.桥梁下部结构维修	1.圬工墩台维修； 2.墩台基础维修
学时	12	
教学方法	启发式教学、任务驱动、案例教学、卡片式教学	

表 2-131　项目 4:涵洞的构造及病害检查

教学目标	1.掌握涵洞的类型； 2.掌握涵洞的构造； 3.能够进行涵洞病害检查； 4.能够正确进行涵洞病害分析； 5.具备熟练操作、精益求精的工匠精神	
教学内容	1.涵洞的类型及构造； 2.涵洞病害检查； 3.涵洞病害分析	
教学任务设计	序号	任务描述
	任务1.涵洞类型及构造	1.涵洞类型； 2.涵洞的构造
	任务2.涵洞的病害检查	1.涵洞主要检查； 2.涵洞重点检查
	任务3.涵洞的病害分析	1.自然环境造成涵洞病害； 2.设计方案造成涵洞病害； 3.施工原因造成涵洞病害
学时	2	
教学方法	启发式教学、任务驱动、案例教学、卡片式教学	

表 2-132　项目 5:涵洞常见病害养护维修

教学目标	1.能够分析涵洞病害成因； 2.能够对常见涵洞病害提出整治方案； 3.能够进行涵洞常见病害维修； 4.能够对涵洞进行保养； 5.做到理论联系实际,提高解决实际问题的能力； 6.具备安全规范测量的职业素养	
教学内容	1.涵洞常见病害维修； 2.涵洞的养护	
教学任务设计	序号	任务描述
	任务1.涵洞常见病害维修	1.洞口、洞底的维修； 2.端墙、翼墙的维修； 3.其他病害维修
	任务2.因设计原因造成病害维修	1.进水洞口； 2.出水洞口； 3.陡坡涵洞
	任务3.涵洞养护	1.涵洞日常养护； 2.涵洞雨季养护
学时	30	
教学方法	案例教学、任务驱动、测站教学法	

表 2-133 项目 6:高铁隧道日常检查及评定

教学目标	1. 了解隧道常见的病害; 2. 熟悉隧道检查工作制度; 3. 掌握隧道检查的基本任务; 4. 能认识、正确使用隧道检查与检测设备并对隧道病害进行观测; 5. 能对隧道检查结果进行评定	
教学内容	1. 隧道常见的病害; 2. 隧道检查工作制度; 3. 隧道检查的基本任务; 4. 隧道检查与检测设备; 5. 隧道病害观测	
教学任务设计	序号	任务描述
	任务1. 隧道病害认识、隧道检查工作制度及基本任务	以某隧道项目为载体,制定该隧道检查工作制度并明确该隧道检查基本任务
	任务2. 隧道检查与检测设备认识及使用	以某隧道项目为载体,认识和正确使用检查和检测设备
	任务3. 隧道检查结果评定	以某隧道项目为载体,完成该隧道检查结果评定
学时	10	
教学方法	案例教学、任务驱动、现场教学法	

表 2-134 项目 7:高铁隧道水害、冻害防治

教学目标	1. 熟悉水害和冻害的类型、成因; 2. 掌握隧道水害和冻害的观测方法; 3. 熟悉隧道水害和冻害程度等级评定标准; 4. 能对隧道一般性水害及冻害进行防治	
教学内容	1. 隧道水害防治; 2. 隧道冻害防治	
教学任务设计	序号	任务描述
	任务1. 隧道水害防治方法的选定	以某隧道水害整治项目为载体,根据隧道出水点部位和水量的大小,选定处理方法的能力,同时完成该隧道水害防治方法的选定
	任务2. 隧道冻害防治方法的选定	以某隧道项目为载体,查找隧道冻害的类型、成因,选择冻害的观测方法及对冻害程度进行等级评定,同时完成该隧道水害防治方法的选定
学时	8	
教学方法	案例教学、任务驱动、现场教学法	

表 2-135　项目 8：高铁隧道衬砌裂损及腐蚀防治

教学目标	1. 熟悉高铁隧道衬砌裂损、腐蚀类型及成因； 2. 掌握高铁隧道衬砌裂损、腐蚀的观测方法； 3. 熟悉高铁隧道衬砌裂损、腐蚀程度等级评定标准； 4. 能对高铁隧道一般性衬砌裂损、腐蚀进行防治	
教学内容	1. 隧道裂损防治； 2. 隧道腐蚀防治	
教学任务设计	序号	任务描述
	任务 1. 隧道衬砌裂损防治方法的选定	以某隧道项目为载体,分析隧道衬砌损伤的成因,选择合适的衬砌裂损防治方法,完成该隧道衬砌裂损防治方法的选定
	任务 2. 隧道腐蚀防治方法的选定	以某隧道混凝土衬砌结构的耐久性与保护层厚度项目为载体,选择适当的隧道腐蚀防治的方法,完成该隧道衬砌腐蚀防治方法的选定
学时	8	
教学方法	案例教学、项目教学法、班组合作法、角色扮演法、头脑风暴法	

表 2-136　项目 9：高铁桥隧病害维修验收标准

教学目标	1. 掌握高铁桥隧建筑物标准； 2. 掌握高铁桥隧建筑物维修与养护的验收标准； 3. 能够进行高铁桥隧病害维修后的验收； 4. 做到理论联系实际,提高解决实际问题的能力； 5. 具备安全规范测量的职业素养	
教学内容	1. 高铁桥隧建筑物标准； 2. 高铁桥隧建筑物维修与养护的验收标准	
教学任务设计	序号	任务描述
	任务 1. 高铁桥隧建筑物标准	1. 桥梁建筑物技术标准； 2. 涵洞建筑物技术标准； 3. 隧道建筑物技术标准
	任务 2. 高铁桥隧建筑物维修与养护的验收标准	1. 桥隧建筑物维修验收标准； 2. 桥隧建筑物养护质量评定标准
学时	4	
教学方法	案例教学、任务驱动、测站教学法	

（四）教学要求

"高铁桥隧养护维修"课程教学要紧扣高速铁路施工与维护专业群教学标准和课程目标,在全面贯彻党的教育方针、落实立德树人根本任务的基础上,突出职业教育特色,培养学生进行高速铁路桥隧设备的检测和养护维修的能力,提升学生的工程实践能力。

课程教学要落实立德树人的根本任务,贯彻课程思政要求,使学生在复杂的社会环境和工作环境中能够有担当、辨是非、求上进、有作为。培养学生创新意识,对于工作中出现的各类问题能够进行分析判断,提出合理的解决方案。

(五)引入行业标准

(1)《高铁桥涵工程施工技术规程》(Q/CR 9603—2015);
(2)《高速铁路桥涵工程施工质量验收标准》(TB 10752—2010);
(3)《铁路桥隧建筑物修理规则》(铁运〔2010〕38号)。

五、课程考核与评价

课程采用过程性考核与平时表现再加期末终结性考核相结合,以及线上知识测试与线下技能考核相结合的方式,全面、客观地评价学生的学习效果。过程性考核在考察学生技能掌握程度的基础上,关注学生综合素养和技能应用能力,主要考评高铁桥梁养护维修、涵洞养护维修、高铁隧道养护维修等三个方面。具体评价标准见表2-137。

表2-137 "高铁桥隧养护维修"课程考核评价体系

过程性考核 (分值权重)	考核项目	评价标准	过程性考核 (30%)	平时考核 (20%)	终结性考核 (50%)
高铁桥梁养护维修 (40%)	桥梁材料检测	操作符合作业标准	实验仪器操作(15%)	1.基本素质评价,包括出勤情况、资源学习、课堂参与等综合表现; 2.职业素质评价,包括项目参与度、承担角色和任务完成情况、劳动意识、创新精神等	参加最终期末考试,卷面成绩占总成绩的50%
	桥梁病害检查	检查正确无误	设备操作(10%)		
	病害分析,写整治方案	分析正确,方案合理	内业作业(15%)		
涵洞养护维修 (30%)	病害检查	检查正确	外业操作(15%)		
	写出方案	方案合理	内业作业(15%)		
高铁隧道养护维修 (30%)	病害分析	分析合理	主观试题(15%)		
	写出方案	方案合理	内业作业(15%)		

六、课程资源

(一)教材选用

所用教材要求为近三年出版的高职高专规划教材,既能反映最新发展水平,又能适应高等职业教育的需要,能够帮助学生提高分析问题、解决问题的能力,突出高素质技术技能人才培养特点。教材应包括高铁桥梁养护维修、涵洞养护维修、高铁隧道养护维修等内容。鼓励教师结合教育教学改革和信息化教学需要,以思想性、科学性、发展性、规范性为原则,校企合作编写立体化和富媒体化教材、活页式教材、云教材等。

(二)数字化资源

依据本课程标准,充分运用各种信息技术手段,结合教学改革需要,开发微课、多媒体课件等数字化教学资源,建设在线开放课,实现优质资源共建共享,提升课程的教学效果。

七、教学团队

教师是学生学习课程的纽带,是引导学生掌握实践技能的关键。任课教师要树立良好的师德师风,符合教师专业标准要求,具有扎实的专业基础,具有一定的工程实践经验和良好的教育教学能力。

(一)团队结构

建立课程负责人制度,组建课程教学团队,积极组织开展各类教研活动,促进青年教师成长。学校应通过人才引进、自主培养等途径,组建年龄、性别、职称与学历结构合理,政治素质过硬,专业水平高,信息化教学能力强,"又红又专"的一流教学团队。

(二)双师素质

课程团队教师应具有双师素质,同时开展校企合作。任课教师应坚持定期到高速铁路养护维修或高铁基础设施段一线进行实践锻炼或考察交流,与时俱进地更新高速铁路桥隧养护维修理论知识和提升高速铁路桥隧养护维修操作技能水平。鼓励支持教师进行课程教学改革创新,使课程教学更好地适应学生全面发展和个性化发展的需要,满足经济社会发展需求。

八、教学设备要求

"高铁桥隧养护维修"课程教学设备配备要求如表 2-138 所示。

表 2-138 "高铁桥隧养护维修"课程教学设备配备要求

项目	技术参数与要求	数量
台式电脑	满足主流教学软件要求;支持网络同传和硬盘保护;多媒体教学系统	每工位 1 台
教学投影显示设备	投影仪或智慧一体机	≥1 台
注:其他实训条件详见"高铁施工与维护"专业实训条件建设标准。		

"线桥隧施工测量"课程标准

一、课程性质与任务

(一)课程性质

"线桥隧施工测量"课程主要包括铁路线路、桥梁、隧道等工程的全过程测量工作,学习者通过学习,可以了解测量技术在高铁工程中的作用,熟练掌握测量仪器的使用方法,识读相关的施工图纸。

"线桥隧施工测量"课程是高速铁路施工与维护专业群的专业核心课。"线桥隧施工测量"课程是土建类专业开设的一门专业课程,也是工程测量技术专业的核心课。为了适应工程建设的需要以及技术技能人才培养的要求,本课程从施工测量员的核心能力出发,校企共同开发生产性学习任务,引入工程测量的新规范、新技术、新设备,以项目为导向,采用理实一体的教学模式,通过具体任务使学生了解线路、桥梁、隧道等构筑物测设的基本方法,掌握测量仪器在施工过程中的操作应用,培育具有求真务实、实践创新、精益求精精神的技术型人才。

(二)课程任务

本课程全面贯彻党的教育方针,落实立德树人根本任务,满足高铁智慧建造对人才培养的要求,紧紧瞄准施工测量员岗位关键技术,以德技并修为目标,实用、够用为原则,按照基于工作过程系统化思路开发课程内容,深入分析施工测量员典型工作任务,按照教学过程与生产过程对接、教学内容与职业标准对接,引入测量新技术,打破传统课程结构,提升学生施工测量能力,使学生成为懂技术、有思想、敢作为的新基建测量人才。

二、课程目标

(一)素质目标

(1)养成安全规范操作的职业素养;
(2)具有求真务实、精益求精的工匠精神;
(3)具备爱国情怀、爱党思想;
(4)具备积极向上正能量,弘扬社会主义核心价值观;
(5)养成吃苦耐劳、艰苦奋斗的优秀品质。

(二)知识目标

(1)掌握施工测量的基本方法和相关测量技术;
(2)熟悉线路、桥梁隧道工程施工放样的理论知识;
(3)掌握放样数据计算及施工放样的方法;
(4)掌握高铁线路控制测量方法;
(5)掌握桥梁控制测量及放样方法;
(6)掌握隧道控制测量及断面测量、监测方法;
(7)掌握常用施工测量数据处理软件操作方法。

(三)技能目标

(1)能熟练操作水准仪、全站仪、GNSS接收机进行基本测量工作;
(2)能制定工程控制测量任务书;
(3)能计算线路中边桩坐标;
(4)能计算桥梁钻孔桩坐标;
(5)能计算隧道内构筑物定位坐标;
(6)能利用测量设备进行实际点位放样;
(7)能进行铁路线路CPⅢ控制测量。

三、课程思政

课程思政指以构建全员、全过程、全方位育人格局的形式将各类课程与思想政治理论课同向同行,形成协同效应,把"立德树人"作为教育的根本任务的一种综合教育理念。"线桥隧施工测量"作为高速铁路施工与维护专业群核心课,其课程思政的主要形式是将思想政治教育元素,包括思想政治教育的理论知识、价值理念以及精神追求等融入课程学习及实践中去,潜移默化地对学生的思想意识、行为举止产生影响,具体包括测绘精神、质量意识、工匠精神、劳动精神、创新思维等。

本课程设计思路是依据专业教学标准和施工测量员职业资格标准,把线桥隧施工测量最新技术转化为教学项目,针对项目进行思政元素的挖掘和对应,对课程思政教育教学改革进行整体设计,将对应的思政元素融入不同项目的教学中,并依托在线开放课程平台,探索课程思政多元化教学方法,采用专题式、案例式等多种教学方法,潜移默化地将课程思政教学目标融入教学设计中,融入学生学习任务中。例如,引入我国大型基建项目、测量榜样、行业标兵,融入测绘精神、工匠精神。将"求真、求精、求稳"的专业要求融入日常教学,选取教学题材(如港珠澳大桥、国测一大队英雄事迹、全国劳模等),以行业精神为引领,培养学生的职业认同感和自豪感,坚持把"热爱祖国,忠诚事业,艰苦奋斗,无私奉献"的测绘精神融入课程教学过程。

四、课程结构与教学内容

根据高等职业学校专业和高速铁路施工与维护专业群教学标准要求,结合"线桥隧施工测量"课程目标,确定本课程结构与教学内容,设计合理的学习项目及学时安排。

(一)课程模块

"线桥隧施工测量"课程由施工测量的基本工作、线路施工测量、桥梁施工测量、隧道施工测量、高铁精密测量五部分构成。

施工测量的基本工作旨在帮助学生为后续各个项目的具体测量工作打下坚实的专业基础,包含角度放样、高程放样、距离放样、坐标放样、坡度放样等内容。

线路施工测量的基本工作旨在帮助学生为后续各个项目的具体测量工作打下坚实的专业基础,包含控制网复测及加密、标准曲线中边桩坐标计算、非标准曲线中边桩坐标计算等内容。

桥梁施工测量的基本工作旨在帮助学生掌握桥梁工程的控制网建立和常用放样方法,包含桥梁独立控制网的测设、桥梁下部结构的坐标计算及放样、桥梁上部结构的坐标计算及放样等内容。

隧道施工测量的基本工作旨在帮助学生掌握隧道工程的控制网建立和常用放样方法。包含隧道控制测量、隧道断面测量、隧道贯通误差的估计及调整、隧道监控量测等内容。

高铁精密测量的基本工作旨在帮助学生掌握高铁线路控制测量和轨道精调的相关方法技术,包含CPⅢ平面控制测量、CPⅢ高程控制测量、轨道精调测量等内容。

(二)教学内容及项目、学时安排

"线桥隧施工测量"课程教学内容、教学项目安排如表2-139所示。

表2-139 "线桥隧施工测量"课程教学内容、教学项目安排表

模块	学习项目	教学内容	思政融入点	学时
施工测量的基本工作	1.基坑开挖边界线放样	1.角度放样,高程放样,距离放样; 2.极坐标法、角度交会法、距离交会法、直角坐标法; 3.高程传递法进行放样,坡度放样	1.理解"纸上得来终觉浅,绝知此事要躬行"的道理,扎实掌握施工测量基本功; 2.能根据具体情况选择合适的测设方法; 3.在测设过程中培养精益求精的工匠精神; 4.质量意识、规范意识	8
线路施工测量	2.线路施工复测及加密; 3.线路中边桩坐标计算及放样	1.线路中桩、边桩坐标计算的方法; 2.图解法、解析法和渐近法边桩放样方法; 3.竖曲线计算; 4.控制网复测及加密	1.了解中国铁路为我国基础建设带来的机遇与发展; 2.理解测量过程中的大局意识,全局把握,注重细节,步步校核,精益求精,培养职业素养; 3.具备工程施工安全意识; 4.形成精益求精的理念; 5.锻炼团队协作的能力	32

续表

模块	学习项目	教学内容	思政融入点	学时
桥梁施工测量	4.桥梁施工测量	1.桥梁独立控制网的施测； 2.桥梁细部结构坐标计算及放样的方法	1.体会逢山开路、遇水架桥的奋斗精神； 2.感受我国综合国力、自主创新能力； 3.了解港珠澳大桥不仅代表了中国桥梁先进水平，更是"一国两制"下粤港澳密切合作的重大成果； 4.牢记测绘使命，永葆家国情怀； 5.了解桥梁发展变迁及现代桥梁的建设过程，树立职业自信和价值自信	8
隧道施工测量	5.隧道施工测量及监控量测	1.隧道平面及高程控制测量方法； 2.隧道断面测量及适用仪器； 3.隧道贯通误差的估计及调整； 4.隧道监控量测新技术、新仪器认识及使用	1.使学生了解云连北斗，隧贯山河的中国力量，树立民族自信、价值自信和职业自信； 2.进一步养成认真负责、精益求精的工匠精神； 3.劳动教育和安全教育； 4.了解行业新技术，培养自主创新意识	8
高铁精密测量	6.高铁CPⅢ控制测量及轨道精调	1."三网合一"的理论与实施； 2.CPⅢ控制网布设及测量； 3.板式无砟轨道精调、精调测量	1.严谨认真、精益求精的专业精神； 2."理论联系实际"和"实践检验真知"的哲学思想和质量意识； 3.团队意识和协作精神； 4.劳动教育和安全教育	8

（三）学习项目设计

"线桥隧施工测量"课程学习项目设计如表2-140至表2-145所示。

表2-140 项目1:基坑开挖边界线放样

教学目标	1.能够进行点平面位置的放样； 2.能够进行高程放样； 3.能够进行角度和距离的放样	
教学内容	1.角度放样,高程放样,距离放样； 2.极坐标法、角度交会法、距离交会法、直角坐标法； 3.高程传递法进行放样,坡度放样	
教学任务设计	序号	任务描述
	任务1.高程放样	1.学生分组,领取任务； 2.根据某墩台立模数据,进行高程放样
	任务2.点平面位置的放样	1.使用极坐标法进行点的平面位置的放样； 2.利用全站仪坐标法进行点位放样
学时	8	
教学方法	测站法、演示法、讲授法、案例法	

表2-141 项目2:线路施工复测及加密

教学目标	1.能够使用全站仪、GNSS、水准仪完成线路复测工作; 2.能够进行路基边桩的放样; 3.能够进行控制桩的保护; 4.掌握线路纵、横断面图的测量方法; 5.能够绘制线路纵、横断面图	
教学内容	1.线路平面控制点复测; 2.线路水准基点复测; 3.护桩设置方法; 4.线路纵、横断面图的测量方法; 5.线路纵、横断面图的绘制方法	
教学任务设计	序号	任务描述
	任务1.控制网复测及加密	针对某线路的控制网资料进行控制网的复测及加密
	任务2.线路纵断面测量及绘制	根据某线路的实际工程情况,选择合适的测量方法进行纵断面测量,并绘制纵断面图
	任务3.线路横断面测量及绘制	根据某线路的实际工程情况,选择合适的测量方法进行横断面测量,并绘制横断面图
学时	8	
教学方法	启发式教学、任务驱动、案例教学法、测站教学法	

表2-142 项目3:线路中边桩坐标计算及放样

教学目标	1.能阅读曲线要素表; 2.能计算线路中桩、边桩坐标; 3.掌握全站仪、RTK中桩放样方法; 4.掌握全站仪、RTK渐近法边桩放样方法; 5.掌握竖曲线计算方法; 6.能进行控制网复测及加密	
教学内容	1.线路中桩、边桩坐标计算的方法; 2.图解法、解析法和渐近法边桩放样方法; 3.竖曲线计算; 4.控制网复测及加密	
教学任务设计	序号	任务描述
	任务1.控制网复测及加密	针对某线路的控制网资料进行控制网的复测及加密
	任务2.标准曲线中边桩坐标计算	根据某线路的曲线要素表,计算该段线路的中边桩坐标并放样
	任务3.非标准曲线中边桩坐标计算	根据某非标准曲线的曲线要素表,计算该段线路的中边桩坐标并放样
学时	24	
教学方法	启发式教学、任务驱动、案例教学法、测站教学法	

表2-143 项目4:桥梁施工测量

教学目标	1.能进行桥梁控制网加密及测量; 2.掌握桥梁细部结构坐标计算及放样的方法	
教学内容	1.桥梁控制网的加密; 2.桥梁细部结构坐标计算及放样的方法	
教学任务设计	序号	任务描述
	任务1.桥梁独立控制网的测设	对某桥梁网进行控制网加密及测量
	任务2.桥梁下部结构的坐标计算及放样	结合各种方法、工具对桥梁的下部结构进行坐标计算及放样
	任务3.桥梁上部结构的坐标计算及放样	结合各种方法、工具对桥梁的上部结构进行坐标计算及放样
学时	8	
教学方法	启发式教学、任务驱动、案例教学	

表2-144 项目5:隧道施工测量及监控量测

教学目标	1.掌握隧道控制网测量方法; 2.掌握隧道断面测量方法; 3.掌握隧道贯通误差的估计及调整	
教学内容	1.隧道控制测量; 2.隧道断面测量; 3.隧道贯通误差的估计及调整	
教学任务设计	序号	任务描述
	任务1.隧道控制测量	对隧道实体进行洞外GPS控制测量,洞内导线加密、联系测量
	任务2.隧道断面测量	根据具体的施工工艺对隧道洞门、实体内特定断面进行坐标计算并放样
	任务3.隧道贯通误差的估计及调整	根据控制网资料及隧道图纸进行隧道贯通误差的估计及调整
	任务4.隧道监控量测	学习隧道监控量测静力水准仪、断面测量仪等新技术,了解行业前沿
学时	8	
教学方法	启发式教学、任务驱动、案例教学	

表 2-145 项目 6:高铁 CPⅢ控制测量及轨道精调

教学目标	1. 熟悉 CP0、CPⅠ、CPⅡ控制网的布设、观测方法; 2. 掌握 CPⅢ控制网建立、外业观测和数据处理方法; 3. 掌握高铁变形监测技术设计、外业观测及数据处理方法; 4. 掌握双块式和板式无砟轨道板粗调、精调的方法	
教学内容	1. "三网合一"的理论与实施; 2. 高铁变形监测技术设计、外业观测及数据处理; 3. 板式无砟轨道精调、精调测量	
教学任务设计	序号	任务描述
	任务 1. CPⅢ控制网建立及测量方法	1. CPⅢ平面控制网建立及测量方法; 2. CPⅢ高程控制网建立及测量方法; 3. 数据处理与精度分析
	任务 2. 轨道精调、精调测量	1. 轨检小车的基本操作; 2. 板式无砟轨道精调、精调测量
学时	8	
教学方法	案例教学、任务驱动	

(四)教学要求

"线桥隧施工测量"课程教学要紧扣高速铁路施工与维护专业群教学标准和课程目标,在全面贯彻党的教育方针、落实立德树人根本任务的基础上,突出职业教育特色,培养学生利用测量技术解决工程实际问题的能力,提升学生的工程实践能力。

课程教学要落实立德树人的根本任务,贯彻课程思政要求,使学生在复杂的社会环境和工作环境中能够有担当、辨是非、求上进、有作为。突出学生技能培养,提升学生利用施工测量技术进行高铁等线性工程的控制测量、施工放样及工程综合应用的能力。培养学生创新意识,对于工作中出现的各类问题能够进行分析判断,提出合理的解决方案。

(五)引入行业标准

(1)《工程测量标准》(GB 50026—2020);
(2)《测绘技术总结编写规定》(CH/T 1001—2005);
(3)《铁路工程测量规范》(TB 10101—2018);
(4)《高速铁路工程测量规范》(TB 10601—2009);
(5)《铁路工程卫星定位测量规范》(TB 10054—2010)。

五、课程考核与评价

课程采用全过程性考核与评价,线上知识测试与线下技能考核相结合的方式,全面、客观地评价学生的学习效果。过程性考核在考察学生技能掌握程度的基础上,关注学生综合素养和技能应用能力,主要考评施工测量的基本工作、线路施工测量、项目施工测量、施工测量基础知识等四个方面。具体评价标准见表 2-146。

表 2-146 "线桥隧施工测量"课程考核评价体系

学习情境(分值权重)	考核项目	考核类别	评价标准
施工测量的基本工作(25%)	基坑开挖边界线的放样	极坐标法放样	制定测站点及后视定向点,根据放样距离和角度进行点位放样
线路施工测量(25%)	线路中边桩坐标计算	坐标计算	给定某线路桥梁工程的曲线要素,要求学生使用非编程计算器在规定时间以内完成规定中边桩坐标计算
项目施工测量(25%)	群桩坐标计算	坐标计算	给定某桥梁工程的曲线要素及施工图纸,要求学生使用非编程计算器在规定时间以内完成钻孔桩坐标计算。在计算坐标正确的情况下,40分钟以内为100分,60分钟以内为60分,依此类推;如计算错误,无论时间长短皆不及格,教师可根据学生卷面情况酌情给分
施工测量基础知识(25%)	施工测量基础知识线上考核	综合理论知识	以卷面分数分配为准

说明:总评成绩(100%)=平时成绩(30%)+过程性考核(70%)。

六、课程资源

(一)教材选用

所用教材要求为近三年出版的高职高专规划教材,既能反映最新发展水平,又能适应高等职业教育的需要,能够帮助学生提高分析问题、解决问题的能力,突出高素质技术技能人才培养特点。教材应包括线、桥、隧、站等具体工程项目的施工测量工作。鼓励教师结合教育教学改革和信息化教学需要,以思想性、科学性、发展性、规范性为原则,校企合作编写立体化和富媒体化教材、活页式教材、云教材等。

(二)数字化资源

依据本课程标准,充分运用各种信息技术手段,结合教学改革需要,开发微课、多媒体课件等数字化教学资源,建设在线开放课,实现优质资源共建共享,提升课程的教学效果。

七、教学团队

教师是学生学习课程的纽带,是引导学生掌握实践技能的关键。任课教师要树立良好的师德师风,符合教师专业标准要求,具有扎实的专业基础,有一定的工程实践经验和良好的教育教学能力。

(一)团队结构

建立课程负责人制度,组建课程教学团队,积极组织开展各类教研活动,促进青年教师成长。学校应采用人才引进、自主培养等途径,组建年龄、性别、职称与学历结构合理,具有较强信息化教学能力的教学团队。

(二)双师素质

课程团队教师应具有双师素质,同时开展校企合作。教师坚持定期到高铁项目施工一线进行实践锻炼,与时俱进地提升教师的施工测量技术应用水平和工程实践经验。鼓励支持教师进行课程教学改革创新,使课程教学更好地适应学生全面发展和个性化发展的需要,满足经济社会发展需求。

八、教学设备要求

"线桥隧施工测量"课程教学设备配备要求如表 2-147 所示。

表 2-147 "线桥隧施工测量"课程教学设备配备要求

项目	技术参数与要求	数量
教学投影显示设备	投影仪或智慧一体机	≥1 台
仪器设备与软件	全站仪及其配套设备	每 4~6 工位 1 套
	精密水准仪及其配套设备	每 4~6 工位 1 套
	GPS 接收机及其配套设备	每 4~6 工位 1 套
	隧道断面测量仪	1 台
	轨检小车	≥1 台
	GPS 数据处理软件,测绘虚拟仿真软件	根据教学需要选用
	地面控制点资料	每 4~6 工位 1 套

"高速铁路精密测量"课程标准

一、课程性质与任务

(一)课程性质

要成功地建设一条高速铁路,就必须有一套完整、高效且非常精确的测量系统,可见高速铁路精密测量之于高铁建设的重要性,之于高铁测量工作人员的重要性。

"高速铁路精密测量"课程是高速铁路施工与维护专业群的专业核心课,本课程依托高速铁路施工全过程的测绘工程,主要培养学生关于高速铁路线桥隧等工程的平面控制测量、高程控制测量、线下施工测量、变形测量、轨道施工测量、竣工测量等专业能力,熟练掌握放样数据计算和放样方法,掌握高速铁路轨道施工调轨方法与技术技能。同时,本课程还培养学生团结协作、制订和实施工作计划、综合分析和判断的能力,培养学生的质量意识、规范意识、标准意识与创新能力。

(二)课程任务

全面贯彻党的教育方针,落实立德树人根本任务,满足高铁智慧建造对人才培养的需求,围绕高等职业教育工程测量技术专业对高铁精密测量技术的培养需求,满足高铁建设过程中对测量工作人员的高标准、高要求,通过理实一体化教学,提升学生对高铁精密测量的掌握能力,从而对整个高铁建设过程中的测量任务做到心中有数、手中有术,全面提高学生的测量综合能力,使学生成为德智体美劳全面发展的高素质技术技能人才。

二、课程目标

(一)素质目标

(1)热爱祖国,艰苦奋斗,拼搏争先;
(2)具备合作精神和管理协调的能力;
(3)具备使用和判断肢体语言的能力;

(4)具备吃苦耐劳的精神;

(5)具备应对紧急突发状况的能力;

(6)具备遵守测量人员工作纪律,严格执行测量工作技术规范的测绘职业道德。

(二)知识目标

(1)熟悉CP0、CPⅠ、CPⅡ控制网的布设、观测方法;

(2)掌握CPⅢ控制网建立、外业观测和数据处理方法;

(3)掌握线路中桥梁墩台中心、轨道板特征点坐标计算方法;

(4)掌握高铁变形监测技术设计、外业观测及数据处理方法;

(5)掌握无砟轨道板粗调、精调的方法;

(6)掌握轨道精调的测量、调整方法;

(7)掌握高速铁路施工测量成果资料的整理、分析、评估方法;

(8)掌握高速铁路竣工测量方法。

(三)技能目标

(1)具备理解规范、标准的能力;

(2)具备野外数据获取、观测数据检查、成果复核和判断的能力;

(3)具备制订、实施工作计划的能力;

(4)具备使用通讯等辅助工具的能力;

(5)能进行CPⅠ、CPⅡ控制网外业观测及数据处理;

(6)能够进行CPⅢ点位测量及数据处理;

(7)能进行高铁构筑物变形监测技术设计、外业观测及数据处理;

(8)能够计算线路中线坐标;

(9)能进行轨道板粗调、精调测量;

(10)能进行无砟轨道粗调、精调测量;

(11)能进行高速铁路施工测量成果资料的整理、分析和评估;

(12)能进行高速铁路竣工测量、运营及养护维修测量。

三、课程思政

培养什么人、怎样培养人、为谁培养人是教育的根本问题,立德树人成效是检验高校一切工作的根本标准。落实立德树人根本任务,必须将价值塑造、知识传授和能力培养三者融为一体、不可割裂。全面推进课程思政建设,就是要寓价值观引导于知识传授和能力培养之中,帮助学生塑造正确的世界观、人生观、价值观,这是人才培养的应有之义,更是必备内容。"高速铁路精密测量"作为高速铁路施工与维护专业群核心课,其课程思政的主要形式是将测绘工作在中国高铁发展里程中起到的举足轻重的作用通过潜移默化的教学过程传递给学生,让学生对高速铁路施工与维护专业产生自信心,对祖国的发展产生自豪感,为早日能够利用所学知识融入祖国的大发展进程中而努力学习和奋斗。同时,教师应在整个教学过程中向学生传递测绘精神和质量意识,培养学生的工匠精神和劳动精神,为高铁的建设培养合格的现代化测量人才。

教师在教学过程中应以中国高铁发展的历程为主线,以高铁线路修建的全过程为内容进行课程知识的设计和穿插融合,确保学生在学习理论知识的同时,还能知晓所学知识的用武之地。在教学过程中,通过高铁对测量的高精度要求培养学生精益求精的精神,通过融入国测一大队的测绘精神培养学生的行业自信心,通过实践轨道的精调培养学生的劳动精神,通过学习完整线路的复测要求学生养成善始善终的良好品质。

四、课程结构与教学内容

根据高等职业学校专业和高速铁路施工与维护专业群教学标准要求,结合"高速铁路精密测量"课程目标,确定本课程结构与教学内容,设计合理的学习项目及学时安排。

(一)课程模块

"高速铁路精密测量"课程由高铁工程控制测量模块、高铁工程施工测量模块两部分构成。

高铁工程控制测量模块包括平面控制测量和高程控制测量两大部分内容,具体内容有 CP0、CPⅠ、CPⅡ、CPⅢ的网型布设和初测方法,以及后期的数据处理等,旨在帮助学生能够独立完成高速铁路施工前期的控制网测量和全过程的控制网复测。

高铁工程施工测量模块包括线路中心坐标计算、构筑物变形监测、轨道施工测量、竣工测量四部分内容,具体内容有桥梁墩台中心坐标计算、轨道板坐标计算、路基变形监测、桥涵变形监测、隧道变形监测、加密基标(GRP)测量、轨道板精调、轨道精调、线上竣工测量、线下工程建筑及线路设备竣工测量、线路竣工图及铁路用地界测量等,旨在帮助学生能够在高铁建设过程中进行一系列的施工测量工作。

(二)教学内容及项目、学时安排

"高速铁路精密测量"课程教学内容、教学项目安排如表 2-148 所示。

表 2-148 "高速铁路精密测量"课程教学内容、教学项目安排表

模块	学习项目	教学内容	思政融入点	学时
高铁工程控制测量模块	1.平面控制测量; 2.高程控制测量	1."三网合一"的理论与实施; 2.CP0、CPⅠ、CPⅡ及导线网进行复测,并进行 CPⅢ平面控制测量; 3.线路水准基点测量; 4.CPⅢ高程测量; 5.三角高程测量	1.中国铁路发展史:劳动人民的创造性; 2.高速铁路测绘:爱国情怀、测绘行业标准; 3.学习强国中珠峰测量之水准测量推文:科学严谨、实事求是的工作态度; 4."具体问题具体分析"的哲学思想; 5.仪器操作与使用规范; 6."理论与实践相结合"的哲学思想; 7."1975 年珠峰测量纪实"视频:测绘精神; 8.高速铁路工程测量规范:"步步检核"的职业规范,规范与标准意识; 9.实训场使用要求:劳动精神; 10.实践任务:敢于探索、积极实践的工匠精神	30

续表

模块	学习项目	教学内容	思政融入点	学时
高铁工程施工测量模块	3.线路中线坐标计算； 4.构筑物变形监测； 5.轨道施工测量； 6.竣工测量	1.桥梁墩台中心坐标计算； 2.轨道板坐标计算； 3.路基变形监测； 4.桥涵变形监测； 5.隧道变形监测； 6.加密基标(GRP)测量； 7.轨道板精调； 8.轨道精调； 9.线上竣工测量； 10.线下工程建筑及线路设备竣工测量； 11.线路竣工图及铁路用地界测量	1.科学严谨、认真细心； 2.规范计算,认真研读设计资料； 3.高速铁路工程测量规范:规范与标准意识； 4.国内外因建筑物变形引发的事故分析,得出变形监测的必要性,提出变形监测高精度的要求； 5.变形监测过程中做到一丝不苟,数据处理严谨规范,认真细心分析数据； 6.感受国家测绘科学技术水平的发展,引发学生的自豪感和使命感； 7.国产高精度全站仪测距介绍视频:国产仪器全面发展,国家科技大力推进； 8.安全生产的职业要求:安全意识、职业素养； 9.企业导师:劳模精神、榜样力量； 10.竣工资料是工程施工结束后的第一手资料,要保证准确性和可靠性,要求有诚信精神和测绘精神； 11.竣工测量包含的内容种类繁多,要求学生细心、认真完成好工作,有科学严谨的工作态度	30

(三)学习项目设计

"高速铁路精密测量"课程学习项目设计如表 2-149 至表 2-154 所示。

表 2-149 项目 1:平面控制测量

教学目标	1.能进行 CP0、CPⅠ、CPⅡ控制网及导线复测； 2.能进行 CPⅢ平面控制网测量； 3.掌握控制网复测技术报告的编写方法	
教学内容	1.控制网复测； 2.控制网复测成果数据处理和分析； 3.控制网复测技术报告编写	
教学任务设计	序号	任务描述
	任务1.CP0测量	能够正确地进行 CP0 控制网点的布设,能够对某标段的 CP0 控制网进行复测及数据处理
	任务2.CPⅠ、CPⅡ测量	能够正确地进行 CPⅠ、CPⅡ控制网点的布设,能够对某标段的 CPⅠ、CPⅡ平面控制网进行复测及数据处理

续表

教学任务设计	序号	任务描述
	任务3.CPⅢ平面测量	能够正确地进行CPⅢ控制网点的布设,能够对某标段的CPⅢ平面控制网进行复测及数据处理
学时		12
教学方法		演示法、讲授法、案例法

表2-150 项目2:高程控制测量

教学目标	1.掌握线路水准基点的点位布设、观测方法; 2.掌握轨道控制网水准测量; 3.掌握轨道控制网自由设站三角高程测量方法	
教学内容	1.水准基点点位布设、观测方法; 2.轨道控制网水准测量及数据处理方法; 3.轨道控制网自由设站三角高程测量	
教学任务设计	序号	任务描述
	任务1.线路水准基点测量	针对某高速铁路线路,进行线路水准基点测量及相应的数据处理
	任务2.CPⅢ水准测量	对某线路的CPⅢ轨道控制网进行水准测量及相应的数据处理
	任务3.CPⅢ自由设站三角高程测量	针对某线路中的几个CPⅢ控制点,进行自由设站三角高程测量及相应的数据处理
学时		14
教学方法		启发式教学、任务驱动、案例教学法、测站教学法

表2-151 项目3:线路中线坐标计算

教学目标	掌握高速铁路线路中线坐标计算	
教学内容	1.墩台中心坐标计算; 2.轨道板结构坐标计算	
教学任务设计	序号	任务描述
	任务1.高铁桥梁墩台中心坐标计算	以某高铁项目教学案例为载体进行墩台中心坐标计算
	任务2.高铁轨道板结构坐标计算	以某高铁项目教学案例为载体进行轨道板结构坐标计算
学时		10
教学方法		启发式教学、任务驱动、案例教学、卡片式教学

表 2-152 项目 4:构筑物变形监测

教学目标	1. 掌握路基变形监测的基本方法; 2. 掌握桥梁变形监测的基本方法; 3. 掌握隧道变形监测的基本方法	
教学内容	1. 路基变形监测的基本方法; 2. 桥梁变形监测的基本方法; 3. 隧道变形监测的基本方法	
教学任务设计	序号	任务描述
	任务 1. 变形监测基准网、路基变形测量	对实训场地的路基进行变形监测并进行数据处理
	任务 2. 桥涵变形测量、隧道变形测量	对实训场地的桥梁、隧道进行变形监测并进行数据处理
学时	8	
教学方法	启发式教学、任务驱动、案例教学、卡片式教学	

表 2-153 项目 5:轨道施工测量

教学目标	1. 掌握加密基标测量的方法; 2. 掌握Ⅰ型板、Ⅱ型板、Ⅲ型板粗调、精调的测量方法; 3. 掌握双块式、板式无砟轨道的底座边线放样方法; 4. 掌握轨检小车的操作和钢轨精调的测量方法	
教学内容	1. 加密基标测量; 2. Ⅰ型板、Ⅱ型板、Ⅲ型板粗调、精调测量; 3. 双块式、板式无砟轨道的底座边线放样; 4. 轨检小车的操作和钢轨精调测量	
教学任务设计	序号	任务描述
	任务 1. 加密基标测量	通过给定的加密基标监测点,进行加密基标测量
	任务 2. 轨道安装测量、轨道精调测量	学习轨道安装测量和轨道精调的方法和步骤
学时	14	
教学方法	案例教学、任务驱动、测站教学法	

表 2-154 项目 6:竣工测量

教学目标	1. 掌握控制网竣工测量、线路轨道竣工测量方法; 2. 掌握线下工程建筑及线路设备竣工测量方法; 3. 掌握线路竣工图及铁路用地地界测量方法
教学内容	1. 控制网竣工测量、线路轨道竣工测量; 2. 线下工程建筑及线路设备竣工测量; 3. 线路竣工图及铁路用地地界测量

续表

	序号	任务描述
教学任务设计	任务1.控制网竣工测量	通过给定的控制点,对运营后的高速铁路控制网进行复测
	任务2.线路轨道竣工测量	对运营后的高速铁路的线路进行竣工测量
	任务3.线下工程建筑及线路设备竣工测量	对线下工程建筑和线路设备进行竣工测量
	任务4.线路竣工图及铁路用地界测量	对线路竣工图和铁路用地界进行竣工测量
学时	2	
教学方法	案例教学、任务驱动、测站教学法	

(四)教学要求

"高速铁路精密测量"课程教学要紧扣高速铁路施工与维护专业群教学标准和课程目标,在全面贯彻党的教育方针、落实立德树人根本任务的基础上,突出职业教育特色,培养学生在高铁建设过程中的测量服务能力,确保学生能够按照工程实际需求保质保量完成测量任务,为祖国的高铁建设事业培养会干、敢干、能干的高素质技能人才。

课程教学在落实立德树人根本任务的同时,还要加强课程思政的融通,使学生在毕业后能够在复杂的工作环境中辨是非、有担当、有冲劲、有能力解决日常问题并具备一定的创新精神。突出学生技能培养,使学生可以利用调板工具和软件对轨道板的空间位置进行调整,使学生可以利用轨检小车对高铁轨道的平顺性进行调整,使学生可以进行轨道控制网的复测、线路数据的计算和竣工测量。

(五)引入行业标准

(1)《高速铁路工程测量规范》(TB 10601—2009);

(2)《全球定位系统(GPS)测量规范》(GB/T 18314—2009);

(3)《工程测量标准》(GB 50026—2020);

(4)《国家一、二等水准测量规范》(GB/T 12897—2006);

(5)《铁路工程测量规范》(TB 10101—2018);

(6)《铁路工程卫星定位测量规范》(TB 10054—2010);

(7)《铁路工程摄影测量规范》(TB 10050—2010)。

五、课程考核与评价

课程采用全过程性考核与评价,线上知识测试与线下技能考核相结合的方式,全面、客观地评价学生的学习效果。过程性考核除了考察学生的技能掌握程度以外,还关注学生的综合素养和技能应用能力,主要考评矩形法CPⅢ高程测量、高速铁路坐标计算、自由设站底座板放样三个方面。具体评价标准见表2-155。

表 2-155 "高速铁路精密测量"课程考核评价体系

过程性考核 (分值权重)	考核项目	评价标准	过程性考核 (70%)	平时考核 (30%)
矩形法CPⅢ 高程测量 (40%)	数据采集	数据采集过程正确	外业操作(20%)	1. 基本素质评价,包括出勤情况、资源学习、课堂参与等综合表现; 2. 职业素质评价,包括项目参与度、承担角色和任务完成情况、团队意识、劳动意识、创新精神等
	数据解算	数据处理过程正确	手动计算(15%)	
	精度评定	数据精度满足要求	规范熟知(5%)	
高速铁路坐 标计算 (30%)	计算项目	读懂题目已知内容和待求问题	主观试题(15%)	
	计算过程	计算结果正确	主观试题(15%)	
自由设站底 座板放样 (30%)	已知条件输入	已知条件的输入与检核	外业操作(15%)	
	数据放样	数据放样的准确性	外业操作(15%)	

六、课程资源

(一)教材选用

所用教材要求为近三年出版的高职高专规划教材,既能反映最新发展水平,又可以适应高等职业教育的需要,能够帮助学生提高分析问题、解决问题的能力,突出高素质技术技能人才培养特点。教材包括平面控制测量、高程控制测量、线下工程施工测量、线下工程构筑物变形测量、轨道施工测量、竣工测量、运营及养护维修测量和GPS定位测量技术等内容。在已有教材的基础上,要求任课教师结合"三教改革"的核心理念,同时与企业合作编写立体化和富媒体化数字教材、活页式教材、云教材等新型教材,进而更好地引导学生科学、系统、理论联系实际地进行高铁精密测量的学习。

(二)数字化资源

依据本课程标准,充分运用各种信息技术手段,结合教学改革需要,开发微课、多媒体课件等数字化教学资源,建设在线开放课,实现优质资源共建共享,提升课程的教学效果。

七、教学团队

教师的使命是履行教育教学职责,承担教书育人的重担,也是学生与知识之间的桥梁和纽带。任课教师要以"四有好老师"的标准严格要求自己,树立良好的师德师风,符合教师专业标准要求,同时还要通过定期的现场调研,具备一定的现场工程经验,更好地完成专业教育教学。

(一)团队结构

学校采用人才引进、自主培养等途径,组建年龄、性别、职称与学历结构合理,具有较强信息化教学能力的教学团队。学院建立课程负责人制度,以"老中青"传帮带形式组建课程教学团队,积极组织开展各类教学教研活动,通过教学经验丰富的教师带动青年教师共同成长。

(二)双师素质

课程团队教师应具有双师素质,同时开展校企合作。教师应坚持定期到高铁项目施工一线进行实践锻炼,与时俱进地提升教师的高铁施工现场经验。鼓励并支持教师进行课程教学改革创新,使课程教学更好地适应学生全面发展和个性化发展的需要,满足社会建设的发展需求。

八、教学设备要求

"高速铁路精密测量"课程教学设备配备要求如表 2-156 所示。

表 2-156 "高速铁路精密测量"课程教学设备配备要求

项目	技术参数与要求	数量
计算机	满足主流教学软件要求；支持网络同传和硬盘保护；多媒体教学系统	每工位 1 台
教学投影显示设备	投影仪或智慧一体机	≥1 台
计算机基本配置	操作系统及相关驱动；常用工具软件，办公软件，图形编辑软件；信息安全防护软件；互联网软件	根据教学需要选用
仪器设备与软件	测量标架	6 个
	标准标架	1 个
	轨道板精调软件	根据教学需要选用
	轨道几何状态测量仪	1 台
	DTIS 精调专用软件	根据教学需要选用
	地面控制点资料	每 4~6 工位 1 套
	全站仪及配套棱镜组	每 4~6 工位 1 套
	电子水准仪及配套水准尺	每 4~6 工位 1 套

"高速铁路变形监测"课程标准

一、课程性质与任务

（一）课程性质

高速铁路是国家的关键基础设施，在我国经济社会发展中有至关重要的地位和作用。高速铁路具有线路长、地理环境复杂等特点，在施工过程中路基、桥涵、隧道等变形会严重影响高速铁路施工的安全性及后续轨道的平顺性要求。高速铁路的变形监测是施工过程中一项非常重要的内容。

"高速铁路变形监测"课程是高速铁路施工与维护专业群的专业核心课。本课程基于高速铁路线路工程、桥梁工程、隧道工程三种类型，培养学生根据高速铁路变形监测控制网对施工过程中的各个流程进行变形监测的能力，为后续课程学习以及将来的工作打下坚实的基础。同时该课程也是学生职业素质养成的一个重要平台，可以培养学生的组织协调能力、团队合作能力、吃苦耐劳的精神，培养学生的质量意识、规范意识、标准意识与创新能力。

（二）课程任务

围绕立德树人的根本任务，以提升学生的思想道德素养和综合素质为出发点，根据学生学习情况及高速铁路变形监测课程的教学特点与教学规律，通过理实一体化教学，提升学生运用各种变形监测手段解决工程实际问题的综合能力，使学生成为德智体美劳全面发展的高素质技术技能人才。

二、课程目标

(一)素质目标

(1)提升学生的职业认同,建立正确的职业观;
(2)培养学生的工匠精神;
(3)提升学生的吃苦奉献精神;
(4)培养学生的创新思维;
(5)提升学生的创新能力;
(6)具备遵守测量人员工作纪律、严格执行测量工作技术规范的测绘职业道德。

(二)知识目标

(1)掌握高速铁路变形监测控制网的建立;
(2)熟悉高铁工程变形监测技术方案设计;
(3)掌握高铁路基工程变形监测标志埋设、监测方法;
(4)具备高铁路基工程变形监测数据处理与分析的能力;
(5)掌握高铁桥涵工程变形监测标志埋设、监测方法;
(6)具备高铁桥涵工程变形监测数据处理与分析的能力;
(7)掌握高铁隧道工程变形监测标志埋设、监测方法;
(8)具备高铁隧道工程变形监测数据处理与分析的能力;
(9)熟悉高速铁路变形监测评估。

(三)技能目标

(1)能认知各种变形监测设备;
(2)能制定高速铁路变形监测技术方案;
(3)能进行高速铁路变形监测工作的外业数据采集;
(4)能进行高速铁路变形监测数据处理;
(5)能对变形监测数据进行分析;
(6)能够编制高速铁路变形监测技术总结;
(7)能够合理有效地利用各项规范。

三、课程思政

"高速铁路变形监测"作为高速铁路施工与维护专业群核心课,其课程思政的主要形式是将思想政治教育元素,包括思想政治教育的理论知识、价值理念以及精神追求等融入课程学习及实践中去,潜移默化地对学生的思想意识、行为举止产生影响,具体包括测绘精神、质量意识、工匠精神、劳动精神、创新思维等。

教师在授课过程中,要融入课程思政改革中的新理念和新思路;充分挖掘基坑工程教学情境在思想上、方法上的思政教育元素,梳理、形成该课程的课程思政教育脉络;在不影响课程自身知识图谱、逻辑体系和内在结构的前提下立足于学生求知需求,构建基于学生工作能力的教学目标;结合工程一线的大国工匠的先进事迹,引导学生关注我国科技发展,帮助学生树立起对职业敬畏、对工作执着、对成果负责的态度,养成敬业、精益、专注、创新的工匠精神。

四、课程结构与教学内容

根据高等职业学校专业和高速铁路施工与维护专业群教学标准要求,结合"高速铁路变形监测"课程目标,确定本课程结构与教学内容,设计合理的学习项目及学时安排。

(一)课程模块

"高速铁路变形监测"课程由高铁路基工程变形监测模块、高铁桥涵工程变形监测模块、高铁隧道工程变形监测模块三部分构成。

高铁路基工程变形监测模块是在高速铁路路基工程施工过程中所进行的变形监测,包含高铁路基工程变形监测方案的设计、观测断面及监测点的设置原则、观测标志的埋设、高铁路基工程变形监测实施、高铁路基工程变形监测资料整理及分析等内容。

高铁桥涵工程变形监测模块是在高速铁路桥涵工程施工过程中所进行的变形监测,包含高铁桥涵工程变形监测方案的设计、观测断面及监测点的设置原则、观测标志的埋设、高铁桥涵工程变形监测实施、高铁桥涵工程变形监测资料整理及分析等内容。

高铁隧道工程变形监测模块是在高速铁路隧道工程施工过程中所进行的变形监测,主要包含高铁隧道工程变形监测方案的设计、观测断面及监测点的设置原则、观测标志的埋设、高铁隧道工程变形监测实施、高铁隧道工程变形监测资料整理及分析等内容。

(二)教学内容及项目、学时安排

"高速铁路变形监测"课程教学内容、教学项目安排如表 2-157 所示。

表 2-157 "高速铁路变形监测"课程教学内容、教学项目安排表

模块	学习项目	教学内容	思政融入点	学时
高铁路基工程变形监测模块	1.高铁变形监测控制网建立; 2.高铁路基工程变形监测	1.变形监测网的等级划分和精度要求; 2.变形监测网的布设; 3.变形监测网的主要技术要求; 4.高铁路基工程变形监测方案的设计; 5.观测断面及点的设置原则; 6.观测标志的埋设; 7.高铁路基工程变形监测实施; 8.高铁路基工程变形监测资料整理及分析	1."千丈之堤,以蝼蚁之穴溃;百尺之室,以突隙之烟焚":监测的重要性; 2."理论与实践相结合"的哲学思想; 3.郑西高铁变形监测:培养学生的科学探索精神; 4.我国高铁新增运营里程再创新高:体现铁路人不畏艰难、砥砺奋进的工匠精神; 5.川藏铁路的建设:潜移默化地引导学生学习铁路人不畏艰辛、迎难而上的工作态度和拼搏精神; 6.实践任务:敢于探索、积极实践的工匠精神	20
高铁桥涵工程变形监测模块	3.高铁桥涵工程变形监测	1.高铁桥涵工程变形监测方案的设计; 2.观测断面及监测点设置原则; 3.观测标志的埋设; 4.高铁桥涵工程变形监测实施; 5.高铁桥涵工程变形监测资料整理及分析	1.港珠澳大桥的建设,细节引领,国际风范:激发学生的爱国情怀,为学生树立专业自信、大国工匠精神、团队合作意识及质量意识; 2.高铁桥梁线上施工的依据:线下监测评估合格,突出变形监测数据的准确性和精确度,做到精益求精; 3.变形监测数据的精确性:培养学生精益求精的科学探索精神; 4.自动化变形监测技术应用:新技术、新设备、新方法的改革和创新思想	16

模块	学习项目	教学内容	思政融入点	学时
高铁隧道工程变形监测模块	4.高铁隧道工程变形监测； 5.高铁变形监测评估	1.高铁隧道工程变形监测方案的设计； 2.观测断面及监测点设置原则； 3.观测标志的埋设； 4.高铁隧道工程变形监测实施； 5.高铁隧道工程变形监测资料整理及分析； 6.变形监测评估流程； 7.变形监测评估内容； 8.评估资料的整理； 9.评估方法和判定标准	1.终南山隧道的建设：安全意识、质量意识； 2.川藏高铁的建设中，80%以上的路段以隧道和桥梁的方式建设：高质量的建设，突出隧道变形监测的重要性； 3.古今变形监测方法的对比：科技强国，民族复兴； 4.高铁测量规范：规范与标准意识； 5.根据内容对接标准：提升学生实践的规范意识； 6.监测内容、监测手段的交叉性：培养学生的创新能力； 7.变形监测数据的精确性：体现精益求精的工匠精神； 8."具体问题具体分析"的哲学思想	20

（三）学习项目设计

"高速铁路变形监测"课程学习项目设计如表 2-158 至表 2-162 所示。

表 2-158　项目 1：高铁变形监测控制网建立

教学目标	1.了解高速铁路控制网的等级； 2.掌握高铁变形监测控制网技术设计的编写； 3.掌握高速铁路变形监测控制网外业测量的技术要求； 4.掌握高速铁路变形监测控制网外业观测； 5.掌握高速铁路变形监测控制网数据处理流程； 6.能运用软件处理数据及对控制点进行稳定性分析； 7.能够编写技术总结	
教学内容	1.高速铁路控制网的组成； 2.技术设计和技术总结； 3.天宝电子水准仪的操作与使用； 4.电子水准仪 i 角的检校； 5.高速铁路变形监测控制网的数据采集； 6.控制网的数据处理； 7.控制网的数据分析	
教学任务设计	序号	任务描述
	任务 1.高速铁路路基变形监测控制网	1.学生分组，领取任务； 2.学习高速铁路路基控制网的布设与观测； 3.高速铁路路基变形监测控制网的数据处理； 4.变形监测控制网的稳定性分析

续表

	序号	任务描述
教学任务设计	任务2.高速铁路桥涵变形监测控制网	1.学习高速铁路桥涵控制网施测相关知识； 2.学习高速铁路工程沉降变形观测与评估技术规程； 3.学习高速铁路桥涵控制网的布设与观测； 4.高速铁路桥涵变形监测控制网的数据处理； 5.变形监测控制网的稳定性分析
	任务3.高速铁路隧道变形监测控制网	1.学习高速铁路隧道控制网施测相关知识； 2.学习高速铁路工程沉降变形观测与评估技术规程； 3.学习高速铁路隧道控制网的布设与观测； 4.高速铁路隧道变形监测控制网的数据处理； 5.变形监测控制网的稳定性分析
学时	4	
教学方法	测站法、演示法、讲授法、案例法	

表2-159 项目2：高铁路基工程变形监测

教学目标	1.熟悉高速铁路路基变形监测设计书的编写格式和要求； 2.掌握高速铁路路基变形监测周期和精度的确定； 3.掌握高速铁路路基变形监测控制网变形监测的基准点和变形点的布设； 4.掌握高速铁路路基变形监测方法； 5.了解高速铁路路基变形监测的新技术； 6.掌握高速铁路路基变形资料的整理及分析； 7.熟悉高速铁路路基变形监测技术总结的内容
教学内容	1.高速铁路路基变形监测设计书的编写； 2.高速铁路路基变形监测控制网的建立； 3.高速铁路路基变形监测的方法； 4.高速铁路路基变形监测数据的处理； 5.高速铁路路基变形监测技术总结

	序号	任务描述
教学任务设计	任务1.高速铁路路基变形监测技术设计	1.高速铁路路基工程变形监测的相关知识、规范学习； 2.对高速铁路路基工程进行踏勘； 3.制定高速铁路路基变形监测技术设计； 4.标石埋设，选择合适仪器设备
	任务2.高速铁路路基变形监测实施	1.确定高速铁路路基变形监测的工作步骤和注意事项； 2.变形监测数据采集； 3.数据质量检核
	任务3.高速铁路路基变形监测数据处理	1.变形监测数据下载和预处理； 2.变形监测数据平差； 3.变形监测数据分析
学时	16	
教学方法	启发式教学、任务驱动、案例教学法、测站教学法	

表 2-160 项目 3:高铁桥涵工程变形监测

教学目标	1.掌握高速铁路桥涵工程变形监测技术设计; 2.能够合理选择监测仪器对桥涵工程进行变形监测; 3.掌握高速铁路桥涵工程变形监测周期和精度的确定; 4.掌握高速铁路桥涵工程变形监测的基准点和变形点的布设; 5.能够进行变形监测数据采集; 6.具备对监测数据处理的能力		
教学内容	1.高速铁路桥涵变形监测设计书的编写; 2.高速铁路桥涵变形监测控制网的建立; 3.高速铁路桥涵变形监测的方法; 4.高速铁路桥涵变形监测数据的处理; 5.高速铁路桥涵变形监测技术总结		
教学任务设计	序号		任务描述
	任务 1.高速铁路桥涵变形监测技术设计		1.高速铁路桥涵工程变形监测的相关知识、规范学习; 2.对高速铁路桥涵工程进行踏勘; 3.制定高速铁路桥涵变形监测技术设计; 4.标石埋设,选择合适仪器设备
	任务 2.高速铁路桥涵变形监测实施		1.确定高速铁路桥涵变形监测的工作步骤和注意事项; 2.变形监测数据采集; 3.数据质量检核
	任务 3.高速铁路桥涵变形监测数据处理		1.变形监测数据下载和预处理; 2.变形监测数据平差; 3.变形监测数据分析
学时	16		
教学方法	启发式教学、任务驱动、案例教学、卡片式教学		

表 2-161 项目 4:高铁隧道工程变形监测

教学目标	1.掌握高速铁路隧道工程变形监测的内容; 2.能够制定高速铁路隧道工程变形监测技术设计; 3.能够正确布设变形监测点; 4.能够运用相应仪器设备进行变形监测; 5.能够对变形监测数据进行处理; 6.具备对变形监测数据分析的能力
教学内容	1.高速铁路隧道工程变形监测技术设计书的编写; 2.高速铁路隧道变形监测的方法; 3.高速铁路隧道变形监测的数据处理; 4.高速铁路隧道变形监测数据分析

续表

教学任务设计	序号	任务描述
	任务1.高速铁路隧道变形监测技术设计	1.高速铁路隧道工程变形监测的相关知识、规范学习; 2.对高速铁路隧道工程进行踏勘; 3.制定高速铁路隧道变形监测技术设计; 4.标石埋设,选择合适仪器设备
	任务2.高速铁路隧道变形监测实施	1.确定高速铁路隧道变形监测的工作步骤和注意事项; 2.变形监测数据采集; 3.数据质量检核
	任务3.高速铁路隧道变形监测数据处理	1.变形监测数据下载和预处理; 2.变形监测数据平差; 3.变形监测数据分析
学时	16	
教学方法	启发式教学、任务驱动、案例教学、卡片式教学	

表2-162 项目5:高铁变形监测评估

教学目标	1.对接案例,掌握高速铁路变形监测评估流程; 2.能够结合案例学习高速铁路变形监测评估内容; 3.能够对变形监测数据进行分析; 4.能够对变形监测资料进行整理; 5.能够熟练运用各项标准; 6.具备安全规范测量的职业素养	
教学内容	1.高速铁路变形监测评估流程; 2.高速铁路变形监测评估内容; 3.高速铁路变形监测评估资料整理与分析	
教学任务设计	序号	任务描述
	任务1.高速铁路变形监测评估流程及内容	1.高速铁路变形监测评估流程学习; 2.高速铁路变形监测评估内容学习
	任务2.高速铁路变形监测评估资料整理与分析	1.高速铁路变形监测数据分析; 2.高速铁路变形监测稳定性分析; 3.高速铁路变形监测资料整理
学时	4	
教学方法	案例教学、任务驱动、测站教学法	

(四)教学要求

"高速铁路变形监测"课程教学要紧扣高速铁路施工与维护专业群教学标准和课程目标,在全面贯彻党的教育方针、落实立德树人根本任务的基础上,突出职业教育特色,培养学生利用各种仪器设备进行高速铁路工程变形监测的工程实践能力。教师在教学过程中应开发多维度教学方法,结合课程内容的特点,克服传统课堂教学的不足,分析课程内容中各个知识点所采用的教学方法,采用混合型的教学方法来融合思政教育到工程变形监测课程的教学过程中,针对不同知识点的思政内容灵活采用多媒体课堂教学、启发式教学、分组学习讨论、案例教学法和移动教学法等组合方法,通过师生面对面对话和学习来探索新型的工程变形监测课程思政教学方法。另外,教师要设置形式多样的学习栏目,通过教学内容中"微思考""微分析""微讨论"及"课后微实践"等栏目的设置,将课程思政的要点转化为相应的问题、案例、实训项目,使其有机融入课程内容知识点中,以实现在课程专业知识传播过程中对学生进行价值引领的有机统一。

(五)引入行业标准

(1)《高速铁路工程测量规范》(TB 10601—2009);
(2)《建筑物变形测量规范》(JGJ 8—2016);
(3)《工程测量标准》(GB 50026—2020);
(4)《测绘技术总结编写规定》(CH/T 1001—2005);
(5)《铁路工程卫星定位测量规范》(TB 10054—2010);
(6)《铁路工程沉降变形观测与评估技术规程》(Q/CR 9230—2016);
(7)《国家一、二等水准测量规范》(GB/T 12897—2006)。

五、课程考核与评价

课程采用全过程性考核与评价,线上知识测试与线下技能考核相结合的方式,全面、客观地评价学生的学习效果。过程性考核在考察学生变形监测及数据处理等技能掌握程度的基础上,关注学生综合素养和技能应用能力,主要考核桥墩沉降监测、监测位移曲线绘制、基础知识在线测试等三个方面。具体评价标准见表2-163。

表2-163 "高速铁路变形监测"课程考核评价体系

过程性考核 (分值权重)	考核项目	评价标准	过程性考核 (70%)	平时考核 (30%)
桥墩沉降监测 (40%)	外业数据采集	观测流程正确	仪器操作(10%)	1.基本素质评价,包括出勤情况、资源学习、课堂参与等综合表现; 2.职业素质评价,包括项目参与度、承担角色和任务完成情况、劳动意识、创新精神等
	测站数据计算	测站数据计算正确	数据计算(10%)	
	近似平差计算	数据处理成果正确	平差计算(20%)	
监测位移曲线绘制 (30%)	数据处理	数据处理正确	数据处理(15%)	
	曲线绘制	曲线绘制符合要求	曲线绘制(15%)	
基础知识在线测试 (30%)	在线课程期末考试	题目作答准确	客观试题(30%)	

六、课程资源

(一)教材选用

所用教材要求为近三年出版的高职高专规划教材,具有能阐述准确、清晰、简明的科学性,内容新颖的先进性,取材适当、重点突出的适应性。教材应包括高速铁路变形监测控制网的布设、高速铁路路基变形监测、高速铁路桥涵变形监测、高速铁路隧道变形监测、高速铁路变形监测评估等内容。

(二)数字化资源

依据本课程标准,充分运用各种信息技术手段,结合教学改革需要,开发微课、多媒体课件等数字化教学资源,建设在线开放课,实现优质资源共建共享,提升课程的教学效果。

七、教学团队

教师是学生学习课程的纽带,是引导学生掌握实践技能的关键。任课教师要树立良好的师德师风,符合教师专业标准要求,具有扎实的专业基础,具有一定的工程实践经验和良好的教育教学能力。

(一)团队结构

学院建立课程负责人制度,由课程负责人负责组建课程团队,在组建课程团队过程中要考虑到校内专兼结合、校内专任与校外兼任结合,要引入企业兼职教师,使教师团队具有专业结构合理、学历层次高、合理的梯队结构及有效的运行机制。通过学历提高、国内外进修和企业锻炼等途径,加快教师团队骨干教师的培养,促使团队教师快速成长,使团队结构更加合理优化。

(二)双师素质

课程团队教师应具有双师素质,同时开展校企合作。教师应坚持定期到高铁项目施工一线进行实践锻炼,与时俱进地提升教师的高速铁路变形监测和工程实践经验。鼓励教师加强高铁工程变形监测前沿技术和方法研究,钻研课程的专业知识,从而不断提升专业技能。

八、教学设备要求

"高速铁路变形监测"课程教学设备配备要求如表2-164所示。

表2-164 "高速铁路变形监测"课程教学设备配备要求

项目	技术参数与要求	数量
计算机	满足主流教学软件要求;支持网络同传和硬盘保护;多媒体教学系统	每工位1台
教学投影显示设备	投影仪或智慧教学一体机	≥1台
计算机基本配置	操作系统及相关驱动;常用工具软件,办公软件,图形编辑软件;信息安全防护软件;互联网软件	根据教学需要选用
仪器设备与软件	测量机器人、电子水准仪、应力计、应变计、测斜仪收敛计	每4~6工位1套,每套设备≥4台
	变形监测数据处理软件、变形监测数据分析软件、变形监测数据评估软件	根据教学需要选用
	郑西、大西高铁沿线控制资料	每4~6工位1套

"工程控制测量与数据处理"课程标准

一、课程性质与任务

(一)课程性质

"工程控制测量与数据处理"是高速铁路施工与维护专业群的专业核心课。本课程响应新基建城际高速铁路交通领域测量人才培养要求,主要培养学生工程建设中控制网的技术设计、布设、观测和数据处理、技术总结的能力,为后续课程的学习以及将来的工作打下坚实的基础。同时使学生初步形成辩证唯物主义世界观,形成乐观向上的人格,塑造具备课程特色的"求真、求精、求稳"的测绘工匠精神。

(二)课程任务

全面贯彻党的教育方针,落实立德树人根本任务,满足高铁智慧建造对人才培养的要求,对接行企新需求,以"校企合作、工学结合"为原则,以控制测量具体生产项目为载体,以工作流程为逻辑主线,以学生能力培养为核心,采用"校企协同+成果导向+任务驱动"教学策略和"生产项目贯穿、五步联动提升"教学模式组织教学,使学生能运用精密测量仪器、计算程序完成测量数据的采集和数据处理并应用到各类工程测量领域,培养讲规范、重安全、保质量的职业素养,求真务实、实践创新、精益求精的精神,踏实严谨、吃苦耐劳、追求卓越的品质,野外生存、自我保护、团队协作的能力,使学生成为厚德强技的高素质技术技能人才。

二、课程目标

(一)素质目标

(1)具备职业认同感和自豪感,主动投身工程测量行业;
(2)具有质量意识、规范意识、安全意识、信息素养、工匠精神和创新思维;
(3)具备吃苦奉献、拼搏争先的精神品质,勇于奋斗、乐观向上,具有自我管理能力、职业生涯规划的意识,有较强的集体意识和团队合作精神;
(4)具备能正确分析测量过程中的问题,应对紧急突发状况的能力;
(5)具备利用网络或查阅文献等获取信息的能力。

(二)知识目标

(1)了解工程控制测量的任务和作用;
(2)熟悉工程控制测量技术设计书和技术总结的编制方法;
(3)理解工程控制网的布设原则和设计方案,掌握线路、桥梁、隧道等工程建立控制网的方法;
(4)理解规范中线路、桥梁、隧道等工程相对应的工程控制测量的主要技术要求;
(5)掌握全站仪、精密水准仪等控制测量仪器的方法;
(6)掌握精密导线平面控制测量和四等、二等高程控制测量的外业踏勘选点、外业施测和数据处理的方法。

(三)技能目标

(1)能参照相应规范独立完成线路、桥梁、隧道、站场等工程施工控制网设计、踏勘和选点、观测、数据处理等工作;
(2)能熟练操作全站仪、精密水准仪等测量仪器完成外业测量工作,能正确分析并获得合格的观测成果;
(3)能利用计算机进行控制网概算和平差计算;
(4)能编写控制网技术设计说明书和测量技术总结报告书。

三、课程思政

"工程控制测量与数据处理"作为高速铁路施工与维护专业群核心课,可以将专业质量文化、测绘精神、工匠精神、劳模精神等思政元素融入课堂,将价值引领与知识传授相融合,结合五育并举,提炼课程思政元素,深入挖掘课程的思想政治教育资源。从公元前两千多年大禹治水"左准绳、右规矩、载四时,以开九州,通九道"的古代测绘素材,到现代5G+北斗导航系统的应用开发;从珠峰测量的艰辛和国测一大队先进事迹,到企业导师从技术工人到全国劳模、全国技能大师的成长经历;从国产化的测量仪器登上地球之巅接受巅峰考验,到我国坐标系统的演变反映国家综合实力的提升等,把"求真、求精、求稳"的测绘工匠精神具化为若干思政点,依托"学习环境、教学资源、课堂教学、技能竞赛"4大载体,融入仪器操作、数据采集、数据处理等技能点,培养学生尊重劳动的品质。通过真实任务驱动、双导师教学指导、小组协作完成任务,让学生在任务实施中全面提升,全方位、系统化培养测绘工匠精神,培养学生"能吃苦、讲规范、重安全、保质量"的职业素养。

四、课程结构与教学内容

根据高等职业学校专业和高速铁路施工与维护专业群教学标准要求,结合"工程控制测量与数据处理"课程目标,确定本课程结构与教学内容,设计合理的学习项目及学时安排。

(一)课程模块

"工程控制测量与数据处理"课程由工程控制测量模块、数据处理模块两部分构成。

工程控制测量模块是学生进行数据采集的基础,包含线路工程控制测量、桥梁工程控制测量、隧道工程控制测量三部分内容,重点学习工程控制网布设、优化、精密仪器使用、数据采集等。

数据处理模块是学生提升数据处理及综合分析能力的关键,主要是结合典型的工程控制网数据处理案例,从偶然误差的统计规律,衡量精度的指标,误差传播律及其在测量中的应用,权与定权的方法,到常用测量平差软件的使用方法、平面控制网和高程控制网的平差处理等,实现学生数据处理综合应用能力的提升。

(二)教学内容及项目、学时安排

"工程控制测量与数据处理"课程教学内容、教学项目安排如表2-165所示。

表2-165 "工程控制测量与数据处理"课程教学内容、教学项目安排表

模块	学习项目	教学内容	思政融入点	学时
工程控制测量模块	1.线路工程控制测量; 2.桥梁工程控制测量; 3.隧道工程控制测量	1.控制测量基础知识; 2.控制网的精度估算; 3.工程精密控制测量方法; 4.线路、桥梁、隧道控制网的布设; 5.全站仪、精密水准仪等设备的使用方法; 6.珠峰测量史及三角高程测量; 7.控制网的概算; 8.控制测量技术总结书的编制; 9.坐标系统及换算	1.国家测绘基准发展史:爱国情怀、测绘行业标准; 2.精密仪器操作与使用规范:严谨细致,精益求精; 3.测量大地的人们:国测一大队精神; 4.隧道千里眼:十九大代表白芝勇劳模精神; 5.珠峰高程测量视频:安全生产,精益求精; 6.控制网布设:"具体问题具体分析"的哲学思想; 7.精密测量实训:"理论与实践相结合"的哲学思想; 8.工程测量规范:规范与标准意识; 9.港珠澳大桥测量纪录片:新技术、新工艺、新方法的创新思想; 10.《厉害了,我的国》纪录片:树立职业自信和价值自信	90

续表

模块	学习项目	教学内容	思政融入点	学时
数据处理模块	4.数据处理案例分析	1.测量误差的基础理论； 2.测量平差基本数学模型和公式； 3.常用平差软件的使用； 4.控制测量内业工作流程； 5.常用平差软件的使用方法	1.国产测量软件发展史:树立职业自信和价值自信； 2.平差案例:精益求精工匠精神； 3.实训软件操作:"理论与实践相结合"的哲学思想	22

(三)学习项目设计

"工程控制测量与数据处理"课程学习项目设计如表2-166至表2-169所示。

表2-166 项目1:线路工程控制测量

教学目标	1.了解控制测量的任务和作用； 2.熟悉建立控制网的基本方法； 3.熟悉线路工程控制测量技术设计书的编制； 4.掌握全站仪、光学水准仪的使用方法； 5.掌握线路控制测量的外业施测方法； 6.掌握线路控制测量的内业工作流程； 7.熟悉线路控制测量技术总结书的编制； 8.能独立完成图根导线控制网的设计、踏勘、选点、造标、埋石、观测等工作； 9.能独立完成导线的内业计算； 10.能独立完成四等水准路线的敷设、记录与计算； 11.能编写控制网技术设计说明书和测量技术总结报告书	
教学内容	1.控制测量的任务和作用； 2.建立控制网的基本方法； 3.线路控制测量技术设计书的编制； 4.线路控制测量的外业施测方法； 5.线路控制测量的内业工作流程； 6.线路控制测量技术总结书的编制； 7.图根导线控制网的设计、踏勘、选点、造标、埋石、观测等工作； 8.导线的内业计算； 9.四等水准路线的敷设、记录与计算； 10.控制网技术设计说明书和测量技术总结报告书	
教学任务设计	序号	任务描述
	任务1.控制测量的任务与方法	1.了解控制测量的作用以及控制网布设的主要方法； 2.熟悉控制测量相关规范； 3.了解控制测量的发展过程
	任务2.线路平面控制测量	1.了解线路平面控制网布设的工作任务、布设方法； 2.熟悉平面控制测量相关规范,编写平面控制网布设的技术设计书； 3.完成图根导线控制网的布设； 4.使用全站仪,根据规范完成图根导线测量的外业工作与内业计算并编制技术总结书

续表

教学任务设计	序号	任务描述
	任务3.线路高程控制测量	1.了解线路高程控制网布设的工作任务、布设方法； 2.熟悉高程控制测量相关规范，编写高程控制网布设的技术设计书； 3.完成四等水准路线的布设； 4.掌握四等水准测量方法，完成四等水准的外业测量工作及其内业数据处理
学时	34	
教学方法	测站法、演示法、讲授法、案例法	

表2-167 项目2:桥梁工程控制测量

教学目标	1.了解桥梁平面控制测量的方法； 2.掌握精密导线的布设与观测方法； 3.掌握精密全站仪的使用方法； 4.熟悉平面控制网的概算； 5.熟悉高斯投影计算与地方坐标系的建立； 6.了解桥梁高程控制测量的方法； 7.掌握精密三角高程测量的方法； 8.了解三角高程测量的误差分析	
教学内容	1.桥梁控制网的布设原则和方案； 2.精密导线的布设、观测； 3.平面控制网的概算； 4.高斯投影计算与地方坐标系建立； 5.精密三角高程的方法与精度分析	
教学任务设计	序号	任务描述
	任务1.桥梁平面控制测量	1.编写桥梁平面控制网布设的技术设计书； 2.完成四等导线控制网的布设； 3.精密导线测角测距； 4.完成一级导线的外业测量工作及其概算
	任务2.桥梁高程控制测量	1.精密三角高程测量路线的布设； 2.精密三角高程测量； 3.精密三角高程的外业测量工作及其概算； 4.完成内业数据处理工作并编写技术总结书
学时	32	
教学方法	启发式教学、任务驱动、案例教学法、测站教学法	

表 2-168 项目 3：隧道工程控制测量

教学目标	1.了解隧道施工控制测量的方法； 2.掌握精密水准测量的施测方法； 3.能熟练使用精密光学水准仪、精密电子水准仪等仪器设备； 4.能熟练掌握三联脚架法； 5.能完成高程控制网的技术设计、布设、施测及内业数据处理	
教学内容	1.隧道施工控制测量的方法； 2.精密水准测量的施测； 3.高程控制网的数据处理； 4.三联脚架法	
教学任务设计	序号	任务描述
	任务1.隧道平面控制测量	1.了解隧道控制测量的任务、布设方法； 2.熟悉隧道控制测量相关规范； 3.掌握三联脚架法的施测步骤
	任务2.隧道高程控制测量	1.编写高程控制网布设的技术设计书； 2.完成二等水准路线的布设； 3.掌握精密水准仪的使用及二等水准测量方法； 4.完成二等水准的外业测量工作及其概算； 5.完成二等水准路线的内业数据处理工作并编写技术总结
学时	24	
教学方法	启发式教学、任务驱动、案例教学、卡片式教学	

表 2-169 项目 4：数据处理案例分析

教学目标	1.了解测量平差基本概念、研究对象和具体任务； 2.掌握测量误差的基本知识（衡量精度的指标、误差传播率、权与定权的常用方法）； 3.了解最小二乘法的原理； 4.能够应用测量数据处理软件独立完成导线网、水准网的数据处理和平差计算	
教学内容	1.平差的任务与基本原则； 2.误差传播律、权与定权的方法； 3.最小二乘法的原理； 4.测量平差软件的使用	
教学任务设计	序号	任务描述
	任务1.误差理论与基本原则	1.掌握偶然误差的统计规律，了解衡量精度的指标，包括中误差、相对误差、极限误差； 2.掌握误差传播律及其在测量中的应用，掌握权与定权的方法
	任务2.测量平差软件的应用	1.熟悉常用测量平差软件的使用方法； 2.能够应用平差软件进行平面控制网和高程控制网的平差处理
学时	22	
教学方法	启发式教学、任务驱动、案例教学、卡片式教学	

(四)教学要求

"工程控制测量与数据处理"课程教学要紧扣高速铁路施工与维护专业群教学标准和课程目标,在全面贯彻党的教育方针、落实立德树人根本任务的基础上,突出职业教育特色,培养学生在工程建设实际中控制网的技术设计、布设、观测和数据处理的能力,提升学生的工程实践能力。

课程教学要落实立德树人的根本任务,贯彻课程思政要求,注重校企结合,引入企业标准和文化,将生产性项目贯穿整个教学过程,使教学过程与工作过程对接。坚持授业育人结合,培养学生自主学习能力和创新能力,达到终生学习的目标。

(五)引入行业标准

(1)《工程测量标准》(GB 50026—2020);
(2)《铁路工程测量规范》(TB 10101—2018);
(3)《国家一、二等水准测量规范》(GB/T 12897—2016);
(4)《国家三、四等水准测量规范》(GB/T 12898—2009);
(5)《测绘技术总结编写规定》(CH/T 1001—2005);
(6)《全球定位系统(GPS)测量规范》(GB/T 18314—2009)。

五、课程考核与评价

课程采用全过程性考核与评价,线上知识测试与线下技能考核相结合的方式,全面、客观地评价学生的学习效果。其中,平时考核从学生在各个模块学习过程中的资源学习、知识点测试、活动参与、任务完成、课堂表现等方面进行评价,由学生自评、小组互评、教师和企业导师考评;过程性考核以具体项目为载体,考察该项目基本技能的掌握情况,包含线上和线下两种形式,突出重难点的考试。具体评价标准见表2-170。

表2-170 "工程控制测量与数据处理"课程考核评价体系

过程性考核 (分值权重)	考核项目	评价标准	过程性考核 (70%)	平时考核 (30%)
导线内业计算 (25%)	原始数据预处理	预处理正确	内业计算(5%)	1.基本素质评价,包括出勤情况、资源学习、课堂参与等综合表现; 2.职业素质评价,包括项目参与度、承担角色和任务完成情况、劳动意识、创新精神等
	方位角推算	方位角计算正确	内业计算(10%)	
	坐标推算	坐标计算正确	内业计算(10%)	
方向观测法 (25%)	方向观测	观测记录正确	外业操作(15%)	
	测站计算	计算正确	内业计算(10%)	
二等水准测量 (25%)	测站观测	观测记录正确	外业操作(15%)	
	测站计算	计算正确	内业计算(10%)	
软件数据处理 (25%)	数据编辑	数据编辑正确	软件操作(10%)	
	数据处理	数据处理正确	软件操作(15%)	

六、课程资源

(一)教材选用

教材选取或编写依据《陕西铁路工程职业技术学院教材建设与管理办法》和本课程标准。教材应充分体现课程设计思想,满足课程内容的需要和岗位职责要求,教材内容应符合国家职业标准,体现教学过程的实践性、开放性和职业性,要将本专业领域新技术、新工艺、新设备纳入教材中,体现教材的时代性。鼓励编写与教学相适应的学习指导教材,吸纳企业专家与学校教师合作编写活页式教材和活页式任务单。

(二)数字化资源

依据本课程标准,充分运用各种信息技术手段,结合教学改革需要,开发虚拟仿真平台、微课、多媒体课件等数字化教学资源,建设"工程控制测量与数据处理"在线开放课,实现优质资源共建共享,提升课程的教学效果。

七、教学团队

(一)团队结构

引入精密测量领域国家级技能大师工作室,聘请全国劳模、精密测量技能大师为企业导师,构建校企"双导师"教学团队,开展校企协同育人。校内"双师型"教师主导理实一体化教学,企业导师结合工程实际对学生成果进行评价和指导。

(二)双师素质

从事本课程教学的教师,应具备以下相关知识、能力和资格:
(1)有丰富的项目经验,熟悉一般工程控制网施测的工艺流程;
(2)能熟练操作测量仪器,并能熟练进行工程控制网的布设、数据采集及数据处理;
(3)获得高校教师资格证(专任教师);
(4)熟悉不同工程类型的相应行业标准和测量规范;
(5)获得测绘服务人员工程测量员、技师及以上职业资格;
(6)具备双师型素质教师资格。

八、教学设备要求

"工程控制测量与数据处理"课程教学设备要求如表2-171所示。

表2-171 "工程控制测量与数据处理"课程教学设备配备要求

项目	技术参数与要求	数量
计算机	满足主流教学软件要求;支持网络同传和硬盘保护;多媒体教学系统	每工位1台
教学投影显示设备	投影仪或智慧一体机	≥1台
计算机基本配置	操作系统及相关驱动;常用工具软件,办公软件,图形编辑软件;信息安全防护软件;互联网软件	根据教学需要选用
仪器设备与软件	精密全站仪	每4~6工位1套,每套设备≥4台
	精密光学水准仪	每4~6工位1套,每套设备≥4台
	电子水准仪	每4~6工位1套,每套设备≥4台
	科傻数据处理软件	根据教学需要选用
	地面控制点资料	每4~6工位1套

"GNSS 测量技术与应用"课程标准

一、课程性质与任务

(一)课程性质

GNSS 即全球卫星导航系统(Global Navigation Satellite System)。GNSS 定位通过地面上的接收机接收 GNSS 卫星信号实现定位,GNSS 定位在工程测量中的应用非常广泛,在数字中国、智慧城市、高铁施工等基础设施建设中发挥着重要的技术支撑作用,对个人的生活、学习和工作,以及对全面建设社会主义现代化国家具有重大意义。

"GNSS 测量技术与应用"课程是高速铁路施工与维护专业群的专业核心课。本课程从 GNSS 测量技术的工程应用出发,培养学生应用 GNSS 技术进行工程控制测量、碎部测量、RTK 施工放样的能力,为后续课程的学习以及将来的工作打下坚实的基础。同时该课程也是学生职业素质养成的一个重要平台,可以培养学生的组织协调能力、团队合作能力、吃苦耐劳的精神,培养学生的质量意识、规范意识、标准意识与创新能力。

(二)课程任务

全面贯彻党的教育方针,落实立德树人根本任务,满足高铁智慧建造对人才培养的要求,围绕高等职业教育工程测量技术专业对 GNSS 测量技术应用的培养需求,拓展卫星导航领域的前沿技术,通过理实一体化教学,提升学生应用 GNSS 测量技术解决工程实际问题的综合能力,使学生成为德智体美劳全面发展的高素质技术技能人才。

二、课程目标

(一)素质目标

(1)养成安全规范操作的职业素养;
(2)增强质量意识和工匠精神;
(3)具备吃苦耐劳、甘于奉献、克服困难的敬业精神;
(4)具备熟练操作、精益求精的工匠精神;
(5)培养学生认识"大国重器",以及用好"大国重器"的爱国情怀。

(二)知识目标

(1)熟悉 GNSS 的组成及发展现状;
(2)掌握 GNSS 的构成及各部分的工作流程;
(3)掌握 GNSS 的坐标系统与时间系统的基准;
(4)掌握静态 GNSS 控制网布设的方法和特点;
(5)掌握 GNSS 控制测量技术设计和技术总结的方法;
(6)掌握 GNSS 外业观测和内业数据处理的技术要求;
(7)掌握 RTK 技术的测量原理;
(8)掌握 RTK 施工放样的方法;
(9)掌握常用数据处理软件的界面和操作方法。

(三)技能目标

(1)能认知各种定位系统;
(2)能制订静态 GNSS 定位观测计划;
(3)能进行静态 GNSS 外业观测及数据传输;

(4)能进行静态 GNSS 测量数据处理及误差分析；

(5)能编写项目技术设计书和技术总结报告书；

(6)能够合理规范地进行隧道洞外控制网数据采集；

(7)能够独立进行 GNSS 控制网数据处理及控制网的精度分析和优化。

三、课程思政

课程思政指以构建全员、全过程、全方位育人格局的形式将各类课程与思想政治理论课同向同行，形成协同效应，把"立德树人"作为教育的根本任务的一种综合教育理念。"GNSS 测量技术与应用"作为高速铁路施工与维护专业群核心课，其课程思政的主要形式是将思想政治教育元素，包括思想政治教育的理论知识、价值理念以及精神追求等融入课程学习及实践中去，潜移默化地对学生的思想意识、行为举止产生影响，具体包括测绘精神、质量意识、工匠精神、劳动精神、创新思维等。

引入测量大事件、测量榜样，融入测绘精神。以提升学生的"熟练、扎实"的技术应用能力为突破点，选取教学题材（如珠峰测量大事件、北斗全球组网、国测一大队英雄事迹等），以行业精神为引领，培养学生的职业认同感和自豪感，坚持把"热爱祖国，忠诚事业，艰苦奋斗，无私奉献"的测绘精神融入课程教学过程。GNSS 数据处理要内业与外业相结合，融入"理论联系实际"和"实践检验真知"的哲学思想和质量意识。数据处理后按照现场要求进行成果提交，进行评价分析，引导学生正确认识成果质量，严把质量关。教学中结合卫星定位技术的发展和工程实践应用，结合工程一线的大国工匠的先进事迹，引导学生关注我国科技发展，帮助学生树立起对职业敬畏、对工作执着、对成果负责的态度，养成敬业、精益、专注、创新的工匠精神。依托真实的实训环境，开展劳动教育、安全教育。依托测绘实训基地、高铁实训工区开展项目教学，规范学生的安全意识，提升岗位实践能力，加强对学生的劳动教育。以高铁建设生产案例为载体，将现场技术人员遇到的生产问题引入课堂活动中，开展灵活教学形式，激发学生思维，引导学生提出解决问题的途径，提高学生团队协作、自主探究的创新思维能力。

四、课程结构与教学内容

根据高等职业学校专业和高速铁路施工与维护专业群教学标准要求，结合"GNSS 测量技术与应用"课程目标，确定本课程结构与教学内容，设计合理的学习项目及学时安排。

（一）课程模块

"GNSS 测量技术与应用"课程由高铁工程控制测量模块、高铁工程施工测量模块、技术综合应用模块三部分构成。

高铁工程控制测量模块是学生提升其应用 GNSS 测量技术开展高铁工程控制测量的基础，包含卫星导航系统的认知、GNSS 静态控制网布设、GNSS 静态控制网数据采集、数据处理软件应用、GNSS 控制网数据处理等五部分内容。

高铁工程施工测量模块是学生提升其应用 GNSS 测量技术开展工程碎部点测量、施工放样的基础，包含 RTK 技术认知、RTK 工作模式设置、RTK 碎部点坐标采集、RTK 点放样、RTK 线路放样、RTK 断面测量等六部分内容。

技术综合应用模块是学生提升其 GNSS 测量技术工程应用综合能力的关键，主要是结合典型的高铁工程实例，从技术设计、踏勘选点、标石埋设、整体静态控制测量及数据处理，到局部施工放样、技术总结，开展相对完整的应用实践，从而实现学生综合应用能力的培养。

（二）教学内容及项目、学时安排

"GNSS 测量技术与应用"课程教学内容、教学项目按排如表 2-172 所示。

表 2-172 "GNSS 测量技术与应用"课程教学内容、教学项目安排表

模块	学习项目	教学内容	思政融入点	学时
高铁工程控制测量模块	1.高铁车站 GNSS 控制测量； 2.三等隧道洞外 GNSS 控制测量	1.卫星导航系统的认知； 2.GNSS 静态控制网布设； 3.GNSS 静态控制网数据采集； 4.数据处理软件应用； 5.GNSS 控制网数据处理	1.四大发明之一"指南针"； 2.大国重器——北斗； 3."深入细节、兼顾全局"的哲学思想； 4."理论联系实际"的哲学思想； 5.质量意识、规范意识； 6.服务人民、奉献社会的人生观	40
高铁工程施工测量模块	3.GNSS-RTK 点位测量； 4.GNSS-RTK 施工放样	1.RTK 技术认知； 2.RTK 工作模式设置； 3.RTK 碎部点坐标采集； 4.RTK 点放样； 5.RTK 线路放样； 6.RTK 断面测量	1.团队合作意识； 2."实践检验真知"的哲学思想和质量意识、规范意识 3.求实、求真的科学意识； 4.敬业、精益、专注、创新的工匠精神； 5.劳模精神； 6.安全教育； 7.新技术、新设备、新方法的改革和创新思想	30
技术综合应用	5.×高铁×标段高铁 GNSS 工程测量	结合典型的高铁工程实例，开展相对完整的应用实践	1.严谨认真、精益求精的专业精神； 2."理论联系实际"和"实践检验真知"的哲学思想和质量意识； 3.团队意识和协作精神； 4.劳动教育和安全教育	30

(三)学习项目设计

"GNSS 测量技术与应用"课程学习项目设计如表 2-173 至表 2-177 所示。

表 2-173 项目 1:高铁车站 GNSS 控制测量

教学目标	1.了解定位系统的种类及其组成； 2.掌握高铁车站 GNSS 控制网布设的原则和要求； 3.掌握 GNSS 接收机的规范操作流程； 4.掌握 GNSS"信号盲区"及避开盲区的措施； 5.掌握如何合理地进行 GNSS 测量的作业和调度； 6.能应用 LGO 软件处理数据及获取城市控制点坐标的方法； 7.能够制定 GNSS 控制测量技术设计、编写技术总结
教学内容	1.GNSS 定位系统的组成及原理； 2.技术设计和技术总结； 3.华测 X 系列 GNSS 接收机的操作； 4.高铁车站 GNSS 控制网的数据采集； 5.规范填写 GNSS 测量手簿； 6.GNSS 外业观测组织调度； 7.常用坐标系及其相互转换； 8.GNSS 数据的处理及网平差

续表

	序号	任务描述
教学任务设计	任务1.高铁车站测量技术设计	1.学生分组,领取任务; 2.学习GNSS定位方法及相关的仪器设备; 3.踏勘、认识测区; 4.做出高铁车站GNSS控制网建立的初步计划
	任务2.城市GNSS控制网的布设与施测	1.学习GNSS控制网施测相关知识; 2.学习GNSS相关规范; 3.设计控制网形; 4.各小组根据GNSS测量作业的特点制定作业调度表; 5.数据采集; 6.外业数据质量检核
	任务3.LGO软件应用与数据处理	1.数据下载和预处理; 2.基线解算; 3.无约束网平差; 4.坐标转换
学时	24	
教学方法	测站法、演示法、讲授法、案例法	

表2-174 项目2:三等隧道洞外GNSS控制测量

教学目标	1.掌握三等隧道洞外GNSS控制网的布设特点和要求; 2.掌握隧道GNSS"信号盲区"及避开盲区的措施; 3.掌握GNSS"多路径效应"及避开的措施; 4.能够合理安排作业和调度; 5.能应用TBC软件或者SGO软件进行数据预处理、基线解算和无约束网平差; 6.能够制定隧道GNSS控制测量技术设计、编写技术总结; 7.树立精益求精的职业素养; 8.形成理论联系实际的工作意识
教学内容	1.编写隧道GNSS控制网的技术设计; 2.隧道洞外GNSS控制网的布设形式; 3.其他数据处理软件应用; 4.数据的处理及网平差; 5.常用坐标系及其相互转换

	序号	任务描述
教学任务设计	任务1.隧道洞外控制测量技术设计	1.隧道洞外控制测量的相关知识、规范学习; 2.设计隧道洞外GNSS控制网形; 3.制定三等隧道GNSS控制网技术设计; 4.标石埋设,建立控制网

续表

	序号	任务描述
教学任务设计	任务 2.隧道控制网的施测	1.确定 GNSS 控制网施测的工作步骤和注意事项; 2.隧道洞外控制网数据采集; 3.数据质量检核
	任务 3.其他软件应用数据处理（SGO 或 TBC）	1.数据下载和预处理; 2.(TBC/SGO)软件基线解算; 3.(TBC/SGO)软件无约束网平差; 4.(TBC/SGO)坐标转换
学时	16	
教学方法	启发式教学、任务驱动、案例教学法、测站教学法	

表 2-175　项目 3:GNSS-RTK 点位测量

教学目标	1.掌握 GNSS-RTK 测量的原理; 2.能够合理选择 GNSS-RTK 工作模式并正确进行连接与设置; 3.能够正确使用 GNSS-RTK 电台模式进行点位测量; 4.能够正确使用 GNSS-RTK 网络模式进行点位测量; 5.能够进行点校正和地方坐标测量; 6.具备熟练操作、精益求精的工匠精神
教学内容	1.RTK 测量原理及工作模式; 2.RTK 测量硬件连接和软件设置; 3.RTK 点位测量; 4.RTK 测量文件下载及数据处理

	序号	任务描述
教学任务设计	任务 1.RTK 电台模式点位测量	1.学习 RTK 多种工作模式; 2.进行 RTK 连接和设置; 3.电台模式设置
	任务 2.RTK 网络模式点位测量	1.网络模式硬件连接; 2.网络模式数据链设置
	任务 3.点校正	1.三点校正; 2.单点校正
学时	12	
教学方法	启发式教学、任务驱动、案例教学、卡片式教学	

表 2-176　项目 4：GNSS-RTK 施工放样

教学目标	1. 掌握点放样的操作方法； 2. 能够掌握线路设计操作步骤； 3. 能够正确进行线路中桩放样； 4. 能够正确进行线路边桩放样； 5. 能够进行线路断面测量； 6. 具备熟练操作、精益求精的工匠精神	
教学内容	1. RTK 放样原理； 2. 交点法线路放样； 3. 线元法线路放样	
教学任务设计	序号	任务描述
	任务 1. RTK 点放样	1. 点放样操作； 2. 放样精度检核
	任务 2. RTK 线路放样	1. 线路设计； 2. 中桩放样； 3. 边桩放样
	任务 3. 断面测量	断面测量
学时	18	
教学方法	启发式教学、任务驱动、案例教学、卡片式教学	

表 2-177　项目 5：×高铁×标段高铁 GNSS 工程测量

教学目标	1. 对接案例，掌握 GNSS 网形设计的依据和方法； 2. 能够结合案例进行 GNSS 控制网数据采集； 3. 能够应用指定软件进行控制网数据处理及精度评定； 4. 能够结合图纸，完成线路施工放样； 5. 做到理论联系实际，提高解决实际问题的能力； 6. 具备安全规范测量的职业素养	
教学内容	在教师的引导下，结合案例要求，在高铁实训工区布设开展 GNSS 控制测量及线路施工放样，强化 GNSS 网形布设、数据采集、数据处理、RTK 测量与放样的综合能力	
教学任务设计	序号	任务描述
	任务 1. GNSS 控制测量与数据处理	1. 网形设计与优化； 2. 外业调度与数据采集； 3. 数据处理与精度分析
	任务 2. 路基施工放样	1. 线路设计； 2. 中、边桩放样； 3. 精度检核
	任务 3. 桥梁施工放样	1. 墩台中心放样； 2. 承台角点放样
学时	30	
教学方法	案例教学、任务驱动、测站教学法	

(四)教学要求

"GNSS测量技术与应用"课程教学要紧扣高速铁路施工与维护专业群教学标准和课程目标,在全面贯彻党的教育方针、落实立德树人根本任务的基础上,突出职业教育特色,培养学生利用GNSS测量技术解决工程实际问题的能力,提升学生的工程实践能力。

课程教学要落实立德树人的根本任务,贯彻课程思政要求,使学生在复杂的社会环境和工作环境中能够有担当、辨是非、求上进、有作为。突出学生技能培养,提升学生掌握利用GNSS测量技术进行高铁等线性工程的控制测量、施工放样及工程综合应用的能力。培养学生创新意识,对于工作中出现的各类问题能够进行分析判断,提出的合理解决方案。

(五)引入行业标准

(1)《全球定位系统(GPS)测量规范》(GB/T 18314—2009);
(2)《卫星定位城市测量技术规范》(CJJ/T 73—2010);
(3)《工程测量标准》(GB 50026—2020);
(4)《测绘技术总结编写规定》(CH/T 1001—2005);
(5)《铁路工程卫星定位测量规范》(TB 10054—2010);
(6)《全球定位系统实时动态测量(RTK)技术规范》(CH/T 2009—2010);
(7)《全球导航卫星系统连续运行参考站网建设规范》(CH/T 2008—2005)。

五、课程考核与评价

课程采用全过程性考核与评价,线上知识测试与线下技能考核相结合的方式,全面、客观地评价学生的学习效果。过程性考核在考察学生技能掌握程度的基础上,关注学生综合素养和技能应用能力,主要考评控制网数据处理、RTK点位测量、GNSS应用案例分析、基础知识在线测试等四个方面。具体评价标准见表2-178。

表2-178 "GNSS测量技术与应用"课程考核评价体系

过程性考核(分值权重)	考核项目	评价标准	过程性考核(70%)	平时考核(30%)
控制网数据处理(30%)	原始数据导入	数据分析合理	软件操作(5%)	1.基本素质评价,包括出勤情况、资源学习、课堂参与等综合表现; 2.职业素质评价,包括项目参与度、承担角色和任务完成情况、劳动意识、创新精神等
	基线解算	数据预处理正确	软件操作(10%)	
	网平差	数据处理成果可靠	软件操作(15%)	
RTK点位测量(30%)	RTK点校正	RTK正确连接,点校正残差合格	外业操作(15%)	
	图根点测量	点位坐标正确	外业操作(15%)	
GNSS应用案例分析(30%)	静态测量案例分析	案例分析合理	主观试题(15%)	
	动态测量案例分析	问题作答准确	主观试题(15%)	
基础知识在线测试(10%)	在线课程期末考试	题目作答准确	客观试题(10%)	

六、课程资源

(一)教材选用

所用教材要求为近三年出版的高职高专规划教材,既能反映最新发展水平,又能适应高等职业教育的需要,能够帮助学生提高分析问题、解决问题的能力,突出高素质技术技能人才培养特点。教材应包括卫星导航系统认知、GNSS 定位方法、GNSS 测量的误差分析、GNSS 控制测量、RTK 动态测量、GNSS 应用等内容。鼓励教师结合教育教学改革和信息化教学需要,以思想性、科学性、发展性、规范性为原则,校企合作编写立体化和富媒体化教材、活页式教材、云教材等。

(二)数字化资源

依据本课程标准,充分运用各种信息技术手段,结合教学改革需要,开发微课、多媒体课件等数字化教学资源,建设在线开放课,实现优质资源共建共享,提升课程的教学效果。

七、教学团队

教师是学生学习课程的纽带,是引导学生掌握实践技能的关键。任课教师要树立良好的师德师风,符合教师专业标准要求,具有扎实的专业基础,有一定的工程实践经验和良好的教育教学能力。

(一)团队结构

建立课程负责人制度,组建课程教学团队,积极组织开展各类教研活动,促进青年教师成长。学校应采用人才引进、自主培养等途径,组建年龄、性别、职称与学历结构合理,具有较强信息化教学能力的教学团队。

(二)双师素质

课程团队教师应具有双师素质,同时开展校企合作。教师应坚持定期到高铁项目施工一线进行实践锻炼,与时俱进地提升教师的 GNSS 技术应用水平和工程实践经验。鼓励支持教师进行课程教学改革创新,使课程教学更好地适应学生全面发展和个性化发展的需要,满足经济社会发展需求。

八、教学设备要求

"GNSS 测量技术与应用"课程教学设备配备要求如表 2-179 所示。

表 2-179 "GNSS 测量技术与应用"课程教学设备配备要求

项目	技术参数与要求	数量
计算机	满足主流教学软件要求;支持网络同传和硬盘保护;多媒体教学系统	每工位 1 台
教学投影显示设备	投影仪或智慧一体机	≥1 台
计算机基本配置	操作系统及相关驱动;常用工具软件,办公软件,图形编辑软件;信息安全防护软件;互联网软件	根据教学需要选用
仪器设备与软件	GNSS 接收机及附件	每 4~6 工位 1 套,每套设备≥4 台
	LGO 数据处理软件;SGO 数据处理软件;TBC 数据处理软件	根据教学需要选用
	地面控制点资料	每 4~6 工位 1 套

"数字测图"课程标准

一、课程性质与任务

(一)课程性质

数字地形图在国家基础建设中具有广泛的用途,是规划设计施工的重要依据。无人机摄影测量等新技术的出现,给数字测图行业带来了一场技术革命,也对测图人才培养提出了新要求。

"数字测图"课程是高速铁路施工与维护专业群的专业核心课,为积极响应"数字中国"背景下测绘人才队伍建设,课程从测图员岗位核心技能出发,遵循立德树人的使命,服务于工匠强国的目标,弘扬工匠精神、厚植工匠文化,将企业标准化测图流程贯穿项目任务实施的全过程。本课程通过完成真实项目,使学生在老师的引导下,了解数字测图的原理,掌握数字测图从技术设计、野外数据采集、内业软件成图到技术总结的方法,培育数字测图技术技能人才。

(二)课程任务

全面贯彻党的教育方针,落实立德树人根本任务,满足高铁智慧建造对人才培养的要求,围绕高等职业教育工程测量技术专业对数字测图的培养需求,拓展数字测图的前沿技术,通过理实一体化教学,提升学生针对不同地形特点选择合适的测图方法解决测图工作实际问题的综合能力,使学生成为德智体美劳全面发展的高素质技术技能人才。

二、课程目标

(一)素质目标

(1)具备野外生存与自我保护的能力;
(2)具备团队协作的能力、构建社会关系的能力;
(3)具备把握贡献与冲突的能力、决策与执行的能力;
(4)具备求真务实、实践创新、精益求精的精神;
(5)具备踏实严谨、吃苦耐劳、追求卓越的品质;
(6)提高综合职业素养,树立社会主义职业精神。

(二)知识目标

(1)了解大比例尺图分幅、编号、注记;
(2)掌握地形图图式符号表示地物、地貌的方法,地形特征点的概念,经纬仪测绘法测绘碎部点的方法;
(3)掌握数字测图技术设计书的编写方法;
(4)掌握全站仪及 GPS-RTK 数据采集、草图绘制及数据传输的方法;
(5)掌握 CASS 成图软件绘制地物、地貌的方法;
(6)掌握航测法数字测图、EPS 软件数据采集及编辑的方法;
(7)掌握数字地形图的分幅及整饰方法;
(8)掌握数字地形图成果检验程序;

(9)掌握数字测图技术总结的编写方法；

(10)掌握地形要素的查询方法、CASS 软件绘制纵横断面的方法、CASS 测图软件计算工程土方量的方法。

(三)技能目标

(1)能在地形图上判断地面高低起伏形态、地物类别和属性；

(2)能正确使用地形图图式符号表示地物、地貌；

(3)能编制数字测图项目技术设计书、技术总结；

(4)能熟练操作全站仪和 GPS-RTK、CASS 软件大部分功能菜单；

(5)能正确绘制草图，进行野外数据采集、数据传输，使用 CASS 软件绘制地形图；

(6)能正确使用 EPS 软件进行地形图采集及编辑；

(7)能将大比例尺数字地形图应用在工程中。

三、课程思政

本课程的课程思政结合专业和课程特点，确定目标为：培养学生把握全局、综合分析、严格执行规范的素养，具备保密意识、野外生存与自我保护的能力，团队协作的能力，模仿创新能力等，同时在潜移默化中培育社会主义核心价值观，提高综合职业荣誉感，树立社会主义职业精神，增强学生的民族自信心和技能强国心。

教师在教学过程中，应对课程教学内容进行课程思政元素的挖掘和资源的建设，对课程思政教育教学改革进行设计，将课程思政元素融入课堂教学之中，将价值引领与知识传授相融合。在经纬仪白纸测图项目中，介绍我国地形图发展历程、了解我国千年地图测绘发展历史，增加学生民族自豪感和使命感；大比例尺地形图测绘模块以真实的生产项目为载体，以工作流程为逻辑主线，培养学生的综合能力；技术设计书编写的教学过程中强调"欲善其事 计划先行"，融入凡事"预则立，不预则废"的哲学思想；数据采集的教学内容强调要根据具体的地形特点具体问题具体分析，合理选择数据采集方法，通过教学案例中数据采集任务量让学生对数字测图工作的辛苦程度有一定的认识，并结合国测一大队事迹，感悟"热爱祖国、忠诚事业、艰苦奋斗、无私奉献"的测绘精神；RTK、无人机摄影测量的教学结合工程一线的应用情况，引导学生关注我国科技发展，增强学生的时代责任感；利用高铁建设、抗震救灾、行军打仗等各行各业中地形图发挥的重要作用，让学生对职业产生自豪感。

四、课程结构与教学内容

根据高等职业学校专业和高速铁路施工与维护专业群教学标准要求，结合"数字测图"课程目标，确定本课程结构与教学内容，设计合理的学习项目及学时安排。

(一)课程模块

"数字测图"课程由地形图基本知识模块、大比例尺地形图测绘模块、数字地形图的判读与应用模块三部分构成。

地形图基本知识模块主要介绍地形图基本知识及经纬仪白纸测图的基本原理与操作方法，主要包含地形图的概述、地形图的分幅与编号和经纬仪白纸测图三部分内容。

大比例尺地形图测绘模块主要培养学生根据测图项目地形特点合理选择草图法、编码法、航测法等方法完成大比例尺数字地形图,从技术设计、控制网布设、外业数据采集、内业软件成图、图幅整饰与输出、质量检查验收到技术总结全流程工作的能力。

数字地形图的判读与应用模块主要是结合典型的高铁工程实例,应用地形图进行要素及面积获取、纵横断面绘制、土方计算等工作。从而使学生达到相应的能力要求。

(二)教学内容及项目、学时安排

"数字测图"课程教学内容、教学项目安排如表2-180所示。

表2-180 "数字测图"课程教学内容、教学项目安排表

模块	学习项目	教学内容	思政融入点	学时
地形图基本知识模块	1.经纬仪白纸测图	1.比例尺和比例尺精度; 2.地形图分幅与编号; 3.地物地貌符号; 4.经纬仪白纸测图	1.地图传奇视频:民族自豪感和职业认可度; 2.测量行为法律意识,测量数据保密的职业道德观; 3.地形图上地形要素合理取舍,融入人生需要合理取舍、抓住重点的哲学思想; 4.强调原理,在原理基础上更容易分析、掌握实情本质	10
大比例尺地形图测绘模块	2.草图法测图; 3.编码法测图; 4.无人机测图	1.技术设计书的编写; 2.图根控制测量; 3.全站仪碎部点坐标采集; 4.RTK碎部点坐标采集; 5.无人机外业影像采集; 6.南方CASS软件成图; 7.EPS三维测图; 8.图幅整饰与输出; 9.质量检查与验收; 10.技术总结书的编写	1."欲善其事 计划先行",融入凡事"预则立,不预则废"的哲学思想; 2.强调测量步步检核的严谨工匠精神; 3.国家标准《地形图图式》:独立解决问题的能力,强化标准意识; 4.野外作业安全意识; 5.仪器安全和规范操作意识; 6.小组作业,强调团队合作意识; 7.国家民族自豪感和职业认可度; 8.新技术、新设备、新方法的改革和创新精神; 9.《测绘成果质量检查与验收》:质量意识和规范意识; 10.做事需要不断总结反思,才能提高进步的哲学理念	44
数字地形图的判读与应用模块	5.×高铁×标段地形图的应用	结合典型的高铁工程实例,应用地形图进行要素及面积获取、纵横断面绘制、土方计算等工作	1.求真、求精、求稳的测绘工匠精神; 2.图纸错误造成巨大损失案例:强调责任意识; 3.土方计算:规范意识、精益求精的工作态度; 4.地形图在国家基础建设中的作用:强调职业荣誉感	10

(三)学习项目设计

"数字测图"课程学习项目设计如表 2-181 至表 2-185 所示。

表 2-181 项目1:经纬仪白纸测图

教学目标	1.了解大比例尺图分幅、编号、注记; 2.掌握地形图图式符号表示地物、地貌的方法; 3.理解地形特征点的概念、经纬仪测绘法测绘碎部点的方法; 4.能在地形图上判断地面高低起伏形态、地物类别和属性; 5.能正确使用地形图图式符号表示地物、地貌; 6.能完成一个测站经纬仪白纸测图工作
教学内容	1.比例尺和比例尺精度; 2.大比例尺地形图分幅与编号; 3.中小比例尺地形图分幅与编号; 4.地物符号; 5.地貌符号; 6.经纬仪白纸测图
教学任务设计	序号	任务描述
	任务1.地形图概述	1.学生分组,领取白纸地形图; 2.分组讨论地形图与平面图的区别; 3.学习比例尺与比例尺精度相关知识
	任务2.地形图的分幅与编号	1.大比例尺地形图分幅与编号方法; 2.中小比例尺地形图分幅与编号方法; 3.任务领取; 4.完成指定区域地形图的分幅与编号计算; 5.成果评价
	任务3.经纬仪白纸测图	1.学生分组,领取任务; 2.完成经纬仪白纸测图数据采集任务; 3.完成白纸地形图绘制任务; 4.地形图成果评价
学时	10
教学方法	测站法、演示法、讲授法、案例法

表 2-182　项目 2:草图法测图

教学目标	1. 编制数字测图项目技术设计书、技术总结的能力； 2. 熟练操作全站仪进行碎部点坐标采集的能力； 3. 熟练操作 CASS 软件大部分功能菜单的能力； 4. 正确绘制草图的能力； 5. 野外数据采集、数据传输的能力； 6. 正确使用 CASS 软件展点、绘制地物、绘制地貌、整饰图幅的能力	
教学内容	1. 大比例尺数字测图技术设计书的编写； 2. 图根控制测量； 3. 全站仪碎部点坐标采集； 4. 草图绘制； 5. 南方 CASS 软件内业成图； 6. 图幅整饰与输出	
教学任务设计	序号	任务描述
	任务 1.编制数字测图技术设计书	1. 技术设计书的外业准备工作； 2. 测区踏勘； 3. 测区控制具体实施计划； 4. 测区地形数据采集具体实施计划； 5. 技术设计书编写
	任务 2.图根控制测量	1. 控制网的布设； 2. 控制测量； 3. 数据检核与计算
	任务 3.全站仪野外数据采集	1. 全站仪坐标测量、偏心测量、后方交会测量； 2. 地形要素野外数据采集； 3. 草图绘制； 4. 数据下载
	任务 4.内业软件成图	1. CASS 软件介绍； 2. 外业数据处理； 3. 地形要素绘制； 4. 图幅整饰与输出
学时	16	
教学方法	启发式教学、任务驱动、案例教学法、测站教学法	

表 2-183 项目 3:编码法测图

教学目标	1.掌握编码法测图的编码原则和方法； 2.能够利用 RTK 进行野外数据采集； 3.能够正确进行 GNSS-RTK 网络模式进行点位测量； 4.能够进行点校正和地方坐标测量； 5.能够进行数据下载和预处理； 6.能够利用南方 CASS 软件进行简码识别绘图和编码引导绘图	
教学内容	1.编码法测图编码规则； 2.RTK 碎部点坐标测量； 3.RTK 测量文件下载及数据处理； 4.简码识别绘图； 5.编码引导绘图	
教学任务设计	序号	任务描述
	任务 1.编制数字测图技术设计书	1.测区踏勘； 2.测区地形数据采集具体实施计划； 3.技术设计书编写
	任务 2.RTK 野外数据采集	1.编码法野外数据采集； 2.数据下载
	任务 3.编码法软件成图	1.数据预处理； 2.简码识别绘图； 3.编码引导绘图
学时	10	
教学方法	启发式教学、任务驱动、案例教学、卡片式教学	

表 2-184 项目 4:无人机测图

教学目标	1.掌握点放样的操作方法； 2.能够掌握线路设计操作步骤； 3.能够正确进行线路中桩放样； 4.能够正确进行线路边桩放样； 5.能够进行线路断面测量； 6.具备熟练操作、精益求精的工匠精神	
教学内容	1.RTK 放样原理； 2.交点法线路放样； 3.线元法线路放样	
教学任务设计	序号	任务描述
	任务 1.影像数据采集	1.航线规划； 2.像控点布设与测量； 3.航测实施

续表

	序号	任务描述
教学任务设计	任务2.数据编辑处理	1.三维建模； 2.地物采集与绘制； 3.地貌采集与绘制
	任务3.调绘整饰与成果验收	1.调绘与整饰； 2.成果检查与验收
学时	18	
教学方法	启发式教学、任务驱动、案例教学、演示法、分组练习	

表2-185 项目5：×高铁×标段地形图的应用

教学目标	1.对接案例，掌握CASS测图软件查询菜单各项功能； 2.掌握地形要素的查询方法，掌握指定区域面积量算的方法； 3.掌握利用CASS软件进行绘制纵横断面的方法； 4.掌握CASS测图软件土方量计算菜单各项功能； 5.掌握土方量计算原理
教学内容	1.地形要素的获取及面积量算； 2.纵横断面图绘制； 3.工程土方量计算

	序号	任务描述
教学任务设计	任务1.地形要素的获取及面积量算	根据×高铁×标段地形图，按照具体施工需求，在地形图上获取相应点位坐标、两点建距离及面积等要素信息
	任务2.纵横断面图绘制	根据×高铁×标段地形图，按照具体施工需求，利用南方CASS软件绘制相应高铁线路的纵断面和横断面图
	任务3.工程土方量计算	根据×高铁×标段地形图，按照具体施工需求，利用南方CASS软件分别采用三角网法、断面法、方格网法进行土方量计算
学时	10	
教学方法	案例教学、任务驱动、测站教学法	

(四)教学要求

"数字测图"课程教学要紧扣高速铁路施工与维护专业群教学标准和课程目标，在全面贯彻党的教育方针、落实立德树人根本任务的基础上，突出职业教育特色，培养学生利用全站仪、RTK、无人机测量技术进行数据采集，利用南方CASS软件、EPS三维测图软件解决实际测图工程问题的能力。

课程教学要落实立德树人的根本任务，贯彻课程思政要求，使学生在复杂的社会环境和工作环境中能够有担当、辨是非、求上进、有作为。突出学生技能培养，提升学生根据不同地形特点合理选择测图方法并完成大比例尺地形图测绘工作的能力。培养学生创新意识，对于工作中出现的各类问题能够进行分析判断，提出合理的解决方案。

(五)引入行业标准

(1)《国家基本比例尺地图图式第1部分:1∶500　1∶1000　1∶2000 地形图图式》(GB/T 20257.1—2017);

(2)《1∶500　1∶1000　1∶2000 外业数字测图规程》(GB/T 14912—2017);

(3)《工程测量标准》(GB 50026—2020);

(4)《卫星定位城市测量技术规范》(CJJ/T 73—2010);

(5)《全球定位系统实时动态测量(RTK)技术规范》(CH/T 2009—2010);

(6)《铁路工程卫星定位测量规范》(TB 10054—2010);

(7)《测绘成果质量检查与验收》(GB/T 24356—2009);

(8)《测绘技术总结编写规定》(CH/T1001—2005)。

五、课程考核与评价

课程采用全过程性考核与评价,线上知识测试与线下技能考核相结合的方式,全面、客观地评价学生的学习效果。过程性考核在考察学生技能掌握程度的基础上,关注学生综合素养和技能应用能力,主要考评地形图基本知识、大比例尺地形图测绘、数字地形图的判读与应用,基础知识在线测试等四个方面。具体评价标准见表 2-186。

表 2-186　"数字测图"课程考核评价体系

过程性考核 (分值权重)	考核项目	评价标准	过程性考核 (70%)	平时考核 (30%)
地形图基本知识 (10%)	地形图基本知识 (计算、绘图)	题目作答准确	客观试题(10%)	1. 基本素质评价,包括出勤情况、资源学习、课堂参与等综合表现; 2. 职业素质评价,包括项目参与度、承担角色和任务完成情况、劳动意识、创新精神等
大比例尺地形图测绘(60%)	全站仪坐标测量	点位坐标正确	外业操作(20%)	
	南方 CASS 软件成图	图形成果准确	软件操作(20%)	
	EPS 三维测图软件成图	图形成果准确	软件操作(20%)	
数字地形图的判读与应用(20%)	案例纵横断面绘制	案例分析合理	软件操作(10%)	
	案例土方计算	问题作答准确	软件操作(10%)	
基础知识在线测试(10%)	在线课程期末考试	题目作答准确	客观试题(10%)	

六、课程资源

(一)教材选用

所用教材要求为近三年出版的高职高专规划教材,既能反映最新发展水平,又能适应高等职业教育的需要,能够帮助学生提高分析问题、解决问题的能力,突出高素质技术技能人才培养特点。教材应包括地形图基础知识、图根控制测量、草图法测图、编码法测图、无人机测图、数字测图产品的检查验收、数字地形图的应用等内容。鼓励教师结合教育教学改革和信息化教学需要,以思想性、科学性、发展性、规范性为原则,校企合作编写立体化和富媒体化教材、活页式教材、云教材等。

(二)数字化资源

依据本课程标准,充分运用各种信息技术手段,结合教学改革需要,开发微课、多媒体课件等数字化教学资源,建设在线开放课,实现优质资源共建共享,提升课程的教学效果。

七、教学团队

教师是学生学习课程的纽带,是引导学生掌握实践技能的关键。任课教师要树立良好的师德师风,符合教师专业标准要求,具有扎实的专业基础,有一定的工程实践经验和良好的教育教学能力。

(一)团队结构

建立课程负责人制度,组建课程教学团队,积极组织开展各类教研活动,促进青年教师成长。学校应采用人才引进、自主培养等途径,组建年龄、性别、职称与学历结构合理,具有较强信息化教学能力的教学团队。

(二)双师素质

课程团队教师应具有双师素质,同时开展校企合作。教师应坚持定期到数字测图与应用施工一线进行实践锻炼,与时俱进地提升教师的数字测图水平和工程实践经验。鼓励支持教师进行课程教学改革创新,使课程教学更好地适应学生全面发展和个性化发展的需要,满足经济社会发展需求。

八、教学设备要求

"数字测图"课程教学设备配备要求如表 2-187 所示。

表 2-187 "数字测图"课程教学设备配备要求

项目	技术参数与要求	数量
计算机	满足主流教学软件要求;支持网络同传和硬盘保护;多媒体教学系统	每工位 1 台
教学投影显示设备	投影仪或智慧一体机	≥1 台
计算机基本配置	操作系统及相关驱动;常用工具软件,办公软件,图形编辑软件;信息安全防护软件;互联网软件	根据教学需要选用
仪器设备与软件	全站仪及附件	每 4~6 工位 1 套,每套设备≥4 台
	GNSS 接收机及附件	每 4~6 工位 1 套,每套设备≥4 台
	无人机及附件	每 4~6 工位 1 套,每套设备≥4 台
	南方 CASS 成图系统软件,EPS 三维测图软件	每工位一套
	地面控制点资料	每 4~6 工位 1 套

"摄影测量与遥感"课程标准

一、课程性质与任务

(一)课程性质

摄影测量与遥感技术是多项技术(包含计算数学、模式识别技术、传感器技术、航天科学技术等)相融合的一个交叉学科。所谓摄影测量技术,是指利用专业仪器将测量对象转化成数字化图像的测量技术。该项技术在实际应用过程中必须保证各类摄影设备的运行效果和现实作用,并做好空间像控点工作,及时准确地输入相关测绘产品,并在数字影像分析提取过程中获取准确信息。将数字技术与摄影测量结合到一起,还能绘制出工程项目相关的数字化图像,保证工程测量图像构建效果,这对于提升工程测量速率和最终结果的准确性有重要作用。

遥感技术主要是利用卫星对地表电磁和辐射信息进行收集和采集的测量技术。随着数字化测绘不断发展,遥感测绘也逐渐向着自动化方向发展。因此,应对各项信息进行有效判断,以满足数字化成像要求,这对于提升工程测量的准确性和全面性有重要作用。

"摄影测量与遥感"课程是高速铁路施工与维护专业群的专业拓展课。本课程从摄影测量与遥感技术在工程中的应用实例出发,培养学生应用摄影测量与遥感技术空间关系的转换,进行影像判读和调绘。针对数字图像进行相应的几何校正、辐射校正、镶嵌、拼接、增强、分类等处理的能力,为后续课程的学习以及将来的工作打下坚实的基础。同时该课程也是学生职业素质养成的一个重要平台,通过该课程的学习,可以培养学生读图识图的能力、空间想象的能力、精益求精的测绘精神,培养学生的质量意识、规范意识、安全意识。

(二)课程任务

多学科的交叉融合带领摄影测量与遥感技术进入新的高速发展期,社会对创新型和实践型摄影测量人才的需求日益增大。为满足高铁智慧建造对人才培养的要求,围绕高等职业教育工程测量技术专业对摄影测量与遥感技术应用的培养需求,培养学生在合理技术支持下优化工程测量程序,满足工程项目对具体测量提出的要求。

二、课程目标

(一)素质目标

(1)具备爱国情怀,热爱摄影测量与遥感专业;
(2)具备合作精神和管理协调能力;
(3)具备多学科知识、技术融会贯通能力;
(4)具备吃苦耐劳、艰苦奋斗、拼搏争先精神;
(5)具备遵守摄影测量人员工作纪律,严格执行摄影测量工作技术规范的测绘职业道德;
(6)具备遵守测量人员工作纪律和国家法律法规,严格执行国家标准和行业标准的素养。

(二)知识目标

(1)掌握摄影测量与遥感的基本概念;
(2)熟悉摄影测量系统及遥感系统平台的构成;

(3)掌握遥感数字图像的基本概念;
(4)掌握遥感数字图像判读的基本方法;
(5)掌握遥感数字图像处理的基本方法;
(6)了解影像专题图制作的原理。

(三)技能目标

(1)具备搜集整理摄影测量与遥感资料的能力;
(2)具备制定和实施摄影测量与遥感工作任务的能力;
(3)具备迁移和应用知识、综合分析、创新和总结经验的能力;
(4)具备利用 ERDAS 软件对数字图像进行几何校正、辐射校正、镶嵌、拼接、增强及分类处理的能力;
(5)具备识读数字影像图的能力;
(6)具备利用摄影测量与遥感软件进行影像解译的能力;
(7)具备利用摄影测量与遥感软件制作影像专题图的能力。

三、课程思政

素质教育背景下,高职院校在教学改革和发展中,推出课程思政发展模式,改变传统思政课程教学模式,从而实现课程思政在高职院校各课程教学中的全面应用,这是提升人才综合素养的关键。同时,高职院校应将知识教育同价值观教育结合起来,使专业课程与思政理论课程同向同行,形成协同效应,构建起全课程育人的格局。"摄影测量与遥感"作为高速铁路施工与维护专业群拓展课,理论性强,难以理解和掌握,只能通过国家领土的完整性、劳模精神、安全意识等潜移默化地影响学生的思想和行为,使学生增强对该课程的学习主动性,从而降低学习难度。

通过了解摄影测量与遥感发展历程,了解我国遥感卫星、低空航飞设备快速发展历史,增强民族自信心和自豪感。通过学习国土空间规划基础地理信息数据采集和处理以及"实景三维"测绘领域国家重大项目,提升专业认同感、职业自豪感。通过观看先进测绘人物视频,体验吃苦奉献、扎根一线的劳动精神。结合实际生产项目,强调质量意识和强化对专业的广泛应用认识,深化专业认同感和继续深度学习兴趣。通过影像调绘发现细微错误、纠正错误,学习求真、求精、求准的测绘工匠精神。

四、课程结构与教学内容

根据高等职业学校专业和高速铁路施工与维护专业群教学标准要求,结合"摄影测量与遥感"课程目标,确定本课程结构与教学内容,设计合理的学习项目及学时安排。

(一)课程模块

"摄影测量与遥感"课程由新技术发展概况、高铁工程数字摄影测量、高铁工程遥感数字图像处理模块三部分构成。

新技术发展概况模块主要介绍近几年新技术在高铁工程建设中的应用概况,了解"摄影测量与遥感"课程在发展中的重要作用,了解摄影测量与遥感的基本概念,以及摄影测量与遥感的应用前景。

高铁工程数字摄影测量模块包括摄影测量中航摄像片的获取方法及要求,航摄像片的内外方位元素、共线方程、坐标系,航测像片的定向处理,解析空中三角测量的方法及应用,影像判读的相关理论和操作,影像调绘的相关理论和操作,4D 产品的生产流程等内容。

高铁工程遥感数字图像处理模块包括遥感数据格式转换的方法,遥感数字图像的辐射校正与几何校正的基本含义与方法,遥感数字图像的拼接与镶嵌处理的基本含义与方法,遥感数字图像的增强处理基本含义与方法,遥感数字图像的分类处理基本含义方法等内容。

(二)教学内容及项目、学时安排

"摄影测量与遥感"课程教学内容、教学项目安排如表 2-188 所示。

表 2-188 "摄影测量与遥感"课程教学内容、教学项目安排表

模块	学习项目	教学内容	思政融入点	学时
新技术发展概况模块	1.新技术发展概况	1.摄影测量与遥感的发展历程; 2.摄影测量与遥感专业技术的应用领域; 3.摄影测量与遥感基本工作原则	1.摄影测量与遥感发展历程:了解我国遥感卫星、低空航飞设备快速发展历史,增强民族自信心和自豪感; 2.国土空间规划基础地理信息数据采集和处理以及"实景三维"测绘领域国家重大项目提升专业认同感、职业自豪感; 3.观看人物视频:吃苦奉献、扎根一线的劳动精神	2
高铁工程数字摄影测量模块	2.数字图像的认识和获取; 3.解析空中三角测量及4D产品	1.摄影测量中航摄像片的获取方法及要求; 2.航摄像片的内外方位元素、共线方程、坐标系; 3.航测像片的定向处理; 4.解析空中三角测量的方法及应用; 5.影像判读的相关理论和操作; 6.影像调绘的相关理论和操作; 7.4D产品的生产流程	1.数据采集和空三处理过程:刺点工作引申顾全大局、抓问题关键点,提高解决问题能力; 2.4D产品精度检验:精益求精、步步检核的工作态度,质量意识; 3.影像调绘:发现细微错误、纠正错误,学习求真、求精、求准的测绘工匠精神	22
高铁工程遥感数字图像处理模块	4.遥感图像的认识与获取; 5.遥感数字图像的处理	1.遥感数据格式转换的方法; 2.遥感数字图像的辐射校正与几何校正的基本含义与方法; 3.遥感数字图像的拼接与镶嵌处理的基本含义与方法; 4.遥感数字图像的增强处理基本含义与方法; 5.遥感数字图像的分类处理基本含义方法	1.格式转化:同一事物不同表达方法令产生不同结果的思维; 2.辐射校正和几何校正:多维度发现问题缺陷并合理解决; 3.增强处理步骤:重点问题突出强调,能够科学高效解决; 4.分类处理:依据事物特征,由表及里,抓本质区别并科学分类	24

(三)学习项目设计

"摄影测量与遥感"课程学习项目设计如表2-189至表2-193所示。

表2-189 项目1:新技术发展概况

教学目标	1.掌握摄影测量与遥感的基本概念； 2.了解摄影测量与遥感的基本应用； 3.了解课程、学习内容、学习方法及考核方式	
教学内容	1.摄影测量与遥感的基本概念； 2.摄影测量与遥感的应用； 3.摄影测量与遥感基本工作原则	
教学任务设计	序号	任务描述
	任务1.新技术发展概况	1.摄影测量与遥感的基本概念； 2.摄影测量与遥感的应用及基本工作原则； 3.导学(课程、学习内容、学习方法及考核方式介绍)
学时	2	
教学方法	讲授法、案例法	

表2-190 项目2:数字图像的认识和获取

教学目标	1.掌握摄影测量中航摄像片的获取方法； 2.了解摄影测量中内外方位元素、共线方程、坐标系等理论知识； 3.掌握航测像片的定向处理	
教学内容	1.摄影测量中航摄像片的获取方法及要求； 2.航摄像片的内外方位元素、共线方程、坐标系； 3.航测像片的定向处理	
教学任务设计	序号	任务描述
	任务1.航摄像片的认识与获取	1.航摄像片的认识； 2.航摄像片的获取
	任务2.航摄像片的理论基础	1.航摄像片的内外方位元素； 2.航摄像片的共线方程； 3.航摄像片的坐标系
	任务3.航测像片定向	1.航测像片内定向； 2.航测像片相对定向； 3.航测像片绝对定向
学时	10	
教学方法	讲述法、引导文法、案例教学法、小组讨论法	

表 2-191 项目 3:解析空中三角测量及 4D 产品

教学目标	1.掌握解析空中三角测量的方法及应用; 2.掌握影像判读的相关理论和操作; 3.掌握影像调绘的相关理论和操作; 4.掌握 4D 产品的生产流程	
教学内容	1.解析空中三角测量的方法及应用; 2.影像判读的相关理论和操作; 3.影像调绘的相关理论和操作; 4.4D 产品的生产流程	
教学任务设计	序号	任务描述
	任务 1.解析空中三角测量	利用 VZ 进行解析空中三角测量操作
	任务 2.影像的判读与调绘	1.影像的判读; 2.影像的调绘
	任务 3.4D 产品的生产	1.DEM 的生产; 2.DOM 的生产; 3.DLG 的生产; 4.DRG 的生产
学时	12	
教学方法	启发式教学、任务驱动、小组讨论、演示法	

表 2-192 项目 4:遥感图像的认识与获取

教学目标	1.了解遥感图像特点; 2.掌握遥感图像的获取方法	
教学内容	遥感数据格式转换的方法	
教学任务设计	序号	任务描述
	任务 1.遥感图像的认识与获取	根据任务要求,学习遥感图像的认识与获取
学时	2	
教学方法	启发式教学、任务驱动、案例教学	

表 2-193 项目 5:遥感数字图像的处理

| 教学目标 | 1.掌握遥感数字图像的辐射校正与几何校正的基本含义与方法;
2.掌握遥感数字图像的拼接与镶嵌处理的基本含义与方法;
3.掌握遥感数字图像增强处理的基本含义与方法;
4.掌握遥感数字图像分类处理的基本含义与方法 |

续表

教学内容	1. 遥感数字图像的辐射校正与几何校正的基本含义与方法； 2. 遥感数字图像的拼接与镶嵌处理的基本含义与方法； 3. 遥感数字图像增强处理的基本含义与方法； 4. 遥感数字图像分类处理的基本含义与方法； 5. 遥感软件的使用	
教学任务设计	序号	任务描述
	任务1. 遥感数字图像的预处理	根据任务要求，利用ERDAS软件完成遥感数据的输入与输出及格式转换，以及遥感图像的裁剪和分割、拼接与镶嵌处理
	任务2. 遥感数字图像的处理	1. 根据任务要求，利用ERDAS软件对图像进行辐射校正与几何校正处理； 2. 根据任务要求，利用ERDAS软件对图像进行对比度增强、平滑、锐化、多波段图像增强、彩色增强及图像变换的处理； 3. 根据任务要求，利用ERDAS软件对图像进行监督分类与非监督分类的处理
学时	22	
教学方法	案例教学、任务驱动、演示法、小组讨论法	

(四)教学要求

"摄影测量与遥感"课程教学要紧扣高速铁路施工与维护专业群教学标准和课程目标，应该随着政治、经济、文化的急剧变化而变化。因此，高等职业教育要在继承、挖掘、发扬中展开创新，形成行之有效的发展观念和教育理念。高职院校的人才培养应当以社会主义核心价值观为基础进行教学，在教学过程、教学理念中穿插社会主义核心价值观的理念。

课程教学要坚持为社会主义现代化建设服务、为人民服务，把立德树人作为教育的根本任务，全面实施素质教育，培养德智体美全面发展的社会主义建设者和接班人，努力办好人民满意的教育。

(五)引入行业标准

(1)《工程摄影测量规范》(GB 50167—2014)；

(2)《1∶5000　1∶10000 地形图航空摄影测量内业规范》(GB/T 13990—2012)；

(3)《数字航空摄影测量空中三角测量规范》(GB/T 23236—2009)；

(4)《低空数字航空摄影规范》(CHZ 3005—2010)；

(5)《数字航空摄影测量控制测量规范》(CHT 3006—2011)；

(6)《测绘成果质量检查与验收》(GB/T 24356—2009)。

五、课程考核与评价

课程采用全过程性加期末考试考核与评价，全面、客观地评价学生的学习效果。过程性考核在考察学生技能掌握程度的基础上，关注学生综合素养和技能应用能力，主要考评数字航空影像的定向处理、遥感图像几何校正处理、遥感图像分类处理等三个方面。具体评价标准见表2-194。

表 2-194 "摄影测量与遥感"课程考核评价体系

过程性考核 （分值权重）	考核项目	评价标准	过程性考核 （50%）	平时考核 （20%）	期末考试 （30%）
数字航空影像的定向处理（30%）	内定向	具体操作步骤正确	软件操作（5%）	1.基本素质评价，包括出勤情况、资源学习、课堂参与等综合表现； 2.职业素质评价，包括项目参与度、承担角色和任务完成情况、劳动意识、创新精神等	通过试卷考试考查学生对理论知识的掌握情况
	相对定向	单模型相对定向正确	软件操作（10%）		
	绝对定向	单模型绝对定向正确	软件操作（15%）		
遥感图像几何校正处理（40%）	启动模块	模块启动正确	软件操作（5%）		
	采集控制点	采集点位准确	软件操作（20%）		
	图像重采样	图像重采样正确	软件操作（15%）		
遥感图像分类处理（30%）	采集数据样本	数据采集准确	软件操作（10%）		
	定义分类模板	分类模板具有代表性	软件操作（10%）		
	监督分类	分类结果分析	软件操作/10%		

六、课程资源

（一）教材选用

选用教材要求为近三年出版的高职高专规划教材或省部级、国家级优秀教材，既能包含摄影测量与遥感最新技术，又能适应高等职业教育的教学需要，能够帮助学生掌握专业基本理论知识和最实用、最主流专业操作技能，突出高素质技术技能人才培养特点。教材应包括摄影测量和遥感发展历程、解析空中三角测量、数字摄影测量、摄影测量内外业工作、遥感数字图像处理、影像解译、影像判读和调绘等内容。同时，结合"三教改革"的主要指导方向，努力提升教材的思想性、科学性、实用性和规范性，通过校企合作，邀请企业一线技术人员参与教材编写，编写富媒体教材、活页式教材、数字化教材、云教材等。

（二）数字化资源

依据本课程标准，充分运用各种虚拟仿真教学系统，并结合教学内容需要，开发微课、多媒体课件等数字化教学资源，录制软硬件视频资源，建设在线开放课，实现优质资源共建共享，提升课程的教学效果。

七、教学团队

教师是学生学习课程的纽带，是引导学生掌握实践技能的关键。任课教师要树立良好的师德师风，符合教师专业标准要求，具有扎实的专业基础，有一定的工程实践经验和良好的教育教学能力。

（一）团队结构

实行课程负责人制度，组建课程教学团队，积极组织开展各类教研活动，促进青年教师成长。采用企业高技术人才引进、学校送出去自主培养等途径，组建年龄、性别、职称与学历结构合理，具有较强信息化教学能力和专业技能技术功底雄厚的教学团队。

(二)双师素质

课程团队教师应具有双师素质,同时开展校企合作。教师应坚持定期到测绘项目一线进行实践锻炼,与时俱进地提升教师的摄影测量技术和遥感技术应用的深度和广度。鼓励支持教师进行课程教学模式改革创新,使课程教学更好地适应不同学情学生的全面发展和个性化发展需要,满足社会发展需求。

八、教学设备要求

"摄影测量与遥感"课程教学设备配备要求如表 2-195 所示。

表 2-195　"摄影测量与遥感"课程教学设备配备要求

项目	技术参数与要求	数量
计算机	满足主流教学软件要求;支持网络同传和硬盘保护;多媒体教学系统	每工位 1 台
教学投影显示设备	投影仪或智慧一体机	≥1 台
计算机基本配置	操作系统及相关驱动;常用工具软件,办公软件,图形编辑软件;信息安全防护软件;互联网软件	根据教学需要选用
仪器设备与软件	VirtuoZo 教育版	每人 1 套
	ERDAS 遥感数据处理软件,ENVI 数据处理软件	根据教学需要选用
	案例学习相关正射影像资料	每人 1 套

"无人机测绘技术与应用"课程标准

一、课程性质与任务

(一)课程性质

"无人机测绘技术与应用"是根据无人机技术发展,结合摄影测量技术开展的一门新的专业技术课程。它与"数字摄影测量""数字测图""GNSS 测量技术及应用"等多门课程有着密切联系,是一门理论性、实践性和创新性都很强的专业课,主要实现根据摄影测量相关技术理论,操控无人机自动按规划航线飞行要求拍摄和采集照片,制作满足测绘精度要求的数字正射影像、数字高程模型、实景三维模型、数字线化图及通用的空中全景图,是无人机在测绘领域的创新应用。无人机测绘技术与应用在实景三维城市、智慧中国、智能高铁等基础设施建设中起着技术创新、提升作业效率等作用。

本课程依据岗位职业能力培养目标,以真实的生产项目和生产过程为基础,结合摄影测量专业技术课程,重点培养学生实践能力,使学生掌握无人机飞行技巧,掌握利用无人机进行航测数据采集和 4D 产品生产,培养学生技术创新意识,并结合实践项目了解创业应用,为学生日后应用无人机航测技术进行测绘项目生产打下基础。同时该课程也是学生职业素质、创新思维养成的一个重要平台,可以培养学生的组织协调能力、团队合作能力、吃苦耐劳的精神，培养学生的质量意识、规范意识、标准意识与创新能力。

(二)课程任务

全面贯彻党的教育方针，要坚持把立德树人作为根本任务，满足国家对高铁智慧建造人才培养的要求，紧紧围绕高等职业教育中工程测量技术专业对无人机测绘技术与应用的培养需求，拓展无人机及测绘领域的前沿技术，通过理实一体化教学，提升学生应用无人机测绘技术解决工程实际问题的综合能力，使学生成为德智体美劳全面发展的高素质技术技能人才。

二、课程目标

(一)素质目标

(1)无人机操作必须反复检查无人机状态，要求学生具备一丝不苟、严谨的工作精神，全神贯注的操作技术要求；

(2)航测数据采集都是分块合作进行，可以培养学生的团队协作能力，要求学生认真负责、积极主动、相互协调，形成良好的职业道德；

(3)提升学生组织协调、自我学习、分析问题、解决问题、基于无人机测绘的创新创业等综合能力；

(4)无人机航测需要在许可空域进行飞行，要求学生遵守航空飞行法律规定，提升飞行安全意识。

(二)知识目标

(1)掌握无人机设备组成与构造，以及无人机操控技术；

(2)掌握摄影摄像基本知识；

(3)掌握摄影测量航高、航向重叠、旁向重叠计算，掌握摄影测量基础知识；

(4)熟悉无人机航测各项数据生产技术流程与方法；

(5)掌握无人机飞行安全相关知识；

(6)掌握无人机测绘技术创新思维，结合实践项目了解创业应用。

(三)技能目标

(1)会操控无人机进行飞行与拍摄，维护保养无人机；

(2)会利用航测地面站软件操控无人机按正射影像采集要求进行数据采集、利用航测数据处理软件进行正射影像图、DSM的生产；

(3)会利用航测地面站软件操控无人机进行倾斜摄影，进行三维模型生产；

(4)掌握利用正射影像、DSM进一步生产数字线化图的方法，掌握利用倾斜摄影三维模型成果继续生产数字线化图的方法；

(5)具备无人机航测精度判断与验证的技术能力；

(6)了解无人机航测创业应用。

三、课程思政

"无人机测绘技术与应用"课程思政建设立足于专业人才培养目标和课程标准，在顶层设计和课程整体规划的基础上，课程建设团队将社会主义核心价值观、大国工匠、国测一大队精神、优秀校友先进事迹、学校精神等融入课程的教学过程，注重思政元素和课程内容同频共振，将思政元素与有形的专业技术技能培养深度融合。

教师应针对"无人机测绘技术与应用"课程中的教学模块内容有机地筛选思政元素进行融入，向学生们讲授专业知识的同时传递人工智能、测绘、铁路行业的先进事迹、劳模精神，用这些鲜活的事迹引导学生认识专业、了解以后从事的行业,为学生树立正确择业观和就业观,激发学生的专业学习兴趣,激发学生为祖国的铁路事业建设贡献自己的力量。

四、课程结构与教学内容

根据高等职业学校专业和高速铁路施工与维护专业群教学标准要求,结合"无人机测绘技术与应用"课程目标,确定本课程结构与教学内容,设计合理的学习项目及学时安排。

(一)课程模块

"无人机测绘技术与应用"课程由高铁工程影像采集模块、高铁工程影像处理模块、4D产品综合应用模块三部分构成。

高铁工程影像采集模块是学生提升其应用无人机航测技术开展高铁工程影像数据采集的基础,包含无人机测绘基础知识概述、无人机组装调试、无人机操控飞行、任务航线规划、影像采集等内容。

高铁工程影像处理模块包括空中三角测量、DSM制作、DOM制作、DEM生产、DLG生产、实景三维模型生产等内容。

4D产品综合应用模块主要是结合典型的高铁工程实例,从技术设计、影像采集、像控点测量、空中三角测量、外业调绘、4D产品生产、技术总结与方面,开展相对完整的应用实践,实现对学生综合应用能力的培养。

(二)教学内容及项目、学时安排

"无人机测绘技术与应用"课程教学内容、教学项目安排如表2-196所示。

表2-196 "无人机测绘技术与应用"课程教学内容、教学项目安排表

模块	学习项目	教学内容	思政融入点	学时
高铁工程影像采集模块	1. 高铁工程影像数据获取; 2. 像控点测量	1. 无人机基础知识; 2. 无人机飞行控制; 3. 无人机航线布设计算; 4. 无人机正射、倾斜数据采集; 5. 像控点布设、选刺、测量	1. 国家测绘基准:爱国情怀、测绘行业标准; 2. 大疆创新:在困境中求生存、科学创新、与时俱进; 3. 无人机飞行安全及法律法规	26
高铁工程影像处理模块	3. 空中三角测量; 4. 4D产品生产	1. 空中三角测量; 2. DOM制作、DEM生产、DSM制作、DLG生产; 3. 正射影像图属性调绘; 4. 成果检查输出	1. "理论与实践相结合"的哲学思想; 2. 实训场使用要求:劳动精神; 3. 实践任务:敢于探索、积极实践的工匠精神; 4. 低空航空摄影测量规范:规范与标准意识; 5. 机载设备发展:测绘产品的多样性	32
4D产品综合应用	5. 无人机航测创新应用	结合典型的高铁工程实例,开展相对完整的应用实践	1. 北斗卫星定位技术原理视频:爱国热情和民族自豪感,科技兴国、学习强国的理想和信念; 2. 立足无人机操控:大胆创新,发掘无人机应用潜能; 3. 行业应用:新技术、新设备、新方法的改革和创新思想	6

(三)学习项目设计

"无人机测绘技术与应用"课程学习项目设计如表2-197至表2-201所示。

表2-197 项目1:高铁工程影像数据获取

教学目标	1.掌握无人机基本知识; 2.熟悉无人机航测飞控及组装; 3.掌握无人机正射数据采集; 4.掌握无人机倾斜摄影数据采集	
教学内容	1.无人机基础知识; 2.无人机航测飞控及组装; 3.无人机正射数据采集; 4.无人机倾斜摄影数据采集	
教学任务设计	序号	任务描述
	任务1.无人机航测概述	学习无人机基本知识、发展现状、趋势与应用前景
	任务2.无人机航测硬件组成	通过对无人机飞行控制、安全规范及无人机驾驶员职业规划的学习,使学生了解无人机的飞行控制设置,主机及零部件的拆卸、组装和维修,并且利用无人机驾驶员岗位需要制定职业规划,完成模拟飞行练习
	任务3.高铁工程影像数据获取	1.学习无人机结构和飞行原理,进行无人机的组装与飞控练习,独立掌握多旋翼无人机飞行技术; 2.以陕铁院高新校区为测区范围,分别采集测区的正射影像、倾斜影像及测区范围内的像片控制点成果
学时	16	
教学方法	演示法、讲授法、案例法	

表2-198 项目2:像控点测量

教学目标	1.熟悉像片控制点布设; 2.熟悉像片控制点选刺; 3.熟悉像片控制点测量	
教学内容	1.像片控制点布设; 2.像片控制点选刺; 3.像片控制点测量	
教学任务设计	序号	任务描述
	任务1.像片控制点布设	学习任务区域像片控制点的布设原则、布设方法和布设流程,了解像控点的布设
	任务2.像片控制点选刺	学习航摄影像的判读、像控点目标选择及选刺原则
	任务3.像片控制点测量	1.学习使用测量仪器完成像控点坐标的施测; 2.学习像控点成果整饰并将其整理上交
学时	10	
教学方法	演示法、讲授法、案例法	

表2-199 项目3:空中三角测量

教学目标	1.了解航测基本理论; 2.了解空中三角测量	
教学内容	1.航测基本理论; 2.空中三角测量	
教学任务设计	序号	任务描述
	任务1.无人机航测理论基础	通过学习无人机航测理论知识,使学生掌握无人机航测内业影像处理理论知识
	任务2.空中三角测量	通过对陕铁院新校区文体中心区域正射摄影测量数据处理,使学生掌握空三测量流程,了解空三软件使用方法
学时	8	
教学方法	启发式教学、任务驱动、案例教学法、讲授法	

表2-200 项目4:4D产品生产

教学目标	1.了解4D产品的基本理论; 2.掌握DSM、DEM、DOM生产流程; 3.掌握DLG、倾斜模型生产流程	
教学内容	1.4D产品的基本理论; 2.DSM、DEM、DOM生产流程; 3.DLG、倾斜模型生产流程	
教学任务设计	序号	任务描述
	任务1.4D产品的基本理论	通过学习无人机航测理论知识,使学生掌握无人机航测内业影像处理理论知识
	任务2.DSM、DEM、DOM生产流程	通过对陕铁院新校区文体中心区域正射摄影测量数据处理,使学生掌握DEM、DOM、DSM生成流程,了解空三软件及使用方法
	任务3.DLG、倾斜模型生产流程	通过对陕铁院东门区域倾斜摄影测量数据处理,使学生掌握三维建模、DLG生成流程,以及相关软件的使用方法
学时	24	
教学方法	启发式教学、任务驱动、案例教学法、讲授法	

表 2-201　项目 5:无人机航测创新应用

教学目标	1.掌握项目设计书的编写； 2.掌握项目技术总结编写	
教学内容	1.项目设计书的编写； 2.项目技术总结编写	
教学任务设计	序号	任务描述
	任务1.无人机航测创业分析	以无人机航测技术为背景,分析行业需求,启发创新点,寻求创业市场,引导学生进行创新创业
	任务2.无人机航测技术服务	以掌握的无人机航测技术,引领学生进行技术服务,以教促产,产教融合
学时	6	
教学方法	启发式教学、任务驱动、案例教学法、讲授法	

(四)教学要求

"无人机测绘技术与应用"课程教学要紧扣高速铁路施工与维护专业群教学标准和课程目标,在全面贯彻党的教育方针、落实立德树人根本任务的基础上,突出职业教育特色,培养学生利用无人机测绘技术解决工程实际问题的能力,提升学生的工程实践能力。

课程教学要落实立德树人的根本任务,贯彻课程思政要求,使学生在复杂的社会环境和工作环境中能够有担当、辨是非、求上进、有作为。突出学生技能培养,提升学生利用无人机测绘技术进行高铁工程的影像采集、影像处理、4D产品综合应用的能力。培养学生的创新意识,对于工作中出现的各类问题能够进行分析判断,提出合理的解决方案。

(五)引入行业标准

(1)《全球定位系统(GPS)测量规范》(GB/T 18314—2009);

(2)《摄影测量与遥感术语》(GB/T 14950—2009);

(3)《数字航空摄影测量 空中三角测量规范》(GB/T 23236—2009);

(4)《国家基本比例尺地图图式第1部分:1∶500　1∶1000　1∶2000 地形图图式》(GB/T 20257.1—2017);

(5)《低空数字航空摄影规范》(CH/Z 3005—2010);

(6)《数字航空摄影测量控制测量规范》(CH/T 3006—2011);

(7)《测绘技术总结编写规定》(CH/T 1001—2005);

(8)《全球定位系统实时动态测量(RTK)技术规范》(CH/T 2009—2010);

(9)《全球导航卫星系统连续运行参考站网建设规范》(CH/T 2008—2005)。

五、课程考核与评价

课程采用全过程性考核与评价,线上知识测试与线下技能考核相结合的方式,全面、客观地评价学生的学习效果。过程性考核在考察学生技能掌握程度的基础上,关注学生综合素养和技能应用能力,主要考评正射摄影测量数据采集、正射摄影测量数量处理、倾斜摄影测量数据处理、基础知识在线测试等四个方面。

具体评价标准见表2-202。

表2-202 "无人机测绘技术与应用"课程考核评价体系

过程性考核 (分值权重)	考核项目	评价标准	过程性考核 (70%)	平时考核 (30%)
正射摄影测量数据采集(30%)	无人机及组装	数据分析合理	外业操作(5%)	1.基本素质评价,包括出勤情况、资源学习、课堂参与等综合表现; 2.职业素质评价,包括项目参与度、承担角色和任务完成情况、劳动意识、创新精神等
	航线规划	数据正确	外业操作(10%)	
	数据采集	数据处理成果可靠	外业操作(15%)	
正射摄影测量数据处理(30%)	空中三角测量	精度可靠	软件操作(15%)	
	4D产品生产	成果正确	软件操作(15%)	
倾斜摄影测量数据处理(30%)	数据预处理	精度可靠	软件试题(15%)	
	三维模型制作	成果美观	软件试题(15%)	
基础知识在线测试(10%)	在线课程期末考试	题目作答准确	客观试题(10%)	

六、课程资源

(一)教材选用

所用教材要求为近三年出版的高职高专规划教材,既能反映最新发展水平,又能适应高等职业教育的需要,能够帮助学生提高分析问题、解决问题的能力,突出高素质技术技能人才培养特点。教材应包括无人机测绘基本知识、空中三角测量、4D产品生产、实景三维建模、无人机测绘技术应用等内容。鼓励教师结合教育教学改革和信息化教学需要,以思想性、科学性、发展性、规范性为原则,校企合作编写立体化和富媒体化教材、活页式教材、云教材等。

(二)数字化资源

依据本课程标准,充分运用各种信息技术手段,结合教学改革需要,开发微课、多媒体课件等数字化教学资源,建设在线开放课,实现优质资源共建共享,提升课程的教学效果。

七、教学团队

教师是学生学习课程的纽带,是引导学生掌握实践技能的关键。任课教师要树立良好的师德师风,符合教师专业标准要求,具有扎实的专业基础,具有一定的工程实践经验和良好的教育教学能力。

(一)团队结构

建立课程负责人制度,组建课程教学团队,积极组织开展各类教研活动,促进青年教师成长。学校应采用人才引进、自主培养等途径,组建年龄、性别、职称与学历结构合理,具有较强信息化教学能力的教学团队。

(二)双师素质

在现有师资团队的基础上,进一步通过积极引进、聘请企业技术骨干做专、兼职教师,有计划安排教师到高铁生产一线进行实践锻炼,与时俱进地提升教师的无人机测绘技术应用水平和工程实践经验。同时选派骨干教师进行业务进修和学历提高,不断提高师资队伍建设水平,重点打造一批具有实践精神、投身实践教学工作、专业技能强、现场经验丰富的实习实训的双师素质型教师队伍。

八、教学设备要求

"无人机测绘技术与应用"课程教学设备配备要求如表2-203所示。

表2-203 "无人机测绘技术与应用"课程教学设备配备要求

项目	技术参数与要求	数量
计算机	满足主流教学软件要求；支持网络同传和硬盘保护；多媒体教学系统	每工位1台
教学投影显示设备	投影仪或智慧一体机	≥1台
计算机基本配置	操作系统及相关驱动；常用工具软件，办公软件，图形编辑软件；信息安全防护软件；互联网软件	根据教学需要选用
仪器设备与软件	航测无人机	每4~6工位1架
	空三处理软件、建模软件	每工位1套
	GPS-RTK	每4~6工位1套

"建筑材料化学分析"课程标准

一、课程性质与任务

(一)课程性质

化学分析法,是依赖于特定的化学反应及其计量关系来对物质进行分析的方法。化学分析法历史悠久,是分析化学的基础,又称为经典分析法,主要包括重量分析法和滴定分析法,以及试样的处理和分离、富集、掩蔽等化学手段。在当今生产生活的许多领域,化学分析法作为常规的分析方法,发挥着重要作用。

"建筑材料化学分析"课程是高速铁路施工与维护专业群的专业核心课。本课程从检测建筑材料的组分物质的含量出发,培养学生应用化学分析技术进行工程原材料质量检验、复合材料成分与质量控制、建筑材料配合比设计与组分控制的能力,为后续课程的学习以及将来的工作打下坚实的基础。同时该课程也是学生职业素质养成的一个重要平台,可以培养学生的质量意识、规范意识、标准意识以及动手操作与创新能力,培养严谨负责、吃苦耐劳的精神。

(二)课程任务

坚持立德树人,秉承新时代工匠精神,培养拥护党的基本路线,德智体美劳全面发展,践行社会主义核心价值观,具有良好的职业道德和人文素养,掌握建筑材料化学分析技术,具备对常用建筑材料进行化学分析并运用化学分析手段进行工程质量检测与评定等专业能力,具有正确解读规范、自主学习、信息处理和数据处理等方法能力,具备实验室工作中团队协作、沟通协调等社会能力,具备良好的思想道德、业务、文化、身体和心理素质,具备创新精神,适应化学实验与检测一线工作需要的高素质技术技能人才。

二、课程目标

(一)素质目标

(1)具备爱国情怀、热爱专业;

(2)具备合作精神和管理协调的能力;

(3)具备吃苦耐劳、艰苦奋斗、拼搏争先精神;

(4)具备应对紧急突发状况的能力;

(5)具备遵守工程人员工作纪律,严格执行工程化学实验检测工作的技术规范的职业道德。

(二)知识目标

(1)了解化学实验室运行及管理制度,熟练实验室应急管理措施,熟悉药品管理制度;

(2)了解误差及误差出现的原因;

(3)了解化学药品的类别;

(4)了解各类天平的用途;

(5)了解各类化学分析仪器的用途及维护方法;

(6)了解酸碱滴定、络合滴定、氧化还原滴定及沉淀滴定的原理。

(三)技能目标

(1)能对化学分析实验室进行日常管理及维护;

(2)能够进行化学分析数据的处理;

(3)能够进行化学药剂的管理;

(4)能够熟练应用各类化学分析仪器对各类建筑材料进行化学分析。

三、课程思政

课程思政指以构建全员、全过程、全方位育人格局的形式将各类课程与思想政治理论课有机结合,形成协同效应,把"立德树人"作为教育的根本任务的一种综合教育理念。"建筑材料化学分析"作为高速铁路施工与维护专业群核心课,其课程思政的主要形式是将思想政治教育元素,包括思想政治教育的理论知识、价值理念以及精神追求等融入课程学习及实践中去,潜移默化地对学生的思想意识、行为举止产生影响,具体包括规范意识、质量意识、工匠精神、劳动精神、创新思维等。

通过我国化学分析发展史的学习,培养爱国热情和民族自豪感,激发对专业的热爱;利用任务驱动教学法,布置任务,以任务驱动学生查阅建筑材料化学实验检测规范、化学分析规范,培养学生规范与标准意识,培育职业认同感和行业归属感;在课内实验中,通过设计无前期训练的简单实验操作,提高动手能力及团队协作能力,培养学生的规范与标准意识,培养劳动精神;采用视频、图片、案例介绍与课程相关的先进个人与事迹,激发学生的职业热情;通过分析典型事迹,使学生明白化学分析实验需要严谨求实的职业精神,培养大局意识、全局意识、注重细节、步步精准的职业素养;通过分组讨论、总结、对比分析实验方法与结果,树立工程质量意识,培育科技兴国、学习强国的理想和信念,锻炼团队协作的能力,培养"敢于奉献,永不放弃,严谨认真,精益求精"的中国工匠精神,启发新技术、新方法的改革和创新的思想。

四、课程结构与教学内容

根据高等职业学校专业和高速铁路施工与维护专业群教学标准要求,结合"建筑材料化学分析"课程目标,确定本课程结构与教学内容,设计合理的学习模块及学时任务安排。

(一)课程模块

"建筑材料化学分析"课程由化学分析基础知识、化学分析操作技能、建筑材料化学分析三个学习模块构成,三个模块层层递进,前后辅助,最终完成"建筑材料化学分析"的技能、知识及素养的课程目标。

(二)教学内容及项目、学时安排

"建筑材料化学分析"课程教学内容、教学项目安排如表2-204所示。

表2-204 "建筑材料化学分析"课程教学内容、教学项目安排表

模块	学习项目	教学内容	思政融入点	学时
化学分析基础知识	1.化学分析实验室管理; 2.化学分析中的误差分析及数据处理	1.化学分析实验室安全管理及职责; 2.危险品的储存、保管、使用制度; 3.常见化学试剂中毒的应急处理; 4.化学分析实验室"三废"处理	1.安全责任意识; 2.对生命的热爱和珍视; 3.科技兴国、学习强国的理想和信念	4
		1.实验误差产生的原因和种类; 2.有效数字及运算; 3.实验数据的记录; 4.化学分析数据处理	1.科学严谨、实事求是的工作态度; 2.理论学习中,"具体问题具体分析"的哲学思想; 3.实践过程中,"理论与实践相结合"的哲学思想; 4."热爱祖国、忠诚事业、勇于探索、无私奉献"的精神; 5.成果质量意识; 6.精益求精的理念	6
化学分析操作技能	3.化学分析实验仪器的基本操作与校准; 4.化学滴定分析方法	1.天平的操作; 2.玻璃仪器的操作; 3.高温仪器的操作; 4.组合仪器的组装	1.示范操作,工匠精神; 2.规范与标准意识; 3.对接规范,把控质量关	10
		1.酸碱滴定; 2.络合滴定; 3.氧化还原滴定; 4.沉淀滴定	1.爱国热情和民族自豪感,科技兴国、学习强国的理想和信念; 2.化学分析工作步步有检核,规范精确的原则; 3.新技术、新设备、新方法的改革和创新的思想; 4.求真、求精、求实的实验检测工匠精神,严谨认真、精益求精的专业精神; 5.对接国家标准,学生的职业认同感和行业归属感; 6.安全意识,职业素养; 7.劳模精神,榜样力量	16

续表

模块	学习项目	教学内容	思政融入点	学时
建筑材料化学分析	5.建筑材料化学分析	1.石灰石或白云石中钙、镁剂量的测定； 2.无机结合稳定料中水泥（石灰）剂量的测定； 3.水泥及混凝土掺合料中三氧化硫的测定； 4.水泥熟料全分析； 5.液体减水剂固含量测定； 6.实验数据的正确处理与实验报告的正确编写	1.规范与标准意识； 2.化学分析检测过程中的大局意识、全局意识、注重细节、步步精准、精益求精的职业素养； 3.化学分析安全意识； 4.探索创新的奋斗精神； 5.我国科技工作者和工匠的创新和求真精神	28

(三)学习项目设计

"建筑材料化学分析"课程学习项目设计如表 2-205 至表 2-209 所示。

表 2-205 项目 1:化学分析实验室管理

教学目标	1.掌握化学分析实验的基本安全常识； 2.了解常用危险化学试剂的储存、保管知识； 3.掌握常见化学试剂中毒、溢洒等事件的处理措施； 4.能进行"三废"的正确处理； 5.增强责任意识； 6.激发对生命的热爱和珍视； 7.培育科技兴国、学习强国的理想和信念		
教学内容	1.化学分析实验室安全管理及职责、权利和义务； 2.危险品的储存、保管、使用制度； 3.常见化学试剂的中毒应急处理； 4.化学实验室"三废"处理		
教学任务设计	序号	任务描述	
	任务 1.分析化学及其在土木工程中的应用	了解分析化学的发展，了解工程化学分析检测及本课程的学习意义	
	任务 2.化学分析实验室管理、化学分析实验室人员职责	了解化学分析实验室安全管理制度及管理和使用人员的职责、权利和义务	
	任务 3.常见化学危险的储存、保管、使用	了解危险品的储存、保管、使用制度	
	任务 4.常见化学试剂中毒的应急处理方法	掌握常见化学试剂中毒的应急处理方法	
	任务 5.化学分析实验室"三废"的处理及应用	掌握实验室"三废"的处理方法及措施	
学时	4		
教学方法	讲授法、案例法、任务驱动法		

表2-206　项目2：化学分析中的误差分析及数据处理

教学目标	1.了解误差产生的原因和种类； 2.了解常见的化学分析操作及仪器误差； 3.掌握化学分析实验误差的分析方法、数据处理方法； 4.能处理化学分析实验数据； 5.培养科学严谨、实事求是的工作态度； 6.体会"具体问题具体分析"的哲学思想	
教学内容	1.实验误差产生的原因和化学种类； 2.实验数据的处理方法； 3.误差分析和数据处理在分析实验中的应用	
教学任务设计	序号	任务描述
	任务1.误差及误差分析	了解误差及误差分析
	任务2.实验数据的处理方法	掌握实验数据处理方法
	任务3.误差分析和数据处理在化学分析实验中的应用	通过案例练习,掌握误差分析和数据处理在化学分析实验中的应用
学时	6	
教学方法	案例法、演示法、任务驱动法	

表2-207　项目3：化学分析实验仪器的基本操作与校准

教学目标	1.了解化学分析常用的实验仪器,掌握其正确的使用和清洗方法； 2.能正确称量试样； 3.能正确、安全使用高温仪器； 4.体会国家科技大力推进； 5.培养学生的规范与标准意识； 6.对接规范,明确质量要求	
教学内容	1.分析天平的正确使用和称量要求； 2.化学分析实验中常用称量方法； 3.化学分析实验仪器的正确使用和洗涤； 4.沉淀滴定中常用高温仪器(高温炉、坩埚等)的操作	
教学任务设计	序号	任务描述
	任务1.分析天平的正确使用和称量	掌握分析天平的使用方法
	任务2.化学分析实验中常用称量方法	掌握化学分析实验中常用称量方法

续表

	序号	任务描述
教学任务设计	任务3.化学分析实验仪器的正确使用和洗涤	掌握各类化学分析实验仪器的正确使用和洗涤
	任务4.沉淀滴定中常用高温仪器(高温炉、坩埚等)的操作	掌握沉淀滴定中常用高温仪器(高温炉、坩埚等)的操作
学时	10	
教学方法	演示法、对比分析法、案例法、任务驱动法	

表2-208 项目4:化学滴定分析方法

教学目标	1.熟悉酸碱滴定、配位滴定、氧化还原滴定、沉淀滴定等化学实验的原理; 2.了解各类指示剂的使用条件; 3.能准确选择合适的指示剂及基准物质; 4.能准确地制定简单的实验方案; 5.培养新技术、新设备、新方法的改革和创新的思想; 6.培养学生求真、求精、求稳的测绘工匠精神,养成严谨认真、精益求精的专业精神; 7.对接国家标准,增强学生的职业认同感和行业归属感; 8.培养安全意识,职业素养	
教学内容	1.标准溶液及化学试剂有关基础知识; 2.酸碱滴定分析法、配位滴定分析法、沉淀滴定法基础知识; 3.简单酸碱滴定、配位滴定、沉淀滴定实验方案的制定	
	序号	任务描述
教学任务设计	任务1.标准溶液及化学试剂有关基础知识	了解标准溶液及化学试剂有关基础知识
	任务2.酸碱滴定基础知识	了解酸碱滴定基础知识
	任务3.络合滴定基础知识	了解络合滴定基础知识
	任务4.氧化还原滴定基础知识	了解氧化还原滴定基础知识
	任务5.沉淀滴定基础知识	了解沉淀滴定基础知识
	任务6.简单实验方案的制定	掌握简单实验方案的制定
学时	16	
教学方法	案例法、任务驱动法、示范法、对比分析法	

表 2-209　项目 5:建筑材料化学分析

教学目标	1.熟悉常见建筑材料化学分析实验； 2.能使用配制实验所需试剂； 3.能够完成相应的化学分析实验检测工作； 4.对标化学分析规范,培养学生规范与标准意识； 5.理解化学分析检测过程中的大局意识、全局意识、注重细节、步步精准,培养精益求精的职业素养； 6.体会探索创新的奋斗精神	
教学内容	1.石灰石或白云石中钙、镁剂量的测定； 2.无机结合稳定料中水泥(石灰)剂量的测定； 3.水泥及混凝土掺合料中三氧化硫的测定； 4.水泥熟料全分析； 5.液体减水剂固含量测定； 6.实验数据的正确处理与实验报告的正确编写	
教学任务设计	序号	任务描述
	任务1.石灰石或白云石中钙、镁剂量的测定	掌握石灰石或白云石中钙、镁剂量的测定方法
	任务2.无机结合稳定料中水泥(石灰)剂量的测定	掌握无机结合稳定料中水泥(石灰)剂量的测定
	任务3.水泥及混凝土掺合料中三氧化硫的测定	掌握水泥及混凝土掺合料中三氧化硫的测定
	任务4.水泥熟料全分析	掌握水泥熟料中氧化镁、三氧化硫等物质的检测分析方法
	任务5.液体减水剂固含量测定	掌握液体减水剂固含量的测定方法
学时	28	
教学方法	任务驱动法、对比分析法	

(四)教学要求

"建筑材料化学分析"课程教学要紧扣高速铁路施工与维护专业群教学标准和课程目标,在全面贯彻党的教育方针、落实立德树人根本任务的基础上,紧紧围绕职业教育目标,灵活应用多种教学手段,将知识、技能与素质培养有机融入,培养学生利用化学分析手段解决工程实际问题的能力,提升学生的工程实践能力。培养学生创新意识,对于工作中出现的各类问题能够进行分析判断,提出合理的解决方案。培养岗位工作必须的职业精神,培育守法、爱国、严谨、规范、乐于奉献、肯于钻研的职业素养。

(五)引入行业标准

(1)《化学试剂实验方法中所用制剂及制品的制备》(GB/T 8170—2008);
(2)《数值修约规则》(GB/T 8170—1987);
(3)《化学试剂标准滴定溶液的制备》(GB/T 601— 2002);
(4)《建材用石灰石化学分析方法》(GB/T 5762—2000);
(5)《公路工程无机结合料稳定材料实验规程》(JTG E51);
(6)《水泥化学分析实验规程》(GB/T 0341—2009)。

五、课程考核与评价

课程采用线上线下考核相结合、过程性考核与终结性考核相结合、教师评价与团队评价相结合、知识技能考核与素质素养评价相结合的综合评价考核方式,全面、客观地评价学生的学习效果。过程性考核在考察学生技能掌握程度的基础上,关注学生综合素养和技能应用能力,终结性考核关注学生知识的掌握程度、数据处理的能力以及分析解决问题的能力。具体评价标准见表2-210。

表2-210 "建筑材料化学分析"课程考核评价体系

过程性考核 (分值权重)	考核项目	评价标准	云课堂考核 (50%)	平时性考核 (20%)	终结性考核 (30%)
化学分析实验室安全常识及"三废"处理(20%)	任务1.分析化学及其在土木工程中的应用	分析化学的作用	列举三条土木工程检测中的化学分析	线上(35%) 线下(10%) 作业(20%) 考试(20%) 小组任务(15%)	实验方案(20%) 实验(30%) 实验报告(20%) 课堂表现(15%) 素质素养(15%)	闭卷考核(100%)
	任务2.了解化学分析实验室安全管理制度及管理和使用人员的职责、权利和义务	化学实验室安全管理制度	熟悉化学实验室的安全管理制度			
	任务3.认知危险品的储存、保管、使用制度	危险品的储存、保管	能正确储存和保管危险品			
	任务4.常见化学试剂中毒的应急处理认知	化学试剂中毒的应急处理	能迅速采用合理方法应急处理中毒事件			
	任务5."三废"的处理认知	实验室"三废"处理	能正确、合理进行实验室"三废"处理			
化学分析中的误差分析及数据处理(10%)	任务1.误差及误差分析	误差分析	能正确进行误差分析	线上(35%) 线下(10%) 作业(20%) 考试(20%) 小组任务(15%)	数据记录(30%) 数据处理(40%) 课堂表现(15%) 素质素养(15%)	
	任务2.数据处理	数据处理	能正确进行实验数据处理			

续表

过程性考核 (分值权重)	考核项目	评价标准	云课堂考核 (50%)	平时性考核 (20%)	终结性考核 (30%)
化学分析实验仪器的基本操作与校准(20%)	任务1.分析天平的正确使用和称量	分析天平使用	能熟练操作分析天平		
	任务2.化学分析实验中常用称量方法	常规称量法、减量法称量法、定量称量法	能熟练运用各称量法称重	线上(35%) 线下(10%) 作业(20%) 考试(20%) 小组任务(15%)	实验方案(20%) 实验(30%) 实验报告(20%) 课堂表现(15%) 素质素养(15%)
	任务3.化学分析实验仪器的正确使用和洗涤	移液管、量筒、滴定管的使用与洗涤	移液管、量筒、滴定管的使用		
	任务4.沉淀滴定中常用高温仪器(高温炉、坩埚等)的操作	高温仪器(高温炉、坩埚等)的操作	能正确操作高温炉、坩埚		
化学酸碱滴定、配位滴定、氧化还原滴定、沉淀滴定(20%)	任务1.标准溶液及化学试剂有关基础知识	EDTA标准溶液的配置	能熟练操作仪器配置EDTA标准溶液	线上(35%) 线下(10%) 作业(20%) 考试(20%) 小组任务(15%)	实验方案(20%) 实验(30%) 实验报告(20%) 课堂表现(15%) 素质素养(15%)
	任务2.酸碱滴定基础知识	酸碱滴定基础知识	实验原理及试剂选择		
	任务3.络合滴定基础知识	络合滴定基础知识	实验原理及试剂选择		
	任务4.氧化还原滴定基础知识	氧化还原滴定基础知识	实验原理及试剂选择		
	任务5.沉淀滴定基础知识	沉淀滴定基础知识	实验原理		
	任务6.简单实验方案的制定	实验方案的制定	能合理制定给定化学分析实验方案		

续表

过程性考核 (分值权重)	考核项目	评价标准	云课堂考核 (50%)	平时性考核 (20%)	终结性考核 (30%)
建筑材料化学分析(50%)	任务1.石灰石或白云石中钙、镁剂量的测定	实验操作技能	实验操作较熟练、数据处理准确	线上(35%) 线下(10%) 作业(20%) 考试(20%) 小组任务(15%)	实验方案(20%) 实验(30%) 实验报告(20%) 课堂表现(15%) 素质素养(15%)
	任务2.无机结合稳定料中水泥(石灰)剂量的测定	实验操作技能	实验操作较熟练、数据处理准确		
	任务3.水泥及混凝土掺合料中三氧化硫的测定	实验操作技能	实验操作较熟练、数据处理准确		
	任务4.水泥熟料全分析	实验操作技能	实验操作较熟练、数据处理准确		
	任务5.液体减水剂固含量测定	实验操作技能	实验操作较熟练、数据处理准确		

六、课程资源

(一)教材选用

所用教材要求为近三年出版的高职高专规划教材,既能反映最新发展水平,又能适应高等职业教育的需要,能够帮助学生提高分析问题、解决问题的能力,突出高素质技术技能人才培养特点。教材应包括化学分析实验室管理、化学分析误差及数据处理、化学分析仪器的使用与维护、化学滴定分析方法、建筑材料化学分析等内容。鼓励教师结合教育教学改革和信息化教学需要,以思想性、科学性、发展性、规范性为原则,校企合作编写立体化和富媒体化教材、活页式教材、云教材等。

(二)数字化资源

依据本课程标准,充分运用各种信息技术手段,结合教学改革需要,开发微课、动画、实验视频、音频、多媒体课件、课程题库等数字化教学资源,课程资源不少于课程学时的3倍,题库数量不少于课时量的3倍。建设课程教学资源库及在线开放课程,实现优质资源共建共享,提升课程的教学效果。

七、教学团队

课程团队教师应具有爱国、守法、高尚的道德素养,饱满的职业热情,熟悉高速铁路施工与维护专业群的教学目标,了解高职学生的基本情况,明确课程教学目标与教学任务,能熟练规范操作实验室的各种设备仪器,能灵活应用各种手段建设教学资源和组织教学,具有良好的团队协作精神、创新意识和沟通能力。

(一)团队结构

建立课程负责人制度,组建课程教学团队,积极组织开展各类教研活动,促进青年教师成长。学校应采用人才引进、自主培养等途径,组建年龄、性别、职称与学历结构合理,具有较强信息化教学能力的教学团队。

(二)双师素质

团队教师必须具有双师素质,对口专业硕士及以上学历,有实际企业或实验室工作经历。开展校企合作,教师应坚持定期到高铁项目施工一线进行实践锻炼,与时俱进地提升教师的化学分析技术应用水平和工程实践经验。鼓励支持教师进行课程教学改革创新,使课程教学更好地适应学生全面发展和个性化发展的需要,满足经济社会发展需求。

八、教学设备要求

"建筑材料化学分析"课程教学设备配备要求如表2-211所示。

表2-211 "建筑材料化学分析"课程教学设备配备要求

项目	技术参数与要求	数量
智能移动终端	满足线上学习训练要求;支持在线互动和在线播放以及视频拍摄	每个学生1部
教学投影显示设备	投影仪或智慧一体机	≥1台
化学分析专业实验室	配备化学实验室安全设备,安全措施规范到位,满足本课程全部教学内容所需的仪器及设备	≥1(≥50工位/实验室)
软件	土木工程检测虚拟仿真系统	可计算机运行、可智能移动终端运行
	配合比设计数据库	可计算机运行、可智能移动终端运行

"混合材料组成与设计"课程标准

一、课程性质与任务

(一)课程性质

混凝土、建筑砂浆等混合材料应用广泛,其组成设计的合理性及性能的良好性将会影响工程质量。"混合材料组成与设计"课程是高速铁路施工与维护专业群的专业核心课,本课程以混凝土、建筑砂浆等混合材料的组成及其性能检测、设计方法为出发点,培养学生对混凝土、建筑砂浆、高速铁路改良土等混合材料进行组成设计的能力,为后续课程的学习以及将来的工作打下坚实的基础。同时该课程也是学生职业素质养成的一个重要平台,可以培养学生的组织协调能力、团队合作能力、吃苦耐劳的精神,培养学生的质量意识、规范意识、标准意识与创新能力。

(二)课程任务

全面贯彻党的教育方针,落实立德树人根本任务,满足高铁智慧建造对人才培养的要求,围绕高等职业教育土木工程检测技术专业对混合材料组成与设计的培养需求,拓展土建工程混合材料检测的前沿技术,通过理实一体化教学,提升学生应用复合材料解决工程实际问题的综合能力,使学生成为德智体美劳全面发展的高素质技术技能人才。

二、课程目标

(一)素质目标

(1)养成安全规范操作的职业素养;

(2)增强质量意识;

(3)具备吃苦耐劳、甘于奉献、克服困难的敬业精神;

(4)具备熟练操作、精益求精的工匠精神;

(5)具备职业健康与环境保护意识;

(6)培养学生6S管理素养。

(二)知识目标

(1)熟悉建筑砂浆的性能及其检测方法;

(2)掌握建筑砂浆的配合比设计方法;

(3)熟悉高速铁路路基化学改良土的配合比设计方法;

(4)熟悉预应力混凝土中注浆材料的性能要求及其检测方法。

(三)技能目标

(1)能进行混凝土和易性评定;

(2)能进行普通混凝土立方体抗压强度测定;

(3)能进行普通混凝土配合比设计;

(4)能进行建筑砂浆和易性评定;

(5)能进行建筑砂浆立方体抗压强度评定;

(6)能进行建筑砂浆配合比设计;

(7)能进行铁路路基化学改良土的配合比设计;

(8)能进行预应力混凝土中注浆材料的性能检测。

三、课程思政

课程思政指以构建全员、全过程、全方位育人格局的形式将各类课程与思想政治理论课同向同行,形成协同效应,把"立德树人"作为教育的根本任务的一种综合教育理念。"混合材料组成与设计"作为高速铁路施工与维护专业群核心课,其课程思政的主要形式是将思想政治教育元素,包括思想政治教育的理论知识、价值理念以及精神追求等融入课程学习及实践中去,潜移默化地对学生的思想意识、行为举止产生影响,具体包括科学严谨的态度、质量意识、工匠精神、劳动精神、创新思维等。

本课程的课程思政形式具体如下:引入工程检测案例、检测人榜样,融入检测精神。以提升学生"熟练、扎实"的试验检测能力为突破点,选取教学题材(如青藏铁路等),以行业精神为引领,培养学生的职业认同感和自豪感,坚持把"热爱祖国,爱岗敬业,艰苦奋斗,无私奉献"的精神融入课程教学过程。学习混合材料的组成与设计过程中,融入"理论联系实际"和"实践检验真知"的哲学思想和质量意识,重视"材料是工程的物质基础",在满足工程性能要求的前提下节约材料,严把质量关。教学中结合试验检测技术的发展和工程实践应用,结合工程一线的大国工匠的先进事迹,引导学生关注我国科技发展,帮助学生树立起对职业敬畏、对工作执着、对成果负责的态度,养成敬业、精益、专注、创新的工匠精神。依托真实的实训环境,开展劳动教育、安全教育。依托土建材料实训基地、高铁实训工区开展项目教学,加强学生的安全意识,提升岗位实践能力,强化对学生的劳动教育。以高铁施工生产案例为载体,将现场检测人员遇到的生产问题引入课堂活动中,开展灵活教学形式,激发学生思维,引导学生提出解决问题的途径,提高学生团队协作、自主探究的创新思维能力。

四、课程结构与教学内容

根据高等职业学校专业和高速铁路施工与维护专业群教学标准要求,结合"混合材料组成与设计"课程目标,确定本课程结构与教学内容,设计合理的学习项目及学时安排。

(一)课程模块

"混合材料组成与设计"课程由普通混凝土组设计模块、砂浆组成设计模块、高速铁路路基改良土组成设计模块三部分构成。

普通混凝土组设计模块是学生提升其应用土木工程材料试验与检测开展高铁工程混凝土试验检测的基础,包含普通混凝土性能检测、普通混凝土组成设计等两部分内容。

砂浆组成设计模块是学生提升其应用土木工程材料试验与检测能力开展砂浆工程应用的基础,包含建筑砂浆组成设计、预应力混凝土孔道压浆材料组成设计、隧道锚杆注浆材料性能检测等三部分内容。

高速铁路路基改良土组成设计模块是学生提升土木工程材料试验与检测能力开展工程应用的基础,包含物理改良土性能检测和化学改良土组成设计等两部分内容。

(二)教学内容及项目、学时安排

"混合材料组成与设计"课程教学内容、教学项目安排如表2-212表示。

表2-212 "混合材料组成与设计"课程教学内容、教学项目安排表

模块	学习项目	教学内容	思政融入点	学时
普通混凝土组成设计模块	1.普通混凝土性能检测; 2.普通混凝土组成设计	1.混凝土的特点及分类; 2.普通混凝土拌和物的和易性; 3.普通混凝土拌和物的力学性能及其检测方法; 4.普通混凝土拌和物的耐久性能及其检测方法; 5.普通混凝土配合比设计方法	1.发扬"吃苦奉献"的精神; 2."青藏铁路"——行业情怀; 3.科学严谨的态度; 4.质量意识、规范意识、成本意识; 5.绿色环保理念	18
砂浆组成设计模块	3.建筑砂浆组成设计; 4.预应力混凝土孔道压浆材料组成设计; 5.隧道锚杆注浆材料性能检测	1.建筑砂浆技术性能及其检测; 2.建筑砂浆的配合比设计方法; 3.压浆材料的组成材料技术要求; 4.压浆材料的技术性能检测方法; 5.注浆材料的组成材料技术要求; 6.注浆材料的技术性能检测方法	1.团队合作意识; 2.规范意识; 3."理论联系实践""灵活应用"的思想意识; 4.敬业、精益、专注、创新的工匠精神; 5.质量意识; 6.安全教育	30

续表

模块	学习项目	教学内容	思政融入点	学时
高速铁路路基改良土组成设计模块	6.物理改良土性能检测; 7.化学改良土组成设计	1.物理改良土主控项目检测; 2.物理改良土组成材料技术要求; 3.化学改良土组成材料技术要求; 4.化学改良土配合比设计	1."理论联系实践""灵活应用"的思想意识; 2.环保意识; 3.规范意识; 4.成本意识	16

(三)学习项目设计

"混合材料组成与设计"课程学习项目设计如表2-213至表2-219所示。

表2-213 项目1:普通混凝土性能检测

教学目标	1.了解普通混凝土的基本概念; 2.能够检测普通混凝土拌合物的基本性能,并做出相应调整; 3.能够检测普通混凝土的强度并评价其强度等级; 4.了解普通混凝土耐久性的基本原理		
教学内容	1.普通混凝土拌合物性能及检测方法、影响因素; 2.普通混凝土强度及检测方法、影响因素; 3.普通混凝土耐久性的概念,提高混凝土耐久性的措施		
教学任务设计	序号	任务描述	
	任务1.混凝土的拌合物性能检测	1.学习混凝土技术性能基础知识; 2.学生分组,完成技术性能检测流程图; 3.完成和易性检测; 4.完成试验报告	
	任务2.混凝土硬化后性能检测	1.学习混凝土强度基本知识; 2.学习混凝土耐久性知识; 3.学生分组,完成强度检测流程图; 4.完成立方体抗压强度检测; 5.进行数据处理,完成试验报告	
学时	10		
教学方法	启发式教学法、讲授法、任务驱动法、直观演示法、理实一体教学法		

表2-214 项目2:普通混凝土组成设计

教学目标	1.熟悉普通混凝土组成设计基本要求; 2.掌握普通混凝土配合比设计过程,能够换算材料用量
教学内容	1.普通混凝土配合比表示方法; 2.普通混凝土配合比设计基本要求; 3.普通混凝土配合比设计方法

续表

	序号	任务描述
教学任务设计	任务1.混凝土配合比设计基本知识	1.学习混凝土配合比表示方法； 2.学习混凝土配合比设计基本要求； 3.学习混凝土配合比设计重要参数
	任务2.混凝土配合比设计方法	1.学习混凝土初步设计； 2.学习混凝土试配与调整； 3.学习配合比设计工程案例
学时	8	
教学方法	启发式教学法、讲授法、任务驱动法、直观演示法、理实一体教学法	

表2-215 项目3:建筑砂浆组成设计

教学目标	1.掌握砌筑砂浆和易性检测方法； 2.掌握砌筑砂浆力学性能检测方法； 3.熟悉建筑砂浆配合比设计方法； 4.了解抹面砂浆功能与性能要求； 5.具备评定建筑砂浆质量的能力
教学内容	1.砌筑砂浆组成材料要求； 2.砌筑砂浆和易性检测； 3.砌筑砂浆力学性能检测； 4.砌筑砂浆配合比设计； 5.抹面砂浆功能与性能要求

	序号	任务描述
教学任务设计	任务1.砌筑砂浆的性能检测	1.学习砌筑砂浆技术性能基础知识； 2.学生分组,完成技术性能检测流程图； 3.完成和易性、立方体抗压强度试验； 4.完成数据处理
	任务2.砌筑砂浆配合比设计	1.学习砌筑砂浆配合比设计方法知识； 2.学习配合比设计工程案例
学时	8	
教学方法	启发式教学法、讲授法、任务驱动法、直观演示法、理实一体教学法	

表2-216 项目4:预应力混凝土孔道压浆材料组成设计

教学目标	1.熟悉压浆材料的组成和技术要求； 2.掌握压浆材料的技术性能检测方法
教学内容	1.压浆材料的组成材料； 2.压浆材料的技术要求； 3.压浆材料的技术性能检测

续表

教学任务设计	序号	任务描述
	任务1.压浆材料基础知识认知	1.学习压浆材料的组成材料知识; 2.学习压浆材料的技术要求
	任务2.压浆材料性能检测	1.学生分组,完成试验流程图; 2.完成压浆材料流动度、初终凝时间、强度试验检测; 3.完成数据处理
学时	8	
教学方法	案例教学、直观演示法、理实一体教学法	

表2-217 项目5:隧道锚杆注浆材料性能检测

教学目标	1.熟悉注浆材料的组成材料技术要求; 2.掌握注浆材料的初终凝时间、强度、压力泌水率、限制膨胀率检测方法	
教学内容	1.注浆材料的组成材料技术要求; 2.注浆材料的初终凝时间、强度、压力泌水率、限制膨胀率试验	
教学任务设计	序号	任务描述
	任务1.注浆材料基础知识认知	1.学习注浆材料的组成材料知识; 2.学习注浆材料的技术要求
	任务2.注浆材料性能检测	1.学生分组,完成试验流程图; 2.完成注浆材料初终凝时间、强度、压力泌水率、限制膨胀率试验检测; 3.完成数据处理
学时	14	
教学方法	案例教学、直观演示法、理实一体教学法	

表2-218 项目6:物理改良土性能检测

教学目标	1.熟悉铁路路基物理改良土主控项目要求; 2.掌握土的筛分试验方法; 3.掌握土的最大干密度试验方法
教学内容	1.铁路路基物理改良土主控项目; 2.土的筛分试验方法; 3.土的最大干密度试验方法

	序号	任务描述
教学任务设计	任务1.铁路路基物理改良土主控项目认知	1.学习铁路路基化学改良土组成材料； 2.学习铁路路基化学改良土技术要求
	任务2.改良土的筛分试验	1.学生分组,完成试验流程图； 2.完成改良土筛分试验； 3.完成数据处理
	任务3.改良土的最大干密度试验	1.学生分组,完成试验流程图； 2.完成改良土最大干密度试验； 3.完成数据处理
学时	16	
教学方法	启发式教学、任务驱动、案例教学、卡片式教学、直观演示法、理实一体教学法	

表 2-219 项目 7:化学改良土组成设计

教学目标	1.熟悉铁路路基化学改良土组成材料的技术要求； 2.掌握化学改良土掺量的测定方法； 3.掌握化学改良土无侧限抗压强度试验方法； 4.掌握化学改良土的组成设计方法； 5.能够进行化学改良土组成设计
教学内容	1.铁路路基化学改良土组成材料； 2.铁路路基化学改良土技术要求； 3.化学改良土击实试验； 4.化学改良土无侧限抗压强度试验； 5.化学改良土的组成设计

	序号	任务描述
教学任务设计	任务1.铁路路基化学改良土基础知识认知	1.学习铁路路基化学改良土组成材料； 2.学习铁路路基化学改良土技术要求
	任务2.铁路路基化学改良土技术性能检测	1.学生分组,完成试验流程图； 2.完成改良土击实、无侧限抗压强度试验； 3.完成数据处理
	任务3.铁路路基化学改良土配合比设计	1.学习改良土配合比设计基本知识； 2.学习改良土配合比设计方法知识； 3.学习改良土配合比设计工程案例
学时	16	
教学方法	启发式教学、任务驱动、案例教学、卡片式教学、直观演示法、理实一体教学法	

(四)教学要求

"混合材料组成与设计"课程教学要紧扣高速铁路施工与维护专业群教学标准和课程目标,在全面贯彻党的教育方针、落实立德树人根本任务的基础上,突出职业教育特色,培养学生对土建工程中常用混合材料进行组成设计以解决工程实际问题的能力,提升学生的工程实践能力。

课程教学要落实立德树人的根本任务,贯彻课程思政要求,使学生在复杂的社会环境和工作环境中能够有担当、辨是非、求上进、有作为。突出学生技能培养,提升学生在高铁等土建工程中对普通混凝土、建筑砂浆、化学改良土等混合材料进行组成设计及注浆材料、孔道压浆材料性能进行检测的能力。培养学生的创新意识,对工作中出现的问题能够进行正确分析判断,提出合理的解决方案。

(五)引入行业标准

(1)《普通混凝土拌合物性能试验方法标准》(GB/T 50080—2016);
(2)《普通混凝土力学性能试验方法》(GB/T 50081—2019);
(3)《普通混凝土配合比设计规程》(JGJ 55—2011);
(4)《建筑砂浆基本性能试验方法》(JGJ 70—2009);
(5)《砌筑砂浆配合比设计规程》(JGJ 98—2010);
(6)《水泥基灌浆材料应用技术规范》(GB/T 50448—2015);
(7)《铁路后张法预应力混凝土梁管道压浆技术条件》(Q/CR 409—2017);
(8)《水泥胶砂强度检验(ISO法)》(GB/T 17671—1999)。

五、课程考核与评价

课程采用全过程性考核与评价,线上知识测试与线下技能考核相结合的方式,全面、客观地评价学生的学习效果。过程性考核在考察学生技能掌握程度的基础上,关注学生综合素养和技能应用能力,主要考评普通混凝土组成设计、化学改良土性能检测、孔道压浆材料检测、注浆材料检测、在线测试等五个方面。具体评价标准见表2-220。

表2-220 "混合材料组成与设计"课程考核评价体系

过程性考核 (分值权重)	考核项目	评价标准	过程性考核 (70%)	平时考核 (30%)
普通混凝土组成设计(30%)	初步配合比设计	设计合理、计算正确	工程应用(30%)	1.基本素质评价,包括出勤情况、资源学习、课堂参与等综合表现;
化学改良土性能检测(20%)	无侧限抗压强度试验	试验操作规范、数据处理正确	试验操作(20%)	
孔道压浆材料检测(20%)	流动度试验	试验操作规范、数据处理正确	试验操作(10%)	
	强度试验	试验操作规范、数据处理正确	试验操作(10%)	

续表

过程性考核 (分值权重)	考核项目	评价标准	过程性考核 (70%)	平时考核 (30%)
注浆材料检测(20%)	初终凝时间试验	试验操作规范、数据处理正确	试验操作(10%)	2.职业素质评价,包括项目参与度、承担角色和任务完成情况、劳动意识、创新精神等
	限制膨胀率试验	试验操作规范、数据处理正确	试验操作(10%)	
在线测试(10%)	课程期末考试	题目作答准确	客观试题(10%)	

六、课程资源

(一)教材选用

所用教材要求为近三年出版的高职高专规划教材,既能反映最新发展水平,又能适应高等职业教育的需要,能够帮助学生提高分析问题、解决问题的能力,突出高素质技术技能人才培养特点。教材应包括混凝土、建筑砂浆、铁路路基化学改良土、预应力混凝土孔道压浆材料、隧道锚杆注浆材料等内容。鼓励教师结合教育教学改革和信息化教学需要,以思想性、科学性、发展性、规范性为原则,校企合作编写立体化和富媒体化教材、活页式教材、云教材等。

(二)数字化资源

依据本课程标准,充分运用各种信息技术手段,结合教学改革需要,开发微课、多媒体课件等数字化教学资源,建设在线开放课,实现优质资源共建共享,提升课程的教学效果。

七、教学团队

教师是学生学习课程的纽带,是引导学生掌握实践技能的关键。任课教师要树立良好的师德师风,符合教师专业标准要求,具有扎实的专业基础,具有一定的工程实践经验和良好的教育教学能力。

(一)团队结构

建立课程负责人制度,组建课程教学团队,积极组织开展各类教研活动,促进青年教师成长。学校应采用人才引进、自主培养等途径,组建年龄、性别、职称与学历结构合理,具有较强信息化教学能力的教学团队。

(二)双师素质

课程团队教师应具有双师素质,同时开展校企合作。教师应坚持定期到高铁项目等施工一线进行实践锻炼,与时俱进地提升教师的试验检测水平和工程实践经验。鼓励支持教师进行课程教学改革创新,使课程教学更好地适应学生全面发展和个性化发展的需要,满足经济社会发展需求。

八、教学设备要求

"混合材料组成与设计"课程教学设备配备要求如表2-221所示。

表 2-221 "混合材料组成与设计"课程教学设备配备要求

项目	技术参数与要求	数量
教学投影显示设备	投影仪或智慧一体机	≥1台
计算机基本配置	操作系统及相关驱动;常用工具软件,办公软件;信息安全防护软件;互联网软件	根据教学需要选用
仪器设备	行星式搅拌机	≥4台
	压力试验机,试验机的测力示值误差不大于1%,应具有加荷速度指示装置或加荷速度控制装置,并应能均匀、连续地加荷	≥1台
	标准法维卡仪、坍落度筒、百分表	每6~8人一个

"现代混凝土试验与检测"课程标准

一、课程性质与任务

(一)课程性质

"现代混凝土试验与检测"课程是高速铁路施工与维护专业群的专业核心课。本课程从现代混凝土检测及配合比设计的工程应用出发,培养学生现代混凝土检测及设计的能力,为后续课程的学习以及将来的工作打下坚实的基础。同时该课程也是学生职业素质养成的一个重要平台,可以培养学生的组织协调能力、团队合作能力、吃苦耐劳的精神,培养学生的质量意识、规范意识、标准意识与创新能力。

(二)课程任务

全面贯彻党的教育方针,落实立德树人根本任务,满足高铁智慧建造对人才培养的要求,围绕高等职业教育土木工程检测技术专业对高速铁路路基检测技术应用的培养需求,通过理实一体化教学,培养学生现代混凝土原材料、拌合物性能、配合比设计、体积稳定性、耐久性检测的能力,提升学生混凝土施工过程中质量控制及解决问题的综合能力,使学生成为德智体美劳全面发展的高素质技术技能人才。

二、课程目标

(一)素质目标

(1)具备爱国情怀、热爱土木工程检测技术专业;
(2)具备合作精神和管理协调的能力;
(3)具备吃苦耐劳、艰苦奋斗、拼搏争先精神;
(4)具备能应对紧急突发状况的能力;
(5)具备遵守检测人员工作纪律,严格执行检测工作技术规范的职业道德。

(二)知识目标

(1)掌握现代混凝土所用原材料(水泥、砂、石、外加剂)的技术性质及试验检测方法(坍落度、含气量、凝结时间);

(2) 了解影响现代混凝土拌合物性能的原理,掌握现代混凝土拌合物性能检测方法;

(3) 掌握现代混凝土的配合比设计方法及正交法在配合比设计中的应用;

(4) 了解影响混凝土体积稳定性及耐久性能的机理,掌握现代混凝土长期性能(收缩、徐变)及耐久性性能(抗冻、抗渗、抗碳化、抗碱集料反应等)试验与检测方法;

(5) 了解现代混凝土原材料管理、配合比设计、拌合、浇筑、养护中的注意事项。

(三)技能目标

(1) 能进行现代混凝土用水泥技术性质的试验检测;

(2) 能进行粉煤灰、粒化高炉矿渣、硅灰等矿物外加剂技术性质的试验检测;

(3) 能进行减水剂等化学外加剂技术性质的试验检测;

(4) 能进行铁路混凝土配合比的设计,出具配合比设计记录及报告;

(5) 能进行混凝土拌合物性能的检测;

(6) 能进行混凝土长期性及耐久性的试验检测;

(7) 能运用 Excel 或软件出具试验记录;

(8) 能指导混凝土施工过程中混凝土运输、浇筑和养护工作。

三、课程思政

课程思政指以构建全员、全过程、全方位育人格局的形式将各类课程与思想政治理论课同向同行,形成协同效应,把"立德树人"作为教育的根本任务的一种综合教育理念。"现代混凝土试验与检测"作为高速铁路施工与维护专业群核心课,其课程思政的主要形式是将思想政治教育元素,包括思想政治教育的理论知识、价值理念以及精神追求等融入课程学习及实践中去,潜移默化地对学生的思想意识、行为举止产生影响,具体包括测绘精神、质量意识、工匠精神、劳动精神、创新思维等。

本课程的课程思政形式具体如下:引入工程检测案例、工程试验与检测工匠事迹,融入检测精神。以提升学生"熟练、扎实"的试验检测能力为突破点,选取教学题材(如川藏铁路等),以行业精神为引领,培养学生的职业认同感和自豪感,坚持把"热爱祖国,爱岗敬业,艰苦奋斗,无私奉献"的精神融入课程教学过程。土木工程材料试验与检测需对试验检测数据进行处理,融入"理论联系实际"和"实践检验真知"的哲学思想和质量意识。数据处理后按照规范要求对材料进行质量评定,引导学生正确认识成果质量,严把质量关。教学中结合试验检测技术的发展和工程实践应用,结合工程一线的大国工匠的先进事迹,引导学生关注我国科技发展,帮助学生树立起对职业敬畏、对工作执着、对成果负责的态度,养成敬业、精益、专注、创新的工匠精神。依托真实的实训环境,开展劳动教育、安全教育。依托高铁智慧检测实训基地、校中厂、高铁实训工区开展项目教学,规范学生的安全意识,提升岗位实践能力,加强对学生的劳动教育。以高铁混凝土施工生产案例为载体,将现场检测人员遇到的生产问题引入课堂活动中,开展灵活教学形式,激发学生思维,引导学生提出解决问题的途径,提高学生团队协作、自主探究的创新思维能力。

四、课程结构与教学内容

根据高等职业学校专业和高速铁路施工与维护专业群教学标准要求,结合"现代混凝土试验与检测"课程目标,确定本课程结构与教学内容,设计合理的学习项目及学时安排。

(一)课程模块

"现代混凝土试验与检测"课程由现代混凝土组成材料检测、现代混凝土拌合物性能检测及配合比设计、现代混凝土体积稳定性与耐久性能检测、现代混凝土施工技术四部分构成。

现代混凝土组成材料检测模块是学生进行现代混凝土试验与检测的基础,包含水泥基本性质及检测方法、矿物外加剂基本性质及检测方法、化学外加剂基本性质及检测方法、集料基本性能及检测方法等四部分内容。

现代混凝土拌合物性能检测及配合比设计模块是现代混凝土配合比设计的关键,包含现代混凝土工作性及拌合物性能试验方法、现代混凝土坍落度经时损失的检测及控制措施、高铁用现代混凝土配合比设计、正交法优化现代混凝土配合比等四部分内容。

现代混凝土体积稳定性与耐久性能检测模块是学生提升现代混凝土试验与检测综合应用能力的关键,主要是针对混凝土的体积稳定性能(收缩、徐变、开裂)和混凝土的耐久性(抗冻、抗渗、抗碳化、抗碱骨料反应)的机理、改善措施、检测方法。

现代混凝土施工技术结合典型的混凝土施工工程实例,针对混凝土原材料管理和配合比质量控制、施工方法及影响施工质量的因素,实现学生综合应用能力的培养。

(二)教学内容及项目、学时安排

"现代混凝土试验与检测"课程教学内容、教学项目安排如表 2-222 所示。

表 2-222 "现代混凝土试验与检测"课程教学内容、教学项目安排表

模块	学习项目	教学内容	思政融入点	学时
现代混凝土组成材料检测模块	1.现代混凝土用原材料技术要求与检测	1.水泥基本性质及检测方法; 2.矿物外加剂基本性质及检测方法; 3.化学外加剂基本性质及检测方法; 4.集料基本性能及检测方法	1.培养严谨认真的工作态度; 2.遵纪守法、公平竞争的规则意识; 3.讲究质量、注重信誉的诚信意识; 4."深入细节、兼顾全局"的哲学思想; 5."理论联系实际"的哲学思想; 6.质量意识、规范意识; 7.服务人民、奉献社会的人生观	30
现代混凝土拌合物性能检测及配合比设计模块	2.现代混凝土拌合物工作性能试验方法; 3.高铁用现代混凝土配合比设计	1.混凝土拌合物工作性检测方法及影响因素; 2.现代混凝土拌合物性能(坍落度、含气量、凝结时间、配合比分析等)检测方法; 3.现代混凝土配合比设计方法; 4.正交试验设计方法及其在现代混凝土配合比设计中的应用	1.团队合作意识; 2."实践检验真知"的哲学思想和质量意识、规范意识; 3.求实、求真的科学意识; 4.敬业、精益、专注、创新的工匠精神; 5.劳模精神; 6.安全教育; 7.新技术、新设备、新方法的改革和创新思想	22

续表

模块	学习项目	教学内容	思政融入点	学时
现代混凝土体积稳定性与耐久性能检测模块	4.混凝土体积稳定性试验与检测； 5.混凝土耐久性能试验与检测	1.混凝土的体积稳定性能（收缩、徐变、开裂）的机理、改善措施、检测方法； 2.混凝土的耐久性（抗冻、抗渗、抗碳化、抗碱骨料反应）的机理、改善措施、检测方法	1.严谨认真、精益求精的专业精神； 2."理论联系实际"和"实践检验真知"的哲学思想和质量意识； 3.团队意识和协作精神； 4.劳动教育和安全教育	28
现代混凝土施工技术模块	6.现代混凝土的施工方法及影响施工质量的因素	1.混凝土原材料（水泥、砂、石、外加剂）管理和配合比质量控制； 2.现代混凝土的施工方法（搅拌、运输、浇筑、养护）及影响施工质量的因素	1.培养爱国热情和民族自豪感，树立科技兴国、学习强国的理想和信念； 2.养成检测工作认真负责、精度至上的原则； 3.具有新技术、新设备、新方法的改革和创新的思想	4

（三）学习项目设计

"现代混凝土试验与检测"课程学习项目设计如表2-223至表2-228所示。

表2-223　项目1：现代混凝土用原材料技术要求与检测

教学目标	1.了解现代混凝土的组成材料,掌握各材料的性能及技术要求； 2.能对原材料进行性能检测,进行质量评定	
教学内容	1.水泥基本性质及检测方法； 2.矿物外加剂基本性质及检测方法； 3.化学外加剂基本性质及检测方法； 4.集料基本性能及检测方法	
教学任务设计	序号	任务描述
	任务1.水泥的性能及检测	学习现代混凝土中对主要胶凝材料水泥的品种、强度等级等的要求及检验方法
	任务2.矿物外加剂的性能及检测	学习常用的几类矿物外加剂（粉煤灰、矿渣粉、硅灰）性能及特点；完成矿物外加剂的需水量比、活性指数试验检测，并处理试验数据
	任务3.化学外加剂的性能及检测	学习常用的几种化学外加剂（减水剂、缓凝剂、泵送剂、引气剂）性能及特点；完成化学外加剂的固含量、均质性检验试验，并处理试验数据
	任务4.水泥与外加剂的相容性检测	检验掺入化学外加剂和矿物外加剂的现代混凝土坍落度和坍落度1h经时变化量、减水率、泌水率、凝结时间差、含气量和含气量1h经时变化量、抗压强度比、收缩率比、相对耐久性试验检测，并处理试验数据
	任务5.现代混凝土用集料技术要求与检测	学习现代混凝土用集料的性能要求，查找现代混凝土用集料与普通混凝土用集料的不同之处并对比学习

学时	30
教学方法	项目法、引导文法、小组讨论法等

表 2-224 项目 2:现代混凝土拌合物工作性能试验方法

教学目标	1. 了解影响现代混凝土拌合物性能的原理及影响因素; 2. 掌握现代混凝土拌合物性能(坍落度、含气量、凝结时间、配合比分析等)检测方法; 3. 具备检测现代混凝土性能的能力,并能出具试验报告单	
教学内容	1. 混凝土拌合物工作性检测方法及影响因素; 2. 现代混凝土拌合物性能(坍落度、含气量、凝结时间、配合比分析等)检测方法	
教学任务设计	序号	任务描述
	任务 1. 混凝土工作性及拌合物性能试验方法	明确混凝土拌合物工作性的定义;了解国内外常用的现代拌合物性能试验方法;掌握我国高铁技术规程中现代混凝土拌合物性能试验(坍落度、含气量、凝结时间、泌水率、配合比分析)等方法
	任务 2. 混凝土坍落度经时损失的检测及控制措施	熟悉混凝土拌合物流动性的经时损失,了解坍落度经时损失的机理;掌握现代混凝土坍落度经时损失检测方法;熟悉现代混凝土坍落度经时损失的影响因素及减小经时损失的途径,能够控制现代混凝土的坍落度经时损失
学时	12	
教学方法	启发式教学、任务驱动、案例教学法、测站教学法	

表 2-225 项目 3:高铁用现代混凝土配合比设计

教学目标	1. 掌握现代混凝土配合比设计方法; 2. 了解正交试验设计方法; 3. 能够应用正交试验设计方法进行现代混凝土配合比优化设计	
教学内容	1. 现代混凝土配合比设计方 4 法; 2. 正交试验设计方法及其在现代混凝土配合比设计中的应用	
教学任务设计	序号	任务描述
	任务 1. 高铁用现代混凝土配合比设计	了解国内外现代混凝土配合比设计的方法,掌握我国铁路混凝土配合比设计方法
	任务 2. 正交法优化现代混凝土配合比	了解正交试验设计方法、应用正交试验设计方法设计现代混凝土配合比
学时	10	
教学方法	启发式教学、任务驱动、案例教学法、测站教学法	

表 2-226 项目 4:混凝土体积稳定性试验与检测

教学目标	1. 掌握混凝土稳定性的概念、机理、收缩开裂检测方法; 2. 混凝土的收缩与开裂认知与检测(非接触法收缩检测、平板约束试验、圆环约束法)

续表

教学内容	1.混凝土的体积收缩的机理、改善措施、检测方法； 2.混凝土徐变的机理、改善措施、检测方法； 3.混凝土开裂的机理、改善措施、检测方法	
教学任务设计	序号	任务描述
	任务1.混凝土收缩试验与检测	混凝土的收缩认知、机理分析、防止措施及试验检测
	任务2.混凝土开裂试验与检测	混凝土的开裂认知、机理分析、防止措施及试验检测
	任务3.混凝土徐变试验与检测	混凝土的徐变认知、机理分析、防止措施及试验检测
学时	6	
教学方法	启发式教学、任务驱动、案例教学、卡片式教学	

表2-227 项目5:混凝土耐久性能试验与检测

教学目标	1.了解混凝土的抗渗性(渗水高度法、逐级加压法、电通量法、RCM氯离子迁移法)机理及改善措施，掌握检测方法； 2.了解混凝土的抗冻性(快冻法、单面冻融)机理及改善措施，掌握检测方法； 3.了解混凝土的碳化原理,掌握检测方法； 4.了解混凝土抗碱骨料反应原理,掌握检测方法； 5.了解混凝土抗硫酸盐侵蚀原理,掌握检测方法	
教学内容	混凝土的耐久性(抗冻、抗渗、抗碳化、抗碱骨料反应)机理、改善措施、检测方法	
教学任务设计	序号	任务描述
	任务1.混凝土抗冻性能试验与检测	混凝土的抗冻性机理分析及试验检测
	任务2.混凝土抗渗性能试验与检测	混凝土的抗渗性机理分析及试验检测
	任务3.混凝土抗碳化性能试验与检测	混凝土的抗碳化性机理分析及试验检测
	任务4.混凝土抗碱骨料反应试验与检测	混凝土的抗碱骨料反应机理分析及试验检测
学时	22	
教学方法	启发式教学、任务驱动、案例教学、卡片式教学	

表 2-228 项目 6：现代混凝土的施工方法及影响施工质量的因素

教学目标	了解现代混凝土原材料管理和配合比质量控制、现代混凝土的施工方法及影响施工质量的因素
教学内容	1.混凝土原材料管理和配合比质量控制； 2.现代混凝土的施工方法及影响施工质量的因素
教学任务设计	<table><tr><th>序号</th><th>任务描述</th></tr><tr><td>任务 1.现代混凝土原材料管理和配合比质量控制</td><td>了解混凝土原材料(水泥、砂、石、外加剂)管理和配合比质量控制</td></tr><tr><td>任务 2.现代混凝土的施工方法及影响施工质量的因素</td><td>了解现代混凝土的施工方法(搅拌、运输、浇筑、养护)及影响施工质量的因素</td></tr></table>
学时	4
教学方法	启发式教学、任务驱动、案例教学、卡片式教学

(四)教学要求

"现代混凝土试验与检测"课程教学要紧扣高速铁路施工与维护专业群教学标准和课程目标，在全面贯彻党的教育方针、落实立德树人根本任务的基础上，突出职业教育特色，培养学生正确解读规范，能对现代混凝土原材料进行检测、拌合物性能及配合比设计、体积稳定性、耐久性及混凝土施工技术进行检测的能力。

课程教学要落实立德树人的根本任务，贯彻课程思政要求，使学生在复杂的社会环境和工作环境中能够有担当、辨是非、求上进、有作为。突出学生技能培养，提升学生正确使用试验仪器和设备，根据工程实际检测任务编制试验方案、完成试验检测、出具试验报告的综合应用能力。培养学生创新意识，对于工作中出现的各类问题能够进行分析判断，提出合理的解决方案。

(五)引入行业标准

(1)《通用硅酸盐水泥》(GB 175—2007)；

(2)《水泥化学分析方法》(GB/T 176—2017)；

(3)《混凝土外加剂的分类、命名与定义》(GB/T 8075—2017)；

(4)《混凝土外加剂》(GB 8076—2008)；

(5)《水泥与减水剂相容性试验方法》(JC/T 1083—2008)；

(6)《聚羧酸系高性能减水剂》(JG/T 223—2007)；

(7)《混凝土外加剂均质性试验方法》(GB/T 8077—2012)；

(8)《高强现代混凝土用矿物外加剂》(GB/T 18736—2002)；

(9)《建设用卵石、碎石》(GB/T 14685—2011)；

(10)《建设用砂》(GB/T 14684—2011)；

(11)《铁路混凝土》(TB 3275—2018)；

(12)《铁路混凝土工程施工质量验收标准》(GB/T 10424—2018)；

(13)《普通混凝土拌合物性能试验方法标准》(GB/T 50080—2016);

(14)《普通混凝土配合比设计规程》(JGJ 55—2011);

(15)《普通混凝土长期性能和耐久性能试验方法标准》(GB/T 50082—2009);

(16)《混凝土质量控制标准》(GB 50164—2011)。

五、课程考核与评价

课程采用全过程性考核与评价,线上知识测试与线下技能考核相结合的方式,全面、客观地评价学生的学习效果。过程性考核在考察学生技能掌握程度的基础上,关注学生综合素养和技能应用能力,过程性考核主要考评现代混凝土组成材料检测、拌合物性能检测及配合比设计、体积稳定性与耐久性能检测、现代混凝土施工技术、在线测试等五个方面。具体评价标准见表2-229。

表2-229 "现代混凝土试验与检测"课程考核评价体系

过程性考核 (分值权重)	考核项目	评价标准	过程性考核 (70%)	平时考核 (30%)
现代混凝土组成材料检测(30%)	水泥技术要求与检测	正确操作试验仪器,正确完成试验操作,试验数据处理及结论正确	实做+报告(6%)	1.基本素质评价,包括出勤情况、资源学习、课堂参与等综合表现; 2.职业素质评价,包括项目参与度、承担角色和任务完成情况、劳动意识、创新精神等
	矿物外加剂的性能及检测	正确操作试验仪器,正确完成试验操作,试验数据处理及结论正确	实做+报告(6%)	
	化学外加剂的性能及检测	正确操作试验仪器,正确完成试验操作,试验数据处理及结论正确	实做+报告(6%)	
	水泥与化学外加剂的相容性检测	正确操作试验仪器,正确完成试验操作,试验数据处理及结论正确	实做+报告(6%)	
	集料技术要求与检测	正确操作试验仪器,正确完成试验操作,试验数据处理及结论正确	实做+报告(6%)	
现代混凝土拌合物性能检测及配合比设计(25%)	现代混凝土工作性及拌合物性能试验方法	正确操作试验仪器,正确完成试验操作,试验数据处理及结论正确	实做+报告(5%)	
	铁路混凝土配合比设计	正确操作试验仪器,正确完成试验操作,试验数据处理及结论正确	实做+报告(17.5%)	
	正交法优化混凝土配合比	正确操作试验仪器,正确完成试验操作,试验数据处理及结论正确	配合比设计资料(12.5%)	

续表

过程性考核 （分值权重）	考核项目	评价标准	过程性考核 (70%)	平时考核 (30%)
现代混凝土体积稳定性与耐久性能检测(30%)	混凝土体积稳定性试验与检测	正确操作试验仪器，正确完成试验操作，试验数据处理及结论正确	实做＋报告(12%)	1.基本素质评价，包括出勤情况、资源学习、课堂参与等综合表现； 2.职业素质评价，包括项目参与度、承担角色和任务完成情况、劳动意识、创新精神等
	混凝土耐久性能试验与检测	正确操作试验仪器，正确完成试验操作，试验数据处理及结论正确	实做＋报告(18%)	
现代混凝土施工技术(5%)	原材料管理和配合比质量控制	掌握混凝土质量控制的原则	小组作业展示＋个人线上作业(2.5%)	
	现代混凝土的施工方法及影响施工质量的因素	掌握泵送混凝土的施工方法	小组作业展示＋个人线上作业(2.5%)	
在线测试(10%)	在线课程期末考试	题目作答准确	客观试题(10%)	

六、课程资源

（一）教材选用

所用教材要求为近三年出版的高职高专规划教材，既能反映最新发展水平，又能适应高等职业教育的需要，能够帮助学生提高分析问题、解决问题的能力，突出高素质技术技能人才培养特点。教材应包括现代混凝土组成材料检测、拌合物性能检测及配合比设计、体积稳定性与耐久性能检测和现代混凝土施工技术等内容。鼓励教师结合教育教学改革和信息化教学需要，以思想性、科学性、发展性、规范性为原则，校企合作编写立体化和富媒体化教材、活页式教材、云教材等。

（二）数字化资源

依据本课程标准，充分运用各种信息技术手段结合教学改革需要，开发微课、多媒体课件等数字化教学资源，建设在线开放课，实现优质资源共建共享，提升课程的教学效果。

七、教学团队

教师是学生学习课程的纽带，是引导学生掌握实践技能的关键。任课教师要树立良好的师德师风，符合教师专业标准要求，具有扎实的专业基础，具有一定的工程实践经验和良好的教育教学能力。

（一）团队结构

建立课程负责人制度，组建课程教学团队，积极组织开展各类教研活动，促进青年教师成长。学校应采用人才引进、自主培养等途径，组建年龄、性别、职称与学历结构合理，具有较强信息化教学能力的教学团队。

（二）双师素质

课程团队教师应具有双师素质，同时开展校企合作。教师应坚持定期到高铁项目施工一线进行实践锻炼，与时俱进地提升教师的试验检测水平和工程实践经验。鼓励支持教师进行课程教学改革创新，使课程教学更好地适应学生全面发展和个性化发展的需要，满足经济社会发展需求。

八、教学设备要求

"现代混凝土试验与检测"课程教学设备配备要求如表 2-230 所示。

表 2-230 "现代混凝土试验与检测"课程教学设备配备要求

项目	技术参数与要求	数量
计算机	满足主流教学软件要求;支持网络同传和硬盘保护;多媒体教学系统	每工位1台
教学投影显示设备	投影仪或智慧一体机	≥1台
计算机基本配置	操作系统及相关驱动;常用工具软件;办公软件;图形编辑软件;信息安全防护软件;互联网软件	根据教学需要选用
仪器设备	矿渣密度、比表面积检测试验仪器	每4~6工位1套
	粉煤灰需水量比、活性指数试验仪器	
	减水剂固含量、均质性试验仪器	
	坍落度和坍落度1h经时变化量、减水率、泌水率试验仪器,混凝土早期收缩性能试验与检测仪器	
	凝结时间差、含气量和含气量1h经时变化量试验仪器	
	抗压强度比、收缩率比仪器	≥1套
	混凝土抗裂性试验与检测仪器	
	混凝土抗渗性试验与检测仪器	
	混凝土抗冻性试验与检测仪器	
	混凝土抗碱骨料反应试验仪器	
	混凝土抗碳化试验仪器	

"高速铁路路基试验与检测"课程标准

一、课程性质与任务

(一)课程性质

"高速铁路路基试验与检测"课程是高速铁路施工与维护专业群的专业核心课。通过课程学习,使学习者了解高速铁路路基构造、路基施工工艺基本知识,掌握路基普通填料、级配碎石、化学改良土检测及路基现场压实检测的方法和程序,具备解读规范,正确使用试验仪器和设备,根据检测数据对高速铁路路基进行质量评定的能力。同时该课程也是学生职业素质养成的一个重要平台,可以培养学生的组织协调能力、团队合作能力、吃苦耐劳的精神,培养学生的质量意识、安全意识、规范意识、标准意识与创新能力。

(二)课程任务

全面贯彻党的教育方针,落实立德树人根本任务,满足高铁智慧建造对人才培养的要求,围绕高等职业教育土木工程检测技术专业对高速铁路路基检测技术应用的培养需求,通过理实一体化教学,提升学生根据实际工程条件编制并实施检测方案的综合能力,使学生成为德智体美劳全面发展的高素质技术技能人才。

二、课程目标

(一)素质目标

(1)养成安全规范操作的职业素养;
(2)具备讲究质量、注重信誉的诚信意识;
(3)具备爱岗乐岗、忠于职守的敬业精神;
(4)具备严谨认真、熟练操作、精益求精的工匠精神;
(5)具备遵纪守法、公平竞争的规则意识;
(6)具备团结协作、顾全大局的合作意识;
(7)具备刻苦学习、不断进取的钻研精神。

(二)知识目标

(1)掌握试验检测数据处理方法;
(2)了解高速铁路发展历史、未来规划;
(3)了解高速铁路路基作用、路基构造、路基施工工艺;
(4)掌握路基填料的要求与分类;
(5)掌握选择高速铁路路基填料时的检测项目;
(6)掌握高速铁路路基填筑质量控制指标的检测。

(三)技能目标

(1)能熟练操作高速铁路路基各试验检测项目中所用的各种仪器及设备;
(2)能根据土的工程试验检测项目正确选择路基填料;
(3)能根据高速铁路压实指标对高速铁路路基工程压实质量进行评定。

三、课程思政

立德树人是高等教育的根本任务和时代使命,高校教育应紧紧围绕立德树人这一主线,遵循教书育人规律、遵循学生成长规律、遵循思想政治工作规律,努力实现全程、全员、全方位"三全"育人的大思政工作格局。"高速铁路路基试验与检测"作为高速铁路施工与维护专业群核心课,其课程思政的主要形式是将思想政治教育元素,包括思想政治教育的理论知识、价值理念以及精神追求等融入课程学习及实践中去,潜移默化地对学生的思想意识、行为举止产生影响,具体包括爱国情怀、质量意识、工匠精神、劳动精神、规则意识、合作意识等。

本课程的课程思政形式具体如下:以我国高速铁路发展为切入点,培养学生对祖国的爱国之情;以智慧检测、智能化试验室的发展与应用作为切入点,激发学生的科技创新精神;以试验检测行业数据弄虚作假的案例为切入点,培养学生明辨是非、恪守诚实守信的职业道德;以培养学生法律法规意识教育为切入点,培养学生严谨认真、熟练操作、精益求精的工匠精神;以培养学生良好习惯、文明作业为切入点,提高学生服务思想和奉献精神。

四、课程结构与教学内容

根据高等职业学校专业和高速铁路施工与维护专业群教学标准要求,结合"高速铁路路基试验与检测"课程目标,确定本课程结构与教学内容,设计合理的学习项目及学时安排。

(一)课程模块

"高速铁路路基试验与检测"课程由试验检测基础知识模块、高速铁路路基工程认知模块、路基填料试验模块及路基工程现场试验检测方法模块四部分构成。

试验检测基础知识模块是试验人员在从事工程质量检验评定中需要具备的基本素质,学生需要学习误差及误差分类、总体与样本、检测数据的统计特征量、有效数字及数字修约规则、可疑数据的取舍方法及数据的表达方法等内容。

高速铁路路基工程认知模块学习高速铁路发展及规划、高速铁路路基作用和要求、高速铁路路基构造及高速铁路路基施工工艺等内容,为后续试验检测学习打下良好的基础。

路基填料试验模块是培养学生高速铁路路基试验与检测能力的关键,主要是针对普通填料、级配碎石、化学改良土的技术性质进行试验,按照高速铁路路基工程施工技术规程要求,选择满足技术要求的路基填料。

路基工程现场试验检测方法模块通过学习压实系数 K(灌砂法)、地基系数试验 $K30$ 试验、Evd 动态平板载荷试验、变形模量 Ev2 试验,对高速铁路路基现场压实质量进行评价,以提高路堤的稳定性和坚固性,保证路基施工质量。

(二)教学内容及项目、学时安排

"高速铁路路基试验与检测"课程教学内容、教学项目安排如表 2-231 所示。

表 2-231 "高速铁路路基试验与检测"课程教学内容、教学项目安排表

模块	学习项目	教学内容	思政融入点	学时
试验检测基础知识	1.试验检测数据的统计分析; 2.试验检测数据的处理和表达	1.误差及误差分类; 2.总体与样本; 3.检测数据的统计特征量; 4.有效数字及数字修约规则; 5.可疑数据的取舍方法; 6.数据的表达方法	1.培养严谨认真的工作态度; 2.遵纪守法、公平竞争的规则意识; 3.讲究质量、注重信誉的诚信意识	6
高速铁路路基工程认知	3.高速铁路路基概述; 4.高速铁路路基施工工艺	1.高速铁路发展及规划; 2.高速铁路路基作用和要求; 3.高速铁路路基构造; 4.高速铁路路基施工工艺	1.增强文化自信; 2.激发爱国热情和民族自豪感; 3.培养科学严谨、实事求是的工作态度; 4.了解压实技术发展,体会国家科技大力推进	8

续表

模块	学习项目	教学内容	思政融入点	学时
路基填料试验	5.路基普通填料试验； 6.路基级配碎石试验； 7.化学改良土试验	1.路基填料分类； 2.土的含水率试验； 3.土的界限含水率试验； 4.土的颗粒密度试验； 5.土的密度试验； 6.土的颗粒分析试验； 7.土的击实试验； 8.级配碎石筛分试验； 9.级配碎石黏土团及其他杂质含量试验； 10.质软、易破碎颗粒含量试验； 11.化学改良土重型击实试验； 12.化学改良土无侧限抗压强度试验； 13.化学改良土水泥或石灰的剂量测定(EDTA 法)	1.培养学生规范与标准意识； 2.培养学生严谨认真、精益求精的专业精神； 3.培养爱岗敬业、严谨求实的职业素养； 4.理解劳动精神； 5.体会试验人员团队合作精神	60
路基工程现场试验检测方法	8.路基工程现场试验检测方法	1.压实系数 K； 2.地基系数试验 $K30$ 试验； 3.Evd 动态平板载荷试验； 4.变形模量 Ev2 试验	1.培养科学严谨、实事求是的工作态度； 2.对接行业标准，增强学生的职业认同感和行业归属感； 3.培养学生的规范与标准意识，严格把控质量关	16

(三)学习项目设计

"高速铁路路基试验与检测"课程学习项目设计如表 2-232 至表 2-239 所示。

表 2-232 项目1:试验检测数据的统计分析

教学目标	1.了解误差的基本概念、表示方法及误差产生的原因； 2.了解总体与样本的概念； 3.掌握检测数据的统计特征量计算方法	
教学内容	1.误差及误差分类； 2.总体与样本； 3.检测数据的统计特征量	
教学任务设计	序号	任务描述
	任务1.检测数据的统计特征量计算	1.学生领取计算任务； 2.学习数据的统计特征量(算术平均值、中位数、极差、标准差、变异系数)； 3.分析实际工程案例； 4.正确计算实际案例算术平均值、中位数、极差、标准差、变异系数

续表

学时	2
教学方法	任务驱动、讲授法、案例法

表2-233 项目2:试验检测数据的处理和表达

教学目标	1.掌握有效数字概念; 2.掌握数字修约规则; 3.了解可疑数据的取舍方法,掌握拉依达法; 4.数据的表达方法,掌握一元线性回归方法	
教学内容	1.有效数字; 2.数字修约规则; 3.可疑数据的取舍方法; 4.数据的表达方法	
教学任务设计	序号	任务描述
	任务1.数字修约规则练习	1.学生领取计算任务; 2.学习数字修约规则; 3.分析实际算例; 4.正确运用数字修约规则进行练习
	任务2.拉依达法可疑数字取舍练习	1.学生领取计算任务; 2.学习拉依达法计算步骤; 3.分析实际算例; 4.正确运用拉依达法进行算例练习
	任务3.一元线性回归方法练习	1.学生领取计算任务; 2.学习一元线性回归方法计算步骤; 3.分析实际算例测力环系数计算; 4.正确运用一元线性回归方法计算测力环系数
学时	4	
教学方法	任务驱动、案例教学法	

表2-234 项目3:高速铁路路基概述

教学目标	1.了解高速铁路发展及规划; 2.了解高速铁路路基作用要求; 3.掌握高速铁路路基的要求; 4.掌握高速铁路路基构造; 5.了解高速铁路路基特点

续表

教学内容	1. 高速铁路发展及规划； 2. 高速铁路路基作用要求； 3. 高速铁路路基的要求； 4. 高速铁路路基构造； 5. 高速铁路路基特点		
教学任务设计	序号		任务描述
	任务1. 高速铁路中的超级工程汇报		1. 学生分组，领取超级工程汇报的内容及要求； 2. 各组搜集资料，制作PPT； 3. 汇报展示，教师点评
	任务2. 绘制我国高速铁路路基标准横断面		1. 学生明确标准横断面绘制要求； 2. 学习我国高速铁路路基标准横断面组成； 3. 汇报展示，教师点评
学时	4		
教学方法	任务驱动、案例教学、小组教学		

表 2-235　项目 4：高速铁路路基施工工艺

教学目标	1. 了解高速铁路路基施工准备工作内容； 2. 了解高速铁路路基工艺性试验内容； 3. 熟悉高速铁路路堤填筑施工工艺； 4. 熟悉高速铁路路堑挖方施工工艺	
教学内容	1. 高速铁路路基施工准备工作； 2. 高速铁路路基工艺性试验； 3. 高速铁路路堤填筑施工工艺； 4. 高速铁路路堑挖方施工工艺	
教学任务设计	序号	任务描述
	任务1. 高速铁路路堤填筑施工工艺流程图绘制	1. 学生明确高速铁路路堤填筑施工工艺流程图绘制要求； 2. 结合施工案例学习高速铁路路堤填筑施工工艺； 3. 高速铁路路堤填筑施工工艺流程图绘制； 4. 汇报展示，教师点评
学时	4	
教学方法	任务驱动、案例教学	

表 2-236　项目 5：路基普通填料试验

教学目标	1. 掌握路基填料分类； 2. 熟练掌握土的含水率、界限含水率、颗粒密度、密度、颗粒分析、击实试验步骤； 3. 能够正确使用试验仪器和设备； 4. 具备根据检测数据完成各试验报告的能力； 5. 能够根据土的各项试验数据，选择满足要求的路基填料

教学内容	1. 路基填料分类； 2. 土的含水率试验； 3. 土的界限含水率试验； 4. 土的颗粒密度试验； 5. 土的密度试验； 6. 土的颗粒分析试验； 7. 土的击实试验		
教学任务设计	**序号**	**任务描述**	
	任务1. 土的含水率试验与数据处理	1. 学生分组，领取土的含水率试验任务； 2. 各组学习规范，准备试验仪器； 3. 完成试验视频制作及试验报告填写； 4. 汇报展示，教师点评	
	任务2. 土的界限含水率试验与数据处理	1. 学生分组，领取土的界限含水率试验任务； 2. 各组学习规范，准备试验仪器； 3. 完成试验视频制作及试验报告填写； 4. 汇报展示，教师点评	
	任务3. 土的颗粒密度试验与数据处理	1. 学生分组，领取土的颗粒密度试验任务； 2. 各组学习规范，准备试验仪器； 3. 完成试验视频制作及试验报告填写； 4. 汇报展示，教师点评	
	任务4. 土的密度试验与数据处理	1. 学生分组，领取土的密度试验任务； 2. 各组学习规范，准备试验仪器； 3. 完成试验视频制作及试验报告填写； 4. 汇报展示，教师点评	
	任务5. 土的颗粒分析试验与数据处理	1. 学生分组，领取土的颗粒分析试验任务； 2. 各组学习规范，准备试验仪器； 3. 完成试验视频制作及试验报告填写； 4. 汇报展示，教师点评	
	任务6. 土的击实试验与数据处理	1. 学生分组，领取土的击实试验任务； 2. 各组学习规范，准备试验仪器； 3. 完成试验视频制作及试验报告填写； 4. 汇报展示，教师点评	
学时	30		
教学方法	演示法、讲授法、案例教学、任务驱动、小组教学法		

表2-237 项目6：路基级配碎石试验

教学目标	1. 熟练掌握级配碎石筛分、级配碎石黏土团及其他杂质含量、级配碎石质软、易破碎颗粒含量试验步骤； 2. 能够正确使用试验仪器和设备； 3. 具备根据检测数据完成各试验报告的能力； 4. 能够根据级配碎石的各项试验数据，选择满足要求的路基填料

续表

教学内容	1.级配碎石筛分试验； 2.级配碎石黏土团及其他杂质含量试验； 3.级配碎石质软、易破碎颗粒含量试验	
教学任务设计	序号	任务描述
	任务1.级配碎石筛分试验与数据处理	1.学生分组，领取级配碎石筛分试验任务； 2.各组学习规范，准备试验仪器； 3.完成试验视频制作及试验报告填写； 4.汇报展示，教师点评
	任务2.级配碎石黏土团及其他杂质含量试验与数据处理	1.学生分组，领取级配碎石黏土团及其他杂质含量试验任务； 2.各组学习规范，准备试验仪器； 3.完成试验视频制作及试验报告填写； 4.汇报展示，教师点评
	任务3.级配碎石质软、易破碎颗粒含量试验与数据处理	1.学生分组，领取级配碎石质软、易破碎颗粒含量试验任务； 2.各组学习规范，准备试验仪器； 3.完成试验视频制作及试验报告填写； 4.汇报展示，教师点评
学时	14	
教学方法	演示法、讲授法、案例教学、任务驱动、小组教学法	

表2-238 项目7:化学改良土试验

教学目标	1.熟练掌握化学改良土重型击实试验、化学改良土无侧限抗压强度试验、化学改良土水泥或石灰的剂量测定（EDTA法）试验步骤； 2.能够正确使用试验仪器和设备； 3.具备根据检测数据完成各试验报告的能力； 4.能够根据级配碎石的各项试验数据，选择满足要求的路基填料	
教学内容	1.化学改良土重型击实试验； 2.化学改良土无侧限抗压强度试验； 3.化学改良土水泥或石灰的剂量测定（EDTA法）	
教学任务设计	序号	任务描述
	任务1.化学改良土重型击实试验与数据处理	1.学生分组，领取化学改良土重型击实试验任务； 2.各组学习规范，准备试验仪器； 3.完成试验视频制作及试验报告填写； 4.汇报展示，教师点评
	任务2.化学改良土无侧限抗压强度试验与数据处理	1.学生分组，领取化学改良土无侧限抗压强度试验任务； 2.各组学习规范，准备试验仪器； 3.完成试验视频制作及试验报告填写； 4.汇报展示，教师点评
	任务3.化学改良土水泥或石灰的剂量测定（EDTA法）试验与数据处理	1.学生分组，领取化学改良土水泥或石灰的剂量测定（EDTA法）任务； 2.各组学习规范，准备试验仪器； 3.完成试验视频制作及试验报告填写； 4.汇报展示，教师点评

续表

学时	16
教学方法	演示法、讲授法、案例教学、任务驱动、小组教学法

表 2-239　项目 8：路基工程现场试验检测方法

教学目标	1. 熟练掌握压实系数 K、地基系数试验 K30 试验、Evd 动态平板载荷试验、变形模量 Ev2 试验步骤； 2. 能够正确使用试验仪器和设备； 3. 具备根据检测数据完成各试验报告的能力； 4. 能够根据路基工程现场压实试验检测结果，评定高速铁路路基现场压实质量
教学内容	1. 压实系数 K； 2. 地基系数试验 K30 试验； 3. 变形模量 Ev2 试验； 4. Evd 动态平板载荷试验；
教学任务设计	序号 / 任务描述

序号	任务描述
任务 1. 压实系数 K（灌砂法）试验与数据处理	1. 学生分组，领取压实系数 K（灌砂法）试验任务； 2. 各组学习规范，准备试验仪器； 3. 完成试验视频制作及试验报告填写； 4. 汇报展示，教师点评
任务 2. 地基系数 K30 试验与数据处理	1. 学生分组，领取地基系数 K30 试验任务； 2. 各组学习规范，准备试验仪器； 3. 完成试验视频制作及试验报告填写； 4. 汇报展示，教师点评
任务 3. 变形模量 Ev2 试验与数据处理	1. 学生分组，领取变形模量 Ev2 试验任务； 2. 各组学习规范，准备试验仪器； 3. 完成试验视频制作及试验报告填写； 4. 汇报展示，教师点评
任务 4. Evd 动态平板载荷试验与数据处理	1. 学生分组，领取 Evd 动态平板载荷试验任务； 2. 各组学习规范，准备试验仪器； 3. 完成试验视频制作及试验报告填写； 4. 汇报展示，教师点评

学时	16
教学方法	演示法、讲授法、案例教学、任务驱动、小组教学法

（四）教学要求

"高速铁路路基试验与检测"课程教学要紧扣高速铁路施工与维护专业群教学标准和课程目标，在全面贯彻党的教育方针、落实立德树人根本任务的基础上，突出职业教育特色，培养学生正确解读规范，根据检测数据对高速铁路路基进行质量评定的能力。

课程教学要落实立德树人的根本任务,贯彻课程思政要求,使学生在复杂的社会环境和工作环境中能够有担当、辨是非、求上进、有作为。突出学生技能培养,提升学生正确使用试验仪器和设备,根据工程实际检测任务编制试验方案、完成试验检测、出具试验报告的综合应用能力。培养学生创新意识,对于工作中出现的各类问题能够进行分析判断,提出合理的解决方案。

(五)引入行业标准

(1)《铁路土工试验规程》(TB 10102—2010);
(2)《高速铁路路基工程质量验收标准》(TB 10751—2018);
(3)《高速铁路路基工程施工技术规程》(Q/CR 9602—2015)。

五、课程考核与评价

课程采用全过程性考核与评价,线上知识测试与线下技能考核相结合的方式,全面、客观地评价学生的学习效果。过程性考核在考察学生技能掌握程度的基础上,关注学生综合素养和技能应用能力,主要考评试验检测基础知识、高速铁路路基工程认知、路基填料试验、路基工程现场试验检测方法、在线测试五个方面。具体评价标准见表2-240。

表2-240 "高速铁路路基试验与检测"课程考核评价体系

过程性考核 (分值权重)	考核项目	评价标准	过程性考核 (70%)	平时考核 (30%)
试验检测基础知识(10%)	试验检测数据的统计分析	灵活掌握方法,计算准确	小组作业展示+ 个人线上作业	1.基本素质评价,包括出勤情况、资源学习、课堂参与等综合表现; 2.职业素质评价,包括项目参与度、承担角色和任务完成情况、劳动意识、创新精神等
试验检测基础知识(10%)	试验检测数据的处理和表达	灵活掌握方法,计算准确	小组作业展示+ 个人线上作业	
高速铁路路基工程认知(10%)	高速铁路路基工程概述	基本概念清楚、熟悉流程图各步骤	小组作业展示+ 个人线上作业	
高速铁路路基工程认知(10%)	高速铁路路基施工工艺	基本概念清楚、熟悉流程图各步骤	小组作业展示+ 个人线上作业	
路基填料试验(50%)	普通填料试验	试验操作规范、试验数据处理准确、报告结论完整	小组作业展示+ 个人线上作业	
路基填料试验(50%)	级配碎石试验	试验操作规范、试验数据处理准确、报告结论完整	小组作业展示+ 个人线上作业	
路基填料试验(50%)	化学改良土试验	试验操作规范、试验数据处理准确、报告结论完整	小组作业展示+ 个人线上作业	

续表

过程性考核 (分值权重)	考核项目	评价标准	过程性考核 (70%)	平时考核 (30%)
路基工程现场试验检测方法(20%)方法	压实系数 K（灌砂法）试验	试验操作规范、试验数据处理准确、报告结论完整	小组作业展示＋个人线上作业	1.基本素质评价,包括出勤情况、资源学习、课堂参与等综合表现; 2.职业素质评价,包括项目参与度、承担角色和任务完成情况、劳动意识、创新精神等
	地基系数 $K30$ 试验	试验操作规范、试验数据处理准确、报告结论完整		
	变形模量 $Ev2$ 试验	试验操作规范、试验数据处理准确、报告结论完整		
	Evd 动态平板载荷试验	试验操作规范、试验数据处理准确、报告结论完整		
在线测试(10%)	在线课程期末考试	题目作答准确	客观试题	

六、课程资源

(一)教材选用

所用教材要求为近三年出版的高职高专规划教材,既能反映最新发展水平,又能适应高等职业教育的需要,能够帮助学生提高分析问题、解决问题的能力,突出高素质技术技能人才培养特点。教材应包括试验检测基础知识、高速铁路路基工程认知、路基填料分类、普通填料试验、级配碎石试验、化学改良土试验、路基工程现场试验检测方法等内容。鼓励教师结合教育教学改革和信息化教学需要,以思想性、科学性、发展性、规范性为原则,校企合作编写立体化和富媒体化教材、活页式教材、云教材等。

(二)数字化资源

依据本课程标准,充分运用各种信息技术手段,结合教学改革需要,开发微课、多媒体课件等数字化教学资源,建设在线开放课,实现优质资源共建共享,提升课程的教学效果。

七、教学团队

教师是学生学习课程的纽带,是引导学生掌握实践技能的关键。任课教师要树立良好的师德师风,符合教师专业标准要求,具有扎实的专业基础,具有一定的工程实践经验和良好的教育教学能力。

(一)团队结构

建立课程负责人制度,组建课程教学团队,积极组织开展各类教研活动,促进青年教师成长。学校应采用人才引进、自主培养等途径,组建年龄、性别、职称与学历结构合理,具有较强信息化教学能力的教学团队。

(二)双师素质

课程团队教师应具有双师素质,同时开展校企合作。教师应坚持定期到高铁项目施工一线进行实践锻炼,与时俱进地提升教师的试验检测水平和工程实践经验。鼓励支持教师进行课程教学改革创新,使课程教学更好地适应学生全面发展和个性化发展的需要,满足经济社会发展需求。

八、教学设备要求

"高速铁路路基试验与检测"课程教学设备配备要求如表 2-241 所示。

表 2-241 "高速铁路路基试验与检测"课程教学设备配备要求

项目	技术参数与要求	数量
计算机	满足主流教学软件要求;支持网络同传和硬盘保护;多媒体教学系统	每工位 1 台
教学投影显示设备	投影仪或智慧一体机	≥1 台
计算机基本配置	操作系统及相关驱动;常用工具软件,办公软件,信息安全防护软件;互联网软件	根据教学需要选用
仪器设备	土的含水率、界限含水率、颗粒密度、密度、颗粒分析、击实试验仪器	每 4~6 工位 1 套
仪器设备	级配碎石筛分试验、级配碎石黏土团及其他杂质含量试验、质软和易破碎颗粒含量试验仪器设备	每 4~6 工位 1 套
仪器设备	化学改良土重型击实试验、化学改良土无测限抗压强度试验、化学改良土水泥或石灰的剂量测定(EDTA法)仪器设备	每 4~6 工位 1 套
仪器设备	压实系数 K、地基系数试验 K30 试验、Evd 动态平板载荷试验、变形模量 Ev2 试验仪器设备	每 4~6 工位 1 套

"高速铁路轨道线路试验与检测"课程标准

一、课程性质与任务

(一)课程性质

"高速铁路轨道线路试验与检测"课程是高速铁路施工与维护专业群的专业核心课。本课程从高速铁路轨道的工程应用出发,培养学生应用试验检测技术进行轨道结构、无缝线路、道岔结构与轨道线路检测的能力,为后续课程的学习以及将来的工作打下坚实的基础。同时该课程也是学生职业素质养成的一个重要平台,可以培养学生的组织协调能力、团队合作能力、吃苦耐劳的精神,培养学生的质量意识、规范意识、标准意识与创新能力。

(二)课程任务

在先修"铁道概论""认识实习"等课程的前提下,学习本课程使学生在学习了相关专业基础课及土木工程检测技术专业课程的基础上,根据相关的理论知识,熟悉高速铁路轨道线路试验检测的方法,会运用有关规范进行正确的检测,并引导学生系统地分析问题,掌握有效的检测方法。通过理实一体化教学,培养学生使用国家现行规范、规程、标准解决高速铁路轨道线路检测相关问题的能力。

二、课程目标

(一)素质目标

(1)养成安全规范操作的职业素养;
(2)增强质量意识和工匠精神;
(3)具备吃苦耐劳、甘于奉献、克服困难的敬业精神;
(4)具备熟练操作、精益求精的工匠精神。

(二)知识目标

(1)了解铁路轨道线路工程特点、构造及施工工艺;
(2)掌握铁路轨道线路质量检测方法;
(3)掌握铁路轨道线路检测质量评定的方法。

(三)技能目标

(1)能熟练操作各种轨道检测仪器及设备;
(2)能够进行轨道结构、道岔及轨道线路检测;
(3)能够进行曲线道岔检测;
(4)能够进行简单的工具、仪器设备维护。

三、课程思政

了解铁路发展史,感受我国铁路发展历程,增强民族自信心和自豪感;熟悉国家中长期铁路规划网,增强爱国情怀,强化轨道检测工作标准意识。

熟悉国家高铁"走出去"战略方针政策,培养爱国热情和民族自豪感,树立科技兴国、学习强国的理想和信念;熟知轨道线路检测流程,养成遵章守纪的工作原则;教学中融入新技术、新方法,培养具有新技术、新设备、新方法的改革和创新的思想;依托典型工程案例,塑造学生求真、务实的检测精神,形成严谨认真、精益求精的专业素养;对接国家标准,强化轨道规范学习,增强学生的职业认同和行业归属感;观看京沪高铁视频,培养科学严谨、实事求是的工作态度,感悟工匠精神;强化理实一体学习实践,深悟"具体问题具体分析"和"理论与实践相结合"的哲学思想;应用轨道工程施工与质量验收规范,熟悉轨道检测的职业规范,具有规范与标准意识;强化实训室(场)使用要求,培养劳动精神和制度意识。

依托真实的实训环境,开展劳动教育、安全教育;依托高铁实训工区开展项目教学,规范学生的安全意识,提升岗位实践能力,加强对学生的劳动教育;以高铁建设生产案例为载体,将现场技术人员遇到的生产问题引入课堂活动中,开展灵活教学形式,激发学生思维,引导学生提出解决问题的途径,提高学生团队协作、自主探究的创新思维能力。

四、课程结构与教学内容

根据高等职业学校专业和高速铁路施工与维护专业群教学标准要求,结合"高速铁路轨道线路试验与检测"课程目标,确定本课程结构与教学内容,设计合理的学习项目及学时安排。

(一)课程模块

"高速铁路轨道线路试验与检测"课程由轨道结构检测模块、无缝线路检测模块、道岔结构检测模块与轨道线路检测模块四部分构成。

轨道结构检测模块是学生学习高速铁路轨道线路试验与检测的基础,包含钢轨、钢轨接头认知、钢轨探伤、轨枕常见病害、轨道扣件与轨道几何尺寸认知等六部分内容。

无缝线路检测模块是学生学习无缝线路轨道的构造、常见病害及整治、开展无缝线路轨道检测的基础,包含无缝线路轨道构造认知、无缝线路常见病害与无缝线路检测等三部分内容。

道岔结构检测模块是学生了解道岔的结构类型、道岔的作用与检测方法的基础,包含道岔结构认知、道岔常见病害与道岔检测等三部分内容。

轨道线路检测模块是学生熟悉轨道线路构造、轨道线路基本技术要求,开展轨道线路检测的基础,包括轨道线路道床构造认知、轨道线路其他构造认知与轨道线路维护等三部分内容。

(二)教学内容及项目、学时安排

"高速铁路轨道线路试验与检测"课程教学内容、教学项目安排如表 2-242 所示。

表 2-242 "高速铁路轨道线路试验与检测"课程教学内容、教学项目安排表

模块	学习项目	教学内容	思政融入点	学时
轨道结构检测模块	1.轨道结构; 2.轨道结构检测	1.钢轨、钢轨接头认知; 2.钢轨接头连接零件病害; 3.钢轨探伤内容与方法; 4.轨枕常见病害及防治; 5.轨道几何尺寸认知	1."深入细节、兼顾全局"的哲学思想; 2."理论联系实际"的哲学思想; 3.质量意识、规范意识; 4.服务人民、奉献社会的人生观	12
无缝线路检测模块	3.无缝线路结构; 4.无缝线路结构检测	1.无缝线路轨道构造认知; 2.无缝线路常见病害; 3.无缝线路检测内容与方法	1.团队合作意识; 2."实践检验真知"的哲学思想和质量意识、规范意识; 3.求实、求真的科学意识; 4.敬业、精益、专注、创新的工匠精神; 5.劳模精神; 6.安全教育; 7.新技术、新设备、新方法的改革和创新思想	12
道岔结构检测模块	5.道岔结构与检测	1.道岔结构认知; 2.道岔常见病害; 3.道岔检测内容与方法	1.严谨认真、精益求精的专业精神; 2."理论联系实际"和"实践检验真知"的哲学思想和质量意识; 3.团队意识和协作精神; 4.劳动教育和安全教育	12
轨道线路检测模块	6.轨道线路结构; 7.轨道线路检测、维护方法	1.轨道线路道床构造认知; 2.轨道线路其他构造认知; 3.轨道线路基本维护方法	1.求实、求真的科学意识; 2.敬业、精益、专注、创新的工匠精神; 3.劳模精神; 4.安全教育	12

(三)学习项目设计

"高速铁路轨道线路试验与检测"课程学习项目设计如表2-243至表2-249所示。

表2-243 项目1:轨道结构

教学目标	1.了解高铁线路的设计原则和要求; 2.掌握钢轨与钢轨接头的种类及其组成; 3.能应用检测设备对钢轨进行探伤检测	
教学内容	1.钢轨、钢轨接头认知; 2.钢轨探伤检测; 3.轨道几何尺寸认知	
教学任务设计	序号	任务描述
	任务1.钢轨、钢轨接头认知	1.学习钢轨、钢轨接头相关知识; 2.学习轨道结构相关规范
	任务2.钢轨探伤概述	1.了解轨道探伤原理; 2.学习钢轨探伤常用方法
	任务3.轨道几何尺寸认知	1.学习轨道几何尺寸相关知识; 2.学习轨道结构相关规范; 3.了解轨道施工方法
学时	6	
教学方法	演示法、讲授法、案例法	

表2-244 项目2:轨道结构检测

教学目标	1.了解高铁线路的设计原则和要求; 2.掌握钢轨与钢轨接头的种类及其组成; 3.熟悉轨道线路的施工流程; 4.掌握轨道线路常见的病害类型; 5.掌握如何合理地进行轨道线路病害的处治方法
教学内容	1.钢轨接头连接零件病害; 2.钢轨探伤检测; 3.轨枕常见病害及防治

续表

教学任务设计	序号	任务描述
	任务1.钢轨接头连接零件病害	1.学习钢轨、钢轨接头相关知识; 2.了解轨道病害类型; 3.熟悉轨道病害常用处理方法
	任务2.钢轨探伤检测	1.学生分组,领取任务; 2.熟悉钢轨探伤方法及相关的仪器设备; 3.现场检测流程; 4.数据处理方法
	任务3.轨枕常见病害及防治	1.学习轨道几何尺寸相关知识; 2.学习轨道结构相关规范; 3.轨道病害防治方法
学时	6	
教学方法	演示法、讲授法、案例法	

表2-245 项目3:无缝线路结构

教学目标	1.了解无缝线路发展历程; 2.掌握无缝线路的特点和要求; 3.熟悉无缝线路常见病害; 4.树立精益求精的职业素养; 5.形成理论联系实际的工作意识	
教学内容	1.无缝线路轨道构造认知; 2.无缝线路常见病害; 3.无缝线路检测内容与方法	
教学任务设计	序号	任务描述
	任务1.无缝线路轨道构造认知	1.无缝线路的由来、发展过程; 2.无缝线路的结构组成; 3.无缝线路技术要求
	任务2.无缝线路常见病害	1.了解轨道病害类型; 2.熟悉轨道病害常用处理方法
学时	6	
教学方法	启发式教学、任务驱动、案例教学法、测站教学法	

表 2-246　项目 4:无缝线路结构检测

教学目标	1.掌握无缝线路的特点和要求； 2.掌握病害的处理措施； 3.能够进行无缝线路检测； 4.能够制定无缝线路检测的方案； 5.树立精益求精的职业素养； 6.形成理论联系实际的工作意识	
教学内容	1.无缝线路常见病害； 2.无缝线路检测内容与方法	
教学任务设计	序号	任务描述
	任务 1.无缝线路常见病害	1.了解轨道病害类型； 2.熟悉轨道病害常用处理方法
	任务 2.无缝线路检测内容与方法	1.熟悉无缝线路检测内容； 2.掌握无缝线路检测方法； 3.熟悉检测方案制定要求； 4.熟悉检测仪器设备操作规程和注意事项； 5.数据处理与结果评价
学时	6	
教学方法	启发式教学、任务驱动、案例教学法、测站教学法	

表 2-247　项目 5:道岔结构与检测

教学目标	1.掌道岔的设置原理； 2.熟悉道岔的类型； 3.熟悉道岔常见的病害类型与处治方法； 4.能够进行道岔结构检测； 5.具备熟练操作、精益求精的工匠精神
教学内容	1.道岔结构认知； 2.道岔常见病害； 3.道岔检测内容与方法

续表

	序号	任务描述
教学任务设计	任务1.道岔结构认知	1.道岔的由来、发展过程； 2.道岔的结构组成； 3.道岔技术要求
	任务2.道岔常见病害	1.了解道岔病害类型； 2.熟悉道岔病害常用处理方法
	任务3.道岔检测内容与方法	1.熟悉道岔检测内容； 2.掌握道岔检测方法； 3.熟悉检测方案制定要求； 4.熟悉检测仪器设备操作规程和注意事项； 5.数据处理与结果评价
学时	12	
教学方法	启发式教学、任务驱动、案例教学、卡片式教学	

表2-248 项目6:轨道线路结构

教学目标	1.熟悉线路道床构造； 2.了解道床施工方法； 3.熟悉轨道线路结构施工方法； 4.具备熟练操作、精益求精的工匠精神	
教学内容	1.轨道线路道床构造认知； 2.轨道线路其他构造认知； 3.轨道线路基本维护方法	
	序号	任务描述
教学任务设计	任务1.轨道线路道床构造认知	1.轨道线路结构类型； 2.轨道线路道床材料要求
	任务2.轨道线路施工与质量控制	1.轨道线路施工方法； 2.轨道线路质量要求； 3.轨道线路质量控制方法
学时	4	
教学方法	启发式教学、任务驱动、案例教学、卡片式教学	

表 2-249 项目 7:轨道线路检测、维护方法

教学目标	1. 了解道床施工方法; 2. 熟悉轨道线路病害类型; 3. 能够掌握轨道线路检测操作步骤; 4. 能够正确进行轨道线路检测; 5. 具备熟练操作、精益求精的工匠精神	
教学内容	1. 轨道线路道床构造认知; 2. 轨道线路其他构造认知; 3. 轨道线路基本维护方法	
教学任务设计	序号	任务描述
	任务 1. 轨道线路道床质量检测	1. 轨道线路病害类型; 2. 轨道线路道床检测方法; 3. 轨道线路道床养护内容
	任务 2. 轨道线路维护方法	1. 轨道线路维护方法; 2. 轨道线路维护质量要求
学时	8	
教学方法	启发式教学、任务驱动、案例教学、卡片式教学	

(四)教学要求

"高速铁路轨道线路试验与检测"课程教学要紧扣高速铁路施工与维护专业群教学标准和课程目标,在全面贯彻党的教育方针、落实立德树人根本任务的基础上,突出职业教育特色,培养学生利用检测技术解决轨道线路实际问题的能力,提升学生的工程实践能力。

课程教学要落实立德树人的根本任务,贯彻课程思政要求,使学生在复杂的社会环境和工作环境中能够有担当、辨是非、求上进、有作为。突出学生技能培养,提升学生掌握利用检测技术进行高铁轨道探伤检测、无缝线路检测、道岔结构检测与轨道线路检测的能力。培养学生创新意识,对于工作中出现的各类问题能够进行分析判断,提出合理的解决方案。

(五)引入行业标准

(1)《城市轨道交通工程监测技术规范》(GB 50911—2013);
(2)《城市轨道交通工程测量规范》(GB/T 50308—2017);
(3)《铁路轨道设计规范》(TB 10082—2017);
(4)《铁路轨道工程施工质量验收标准》(TB 10413—2018);
(5)《高速铁路轨道工程施工质量验收标准》(TB 10754—2018)。

五、课程考核与评价

课程采用过程性考核与终结性考核相结合,线上知识测试、线下技能考核与期末考试相结合的方式,全面、客观地评价学生的学习效果。过程性考核在考察学生技能掌握程度的基础上,关注学生综合素养和技

能应用能力,主要考评轨道结构检测、无缝线路检测、道岔结构检测、轨道线路检测、基础知识在线测试等五个方面。具体评价标准见表2-250。

表2-250 "高速铁路轨道线路试验与检测"课程考核评价体系

过程性考核 (分值权重)	考核项目	评价标准	过程性考核 (50%)	终结性考核 (30%)	平时考核 (30%)
轨道结构检测(25%)	结构认知	表述清楚,内容完整	云课堂测试(15%)	1. 基础知识; 2. 检测数据处理; 3. 案例分析	1. 基本素质评价,包括出勤情况、资源学习、课堂参与等综合表现;
	结构检测内容	表述清楚,内容完整	云课堂测试(10%)		
无缝线路检测(25%)	检测方法	思路清晰,方法合理	外业操作(15%)		
	线路组成	绘图展示,标记清楚	绘图展示(10%)		
道岔结构检测(25%)	结构认知	表述清楚,内容完整	云课堂测试(10%)	1. 基础知识; 2. 检测数据处理; 3. 案例分析	2. 职业素质评价,包括项目参与度、承担角色和任务完成情况、劳动意识、创新精神等
	检测内容与要求	内容完整,操作熟练	外业操作(15%)		
轨道线路检测(15%)	轨道线路构成	绘图展示,标记清楚	绘图展示(10%)		
	检测内容与要求	内容完整,操作熟练	外业操作(5%)		
在线测试(10%)	在线课程考核	题目作答准确	客观试题(10%)		

六、课程资源

(一)教材选用

所用教材要求为近三年出版的高职高专规划教材,既能反映最新发展水平,又能适应高等职业教育的需要,能够帮助学生提高分析问题、解决问题的能力,突出高素质技术技能人才培养特点。教材应包括轨道结构认知、轨道病害类型、无缝线路介绍、轨道探伤检测、道岔结构组成、轨道线路检测等内容。

(二)数字化资源

依据本课程标准,充分运用各种信息技术手段,结合教学改革需要,开发微课、多媒体课件等数字化教学资源,建设在线开放课,实现优质资源共建共享,提升课程的教学效果。

七、教学团队

教师是学生学习课程的纽带,是引导学生掌握实践技能的关键。任课教师要树立良好的师德师风,符合教师专业标准要求,具有扎实的专业基础,具有一定的工程实践经验和良好的教育教学能力。

(一)团队结构

建立课程负责人制度,组建课程教学团队,积极组织开展各类教研活动,促进青年教师成长。学校应采用人才引进、自主培养等途径,组建年龄、性别、职称与学历结构合理,具有较强信息化教学能力的教学团队。

(二)双师素质

课程团队教师应具有双师素质,同时开展校企合作。教师应坚持定期到铁路局线路工区一线进行实践锻炼,与时俱进地提升教师的轨道检测水平和工程实践经验。鼓励支持教师进行课程教学改革创新,使课程教学更好地适应学生全面发展和个性化发展的需要,满足经济社会发展需求。

八、教学设备要求

"高速铁路轨道线路试验与检测"课程教学设备配备要求如表2-251所示。

表2-251 "高速铁路轨道线路试验与检测"课程教学设备配备要求

项目	技术参数与要求	数量
教学投影显示设备	投影仪或智慧一体机	1台
高速铁路轨道线路实训工区	轨道线路、道岔结构、轨道检测仪器设备	满足实训要求

"高速铁路桥涵试验与检测"课程标准

一、课程性质与任务

(一)课程性质

高速铁路桥梁是指高速铁路跨越天然障碍或人工设施的架空建筑物,高速铁路涵洞是指横穿高铁路基,用以排洪、灌溉或作为通道的建筑物。目前我国高铁桥梁总长度占线路总长度70%以上。桥涵的试验检测是整个施工环节的关键控制节点,是保证高速铁路施工质量的重要技术手段。

"高速铁路桥涵试验与检测"课程是高速铁路施工与维护专业群的专业核心课。本课程从桥涵工程原材料、工程制品、结构构件、地基与基础、荷载等的试验与检测出发,培养学生对桥涵工程进行试验检测的能力。同时该课程也是学生职业素质养成的一个重要平台,可以培养学生的组织协调能力、团队合作能力、吃苦耐劳的精神,培养学生的质量意识、规范意识、标准意识与创新能力。

(二)课程任务

全面贯彻党的教育方针,落实立德树人根本任务,满足高铁智慧建造对人才培养的要求,围绕高等职业教育土木工程检测技术专业对高速铁路桥涵试验与检测的培养需求,拓展土建工程试验检测领域的前沿技术,通过理实一体化教学,提升学生应用桥涵工程试验与检测技术解决工程实际问题的综合能力,使学生成为德智体美劳全面发展的高素质技术技能人才。

二、课程目标

(一)素质目标

(1)养成安全规范操作的职业素养;
(2)增强质量意识;
(3)具备吃苦耐劳、甘于奉献、克服困难的敬业精神;
(4)具备熟练操作、精益求精的工匠精神;
(5)具备职业健康与环境保护意识;
(6)培养学生6S管理素养。

(二)知识目标

(1)熟悉高速铁路桥涵工程总体质量评定的方法;

(2)熟悉高速铁路桥涵基础质量评定的方法与正确的检测操作;

(3)熟悉桥梁上部结构质量评定的方法与正确的检测操作;

(4)掌握桥梁静载、动载试验的原理与检测程序;

(5)掌握涵洞质量检测评定的方法和正确的检测操作。

(三)技能目标

(1)能对高速铁路桥涵工程总体质量进行评定;

(2)能对高速铁路桥涵基础进行质量评定与检测;

(3)能对桥梁上部结构进行质量评定与检测;

(4)能配合专业检测队伍完成桥梁静载、动载试验;

(5)能对涵洞进行质量评定与检测。

三、课程思政

课程思政指以构建全员、全过程、全方位育人格局的形式将各类课程与思想政治理论课同向同行,形成协同效应,把"立德树人"作为教育的根本任务的一种综合教育理念。"高速铁路桥涵试验与检测"作为高速铁路施工与维护专业群核心课,其课程思政的主要形式是将思想政治教育元素,包括思想政治教育的理论知识、价值理念以及精神追求等融入课程学习及实践中去,潜移默化地对学生的思想意识、行为举止产生影响,具体包括科学严谨的态度、质量意识、工匠精神、劳动精神、创新思维等。

本课程的课程思政形式具体如下:引入工程检测案例、检测人榜样,融入检测精神。以提升学生"熟练、扎实"的试验检测能力为突破点,选取教学题材(如川藏铁路等),以行业精神为引领,培养学生的职业认同感和自豪感,坚持把"热爱祖国,爱岗敬业,艰苦奋斗,无私奉献"的精神融入课程教学过程。桥涵试验与检测需对试验检测数据进行处理,融入"理论联系实际"和"实践检验真知"的哲学思想和质量意识。数据处理后按照规范要求对材料进行质量评定,引导学生正确认识成果质量,严把质量关。教学中结合试验检测技术的发展和工程实践应用,结合工程一线的大国工匠的先进事迹,引导学生关注我国科技发展,帮助学生树立起对职业敬畏、对工作执着、对成果负责的态度,养成敬业、精益、专注、创新的工匠精神。依托真实的实训环境,开展劳动教育、安全教育。依托高铁实训工区开展项目教学,规范学生的安全意识,提升岗位实践能力,加强对学生的劳动教育。以高铁施工生产案例为载体,将现场检测人员遇到的生产问题引入课堂活动中,开展灵活教学形式,激发学生思维,引导学生提出解决问题的途径,提高学生团队协作、自主探究的创新思维能力。

四、课程结构与教学内容

根据高等职业学校专业和高速铁路施工与维护专业群教学标准要求,结合"高速铁路桥涵试验与检测"课程目标,确定本课程结构与教学内容,设计合理的学习项目及学时安排。

(一)课程模块

"高速铁路桥涵试验与检测"课程由高速铁路桥涵工程检测认知、原材料检测、工程制品检测、构件材质状况无损检测、地基与基础检测、荷载试验六个项目构成。

高速铁路桥涵试验检测认知包括背景、任务意义、内容、依据和评定等内容。

高速铁路桥涵原材料检测项目包含石料、混凝土、钢材检测三部分内容。

高速铁路桥涵工程制品检测包含锚具、夹具、连接器、支座、伸缩装置、波纹管检测六部分内容。

高速铁路桥涵构件材质状况无损检测包含混凝土强度、碳化深度、内部缺陷和钢筋分布及保护层厚度四部分内容。

高速铁路桥涵地基与基础检测包含地基承载力检测、基桩成孔质量检测、桩身完整性检测、基桩承载力检测四部分内容。

高速铁路桥涵荷载试验包含静载试验、动载试验两部分内容。

(二)教学内容及项目、学时安排

"高速铁路桥涵试验与检测"课程教学内容、教学项目安排如表 2-252 所示。

表 2-252 "高速铁路桥涵试验与检测"课程教学内容、教学项目安排表

模块	学习项目	教学内容	思政融入点	学时
桥涵检测基础知识模块	1.桥涵工程检测认知	1.桥涵工程试验检测的背景、任务和意义; 2.桥涵工程试验检测的内容和依据; 3.桥涵工程质量检验评定的依据和质量等级评定的方法; 4.桥涵工程质量检验评定的变化趋势	1."无规矩不成方圆"的哲学道理; 2."川藏铁路"——行业情怀; 3.科学严谨的态度; 4.质量意识、规范意识; 5.服务人民、奉献社会的人生观	4
桥涵检测原材检测模块	2.原材料试验检测;	1.石料的单轴抗压强度、抗冻性试验方法; 2.混凝土技术性能试验检测方法; 3.钢材的拉伸试验、弯曲试验方法; 4.预应力混凝土施工技术; 5.预应力混凝土钢绞线性能试验方法	1.团队合作意识; 2."实践检验真知"的哲学思想; 3.求实、求真的科学意识; 4.敬业、精益、专注、创新的工匠精神; 5.安全教育	8
	3.工程制品试验检测	1.预应力筋用锚具、夹具、连接器产品分类、代号、标记及试验方法; 2.桥梁支座产品分类、代号、标记及试验方法; 3.桥梁伸缩装置产品分类、代号、标记及试验方法; 4.波纹管产品分类、代号、标记及试验方法	1.团队协作精神; 2."理论联系实践、灵活应用"的思想意识; 3.精益求精的态度; 4.新设备、新方法的改革和创新思想; 5.安全教育; 6.环保意识	10

续表

模块	学习项目	教学内容	思政融入点	学时
桥涵检测无损检测模块	4.构件材质状况无损检测；5.地基与基础试验检测	1.桥涵结构外观检测；2.回弹法、超声回弹综合法、钻芯法检测结构混凝土强度；3.混凝土中钢筋分布及保护层厚度的检测；4.混凝土碳化深度的检测与评定；5.结构混凝土内部缺陷与表层损伤的超声法检测	1.团队协作精神；2."理论联系实践、灵活应用"的思想意识；3.精益求精的态度；4.环保意识；5.严谨认真的态度；6.环保意识	16
		1.地基岩土分类；2.平板载荷试验、圆锥动力触探试验检测地基承载力；3.钻孔灌注桩施工方法；4.成孔质量检测；5.低应变反射波法、超声透射波法、钻探取芯法检测桩身完整性；6.竖向静载试验、竖向抗拔试验、静推（水平）试验、高应变动力试桩法检测基桩承载力	1.团队协作的精神；2.实事求是的态度；3.敬业、执著精神；4.安全意识	18
桥涵检测全桥荷载检测模块	6.桥梁荷载试验	1.桥梁静载试验；2.桥梁动载试验；3.桥梁实际承载能力评定	1.团队协作的精神；2."理论联系实践、灵活应用"的思想意识；3.精益求精的态度；4 新设备、新方法的改革和创新思想；5.安全意识；6.环保意识；7.职业健康理念	8

（三）学习项目设计

"高速铁路桥涵试验与检测"课程学习项目设计如表 2-253 至表 2-258 所示。

表 2-253 项目1：桥涵工程检测认知

教学目标	1.能够简单认知桥涵工程的组成和分类；2.能够正确领会桥涵工程试验检测的任务和意义；3.能够正确理解桥涵工程试验检测的内容和依据；4.掌握桥涵工程质量检验评定的依据和方法

教学内容	1.桥涵工程试验检测的背景、任务和意义； 2.桥涵工程试验检测的内容和依据； 3.桥涵工程质量检验评定的依据和质量等级评定的方法； 4.桥涵工程质量检验评定的变化趋势		
教学任务设计	序号		任务描述
	任务1.桥梁基本认知		了解桥梁的组成和分类,视频演示桥梁事故案例
	任务2.桥梁工程试验检测的内容和依据、质量检验评定的依据和方法		了解桥梁工程试验检测的内容、依据,以及质量检验评定的依据和方法
学时	4		
教学方法	启发式教学法、讲授法、任务驱动法		

表2-254 项目2:原材料试验检测

教学目标	1.掌握石料的单轴抗压强度、抗冻性试验方法； 2.掌握混凝土技术性能试验检测方法； 3.掌握钢材的拉伸试验、弯曲试验方法； 4.简要了解预应力混凝土施工技术； 5.掌握预应力混凝土钢绞线性能试验方法		
教学内容	1.石料的单轴抗压强度、抗冻性试验方法； 2.混凝土技术性能试验检测方法； 3.钢材的拉伸试验、弯曲试验方法； 4.预应力混凝土施工技术； 5.预应力混凝土钢绞线性能试验方法		
教学任务设计	序号		任务描述
	任务1.石料技术性能试验检测		掌握石料的单轴抗压强度、抗冻性试验方法
	任务2.混凝土技术性能试验检测		掌握混凝土技术性能试验检测方法
	任务3.钢材技术性能试验检测		掌握钢材的拉伸试验、弯曲试验方法,介绍预应力混凝土施工技术,掌握预应力混凝土钢绞线性能试验方法
学时	8		
教学方法	任务驱动法、直观演示法、理实一体教学法		

表 2-255 项目 3：工程制品试验检测

教学目标	1. 了解预应力筋用锚具、夹具、连接器产品分类、代号、标记及试验方法； 2. 了解桥梁支座产品分类、代号、标记及试验方法； 3. 了解桥梁伸缩装置产品分类、代号、标记及试验方法； 4. 了解波纹管产品分类、代号、标记及试验方法
教学内容	1. 预应力筋用锚具、夹具、连接器产品分类、代号、标记及试验方法； 2. 桥梁支座产品分类、代号、标记及试验方法； 3. 桥梁伸缩装置产品分类、代号、标记及试验方法； 4. 波纹管产品分类、代号、标记及试验方法
教学任务设计	<table><tr><th>序号</th><th>任务描述</th></tr><tr><td>任务 1. 预应力筋用锚具、夹具、连接器试验检测</td><td>了解预应力筋用锚具、夹具、连接器产品分类、代号及标记；了解预应力筋用锚具、夹具、连接器试验方法</td></tr><tr><td>任务 2. 桥梁支座试验检测</td><td>了解桥梁支座产品分类、代号及标记；了解桥梁支座试验方法</td></tr><tr><td>任务 3. 桥梁伸缩装置试验检测</td><td>了解桥梁伸缩装置产品分类、代号及标记；了解桥梁伸缩装置试验方法</td></tr><tr><td>任务 4. 波纹管试验检测</td><td>了解波纹管产品分类、代号及标记；了解波纹管试验方法</td></tr></table>
学时	10
教学方法	启发式教学、任务驱动、案例教学、直观演示法、理实一体教学法

表 2-256 项目 4：构件材质状况无损检测

教学目标	1. 了解桥涵结构外观检测； 2. 掌握回弹法、超声回弹综合法、钻芯法检测结构混凝土强度的方法； 3. 掌握混凝土中钢筋分布及保护层厚度的检测方法； 4. 掌握混凝土碳化深度的检测与评定； 5. 掌握结构混凝土内部缺陷与表层损伤的超声法检测
教学内容	1. 桥涵结构外观检测； 2. 回弹法、超声回弹综合法、钻芯法检测结构混凝土强度； 3. 混凝土中钢筋分布及保护层厚度的检测； 4. 混凝土碳化深度的检测与评定； 5. 结构混凝土内部缺陷与表层损伤的超声法检测

续表

	序号	任务描述
教学任务设计	任务1.结构外观检查	了解桥涵结构外观检查
	任务2.结构混凝土强度的检测与评定	掌握回弹法检测结构混凝土强度的方法;进行回弹法测结构混凝土强度试验;了解超声回弹综合法检测结构混凝土强度的方法;了解钻芯法检测结构混凝土强度的方法;进行超声回弹综合法检测结构混凝土强度试验
	任务3.混凝土中钢筋分布及保护层厚度的检测	了解混凝土中钢筋分布及保护层厚度的检测
	任务4.混凝土碳化深度的检测与评定	了解混凝土碳化深度的检测与评定
	任务5.结构混凝土内部缺陷与表层损伤的超声法检测	了解结构混凝土内部缺陷与表层损伤的超声法检测;进行结构混凝土内部缺陷检测试验
学时		16
教学方法		启发式教学、任务驱动、案例教学、卡片式教学、直观演示法、理实一体教学法

表 2-257 项目 5:地基与基础试验检测

教学目标	1.了解地基岩土分类; 2.掌握平板载荷试验、圆锥动力触探试验; 3.了解钻孔灌注桩施工方法; 4.掌握泥浆性能指标检测方法; 5.掌握成孔质量检测方法; 6.掌握利用低应变反射波法、超声透射波法、钻探取芯法检测桩身完整性; 7.了解竖向静载试验、竖向抗拔试验、静推(水平)试验、高应变动力试桩法
教学内容	1.地基岩土分类; 2.平板载荷试验、圆锥动力触探试验检测地基承载力; 3.钻孔灌注桩施工方法; 4.成孔质量检测; 5.低应变反射波法、超声透射波法、钻探取芯法检测桩身完整性; 6.竖向静载试验、竖向抗拔试验、静推(水平)试验、高应变动力试桩法检测基桩承载力

续表

教学任务设计	序号	任务描述
	任务1.地基承载力检测	了解地基岩土分类;掌握平板载荷试验;了解圆锥动力触探试验;组织进行轻型动力触探测试地基承载力试验;掌握地基容许承载力确定方法
	任务2.基桩成孔质量检测	了解钻孔灌注桩施工方法;掌握泥浆性能指标检测;视频演示泥浆性能指标检测;掌握成孔质量检测
	任务3.桩身完整性检测	了解低应变反射波法、超声透射波法、钻探取芯法
	任务4.基桩承载力检测	了解竖向静载试验、了解竖向抗拔试验、了解静推(水平)试验、了解高应变动力试桩法
学时	18	
教学方法	案例教学、任务驱动、测站教学法	

表2-258 项目6:桥梁荷载试验

教学目标	1.掌握桥梁静载试验方法; 2.掌握桥梁动载试验方法; 3.掌握桥梁实际承载能力的评定	
教学内容	1.桥梁静载试验; 2.桥梁动载试验; 3.桥梁实际承载能力评定	
教学任务设计	序号	任务描述
	任务1.桥梁静载试验	了解桥梁静载试验原理,掌握桥梁静载试验方法
	任务2.桥梁动载试验	了解桥梁动载试验原理,掌握桥梁动载试验方法
学时	10	
教学方法	启发式教学、任务驱动、案例教学、直观演示法、理实一体教学法	

(四)教学要求

"高速铁路桥涵试验与检测"课程教学要紧扣高速铁路施工与维护专业群教学标准和课程目标,在全面贯彻党的教育方针、落实立德树人根本任务的基础上,突出职业教育特色,培养学生对桥涵工程进行试验检测以解决工程实际问题的能力,提升学生的工程实践能力。

课程教学要落实立德树人的根本任务,贯彻课程思政要求,使学生在复杂的社会环境和工作环境中能够有担当、辨是非、求上进、有作为。突出学生技能培养,提升学生在高铁等土建工程中进行桥涵工程检测的能力。培养学生的创新意识,对工作中出现的问题能够进行正确分析判断,提出合理的解决方案。

(五)引入行业标准

(1)《高速铁路桥涵工程施工质量验收标准》(TB 10752—2018);
(2)《铁路桥涵地基与基础设计规范》(TB 10093—2017);

(3)《高速铁路桥涵工程施工技术规程》(Q/CR 9603—2015);

(4)《建筑基桩检测技术规范》(JGJ 106—2014);

(5)《超声回弹综合法检测混凝土抗压强度技术规程》(TCECS 02—2020);

(6)《预应力混凝土用钢材试验方法》(GB/T 21839—2019);

(7)《预应力筋用锚具、夹具和连接器》(GB/T 14370—2015);

(8)《金属材料拉伸试验第1部分:室温试验方法》(GB/T 228.1—2010);

(9)《预应力混凝土用钢绞线》(GB/T 5224—2014);

(10)《混凝土中钢筋检测技术标准》(JGJ/T 152—2019);

(11)《回弹法检测混凝土抗压强度技术规程》(JGJ/T 23—2011);

(12)《超声法检测混凝土缺陷技术规程》(CECS 21:2000)。

五、课程考核与评价

课程采用全过程性考核与评价,线上知识测试与线下技能考核相结合的方式,全面、客观地评价学生的学习效果。过程性考核在考察学生技能掌握程度的基础上,关注学生综合素养和技能应用能力,主要考评原材料试验检测、工程制品试验检测、构件材质状况无损检测、地基与基础试验检测、桥梁荷载试验、基础知识在线测试等六个方面。具体评价标准见表2-259。

表2-259 "高速铁路桥涵试验与检测"课程考核评价体系

过程性考核 (分值权重)	考核项目	评价标准	过程性考核 (70%)	平时考核 (30%)
原材料试验检测 (15%)	石料单轴抗压强度试验	试验操作规范、数据处理正确	试验操作(5%)	1.基本素质评价,包括出勤情况、资源学习、课堂参与等综合表现; 2.职业素质评价,包括项目参与度、承担角色和任务完成情况、劳动意识、创新精神等
	混凝土静压弹性模量试验	试验操作规范、数据处理正确	试验操作(5%)	
	钢绞线拉伸试验	试验操作规范、数据处理正确	试验操作(5%)	
工程制品试验检测 (10%)	静载锚固性能试验	试验操作规范、数据处理正确	试验操作(10%)	
构件材质状况无损检测(20%)	结构混凝土强度检测	试验操作规范、数据处理正确	试验操作(10%)	
	混凝土中钢筋分布及保护层厚度的检测	试验操作规范、数据处理正确	试验操作(5%)	
	结构混凝土内部缺陷与表层损伤的超声法检测	试验操作规范、数据处理正确	试验操作(5%)	

续表

过程性考核 (分值权重)	考核项目	评价标准	过程性考核 (70%)	平时考核 (30%)
地基与基础试验检测 (25%)	地基承载力试验	试验操作规范、数据处理正确	试验操作(10%)	1. 基本素质评价,包括出勤情况、资源学习、课堂参与等综合表现; 2. 职业素质评价,包括项目参与度、承担角色和任务完成情况、劳动意识、创新精神等
	泥浆性能指标检测试验	试验操作规范、数据处理正确	试验操作(5%)	
	桩身完整性检测(低应变反射波法、声波透射法)	试验操作规范、数据处理正确	试验操作(10%)	
桥梁荷载试验(20%)	桥梁静载试验	试验操作规范、数据处理正确	试验操作(10%)	
	桥梁动载试验	试验操作规范、数据处理正确	试验操作(10%)	
基础知识在线测试(10%)	在线课程期末考试	题目作答准确	客观试题(10%)	

六、课程资源

(一)教材选用

所用教材要求为近三年出版的高职高专规划教材,既能反映最新发展水平,又能适应高等职业教育的需要,能够帮助学生提高分析问题、解决问题的能力,突出高素质技术技能人才培养特点。教材应包括高速铁路桥涵工程原材料试验检测、工程制品试验检测、构件材质状况无损检测、地基与基础试验检测、桥梁荷载试验等内容。鼓励教师结合教育教学改革和信息化教学需要,以思想性、科学性、发展性、规范性为原则,校企合作编写立体化和富媒体化教材、活页式教材、云教材等。

(二)数字化资源

依据本课程标准,充分运用各种信息技术手段,结合教学改革需要,开发微课、多媒体课件等数字化教学资源,建设在线开放课,实现优质资源共建共享,提升课程的教学效果。

七、教学团队

教师是学生学习课程的纽带,是引导学生掌握实践技能的关键。任课教师要树立良好的师德师风,符合教师专业标准要求,具有扎实的专业基础,具有一定的工程实践经验和良好的教育教学能力。

(一)团队结构

建立课程负责人制度,组建课程教学团队,积极组织开展各类教研活动,促进青年教师成长。学校应采用人才引进、自主培养等途径,组建年龄、性别、职称与学历结构合理,具有较强信息化教学能力的教学团队。

(二)双师素质

课程团队教师应具有双师素质,同时开展校企合作。教师应坚持定期到高铁项目等施工一线进行实践锻炼,与时俱进地提升教师的试验检测水平和工程实践经验。鼓励支持教师进行课程教学改革创新,使课程教学更好地适应学生全面发展和个性化发展的需要,满足经济社会发展需求。

八、教学设备要求

"高速铁路桥涵试验与检测"课程教学设备配备要求如表2-260所示。

表2-260 "高速铁路桥涵试验与检测"课程教学设备配备要求

项目	技术参数与要求	数量
教学投影显示设备	投影仪或智慧一体机	≥1台
计算机基本配置	操作系统及相关驱动;常用工具软件,办公软件,信息安全防护软件;互联网软件	根据教学需要选用
仪器设备	回弹仪、钢筋检测仪、非金属超声波检测仪	每6~8人一台
仪器设备	万能材料试验机至少达到1级,试验机的测力示值误差不大于1%;静载锚固试验机	≥1台

"高速铁路隧道试验与检测"课程标准

一、课程性质与任务

(一)课程性质

随着我国铁路、公路隧道里程的不断增加,养护需求日趋迫切,提高养护水平确保畅通也是十分突出的问题。不管是新建,还是运营的隧道,为保证工程质量,降低运营风险,都离不开隧道的试验与检测工作。

"高速铁路隧道试验与检测"课程是高速铁路施工与维护专业群的专业核心课。本课程围绕土木工程检测技术专业职业岗位能力,培养学生在隧道施工、运营两个工作过程中的试验检测能力。同时该课程也是学生职业素质养成的一个重要平台,可以培养学生的组织协调能力、团队合作能力、吃苦耐劳的精神,培养学生的质量意识、规范意识、标准意识与创新能力。

(二)课程任务

本课程分为高铁隧道工程建设和运营两个阶段的试验检测。隧道工程建设阶段的试验检测,培养学生从高铁隧道工程原材料、制品的质量控制到各个阶段的施工过程量测、质量检验,以及超前地质预报、施工环境监测等工作过程中的试验检测能力。隧道运营阶段的试验检测,主要是要求学生能对运营环境进行监测评定。

本课程的任务是：全面贯彻党的教育方针，落实立德树人根本任务，满足高铁智慧建造对人才培养的要求，围绕高等职业教育土木工程检测技术专业对隧道工程检测的培养需求，拓展隧道检测领域的前沿技术，通过理实一体化教学，提升学生解决工程实际问题的综合能力，使学生成为德智体美劳全面发展的高素质技术技能人才。

二、课程目标

（一）素质目标

（1）养成安全规范操作的职业素养；

（2）增强质量意识和工匠精神；

（3）具备吃苦耐劳、甘于奉献、克服困难的敬业精神；

（4）具备熟练操作、精益求精的工匠精神；

（5）认识"大国重器"，养成用好"大国重器"的爱国情怀。

（二）知识目标

（1）熟悉高铁隧道工程概况及检测内容；

（2）掌握高铁隧道工程辅助工程检查方法；

（3）熟悉高铁隧道工程开挖方法，掌握超欠挖检验方法及危害处治；

（4）掌握锚杆、喷射混凝土、钢架、钢支撑施工质量检验方法；

（5）掌握高铁隧道监控量测方法；

（6）掌握高铁隧道防排水施工质量检测；

（7）掌握高铁隧道二衬混凝土施工质量检测；

（8）掌握高铁隧道超前地质预报方法；

（9）掌握高铁运营隧道结构检测及环境监测的方法。

（三）技能目标

（1）能对高铁隧道原材料的技术性能指标进行检测；

（2）能对高铁隧道超前支护质量进行检测；

（3）能应用激光断面仪检测隧道开挖断面、初期支护断面、二衬净空断面；

（4）能进行喷射混凝土强度、厚度检验，锚杆、钢支撑施工质量检验；

（5）能进行高铁隧道防排水施工质量检测；

（6）能进行二衬混凝土强度、厚度、缺陷检验；

（7）能进行高铁隧道监控量测；

（8）能掌握地质雷达在高铁隧道中的应用；

（9）能对高铁运营隧道进行结构检测及环境监测。

三、课程思政

课程思政指以构建全员、全过程、全方位育人格局的形式将各类课程与思想政治理论课同向同行，形成协同效应，把"立德树人"作为教育的根本任务的一种综合教育理念。"高速铁路隧道试验与检测"作为高速铁路施工与维护专业群核心课，其课程思政的主要形式是将思想政治教育元素，包括思想政治教育的理论知识、价值理念以及精神追求等融入课程学习及实践中去，潜移默化地对学生的思想意识、行为举止产生影响,具体包括检测精神、安全质量意识、工匠精神、劳动精神、创新思维等。

本课程的课程思政形式具体如下:引入高铁隧道检测大事件、名人榜样,融入检测精神。以提升学生的"熟练、扎实"的技术应用能力为突破点,以行业精神为引领,培养学生的职业认同感和自豪感,坚持把"热爱祖国,忠诚事业,艰苦奋斗,无私奉献"的检测精神融入课程教学过程。隧道检测数据处理要内业与外业相结合,融入"理论联系实际"和"实践检验真知"的哲学思想和质量意识。依托真实的实训环境,开展劳动教育、安全教育。依托高铁隧道检测实训基地开展项目教学,规范学生的安全意识,提升岗位实践能力,加强对学生的劳动教育。以高铁隧道建设与运营工程中的检测项目为载体,将现场技术人员遇到的问题引入课堂活动中,开展灵活多样的教学形式,激发学生思维,引导学生提出解决问题的途径,提高学生团队协作、自主探究的创新思维能力。

四、课程结构与教学内容

根据高等职业学校专业和高速铁路施工与维护专业群教学标准要求,结合"高速铁路隧道试验与检测"课程目标,确定本课程结构与教学内容,设计合理的学习项目及学时安排。

(一)课程模块

"高速铁路隧道试验与检测"课程由隧道工程基础知识模块、隧道工程施工质量检测模块及运营隧道检测模块三个部分构成。

高速铁路隧道工程基础知识是学生进行隧道检测的基础,包含高铁隧道工程的特点、高铁隧道检测内容、高铁隧道质量评定等三部分内容。

高铁隧道工程施工质量检测是学生提升隧道施工过程中检测及监测能力的基础,包含高铁隧道工程原材料、构件及制品检测,辅助工程施工质量检查,洞身开挖质量检测,锚喷衬砌施工质量检测,高铁隧道防排水质量检测,混凝土衬砌施工质量检测,高铁隧道工程监控量测及超前地质预报等内容。

高铁运营隧道检测模块主要包括运营隧道结构检测及环境监测两部分内容。

(二)教学内容及项目、学时安排

"高速铁路隧道试验与检测"课程教学内容、教学项目安排如表2-261所示。

表2-261 "高速铁路隧道试验与检测"课程教学内容、教学项目安排表

模块	学习项目	教学内容	思政融入点	学时
高铁隧道工程基础知识模块	1.高铁隧道工程概述; 2.高铁隧道质量评定	1.修筑隧道的目的、分类、发展概况、基本组成; 2.高铁隧道的特点; 3.隧道工程常见质量问题及病害; 4.高铁隧道的检测内容; 5.高铁隧道质量检验评定标准要求及竣(交)工验收相关规定	1.现代隧道工程——西成高铁秦岭隧道建设,增强民族自豪感; 2.培育科技兴国、学习强国的理想和信念; 3.质量意识、规范意识; 4.服务人民、奉献社会的人生观	10

续表

模块	学习项目	教学内容	思政融入点	学时
高铁隧道工程施工质量检测模块	3.高铁隧道工程原材料、构件及制品检测； 4.辅助工程施工质量检测； 5.高铁隧道主体工程质量检测； 6.隧道工程监控量测及超前地质预报	1.高铁隧道用防水卷材及土工布性能检测； 2.高铁隧道工程构件材质状况无损检测； 3.围岩稳定措施、涌水处理措施及注浆材料性能试验； 4.激光断面仪检测开挖断面； 5.锚杆施工质量检查、锚杆抗拔力测试、锚杆锚固长度和密实度检测、喷射混凝土质量检测、钢筋网施工质量检测、钢架施工质量检测、喷锚衬砌断面尺寸检测； 6.混凝土抗渗性能试验、防水层施工质量检测、排水系统施工质量检查； 7.混凝土衬砌施工检查、建筑混凝土衬砌质量检测、地质雷达法检测混凝土衬砌质量； 8.监控量测的必测项目、选测项目及量测数据的处理和应用； 9.超前地质预报方法及不良地质体的预报	1.团队合作意识； 2."实践检验真知"的哲学思想和质量意识、规范意识； 3.求实、求真的科学意识； 4.融入基础建设，增加天然砂石材料紧缺内容，增强保护生态文明的意识； 5.理论学习中，体会"具体问题具体分析"的哲学思想； 6.实训过程中，体会"理论与实践想结合"的哲学思想； 7.引入目前隧道开挖方法研究进展，提高创新能力； 8.引入二衬渗漏水的解决方法，培养团队协作能力； 9.引入隧道监控量测、超前地质预报工程案例，培养安全意识，培养职业素养，养成先预报、勤量测、后施工的原则； 10.培养学生求真务实的检测工匠精神，养成严谨认真、精益求精的专业精神	44
高铁运营隧道检测模块	7.高铁运营隧道结构检测； 8.高铁运营隧道环境检测	1.高铁运营隧道结构检查及技术状况评定、衬砌裂缝检查与检测、渗漏水检查与检测、隧道净空断面变形检测、隧道衬砌表观自动化检测方法； 2.高铁运营隧道通风及照明检测	1.引入隧道施工与运营中带来的大气污染、噪声污染、水污染及固体废物污染，培养学生的环保意识，让学生认识到国家对环保的重视和改善生态环境的决心； 2.开展社会责任和个人的诚信教育，引导学生树立正确的世界观、人生观、价值观	30

(三)学习项目设计

"高速铁路隧道试验与检测"课程学习项目设计如表2-262至表2-269所示。

表2-262 项目1:高铁隧道工程概述

教学目标	1.了解高铁隧道的发展概况; 2.了解高铁隧道的检测内容; 3.掌握高铁隧道的分类及基本组成; 4.掌握高铁隧道的特点; 5.掌握高铁隧道的常见质量问题及病害	
教学内容	1.高铁隧道工程概述; 2.高铁隧道检测内容	
教学任务设计	序号	任务描述
	任务1.高铁隧道质量评定	1.各小组接收不同的高铁隧道质量评定任务; 2.各小组协作完成任务; 3.将成果上传至智慧职教云课堂; 4.教师对成果进行点评
	任务2.高铁隧道检测内容	1.学习高铁隧道检测内容的相关知识; 2.各小组展示高铁隧道检测的思维导图
学时	6	
教学方法	任务驱动法、问题导入法、传统讲授法、案例法	

表2-263 项目2:高铁隧道质量评定

教学目标	能对高铁隧道的质量进行评定	
教学内容	高铁隧道质量评定	
教学任务设计	序号	任务描述
	高铁隧道质量评定	1.各小组接收不同的高铁隧道质量评定任务; 2.各小组协作完成任务; 3.将成果上传至智慧职教云课堂; 4.教师对成果进行点评
学时	4	
教学方法	任务驱动法、问题导入法、传统讲授法、案例法	

表 2-264 项目 3:高铁隧道工程原材料、构件及制品检测

教学目标	1.能对高铁隧道工程构件材质状况进行无损检测; 2.能对高铁隧道用防水卷材及土工布性能进行检测; 3.树立精益求精的职业素养; 4.形成理论联系实际的工作意识	
教学内容	高铁隧道工程原材料、构件及制品检测	
教学任务设计	序号	任务描述
	任务 1.高铁隧道工程原材料性能检测	1.学生对高铁隧道用防水卷材及土工布性能进行检测; 2.学生对高铁隧道注浆材料进行性能检测; 3.检测数据处理并出具报告
	任务 2.高铁隧道工程质量无损检测	1.学生通过回弹法、超声回弹法对高铁隧道二衬混凝土强度进行检测; 2.学生通过地质雷达对隧道衬砌质量进行检测; 3.检测数据处理并出具报告
学时	10	
教学方法	启发式教学、任务驱动、案例教学法	

表 2-265 项目 4:辅助工程施工质量检测

教学目标	1.掌握高铁隧道工程辅助工程检查方法; 2.能对高铁隧道防排水施工质量进行检测; 3.树立精益求精的职业素养; 4.形成理论联系实际的工作意识	
教学内容	1.辅助工程施工质量检查; 2.高铁隧道防排水质量检测	
教学任务设计	序号	任务描述
	任务 1.高铁隧道辅助工程施工质量检查	1.学生对超前管棚、超前锚杆、超前小导管等超前支护施工质量进行检测; 2.学生对高铁隧道注浆材料进行性能检测; 3.学生写出不同涌水状态的处理措施; 4.检测数据处理并出具报告
	任务 2.高铁隧道防排水施工质量检测	1.学生对高铁隧道防水层施工质量进行检测; 2.学生对高铁隧道排水施工质量进行检测; 3.学生对二衬混凝土进行抗渗性试验; 4.检测数据处理并出具报告
学时	10	
教学方法	启发式教学、任务驱动、案例教学法	

表 2-266　项目 5：高铁隧道主体工程质量检测

教学目标	1. 了解开挖方法，掌握超欠挖检验方法及危害处治； 2. 能对高铁隧道初期支护施工质量进行检测； 3. 能对高铁隧道二衬混凝土施工质量进行检测； 4. 树立精益求精的职业素养； 5. 形成理论联系实际的工作意识	
教学内容	1. 洞身开挖质量检测； 2. 初期支护施工质量检测； 3. 混凝土衬砌施工质量检测	
教学任务设计	序号	任务描述
	任务 1.高铁隧道洞身开挖质量检测	1. 学生绘制不同洞身开挖方法流程图； 2. 学生写出洞身开挖质量标准； 3. 学生利用激光断面仪检测隧道超欠挖
	任务 2.高铁隧道初期支护质量检测	1. 学生进行锚杆抗拔力测试、锚杆锚固质量无损检测； 2. 学生进行喷射混凝土抗压强度试验； 3. 学生进行喷射混凝土黏结强度试验； 4. 学生对钢筋网、钢架施工质量进行检测； 5. 检测数据处理并出具报告
	任务 3.高铁隧道二次衬砌施工质量检测	1. 学生对模板台车质量进行检查； 2. 学生对二衬钢筋工程施工质量进行检查； 3. 学生对二衬混凝土浇筑质量进行检测； 4. 检测数据处理并出具报告
学时	14	
教学方法	启发式教学、任务驱动、案例教学法	

表 2-267　项目 6:隧道工程监控量测及超前地质预报

教学目标	1.掌握高铁隧道工程监控量测方法,能对量测数据进行处理并对围岩、支护状况的稳定性作出正确判断; 2.掌握高铁隧道超前地质预报方法	
教学内容	1.高铁隧道工程监控量测; 2.高铁隧道超前地质预报	
教学任务设计	序号	任务描述
	任务 1.高铁隧道工程监控量测	1.学生利用收敛计进行周边位移量测; 2.学生利用水准仪对拱顶下沉、地表下沉进行量测; 3.学生对钢架内力、锚杆轴力、衬砌应力、地下水位等选测项目进行量测; 4.检测数据处理并出具报告
	任务 2.高铁隧道超前地质预报	1.学生写出四种超前地质预报方法(地质调查法、超前钻探法、物探法和超前导坑法)的特征对比; 2.学生利用地质雷达进行超前地质预报; 3.学生通过处理软件对超前地质预报雷达图进行分析
学时	10	
教学方法	启发式教学、任务驱动、案例教学法	

表 2-268　项目 7:高铁运营隧道结构检测

教学目标	1.掌握高铁运营隧道结构检查及技术状况评定; 2.掌握高铁运营隧道衬砌裂缝检查与检测; 3.掌握高铁运营隧道渗漏水检查与检测; 4.掌握高铁运营隧道净空断面变形检测; 5.掌握高铁运营隧道衬砌表观自动化检测方法	
教学内容	高铁运营隧道结构检测	
教学任务设计	序号	任务描述
	高铁运营隧道结构检测	1.学生对高铁运营隧道衬砌裂缝、渗漏水进行检查与检测; 2.学生对高铁运营隧道净空断面进行变形检测; 3.学生掌握高铁运营隧道衬砌表观自动化检测方法; 4.学生对高铁运营隧道结构进行技术状况评定; 5.老师点评结构检测过程及技术状况评定
学时	20	
教学方法	启发式教学、任务驱动、案例教学、卡片式教学	

表 2-269　项目 8：高铁运营隧道环境检测

教学目标	掌握高铁运营隧道通风及照明检测方法	
教学内容	高铁运营隧道环境检测	
教学任务设计	序号	任务描述
	高铁运营隧道环境检测	1. 学生学习高铁隧道通风、照明方式； 2. 学生对高铁运营隧道进行通风及照明检测； 3. 老师点评通风及照明检测过程
学时	10	
教学方法	启发式教学、任务驱动、案例教学、卡片式教学	

(四)教学要求

"高速铁路隧道试验与检测"课程教学要紧扣高速铁路施工与维护专业群教学标准和课程目标，在全面贯彻党的教育方针，落实立德树人根本任务的基础上，突出职业教育特色，培养学生利用高铁隧道检测技术解决工程实际问题的能力，提升学生的工程实践能力。

课程教学要落实立德树人的根本任务，贯彻课程思政要求，使学生在复杂的社会环境和工作环境中能够有担当、辨是非、求上进、有作为。培养学生的创新意识，对于工作中出现的各类问题能够进行分析判断，提出合理的解决方案。

(五)引入规范标准

(1)《铁路隧道工程施工质量验收标准》(TB 10417—2003)；
(2)《高速铁路隧道工程施工质量验收标准》(TB 10753—2010)；
(3)《高速铁路客运专线隧道衬砌质量无损检测规程》(TB 10223—2004)；
(4)《混凝土结构试验检测规范》(GB/T 50152—2012)；
(5)《混凝土结构现场检测技术标准》(GB/T 50784—2013)。

五、课程考核与评价

课程采用全过程性考核与评价，线上知识测试与线下技能考核相结合的方式，全面、客观地评价学生的学习效果。过程性考核在考察学生技能掌握程度的基础上，关注学生综合素养和技能应用能力，具体评价标准见表 2-270。

表 2-270 "高速铁路隧道试验与检测"课程考核评价体系

过程性考核（分值权重）	考核项目	评价标准	过程性考核（70%）	平时考核（30%）
高铁隧道工程基础知识(5%)	高铁隧道质量评定	评定过程正确、评定数据准确	质量评定数据(5%)	1.基本素质评价,包括出勤情况、资源学习、课堂参与等综合表现；2.职业素质评价,包括项目参与度、承担角色和任务完成情况、劳动意识、创新精神等
高铁隧道施工质量检测(70%)	高铁隧道超欠挖测定：激光断面仪法	检测流程正确、数据处理准确	实操过程及数据处理(10%)	
	高铁隧道锚杆抗拔力测试	检测流程正确、数据处理准确	实操过程及数据处理(10%)	
	砂浆锚杆锚固质量无损检测	检测流程正确、数据处理准确	实操过程及数据处理(10%)	
	喷射混凝土抗压强度试验	检测流程正确、数据处理准确	实操过程及数据处理(10%)	
	防水板焊缝质量检测	检测流程正确、数据处理准确	实操过程及数据处理(10%)	
	地质雷达在高铁隧道中的应用	检测流程正确、数据处理准确	实操过程及数据处理(10%)	
	高铁隧道混凝土抗渗性试验	检测流程正确、数据处理准确	实操过程及数据处理(10%)	
高铁运营隧道检测(20%)	高铁运营隧道结构检查及技术状况评定	检测流程正确、数据处理准确	主观试题(10%)	
	高铁运营隧道通风照明检测	检测流程正确、数据处理准确	主观试题(10%)	
在线测试(5%)	在线课程期末考试	题目作答准确	客观试题(5%)	

六、课程资源

（一）教材选用

所用教材要求为近三年出版的高职高专规划教材,既能反映最新发展水平,又能适应高等职业教育的需要,能够帮助学生提高分析问题、解决问题的能力,突出高素质技术技能人才培养特点。教材应包括高铁隧道施工质量检测与高铁运营隧道检测等相关内容。鼓励教师结合教育教学改革和信息化教学需要,以思想性、科学性、发展性、规范性为原则,校企合作编写立体化和富媒体化教材、活页式教材、云教材等。

(二)数字化资源

依据本课程标准,充分运用各种信息技术手段,结合教学改革需要,开发微课、多媒体课件等数字化教学资源,建设在线开放课,实现优质资源共建共享,提升课程的教学效果。

七、教学团队

教师是学生学习课程的纽带,是引导学生掌握实践技能的关键。任课教师要树立良好的师德师风,符合教师专业标准要求,具有扎实的专业基础,具有一定的工程实践经验和良好的教育教学能力。

(一)团队结构

建立课程负责人制度,组建课程教学团队,积极组织开展各类教研活动,促进青年教师成长。学校应采用人才引进、自主培养等途径,组建年龄、性别、职称与学历结构合理,具有较强信息化教学能力的教学团队。

(二)双师素质

课程团队教师应具有双师素质,同时开展校企合作。教师应坚持定期到高铁项目施工一线进行实践锻炼,与时俱进地提升教师的隧道检测技术水平和工程实践经验。鼓励支持教师进行课程教学改革创新,使课程教学更好地适应学生全面发展和个性化发展的需要,满足经济社会发展需求。

八、教学设备要求

"高速铁路隧道试验与检测"课程教学设备配备要求如表 2-271 所示。

表 2-271 "高速铁路隧道试验与检测"课程教学设备配备要求

项目	技术参数与要求	数量
计算机	满足主流教学软件要求;支持网络同传和硬盘保护;多媒体教学系统	每工位 1 台
教学投影显示设备	投影仪或智慧一体机	≥1 台
计算机基本配置	操作系统及相关驱动;常用工具软件,办公软件,图形编辑软件,信息安全防护软件;互联网软件	根据教学需要选用
隧道激光断面仪	1. 检测半径:0.2~200 m; 2. 测距精度:±1 mm; 3. 检测方位角:30°~330°; 4. 角度分辨率:0.01°; 5. 角度精度:优于 0.1°	根据教学需要选用
数显收敛计	1. 量测范围:0.5~15 m; 2. 分辨率:0.01 mm; 3. 测量精度:0.01 mm	根据教学需要选用
数显锚杆拉拔仪	1. 油缸中心孔直径:45 mm; 2. 油缸行程:80 mm; 3. 测量范围:0~300 kN	根据教学需要选用

续表

项目	技术参数与要求	数量
地质雷达	1.时窗:1 ns～1 μs范围可调; 2.采样点数:256、512、1024、2048和4096可选; 3.扫描速度:64～256扫描/s; 4.波形叠加次数:1～32 768,可调; 5.系统探测方式:连续、轮测、人工点测三种可选	根据教学需要选用
锚杆无损检测仪	1.显示方式:6.4英寸真彩液晶显示屏(背光可调); 2.存储模式:电子硬盘; 3.存储量:10万根数据	根据教学需要选用
4001A双焊缝机	1.输入电压:220 V,频率:50 Hz; 2.功率:1800 W; 3.焊接速度:0.5～5 m/min; 4.加热温度:0～450 ℃	根据教学需要选用

"试验室组建与管理"课程标准

一、课程性质与任务

(一)课程性质

试验室是进行各类试验地点的统称。试验室是一个系统,包含进行相应试验相关的一系列仪器、物类、人员,是一个系统集成。

"试验室组建与管理"课程是高速铁路施工与维护专业群的专业核心课。本课程以土木工程检测相关课程为基础,从试验室应用到组建和管理,综合培养学生对于检测场所(试验室)的立体化认知,使学生能够掌握标准化试验室组建和管理的流程和要求,从而正确、安全使用试验室及仪器设备,标准化完成试验检测工作,为施工质量提供第一手保障。本课程学习为学生职业素质养成的一个重要平台,可以培养学生的组织协调能力、团队合作能力、吃苦耐劳的精神,培养学生的质量意识、规范意识、标准意识与创新能力。

(二)课程任务

全面贯彻党的教育方针,落实立德树人根本任务,满足高铁智慧建造对人才培养的要求,围绕高等职业教育土木工程检测技术专业对试验室组建与管理基本知识的培养要求,完善土木工程检测专业培养计划,通过理实一体化教学和虚拟仿真系统模拟操作,让学生能够掌握检测场地即试验室的结构、组成、元素、管理模式等,提升学生的综合能力,培养学生成为德智体美劳全面发展的高素质技术技能人才。

二、课程目标

(一)素质目标

(1)养成安全规范操作的职业素养;
(2)增强质量意识和工匠精神;

(3)具备吃苦耐劳、甘于奉献、克服困难的敬业精神；

(4)具备熟练操作、精益求精的工匠精神；

(5)养成安全意识与自我保护能力。

(二)知识目标

(1)熟悉试验室的组织机构及设置原则；

(2)熟悉工地试验室资质的申报、审批程序及试验室建设程序；

(3)掌握各类试验室所需试验仪器设备及试验室布置原则；

(4)掌握试验室6S管理制度、试验室6S内涵及6S在试验室中的应用；

(5)掌握试验室档案资料的管理；

(6)熟悉试验室建成后的运行管理模式。

(三)技能目标

(1)能根据项目材料用量表确定试验检测项目；

(2)能根据行业和公司规定，完成相关文件的编辑、报备及流程；

(3)能根据检测项目完成购置仪器清单表；

(4)能根据施工项目图纸，完成试验室的选址、规划工作；

(5)能掌握工地试验室建设流程和要求；

(6)能正确拟定相关试验室管理体系和制度；

(7)能对试验室进行6S管理；

(8)能正确管理常规仪器设备，并制定相应仪器设备的试验操作规程；

(9)能对试验室档案资料进行整理归档。

三、课程思政

课程思政指以构建全员、全过程、全方位育人格局的形式将各类课程与思想政治理论课同向同行，形成协同效应，把"立德树人"作为教育的根本任务的一种综合教育理念。"试验室组建与管理"作为高速铁路施工与维护专业群核心课，其课程思政的主要形式是将思想政治教育元素，包括思想政治教育的理论知识、价值理念以及精神追求等融入课程学习及实践中去，潜移默化地对学生的思想意识、行为举止产生影响，具体包括科学意识、质量意识、工匠精神、劳动精神、创新思维等。

"试验室组建与管理"课程主要任务是依据工程类型和规模，让学生掌握标准化试验室的组建过程和管理体系。知识目标是推进试验检测工作标准化、规范化、精细化管理，不断提高试验检测数据的客观性和准确性，有效发挥试验检测在控制工程质量和指导工程建设中的重要作用，进一步促进工程管理水平的提升。"试验室组建与管理"课程的学习效果评价，采用全过程考核方式，这样的考核方式改变了过去仅凭一份试卷就评定学习效果的单一方式，让学生整个学期都要参与、重视课程的学习，增强了学生自我约束、自我管理的意识，特别是在虚拟仿真系统中完成试验室组建，每个同学结合工程案例，依据检测项目和频次，从建设选址、规划、功能室设置、环境要求、仪器和人员配置、管理体系等，系列化在虚拟仿真平台上完成一个试验室的组建过程，最后形成一个能满足检测要求的虚拟试验室。在这个过程中，既考察学生的检测知识体系，又能让学生体验实际组建过程中需要考虑的因素和达到的效果，培养学生的专业素养和社会责任心，能够实现专业课"课程思政"教学目标。

四、课程结构与教学内容

根据高等职业学校专业和高速铁路施工与维护专业群教学标准要求,结合"试验室组建与管理"课程目标,确定本课程结构与教学内容,设计合理的学习项目及学时安排。

(一)课程模块

"实验室组建与管理"课程由试验室基本知识模块、试验室组建模块、试验室管理模块、虚拟仿真系统应用模块四部分构成。

试验室基础知识模块,是使学生全面认识试验室,主要有试验室组建的目的和要求,工地试验室设立的依据,试验室的职责范围,试验室的组织机构及申报审批,母体授权申请书、备案登记表五个方面的内容。

试验室组建模块,是梳理学生试验检测项目及对应仪器设备、环境和人员要求,对土木工程材料检测工作有一个全面的认知和构架,有试验室整体规划选择、各功能室组建等九个方面内容。

试验室管理模块,是提升学生职业素养的基本途径,通过学习组织机构图和管理体系文件、仪器操作规程、试验检测工作和资料管理、试验室标准物质管理和规范管理、化学品及其他耗材管理、人员管理、试验室信息化管理、试验室6S管理、文件和档案管理等九个方面的内容,全面掌握试验过程中的各元素的正确归位,以保障工作的顺畅和安全。

虚拟仿真系统应用模块是学生提升综合能力的关键,学生根据前面所学知识,在试验室组建与管理虚拟仿真系统V1.0中,依据工程项目和材料清单,选取检测指标,依据建设流程,在虚拟系统中完成对应试验室的组建,最后形成三维作品,实现试验检测工作建、用、管三者结合,达到对学生综合应用能力的培养。

(二)教学内容及项目、学时安排

"试验室组建与管理"课程教学内容、教学项目安排如表2-272所示。

表2-272 "试验室组建与管理"课程教学内容、教学项目安排表

模块	学习项目	教学内容	思政融入点	学时
试验室组建与管理基本知识模块	1.试验室组建与管理基本知识	1.试验室组建的目的和要求; 2.工地试验室设立的依据; 3.试验室的职责范围; 4.试验室的组织机构及申报审批; 5.母体授权申请书、备案登记表	1.按原则和规定执行,培养职业素养; 2.培养科学严谨、实事求是的工作态度; 3.培育科技兴国、学习强国的理想和信念; 4.树立最优化的科学意识、工匠精神; 5.倡导经济节约的原则,塑造价值观	6
试验室组建模块	2.试验室组建	1.试验室规划、选择; 2.仪器购置清单及人员配备; 3.功能室设置原则和要求; 4.环境建设要求; 5.购置仪器; 6.按规模要求租房或新建房屋; 7.按要求走水、电; 8.验收、安装布置试验仪器; 9.按规范要求完成环境布置	1.团队合作意识; 2."实践检验真知"的哲学思想和质量意识、规范意识; 3.求实、求真的科学意识; 4.敬业、精益、专注、创新的工匠精神; 5.劳模精神; 6.安全教育; 7.新技术、新设备、新方法的改革和创新思想	22

续表

模块	学习项目	教学内容	思政融入点	学时
试验室管理模块	3.试验室管理	1.组织机构图、管理体系文件； 2.仪器操作规程； 3.试验检测工作、资料管理； 4.试验室标准物质、规范管理； 5.化学品及其他耗材管理； 6.人员管理； 7.试验室信息化管理； 8.试验室6S管理； 9.文件、档案管理	1.严谨认真、精益求精的专业精神； 2."理论联系实际"和"实践检验真知"的哲学思想和质量意识； 3.团队意识和协作精神； 4.劳动教育和安全教育	12
试验室组建与管理虚拟仿真系统（实践应用）	4.试验室组建与管理虚拟仿真系统应用	1.系统软件操作说明书； 2.按任务在系统中完成组建过程，形成个性化作品	1.培养注重细节、精益求精的职业素养，树立不断优化的科学意识； 2.培养紧跟信息化时代步伐的社会主义建设者； 3.实训过程中，体会"理论与实践相结合"的哲学思想； 4.春雨润无声，实践寓真知	12

（三）学习项目设计

"实验室组建与管理"课程学习项目设计如表2-273至表2-276所示。

表2-273 项目1:试验室组建与管理基本知识

教学目标	1.了解工地试验室组建的目的和意义； 2.了解工地试验室申报程序及相关技术文件	
教学内容	1.试验室组建的目的和要求； 2.工地试验室设立的依据； 3.试验室的职责范围； 4.试验室的组织机构及申报审批； 5.母体授权申请书、备案登记表	
教学任务设计	序号	任务描述
	任务1.试验室组建的目的和要求	学习试验室组建的目的和要求，培养职业素养
	任务2.工地试验室设立的依据	依据铁路、公路相关规范，学习工地试验室组建的原则和依据，培养科学严谨、实事求是的工作态度
	任务3.试验室的职责范围	学习试验室的职责范围，培育科技兴国、学习强国的理想和信念
	任务4.试验室的组织机构及申报审批	学习工地试验室的组织机构及申报审批，明确归属关系，树立最优化的科学意识，培养工匠精神

续表

教学任务设计	序号	任务描述
	任务5.母体授权申请书、备案登记表	学习母体授权申请书、备案登记表的内容和要求,倡导经济节约的原则,塑造价值观
学时	6	
教学方法	案例教学法、项目教学法、角色扮演法、小组讨论法	

表2-274　项目2:试验室组建

教学目标	1.能够依据规范,根据工程项目实际情况,确定租房选取或新建房屋设计; 2.能够根据检测项目完成上下水、电的设计; 3.了解仪器验收要求,明确仪器布置原则,完成仪器布置设计; 4.依据检测项目,完成环境设计	
教学内容	1.了解试验室规划、选择原则和要求; 2.掌握试验室仪器购置清单及人员配备要求; 3.掌握各功能室设置原则和要求; 4.掌握试验室环境建设要求; 5.能够根据清单明确购置仪器过程; 6.能够依据规范,根据工程项目实际情况,确定租房选取或新建房屋设计; 7.能够根据检测项目完成上下水、电的设计; 8.了解仪器验收要求,明确仪器布置原则,完成仪器布置设计; 9.依据检测项目,完成环境设计	
教学任务设计	序号	任务描述
	任务1.试验室规划、选址	依据规范,明确了解试验室规划、选择原则和要求,倡导经济节约的原则,塑造价值观
	任务2.仪器购置清单及人员配备	依据规范,明确试验室仪器购置清单及人员配备要求,理论学习中,体会"具体问题具体分析"的哲学思想
	任务3.功能室设置原则和要求	依据规范,明确各功能室设置原则和要求,培养仔细认真、严谨务实的精神
	任务4.环境建设要求	依据规范,明确环境建设要求,强化质量意识,具备安全意识
	任务5.购置仪器	能够编制购置仪器清单,形成精益求精的理念
	任务6.按规模要求租房或新建房屋	依据规范,根据工程项目实际情况,确定租房选取或新建房屋设计,培养俭以养德的职业素养
	任务7.各功能室上下水、电要求	根据检测项目完成上下水、电的设计,培养解决问题的科学精神
	任务8.验收、安装布置试验仪器	学习仪器验收要求,明确仪器布置原则,完成仪器布置设计,培养学生的规范与标准意识
	任务9.按规范要求完成环境布置	依据检测项目,完成环境设计,对接规范,严格把控质量关,明确质量要求

续表

学时	22
教学方法	启发式教学、任务驱动、案例教学法、项目分解法、小组讨论法

表 2-275 项目 3:试验室管理

教学目标	了解试验室组织机构,明确试验室管理体系	
教学内容	1.组织机构图、管理体系文件; 2.仪器操作规程; 3.试验检测工作、资料管理; 4.试验室标准物质、规范管理; 5.化学品及其他耗材管理; 6.人员管理; 7.试验室信息化管理; 8.试验室 6S 管理; 9.文件、档案管理	
教学任务设计	序号	任务描述
	任务1.组织机构图、管理体系文件	学习试验室组织机构图、管理体系文件,培养工程质量的捍卫者
	任务2.仪器操作规程	学习试验仪器操作规程,培养严谨、实用的工作作风
	任务3.试验检测工作、资料管理	学习试验检测工作、资料管理要求,具有新技术、新设备、新方法的改革和创新的思想
	任务4.试验室标准物质、规范管理	学习试验室标准物质、规范管理要求,培养学生求真、求精、求稳的检测精神,养成严谨认真、精益求精的专业精神
	任务5.化学品及其他耗材管理	学习化学品及其他耗材管理要求,对接国家标准,增强学生的职业认同感和行业归属感
	任务6.人员管理	学习试验室人员管理方法,具备安全意识,培养职业素养
	任务7.试验室信息化管理	学习试验室信息化管理,具备信息化时代基本能力
	任务8.试验室 6S 管理	学习试验室 6S 管理方法,明确标准化试验室的要求
	任务9.文件、档案管理	学习文件、档案管理,具有家国情怀,坚守职业道德
学时	12	
教学方法	启发式教学、任务驱动、案例教学、卡片式教学	

表 2-276 项目 4：试验室组建与管理虚拟仿真系统应用

教学目标	1.能够依据系统软件操作指南和试验室组建流程,明确试验室的组建过程; 2.能够在虚拟仿真系统中组建试验室,形成个性化作品	
教学内容	1.系统软件操作说明书; 2.按任务在系统中完成组建过程,形成个性化作品	
教学任务设计	序号	任务描述
	任务 1.系统软件操作说明书	依据系统软件操作指南和试验室组建流程,明确试验室的组建过程,培养紧跟信息化时代步伐的社会主义建设者
	任务 2.按任务在系统中完成组建过程,形成个性化作品	虚拟仿真系统中组建试验室,形成个性化作品,实训过程中,体会"理论与实践相结合"的哲学思想
学时	12	
教学方法	启发式教学、任务驱动、项目分解法	

(四)教学要求

"试验室组建与管理"课程教学要紧扣高速铁路施工与维护专业群教学标准和课程目标,在全面贯彻党的教育方针、落实立德树人根本任务的基础上,突出职业教育特色,使学生学会试验检测场地组建与管理,提升学生的综合实践能力。

课程教学要落实立德树人的根本任务,贯彻课程思政要求,使学生在复杂的社会环境和工作环境中能够有担当、辨是非、求上进、有作为。培养学生创新意识,对于工作中出现的各类问题能够进行分析判断,提出合理的解决方案。

(五)引入行业标准

(1)《铁路建设项目工程试验室管理标准》(Q/CR 9204-2015);

(2)《公路工程工地试验室标准化指南》(交通运输部工程质量监督局,2013 版);

(3)《检验检测机构资质认定能力评价 检验检测机构通用要求》(RB/T 214-2017)。

五、课程考核与评价

课程采用全过程性考核与评价,线上知识测试与线下技能考核相结合的方式,全面、客观地评价学生的学习效果。过程性考核在考察学生技能掌握程度的基础上,关注学生综合素养和技能应用能力,主要考评试验室组建过程中的各个要素、规划布置、管理体系、虚拟仿真作品四个方面。具体评价标准见表 2-277。

表 2-277 "试验室组建与管理"课程考核评价体系

过程性考核 (分值权重)	考核项目	评价标准	过程性考核 (70%)	平时考核 (30%)
各功能室的检测指标及对应仪器(20%)	仪器购置清单及人员配备	依据工程项目和材料清单,确定的检测项目对应的仪器、人员配置清单	配置清单(10%)	1.基本素质评价,包括出勤情况、资源学习、课堂参与等综合表现; 2.职业素质评价,包括项目参与度、承担角色和任务完成情况、劳动意识、创新精神等
	环境建设要求	规范对于各功能室的环境要求及对应仪器设备	环境要求配置表(4%)	
	上、下水设置	满足试验检测要求的沉淀池设计图纸	设计图(6%)	
试验室(或功能室)规划布局(20%)	试验室规划、选址	合理布局、方便操作、经济合理	客观试题(10%)	
	各功能室分布图	合理布局、互不影响	分布图(10%)	
管理体系(20%)	仪器管理	题目作答准确	客观试题(10%)	
	人员、资料管理	题目作答准确	客观试题(10%)	
虚拟仿真作品(40%)	虚拟仿真系统应用	试验室组建流程	三维试验室组建作品(40%)	

六、课程资源

(一)教材选用

所用教材要求为近三年出版的高职高专规划教材,既能反映最新发展水平,又能适应高等职业教育的需要,能够帮助学生提高分析问题、解决问题的能力,突出高素质技术技能人才培养特点。教材应包括试验室隶属关系基本知识、试验室组建、试验室管理、信息化管理等内容。鼓励教师结合教育教学改革和信息化教学需要,以思想性、科学性、发展性、规范性为原则,校企合作编写立体化和富媒体化教材、活页式教材、云教材等。

(二)数字化资源

依据本课程标准,充分运用各种信息技术手段,结合教学改革需要,开发微课、多媒体课件等数字化教学资源,建设在线开放课,实现优质资源共建共享,提升课程的教学效果。

七、教学团队

教师是学生学习课程的纽带,是引导学生掌握实践技能的关键。任课教师要树立良好的师德师风,符合教师专业标准要求,具有扎实的专业基础,有一定的工程实践经验和良好的教育教学能力。

(一)团队结构

建立课程负责人制度,组建课程教学团队,积极组织开展各类教研活动,促进青年教师成长。学校应采用人才引进、自主培养等途径,组建年龄、性别、职称与学历结构合理,具有较强信息化教学能力的教学团队。

(二)双师素质

课程团队教师应具有双师素质,同时开展校企合作。教师应坚持定期到高铁项目施工一线进行实践锻炼,与时俱进地提升教师的专业理论知识和实践经验。鼓励支持教师进行课程教学改革创新,使课程教学更好地适应学生全面发展和个性化发展的需要,满足经济社会发展需求。

八、教学设备要求

"试验室组建与管理"课程教学设备配备要求如表2-278所示。

表2-278 "试验室组建与管理"课程教学设备配备要求

项目	技术参数与要求	数量
计算机	满足主流教学软件要求;支持网络同传和硬盘保护;多媒体教学系统	每工位1台
教学投影显示设备	投影仪或智慧一体机,满足一体化教学要求	≥1台
计算机基本配置	操作系统及相关驱动;常用工具软件,办公软件,图形编辑软件;信息安全防护软件;互联网软件	根据教学需要选用
仪器设备与软件	试验室组建与管理虚拟仿真系统V1.0	每工位1套

"高速铁路轨道结构建模与施工"课程标准

一、课程性质与任务

(一)课程性质

"高速铁路轨道结构建模与施工"课程是高速铁路施工与维护专业群中建设工程管理专业的一门专业核心课。本课程依据高速铁路轨道结构建模与施工工作内容进行编排,主要内容包含:有砟轨道、双块式无砟轨道、板式无砟轨道结构组成,高铁轨道结构施工准备、铺设施工等施工工艺,跨区间无缝线路施工过程,高铁轨道工程图识读及建模。通过学习本课程,学生熟悉有砟轨道和无砟轨道轨道结构组成,清楚各种轨道结构的施工过程及重点工序,能进行轨道结构参数化建模,培养学生识读图纸能力、软件操作能力、应用模型能力,学生能够适应数字施工、智慧施工的要求。

(二)课程任务

根据建设工程管理专业人才培养方案、课程标准、技能等级证书等要求,重构教学内容,以期满足高铁智慧建造对人才培养的要求。课程围绕建设工程管理专业对高速铁路轨道结构施工与建模的培养需求,根据岗位技能需求,制定知识和能力目标。授课过程充分利用生产性实训基地及配套仪器设备,锻炼学生动手操作能力及建模能力。课程团队积极开展技术服务项目,带领学生在现场教学,提升学生的岗位意识,反过来又根据实际生产过程完善教学资源,教与学相互促进,技能训练贯穿始终。采用理实一体化的教学方式,培养学生在实际的工程项目中建立模型并解决问题的综合能力,为祖国建设输出高素质技术技能人才。

二、课程目标

(一)素质目标

(1)增强爱国热情和民族自信;

(2)具有良好职业道德、敬业精神、严谨的工作态度;

(3)具有版权意识,支持正版产品。

(4)具备软件操作精益求精的精神;

(5)培养学生创新意识;

(6)具备描述模型要求的沟通能力。

(二)知识目标

(1)掌握有砟轨道结构、建筑信息模型(BIM)基础知识;

(2)掌握Revit软件基本操作界面(建模环境设置)、参数化模型创建、有砟轨道结构建模;

(3)掌握CRTSⅠ型双块式无砟轨道结构、铺设施工、工程图识读及建模;

(4)掌握CRTSⅡ型板式无砟轨道结构、工程图识读及建模;

(5)掌握CRTSⅢ型板式无砟轨道结构、铺设施工、工程图识读及建模;

(6)掌握弹性支承块式无砟轨道结构、工程图识读及建模;

(7)掌握跨区间无缝线路铺设及施工;

(8)掌握高速铁路道岔结构、铺设及施工。

(三)技能目标

(1)具备进行施工图纸阅读及校核的能力;

(2)具备Revit软件的基本操作的能力;

(3)具备进行铁路底座板施工放样的能力;

(4)具备指导无砟轨道铺设施工的能力;

(5)具备指导无砟轨道施工质量检测的能力;

(6)具备指导高速道岔铺设施工的能力;

(7)具备应用软件创建轨道模型的能力。

三、课程思政

针对"高速铁路轨道结构建模与施工"课程教学的内容和特点,结合课程思政的方针和精神,将课程思政的内容合理融合到课程的不同章节,力争做到自然合一,合理衔接过渡,避免生涩、突兀地引入相关内容。

力求培养学生工程意识,使学生了解相关操作技能和工程规范,并贯彻、执行这些规范;培养学生的工程素质,包括工程概念的形成、工程人员基本识图、建模能力及严谨工作作风的培养和训练;引导学生树立遵守国家法律法规的意识,贯彻和执行国家的路线、方针和政策;培养学生空间思维和逻辑思维能力,学生在绘制轨道模型时要做到仔细观察,精益求精;引导学生学会多方面、多角度地看待、理解社会中的现象,正确合理地表达个人意见,维护社会秩序。

培养学生运用建模工具,及初步使用Revit软件设置建模环境、绘制二维图形和物体三视图的能力。通过建立的模型,指导实际生产,为我国高铁事业的发展贡献自己的力量。

课堂授课中采用多种教学手段,充分利用多媒体、实物模型、视频、网络课程等教学工具,自然地引入课程思政的内容,以大国工匠和全国劳动模范的典型人物、事迹为切入点,通过图片、视频等形式将爱国主义、敬业奉献、工匠精神和社会主义核心价值观合理融入课程教学中。

四、课程结构与教学内容

根据高等职业学校专业和高速铁路施工与维护专业群教学标准要求,结合"高速铁路轨道结构建模与施工"课程目标,确定本课程结构与教学内容,设计合理的学习项目及学时安排。

(一)课程模块

"高速铁路轨道结构建模与施工"课程由建模基础及轨道结构、无砟轨道施工与建模、高速铁路道岔施工与建模、无缝线路施工四部分构成。

建模基础及轨道结构模块主要讲解高速铁路有砟轨道结构、高速铁路无砟轨道结构、高速铁路轨道状态、轨道建模基础四部分内容。

无砟轨道施工与建模模块主要讲解 CRTSⅠ型双块式无砟轨道结构、铺设施工、工程图识读及建模,CRTSⅡ型板式无砟轨道结构、工程图识读及建模,CRTSⅢ型板式无砟轨道结构、铺设施工、工程图识读及建模等内容。教学过程中,结合实际工程图纸辅助教学。

高速铁路道岔施工与建模主要讲解铁路道岔结构的基本组成和结构要求、铁路道岔铺设基本标准和主要施工工艺,培养学生具有道岔建模的能力。

无缝线路施工主要讲解跨区间无缝线路施工前的准备工作、轨道精调基本原理。

(二)教学内容及项目、学时安排

"高速铁路轨道结构建模与施工"课程教学内容、教学项目安排如表 2-279 所示。

表 2-279 "高速铁路轨道结构建模与施工"课程教学内容、教学项目安排表

模块	学习项目	教学内容	思政融入点	学时
建模基础及轨道结构	1. 轨道结构与轨道状态; 2. 有砟轨道建模基础	1. 有砟轨道结构组成; 2. 双块式无砟轨道结构; 3. 板式无砟轨道结构; 4. 轨道状态; 5. 建模知识简述; 6. 有砟轨道结构建模	1. 在实现中国梦的实践中放飞青春梦想; 2. 中国高铁,领跑世界; 3. 实事求是,科学严谨; 4. 自主研发,自主创新; 5. 版权意识,支持正版; 6. 智慧高铁	20
无砟轨道施工与建模	3. 双块式无砟轨道结构及建模; 4. 板式无砟轨道结构及建模	1. CRTSⅠ型双块式轨枕预制; 2. CRTSⅠ型双块式无砟轨道铺设施工; 3. CRTSⅡ型板式无砟轨道施工; 4. CRTSⅢ型板式无砟轨道施工; 5. 工程图识读及建模	1. 不积跬步,无以至千里; 2. 见微知著; 3. 防患于未然——裂缝的设置; 4. 全自动自主研发生产线; 5. 注意细节,一丝不苟	30

续表

模块	学习项目	教学内容	思政融入点	学时
高速铁路道岔施工与建模	5.高速铁路道岔施工与建模	1.道岔结构组成； 2.道岔放样图识读； 3.高速铁路长枕埋入式道岔基本施工工艺； 4.道岔铺设质量检测	1.选择的重要性； 2.一般与特殊辩证关系； 3.道岔有害空间——防患于未然； 4.质量意识、规范意识	6
无缝线路施工	6.无缝线路施工	1.跨区间无缝线路工作原理； 2.跨区间无缝线路铺设施工； 3.无缝线路路轨道精调施工	1.积极的人生观； 2.安全教育； 3.精益求精，不畏艰难	4

(三)学习项目设计

"高速铁路轨道结构建模与施工"课程学习项目设计如表 2-280 至表 2-285 所示。

表 2-280 项目 1：轨道结构与轨道状态

教学目标	1.熟悉高速铁路轨道结构的类型，掌握有砟轨道结构基本组成； 2.清楚无砟轨道结构基本形式，掌握板式、双块式无砟轨道结构基本结构组成； 3.掌握道岔基本结构组成； 4.掌握轨道状态检查基本方法；
教学内容	1.高速铁路有砟轨道结构； 2.道岔结构及分类； 3.高速铁路无砟轨道结构； 4.高速铁路轨道状态

教学任务设计	序号	任务描述
	任务 1.轨道结构	1.掌握轨道结构组成及相互连接关系； 2.识读出轨道结构图； 3.能独立进行轨道中间扣件、接头连接零件的安装和拆卸； 4.完成轨道结构图片一份； 5.完成道岔结构模型一套
	任务 2.轨道状态	1.掌握轨距尺操作方法； 2.清楚轨道结构各部位的名称； 3.进行轨道状态检测并处理数据

学时	16
教学方法	基于工作过程的实验教学法、模拟教学法、案例分析教学法、行动导向法

表 2-281 项目 2:有砟轨道建模基础

教学目标	1. 熟悉项目设置、坐标系定义; 2. 掌握标高及轴网绘制; 3. 熟悉 CAD 图纸处理、导入、设置; 4. 能进行参数化模型创建; 5. 能完成有砟轨道模型制作(实物); 6. 能用软件进行有砟轨道简单建模	
教学内容	1. 建筑信息模型(BIM)基础知识; 2. Revit 软件基本操作界面(建模环境设置); 3. 参数化模型创建; 4. 有砟轨道结构建模	
教学任务设计	序号	任务描述
	任务 1. 建筑信息模型(BIM)基础知识	1. 学习建筑信息模型(BIM)的概念; 2. BIM 技术发展及现状; 3. 建筑信息模型(BIM)的特点、优势和价值; 4. 了解建筑信息模型(BIM)软件体系、相关硬件; 5. 了解建模精度等级
	任务 2. 有砟轨道结构建模	1. 熟悉 Revit 软件的操作界面; 2. 掌握项目设置及坐标系定位; 3. 进行有砟轨道结构建模
学时	4	
教学方法	任务驱动法、行动导向教学法、项目教学法等	

表 2-282 项目 3:双块式无砟轨道结构及建模

教学目标	1. 掌握 CRTS Ⅰ 型双块式无砟轨道结构组成; 2. 掌握双块式无砟轨道底座板放样施工方法; 3. 了解 CRTS Ⅰ 型双块式无砟轨道轨道精调方法; 4. 了解 CRTS Ⅰ 型双块式无砟轨道质量检测方法; 5. 完成轨道板结构建模
教学内容	1. 双块式无砟轨道底座板放样施工; 2. CRTS Ⅰ 型双块式无砟轨道施工工艺和质量检测; 3. 双块式无砟轨道结构及建模

续表

	序号	任务描述
教学任务设计	任务1.CRTSⅠ型双块式轨枕预制	1.能识读CRTSⅠ型双块式无砟轨道结构图； 2.清楚轨枕预制的基本工序和检查要点
	任务2.CRTSⅠ型双块式无砟轨道铺设施工	1.识读CRTSⅠ型双块式无砟轨道施工图； 2.掌握CRTSⅠ型双块式无砟轨道施工工艺和质量检测方法
	任务3.双块式无砟轨道结构及建模	1.识读双块式无砟轨道板结构图纸； 2.绘制双块式无砟轨道板结构
学时	12	
教学方法	任务驱动法、行动导向教学法、项目教学法等	

表2-283 项目4:板式无砟轨道结构及建模

教学目标	1.掌握CRTSⅡ型板式无砟轨道结构,CRTSⅢ型板式无砟轨道结构,清楚其结构区别； 2.掌握板式无砟轨道底座板放样施工方法； 3.掌握CRTSⅡ型板式无砟轨道,CRTSⅢ型板式无砟轨道施工工艺和质量检测方法； 4.能够进行CRTSⅢ型板式无砟轨道结构建模
教学内容	1.板式无砟轨道底座板放样施工； 2.CRTSⅡ型板式无砟轨道施工工艺和质量检测； 3.CRTSⅢ型板式无砟轨道施工工艺和质量检测； 4.CA砂浆灌注施工； 5.CRTSⅢ型板式无砟轨道结构建模

	序号	任务描述
教学任务设计	任务1.CRTSⅡ型板式无砟轨道施工	1.CRTSⅡ型板式无砟轨道施工图； 2.CRTSⅡ型板式无砟轨道施工工艺和质量检测方法； 3.轨道板精调施工工艺和质量检测要点
	任务2.CRTSⅢ型板式无砟轨道施工	1.CRTSⅢ型板式无砟轨道施工图； 2.CRTSⅢ型板式无砟轨道施工工艺和质量检测方法； 3.CRTSⅢ与CRTSⅡ板施工的区别
	任务3.CRTSⅢ型板式无砟轨道结构建模	CRTSⅢ型板式无砟轨道结构建模
学时	18	
教学方法	实验教学法、模拟教学法、案例分析教学法、行动导向法	

表 2-284 项目 5:高速铁路道岔施工与建模

教学目标	1.掌握铁路道岔结构的基本组成和结构要求; 2.熟悉铁路道岔铺设基本标准和主要施工工艺,具有组织控制施工的基本能力
教学内容	1.道岔放样图识读并进行道岔放样施工; 2.铁路板式道岔和长枕埋入式道岔基本施工工艺; 3.道岔质量检测; 4.道岔结构建模
教学任务设计	序号 / 任务描述

教学任务设计	序号	任务描述
	任务1.铁路道岔铺设及检测	1.铁路道岔的结构; 2.铁路道岔铺设的基本工序; 3.道岔铺设质量检测的指标; 4.运用检测设备进行道岔检测
	任务2.铁路道岔建模	1.道岔结构图识读; 2.铁路道岔建模
学时	6	
教学方法	实验教学法、模拟教学法、案例分析教学法、行动导向法	

表 2-285 项目 6:无缝线路施工

教学目标	1.掌握跨区间无缝线路施工前的准备工作; 2.具备相应的组织跨区间无缝线路施工的基本能力; 3.掌握轨道精调基本方法和设备使用	
教学内容	1.跨区间无缝线路工作原理; 2.跨区间无缝线路铺设施工; 3.无缝线路轨道精调施工	
教学任务设计	序号	任务描述
	任务1.跨区间无缝线路铺设施工	1.跨区间无缝线路锁定轨温的设置; 2.掌握温度力的计算; 3.跨区间无缝线路施工的工序; 4.完成技术交底书
	任务2.无缝线路轨道精调	1.轨道精调的基本过程和步骤; 2.使用设备进行检测操作
学时	4	
教学方法	实验教学法、模拟教学法、案例分析教学法、行动导向法	

(四)教学要求

"高速铁路轨道结构建模与施工"课程教学要紧扣高速铁路施工与维护专业群教学标准和课程目标,在全面贯彻党的教育方针、落实立德树人根本任务的基础上,突出职业教育特色,使学生熟悉有砟轨道和无砟轨道轨道结构组成,清楚各种轨道结构的施工过程及重点工序,掌握各种轨道结构的建模方法。

(五)引入行业标准

(1)《高速铁路无砟轨道施工技术指南》(铁建设〔2010〕241号);

(2)《有砟轨道铁路铺砟整道施工作业指南》(铁建设〔2009〕141号);

(3)《高速铁路轨道工程施工质量验收标准》(TB 10754—2010)。

五、课程考核与评价

课程采用全过程性考核与评价,线上知识测试与线下技能考核相结合的方式,全面、客观地评价学生的学习效果。过程性考核在考察学生技能掌握程度的基础上,关注学生综合素养和技能应用能力。具体评价标准见表2-286。

表2-286 "高速铁路轨道结构建模与施工"课程考核评价体系

过程性考核 (分值权重)	考核项目	评价标准	过程性考核 (70%)	平时考核 (30%)
在线测试(20%)	在线课程期末考试	题目作答准确	客观试题(20%)	1.出勤情况、课堂表现、回答问题等综合表现; 2.小组讨论参与度、小组展示成果、制作模型完整度、安全意识、劳动意识等
轨道结构建模(45%)	有砟轨道结构建模	结构完整,操作正确	软件操作(10%)	
	双块式无砟轨道板结构绘制	结构完整,操作正确	软件操作(10%)	
	CRTSⅢ型板式无砟轨道结构绘制	绘制正确,操作熟练	软件操作(15%)	
	铁路道岔建模	绘制正确,操作熟练	软件操作(10%)	
轨道施工工艺仿真(35%)	CRTSⅢ型板式无砟轨道施工模型建立	模型与实际相符	软件操作(20%)	
	CRTSⅢ型板式无砟轨道施工工艺流程仿真	正确表达施工流程	软件操作(15%)	

六、课程资源

(一)教材选用

所用教材要求为近三年出版的高职高专规划教材,最好为"十三五"职业教育国家规划教材。教材应包括高速铁路轨道构造、无砟轨道施工、跨区间无缝线路铺设等内容,同时应配合使用最新版建模教材,鼓励使用富媒体教材、活页式教材、云教材等。

(二)数字化资源

依据本课程标准,充分运用各种信息技术手段,结合教学改革需要,开发微课、多媒体课件等数字化教学资源。

七、教学团队

任课教师要具有扎实的专业基础,有一定的工程实践经验和良好的教育教学能力;具有良好的职业道德和责任心,能够采用丰富的教学方法,具有较强的课程驾驭能力;具有较好的工程识图能力及专业和软件的结合能力;掌握轨道检测及精调设备的施工,掌握与课程相关的专业知识,掌握Revit软件建模操作。

(一)团队结构

建立课程负责人制度,组建课程教学团队,开发各项课程资源。组建年龄、性别、职称与学历结构合理,具有较强信息化教学能力的教学团队。

(二)双师素质

课程团队教师应具有双师素质,同时开展校企合作。鼓励教师深入一线进行学习培训及技术服务,掌握行业最新动态,提升教学能力。

八、教学设备要求

"高速铁路轨道结构建模与施工"课程教学设备配备要求如表 2-287 所示。

表 2-287 "高速铁路轨道结构建模与施工"课程教学设备配备要求

项目	技术参数与要求	数量
计算机	满足主流教学软件要求;支持网络同传和硬盘保护;多媒体教学系统	每工位 1 台
教学投影显示设备	投影仪或智慧一体机	≥1 台
计算机基本配置	Revit 软件,3DS MAX 软件,操作系统及相关驱动;常用工具软件,办公软件,图形编辑软件;信息安全防护软件,互联网软件	每台电脑都需要安装
仪器设备与软件	全站仪、轨检小车、塞尺、轨距尺、支矩尺、扳手、道尺、扭力扳手等作业工具	每 4~6 人 1 套
	高速铁路轨道结构实物或实训工区	根据教学需要选用

"高速铁路桥涵结构建模与施工"课程标准

一、课程性质与任务

(一)课程性质

"高速铁路桥涵结构建模与施工"课程是高速铁路施工与维护专业群高铁工程项目信息化管理专业的核心模块课程。本课程从高速铁路桥涵结构建模出发,培养学生应用 BIM 技术进行桥涵建模和虚拟建造,为后续课程的学习以及将来的工作打下坚实的基础。同时该课程也是学生职业素质养成的一个重要平台,可以培养学生的组织协调能力、团队合作能力、吃苦耐劳的精神,培养学生的质量意识、规范意识、标准意识与创新能力。

(二)课程任务

全面贯彻党的教育方针,落实立德树人根本任务,满足高铁智慧建造对人才培养的要求,围绕高等职业教育工程管理专业对 BIM 技术应用的培养需求,拓展虚拟建造的前沿技术,通过理实一体化教学,提升学生应用 BIM 技术解决工程实际问题的综合能力,使学生成为德智体美劳全面发展的高素质技术技能人才。

二、课程目标

(一)素质目标

(1)增强爱国热情和民族自信;
(2)能选择合适的榜样,树立远大理想;
(3)精益求精,不做豆腐渣工程;
(4)具备熟练操作、精益求精的工匠精神;
(5)认识"大国重器",养成用好"大国重器"的爱国情怀。

(二)知识目标

(1)熟悉 BIM 技术在高速铁路桥涵工程中应用的发展现状;
(2)掌握应用 Revit 软件进行高速铁路桥涵工程建模;
(3)掌握高速铁路桥涵工程的施工技术和应用 BIM 技术进行虚拟建造。

(三)技能目标

(1)具备能与团队进行沟通协作的能力;
(2)具备能吃苦耐劳、拼搏争先的精神。

三、课程思政

课程思政指以构建全员、全过程、全方位育人格局的形式将各类课程与思想政治理论课同向同行,形成协同效应,把"立德树人"作为教育的根本任务的一种综合教育理念。"高速铁路桥涵结构建模与施工"作为高速铁路施工与维护专业群核心课,其课程思政的主要形式是将思想政治教育元素,包括思想政治教育的理论知识、价值理念以及精神追求等融入课程学习及实践中去,潜移默化地对学生的思想意识、行为举止产生影响,具体包括测绘精神、质量意识、工匠精神、劳动精神、创新思维等。

本课程的课程思政形式具体如下:引入高铁工程大事件、工匠榜样,融入创新精神。以提升学生的"熟练、扎实"的技术应用能力为突破点,选取教学题材(如港珠澳大桥 BIM 技术应用大事件、武汉长江大桥通车 60 年英雄事迹等),以行业精神为引领,培养学生的职业认同感和自豪感,坚持把"热爱祖国,忠诚事业,艰苦奋斗,拼搏争先"的铁院精神融入课程教学过程。BIM 技术应用要工程技术与信息化技术相结合,融入"理论联系实际"和"实践检验真知"的哲学思想和质量意识。数据处理后按照现场要求进行成果提交,进行评价分析,引导学生正确认识成果质量,严把质量关。教学中结合卫星定位技术的发展和工程实践应用,结合工程一线的大国工匠的先进事迹,引导学生关注我国科技发展,帮助学生树立起对职业敬畏、对工作执着、对成果负责的态度,养成敬业、精益、专注、创新的工匠精神。依托真实的实训环境,开展劳动教育、安全教育。依托高铁桥梁实训基地、高铁实训工区开展项目教学,规范学生的安全意识,提升岗位实践能力,加强对学生的劳动教育。以高铁建设生产案例为载体,将现场技术人员遇到的生产问题引入课堂活动中,开展灵活教学形式,激发学生思维,引导学生提出解决问题的途径,提高学生团队协作、自主探究的创新思维能力。

四、课程结构与教学内容

根据高等职业学校专业和高速铁路施工与维护专业群教学标准要求,结合"高速铁路桥涵结构建模与施工"课程目标,确定本课程结构与教学内容,设计合理的学习项目及学时安排。

1.学习工匠精神,能选择合适的榜样,树立远大理想。

2. 了解高速铁路的发展成就,增强爱国热情和民族自信。

3. 了解高速铁路桥涵结构和适用条件,树立精益求精、不做豆腐渣工程的信念。

4. 施工图识读:结合高速铁路实训基地认识桥涵结构物。

5. 施工准备:结合桥涵施工组织设计方案创建临时结构(项目部)BIM模型。

6. 基础模型创建:了解桥涵的基础种类及各种基础施工方法、选择因素及原则,结合某高速铁路工程创建该工程采用施工类型的BIM模型。

7. 墩台结构模型创建:掌握墩台结构、施工方法,了解翻模和爬模的工艺工法及墩台结构质量评定控制测量等,结合某高速铁路工程创建墩台结构BIM模型。

8. 简支箱梁结构模型创建:掌握简支箱梁结构、梁场建设、预制、架设等施工方法,创建简支箱梁结构施工BIM模型。

9. 连续梁(刚构)桥结构模型创建:掌握连续梁(刚构)桥结构、挂篮施工方法,建立连续梁(刚构)桥结构施工结构BIM模型。

10. 涵洞结构模型创建:掌握涵洞结构、涵洞施工方法,建立某高速铁路工程涵洞结构BIM模型。

11. 高铁工程地形与场布。

12. 高铁典型桥涵建模案例。

(一)课程模块

"高速铁路桥涵结构建模与施工"课程由高铁桥涵工程基础模块、高铁桥涵下部工程模块、高铁桥涵上部工程模块和BIM技术综合应用模块四部分构成。

课程结合典型的高铁工程实例,从工程图识读、建模、标石埋设、整体静态控制测量及数据处理,到局部施工放样、技术总结,开展相对完整的应用实践,实现学生综合应用能力的培养。

(二)教学内容及项目、学时安排

"高速铁路桥涵结构建模与施工"课程教学内容、教学项目安排如表2-288所示。

表2-288 "高速铁路桥涵结构建模与施工"课程教学内容、教学项目安排表

模块	学习项目	教学内容	思政融入点	学时
高速铁路桥涵概述模块	1. 高铁桥涵结构和适用条件	1. 高速铁路的发展; 2. 高速铁路取得的成就; 3. 高铁桥梁结构体系; 4. 高铁桥涵基础的类型和适用条件	1. "深入细节、兼顾全局"的哲学思想; 2. 敬业、精益、专注、创新的工匠精神; 3. 新技术、新设备、新方法的改革和创新思想; 4. 服务人民、奉献社会的人生观	4
基础工程结构建模与施工模块	2. 高铁桥涵基础工程建模与施工	1. 高铁桥梁桩基的类型; 2. 拉伸和放样建模方法; 3. 高铁桥涵基础的类型和适用条件	1. 严谨认真、精益求精的专业精神; 2. "理论联系实际"和"实践检验真知"的哲学思想和质量意识; 3. 团队意识和协作精神; 4. 劳动教育和安全教育	8

续表

模块	学习项目	教学内容	思政融入点	学时
下部工程结构建模与施工模块	3.高铁桥涵单向收坡墩柱建模与施工； 4.高铁桥涵双向收坡墩柱建模与施工	1.放样融合和空心放样融合建模方法； 2.识读高铁工程墩柱施工设计图； 3.墩柱施工技术	1.严谨认真、精益求精的专业精神； 2."理论联系实际"和"实践检验真知"的哲学思想和质量意识； 3.团队意识和协作精神； 4.劳动教育和安全教育	24
上部工程结构建模与施工模块	5.简支箱梁建模与施工； 6.变截面连续梁（刚构）建模与施工	结合典型的高铁工程实例，开展相对完整的应用实践	1.严谨认真、精益求精的专业精神； 2."理论联系实际"和"实践检验真知"的哲学思想和质量意识； 3.团队意识和协作精神； 4.劳动教育和安全教育	36
高速铁路桥涵BIM技术综合应用模块	7.高铁桥涵BIM技术综合应用	结合典型的高铁工程实例，开展相对完整的应用实践	1.严谨认真、精益求精的专业精神； 2."理论联系实际"和"实践检验真知"的哲学思想和质量意识； 3.团队意识和协作精神； 4.劳动教育和安全教育	16

(三)学习项目设计

"高速铁路桥涵结构建模与施工"课程学习项目设计如表 2-289 至表 2-295 所示。

表 2-289 项目1：高铁桥涵结构和适用条件

教学目标	1.了解高铁桥涵基础的类型和适用条件； 2.能够进行点校正和地方坐标测量； 3.具备熟练操作、精益求精的工匠精神	
教学内容	1.高铁桥梁结构体系； 2.高铁桥涵基础的类型和适用条件	
教学任务设计	序号	任务描述
	任务1.桥梁结构体系和专业术语	1.学习桥梁结构体系； 2.学习我国桥梁的发展成就； 3.学习世界十大桥梁； 4.学习桥梁专业术语
	任务2.上部结构型式和适用条件	1.学习桥梁下部结构的类型； 2.学习桥梁上部结构型式和适用条件
	任务3.下部结构型式和适用条件	1.学习桥梁下部结构的类型； 2.学习桥梁下部结构型式和适用条件
学时	4	
教学方法	讲授法、案例法	

表2-290 项目2:高铁桥涵基础工程建模与施工

教学目标	1.了解高铁桥涵基础的类型和适用条件； 2.掌握高铁桥涵桩基建模的原则和要求； 3.掌握高铁桥涵承台建模的原则和要求； 4.掌握高铁桥涵桩基的施工技术和工艺流程； 5.掌握高铁桥涵承台的施工技术和工艺流程	
教学内容	1.高铁桥梁桩基的类型； 2.拉伸和放样建模方法； 3.高铁桥涵基础的类型和适用条件	
教学任务设计	序号	任务描述
	任务1.高铁桥梁桩基的类型	1.学习桥梁桩基的分类； 2.学习桥梁桩基的施工技术
	任务2.桩基的建模方法	1.学习拉伸和放样建模方法； 2.学习桥梁桩基的建模方法
	任务3.高铁桥涵基础的施工技术	1.冲击钻施工工艺； 2.旋挖钻施工工艺
学时	8	
教学方法	演示法、讲授法、案例法	

表2-291 项目3:高铁桥涵单向收坡墩柱建模与施工

教学目标	1.掌握放样融合和空心放样融合建模方法； 2.能够识读高铁工程墩柱施工设计图； 3.能够正确进行单向收坡墩柱建模； 4.能够正确选择墩柱施工方法； 5.具备熟练操作、精益求精的工匠精神	
教学内容	1.放样融合和空心放样融合建模方法； 2.识读高铁工程墩柱施工设计图； 3.墩柱施工技术	
教学任务设计	序号	任务描述
	任务1.墩柱建模方法	1.学习放样融合建模方法； 2.学习空心放样融合建模方法
	任务2.单向收坡墩柱的识读和建模参数提取	1.学习单向收坡墩柱的识读方法； 2.建模参数提取
	任务3.墩柱施工技术	翻模施工技术
学时	12	
教学方法	启发式教学、任务驱动、案例教学、卡片式教学	

表 2-292　项目 4:高铁桥涵双向收坡墩柱建模与施工

教学目标	1. 掌握放样融合和空心放样融合建模方法; 2. 能够识读高铁工程墩柱施工设计图; 3. 能够正确进行双向收坡墩柱建模; 4. 能够正确选择墩柱施工方法; 5. 具备熟练操作、精益求精的工匠精神	
教学内容	1. 放样融合和空心放样融合建模方法; 2. 识读高铁工程墩柱施工设计图; 3. 墩柱施工技术	
教学任务设计	序号	任务描述
	任务 1. 墩柱建模方法	1. 学习放样融合建模方法; 2. 学习空心放样融合建模方法; 3. 学习参数化族建模方法
	任务 2. 双向收坡墩柱的识读和建模参数提取	1. 学习双向收坡墩柱的识读方法; 2. 建模参数提取
	任务 3. 墩柱施工技术	1. 爬模施工技术; 2. 滑模施工技术
学时	12	
教学方法	启发式教学、任务驱动、案例教学、卡片式教学	

表 2-293　项目 5:简支箱梁建模与施工

教学目标	1. 学习简支箱梁的结构类型和特点; 2. 能够应用嵌套族方法进行建模; 3. 能够应用参数化族方法进行建模; 4. 做到理论联系实际,提高解决实际问题的能力; 5. 具备安全规范、精益求精的职业素养	
教学内容	在教师的引导下,结合案例要求,在高铁桥梁实训工区布设开展简支箱梁结构认知,箱梁的预制、存放、运输和架设的综合施工能力	
教学任务设计	序号	任务描述
	任务 1. 简支箱梁的结构类型和特点	1. 简支箱梁的结构类型和特点; 2. 简支箱梁的适用条件
	任务 2. 建模方法	1. 嵌套族方法进行建模; 2. 参数化族方法进行建模
	任务 3. 简支箱梁施工技术	1. 箱梁的预制、存放、运输和架设施工技术; 2. 预应力智能张拉和压浆技术
学时	18	
教学方法	启发式教学、任务驱动、案例教学、卡片式教学	

表 2-294　项目 6：变截面连续梁(刚构)建模与施工

教学目标	1. 学习变截面连续梁(刚构)的结构类型和特点； 2. 能够应用嵌套族方法进行建模； 3. 能够应用参数化族方法进行建模； 4. 做到理论联系实际，提高解决实际问题的能力； 5. 具备安全规范、精益求精的职业素养	
教学内容	在教师的引导下，结合案例要求，在高铁桥梁实训工区布设开展变截面连续梁(刚构)结构认知，箱梁的预制、存放、运输和架设的综合施工能力	
教学任务设计	序号	任务描述
	任务 1. 变截面连续梁(刚构)的结构类型和特点	1. 变截面连续梁(刚构)的结构类型和特点； 2. 变截面连续梁(刚构)的适用条件
	任务 2. 建模方法	1. 嵌套族方法进行建模； 2. 共享参数化族方法进行建模
	任务 3. 变截面连续梁(刚构)施工技术	1. 变截面连续梁(刚构)施工技术； 2. 挂篮施工工艺
学时	18	
教学方法	启发式教学、任务驱动、案例教学、卡片式教学	

表 2-295　项目 7：高铁桥涵 BIM 技术综合应用

教学目标	1. 掌握高速铁路桥涵工程项目的建模方法； 2. 熟悉高铁桥涵的最新施工技术； 3. 能够应用 Revit 软件进行项目建模； 4. 能够结合图纸，完成工程量核对； 5. 做到理论联系实际，提高解决实际问题的能力； 6. 具备安全规范测量的职业素养	
教学内容	在教师的引导下，结合案例要求，在高铁仿真实训中心开展高铁桥涵工程虚拟建造的综合能力	
教学任务设计	序号	任务描述
	任务 1. 高速铁路桥涵工程项目的建模	桥涵项目建模
	任务 2. 工程量核对	1. 工程量提取； 2. 工程量核对
	任务 3. 施工进度模拟	施工进度模拟
学时	16	
教学方法	启发式教学、任务驱动、案例教学、卡片式教学	

(四)教学要求

"高速铁路桥涵结构建模与施工"课程教学要紧扣高速铁路施工与维护专业群教学标准和课程目标,在全面贯彻党的教育方针、落实立德树人根本任务的基础上,突出职业教育特色,培养学生利用BIM技术解决工程实际问题的能力,提升学生的工程实践能力。

课程教学要落实立德树人的根本任务,贯彻课程思政要求,使学生在复杂的社会环境和工作环境中能够有担当、辨是非、求上进、有作为。突出学生技能培养,提升学生利用BIM技术进行高铁桥涵工程施工管理的能力。培养学生创新意识,对于工作中出现的各类问题能够进行分析判断,提出合理的解决方案。

(五)引入行业标准

(1)《铁路工程信息模型统一标准》(TB/T 10183—2021);
(2)《铁路工程信息模型施工阶段实施标准》(T/CRBIM 013—2018);
(3)《高速铁路桥涵工程施工技术规程》(Q/CR 9603—2015);
(4)《高速铁路桥涵工程施工质量验收标准》(TB 10752—2010)。

五、课程考核与评价

课程采用"总评成绩(100%)=平时成绩(20%)+过程性考核(30%)+期末考试(50%)",机上建模实操测试与高铁桥涵施工技术理论考核相结合的方式,全面、客观地评价学生的学习效果。过程性考核在考察学生技能掌握程度的基础上,关注学生综合素养和技能应用能力,主要考评高铁桥涵结构建模、高速铁路桥涵BIM综合应用、高铁桥涵施工技术理论等三个方面。具体评价标准见表2-296。

表2-296 "高速铁路桥涵结构建模与施工"课程考核评价体系

过程性考核 (分值权重)	考核项目	评价标准	过程性考核 (30%)	平时考核 (20%)	期末考试 (50%)
高铁桥涵结构建模 (50%)	桥涵基础建模	结构准确,参数化正确	软件操作(20%)	1. 基本素质评价,包括出勤情况、资源学习、课堂参与等综合表现; 2. 职业素质评价,包括项目参与度、承担角色和任务完成情况、劳动意识、创新精神等	高铁桥涵的类型和适用条件,基础、下部和上部工程施工技术和工艺
	墩柱建模	数据预处理正确	软件操作(15%)		
	上部结构建模	数据处理成果可靠	软件操作(15%)		
高速铁路桥涵BIM综合应用(30%)	桥涵项目建模	平、纵位置准确	软件操作(15%)		
	施工场布	三通一平,功能区分离	软件操作(15%)		
高铁桥涵施工技术理论(20%)	高铁桥涵施工工艺	题目作答准确性	客观试题(20%)		

六、课程资源

(一)教材选用

所用教材要求为近三年出版的高职高专规划教材,既能反映最新发展水平,又能适应高等职业教育的需要,能够帮助学生提高分析问题、解决问题的能力,突出高素质技术技能人才培养特点。教材应包括基础模型创建、墩台结构模型创建、简支箱梁和连续梁(刚构)结构模型创建、涵洞结构模型、高速铁路桥涵BIM综合应用技术等内容。鼓励教师结合教育教学改革和信息化教学需要,以思想性、科学性、发展性、规范性为原则,校企合作编写立体化和富媒体化教材、活页式教材、云教材等。

(二)数字化资源

依据本课程标准,充分运用各种信息技术手段,结合教学改革需要,开发微课、多媒体课件等数字化教学资源,建设在线开放课,实现优质资源共建共享,提升课程的教学效果。

七、教学团队

教师是学生学习课程的纽带,是引导学生掌握实践技能的关键。任课教师要树立良好的师德师风,符合教师专业标准要求,具有扎实的专业基础,具有一定的工程实践经验和良好的教育教学能力。

(一)团队结构

建立课程负责人制度,组建课程教学团队,积极组织开展各类教研活动,促进青年教师成长。学校应采用人才引进、自主培养等途径,组建年龄、性别、职称与学历结构合理,具有较强信息化教学能力的教学团队。

(二)双师素质

课程团队教师应具有双师素质,同时开展校企合作。教师应坚持定期到高铁项目施工一线进行实践锻炼,与时俱进地提升教师的BIM技术应用水平和工程实践经验。具有较好的工程识图能力及专业和软件的结合能力,熟练掌握BIM建模软件操作,具有较强的理论联系实际的能力。鼓励支持教师进行课程教学改革创新,使课程教学更好地适应学生全面发展和个性化发展的需要,满足经济社会发展需求。

八、教学设备要求

"高速铁路桥涵结构建模与施工"课程教学设备配备要求如表2-297所示。

表2-297 "高速铁路桥涵结构建模与施工"课程教学设备配备要求

项目	技术参数与要求	数量
计算机	满足主流教学软件要求;支持网络同传和硬盘保护;多媒体教学系统	每工位1台
教学投影显示设备	投影仪或智慧一体机	≥1台
计算机基本配置	操作系统及相关驱动;常用工具软件,办公软件,图形编辑软件;信息安全防护软件;互联网软件	根据教学需要选用
仪器设备与软件	Revit软件;AutoCAD软件	根据教学需要选用
实训基地	高速铁路桥梁实训基地	根据教学需要选用

"高速铁路隧道结构建模与施工"课程标准

一、课程性质与任务

(一)课程性质

随着高速铁路工程的建设,数字化建造技术在高铁领域的应用越来越广泛,越来越重要,所以越来越多的高校开设了建设项目信息化管理专业。高铁结构建模是建筑数字化建设、智慧化施工的基础技术。培养高铁结构的建模人才,对数字施工、智慧施工等基础设施建设发挥着重要的人才支撑作用。高速铁路隧道是高速铁路工程的重要组成部分,在高速铁路工程中具有重要的作用。

"高速铁路隧道结构建模与施工"课程是高速铁路施工与维护专业群高铁工程项目信息化管理专业的核心模块课程。本课程从高速铁路隧道结构建模开始,培养学生的识图能力、建模能力、应用模型能力,为后续课程的学习以及将来的工作打下坚实的基础。同时该课程也是学生职业素质养成的一个重要平台,可以培养学生的组织协调能力、团队合作能力、吃苦耐劳的精神,培养学生的质量意识、规范意识与创新能力。

(二)课程任务

全面贯彻党的教育方针,落实立德树人根本任务,满足高铁智慧建造对人才培养的要求,围绕高等职业教育建设项目信息化管理专业对高速铁路及结构建模的培养需求,拓展高速铁路隧道、项目信息化管理的前沿技术,通过理实一体化教学,提升学生应用BIM技术解决工程实际问题的综合能力,使学生成为德智体美劳全面发展的高素质技术技能人才。

二、课程目标

(一)素质目标

(1)养成良好的上机操作素养;
(2)增强知识产权意识;
(3)具备吃苦耐劳、拼搏争先的敬业精神;
(4)具备熟练操作软件、建模精益求精的工匠精神;
(5)培养学生认识建筑数字化的重要性,培养学生的信息化素养。

(二)知识目标

(1)熟悉高速铁路隧道结构图纸;
(2)掌握高速铁路隧道结构及建模;
(3)熟悉高速铁路隧道施工技术;
(4)掌握 Civil 3D 软件的基本操作;
(5)掌握 Revit 软件的基本操作;
(6)掌握高速铁路隧道模型的应用。

(三)技能目标

(1)能识图(高铁隧道结构图纸);
(2)能利用相关专业软件建立高速铁路隧道结构模型;
(3)能组织高速铁路隧道施工;

(4)能熟练运用 AutoCAD、Civil 3D 软件建立高速铁路隧道结构模型;
(5)能够统计高速铁路隧道开挖与回填工程量;
(6)能够运用高速铁路隧道模型进行基本的施工管理。

三、课程思政

课程思政的目的就是为了实现各类课程与思想政治理论课的同向同行,实现协同育人。开展课程思政建设,提高课程育人成效,践行立德树人根本使命,已经成为广大高职院校的共识。"高速铁路隧道结构建模与施工"作为高速铁路施工与维护专业群核心课程,其课程思政的主要形式是将思想政治教育元素,包括思想政治教育的理论知识、价值引领以及精神追求、职业素养等融入课程学习及实践中去,潜移默化地对学生的思想意识、行为举止产生影响,具体包括产权意识、团队协作、工匠精神、爱国主义、创新意识等。

本课程的课程思政形式具体如下:通过引入《超级工程Ⅱ》《大国工匠》等视频,以提升学生"熟练、扎实"的 BIM 技术应用能力为突破点,选取教学题材,讲解我国在基础设施建设上面所取得的成就,激发学生对所学专业的认同感和民族自豪感。引导学生体会老一辈铁路人为祖国的建设所付出的努力,让学生理解付出和收获是成正比的,并且潜移默化地培养学生吃苦奉献、拼搏争先的精神。结合真实工程案例港珠澳大桥岛隧项目,讲解在隧道建设中国外高昂的技术服务费用以及我们在软件行业目前所面临的挑战,让学生知道我国基建事业在国际上的地位以及面临的挑战,激发学生的创新意识与奋斗意识。在学习建模过程中,布置团队讨论探索任务,锻炼学生的团队协作意识。对比学生自己建立的模型与现场施工视频、图片,让学生能够以事实为依据,理论联系实践,明白施工现场才是检验模型的最佳途径。针对学生提交的模型数据,选取具有代表性的作品,让学生轮流进行评价、分析,提高学生的参与度,锻炼学生的语言组织能力、分析总结问题能力。结合 BIM 技术在高速铁路隧道施工中的运用以及引入 BIM 技术后对高速铁路隧道施工的改变,引导学生思考如何通过建筑信息化技术对我国的高速铁路隧道施工技术进行改造升级,使我国的高速铁路隧道施工技术处于世界领先水平。让学生在学习的过程中,认识 BIM 技术,了解 BIM 技术,喜欢 BIM 技术,掌握 BIM 技术。同时,在课堂教学过程中提高学生的规范意识与实践能力,加强劳动教育。另外,让学生对专业知识有更深入掌握的同时,让学生在世界观、人生观、价值观上得到更好的塑造,达到课程思政"立德树人"的目标。

四、课程结构与教学内容

根据高等职业学校专业和高速铁路施工与维护专业群教学标准要求,结合"高速铁路隧道结构建模与施工"的课程目标,确定本课程结构与教学内容,设计合理的学习项目及学时安排。

(一)课程模块

"高速铁路隧道结构建模与施工"课程由高速铁路隧道结构认识、高速铁路隧道结构建模、高速铁路隧道施工仿真三部分构成。

高铁隧道结构认识模块是提升学生高速铁路隧道结构建模能力的基础,包括提高高铁隧道结构识图能力、熟悉高速铁路隧道附属结构物、掌握高速铁路隧道围岩分级的基本因素和修正因素等内容。

高铁隧道结构建模模块的作用是提升学生的高铁隧道结构建模能力,包括 Revit 软件的操作、Civil 3D 软件基本操作、地形图导入操作、高速铁路隧道线形、高速铁路隧道断面绘制等内容。

高速铁路隧道施工仿真模块的作用是提升学生对模型的应用能力以及对项目的管理水平,包括运用相关专业软件对高速铁路隧道施工进行仿真模拟、提取工程量等内容。

(二)教学内容及项目、学时安排

"高速铁路隧道结构建模与施工"课程教学内容、教学项目安排如表 2-298 所示。

表 2-298 "高速铁路隧道结构建模与施工"课程教学内容、教学项目安排表

模块	学习项目	教学内容	思政融入点	学时
高速铁路隧道结构认识模块	1. 高速铁路隧道结构识图； 2. 高速铁路隧道结构认识	1. 高速铁路隧道洞门类型、作用； 2. 高速铁路隧道衬砌类型和构造； 3. 高速铁路隧道净空； 4. 高速铁路隧道附属结构物； 5. 围岩分级目的和分级因素	1. 超级工程Ⅱ——中国路； 2. 港珠澳大桥穿髓； 3. 识图与绘图——规则意识； 4. 安全教育； 5. 服务整体、全局眼光； 6. 吃苦奉献、拼搏争先的人生观	16
高速铁路隧道结构建模模块	3. 高速铁路隧道结构建模	1. Revit 软件的操作； 2. Civil 3D 软件基本操作； 3. 地形图导入操作； 4. 高速铁路隧道线形； 5. 高速铁路隧道断面绘制	1. 创新意识； 2. "实践检验真知"的质量意识； 3. 熟能生巧的工作意识； 4. 工匠精神； 5. 遵守企业制度； 6. 安全教育； 7. 新技术、新设备、新方法的改革和创新思想	18
高速铁路隧道施工仿真模块	4. 高速铁路隧道施工技术； 5. 高速铁路隧道施工仿真	1. 高速铁路隧道洞口工程施工； 2. 高速铁路隧道开挖技术； 3. 高速铁路隧道支护措施； 4. 3DS MAX 软件基本操作； 5. 对隧道施工进行仿真模拟	1. 敢于直面困难，解决困难的精神； 2. 团队协作意识； 3. 遵守规章制度和施工规范——规则意识； 4. 求实、求真的科学精神； 5. 创新优化施工方案——创新思维	30

(三)学习项目设计

"高速铁路隧道结构建模与施工"课程学习项目设计如表 2-299 至表 2-303 所示。

表 2-299 项目 1：高速铁路隧道结构识图

教学目标	1. 了解高速铁路识图基本原则； 2. 掌握高速铁路隧道基本结构组成； 3. 掌握高速铁路隧道结构图纸； 4. 掌握高速铁路隧道结构的地形图； 5. 读懂高速铁路隧道纵断面图纸和洞门设计图纸； 6. 了解高速铁路隧道设计意图； 7. 能利用 CAD 完成衬砌断面图的绘制

教学内容	1. 高速铁路识图基本原则； 2. 高速铁路隧道基本结构组成； 3. 高速铁路隧道结构图纸； 4. 高速铁路隧道结构的地形图； 5. 高速铁路隧道断面图； 6. 高速铁路隧道洞口设计图

教学任务设计	序号	任务描述
	任务1. 高速铁路隧道基本组成	1. 学习高速铁路隧道的特点； 2. 学习高速铁路的基本分类
	任务2. 高速铁路隧道识图	1. 学习识图的基本规则； 2. 学习高铁隧道图纸的识读方法
	任务3. 高速铁路隧道绘图	1. 绘制简单的高速铁路隧道图纸； 2. 小组分别完成绘图的一部分； 3. 找出图纸中问题； 4. 解决识图的难点

学时	6
教学方法	启发式教学、任务驱动、案例教学法、测站教学法

表2-300 项目2:高速铁路隧道结构认识

教学目标	1. 掌握高速铁路隧道洞门和衬砌结构； 2. 熟悉高速铁路隧道的附属结构物； 3. 熟悉高速铁路隧道穿越工地地质条件； 4. 掌握高速铁路隧道围岩分级的基本因素和修正因素； 5. 能辨别围岩级别； 6. 能认识高速铁路隧道主体结构物和附属结构物
教学内容	1. 高速铁路隧道洞门类型、作用； 2. 高速铁路隧道衬砌类型和构造； 3. 高速铁路隧道净空； 4. 高速铁路隧道附属结构物； 5. 围岩分级目的和分级因素

续表

	序号	任务描述
教学任务设计	任务1.高速铁路隧道洞门	1.通过洞门设计图纸引导学生认识洞门的类型； 2.掌握洞门的作用； 3.了解洞门设计要点
	任务2.高速铁路隧道衬砌	1.通过隧道洞身平面图认识隧道衬砌的组成； 2.通过隧道洞身平面图认识隧道衬砌的结构
	任务3.高速铁路隧道附属结构物	通过高速铁路隧道施工图纸,熟悉高速铁路隧道的附属结构物,掌握高速铁路隧道的附属结构物的类型和设置要求
	任务4.围岩分级	通过图纸引导学生熟悉高速铁路隧道穿越工程地质条件,能根据地质条件确定围岩级别,判定围岩的稳定性,掌握高速铁路隧道围岩分级的指标
学时	10	
教学方法	启发式教学、任务驱动、案例教学法、小组学习	

表2-301 项目3:高速铁路隧道结构建模

教学目标	1.掌握Civil 3D基本操作； 2.掌握Revit参数化建模操作； 3.掌握高速铁路隧道横断面绘制； 4.树立精益求精的职业素养； 5.刻苦练习的精神
教学内容	1.Civil 3D基本操作； 2.Revit基本操作； 3.地形图导入； 4.横断面绘制； 5.高速铁路隧道附属结构建模

续表

	序号	任务描述
教学任务设计	任务1.Revit基本操作	1.Revit软件界面认识； 2.Revit参数化建模操作
	任务2.Civil 3D基本操作及地形图导图	1.Civil 3D软件界面认识； 2.Civil 3D界面操作； 3.Civil 3D地形数据导入
	任务3.高速铁路隧道横断面绘制	1.横断面设置； 2.横断面绘制
	任务4.高速铁路隧道附属结构建模	1.高速铁路隧道附属结构物绘制； 2.高速铁路隧道附属结构物建模
学时	18	
教学方法	启发式教学、任务驱动、案例教学、卡片式教学	

表2-302 项目4：高速铁路隧道施工技术

教学目标	1.掌握高速铁路隧道开挖方法的选择； 2.掌握高速铁路隧道支护工程的施工工艺； 3.熟悉支护工程施工注意事项； 4.能进行支护质量检查； 5.能进行防排水工程施工
教学内容	1.高速铁路隧道施工方法； 2.高速铁路隧道洞身和洞口开挖； 3.高速铁路隧道装渣运输； 4.支护工程施工与控制； 5.高速铁路隧道防排水工程施工

	序号	任务描述
教学任务设计	任务1.高速铁路隧道施工方案选定	1.引导学生学习高速铁路隧道主要开挖方法、施工工序及各工序质量控制要点； 2.洞口常用的施工方法，洞口与洞身施工的区别
	任务2.开挖作业施工	1.高速铁路隧道施工各种开挖方法的特点； 2.高速铁路隧道钻爆施工注意事项； 3.高速铁路隧道塌方的原因分析
	任务3.装渣运输	1.分析三种出渣运输方式特点及应用； 2.学习提高出渣运输效率的要点

续表

教学任务设计	序号	任务描述
	任务4.支护工程施工	1.学习锚杆、喷射混凝土、钢拱架等初期支护的特点、应用、施工工艺及质量控制要点； 2.学习超前锚杆、超前小导管、超前管棚等超前支护及围岩预注浆技术的特点、应用、施工工艺及质量控制要点； 3.学习建筑混凝土二次衬砌的施工时机、施工工艺、施工质量控制要点
	任务5.防排水工程施工	1.学习高速铁路隧道防排水原则与防排水系统的组成部分； 2.学习防水层、施工缝与变形缝、排水盲管的施工技术
学时	16	
教学方法	启发式教学、任务驱动、案例教学、卡片式教学	

表2-303 项目5：高速铁路隧道施工仿真

教学目标	1.掌握高速铁路隧道施工仿真软件操作； 2.掌握高速铁路隧道仿真模型应用； 3.能够结合模型，进行施工应用； 4.能够解决施工过程中的实际问题； 5.具备良好的职业素养	
教学内容	1.建立高速铁路隧道施工仿真模型； 2.施工仿真模型的应用	
教学任务设计	序号	任务描述
	任务1.建立高速铁路隧道施工仿真模型	隧道施工仿真软件操作
	任务2.高速铁路隧道施工仿真模型的应用	1.能够导出施工漫游； 2.能够制作简单的施工交底动画
学时	14	
教学方法	案例教学、任务驱动、上机操作、小组讨论	

(四)教学要求

"高速铁路隧道结构建模与施工"课程教学要紧扣高速铁路施工与维护专业群教学标准和课程目标,在全面贯彻党的教育方针、落实立德树人根本任务的基础上,突出职业教育特色,培养学生利用BIM技术建造模型的能力,提升学生应用模型的能力。

课程教学要落实立德树人的根本任务,贯彻课程思政要求,使学生在复杂的社会环境和工作环境中能够有担当、辨是非、求上进、有作为。突出学生技能培养,提升学生掌握高速铁路隧道建模与施工仿真软件的能力。培养学生创新意识,对于建模过程中出现的各类问题能够进行分析判断,提出合理的解决方案。

(五)引入行业标准

(1)《铁路工程信息模型统一标准》(TB/T 10183—2021);
(2)《铁路工程信息模型施工阶段实施标准》(T/CRBIM 013—2018);
(3)《高速铁路隧道施工技术指南》(铁建设〔2010〕24号);
(4)《高速铁路隧道工程施工质量验收标准》(TB 10753—2010);
(5)《铁路隧道防排水工程施工》(TZ 331—2009)。

五、课程考核与评价

课程采用全过程性考核与评价,线上知识测试与线下技能考核相结合的方式,全面、客观地评价学生的学习效果。过程性考核在考察学生技能掌握程度的基础上,关注学生综合素养和技能应用能力,主要考评高速铁路隧道结构知识在线测试、高速铁路隧道结构建模、高速铁路隧道施工技术、高速铁路隧道施工仿真等四个方面。具体评价标准见表2-304。

表2-304 "高速铁路隧道结构建模与施工"课程考核评价体系

过程性考核 (分值权重)	考核项目	评价标准	过程性考核 (70%)	平时考核 (30%)
在线测试(20%)	在线课程期末考试	题目作答准确	20%	1.基本素质评价,包括出勤情况、资源学习、课堂参与等综合表现; 2.职业素质评价,包括项目参与度、承担角色和任务完成情况、劳动意识、创新精神等。
高速铁路隧道结构建模(30%)	地形图导入	地形图导入设置正确	6%	
	横断面绘制	绘制正确	6%	
	高速铁路隧道结构建模	软件操作熟练、模型建立正确	18%	
高速铁路隧道施工技术(25%)	隧道开挖方法选定	高速铁路隧道开挖方法选定书面资料、开挖方法模型和汇报PPT	6.25%	
	开挖作业施工与控制	高速铁路隧道钻爆参数计算的书面资料和汇报PPT	5%	
	装渣运输	装渣运输组织和文明施工交底	3.75%	
	支护工程施工与控制	支护工程作业交底和汇报PPT	6.25%	
	防排水工程施工与控制	高速铁路隧道防排水工程施工作业交底书和防排水结构模型	3.75%	
高速铁路隧道施工仿真(25%)	高速铁路隧道施工仿真模型建立	模型建立正确	15%	
	仿真模型应用	导出的文件符合要求	10%	

六、课程资源

(一)教材选用

所用教材要求为近三年出版的主流软件操作实例教材,既能反映 BIM 技术最新发展水平,又能适应高等职业教育的需要,能够帮助学生提高分析问题、解决问题的能力,突出高素质技术技能人才培养特点。教材应包括 Civil 3D 基本操作、高速铁路隧道施工技术、高速铁路隧道建模操作、高速铁路隧道施工仿真操作、高速铁路隧道模型应用等内容。鼓励教师结合教育教学改革和信息化教学需要,以思想性、科学性、发展性、规范性为原则,校企合作编写立体化和富媒体化教材、活页式教材、云教材等。

(二)数字化资源

依据本课程标准,充分运用各种信息技术手段,结合教学改革需要,开发微课、课件等数字化教学资源,建设在线开放课,实现优质资源共建共享,提升课程的教学效果。

七、教学团队

教师是学生学习课程的纽带,是引导学生掌握实践技能的关键。任课教师要树立良好的师德师风,符合教师专业标准要求,具有扎实的专业基础,具有一定的工程实践经验和良好的教育教学能力。

(一)团队结构

建立课程负责人制度,组建课程教学团队,积极组织开展各类教研活动,促进青年教师成长。学校应采用人才引进、自主培养等途径,组建年龄、性别、职称与学历结构合理,具有较强信息化教学能力的教学团队。

(二)双师素质

课程团队教师应具有双师素质,最好是具有软件操作方面的资格证书,同时开展校企合作。教师应坚持定期到高铁项目施工一线进行实践锻炼,与时俱进地提升教师建模水平和工程实践经验。鼓励支持教师进行课程教学改革创新,使课程教学更好地适应学生全面发展和个性化发展的需要,满足经济社会发展需求。

八、教学设备要求

"高速铁路隧道结构建模与施工"课程教学设备配备要求如表 2-305 所示。

表 2-305 "高速铁路隧道结构建模与施工"课程教学设备配备要求

项目	技术参数与要求	数量
计算机	满足主流教学软件要求;支持网络同传和硬盘保护;多媒体教学系统	每工位 1 台
教学投影显示设备	投影仪或智慧一体机	≥1 台
计算机基本配置	操作系统及相关驱动;常用工具软件,办公软件,图形编辑软件;信息安全防护软件;互联网软件	根据教学需要选用
仪器设备与软件	Revit 软件;Civil 3D 软件;3DS MAX 软件	每台电脑都需要安装
	移动存储设备	根据教学需要选用

"高速铁路路基结构建模与施工"课程标准

一、课程性质与任务

(一)课程性质

"高速铁路路基结构建模与施工"课程是高速铁路施工与维护专业群高铁工程项目信息化管理专业的核心模块课程。本课程从高速铁路路基结构建模开始,培养学生应用识图能力、建模能力、应用模型能力,为后续课程的学习以及将来的工作打下坚实的基础。同时该课程也是学生职业素质养成的一个重要平台,可以培养学生的组织协调能力、团队合作能力、吃苦耐劳的精神,培养学生的质量意识、规范意识与创新能力。

(二)课程任务

全面贯彻党的教育方针,落实立德树人根本任务,满足高铁智慧建造对人才培养的要求,围绕高等职业教育建设项目信息化管理专业对高速铁路及结构建模的培养需求,拓展高速铁路路基施工技术,通过理实一体化教学,提升学生应用BIM建模软件建立实际工程项目模型的综合能力,使学生成为德智体美劳全面发展的高素质技术技能人才。

二、课程目标

(一)素质目标

(1)养成良好的上机操作素养;
(2)增强知识产权意识;
(3)具备吃苦耐劳、拼搏争先的敬业精神;
(4)具备熟练操作软件、建模精益求精的工匠精神;
(5)培养学生认识建筑数字化的重要性,培养学生的信息化素养。

(二)知识目标

(1)熟悉高速铁路路基结构图纸;
(2)掌握高速铁路路基结构及建模;
(3)熟悉高速铁路路基施工技术;
(4)掌握 Civil 3D 软件的基本操作;
(5)掌握 Revit 软件的基本操作;
(6)掌握线路设计的基本要素;
(7)掌握铁路路基设计的原则;
(8)掌握路基模型的应用。

(三)技能目标

(1)能识图(高铁路基结构图纸);

(2)能建立高速铁路路基结构模型;
(3)能组织高速铁路路基施工;
(4)能运用 Civil 3D 软件建立路基模型;
(5)能够统计路基开挖土石方工程量;
(6)能够运用路基模型进行基本的施工管理。

三、课程思政

开展课程思政建设,提高课程育人成效,践行立德树人根本使命,已经成为广大高职院校的共识。"高速铁路路基结构建模与施工"作为高速铁路施工与维护专业群核心课,其课程思政的主要形式是将思想政治教育元素,包括思想政治教育的理论知识、价值引领以及精神追求、职业素养等融入课程学习及实践中去,潜移默化地对学生的思想意识、行为举止产生影响,具体包括产权意识、团队协作、工匠精神、爱国主义、创新意识等。

本课程的课程思政具体形式如下:通过引入"高铁时代"视频,激发学生的爱国主义。讲解我国路基结构工业软件方面的现状,激发学生的版权意识与创新意识。通过学生小组完成任务,锻炼学生的团队协作意识。引入建模行业的励志人物以及故事,激发学生吃苦奉献、拼搏争先的精神。通过把学生自己建立的模型与现场施工视频作对比,让学生能够理论联系实践,认识到施工才是检验模型的最佳途径。通过指导学生绘制精细化模型,让学生懂得什么是精益求精。通过观看我国在高铁方面的视频,让学生了解我国在高铁事业中取得的成就,提升学生热爱祖国、艰苦奋斗的精神。另外,学生在每次提交模型数据时,需要让小组组长对本小组模型进行评价、分析,锻炼学生的语言组织能力和分析问题、总结问题的能力。结合工程真实案例,让学生知道我国的基建事业在国际上非常了不起,提升民族自豪感。在课堂教学过程中提高学生的规范意识,提高实践能力,加强劳动教育。通过提出问题,解决问题,激发学生的总结归纳能力。

四、课程结构与教学内容

根据高等职业学校专业和高速铁路施工与维护专业群教学标准要求,结合"高速铁路路基结构建模与施工"课程目标,确定本课程结构与教学内容,设计合理的学习项目及学时安排。

(一)课程模块

"高速铁路路基结构建模与施工"课程由高速铁路路基结构认识、高速铁路路基结构建模、高速铁路路基施工仿真三部分构成。

高铁路基结构认识模块是学生提升对高速铁路路基结构建模的基础能力,包括高铁路基结构识图、线路设计原则、线路设计要素等内容。

高铁路基结构建模模块的作用是提升学生对高铁路基结构的建模能力,包括 Civil 3D 软件基本操作、地形图导入操作、线路绘制、横断面绘制、纵断面绘制等内容。

高速铁路路基施工仿真模块的作用是提升学生对模型的应用能力以及对项目的管理水平,包括能够运用 3DS MAX 对路基施工进行仿真模拟、提取土石方工程量等内容。

(二)教学内容及项目、学时安排

"高速铁路路基结构建模与施工"课程教学内容、教学项目安排如表2-306所示。

表2-306 "高速铁路路基结构建模与施工"课程教学内容、教学项目安排表

模块	学习项目	教学内容	思政融入点	学时
高速铁路路基结构认识模块	1.高速铁路路基结构识图; 2.高速铁路路基结构认识	1.高速铁路的认识; 2.路基图纸识图; 3.路基结构组成; 4.路基结构类型; 5.路基结构特点	1.高铁时代——爱国主义; 2.高铁中国——一张靓丽的名片,民族自豪感; 3.识图——抓住主要矛盾; 4.结构特点——分析问题,解决问题; 5.质量意识、规范意识; 6.服务整体,全局眼光	12
高速铁路路基结构建模模块	3.线路设计规则; 4.路基建模	1.Civil 3D基本操作; 2.地形图导入; 3.线路绘制; 4.横断面绘制; 5.纵断面绘制	1.团队协作意识; 2."眼看千遍不如手过一遍"实践精神; 3.熟能生巧的工作意识; 4.敬业、精益、专注、创新的工匠精神; 5.遵守企业制度; 6.安全教育; 7.新技术、新设备、新方法的改革和创新思想	32
高速铁路路基施工仿真模块	5.高速铁路路基施工仿真	1.3DS MAX软件基本操作; 2.对路基进行仿真模拟	1.精益求精的专业精神; 2.实事求是的精神; 3.团队协作精神; 4.安全教育; 5.创新思维	20

(三)学习项目设计

"高速铁路路基结构建模与施工"课程学习项目设计如表2-307至表2-311所示。

表2-307 项目1:高速铁路路基结构识图

教学目标	1.了解高速铁路识图基本原则; 2.掌握高速铁路结构图纸组成; 3.掌握高速铁路路基结构图纸; 4.掌握高速铁路路基结构地形图; 5.掌握高速铁路路基横断面图; 6.掌握高速铁路路基纵断面图

续表

教学内容	1.高速铁路识图基本原则； 2.高速铁路结构图纸组成； 3.高速铁路路基结构图纸； 4.高速铁路路基结构的地形图； 5.高速铁路路基横断面图； 6.高速铁路路基纵断面图	
教学任务设计	序号	任务描述
	任务1.高速铁路路基基本认识	1.学生分组,领取任务； 2.学习高速铁路路基基本知识； 3.通过图片认识高铁路基组成
	任务2.高速铁路路基识图	1.学习识图的基本规则； 2.学习高铁路基图纸的识读方法； 3.绘制简单的高速铁路路基图纸； 4.小组分别完成绘图的一部分； 5.图纸中找出问题； 6.解决识图的难点
	任务3.高速铁路路基结构认识	1.高速铁路路基分类； 2.高铁路基组成； 3.路基细部的认识
学时	6	
教学方法	讲授法、演示法、案例法、小组讨论、项目教学法	

表2-308 项目2:高速铁路路基结构认识

教学目标	1.掌握路基结构类型； 2.掌握路基结构组成； 3.掌握路基结构细部； 4.爱国主义； 5.工匠精神	
教学内容	1.路基结构类型； 2.路基组成； 3.路基细部	
教学任务设计	序号	任务描述
	任务1.路基类型	1.路基特点； 2.路基类型
	任务2.路基组成	1.路基组成； 2.路基防护设施
	任务3.路基细部	1.地面排水设置； 2.地下排水设置
学时	6	
教学方法	启发式教学、任务驱动、案例教学法、上机操作、小组学习	

表 2-309　项目 3:线路设计规则

教学目标	1.掌握线路切线设计规则; 2.掌握线路缓和曲线设计规则; 3.掌握夹直线设计规则; 4.掌握线路基本设计规则	
教学内容	1.切线设计规则; 2.缓和曲线设计规则; 3.夹直线设计规则; 4.基本设计规则	
教学任务设计	序号	任务描述
	任务 1.切线设计规则	1.切线设计意图; 2.切线设计规则
	任务 2.缓和曲线设计规则	1.缓和曲线设计意图; 2.缓和曲线设计规则
	任务 3.夹直线设计规则	1.夹直线设计意图; 2.夹直线设计规则
学时	2	
教学方法	启发式教学、任务驱动、案例教学、卡片式教学	

表 2-310　项目 4:路基建模

教学目标	1.掌握 Civil 3D 基本操作; 2.掌握地形图导入; 3.掌握线路绘制; 4.掌握横断面绘制; 5.掌握纵断面绘制; 6.树立精益求精的职业素养; 7.刻苦练习的精神	
教学内容	1.Civil 3D 基本操作; 2.地形图导入; 3.线路绘制; 4.横断面绘制; 5.纵断面绘制	
教学任务设计	序号	任务描述
	任务 1.Civil 3D 基本操作及地形图导图	1.Civil 3D 软件界面认识; 2.Civil 3D 界面操作; 3.Civil 3D 地形数据导入

	序号	任务描述
教学任务设计	任务 2.线路绘制	1.能够绘制一条精确的线路； 2.线路设计的原则； 3.线路绘制编辑
	任务 3.纵横断面绘制	1.横断面设置； 2.横断面绘制； 3.纵断面设置； 4.纵断面绘制
学时	30	
教学方法	启发式教学、任务驱动、案例教学、卡片式教学	

表 2-311 项目 5:高速铁路路基施工仿真

教学目标	1.掌握高速铁路路基施工； 2.掌握高速铁路路基施工仿真软件操作； 3.掌握路基仿真模型应用； 4.能够结合模型,进行施工应用； 5.能够解决施工过程中的实际问题； 6.具备良好的职业素养
教学内容	1.建立路基施工仿真模型； 2.应用施工仿真模型

	序号	任务描述
教学任务设计	任务 1.建立路基施工仿真模型	1.路基施工技术； 2.路基仿真软件操作
	任务 2.应用路基仿真模型	1.能够导出施工漫游； 2.能够制作简单的施工交底动画
学时	20	
教学方法	案例教学、任务驱动、上机操作、小组讨论	

(四)教学要求

"高速铁路路基结构建模与施工"课程教学要紧扣高速铁路施工与维护专业群教学标准和课程目标,在全面贯彻党的教育方针、落实立德树人根本任务的基础上,突出职业教育特色,培养学生利用 BIM 技术绘制模型的能力,提升学生应用模型能力。

课程教学要落实立德树人的根本任务,贯彻课程思政要求,使学生在复杂的社会环境和工作环境中能够有担当、辨是非、求上进、有作为。突出学生技能培养,提升学生掌握路基建模软件的能力。培养学生创新意识,对于建模过程中出现的各类问题能够进行分析判断,提出合理的解决方案。

(五)引入行业标准

(1)《铁路工程信息模型统一标准》(TB/T 10183-2021);

(2)《铁路工程信息模型施工阶段实施标准》(T/CRBIM 013—2018);
(3)《高速铁路路基工程施工技术规程》(Q/CR 9602—2015);
(4)《高速铁路路基工程施工质量验收标准》(TB 10751—2010)。

五、课程考核与评价

课程采用全过程性考核与评价,线上知识测试与线下技能考核相结合的方式,全面、客观地评价学生的学习效果。过程性考核在考察学生技能掌握程度的基础上,关注学生综合素养和技能应用能力,主要考评路基结构知识在线测试、路基结构建模、路基施工仿真等三个方面。具体评价标准见表2-312。

表2-312 "高速铁路路基结构建模与施工"课程考核评价体系

过程性考核 (分值权重)	考核项目	评价标准	过程性考核 (70%)	平时考核 (30%)
在线测试 (20%)	在线课程期末考试	题目作答准确	客观试题(20%)	1.基本素质评价,包括出勤情况、资源学习、课堂参与等综合表现; 2.职业素质评价,包括项目参与度、承担角色和任务完成情况、劳动意识、创新精神等
路基结构建模 (45%)	地形图导入	地形图导入设置正确	软件操作(10%)	
	线路绘制	绘制正确	软件操作(10%)	
	横断面绘制	绘制正确	软件操作(15%)	
	纵断面绘制	绘制正确	软件操作(10%)	
路基施工仿真 (35%)	路基施工仿真模型建立	模型建立正确	软件操作(20%)	
	仿真模型应用	导出的文件符合要求	软件操作(15%)	

六、课程资源

(一)教材选用

所用教材要求为近三年出版的主流软件操作实例教材,既能反映BIM技术最新发展水平,又能适应高等职业教育的需要,能够帮助学生提高分析问题、解决问题的能力,突出高素质技术技能人才培养特点。教材应包括Civil 3D基本操作、线路设计的基本规则、路基建模操作、路基施工仿真操作、路基模型应用等内容。鼓励教师结合教育教学改革和信息化教学需要,以思想性、科学性、发展性、规范性为原则,校企合作编写立体化和富媒体化教材、活页式教材、云教材等。

(二)数字化资源

依据本课程标准,充分运用各种信息技术手段,结合教学改革需要,开发微课、课件等数字化教学资源,建设在线开放课,实现优质资源共建共享,提升课程的教学效果。

七、教学团队

教师是学生学习课程的纽带,是引导学生掌握实践技能的关键。任课教师要树立良好的师德师风,符合教师专业标准要求,具有扎实的专业基础,具有一定的工程实践经验和良好的教育教学能力。

(一)团队结构

建立课程负责人制度,组建课程教学团队,积极组织开展各类教研活动,促进青年教师成长。学校应采用人才引进、自主培养等途径,组建年龄、性别、职称与学历结构合理,具有较强信息化教学能力的教学团队。

(二)双师素质

课程团队教师应具有双师素质,最好是具有软件操作方面的资格证书,同时开展校企合作。教师应坚持定期到高铁项目施工一线进行实践锻炼,与时俱进地提升教师建模水平和工程实践经验。鼓励支持教师进行课程教学改革创新,使课程教学更好地适应学生全面发展和个性化发展的需要,满足经济社会发展需求。

八、教学设备要求

"高速铁路路基结构建模与施工"课程教学设备配备要求如表2-313所示。

表2-313 "高速铁路路基结构建模与施工"课程教学设备配备要求

项目	技术参数与要求	数量
计算机	满足主流教学软件要求;支持网络同传和硬盘保护;多媒体教学系统	每工位1台
教学投影显示设备	投影仪或智慧一体机	≥1台
计算机基本配置	操作系统及相关驱动;常用工具软件,办公软件,图形编辑软件;信息安全防护软件;互联网软件	根据教学需要选用
仪器设备与软件	Revit软件;Civiil 3D软件以及中国软件包一组;3DS MAX软件	每台电脑都需要安装
	移动存储设备	根据教学需要选用

"高速铁路施工组织与预算"课程标准

一、课程性质与任务

(一)课程性质

"高速铁路施工组织与预算"课程是高速铁路施工与维护专业群高铁工程项目信息化管理专业的核心模块课程。本课程根据施工组织与预算过程的特点设计教学情境,结合不同的结构类型,具体的自然环境条件、技术经济条件和现场施工条件,遵循工程项目施工组织与预算的基本原则和规律,同时结合高速铁路路基工程、高速铁路桥梁工程、高速铁路隧道工程、高速铁路轨道工程等案例,使学生掌握高速铁路相关施工技术指导、现场组织管理方式和施工图预算等基本能力。

(二)课程任务

全面贯彻党的教育方针,落实立德树人根本任务。通过本课程的学习,能够使学生具备阅读、编写工程项目施工组织设计及施工图预算的能力,能够科学、合理地制定出高速铁路路基与轨道、桥梁、隧道等工程的施工方案和施工图预算文件,并能够在施工过程中对工程质量、进度、成本进行动态控制,培养学生通过各种媒体、资源获取所需信息以及自主学习新知识、新技术的能力,使学生能够独立解决施工过程中的一些基本问题,并具有一定的创新精神与能力。

二、课程目标

(一)素质目标

(1)具有安全生产意识、环境保护意识、经济成本意识、法律意识、质量意识、方案优化意识,以及相关的知识和能力;

(2)具有团结协作、严谨务实、吃苦奉献的敬业精神;

(3)具有责任意识和诚信品质等良好的职业道德;

(4)具备吃苦耐劳、甘于奉献、克服困难的敬业精神;

(5)具备熟练操作、精益求精的工匠精神。

(二)知识目标

(1)了解建筑工程项目的概念、特点、系统构成、生命周期,以及建筑工程管理的概念、职能、常见模式等知识点;

(2)掌握工程项目施工准备的主要内容,掌握审核施工图纸的一般程序和方法;

(3)熟悉施工组织设计的概念、分类、文本构成及编制原则、依据与程序;

(4)熟悉施工方案选择原则与注意事项;

(5)掌握常用施工进度计划图的表达方式、绘制方法和调整方法;

(6)熟悉施工场地的布置原则、主要内容、相关方法;

(7)掌握铁路工程预算定额的应用方法;

(8)掌握高速铁路工程施工图预算的费用组成及计算规定;

(9)熟悉高速铁路工程施工图预算的相关报表的填写;

(10)掌握预算软件的相关功能和具体操作。

(三)技能目标

(1)能收集和整理施工准备工作相关基本资料;

(2)能够阅读施工图纸并且核算工程数量;

(3)能够撰写施工调查报告;

(4)能够编写分部分项工程施工方案;

(5)能够确定及绘制施工进度图,确定相关参数;

(6)能够确定分部分项工程资源(人力、材料、机械)的配置;

(7)能绘制施工场地平面布置图;

(8)能够进行单位工程施工图预算建安费计算;

(9)能够手工编写高速铁路施工图预算文件;

(10)能应用相关软件完成施工图预算文件的编制。

三、课程思政

"高速铁路施工组织与预算"课程建设要按照课程思政的建设要求,构建全员、全程、全课程育人格局的形式将各类课程与思想政治理论课同向同行,形成协同效应,把"立德树人"作为教育的根本任务的一种综合教育理念。课程思政对专业课教师在传授专业知识的基础上提出了更高的要求,"高速铁路施工组织与预算"授课老师应转变为育人工作者,从教授专业知识转化为教书育人。同时,挖掘专业课的思政元素,使专业课教学与思政教育同频共振,推进"课程思政"改革,把价值观培育和塑造,通过"基因式"融入专业课程,将思政教育贯穿于学校教育教学全过程,将教书育人的内涵落实在课堂教学主渠道,课程都上出"思政味",任课教师都挑起"思政担",充分发挥专业课的育人作用,守好一段渠,种好责任田,使课程与思政同向同行。

在"高速铁路施工组织与预算"课程的铁路路基填筑压实的施工工艺讲解中,引导学生明白"千里之行始于足下,九层之台起于垒土",鼓励学生踏踏实实奠定专业基础。在施工组织原理的平行、顺序、流水作业法的优缺点讲解中,引导学生体会"尺有所短,寸有所长",善于运用辩证法原理具体问题具体分析,用发展的眼光看问题。在网络图工期优化知识讲解过程中,渗透"不积跬步无以至千里,不积小流无以成江海"的道理,启发学生的成本节约和时间管理意识。在优选系数的影响因素中,渗透安全第一、严把质量关、资源合理配置、节约成本的工作理念和态度。在网络图关键线路确定的知识讲解中,渗透主要矛盾与次要矛盾的辩证关系原理,引导学生抓主要矛盾,解决关键问题。在施工准备工作内容讲解中,渗透"凡事预则立,不预则废"的道理,引导学生在工作和生活中不打无准备之仗。

四、课程结构与教学内容

根据高等职业学校专业和高速铁路施工与维护专业群教学标准要求,结合"高速铁路施工组织与预算"课程目标,确定本课程结构与教学内容,设计合理的学习项目及学时安排。

(一)课程模块

"高速铁路施工组织与预算"课程由高速铁路施工组织、高速铁路工程概预算、工程量清单及概预算软件应用三部分构成。

(二)教学内容及项目、学时安排

"高速铁路施工组织与预算"课程教学内容、教学项目安排如表2-314所示。

表2-314 "高速铁路施工组织与预算"课程教学内容、教学项目安排表

模块	学习项目	教学内容	思政融入点	学时
高速铁路施工组织	1.高速铁路工程施工准备; 2.高速铁路施工方案编制; 3.高速铁路施工进度计划及资源配制	1.基本建设的定义,基本建设的作用,基本建设的分类,基本建设的程序,施工组织设计的概念、分类、文本构成及编制依据程序; 2.准备工作内容组成,临时房屋面积计算,临时给水、给电需要量的计算,临时道路技术指标,工程运输量的计算及运输线路的选择; 3.施工过程时间组织的基本方法,流水作业法的组织原理,网络计划技术的应用,网络计划的优化方法; 4.路基、桥梁、隧道、轨道单位工程分部工程施工方案确定,施工机械确定,掌握劳动力、材料、机械设备等生产资源的配置方法; 5.施工场地图布置的原则、施工场地图布置的内容、施工场地图绘制内容	1.凡事预则立,不预则废; 2.大国工程——港珠澳大桥; 3.实践出真知; 4.节约成本意识; 5.尺有所短,寸有所长; 6.千里之行始于足下,九层之台起于垒土	40

续表

模块	学习项目	教学内容	思政融入点	学时
高速铁路工程概预算	4.高速铁路施工图预算编制	1.铁路工程定额体系、铁路工程预算定额分类、定额的使用； 2.预算的概念；文件组成内容，人工费的计算，材料费的计算，施工机械使用费的计算，运杂费及填料费的确定；施工措施费的计算，特殊施工增加费的计算，大型临时设施和过度工程费的计算；间接费、税金的计算方法； 3.铁路工程量计算规则	1.团队合作意识； 2."实践检验真知"的哲学思想和质量意识、规范意识； 3.求实、求真的科学意识； 4.敬业、精益、专注、创新的工匠精神； 5.主要矛盾与次要矛盾的辩证关系原理； 6.新技术、新设备、新方法的改革和创新思想	32
工程量清单及概预算软件应用	5.高速铁路工程量清单计价、铁路工程投资控制系统应用	1.高速铁路工程量清单计价； 2.结合典型的高铁工程实例，开展相对完整的应用实践	1.严谨认真、精益求精的专业精神； 2."理论联系实际"和"实践检验真知"的哲学思想和质量意识； 3.团队意识和协作精神； 4.成本节约意识； 5.成本、质量、进度之间相辅相成的关系	24

(三)学习项目设计

"高速铁路施工组织与预算"课程学习项目设计如表2-315至表2-319所示。

表2-315 项目1:高速铁路工程施工准备

教学目标	1.了解铁路基本建设的相关概念及主要特征； 2.熟悉施工组织设计基本概念及内容； 3.掌握施工准备的内容——施工调查、施工劳动组织准备、施工技术准备、施工现场准备； 4.掌握施工现场部署方案——临时房屋部署、临时道路部署、临时供水供电线路部署、施工场地部署； 5.能运用所学知识完成施工准备工作； 6.能够编写施工调查报告； 7.能够编写临时房屋、临时道路、临时供水供电方案； 8.能绘制施工场地平面布置图
教学内容	1.铁路基本建设的相关概念：基本建设概念、基本建设分类、基本建设内容、基本建设程序、基本建设意义； 2.施工组织相关概念：施工组织的作用、施工组织的分类、施工组织文本的组成内容 3.施工准备：施工调查、施工劳动组织准备、施工技术准备、施工现场准备； 4.临时工程部署：临时房屋部署、临时道路部署、临时供水供电线路部署； 5.施工场地部署：场地布置原则、内容及其绘制步骤

续表

	序号	任务描述
教学任务设计	任务1.课程准备	1.学习本门课程的性质、课程要求； 2.铁路基本建设的相关内容,施工组织相关概念； 3.施工组织的分类； 4.施工组织的内容
	任务2.施工准备	1.施工调查； 2.施工劳动组织准备； 3.施工技术准备； 4.现场准备
	任务3.施工现场部署	1.临时房屋； 2.临时道路； 3.施工场地； 4.临时供水； 5.临时供电的部署方案
学时		12
教学方法		演示法、讲授法、案例法

表2-316 项目2:高速铁路施工方案编制

教学目标	1.熟悉路基工程施工方法； 2.熟悉桥梁施工方法； 3.熟悉隧道工程施工方法； 4.熟悉轨道工程施工方法； 5.能够进行土石方调配； 6.能够根据工程背景选择合适的施工方案； 7.能够编写施工技术指导方案
教学内容	1.路基工程常用施工方案及施工机械； 2.桥梁工程常用施工方案及施工机械； 3.隧道工程常用施工方案及施工机械； 4.轨道工程常用施工方案及施工机械

续表

教学任务设计	序号	任务描述
	任务1.工程常用施工方案编写	1.施工方案的编制原则； 2.施工方案的技术方面； 3.施工方法的选择； 4.施工机具的选择； 5.技术组织措施的设计
	任务2.工程常用施工机械	1.常用施工机械介绍； 2.施工机械数量的计算； 3.施工机械方案的选择
学时	16	
教学方法	启发式教学、任务驱动、案例教学法	

表2-317 项目3:高速铁路施工进度计划及资源配制

教学目标	1.掌握高速铁路施工组织方式； 2.掌握流水施工组织方法； 3.掌握横道图、网络图的绘制； 4.掌握时间参数的计算； 5.掌握施工进度调整、优化的方法； 6.掌握机械、劳动力数量计算的方法； 7.能够计算工期； 8.能够合理安排施工顺序； 9.能够熟练绘制网络图； 10.能够进行施工进度调整、优化； 11.能够根据施工进度进行资源配置	
教学内容	1.施工进度计划编制的依据、程序； 2.施工横道图计划编制； 3.施工网络计划编制； 4.施工进度调整、优化； 5.施工机械、劳动力数量计算	
教学任务设计	序号	任务描述
	任务1.施工作业组织方法	1.学习施工组织三种基本方法的形式及特点； 2.确定流水参数； 3.横道图的绘制

续表

	序号	任务描述
教学任务设计	任务2.施工网络图	1.学习施工进度网络图的类型； 2.双代号网络图、单代号网络图、时标网络图的绘制； 3.时间参数计算； 4.能够进行简单的网络优化
	任务3.施工资源配置	1.学习施工机械数目的计算方法； 2.劳动力的计算方法； 3.能够根据施工进度进行相应的资源配置
学时	12	
教学方法	启发式教学、任务驱动、案例教学、卡片式教学	

表2-318 项目4:高速铁路施工图预算编制

教学目标	1.掌握铁路预算定额的应用； 2.熟悉铁路工程量计算规则； 3.掌握高速铁路工程造价构成； 4.掌握建安费各种费用的计算方法； 5.熟悉高速铁路工程投资控制系统； 6.能根据施工图核算工程数量； 7.能正确应用铁路预算定额； 8.能够编写单位工程施工图预算文件	
教学内容	1.铁路工程量计算规则； 2.铁路工程预算定额应用； 3.铁路工程建筑安装工程费的计算； 4.单位工程施工图预算编制方法	
	序号	任务描述
教学任务设计	任务1.铁路工程预算定额的应用	1.学习铁路工程工程量计算规则； 2.铁路工程预算定额的应用
	任务2.铁路工程建筑安装工程费的计算	1.学习铁路工程造价费用的组成； 2.建安费的各种费用的计算方法； 3.建安费的组价方法
	任务3.单位工程施工图预算编制方法	1.熟悉预算文件编制范围、深度； 2.预算表格填写方法
学时	40	
教学方法	启发式教学、任务驱动、案例教学、卡片式教学	

表 2-319 项目 5:高速铁路工程量清单计价、铁路工程投资控制系统应用

教学目标	1.掌握高速铁路工程量清单计价方式及其计价格式; 2.掌握铁路投资控制系统软件的应用; 3.能够利用铁路投资控制系统编写铁路施工图预算; 4.能够准确地打印工程量清单报表	
教学内容	1.高速铁路工程量清单计价方式及其计价格式; 2.铁路投资控制系统软件的安装; 3.铁路投资控制系统软件的应用; 4.打印铁路工程预算报表	
教学任务设计	序号	任务描述
	任务 1.高速铁路工程量清单计价	1.学习铁路工程量清单与定额造价的区别; 2.工程量统计的方法; 3.工程量清单计价模式
	任务 2.铁路工程投资控制系统	1.铁路投资控制系统软件的安装; 2.铁路投资控制系统软件的应用; 3.打印铁路工程预算报表
学时	24	
教学方法	案例教学、任务驱动	

(四)教学要求

"高速铁路施工组织与预算"课程教学要紧扣高速铁路施工与维护专业群教学标准和课程目标,在全面贯彻党的教育方针、落实立德树人根本任务的基础上,突出职业教育特色,培养学生解决工程实际问题的能力,提升学生的工程实践和工程管理能力。

课程教学要在贯彻课程思政、立德树人、理论与实践相结合等教学理念的基础上,培养学生施工组织和预算的专业基础能力,突出培养学生施工准备、施工方案设计、施工场地布置、施工组织等方面的组织管理能力,同时培养学生掌握施工预算和施工图预算文件的编制技术,具有项目成本管理等工程经济管理的能力。

(五)引入行业标准

(1)《铁路施工组织设计指南》(铁建设〔2009〕226 号);

(2)《铁路基本建设工程设计概预算编制办法》(TZJ 1001—2017)(国铁科法〔2017〕30 号);

(3)《高速铁路桥梁工程施工质量验收标准》(TB 10752—2010);

(4)《客运专线桥梁工程施工技术指南》(TZ 213—2005);

(5)《高速铁路隧道工程施工质量验收标准》(TB 10753—2010);

(6)《高速铁路轨道工程施工质量验收标准》(TB 10754—2010);

(7)《客运专线轨道工程施工技术指南》(TZ 211—2005);

(8)《高速铁路路基工程施工质量验收标准》(TB 10751—2010);

(9)《客运专线路基工程施工技术指南》(TZ 212—2005);

(10)《铁路工程量计算规则》(铁建设〔2006〕223 号);

(11)《铁路工程预算定额》[M].北京:中国标准出版社,2017;

(12)《铁路基本建设工程设计概(预)算费用定额》(TZJ 3001—2017);

(13)《铁路工程材料基期价格》(TZJ 3003—2017);

(14)《铁路工程施工机具台班费用定额》(TZJ 3004—2017);

(15)《铁路路基工程预算定额》(TZJ 2001—2017);

(16)《铁路桥涵工程预算定额》(TZJ 2002—2017);

(17)《铁路隧道工程预算定额》(TZJ 2003—2017);

(18)《铁路轨道工程预算定额》(TZJ 2004—2017)。

五、课程考核与评价

课程采用全过程性考核与评价,且对考核方式实施改革,利用信息化手段依托平台和数据实现课前课中课后考核一体化,自评互评师评一体化,平时过程终结考核一体化,并按照考核权重和主体设计一体化考核评价指标体系。总评成绩(100%)＝平时成绩(20%)＋过程性考核(30%)＋终结性考核(50%)。具体评价标准见表2-320。

表2-320 "高速铁路施工组织与预算"课程考核评价体系

过程性考核 (分值权重)	考核项目	评价标准	过程性考核 (30%)	终结性考核 (50%)	平时考核 (20%)
编写分部分项工程施工方案(20%)	1.施工方案编写的准确性和合理性、完成程度; 2.责任意识、团队协作意识、信息技术应用能力,根据项目任务实施过程表现情况判定	编写准确性完成度	方案编写(15%)	1.通过期末考试全面考查学生对本课程基础知识的掌握情况; 2.考核学生对基础知识的应用能力以及分析工程实践问题、解决问题的专业能力	1.基本素质评价,包括出勤情况、资源学习、课堂参与等综合表现; 2.职业素质评价,包括项目参与度、承担角色和任务完成情况、劳动意识、创新精神等
			在线测试(5%)		
施工进度安排及资源配置(30%)	网络图的绘制	绘制准确,符合逻辑关系	网络图绘制(15%)		
	网络图时间参数的计算	参数计算正确	参数计算(15%)		
分部工程建筑费的计算(30%)	人工费、材料费、机械使用费的计算	费用计算正确	案例计算(15%)		
	单项概预算价格的计算程序	计算程序正确	试题测试(15%)		
铁路工程投资控制软件的应用(20%)	软件应用	铁路投资控制软件的操作、数据报表的准确性	案例计算方案(20%)		

六、课程资源

(一)教材选用

所用教材要求为近三年出版的高职高专规划教材,既能反映最新发展水平,又能适应高等职业教育的需要,能够帮助学生提高分析问题、解决问题的能力,突出高素质技术技能人才培养特点。教材应包括铁路路基工程施工组织、桥梁工程施工组织、隧道工程施工组织、轨道工程施工组织、铁路工务施工组织、单位工程施工图预算、线路设备大修工程预算等内容。鼓励教师结合教育教学改革和信息化教学需要,以思想性、科学性、发展性、规范性为原则,校企合作编写立体化和富媒体化教材、活页式教材、云教材等。

(二)数字化资源

依据本课程标准,充分运用各种信息技术手段,结合教学改革需要,开发微课、多媒体课件等数字化教学资源,建设在线开放课,实现优质资源共建共享,提升课程的教学效果。

七、教学团队

教师应获得高校教师资格证(专任教师),爱岗敬业、责任心强,具有扎实的专业理论基础和丰富的实践经验,能恰当运用各种教学方法,具备熟练应用行动导向教学法的能力,具有实现理论实践一体化的组织教学能力;熟悉与课程相关的专业知识(路基工程、桥涵工程、隧道工程、轨道工程、CAD绘图);熟练掌握实际工程项目资料,教案、活页教材、实训场地和仪器设备准备充分;带领学生学习铁路施工组织内容,能调动学生的积极性,能够引导、启发、咨询、评价学生,能提高学生的学习效率。

(一)团队结构

建立课程负责人制度,组建课程教学团队,积极组织开展各类教研活动,促进青年教师成长。学校应采用人才引进、自主培养等途径,组建年龄、性别、职称与学历结构合理,具有较强信息化教学能力的教学团队。

(二)双师素质

课程团队教师应具有双师素质,同时开展校企合作。教师应坚持定期到高铁项目施工一线进行实践锻炼,与时俱进地提升教师的施工组织和预算应用水平以及工程实践经验。鼓励支持教师进行课程教学改革创新,使课程教学更好地适应学生全面发展和个性化发展的需要,满足经济社会发展需求。

八、教学设备要求

"高建铁路施工组织与预算"课程教学设备配备要求如表2-321所示。

表2-321 "高速铁路施工组织与预算"课程教学设备配备要求

项目	技术参数与要求	数量
计算机	满足主流教学软件要求;支持网络同传和硬盘保护;多媒体教学系统	每工位1台
教学投影显示设备	投影仪或智慧一体机	≥1台
计算机基本配置	操作系统及相关驱动;常用工具软件,办公软件,图形编辑软件;信息安全防护软件;互联网软件;概预算计算软件	根据教学需要选用
软件	铁路工程投资控制系统	根据教学需要选用

"三维动画与工程仿真"课程标准

一、课程性质与任务

(一)课程性质

"三维动画与工程仿真"是基于 BIM 模型的后期应用的一个重要方面。施工企业在完成模型创建工作之后,往往会采用模拟动画的形式展示施工方案流程、做施工方案可视化评审、进行质量安全交底等,因此三维动画与工程仿真技术就成了建设项目 BIM 落地应用的重要组成部分。用施工模拟动画做方案交底可以让管理人员和施工人员更清晰地了解施工作业的重点和难点,更直观地理解工艺流程,同时通过对复杂情况的预判,可以及时调整施工部署。

"三维动画与工程仿真"课程是高速铁路施工与维护专业群高铁工程项目信息化管理专业的核心模块课程。本课程主要培养学生基于 3DS MAX 软件的基本建模能力、模型处理能力、材质管理能力、场景设置能力和基于高速铁路施工工艺的三维动画制作与工程仿真能力,是学生学习后续课程以及参加工作的基础。同时该课程也是学生职业素质养成的一个重要平台,可以培养学生的审美、评判、改进的能力,自主学习、理论联系实际的能力,团队协作、沟通协调的能力,开拓创新的职业精神和精益求精的工匠精神,科学、缜密、严谨的工作作风和良好的职业道德。

(二)课程任务

全面贯彻党的教育方针,落实立德树人根本任务,满足高铁智慧建造对人才培养的要求,围绕高等职业教育建设工程管理专业对三维动画与工程仿真技术的培养需求,以高铁项目为载体,通过理实一体化教学,提升学生应用三维动画与工程仿真技术解决工程实际问题的综合能力,使学生成为德智体美劳全面发展的高素质技术技能人才。

二、课程目标

(一)素质目标

(1)具备审美、评判、改进的能力;
(2)具备自主学习、理论联系实际的能力;
(3)具备团队协作、沟通协调的能力;
(4)具备开拓创新的职业精神和精益求精的工匠精神;
(5)具备科学、缜密、严谨的工作作风和良好的职业道德。

(二)知识目标

(1)掌握 3DS MAX 的基础知识;
(2)掌握 3DS MAX 建模和编辑;
(3)掌握 3DS MAX 材质管理器的使用方法;
(4)掌握 3DS MAX 摄像机、灯光、环境的设置方法;
(5)掌握 3DS MAX 动画制作的基本方法;
(6)掌握 3DS MAX 动画输出的基本方法;
(7)掌握动画后处理的基本方法。

(三)技能目标

(1)能使用3DS MAX创建工程构筑物模型;
(2)能编辑3DS MAX创建工程构筑物模型;
(3)能使用3DS MAX对材质进行管理;
(4)能对3DS MAX场景中的摄像机、灯光、环境进行合理的设置;
(5)能使用3DS MAX进行工程仿真与三维动画制作;
(6)能够输出3DS MAX动画并对动画素材进行后处理。

三、课程思政

课程思政指以构建全员、全程、全课程育人格局的形式将各类课程与思想政治理论课同向同行,形成协同效应,把"立德树人"作为教育的根本任务的一种综合教育理念。"三维动画与工程仿真"作为高速铁路施工与维护专业群核心课,其课程思政的主要形式是将思想政治教育元素,包括思想政治教育的理论知识、价值理念以及精神追求等融入课程学习及实践中去,潜移默化地对学生的思想意识、行为举止产生影响,具体包括爱国情怀、创新意识、职业精神与素养、劳动精神、制度意识、工匠精神、哲学思维等。

本课程的课程思政形式具体如下:了解三维动画与仿真软件国内外概况,结合国际形势,激发学生的爱国情怀和创新意识;学习3DS MAX基础操作,明确软件的定位,活学活用,举一反三,让学生以辩证的思维看待软件学习与专业学习的关系;学习各种建模方法,从不同的视角解决工程建模问题,深悟"具体问题具体分析"和"理论与实践相结合"的哲学思想;强化实训室使用要求,培养劳动精神和制度意识;观看高铁工程典型的三维施工仿真动画,感受精益求精的工匠精神,树立科技兴国、学习强国的理想和信念;剖析仿真动画背后的逻辑,培养学生"透过现象看本质"的基本素养和"化繁为简"的解决问题的思路;学习动画素材的选取与注意事项,强化信仰法律、遵守法律、维护法律的基本意识;教学中融入新技术、新方法,培养学生的改革意识和创新意识;依托典型高铁工程案例,塑造学生求真、求精的工匠精神,形成严谨认真、精益求精的专业素养;以讲练结合的方式持续培养学生审美、评判、改进的能力,为学生树立正确的审美观念,对接专业标准,强化标准意识,增强学生的职业认同感和行业归属感。

四、课程结构与教学内容

根据高等职业学校专业和高速铁道工程技术专业群教学标准要求,结合"三维动画与工程仿真"课程目标,确定本课程结构与教学内容,设计合理的学习项目及学时安排。

(一)课程模块

"三维动画与工程仿真"课程由3DS MAX基础知识模块、高铁工程构筑物建模与编辑模块、高铁工程场景仿真设置模块、高铁工程施工动画制作模块四部分构成。

3DS MAX基础知识模块是学生了解三维动画基本概念和3DS MAX软件的基础,包含三维动画概述、软件界面、文件的基本操作、视图的基本操作、工作环境设置、建模基础操作等六部分内容。

高铁工程构筑物建模与编辑模块是学生应用3DS MAX软件进行高铁工程构筑物快速建模与编辑的基础,包含几何体建模与编辑、样条线建模与编辑、修改器建模与编辑、复合对象建模与编辑、多边形建模与编辑等五部分内容。

高铁工程场景仿真设置模块是学生根据场景需求在3DS MAX软件中进行材质、灯光、摄像机、环境等仿真设置的基础,包含材质设置与管理、环境设置、灯光创建与编辑、摄像机的创建与编辑等四部分内容。

高铁工程施工动画制作模块是提升学生三维动画与工程仿真技术综合应用能力的关键，主要包括动画原理与基础动画、工程施工动画制作、动画的渲染与导出、动画的后处理等四个部分内容。

(二)教学内容及项目、学时安排

"三维动画与工程仿真"课程教学内容、教学项目安排如表 2-322 所示。

表 2-322 "三维动画与工程仿真"课程教学内容、教学项目安排表

模块	学习项目	教学内容	思政融入点	学时
3DS MAX 基础知识模块	1.3DS MAX 基础知识	1. 三维动画概述； 2. 软件界面； 3. 文件的基本操作； 4. 视图的基本操作； 5. 工作环境设置； 6. 建模基础操作	1. 爱国情怀； 2. 创新意识； 3. 用辩证的思维看待软件学习与专业学习的关系	6
高铁工程构筑物建模与编辑模块	2. 模型创建与编辑	1. 几何体建模与编辑； 2. 样条线建模与编辑； 3. 修改器建模与编辑； 4. 复合对象建模与编辑； 5. 多边形建模与编辑	1. "具体问题具体分析"的哲学思想； 2. "理论与实践相结合"的哲学思想； 3. 科学严谨、实事求是的工作态度； 4. 职业精神和职业素养； 5. 劳动精神和制度意识	24
高铁工程场景仿真设置模块	3. 动画场景仿真设置	1. 材质设置与管理； 2. 环境设置； 3. 灯光创建与编辑； 4. 摄像机的创建与编辑	1. 精益求精的工匠精神； 2. 科技兴国、学习强国的理想和信念； 3. 审美、评判、改进的能力； 4. 正确的审美观念	8
高铁工程施工动画制作模块	4. 基础动画； 5. 施工动画制作	1. 动画原理与基础动画； 2. 工程施工动画制作； 3. 动画的渲染与导出； 4. 动画的后处理	1. "透过现象看本质"的专业素养； 2. "化繁为简"的解决问题的思路； 3. 改革意识和创新意识； 4. 严谨认真、精益求精的专业素养； 5. 职业认同感和行业归属感； 6. 信仰法律、遵守法律、维护法律的基本意识	26

(三)学习项目设计

"三维动画与工程仿真"课程学习项目设计如表 2-323 至表 2-327 所示。

表 2-323 项目 1:3DS MAX 基础知识

教学目标	1. 了解三维动画的基本概念、应用范围和制作流程； 2. 了解 3DS MAX 软件的界面； 3. 掌握文件的基本操作； 4. 掌握视图的基本操作； 5. 能够对软件的工作环境进行合理的设置； 6. 能应用 3DS MAX 软件进行建模基本操作

续表

教学内容	1.三维动画的基本概念、应用范围和制作流程； 2.3DS MAX 软件的界面介绍； 3.文件的基本操作与应用场景； 4.视图的基本操作与应用场景； 5.根据个人需求对工作环境进行合理的设置； 6.对象选择的方法与操作； 7.变换操作与捕捉； 8.复制与阵列的基本应用	
教学任务设计	序号	任务描述
	任务1.三维动画概述与软件界面	1.学习三维动画基本概念； 2.学习三维动画应用范围； 3.学习三维动画制作流程； 4.认识 3DS MAX 软件的界面
	任务2.文件、视图与环境设置	1.学习文件基本操作和应用场景； 2.完成文件练习任务； 3.学习视图基本操作和应用场景； 4.完成视图练习任务； 5.学习工作环境设置相关知识； 6.完成工作环境设置练习任务
	任务3.建模基础操作	1.学习对象选择的方法与操作； 2.学习变换操作与捕捉； 3.学习复制与阵列的基本应用； 4.完成建模基础操作练习任务
学时	6	
教学方法	任务驱动法、演示法、讲授法、案例法	

表 2-324 项目 2:模型创建与编辑

教学目标	1.掌握几何体建模与编辑的基本方法； 2.掌握样条线建模与编辑的基本方法； 3.掌握修改器建模与编辑的基本方法； 4.掌握复合对象建模与编辑的基本方法； 5.掌握多边形建模与编辑的基本方法； 6.能够根据工程构筑物的特点选择快速、高效的建模方法； 7.能够根据要求快速地创建工程构筑物的模型
教学内容	1.几何体建模与编辑； 2.样条线建模与编辑； 3.修改器建模与编辑； 4.复合对象建模与编辑； 5.多边形建模与编辑

续表

	序号	任务描述
教学任务设计	任务1.几何体建模案例	1.标准基本体; 2.扩展基本体; 3.对象的选择、变换、复制与成组
	任务2.样条线建模案例	1.二维图形的类型与参数; 2.渲染二维图形生成形体; 3.样条线的编辑与渲染
	任务3.修改器建模案例	1.挤出修改器的用法; 2.车削修改器的用法; 3.扭曲和锥化修改器的用法; 4.弯曲、噪波和晶格修改器的用法; 5.自由变形修改器的用法
	任务4.复合对象建模案例	1.布尔运算; 2.放样建模
	任务5.多边形建模案例	1.编辑网格对象; 2.网格平滑和涡轮平滑修改器; 3.编辑多边形对象
学时		24
教学方法	任务驱动、案例教学法、讲授法	

表2-325 项目3:动画场景仿真设置

教学目标	1.掌握材质设置的基本方法; 2.能够根据模型的特点选择合适的材质类型并赋予对象材质; 3.掌握环境设置的基本方法; 4.能够对动画场景的环境进行合理的环境设置; 5.能够根据场景要求创建灯光; 6.能够根据渲染要求创建摄像机	
教学内容	1.材质设置与管理; 2.环境设置; 3.灯光创建与编辑; 4.摄像机的创建与编辑	
教学任务设计	序号	任务描述
	任务1.材质设置	1.材质编辑器; 2.材质的属性和基本参数设置; 3.材质的类型

续表

教学任务设计	任务 2.环境设置	1.背景颜色与环境贴图； 2.镜头效果与景深效果
	任务 3.灯光创建与编辑	1.标准灯光的基本参数； 2.标准灯杆系统
	任务 4.摄像机的创建与编辑	1.摄像机类型与摄像机视图； 2.摄像机的基本参数设置
学时		8
教学方法	启发式教学、任务驱动、案例教学、讲授法、演示法	

表 2-326　项目 4：基础动画

教学目标	1.掌握动画的基本原理； 2.掌握动画相关的基本术语的内涵； 3.能够创建自动关键帧动画； 4.能够创建关键帧动画	
教学内容	1.动画基本原理； 2.自动关键帧动画； 3.关键帧动画	
教学任务设计	序号	任务描述
	任务 1.动画的基本原理	1.动画制作流程； 2.动画基本原理； 3.平移、旋转、缩放动画
	任务 2.基础动画	1.自动关键帧动画； 2.关键帧动画； 3.自动关键帧动画与关键帧动画的区别与联系； 4.基础动画制作案例
学时	6	
教学方法	启发式教学、任务驱动、案例教学、演示法、讲授法	

表 2-327　项目 5：施工动画制作

教学目标	1.结合高铁施工项目，熟悉典型的施工工艺； 2.掌握模型整合与调整的方法； 3.能够快速搭建施工动画的场景； 4.能够根据实际情况对动画场景进行合理的仿真设置； 5.能够根据施工工艺进行动画制作

续表

教学内容	1.工程施工动画制作； 2.动画的渲染与导出； 3.动画的后处理	
教学任务设计	序号	任务描述
	任务1.轨道施工动画制作	1.轨道铺设施工工艺； 2.场景模型整合与调整； 3.场景仿真环境设置； 4.轨道铺设施工动画制作
	任务2.桥梁施工动画制作	1.桥墩装配施工工艺； 2.场景模型整合与调整； 3.场景仿真环境设置； 4.桥墩装配动画制作
	任务3.路基施工动画制作	1.路基填筑施工工艺； 2.场景模型整合与调整； 3.场景仿真环境设置； 4.路基填筑施工动画制作
	任务4.隧道施工动画制作	1.隧道开挖施工工艺； 2.场景模型整合与调整； 3.场景仿真环境设置； 4.隧道开挖施工动画制作
	任务5.动画的渲染、导出与后处理	1.动画的渲染； 2.动画的导出； 3.动画素材的剪辑； 4.动画配音与美化
学时	20	
教学方法	案例教学、任务驱动、小组合作、讲练结合	

(四)教学要求

"三维动画与工程仿真"课程教学要紧扣高速铁道工程技术专业群教学标准和课程目标,在全面贯彻党的教育方针、落实立德树人根本任务的基础上,突出职业教育特色,培养学生利用动画与仿真技术解决工程实际问题的能力,提升学生的工程实践应用能力。

课程教学要落实立德树人的根本任务,贯彻课程思政要求,使学生在复杂的社会环境和工作环境中能够有担当、辨是非、求上进、有作为。突出学生技能培养,提升学生三维动画与工程仿真综合应用能力。培养学生创新意识,对于工作中出现的各类问题能够进行分析判断,提出合理的解决方案。

(五)引入行业标准

(1)《高速铁路轨道工程施工技术规程》(Q/CR 9605—2017);

(2)《高速铁路桥涵工程施工技术规程》(Q/CR 9603—2015);

(3)《高速铁路隧道工程施工技术规程》(Q/CR 9604—2015);

(4)《高速铁路路基工程施工技术规程》(Q/CR 9602—2015);

(5)《铁路工程信息模型施工阶段实施标准》(T/CRBIM 013—2018)。

五、课程考核与评价

课程采用全过程性考核与评价,全面、客观地评价学生的学习效果。过程性考核在考察学生技能掌握程度的基础上,关注学生综合素养和技能应用能力,主要考评 3DS MAX 基础知识、模型创建与编辑、动画场景仿真设置、施工动画制作等四个方面。具体评价标准见表 2-328。

表 2-328 "三维动画与工程仿真"课程考核评价体系

过程性考核 (分值权重)	考核项目	评价标准	过程性考核 (60%)	平时考核 (40%)
3DS MAX 基础知识(10%)	三维动画基础知识与 3DS MAX 基础操作	概念的理解程度,操作的熟练性、准确性	软件操作(10%)	1.基本素质评价,包括出勤情况、资源学习、课堂参与等综合表现; 2.职业素质评价,包括项目参与度、承担角色和任务完成情况、课后作业与任务的完成情况、劳动意识、创新精神等
模型创建与编辑(35%)	几何体建模	建模熟练性、准确性	软件操作(5%)	
	样条线建模	建模熟练性、准确性	软件操作(5%)	
	修改器建模	建模熟练性、准确性	软件操作(10%)	
	复合对象建模	建模熟练性、准确性	软件操作(5%)	
	多边形建模	建模熟练性、准确性	软件操作(10%)	
动画场景仿真设置(15%)	材质与仿真环境设置	设置的合理性	软件操作(10%)	
	灯光与摄像机创建与编辑	建模与设置的合理性	软件操作(5%)	
施工动画制作(40%)	基础动画制作	动画制作完整性、合理性	软件操作(10%)	
	施工仿真动画制作	动画制作完整性、合理性	软件操作(20%)	
	动画的渲染、导出与后处理	动画后处理的合理性、美观性	软件操作(10%)	

六、课程资源

(一)教材选用

为了提高教学质量,稳定教学秩序,所选用教材要求为近三年出版的高职高专规划教材,能反映新知识和新技术,且符合高职教育的工学结合、高技能人才培养目标的要求,同时所选教材应注意保持相对稳定,且印刷质量好,内容准确,价格合理。同时,鼓励教师结合教育教学改革和信息化教学需要,以思想性、科学性、发展性、规范性为原则,校企合作编写立体化、富媒体化教材。

(二)数字化资源

依据本课程标准,充分运用各种信息技术手段,结合教学改革需要,开发微课、多媒体课件等数字化教学资源,建设在线开放课,实现优质资源共建共享,提升课程的教学效果。

七、教学团队

教学团队的建设要紧紧围绕教学这个中心,以先进的教育理念为指导,以专业、课程、教学基地等建设为重点,以提高教学质量和效果为首要任务。任课教师要树立良好的师德师风,符合教师专业标准要求,具有扎实的专业基础,具有一定的工程实践经验和良好的教育教学能力。

(一)团队结构

建立课程负责人制度,组建课程教学团队。该教师团队要形成共同愿景,具有紧密协作的团队精神,以实现价值最大化,同时要有合理的组织结构,专业团队中的带头人应该具有较深的学术造诣和创新的学术精神,同时团队要有合理科学的职称、年龄和知识结构。

(二)双师素质

课程团队教师应具有双师素质,教师应坚持定期到高铁项目施工一线进行实践锻炼,提高教师自身专业技能与知识的同时,与时俱进地学习吸收新知识、新技术。

八、教学设备要求

"三维动画与工程仿真"课程教学设备配备要求如表2-329所示。

表2-329 "三维动画与工程仿真"课程教学设备配备要求

项目	技术参数与要求	数量
计算机	满足主流教学软件要求;支持网络同传和硬盘保护;多媒体教学系统	每工位1台
教学投影显示设备	投影仪或智慧一体机	≥1台
软件配置	操作系统及相关驱动;3DS MAX软件;Revit等BIM建模软件;Premiere、Camtasia Studio等动画后处理软件;办公软件;图形编辑软件;信息安全防护软件;互联网软件	根据教学需要选用

"工程项目管理"课程标准

一、课程性质与任务

(一)课程性质

"工程项目管理"课程是高速铁路施工与维护专业群的一门专业拓展课,是一门紧密联系工程建设管理实践的重要课程,它以工程项目为对象提出工程项目管理的概念和系统,从施工项目管理者或承包商的角度讲授项目组织与管理的理论和方法,强调管理的应用。设立本门课程的目的是使学生了解并掌握在工程项目管理中如何进行全方位全过程的科学管理和合理协调,为学生建立管理项目的知识体系和培养应用管理知识解决实际问题的技能,为学生在毕业后从事有关的工程建设管理工作奠定坚实的基础。

(二)课程任务

全面贯彻党的教育方针,落实立德树人根本任务,遵循现代职业教育的指导思想,按照高职学生认知特点,以项目案例的讨论分析展开教学内容,为学生建立管理建设工程项目所需的知识、技术和方法体系,培养学生发现、分析、研究、解决建设工程项目管理实际问题的基本职业能力以及工程项目组织、监控、调整、决策及外部协调等实践能力。

二、课程目标

(一)素质目标

(1)严谨的治学态度、良好的职业修养和科学诚信的管理意识;
(2)增强质量意识和工匠精神;
(3)具备"具体问题具体分析"、量体裁衣的职业能力;
(4)具备尊重知识、崇尚科学,"科学管理也是第一生产力"的管理理念;
(5)培养学生社会责任意识及绿色施工、文明施工的工程理念。

(二)知识目标

(1)掌握工程项目招投标与合同管理的基本程序;
(2)掌握工程项目管理的决策、计划、组织、指挥、控制及协调的理论、方法与手段;
(3)掌握建设工程施工示范合同文本的内容、合同谈判和签订方法;
(4)掌握建设工程施工项目管理规划的基本程序;
(5)掌握工程项目进度控制、成本控制、质量控制的理论与方法;
(6)掌握竣工验收的程序和条件;
(7)熟悉竣工验收备案制度和保修制度;
(8)熟悉资源管理和信息管理的基本理论和方法。

(三)技能目标

(1)能够运用工程项目管理的基本方法,初步具备工程项目成本、质量、安全、进度、资源和合同管理的能力;

(2)能够编制一般的横道图计划和网络计划;
(3)能够根据不同要求和条件编制相应的投标文件,具有评判投标文件优劣的能力;
(4)能够整理竣工验收文件及工程备案资料;
(5)初步具备应用计算机软件进行工程项目管理的能力。

三、课程思政

教师在"工程项目管理"课程教学过程中,要全方位寻找与专业伦理、职业道德、家国情怀、国际视野、工匠精神、人文情怀等相关德育元素的"触点"和"融点",以期培养学生的民族文化自信、工匠精神、创新精神、法治精神、安全责任意识,进而潜移默化地对学生的人生观、世界观、价值观产生正面引导作用。比如:

(1)在绪论章节介绍工程项目管理的历史发展时,以三峡工程、港珠澳大桥等现代高水平工程为例,介绍我国现代工程项目管理成功案例,培养学生爱国情怀、民族自豪感。

(2)在讲解施工企业项目经理时,结合社会主义核心价值观中的敬业要求,引入一些爱岗敬业事例,让学生了解忠于职守、精益求精的重要性,培养学生社会主义工匠精神。

(3)在讲解工程项目施工组织方式时,结合"抗疫"期间火神山医院建设完成的成功案例,讨论顺序、平行及流水三种施工组织方式如何助力"快工出细活",成就中国速度;激发学生的爱国热情,实现专业认同,感知责任担当,凸显科学管理重要价值,教育学生尊重知识、崇尚科学,向学生传递"科学管理也是第一生产力"的理念。

(4)在讲解工程项目职业健康安全与环境管理章节中,使学生认识到资源约束趋紧、环境污染严重、生态系统退化的严峻形势,帮助学生树立尊重自然、顺应自然、保护自然的生态文明理念,教育学生对自然应心存敬畏,在享受自然赐予时也应心有戒尺、行有所止。

四、课程结构与教学内容

根据高等职业学校专业和高速铁路施工与维护专业群教学标准要求,结合"工程项目管理"课程目标,确定本课程结构与教学内容,设计合理的学习项目及学时安排。

(一)课程模块

"工程项目管理"课程由工程项目管理认知模块、工程项目目标管理模块、工程项目合同管理模块、工程项目职业健康安全与环境管理模块四部分构成。

工程项目管理认知是工程项目管理的基础,包含项目管理的概念及特征、工程项目的类型、工程项目的建设程序、工程项目的参与方及任务、工程项目的组织结构等五部分内容。

工程项目目标管理是工程项目管理的关键,包含工程项目进度计划编制方法、进度计划的检查与调整、质量控制的过程和方法、工程项目成本管理的任务与方法等四部分内容。

工程项目合同管理是工程项目管理的核心,包含工程项目施工合同的概念及特点、施工合同计价方式、施工合同的订立与履行、合同变更及索赔等四部分内容。

工程项目职业健康安全与环境管理是工程项目管理的枢纽,包含职业健康安全管理体系与环境管理体系、安全生产管理、安全事故应急预案、安全管理要求等四部分内容。

(二)教学内容及项目、学时安排

"工程项目管理"课程教学内容、教学项目安排如表 2-330 所示。

表 2-330 "工程项目管理"课程教学内容、教学项目安排表

模块	学习项目	教学内容	思政融入点	学时
工程项目管理认知模块	1.建设工程项目管理的目标和任务	1.项目及其特征； 2.工程项目的类型； 3.工程项目管理的概念； 4.工程项目管理的特征； 5.工程项目管理的目标和任务	1.超级工程——三峡工程、港珠澳大桥； 2.爱国情怀、民族自豪感； 3.创新精神、文化自信； 4.集体意识、团队精神	10
工程项目目标管理模块	2.工程项目进度管理； 3.工程项目成本管理； 4.工程项目质量管理	1.工程项目进度计划的编制； 2.工程项目进度计划的实施、检查、调整与控制； 3.工程项目成本计划的编制； 4.工程项目成本控制的方法； 5.工程项目质量控制的内涵； 6.工程项目质量控制体系	1.具体问题具体分析； 2.尊重知识、崇尚科学； 3.科学管理也是第一生产力； 4.严谨的时间观念； 5.正确的从业观念和理性的从业规范； 6.认真负责、精益求精的大国工匠精神	30
工程项目合同管理模块	5.工程项目合同管理	1.工程项目合同类型； 2.工程施工合同的主要内容； 3.施工合同变更； 4.施工合同索赔	1.正确的从业观念和理性的从业规范； 2.严于律己、恪尽职守； 3.全局观和社会秩序观	20
工程项目职业健康安全与环境管理模块	6.安全生产和环境保护	1.工程项目施工安全控制； 2.职业健康安全事故的分类； 3.文明施工和环境保护措施	1.不以规矩、不成方圆； 2.严于律己、恪尽职守； 3.枪响之后没有赢家； 4.尊重自然、顺应自然、保护自然的生态文明理念和环境保护意识； 5.绿水青山就是金山银山	4

(三)学习项目设计

"工程项目管理"课程学习项目设计如表 2-331 至表 2-336 所示。

表 2-331 项目1:建设工程项目管理的目标和任务

教学目标	1.掌握工程项目管理的概念与分类； 2.了解工程项目管理的基本内容和方法； 3.掌握建设工程项目管理的相关内容及程序； 4.了解工程项目监理相关内容
教学内容	1.工程项目的特点与划分； 2.工程项目管理的基本内容和方法； 3.建设工程项目管理的相关内容及程序

续表

教学任务设计	序号	任务描述
	任务1.工程项目的特点与划分	1.工程项目的含义及特点； 2.单项、单位、分部、分项工程（以陕铁院新校区举例说明）
	任务2.工程项目管理的基本内容和方法	1.学习工程项目管理的基本内容； 2.学习工程项目管理的方法
学时	10	
教学方法	案例教学法、任务驱动法、讲授法	

表2-332 项目2：工程项目进度管理

教学目标	1.了解工程项目进度管理原理及影响因素； 2.了解工程项目工作持续时间估算方法； 3.掌握工程项目进度计划编制方法； 4.掌握工程项目进度控制方法； 5.能够对工程项目进度进行检查和控制
教学内容	1.工程项目管理目标的产生； 2.工程项目进度计划的编制； 3.工程项目进度计划的实施； 4.工程项目进度计划的检查、调整与控制

教学任务设计	序号	任务描述
	任务1.工程项目进度计划的编制方法	1.横道图； 2.网络计划
	任务2.工程项目进度计划的检查、调整与控制	1.工程项目进度计划的检查； 2.工程项目进度计划的调整； 3.工程项目进度计划的控制
学时	18	
教学方法	启发式教学、任务驱动、案例教学	

表2-333 项目3：工程项目成本管理

教学目标	1.掌握工程项目成本的构成与形式； 2.熟悉工程项目成本控制的系统过程； 3.掌握工程项目成本控制计划； 4.掌握工程项目成本控制的基本方法； 5.能够对工程项目成本进行分析及控制

教学内容	1.工程项目成本控制概述； 2.工程项目成本计划； 3.工程项目成本控制及成本核算； 4.工程项目成本分析	
教学任务设计	序号	任务描述
	任务1.工程项目成本管理过程	1.工程项目成本管理概述； 2.工程项目成本管理过程（预—计—控—核—分—考）
	任务2.工程项目成本管理方式	1.赢得值法； 2.因素分析法
学时	6	
教学方法	启发式教学、任务驱动、案例教学	

表2-334 项目4：工程项目质量管理

教学目标	1.了解质量管理体系相关知识； 2.掌握施工企业质量管理的主要环节； 3.掌握建筑施工质量验收的主要内容； 4.掌握项目质量管理相关方法	
教学内容	1.质量管理体系相关知识； 2.施工企业质量管理的主要环节； 3.建筑施工质量验收的主要内容； 4.项目质量管理相关方法	
教学任务设计	序号	任务描述
	任务1.项目质量策划及控制	1.工程项目质量策划； 2.质量控制及质量控制的数量统计方法
	任务2.施工质量验收与质量事故处理	1.质量验收标准； 2.质量事故类型及处理
学时	6	
教学方法	案例教学、任务驱动、测站教学法	

表 2-335　项目 5：工程项目合同管理

教学目标	1.掌握工程项目采购的方式与程序； 2.掌握工程项目合同的类型及特点； 3.掌握施工合同文件的组成及解释顺序； 4.掌握合同变更的相关内容； 5.掌握合同索赔的相关内容	
教学内容	1.工程项目采购管理； 2.工程项目合同管理； 3.工程项目合同变更； 4.工程项目合同索赔	
教学任务设计	序号	任务描述
	任务 1.工程项目采购管理	1.工程项目采购的方式； 2.招标采购的程序
	任务 2.工程项目合同管理	1.工程合同的类型及特点； 2.施工合同文件的组成及解释顺序
	任务 3.工程项目合同变更	1.合同变更的定义； 2.合同变更的原因； 3.合同变更的程序
	任务 4.工程项目合同索赔	1.工程索赔的基本概念、特点与类型； 2.索赔的证据； 3.索赔的程序
学时	20	
教学方法	启发式教学、任务驱动、案例教学	

表 2-336　项目 6：安全生产和环境保护

教学目标	1.熟悉国家和地方关于安全生产、环境保护和文明施工的规范、规定； 2.掌握施工现场安全管理的方法，重点是消除隐患、对危险源的控制； 3.熟悉安全事故的处理，重点是对安全隐患的分析与预防； 4.掌握文明施工和环境保护的要求
教学内容	1.国家和地方关于安全生产、环境保护和文明施工的规范、规定； 2.安全资料的整理与归档； 3.施工现场安全管理的方法； 4.安全事故的处理，对安全隐患的分析与预防； 5.文明施工和环境保护的要求

续表

教学任务设计	序号	任务描述
	任务1.安全生产	1.施工现场安全管理的方法； 2.安全事故的处理,对安全隐患的分析与预防
	任务2.环境管理	1.环境保护和文明施工的规范、规定； 2.文明施工和环境保护的要求
学时		4
教学方法		案例教学、任务驱动、测站教学法

(四)教学要求

"工程项目管理"课程教学要紧扣高速铁路施工与维护专业群教学标准和课程目标,在全面贯彻党的教育方针、落实立德树人根本任务的基础上,突出职业教育特色,培养"懂设计、精施工、善管理"的复合型工程人才,提升学生的工程实践能力。

课程教学坚持"晓之以理,明之以德"的教育理念,以思政的角度解读专业理论和实操课程,强化学生综合素质的培养与价值理念的培育,使学生在复杂的社会环境和工作环境中能够有担当、辨是非、求上进、有作为。

(五)引入行业标准

(1)《建设工程项目管理规范》(GB/T 50326—2017)；

(2)《建设项目工程总承包管理规范》(GB/T 50358—2017)；

(3)《工程建设施工企业质量管理规范》(GB/T 50430—2017)；

(4)《环境管理体系规范及使用指南》(GB/T 24001—2016)；

(5)《职业健康安全管理体系规范》(GB/T 28001—2011)。

五、课程考核与评价

本课程采用平时成绩(20%)、过程性考核(30%)、期末考试(50%)相结合的考核评价机制:以平时成绩考察学生的学习态度、纪律性以及表达与沟通能力;以学生完成阶段性工作的成果,考察学生的自主学习能力、专业技能、解决问题的综合能力以及与他人沟通合作的团队意识;以期末成绩考察学生的专业基础知识掌握情况及知识应用能力。具体评价标准见表2-337。

表2-337 "工程项目管理"课程考核评价体系

过程性考核 (分值权重)	考核项目	评价标准	过程性考核 (30%)	平时考核 (20%)	期末考核 (50%)
情境1.工程项目管理概述(5%)	工程项目的定义及特征	理解是否准确	题目作答(2%)	1.基本素质评价,包括出勤情况、资源学习、课堂参与等综合表现;	
	工程项目管理基本内容和方法	理解是否准确	题目作答(3%)		
情境2.工程项目进度管理(20%)	双代号网络计划绘制与计算	绘图是否规范、参数计算是否准确	绘图计算(10%)		
	进度计划检查、调整	是否合理	题目作答(10%)		

续表

过程性考核 (分值权重)	考核项目	评价标准	过程性考核 (30%)	平时考核 (20%)	期末考核 (50%)
情境3.工程项目质量管理(20%)	工程项目质量控制	准确率	题目作答(10%)	2.职业素质评价,包括项目参与度、承担角色和任务完成情况、劳动意识、创新精神等	题目作答准确
	工程项目质量事故处理	准确率	题目作答(10%)		
情境4.工程项目成本管理(20%)	工程项目成本控制方案	是否合理	方案编写(20%)		
情境5.工程项目合同管理(30%)	工程项目施工合同的拟定	是否合理、全面	合同拟定(30%)		
情境6.工程项目职业健康安全与环境管理(5%)	工程项目安全生产管理	准确率	题目作答(2%)		
	工程项目环境管理	准确率	题目作答(3%)		

六、课程资源

(一)教材选用

所用教材要求为近三年出版的高职高专规划教材,既能反映最新发展水平,又能适应高等职业教育的需要,能够帮助学生提高分析问题、解决问题的能力,突出高素质技术技能人才培养特点。教材应包括合同管理、成本管理、进度管理、质量管理、职业健康安全与环境管理等内容。鼓励教师结合教育教学改革和信息化教学需要,以思想性、科学性、发展性、规范性为原则,校企合作编写立体化和富媒体化教材、活页式教材、云教材等。

(二)数字化资源

依据本课程标准,充分运用各种信息技术手段,结合教学改革需要,开发微课、多媒体课件等数字化教学资源,建设在线开放课,实现优质资源共建共享,提升课程的教学效果。

七、教学团队

教师是学生学习课程的纽带,是引导学生掌握实践技能的关键。任课教师要树立良好的师德师风,符合教师专业标准要求,具有扎实的专业基础,具有一定的工程实践经验和良好的教育教学能力。

(一)团队结构

建立课程负责人制度,组建课程教学团队,积极组织开展各类教研活动,促进青年教师成长。学校应采用人才引进、自主培养等途径,组建年龄、性别、职称与学历结构合理,具有较强信息化教学能力的教学团队。

(二)双师素质

课程团队教师应具有双师素质,同时开展校企合作。教师应坚持定期到高铁项目施工一线进行实践锻炼,与时俱进地提升教师的工程管理实践经验。鼓励支持教师进行课程教学改革创新,使课程教学更好地适应学生全面发展和个性化发展的需要,满足经济社会发展需求。

八、教学设备要求

"工程项目管理"课程教学设备配备要求如表 2-338 所示。

表 2-338 "工程项目管理"课程教学设备配备要求

项目	技术参数与要求	数量
教学投影显示设备	投影仪或智慧一体机	≥1 台

"BIM 数据集成与应用"课程标准

一、课程性质与任务

(一)课程性质

BIM 数据集成与应用是通过数字化技术,利用大数据库资源,将 BIM 数据集成于 BIM 模型中,展开对 BIM 数据应用,为高铁项目的各项业务提供准确及时的基础数据,同时配合高铁项目管理的流程、统计分析等管理手段,提升高铁项目综合管理能力和管理效率,为高速铁路基础设施建设提供技术支撑。

"BIM 数据集成与应用"课程是高速铁路施工与维护专业群高铁工程项目信息化管理专业的核心模块课程。本课程从 BIM 技术的工程应用出发,培养学生应用 BIM 技术进行碰撞检查、可视化交底、施工进度模拟、工程项目成本控制的能力,为后续课程的学习以及将来的工作打下坚实的基础。同时该课程也是学生职业素质养成的一个重要平台,可以培养学生的组织协调能力、团队合作能力、吃苦耐劳的精神,培养学生的质量意识、规范意识、标准意识与创新能力。

(二)课程任务

全面贯彻党的教育方针,落实立德树人根本任务,满足高铁智慧建造对人才培养的要求,围绕高等职业教育建筑信息管理专业对 BIM 技术应用的培养需求,拓展高铁工程领域的前沿技术,通过理实一体化教学,提升学生应用 BIM 技术解决工程实际问题的综合能力,使学生成为德智体美劳全面发展的高素质技术技能人才。

二、课程目标

(一)素质目标

(1)具有良好的爱国情怀、民族自豪感和社会主义世界观、人生观、价值观;

(2)具备良好的大局意识、责任意识、自主学习意识;

(3)具备团队协作、沟通协调、理论联系实际的能力;

(4)具备开拓创新的职业精神和精益求精的工匠精神;

(5)具备科学、缜密、严谨的工作作风和良好的职业道德。

(二)知识目标

(1)掌握 BIM 模型处理和数据整合的方法;

(2)掌握对 BIM 模型进行三维空间碰撞检查的方法;

(3)掌握使用 BIM 模型进行可视化施工交底的方法;

(4)掌握3D虚拟漫游功能,检查设计的合理性;
(5)掌握基于BIM模型的进度管理、成本管理的基本方法;
(6)掌握BIM数据应用与管理平台的应用场景;
(7)掌握常用BIM数据应用与管理平台的基本功能和操作方法。

(三)技能目标

(1)能对BIM模型进行模型处理和数据整合;
(2)能对BIM模型进行三维空间碰撞检查;
(3)能运用BIM模型进行可视化施工交底;
(4)能运用BIM模型创建3D虚拟漫游动画,检查设计的合理性;
(5)能运用BIM模型进行进度管理、成本管理;
(6)能运用BIM数据应用与管理平台进行施工现场的协同应用。

三、课程思政

课程思政是以构建全员、全过程、全方位育人格局的形式将各类课程与思想政治理论课同向同行,形成协同效应,把"立德树人"作为教育的根本任务的一种综合教育理念。"BIM数据集成与应用"作为建筑信息管理专业的核心课,其课程思政的主要形式是将思想政治教育元素,包括思想政治教育的理论知识、价值理念以及精神追求等融入课程学习及实践中去,潜移默化地对学生的思想意识、行为举止产生影响,具体包括高铁精神、质量意识、工匠精神、劳动精神、创新思维等。

本课程的课程思政具体形式如下:引入高铁大事件、高铁榜样,融入高铁精神。以提升学生的"熟练、扎实"的技术应用能力为突破点,选取教学题材(如建设川藏铁路大事件等),以行业精神为引领,培养学生的职业认同感和自豪感,坚持把"热爱祖国,忠诚事业,艰苦奋斗,无私奉献"的高铁精神融入课程教学过程。BIM数据集成与应用要专业与软件相结合,融入"理论联系实际"和"实践检验真知"的哲学思想,强化理实一体教学实践,以工程实例为载体,培养科学严谨、实事求是的工作态度,感悟职业精神,提升职业素养。教学中结合BIM技术的发展和工程实践应用,结合大型工程事件,引导学生关注我国科技发展,帮助学生树立起对职业敬畏、对工作执着、对成果负责的态度,养成敬业、精益、专注、创新的工匠精神。依托BIM实训中心开展项目教学,规范学生的安全意识,提升岗位实践能力,加强对学生的劳动教育。以高铁工程建设案例为载体,将现场技术人员遇到的生产问题引入课堂活动中,开展灵活教学形式,激发学生思维,引导学生提出解决问题的途径,提高学生团队协作、自主探究的创新思维能力。

四、课程结构与教学内容

根据高等职业学校专业和高速铁路施工与维护专业群教学标准要求,结合"BIM数据集成与应用"课程目标,确定本课程结构与教学内容,设计合理的学习项目及学时安排。

(一)课程模块

"BIM数据集成与应用"课程由BIM数据集成模块、BIM数据应用(一)模块、BIM数据应用(二)模块、BIM管理平台应用模块四部分构成。

BIM数据集成模块是学生提升其应用BIM技术开展BIM应用能力的前提,包含模型的来源、模型文件的导出导入、模型的附加与合并、模型的调整与编辑等四部分内容。

BIM数据应用模块(一)、(二)是学生提升其应用BIM技术开展高铁工程建设能力的基础,包含碰撞检查、可视化展示、视点标注、视点动画、漫游动画、复杂节点施工模拟、施工进度数据与模型关联、施工进度模拟、施工成本数据与模型关联、施工成本控制等十部分内容。

BIM 管理平台应用模块是学生提升其 BIM 技术工程应用综合能力的关键，主要是结合典型的高铁工程实例，借助 BIM 管理平台，从模型处理、模型数据整合，到碰撞检查、可视化交底、复杂节点施工模拟、施工进度模拟、项目成本控制等，开展相对完整的 BIM 应用实践，从而实现对学生综合应用能力的培养。

(二)教学内容及项目、学时安排

"BIM 数据集成与应用"课程教学内容、教学项目安排如表 2-339 所示。

表 2-339 "BIM 数据集成与应用"课程教学内容、教学项目安排表

模块	学习项目	教学内容	思政融入点	学时
BIM 数据集成模块	1.BIM 模型处理与模型数据整合	1.模型的来源； 2.模型文件的导入导出； 3.模型的附加与合并； 4.模型的调整与编辑	1.学习数据处理和模型整合的基本方法，培养对数据和模型的求真、求精意识和数据安全意识； 2.学习软件操作，明确软件的定位，活学活用，举一反三，让学生以辩证的思维看待软件学习与专业学习的关系	8
BIM 数据应用模块(一)	2.碰撞检查； 3.可视化交底	1.碰撞检查； 2.可视化展示； 3.视点标注； 4.视点动画； 5.漫游动画； 6.复杂节点施工模拟	1.剖析碰撞检查背后的逻辑，培养学生"透过现象看本质"的基本素养； 2.学习可视化交底的各种方法，从不同的视角解决工程建模问题，深悟"具体问题具体分析"和"理论与实践相结合"的哲学思想； 3.教学依托典型工程案例，以讲练结合的方式持续培养学生审美、评判、改进的能力，为学生树立正确的审美观念	24
BIM 数据应用模块(二)	4.施工资源动态管理——4D 模拟； 5.施工成本实时监控——5D 模拟	1.施工进度数据与模型关联； 2.施工进度模拟； 3.施工成本数据与模型关联； 4.施工成本控制	1.观看典型的工程进度模拟动画，感受精益求精的工匠精神，树立科技兴国、学习强国的理想和信念； 2.学习进度与成本控制，培养学生的统筹意识、大局意识、系统意识； 3.强化理实一体教学实践，以工程实例为载体，培养科学严谨、实事求是的工作态度，感悟职业精神，提升职业素养	24

续表

模块	学习项目	教学内容	思政融入点	学时
BIM管理平台应用模块	6.其他BIM管理平台及应用	1.广联达BIM5D的基本功能与应用场景； 2.鲁班iWorks的基本功能与应用场景	1.学习管理平台国内外发展概况，激发学生的爱国情怀和创新意识； 2.学习管理平台的基本功能和应用场景，培养学生辩证思维和逻辑思维； 3.学习管理平台的协同功能，强化团队合作、协同协作意识	8

(三)学习项目设计

"BIM数据集成与应用"课程学习项目设计如表2-340至表2-345所示。

表2-340 项目1:BIM模型处理与模型数据整合

教学目标	1.了解BIM数据种类与应用； 2.了解Navisworks软件可导入与导出模型文件的各类格式； 3.掌握Navisworks软件的基本操作； 4.掌握高铁工程BIM模型处理的原则和要求； 5.掌握BIM模型数据整合的流程； 6.能够制订并编写BIM数据应用的初步计划		
教学内容	1.BIM模型的来源； 2.模型文件的导入导出； 3.模型的附加与合并； 4.模型的调整与编辑		
教学任务设计		序号	任务描述
		任务1.BIM模型的处理	1.了解BIM模型的来源； 2.学习Navisworks软件的基本操作； 3.掌握Navisworks软件可导入与导出的文件格式； 4.掌握BIM模型文件的导入与导出； 5.做出BIM数据应用的初步计划
		任务2.模型数据的整合	1.掌握BIM模型数据整合的流程； 2.模型的附加； 3.模型的合并； 4.模型的调整； 5.模型的编辑
学时	8		
教学方法	操作演示法、讲授法、案例教学法、任务驱动法		

表 2-341 项目 2:碰撞检查

教学目标	1.掌握碰撞检查的类型及其原理； 2.掌握碰撞检查的流程； 3.能够分析碰撞检查的结果并能够编写碰撞检查报告； 4.形成"实践检验真知"的哲学思想和质量意识	
教学内容	1.碰撞检查的原理； 2.碰撞检查基本操作； 3.碰撞检查结果处理	
教学任务设计	序号	任务描述
	任务 1.碰撞检查	1.碰撞检查的原理； 2.碰撞检查基本操作； 3.各个专业模型的提交； 4.模型审核并修改； 5.自动碰撞检查并输出结果； 6.撰写碰撞检查报告
学时	6	
教学方法	操作演示法、讲授法、任务驱动、案例教学法	

表 2-342 项目 3:可视化交底

教学目标	1.了解 BIM 模型在可视化交底中的应用； 2.能应用 Navisworks 软件进行视点动画与漫游动画的创建； 3.能够用 Navisworks 软件模拟复杂节点的施工工序； 4.能够编写可视化交底的技术总结； 5.形成理论联系实际的工作意识	
教学内容	1.视点动画； 2.漫游动画； 3.复杂节点施工模拟	
教学任务设计	序号	任务描述
	任务 1.视点动画	1.确定创建视点动画的工作步骤； 2.打开并保存视点； 3.创建动画； 4.保存视点； 5.编辑动画； 6.导出视点视频

续表

教学任务设计	序号	任务描述
	任务2.漫游动画	1.确定创建漫游动画的工作步骤； 2.掌握Navisworks软件提供的环视、缩放、平移转盘等工具； 3.设置漫游； 4.设计漫游路线及漫游场景； 5.导出漫游视频
	任务3.复杂节点施工模拟	1.确定复杂节点的施工工序； 2.构建复杂节点的施工模板； 3.构建复杂节点的BIM模型； 4.进行复杂节点施工模拟
学时	18	
教学方法	操作演示法、讲授法、任务驱动、案例教学法	

表2-343 项目4:施工资源动态管理——4D模拟

教学目标	1.掌握施工进度模拟的基本知识； 2.能够正确使用Navisworks软件进行施工进度模拟； 3.能够使用模型与施工进度数据进行施工管理应用； 4.具备统筹意识、大局意识和系统意识	
教学内容	1.施工进度模拟的基本原理； 2.模型的集合划分； 3.手动与自动添加任务； 4.进度数据与模型关联	
教学任务设计	序号	任务描述
	任务1.施工进度模拟	1.学习施工进度模拟的基本知识； 2.模型的集合划分； 3.手动与自动添加任务； 4.进度数据与模型关联
学时	12	
教学方法	操作演示法、讲授法、任务驱动、案例教学法	

表2-344 项目5:施工成本实时监控——5D模拟

教学目标	1.掌握5D模拟的基本知识； 2.能够正确使用Navisworks软件进行施工成本模拟； 3.能够合理进行工程项目成本实时监控； 4.培养科学严谨、实事求是的工作态度

续表

教学内容	1. 施工成本控制的基本原则； 2. 成本数据与模型关联； 3. 施工成本实时控制	
教学任务设计	序号	任务描述
	任务1. 施工成本控制	1. 施工成本控制的基本原则； 2. 成本数据与模型关联； 3. 施工成本的控制
学时	12	
教学方法	操作演示法、讲授法、任务驱动、案例教学法	

表2-345 项目6：其他BIM管理平台及应用

教学目标	1. 了解国内外BIM管理平台软件； 2. 了解BIM管理平台应用的价值； 3. 掌握国内广联达BIM5D、鲁班iWorks的基本功能与应用场景； 4. 具备团队合作、协同协作意识	
教学内容	1. 广联达BIM5D的基本功能与应用场景； 2. 鲁班iWorks的基本功能与应用场景	
教学任务设计	序号	任务描述
	任务1. 广联达BIM5D	1. 广联达BIM5D的基本操作； 2. 广联达BIM5D的应用场景
	任务2. 鲁班iWorks	1. 鲁班iWorks的基本操作； 2. 鲁班iWorks的应用场景
学时	8	
教学方法	操作演示法、讲授法、任务驱动、案例教学法	

(四)教学要求

"BIM数据集成与应用"课程教学要紧扣高速铁路施工与维护专业群教学标准和课程目标，在全面贯彻党的教育方针、落实立德树人根本任务的基础上，突出职业教育特色，培养学生利用BIM技术解决工程实际问题的能力，提升学生的工程实践能力。

课程教学要落实立德树人的根本任务，贯彻课程思政要求，使学生在复杂的社会环境和工作环境中能够有担当、辨是非、求上进、有作为。突出学生技能培养，提升学生掌握利用BIM技术进行高铁工程的碰撞检查、可视化交底、施工进度模拟及工程综合应用的能力。培养学生创新意识，对于工作中出现的各类问题能够进行分析判断，提出合理的解决方案。

(五)引入行业标准

(1)《铁路工程信息模型统一标准》(TB/T 10183—2021)；

(2)《铁路工程信息模型施工阶段实施标准》(T/CRBIM 013—2018);

(3)《铁路工程信息模型分类和编码标准》(T/CRBIM 002—2014);

(4)《铁路工程信息模型数据存储标准》(CRBIM 1002—2015)。

五、课程考核与评价

课程采用全过程性考核与评价,线上知识测试与线下技能考核相结合的方式,全面、客观地评价学生的学习效果。过程性考核在考察学生技能掌握程度的基础上,关注学生综合素养和技能应用能力,主要考评 BIM 模型处理与数据集成、碰撞检查与可视化交底、进度模拟与成本控制、平台管理应用等四个方面。具体评价标准见表 2-346。

表 2-346 "BIM 数据集成与应用"课程考核评价体系

过程性考核 (分值权重)	考核项目	评价标准	过程性考核 (60%)	平时考核 (40%)
BIM 数据集成 (10%)	模型处理	数据处理合理	软件操作(5%)	1. 基本素质评价,包括出勤情况、资源学习、课堂参与等综合表现; 2. 职业素质评价,包括项目参与度、承担角色和任务完成情况、劳动意识、创新精神等
	模型优化合理	模型数据整合正确	软件操作(5%)	
BIM 数据应用(一) (40%)	碰撞检查	操作熟练、报告完整并正确、模型优化合理	软件操作(20%)	
	可视化交底	操作熟练	软件操作(20%)	
BIM 数据应用(二) (40%)	进度模拟	横道图正确、进度管理正确	软件操作(20%)	
	成本控制	成本控制正确	软件操作(20%)	
BIM 管理平台应用 (10%)	管理平台及应用	场景应用正确	软件操作(10%)	

六、课程资源

(一)教材选用

优先选用近三年出版的高职高专规划教材,选用的教材必须符合本专业人才培养目标及课程教学的要求,又可以适应高等职业教育的需要,且取材合适,深度适宜,份量恰当,符合认知规律,有利于学生知识、能力和素质的培养。教材应包括 BIM 数据集成认知、模型处理与模型数据整合、碰撞检查、可视化交底、进度模拟、成本控制、管理平台应用等内容。鼓励教师结合教育教学改革和信息化教学需要,以思想性、科学性、发展性、规范性为原则,校企合作编写立体化和富媒体化教材、活页式教材、云教材等。

(二)数字化资源

依据本课程标准,充分运用各种信息技术手段,结合教学改革需要,开发微课、多媒体课件等数字化教学资源,建设在线开放课,实现优质资源共建共享,提升课程的教学效果。

七、教学团队

教师是学生学习课程的纽带,是引导学生掌握实践技能的关键。任课教师要以学生为服务对象,以教学内容和教学方法的改革为主要途径,以系列课程和专业建设为平台,以提高教师教学水平、提高教育质量为目标,同时树立良好的师德师风,符合教师专业标准要求,具有扎实的专业基础和一定的工程实践经验。

(一)团队结构

建立课程负责人制度,组建课程教学团队,积极组织开展各类教研活动,促进青年教师成长。学校应采用人才引进、自主培养等途径,组建年龄、性别、职称与学历结构合理,具有较强信息化教学能力的教学团队。

(二)双师素质

课程团队教师应具有双师素质,同时开展校企合作。教师应坚持定期到高铁项目施工一线进行实践锻炼,与时俱进地提升教师的 BIM 技术应用水平和工程实践经验。鼓励支持教师进行课程教学改革创新,使课程教学更好地适应学生全面发展和个性化发展的需要,满足经济社会发展需求。

八、教学设备要求

"BIM 数据集成与应用"课程教学设备配备要求如表 2-347 所示。

表 2-347 "BIM 数据集成与应用"课程教学设备配备要求

项目	技术参数与要求	数量
计算机	满足主流教学软件要求;支持网络同传和硬盘保护;多媒体教学系统	每工位 1 台
教学投影显示设备	投影仪或智慧一体机	≥1 台
计算机基本配置	操作系统及相关驱动;常用工具软件,办公软件,图形编辑软件	根据教学需要选用
仪器设备与软件	Revit、Navisworks 等 BIM 软件	每工位 1 套
	广联达 BIM5D、鲁班 iWorks 等 BIM 管理平台	每工位 1 套

第三编

高速铁路施工与维护专业群顶岗实习标准

目录

一、适用范围 …………………………………………………………………… 487

二、实习目标 …………………………………………………………………… 487

三、时间安排 …………………………………………………………………… 487

四、实习条件 …………………………………………………………………… 487

五、实习内容 …………………………………………………………………… 489

六、实习成果 …………………………………………………………………… 491

七、考核评价 …………………………………………………………………… 491

八、实习管理 …………………………………………………………………… 492

附件1:顶岗实习三方协议书 ………………………………………………… 495

附件2:××××学院学生顶岗实习安全协议书 …………………………… 498

附件3:顶岗实习任务书及指导书 …………………………………………… 499

附件4:××××学院顶岗实习报告 ………………………………………… 502

一、适用范围

本标准适用于高等职业学校或具有同等学力高速铁路施工与维护(类)专业学生的实习安排,面向铁路(高铁)施工企业和铁路(高铁)运营企业岗位(群)或铁路工程技术领域。

二、实习目标

通过顶岗实习,使学生了解铁路(高铁)施工和运营企业岗位的知识要求、技能要求和素养要求,促进理论知识转化为工程实践能力,适应岗位工作需求,具备将要从事职业的岗位能力(专业能力、方法能力和社会能力等),真正历练成为具备适应铁路(高铁)工作岗位的实践能力、专业技能、敬业精神和严谨求实作风以及综合职业素质的技术技能人才。具体如下:

(1)具备良好的思想政治、科学文化、职业操守、身心健康等素质,培养学生的沟通能力、职业技能和职业道德素养,达到(取得)具有综合运用所学的基础理论、专业知识和基本技能分析与解决实际工作中遇到问题的能力。

(2)具备从事铁路(高铁)工程施工技术、工程管理、测量放样、试验检测、预算编制以及铁路工程检测与养护等专业能力。

(3)具备较强的运用铁路(高铁)知识与技能分析和解决问题、独立学习和终身学习、信息处理等方法的能力。

(4)具备良好的人际交流和沟通、团队合作和组织协调、职业道德和敬业精神等社会能力。

(5)养成诚信、敬业、科学、严谨的工作态度,强化铁路工程安全、质量、效率及新技术应用,具有良好的铁路职业道德和一定的创新能力。

三、时间安排

实习时间按教育部规定的实习时间安排,顶岗实习建议安排在第三学年的最后一学期进行,同时允许职业院校根据教学进程的特点与用人单位的需求,自行安排其他时间(假期)进行顶岗实习,但必须确保学生顶岗实习的时间不得低于一个学期。

四、实习条件

(一)实习企业

高速铁路施工与维护专业群学生顶岗实习企业主要面向工程施工、工程监理、工程勘测、运营维护等方向,类型主要为铁路(高铁)施工企业和运营企业两大类,其中铁路(高铁)施工企业面向工程施工、工程监理和工程勘测方向,铁路(高铁)运营企业面向铁路运营维护方向,具体如下:

(1)铁路(高铁)施工企业:中国中铁股份有限公司、中国铁建股份有限公司、中国交通建设股份有限公司等下属各集团公司的铁路工程施工、勘测企业等。铁路(高铁)施工企业的经营范围为施工组织及管理、工程测量及沉降观测、施工质量和材料的检测、工程咨询及工程监理等,铁路(高铁)施工企业管理重在体现加强和规范铁路工程建设质量和施工安全。

(2)铁路(高铁)运营企业:中国铁路西安局集团有限公司、中国铁路成都局集团有限公司、中国铁路南宁局集团有限公司、中国铁路南昌局集团有限公司、中国铁路兰州局集团有限公司、中国铁路乌鲁木齐局集团有限公司、中国铁路呼和浩特局集团有限公司等国家铁路局,青藏铁路公司、地方铁路公司、各城市地铁公司等企业。铁路(高铁)运营企业的经营范围为铁路工程维护、运输经营等,铁路(高铁)运营企业管理的目的在于铁路安全生产、运输服务质量和铁路工程维护。

(二)设施条件

(1)要求能够提供充足的场地、设备和仪器,专业设施设备能满足顶岗实习实践性教学的需要。

(2)具有能够指导顶岗实习生的高素质兼职教师,能够保证学生实习保质保量。

(3)企业参与顶岗实习生考核;保证学生顶岗实习时间不少于一学期。

(4)现场顶岗实习岗位具有典型性,且岗位数量能达到实习实训学生人数的两倍以上。

(5)校内实习建有切实可行的岗位实训制度,学生食宿、上课、实习实训等,都有专人安排和指导。

(6)配备企业指导教师,共同设计和实施教学方案,协同管理,保障实习实训安全。

(7)院校应建立顶岗实习管理平台,加强顶岗实习过程的管理与监控。

(8)院校应重视有关顶岗实习教学文件的制定和顶岗实习档案资料积累、存档工作。

(三)实习岗位

高速铁路施工与维护专业群学生顶岗实习岗位为高速铁路施工与维护、建设工程管理、工程测量技术、土木工程检测技术四个专业方向,根据专业群对接产业链情况,专业群内专业职业岗位(群)主要为施工员、线路工、桥隧工、试验员、测量员、建模员等。每个方向均分为基本岗位和拓展岗位,具体如下:

1. 高速铁路施工与维护专业岗位群

(1)基本岗位:施工员。

(2)拓展岗位:测量员、试验员、建模员。

2. 工程测量技术专业岗位群

(1)基本岗位:测量员。

(2)拓展岗位:施工员、试验员、建模员。

3. 建设工程管理专业岗位群

(1)基本岗位:建模员。

(2)拓展岗位:施工员、试验员、测量员。

4. 土木工程检测技术专业岗位群

(1)基本岗位:试验员。

(2)拓展岗位:施工员、测量员、建模员。

(四)指导教师

1. 校内指导教师

(1)指导教师数量:按50人/班规模,指导教师不宜少于2人。

(2)指导教师资质:校内指导教师应具备本专业或相近专业硕士及以上学历,或本科学历、中级以上职称,并具有高校教师资格证及两年以上的企业实践经历和教学经验,责任心强,认定为骨干教师或双师素质教师。

(3)指导教师能力:骨干教师需具有扎实的专业理论、丰富的铁路工程实践经验、先进的高职教学理念、较强的专业建设与教学改革能力;双师素质教师需具有较高的专业知识和一定的实践能力、较好的职业教育教学能力、较强的课程建设与教学组织能力,且双师素质的比例要达到90%以上。

(4)指导教师职责:参与制订实习计划,落实实习具体事宜;对实习学生进行安全教育并负责全过程管理;校内指导教师应与实习单位指导教师交流沟通;顶岗实习指导;顶岗实习综合成绩评定。

2.校外指导教师

(1)指导教师数量:按50人/班规模,指导教师不宜少于10人。

(2)指导教师资质:企业兼职教师应具备技师或工程师以上职称,至少有五年以上的铁路企业工作经历,具备丰富的生产实践经验和较强的专业技术技能,且具有一定的教学与管理能力,承担的专业课学时比例不低于50%。

(3)指导教师能力:思想素质好,具有丰富的铁路工程实践经验,技术技能水平高,责任心强,熟悉施工现场各岗位的工作流程和工作职责,具有一定的教学经验的工程技术人员、管理人员或高技能人员。

(4)指导教师职责:参与制订实习计划,落实实习具体事宜;对实习学生进行安全教育并负责全过程管理;学生顶岗实习期间的考勤、业务考核、技能训练;企业指导教师和学校指导教师相互联系与协调;顶岗实习综合成绩评定。

(五)其他

顶岗实习应尽可能在相对集中的实习、实训基地完成;参加顶岗实习的学生,实习前均须由实习单位和学院、学生监护人和学院或者实习单位、学院、学生监护人三方签订《学生顶岗实习协议》,明确各自的权利和义务,保障学生顶岗实习考核顺利进行。

五、实习内容

高速铁路施工与维护专业群学生顶岗实习内容见表3-1。

表3-1 顶岗实习内容

序号	岗位	能力模块	实习目标	工作任务	学时	专业
1	施工员	1.高速铁路工程施工、运营和作业管理工作能力; 2.高速铁路工程施工组织、实施的能力; 3.读图和利用计算机绘图的能力; 4.具有BIM相关软件应用能力; 5.利用各种媒体获取信息的能力; 6.一定的经营开发能力	1.高速铁路工程结构基本知识; 2.高速铁路工程施工技术和施工生产管理基本知识; 3.高速铁路施工图的识读知识; 4.工程量清单计量及组价相关理论知识; 5.BIM相关软件的工程应用知识; 6.职业健康与安全生产的知识	1.熟悉铁路路基、轨道、桥梁和隧道工程图纸内容,编制各项施工组织设计方案和施工安全、质量、技术方案,落实设计意图; 2.编制铁路工程进度计划及人力、物力计划和机具、用具、设备计划,保证工程的成本控制计划的实施、监督、检查; 3.熟悉铁路路基、轨道、桥梁和隧道工程施工及管理标准、规范,合理安排、科学引导,顺利完成工程的施工测量、技术指导、质量检验等工作; 4.做好铁路工程作业段内各项技术文件的资料收集、保管和归档工作; 5.按施工规范要求对安全、质量核对,监督、检查预埋件的定位及安装; 6.负责对工地文明施工要求工作的实施、监督、检查	不少于3个月	高速铁路施工与维护●
					不少于1个月	建设工程管理◐
					不少于1个月	土木工程检测技术◐
					不少于1个月	土木工程检测技术◐

续表

序号	岗位	能力模块	实习目标	工作任务	学时	专业
2	建模员	1.具有高速铁路结构、钢筋施工图识读能力； 2.具有计算机辅助绘图的基本能力； 3.具有高速铁路计量及组价的能力； 4.具有BIM相关软件应用能力； 5.具有良好的沟通、语言表达能力	1.必要的识图与CAD、工程测量、建筑材料等基础理论知识； 2.高速铁路施工图的识读知识； 3.高速铁路结构类型及构造； 4.高速铁路各结构物施工方面的理论知识； 5.工程量清单计量及组价相关理论知识； 6.BIM相关软件的操作及应用； 7.职业健康与安全生产的知识	1.依据相应施工规范、标准、图集，读懂高速铁路施工图纸； 2.对高速铁路项目信息化质量负责，严格按照施工图纸创建土建模型、钢筋模型、场地模型，且在建模过程中及时发现图纸中的问题，并进行整理； 3.具有一定的模型管理能力； 4.能够应用BIM技术对施工管理工作进行数据收集及数据分析，并由此给出合理化建议	不少于3个月	建设工程管理●
					不少于1个月	高速铁路施工与维护◐
					不少于1个月	土木工程检测技术◐
					不少于1个月	工程测量技术◐
3	测量员	1.正确判读和使用地形图的能力； 2.识读勘测设计资料、施工图纸的能力； 3.运用行业测量规程、标准的能力； 4.高速铁路工程控制测量、施工测量的能力； 5.控制测量、施工测量技术设计与总结能力； 6.使用、维护测量仪器的能力； 7.软件应用与数据处理的能力； 8.技术文件归类整理的能力	1.高速铁路工程结构基本知识； 2.高速铁路工程施工技术和施工生产管理基本知识； 3.高速铁路施工图的识读知识； 4.工程量清单计量及组价相关理论知识； 5.BIM相关软件的工程应用知识； 6.职业健康与安全生产的知识	1.熟悉高速铁路工程施工测量标准及测量方法； 2.熟悉高铁等大型工程建设施工控制网、工程建筑物变形控制网的布设、施测、数据处理工作及高等级水准测量工作； 3.熟悉施工阶段测量工作，包括线路、桥梁施工测量，地下工程施工测量等工作； 4.熟悉各种大比例尺地形图测绘与相关应用等工作； 5.熟练使用水准仪、全站仪、GNSS接收机等测量仪器	不少于3个月	工程测量技术●
					不少于1个月	高速铁路施工与维护◐
					不少于1个月	土木工程检测技术◐
					不少于1个月	建设工程管理◐

续表

序号	岗位	能力模块	实习目标	工作任务	学时	专业
4	试验员	1.具备查阅规范的能力； 2.高速铁路工程建筑材料试验与检测能力； 3.高速铁路工程施工质量常规试验检测的能力； 4.具备高铁施工及运营中的检测及维护能力； 5.具备熟练使用仪器设备，确保仪器设备的正常运行的能力； 6.具备试验资料的整理归档及试验室管理工作的能力； 7.仪器使用、保管等能力	1.高速铁路工程的质量标准和体系； 2.高速铁路工程试验检测方法； 3.高速铁路工程建筑材料； 4.土木工程材料试验检测方面的理论知识； 5.高铁施工与运营中路基、桥涵、隧道的检测； 6.高铁建设过程中施工单位对构造物自检项目相关的理论知识； 7.试验室组建流程、仪器设备台账建立、试验资料整理等方法； 8.铁路、高速铁路等构造物的施工工艺	1.做好试验检测准备工作，熟悉试验检测项目的检测规程、规范标准和要求，按规定检查样品、仪器设备、环境条件，各项合格后方可进行试验检测； 2.对工程质量和进场材料进行检测和检查； 3.试验检测人员严格按照试验检测规程、规范标准和有关规定进行试验检测，出具试验报告，准确读数，并对试验检测数据的真实性和准确性负责； 4.严格按操作规程和规范要求使用仪器设备，对所负责试验室进行管理； 5.遵守各项规章制度，坚守工作岗位，完成其他相关工作任务	不少于3个月	土木工程检测技术●
					不少于1个月	高速铁路施工与维护◐
					不少于1个月	工程测量技术◐
					不少于1个月	建设工程管理●

注：●为全选择，◐为部分选择。

六、实习成果

教学文件：任务书、指导书、顶岗实习手册、学生顶岗实习审批表、顶岗实习成绩登记表、安全协议。

成果资料：顶岗实习日记、工作(项目)总结、实习(项目)报告、现场照片、技术交底、施工方案及项目成果等。

七、考核评价

(一)考核内容

学生的顶岗实习可以在不同单位或同一单位不同部门或岗位进行，指导教师要对学生在各实习单位每一部门或岗位的表现情况进行考核，学院指导教师要对学生实习手册和报告进行检查，并做出等级评价。

(二)考核形式

(1)建立院校与实习企业相结合的顶岗实习质量监督与考核机制,学校与实习企业共同制定考核制度及实习评价标准,学校教师与企业教师共同评定学生顶岗实习的成绩。

(2)实行成果考核与过程考核相结合的考核方式,以过程考核为主,并做到公平、公开、公正、合理。顶岗实习成绩采用优秀、良好、中等、及格和不及格五级记分。

(三)考核组织

(1)顶岗实习工作由院系分级管理,分别成立相应的顶岗实习工作管理机构,负责顶岗实习工作的管理、指导,保障顶岗实习工作的顺利进行。

(2)学院由教务处负责全院顶岗实习工作的宏观管理。学院成立由系主任担任组长的顶岗实习工作小组,负责本系顶岗实习工作的组织实施。

(3)专业教研室主任的主要职责是按照专业培养目标要求,组织制(修)订和审定顶岗实习实施计划和任务书。

(4)选派顶岗实习指导教师。

(5)落实顶岗实习单位,对顶岗实习过程进行监督检查。

(6)组织顶岗实习的成绩考核和工作总结。

(7)未完成顶岗实习或实习成绩不合格的学生,不能取得毕业资格。

八、实习管理

各职业院校应当建立健全顶岗实习安全保障制度。院校应当根据国家有关规定,结合院校及本地区实际情况,为学生投保与其实习岗位相对应的学生实习责任保险。保险责任范围应当覆盖学生实习活动的全过程。院校要加强监督检查,协调有关职能部门、实习单位和其他有关方面,共同做好顶岗实习管理工作,保证顶岗实习工作安全和有序。

(一)管理制度(校企责任、考勤、安全保险等制度)

1. 学校、企业和学生三方协议

学校、企业和学生本人应订立三方协议,明确各方权利和义务。顶岗实习协议应当包括以下内容:

(1)学校和实习企业的名称、地址和法定代表人或者主要负责人。

(2)实习期限。

(3)实习内容和实习地点。

(4)实习时间、休息及休假安排。

(5)实习劳动保护。

(6)实习报酬。

(7)实习责任保险、工伤保险和其他保险。

(8)实习纪律。

(9)实习终止条件。

(10)学校和实习单位双方认为需要约定的其他事项。

2. 校方责任、考勤、安全保险

(1)在学生顶岗实习前熟悉顶岗实习课程标准和计划,做好实习前的各项准备工作。

(2)根据教育部、财政部印发的文件精神,学生顶岗实习期间,学院和实习单位应当加强对学生的实习劳动安全教育,增强学生安全意识,提高其自我防护能力;要为学生购买意外伤害保险等相关保险,具体事宜由学院和实习单位协商办理。实习期间学生人身伤害事故的赔偿,依据《学生伤害事故处理办法》和有关法律法规处理。

(3)掌握顶岗实习学生的思想和工作动态,帮助学生解决存在的问题,并及时向学院汇报学生实习情况。

(4)指导和督促学生全面完成顶岗实习任务,及时批阅学生实习周记、实习总结,对在实习中违反纪律且情节严重的学生,进行批评教育,并及时向学院汇报。

(5)加强与顶岗实习企业和兼职指导教师的联系,积极配合实习企业工作,及时解决实习中的问题,争取实习企业的支持和帮助,注意搞好学校与实习企业的关系。

(6)完成学生顶岗实习成绩的评定与汇总工作。

3. 企业责任、考勤、安全保险

(1)负责提供顶岗实习岗位,与学校共同制订顶岗实习计划。

(2)指定专门人员负责学生实习工作,根据需要安排有经验的技术或管理人员担任实习兼职指导教师。

(3)酌情向顶岗实习学生支付一定的实习报酬。

(4)加强对顶岗实习学生的劳动安全教育,增强学生安全意识,提高其自我防护能力;根据情况为顶岗实习学生购买意外伤害保险等相关保险,具体事宜由学院校企合作处和顶岗实习企业协商办理。顶岗实习期间学生人身伤害事故的赔偿,依据有关法律法规处理。

(5)为学生收集顶岗实习资料提供方便,督促兼职指导教师对实习生签署书面鉴定意见,作为评定学生实习成绩的依据。

(6)指导、督促学生完成顶岗实习周记和总结,做好实习生的鉴定与成绩评定工作。

(二)过程记录(学生实习过程中的基本经历和指导情况)

(1)学生顶岗实习原则上在所签就业协议的单位进行。学生也可以自行联系实习单位,个人联系实习顶岗单位的需填写《学生顶岗实习申请表》,经所在学院同意并办理有关手续。

(2)学院应在顶岗实习前一个月落实实习单位,并及时向学生公布,组织学生选择单位。学院要在顶岗实习前加强对学生的教育,并结合专业和实习单位的特点,制定出详细的学生顶岗实习行为规范,对学生在顶岗实习期间的工作、学习、业余活动等做出具体的规定,并以书面形式告知学生。

(3)顶岗实习单位的选择原则上应根据人才培养方案的要求,选择与专业核心能力相关的实习单位,做到专业与岗位对口。

(4)学生到实习单位顶岗实习前,学院、实习单位、学生应签订顶岗实习三方协议,明确各自责任、权利和义务。学生应及时将协议内容告知家长,以保障实习单位的利益和实习学生的合法权益。

(5)学生在顶岗实习过程中,原则上应进行轮岗实习,且必须遵守实习单位的相关规定和劳动纪律,服从单位的安排与管理,积极参加生产实践,以熟悉本专业不同的工作岗位。

(6)学院应按照人才培养方案的要求制定顶岗实习实施计划及任务书,经学院顶岗实习工作小组审定后于顶岗实习前发放到参加顶岗实习的学生手中,使学生明确顶岗实习的基本要求。

(7)学院要安排专职辅导员,全面负责顶岗实习学生的管理,建立详细资料,加强信息沟通,通过电话、网络等方式每周至少与各实习点联系一次,了解学生的思想动向和实习、生活情况。

(三)总结交流

(1)学院应加强对学生顶岗实习的指导,指导方式可采取集中与分散两种。在同一单位(或相对集中的某一区域)实习人数在10人以上的为集中顶岗实习,原则上可安排专任指导教师驻地指导;分散顶岗实习,原则上由实习单位兼职教师进行指导,专任实习指导教师通过巡回检查、网络、电话等方式进行指导,巡回检查不少于两次。同时,指导教师应做好指导记录。

(2)学生在顶岗实习期间,应认真做好工作记录,顶岗实习结束时应以实习单位为主对学生工作表现和技能实绩进行考核,并按《学生毕业顶岗实践成绩考核表》进行评定。

(3)学生顶岗实习期未满,原则上不得擅自离开或调换实习单位,个别学生确因特殊情况,需中途调换实习单位,需征得所在学院及原实习单位同意;学生未经许可擅自离开或调换实习单位,实习成绩以零分记。

(4)学生顶岗实习期间,应根据实习点学生人数多少成立临时党、团组织,并正常开展组织活动。党、团员人数超过3人的,要成立临时党、团支部,正常开展组织活动;党、团员人数未达到3人的,实习学生的党、团组织活动随实习单位进行。

(5)在顶岗实习结束后,指导教师(含学校、实习单位指导教师)要对参加顶岗实习学生的综合表现进行总结、考核、评比,对表现突出的学生授予"学生顶岗实习先进个人"称号,并予以表彰、奖励。

顶岗实习三方协议书、顶岗实习安全协议书、顶岗实习任务书及指导书、顶岗实习报告示例见附件1至附件4。

附件1：

顶岗实习三方协议书

甲方：XXXX学院

乙方（顶岗实习单位）：

丙方（顶岗实习学生）：_____（班级）_____（姓名）；

_____（班级）_____（姓名）等_____名学生（学生3人及以上时名单附后）

为规范实习的组织管理工作，根据国家职业教育的有关政策和规定，经甲、乙、丙三方友好协商，就学生实习达成以下协议：

第一条 实习岗位、期限及留任

1. 甲、乙双方同意丙方于_____年_____月_____日至_____年_____月_____日在乙方进行实习。

2. 乙方接收顶岗实习学生数为_____人，乙方将分别安排_____（丙方姓名）在乙方的_____部门_____岗位，_____（丙方姓名）在乙方的_____部门_____岗位进行实习（3人及以上时学生名单及岗位附后，作为本协议的附件与本协议共同生效）。乙方实习岗位必须与丙方学生所学专业（也可是签订就业协议岗位）对口或相近。

4. 实习结束，若甲、乙、丙三方同意，则乙方可录用实习学生（以下简称丙方）为正式员工，并与其签订劳动合同。

第二条 甲方职责、权利

1. 根据专业人才培养方案，与乙方共同制订实习计划并严格按照实习计划组织实习。

2. 在乙方建立校外实习基地，组织学生参加企业实习，做好丙方的思想动员、人身意外伤害保险购买等活动，并统一组织丙方赴实习单位参加实习。

3. 加强对丙方的安全教育，明确实习纪律、工作、学习及考勤制度，同丙方签订《实习安全协议书》。

4. 聘请乙方长期从事与专业课相关或相近的工程技术人员为丙方的企业指导教师，参与实习指导和考核工作。

5. 委派专人负责协调实习的日常教学管理事务，定期开展顶岗实习巡查，对丙方实习期间遇到和发生的有关问题，应及时进行教育、协调和处理。

6. 学生在实习期间受到人身伤害，甲方应积极协助配合乙方处理。

第三条 乙方职责、权利

1. 根据甲方要求，与甲方共同制订实习计划，严格按照实习计划安排实习岗位，积极落实实习任务。

2. 配合甲方落实实习各项要求，指定责任心强、专业技术水平高的工程技术人员担任丙方企业指导老师，并做好企业指导教师信息登记，填写"企业指导教师基本情况登记表"，对丙方进行业务指导和考核，填写"学生顶岗实习成绩评定表"，与甲方共同做好丙方实习期间的管理工作。

3. 组织丙方参加专题岗前培训和安全培训，尤其是安全防护知识、岗位操作规程的培训；强化安全意识，落实安全防范措施，发给相应的劳动保护用品。

4. 安排企业指导教师或工程技术人员为丙方进行定期的专业课教学和不定期的业务培训、技术讲座等活动,为丙方提供学习场所,合理安排食宿,尽可能提供各种便利条件。

5.负责学生顶岗实习期间的日常管理及教学管理工作。

6.丙方实习期间,乙方单位不得安排学生从事放射性、有毒、易燃易爆,以及其他具有较高安全风险的实习。

7.丙方在实习期间有下列行为之一者,乙方有权进行处理和清退,并第一时间通知甲方:

(1)违反国家法律的;

(2)给乙方造成经济损失或造成不良影响的;

(3)不能完成安排的实习内容或学习态度不端正,经教育后仍不改正的。

8.实习结束后,乙方及时对丙方在实习期间的表现进行考核,评定学习成绩,并与甲方协商后统一组织丙方及时返校。

9.乙方施工生产情况发生重大变化时,应向甲方通报,提前终止实习协议。

10.根据国家实习相关文件,参照本单位相同岗位报酬标准和丙方的工作量、工作强度、工作时间等因素,合理确定顶岗实习报酬,并以货币形式及时、足额支付给丙方。

第四条　丙方职责、权利

1.严格遵守乙方的规章制度,并服从乙方的工作安排和管理;在岗位上认真履行职责,虚心接受企业指导教师(或乙方工程技术人员)的指导和考核,积极参加现场单位举行的各类业务培训、技术讲座、专业课教学等教学活动,认真完成各项工作。

2.定期向校内指导教师、辅导员(或班主任)汇报自己的实习情况,及时了解学校教学及其他方面的工作安排,完成学校规定的有关任务,按时通过习讯云顶岗实习管理平台签到、撰写周报月报和实习报告。

3.实习期间,自觉遵守法律法规和企业劳动纪律,注意人身财产安全,增强自我保护意识;未经批准,不得擅自离开实习单位,提前终止实习的须征得乙方和甲方同意后,返校参加学院安排的正常教学活动。

4.丙方有责任保证不泄露、不窃取乙方的技术、信息等,并按要求遵守乙方的保密制度。

5.在实习结束后,丙方应及时将属于乙方的设备、工具、资料及其他相关物品归还给乙方,在经得乙方同意后,方可按乙方要求进行工程资料的存储和保留。

6.实习期间,由于个人原因造成乙方经济损失的,由丙方根据乙方要求协商赔偿。

第五条　违约责任

1.当事人一方不履行该协议或者履行该协议不符合约定的,应当承担继续履行、采取补救措施或者赔偿损失等违约责任,按照《中华人民共和国民法典》执行,构成犯罪的移交司法机关处理。

2.对不属于保险赔付范围或者超出保险赔付额度部分的约定责任,由三方协商解决,协商解决不了的,向甲方所在地法院提出诉讼。

第六条　劳动保护

1.乙方需为丙方提供符合国家规定的安全卫生的工作环境,保证其在人身安全不受危害的环境条件下工作。

2.乙方根据丙方岗位实际情况,按国家规定向其提供必需的劳动防护用品。

3.丙方应遵守劳动操作规程,若因违反规定操作而致自身受到安全、健康的伤害时,甲、乙方不承担责任。

第七条　协议的终止与解除

1.协议期满自然终止。

2.因协议期限届满以外的其他原因而造成协议提前终止时,甲、乙、丙三方均应提前一周书面通知另两方。

3.丙方被乙方处理和清退的,经甲方同意后,协议自然解除。

4.其他根据法律规定可以解除的。

第八条　其他事宜

1.本协议未尽事宜由甲、乙、丙三方协商解决。

2.本协议一式三份,经三方合法授权代表签字后生效,甲、乙、丙三方各执一份。

3.实习计划作为该协议的附加条款,享有同等法律效力。

4.任何一方对此协议内容进行改动的,都应经过三方书面确认后生效。

5.本协议自丙方到达乙方实习之日起生效。

甲方(盖章):　　　　　　　　　　　　乙方(盖章):

甲方代表签字:　　　　　　　　　　　乙方代表　签字:

联系电话:　　　　　　　　　　　　　联系电话:

日　　期:　　　　　　　　　　　　　日　　期:

丙方代表签字:

(3人及以上在附名单处签字)

XXXX学院赴 _____（单位名称）_____ 顶岗实习学生名单（样例）

序号	姓名	专业	班级	学生签字
1	张三	铁道工程技术	铁工3211	
2				
3				
4				
5				
6				
7				
8				
9				
10				

说明:3人及以上顶岗实习学生名单粘贴处,名单与协议粘贴处须盖授权代表部门及实习单位公章。

附件2：

××××学院
学生顶岗实习安全协议书

为贯彻学院安全稳定工作部署，提高实习效果。针对当前实习中的实际情况，特制定本协议书。

1. 学生应明确外出实习的目的，牢固树立认真实习、加强实操技能培养、积累实践经验的学习态度，实习过程尤其强调"安全第一"的理念。

2. 严格遵守国家的政策法规，遵守学院及实习所在单位的有关规章制度、安全条例和安全注意事项，严格遵守安全操作规程，不从事高空、高危、爆破等具有危险隐患的工作，如违反相关规定造成安全事故，均由学生本人承担。

3. 学生实习期间应自觉接受实习单位的安全教育和管理，实习期间发生任何安全责任事故，一切均由学生本人与实习单位协商处理。

4. 学生实习期间严禁在江河水库里游泳或洗澡，或从事其他存有安全隐患的活动，否则，将从严给予纪律处分，同时，由此造成的安全事故，均由学生本人承担。

5. 实习期间有事须向单位请假并须征得单位的同意，并报请招生就业处批准后方可离开，严禁无组织、无纪律的旷工行为，否则将按学院有关规定严肃处理，并责令其提前返校，由此产生的一切后果均由学生自负。

6. 学生在实习现场应尊重施工现场领导及工人师傅，处处礼貌待人，体现大学生的精神面貌，如发生打架、起哄或寻衅闹事等违纪事件，按照校规处理。

7. 学生返校必须经过招生就业处及系领导（总支书记）批准，严禁私自返校，学生在往返学校与用人单位途中，一切安全责任由学生自负。

8. 实习期满，必须结合施工现场自己从事的工作写出毕业实习技术总结报告（附相关的工程资料），同时还应附有实习单位的实习鉴定书。具体标准以毕业实习任课老师的要求为准，学生应定期与辅导员、班主任及校内实习任课老师联系，汇报实习等情况。

9. 离校前本人已学习了《××××学院学生顶岗实习管理办法》，遵守相关内容；离校后必须严格遵守教务处下发的"毕业班学生顶岗实习期间教学计划及考试安排表"，并按照有关要求及时完成，否则后果自负。

10. 遵守学院关于学生外出实习的其他有关规定。

11. 本协议由××××学院负责解释。

12. 本人已知悉安全协议有关内容，实习期间严格遵守协议有关规定，并自愿签订此协议。

学生（签字）：　　　　　　班主任：　　　　　　辅导员：

　年　月　日　　　　　　　年　月　日　　　　　年　月　日

附件3：

顶岗实习任务书及指导书

一、顶岗实习的意义

顶岗实习是高职教育教学过程中最后阶段的实践性教学环节，也是体现校企合作、工学结合、培养学生实际动手能力的一种重要形式。学生通过顶岗实习，能够巩固并加深对所学专业知识的理解，加强理论与实践的结合，弥补课堂教学的不足；通过顶岗实习，能够培养实际动手能力，锻炼和提高工作能力，获得职场经验，为其能够较快地适应社会、顺利地上岗就业打下良好的基础。

二、顶岗实习的基本要求

（1）严格遵守国家政策法令和学校的有关规章制度，自觉接受学校指导教师和班主任的指导与管理。

（2）严格遵守实训单位的各项规章制度，听从主管人员指挥，服从工作安排，按时上下班，做到不迟到、不早退、不旷工。

（3）学生必须全程参加顶岗实习，如有特殊情况不能参加实训者，须事先获得系、学院的批准。

（4）明确实训目的，端正实训态度，实训中做到勤奋好学、虚心求教、文明礼貌、积极主动，自觉养成劳动习惯，努力掌握服务技能。

（5）顶岗实习学生应按时在顶岗实习管理系统完成顶岗实习总结报告（不少于3000字），提交实习结束申请，经校内指导教师审批通过后，在考评成绩模块中的实习考评部分上传有企业盖章签字的学生顶岗实习企业评价表，填写企业指导教师评分。撰写纸质版顶岗实习报告时，报告不少于14篇周报和3篇月报。未参加顶岗实习的学生应完成"未参加顶岗实习学生成绩评定表"，同时按照要求撰写周报、月报和实习总结，完成顶岗实习报告。

（6）校内指导教师登录顶岗实习管理系统批阅实习总结，在考评成绩模块中进行评分，完成学生顶岗实习成绩评定工作。

三、顶岗实习的主要内容

（1）掌握轨道、路基、路面、桥梁、涵洞及隧道等建筑物的基本岗位知识与操作方法。

（2）掌握轨道、路基、路面、桥梁、涵洞及隧道等建筑物种类、功能、构造及组成等，能进行现场读图和勘误。

（3）掌握轨道、路基、路面、桥梁、涵洞及隧道等建筑物的施工方法、施工测量、施工组织、场地布置、安全生产、施工设备、材料实验及施工管理，并能编制相关方案或作业指导书等文件。

（4）掌握新技术、新工艺、新方法，特别是技术管理、技术员的工作职责、技术文件的分类及整理等。

（5）熟悉轨道、路基、路面、桥梁、涵洞及隧道的养护与维修。

"顶岗实习"课程项目如表3-2所示。

表3-2　"顶岗实习"课程项目一览表

序号	实训内容	学时
实训项目1：铁路线路顶岗实习	铁路路基和轨道的基础知识、施工方法、施工过程及养护与维修等内容	192

续表

序号	实训内容	学时
实训项目2：铁路桥涵顶岗实习	铁路桥梁及涵洞的基础知识、施工方法、施工过程及养护与维修等内容	144
实训项目3：铁路隧道顶岗实习	铁路隧道的基础知识、施工方法、施工过程及养护与维修等内容	72

四、顶岗实习的能力要求

（1）能运用铁路路基、桥涵、隧道及轨道等结构物的基本岗位知识与操作方法进行现场管理。

（2）能根据铁路路基、桥涵、隧道及轨道等结构物的种类、功能、构造及组成等进行现场读图和勘误。

（3）能对施工中铁路路基、桥涵、隧道及轨道等结构物的施工方法、施工测量、施工组织、场地布置、安全生产、施工设备、材料实验及施工管理等有一个全面了解，并能编制相关方案或作业指导书等文件。

（4）能按照新技术、新工艺、新方法，特别是技术管理、技术员的工作职责、技术文件进行分类及整理等。

（5）能对铁路路基、桥涵、隧道及轨道等结构物进行养护与维修。

五、顶岗实习的技能考核项目

学生毕业后，主要面向施工和维护两类企业。施工企业主要有中国中铁股份有限公司、中国铁建股份有限公司、中国交通建设股份有限公司、各省市路桥施工集团、市政施工公司等交通土建施工企业，面向的就业部门是工程部、试验室、测量队，可从事的工作岗位是施工员、测量员、试验员；维护企业主要有全国各铁路局、地方铁路公司、各城市地铁公司等建设与维护企业，各类路桥检测、监理公司，管理公司等，面向的就业部门是工务段、工务机械段、公路管理段等，可从事的工作岗位有铁路线路工、铁路桥梁工、铁路隧道工等。基于以上就业面向和岗位分析，在顶岗实习时间有限的前提下，考虑顶岗实习学生的个人意愿和发展方向，有针对性进行顶岗实习，顶岗实习的现场技能考核项目如下：

（1）工程沿线的地质构造、地形地貌及地质特点。

（2）工程中常用钢材、木材、水泥、砂石、外加剂及防水材料的使用方法。

（3）常用的各种模板、支撑构件、塔架、起重、运输、搅拌、压实及定型设备等的要求。

（4）钢筋加工和绑扎，模板种类，模板安装，混凝土拌合、运输、灌注及养护的操作方法等。

（5）线路、桥梁、涵洞及隧道等建筑物的施工测量放样等。

（6）轨道、路基、路面、桥梁、涵洞及隧道等建筑物的养护与维修。

六、顶岗实习的考核

为了全面考核学生实习期间取得的成果和综合能力锻炼情况，考核从平时成绩（签到、周报、月报、企业现场考勤等）、期中成绩（企业现场工作表现、与指导教师联系情况等）、期末成绩（纸质版报告及成果等）三方面考虑，平时成绩录入顶岗实习管理系统评分（20%），期中成绩录入企业评分（20%），期末成绩录入校内指导教师评分（60%）。

"顶岗实习"课程考核评价如表3-3所示。

表 3-3 "顶岗实习"课程考核评价表

实训项目(权重)		考核标准	考核分值
项目1:铁路线路顶岗实习(35%)	任务1.铁路线路外业顶岗(67%)	1.现场考勤 2.单位评价 3.工作表现 4.实习资料	30
	任务2.铁路线路内业整理(33%)	1.平时考勤 2.单位评价 3.资料整理 4.设计资料	15
项目2:铁路桥涵顶岗实习(35%)	任务1.铁路桥涵外业顶岗(67%)	1.现场考勤 2.单位评价 3.工作表现 4.实习资料	25
	任务2.铁路桥涵内业整理(33%)	1.平时考勤 2.单位评价 3.资料整理 4.设计资料	10
项目3:铁路隧道顶岗实习(30%)	任务1.铁路隧道外业顶岗(67%)	1.现场考勤 2.单位评价 3.工作表现 4.实习资料	15
	任务2.铁路隧道内业整理(33%)	1.平时考勤 2.单位评价 3.资料整理 4.设计资料	5
合计			100

七、其他

(1)各专业可根据实际专业情况在此基础上做出修改,对顶岗实习成绩评定相关事项进行单列,加强成绩评定的过程监控和管理,保证毕业生顶岗实习成绩评定顺利完成。

(2)指导教师和辅导员应加强对仍在单位顶岗实习学生的管理,应督促学生及时签到,并关注签到情况,掌握学生实习动态,确保学生顶岗实习顺利进行。

附件4：

××××学院

顶岗实习报告

姓　　　　名：_____

班　　　　级：_____

学　　　　号：_____

实　习　单　位：_____

实 习 单 位 地 址：_____

兼 职 指 导 教 师：_____

校 内 指 导 教 师：_____

校内指导教师电话：_____

班主任（辅导员）：_____

××××学院

20　年　月

说　　明

1.周报、月报、总结等内容必须用中性笔填写,字迹要求工整、清晰;填写须认真、翔实,不得缺项,并以此作为顶岗实习课程成绩的主要考核指标。

2.实习周报每周填写一次,实习月报每月填写一次,实习报告正文内容不少于3000字。

3.顶岗实习结束后,由企业兼职指导教师在实习考核表中做出评价,然后将完整的手册交由校内指导教师审阅。

4.校内实习指导教师根据顶岗实习过程性材料,评定顶岗实习最终成绩。

5.顶岗实习结束后按照目录顺序进行装订,统一为A4左侧胶装,封面为蓝色铜版纸,其余为70克打印纸。

6.顶岗实习是教学计划内的一门重要课程,请认真对待,务必完整、翔实填写并及时提交,否则影响正常毕业。

目　录

1. ××××学院顶岗实习任务书及指导书
2. ××××学院学生顶岗实习综合考评表
3. ××××学院学生顶岗实习企业评价表
4. ××××学院未参加企业顶岗实习学生成绩评定表
5. ××××学院学生顶岗实习总结
6. ××××学院学生顶岗实习周报
7. ××××学院学生顶岗实习月报

××××学院
顶岗实习任务书及指导书

×××× ×××× ×××× ××××（可根据实际情况自行拟定完成）。

××××学院
学生顶岗实习综合考评表

姓名		学号		专业班级	
顶岗实习单位					
	考 评 点			评 价 分	
	遵守规章制度 （10分）				
	及时沟通联系 （10分）				
	实习记录翔实 （20分）				
	完成实习任务 （20分）				
	顶岗实习报告 （40分）				
	校内指导教师评定成绩				
校内指导教师评分(60%)	平时成绩(20%)：此部分由习讯云顶岗实习平台根据学生签到、周报、月报等完成情况综合评定		企业指导教师评分(20%)		总顶岗实习总评成绩(百分制)

根据以上考核,该生顶岗实习课程评定为：_____（优秀、良好、合格、不及格）。

备注：优秀：$x \geq 85$；良好：$85 > x \geq 75$；合格：$75 > x \geq 60$；不及格：$x < 60$。

校内指导教师签字：

系(部)盖章： 年 月 日

××××学院
学生顶岗实习企业评价表

系(部)：_____　　　　　　日期：_____

姓名		学号		班级	
考 评 点			评 价 分		
个人品格	待人接物谦和有礼	2分			
	具有良好沟通表达能力	3分			
	与同事保持良好互动关系	2分			
	适应工作环境	3分			
劳动态度	主动协助工序人员作业	3分			
	主动清洁自己的工作区域	3分			
	重视服装仪容	1分			
	有安全意识，不违章作业	5分			
技能发挥	主动学习工作相关知识	5分			
	对派任工作能很快进入状态	5分			
	能按照规定程序操作	8分			
	操作规范熟练，技能不断提高	10分			
	服务质量符合要求	6分			
	工作有创新	8分			
纪律性	能按时出勤	10分			
	服从工作安排，按时完成任务	10分			
	虚心接受企业人员指导	8分			
	遵守单位规章管理制度	8分			
企业指导教师评语					
企业指导教师评定成绩					

注：此表由企业指导教师填写并按百分制评定成绩，由学生上传至顶岗实习管理系统，并将企业指导教师评分填入顶岗实习管理系统相应位置，随后将此表交至校内指导教师处。

企业指导教师签字：　　　　　　　　　　单位盖章：

××××学院
未参加企业顶岗实习学生成绩评定表

学生所在院部：_____　　　　　　　　　　　　　　　　　　　日期：_____

姓名				学号		班级	
评分人	所占比例	系统输入位置	考核标准			得分	
辅导员	20%	平时成绩	在校考勤及遵守纪律情况				
辅导员	20%	期中成绩	在校表现情况				
校内指导教师	60%	期末成绩	安排任务完成情况				
			学生成果评分				
辅导员签字			校内指导教师签字				
总成绩							

根据以上考核，该生顶岗实习课程评定为：_____（优秀、良好、合格、不及格）。

备注：优秀：$x \geqslant 85$；良好：$85 > x \geqslant 75$；合格：$75 > x \geqslant 60$；不及格：$x < 60$。

校内指导教师签字：

　　　　　　　　　　　　　　　　　　　　　　　　系（部）盖章：　　　年　月　日

注：此表由辅导员和校内指导教师填写并按百分制给定成绩，学生交至校内指导教师处，由校内指导教师将成绩录入教务系统；未参加企业顶岗实习学生可用本表替代顶岗实习报告内××××学院学生顶岗实习综合考评表和学生顶岗实习企业评价表。

企业指导教师签字：　　　　　　　　　单位盖章：

××××学院
学生顶岗实习总结

一、实习情况概况（三号，黑体）

1. 实习具体名称、性质（四号，黑体）

正文（四号，仿宋）。

2. 实习时间（四号，黑体）

正文（四号，仿宋）。

3. 实习单位、地点、岗位（四号，黑体）

正文（四号，仿宋）。

4. 实习目的（四号，黑体）

正文（四号，仿宋）。

二、实习内容及过程（三号，黑体）

正文（四号，仿宋）。

三、实习收获与体会（三号，黑体）

正文（四号，仿宋）；

实习周报、月报另附。

四、建议（三号，黑体）

正文（四号，仿宋）。

五、附录（三号，黑体）

正文（四号，仿宋）；

所有段落均为单倍行距，字数不少于3000字。

××××学院
学生顶岗实习周报

记录日期：_____

时间	年 月 日— 年 月 日
本周工作主要内容	
工作、学习和生活的主要收获与体会	（字数不得少于200字）
与校内指导教师联系情况	本周是否和校内指导教师沟通？ 有（ ） 没有（ ） 沟通的具体方式：现场交流（ ） 互联网（ ） 电话（ ） 实习平台（ ） 微信（ ） 其他（ ）_____ 主要内容：
与班主任（辅导员）联系情况	本周是否和班主任（辅导员）沟通？ 有（ ） 没有（ ） 沟通的具体方式：现场交流（ ） 互联网（ ） 电话（ ） 实习平台（ ） 微信（ ） 其他（ ）_____ 主要内容：
其他	

注：该表由学生每周报录一张，统一用中性笔填写，"编号"按照实习周次进行排序，本周其他需要记录的内容在"其他"栏内填写。根据需要可按本表格式加页。

××××学院
学生顶岗实习月报

记录日期：_____

起止时间	年　月　日—　　年　月　日
岗位或工作内容是否变动及变动情况	

对本月主要工作（或学习）内容描述、总结、自我评价，并写出心得体会、实习工作或教学工作建议等。

注：该表由学生每月撰写一次，统一用中性笔填写，"编号"按照实习月次进行排序。根据需要可按本表格式加页。

第四编

高速铁路施工与维护专业群实训条件建设标准

目 录

- 一、适用范围 ·· 515
- 二、实训教学场所要求 ··· 515
- 三、实训教学设备要求 ··· 524
- 四、实训教学管理与实施 ·· 548
- 五、规范性引用文件 ·· 549
- 六、参考文献 ·· 551

一、适用范围

本标准适用于高速铁路施工与维护专业群校内实训教学场所及设备的建设,是达到高速铁路施工与维护、工程测量技术、土木工程检测技术、建设项目信息化管理专业人才培养目标和规格应具备的基本实训教学条件要求。职业学校相关专业及有关培训机构可参照执行。

二、实训教学场所要求

(一)分类

基于施工员、测量员、试验员、建模员和线路工、桥隧工等岗位工作任务,设置通识基础、通用专项、高铁线桥隧、综合实训、专业拓展5个模块,见表4-1。其中,专业拓展模块包含高铁施工、高铁检测、软件应用3个子模块,每个子模块根据能力培养需求设置。

表4-1 高速铁路施工与维护专业群模块化课程体系

序号	课程模块		高速施工与维护专业	土木工程检测技术专业	工程测量技术专业	建设工程管理专业(BIM方向)
1	通识基础模块		●	●	●	●
2	通用专项模块		●	●	●	●
3	高铁线桥隧模块	高铁线桥隧施工	●	◐	◐	◐
		高铁精密测量	◐	○	●	○
		高铁智慧检测	◐	●	○	○
		高铁工程项目信息化管理	◐	◐	◐	●
4	综合实训模块		●	●	●	●
5	专业拓展模块		◐	◐	◐	◐

注:●为全选择,◐为部分选择,○为不选择。

1.通用专项模块实训教学场所要求

通用专项模块实训教学场所按照实训教学内容来划分,实训场所面积是为满足50人/班同时开展实训教学的要求。通用专项模块实训教学场所分类、面积与主要功能见表4-2。

表 4-2 通用专项模块实训教学场所分类、面积与主要功能

序号	课程名称	实训场所	主要实训项目	实训场所面积/m²
1	铁道概论	高速铁路实训工区	1.参观轨道构造； 2.参观学习供电系统； 3.参观学习内燃机车构造； 4.参观学习道岔结构； 5.参观学习铁路信号设备	8800
2	工程测量基础	测绘综合实训场	1.测回法测角； 2.支水准测量； 3.闭合水准测量； 4.附合水准测量	1000
3	工程识图与CAD	工程制图实训室	1.高速铁路线路识图制图训练； 2.桥梁工程施工识图制图训练； 3.涵洞结构图识图制图训练； 4.隧道结构图识图制图训练	200
4	土木工程材料试验与检测	胶凝材料检测实训室	1.胶凝材料性能检测；	150
		集料检测实训室	2.集料性能检测实训室；	150
		混凝土性能检测实训室	3.混凝土性能检测实训室；	
		工程力学实训室	4.钢筋力学性能检测	150
5	工程力学应用	力学实训室	1.材料在拉伸时的力学； 2.性能检测； 3.材料在压缩时的力学性能检测； 4.细长压杆稳定性测定； 5.纯弯曲梁部分正应力测定； 6.纯弯曲梁部分正应力测定	150
6	BIM技术应用	BIM教学中心	1.BIM建模环境； 2.单体建筑模型创建； 3.族创建及应用； 4.体量创建及应用； 5.BIM属性定义与编辑； 6.BIM成果输出	150
7	工程地质与土力学	路基检测实训室	1.含水率测定； 2.土的三项基本指标测定； 3.液塑限测定； 4.土压力测定； 5.土的抗剪强度测定	150

2.高铁线桥隧模块实训教学场所要求

高铁线桥隧模块实训教学场所按照实训教学内容来划分,实训场所面积是为满足50人/班同时开展实训教学的要求。高铁线桥隧模块实训教学场所分类、面积与主要功能见表4-3。

表4-3 高铁线桥隧模块实训教学场所分类、面积与主要功能

子模块名称	能力模块	课程名称	实训场所	主要实训项目	实训场所面积/m²
高铁线桥隧施工(对应高速铁路施工与维护专业)	高铁工程施工技术	高速铁路路基施工	高速(重载)铁路检测实训室	1.路基填土压实度试验; 2.地基承载力检测; 3.路基二次变形模量检测	150
		高速铁路轨道施工	高速铁路实训工区	1.轨道线路几何形位测量; 2.CRTSⅢ型板式无砟轨道底座放样; 3.WJ-8扣件安装; 4.12号可动心轨道岔检查; 5.CRTSⅢ型板式无砟轨道施工精调; 6.CRTSⅠ型双块式无砟轨道精调; 7.长钢轨精调	8800
			高铁轨道精调实训室	1.线路精测数据计算; 2.TDES曲线调整	150
		高速铁路隧道施工	高速铁路隧道实训基地	1.隧道开挖断面放样; 2.隧道超欠挖检查; 3.仰拱断面超欠挖检查; 4.钢筋质量检查; 5.防水板铺挂、检查; 6.喷射混凝土质量检查; 7.钢拱架加工放样; 8.钢拱架拼装检查; 9.周边收敛量测; 10.地质素描; 11.炮眼布置及装药连线; 12.隧道建筑物认知	3200
		高速铁路桥涵施工	高速铁路实训工区	1.钢筋下料; 2.箱梁模板安装; 3.预应力钢筋张拉模拟; 4.混凝土试件强度检测; 5.菱形挂篮安装模拟	8800
	施工组织与管理	高速铁路工程施工组织与管理	铁路工程软件中心	1.路基施工组织设计编制; 2.桥梁施工组织设计编制; 3.隧道施工组织设计编制; 4.轨道施工组织设计编制	150
		高速铁路工程概预算	铁路工程软件中心	1.路基工程概预算编制; 2.桥梁工程概预算编制; 3.隧道工程概预算编制; 4.轨道工程概预算编制; 5.铁路工程投标报价的编制	150

续表

子模块名称	能力模块	课程名称	实训场所	主要实训项目	实训场所面积/m²
高铁线桥隧施工（对应高速铁路施工与维护专业）	高铁工务养护维修	高铁线路养护维修	高速铁路实训工区	1.高铁线路检查； 2.高铁道岔检查； 3.无砟轨道垫板作业； 4.扣件安装维修作业； 5.有砟轨道起道捣固作业； 6.有砟轨道线路拨道作业	8800
			铁路轨道养护实训室		150
		高铁桥隧养护维修	高速（重载）铁路检测实训室	1.混凝土缺陷检测（回弹法）； 2.钢筋保护层厚度检测； 3.混凝土结构裂缝分析及检测	150
	施工测量	线桥隧施工测量	测绘综合实训场	1.基坑放样（高程、角度、坐标）； 2.线路纵横断面测量； 3.平面曲线测设； 4.隧道断面测量	1000
		高速铁路精密测量	测绘综合实训场	1.交叉双导线测量； 2.CPⅢ平面及高程测量； 3.二等水准测量； 4.轨道板精调测量； 5.轨道施工测量； 6.长轨精调测量	1000
			测绘数据处理与成图实训室		150
		高速铁路变形监测	变形监测实训场	1.建筑物变形监测； 2.基坑变形监测； 3.桥涵变形监测； 4.边坡变形监测； 5.路基变形监测； 6.隧道变形监测	1000
			测绘数据处理与成图实训室		150
	控制测量	工程控制测量与数据处理	测绘综合实训场	1.线路四等水准测量； 2.线路导线测量； 3.桥梁精密三角高程测量； 4.桥梁边角网测量； 5.隧道精密导线测量； 6.隧道精密水准测量； 7.水准网数据处理； 8.平面网数据处理	1000
			测绘数据处理与成图实训室		150
		GNSS测量技术与应用	测绘综合实训场	1.高铁车站GNSS控制测量； 2.隧道洞外GNSS控制测量；	1000

续表

子模块名称	能力模块	课程名称	实训场所	主要实训项目	实训场所面积/m²
高铁线桥隧施工（对应高速铁路施工与维护专业）	施工测量	GNSS测量技术与应用	测绘数据处理与成图实训室	3.RTK碎部点测量； 4.RTK点放样； 5.RTK线路放样； 6.RTK断面测量	150
	数字测图	数字测图	测绘综合实训场	1.全站仪坐标数据采集； 2.南方CASS软件成图； 3.RTK坐标数据采集； 4.无人机影像数据采集； 5.EPS三维测图软件成图	1000
			测绘数据处理与成图实训室		150
			无人机航测实训室		150
		摄影测量与遥感	测绘数据处理与成图实训室	1.影像获取； 2.影像数据处理； 3.遥感图像分类	150
		无人机测绘技术与应用	无人机航测实训室	1.模拟飞行； 2.无人机组装； 3.影像采集； 4.空中三角测量； 5.4D产品生产	200
高铁智慧检测（对应土木工程检测技术专业）	材料试验检测	建筑材料化学分析	化学分析实训室	1.化学分析仪器正确选择； 2.标准溶液的配置； 3.中和滴定； 4.胶材氯离子含量； 5.游离氧化钙含量	150
		混合材料组成与设计	混凝土物理性能检测实训室	1.混凝土坍落度试验； 2.混凝土含气量试验	150
			混凝土力学性能检测实训室	1.混凝土抗压强度试验； 2.混凝土抗折强度试验	150
			沥青混合料检测实训室	1.马歇尔稳定度试验； 2.沥青混合料车辙试验	150
		现代混凝土试验检测与工程应用	混凝土耐久性检测实训室	1.混凝土抗渗试验； 2.混凝土抗冻试验； 3.混凝土抗碳化试验； 4.混凝土抗碱骨料反应试验	150

续表

子模块名称	能力模块	课程名称	实训场所	主要实训项目	实训场所面积/m²
高铁智慧检测（对应土木工程检测技术专业）	结构检测	高速铁路路基试验与检测	路基检测实训室	1.土的含水率试验； 2.土的密度试验； 3.土的液塑限试验； 4.土的击实试验； 5.路基压实度试验	150
		高速铁路桥涵试验与检测	桥梁工程检测实训室	1.钢绞线检测； 2.泥浆性能检测； 3.地基承载力检测； 4.桩基完整性检测	150
		高速铁路隧道试验与检测	隧道工程检测实训室	1.隧道开挖质量检测； 2.锚杆抗拔力检测； 3.锚杆锚固质量检测； 4.周边位移量测	150
		高速铁路轨道线路试验与检测	高速铁路实训工区	1.无缝线路检测； 2.道岔检测； 3.轨道路基检测； 4.轨道线路检测	8800
			路基检测实训室		150
高铁工程项目信息化管理（对应工程项目管理专业BIM方向）	结构建模与施工	高速铁路轨道结构建模与施工	高速铁路实训工区	1.轨道线路几何形位测量； 2.CRTSⅢ型板式无砟轨道底座放样； 3.WJ-8扣件安装； 4.12号可动心轨道岔检查； 5.CRTSⅢ型板式无砟轨道施工精调； 6.CRTSⅠ型双块式无砟轨道精调； 7.长钢轨精调	8800
			结构建模室	1.Revit软件操作训练； 2.CIVIL软件操作训练； 3.轨道结构建模； 4.道岔结构建模； 5.平纵断面设计	150
		高速铁路桥涵结构建模与施工	BIM教学中心	1.桥梁结构建模实训； 2.桥梁施工仿真模型实训	150

续表

子模块名称	能力模块	课程名称	实训场所	主要实训项目	实训场所面积/m²
高铁工程项目信息化管理（对应工程项目管理专业BIM方向）	结构建模与施工	高速铁路隧道结构建模与施工	BIM教学中心	1.隧道结构建模实训； 2.隧道施工仿真模型实训	150
		高速铁路路基结构建模与施工	BIM教学中心	1.路基结构建模实训； 2.路基施工仿真模型实训	150
		高速铁路施工组织与预算	铁路工程软件中心	1.路基施工组织设计编制； 2.桥梁施工组织设计编制； 3.隧道施工组织设计编制； 4.轨道施工组织设计编制； 5.路基工程概预算编制； 6.桥梁工程概预算编制； 7.隧道工程概预算编制； 8.轨道工程概预算编制； 9.铁路工程投标报价的编制	150
	工程预算与项目管理	三维动画与工程仿真	BIM教学中心	1.仿真软件基础操作与设置； 2.高速工程构筑物建模和编辑； 3.高铁施工动画场景仿真设置； 4.基础动画制作； 5.高速铁路轨道施工动画制作； 6.高速铁路桥涵施工动画制作； 7.高速铁路隧道施工动画制作； 8.高速铁路路基施工动画制作	150
		工程项目管理	铁路工程软件中心	1.工程项目合同管理实训； 2.工程项目进度管理实训； 3.工程项目质量管理实训； 4.工程项目成本管理实训； 5.工程项目信息管理实训	150
	BIM技术综合应用	BIM数据集成与应用	BIM教学中心	1.BIM模型处理与数据整合； 2.碰撞检查； 3.可视化交底； 4.施工进度控制； 5.施工成本监控	150

3.专业拓展（选修）模块实训教学场所要求

专业拓展（选修）模块实训教学场所按照实训教学内容来划分，实训场所面积是为满足50人/班同时开展实训教学的要求。专业拓展（选修）模块实训教学场所分类、面积与主要功能见表4-4。

表 4-4　专业拓展(选修)模块实训教学场所分类、面积与主要功能

序号	能力模块	课程名称	实训场所	主要实训项目	实训场所面积/m²
1	高铁施工能力	线桥隧施工测量	高速铁路实训工区	CPⅢ控制测量	8800
		高速铁路工程施工	高速铁路实训工区	1. 轨道线路几何形位测量； 2. CRTSⅢ型板式无砟轨道底座放样； 3. WJ-8扣件安装； 4. 12号可动心轨道岔检查； 5. CRTSⅢ型板式无砟轨道施工精调； 6. CRTSⅠ型双块式无砟轨道精调； 7. 长钢轨精调	8800
		智能机械施工	—	—	—
		无人机工程巡检	无人机航测实训室	1. 巡检系统的组装； 2. 巡检数据采集； 3. 巡检数据分析	200
2	高铁检测能力	高速铁路精调与检测	高铁轨道精调实训室	1. 轨检小车的组装； 2. 轨道检测仪结构认识； 3. 高速铁路精测虚拟仿真实训； 4. 线路精测数据计算； 5. TDES曲线调整； 6. 轨道精调数据平顺性分析	150
		高速铁路工程检测技术	路基检测实训室	1. Evd动态平板载荷试验； 2. K30平板载荷试验； 3. 静态二次变形模量Ev2测试试验	150
			桥梁工程检测实训室	1. 桥梁结构构件强度和缺陷检测； 2. 桥梁基桩完整性检测； 3. 桥梁荷载试验	150
			隧道工程检测实训室	1. 隧道开挖质量检测； 2. 锚杆抗拔力检测； 3. 锚杆锚固质量检测； 4. 周边位移量测	150
		无损检测技术	无损检测实训基地	1. 混凝土缺陷检测； 2. 钢筋保护层厚度检测； 3. 锚杆长度检测； 4. 混凝土强度检测	200

续表

序号	能力模块	课程名称	实训场所	主要实训项目	实训场所面积/m²
3	软件应用能力	测绘程序设计与应用	测绘数据处理与成图实训室	1.前方交会程序设计； 2.测绘精度评定程序设计； 3.坐标正反算程序设计； 4.测量员软件应用	150
		混凝土(钢)结构检算	混凝土力学性能检测实训室	1.混凝土抗压强度试验； 2.混凝土抗折强度试验	150
		BIM软件开发及应用	BIM教学中心	1.Revit二次开发工具； 2.C♯程序设计； 3.Revit二次开发	150
		地理信息系统技术应用	测绘数据处理与成图实训室	1.空间数据的编辑与处理； 2.空间查询与空间分析； 3.GIS产品的输出	150
		钢结构建模与应用	BIM教学中心	1.TEKLA软件基础操作与设置； 2.厂房钢结构建模； 3.钢结构桥梁建模； 4.图纸生成及输出	150

(二)采光

采光应符合《建筑采光设计标准》(GB 50033—2013)的有关规定。采光设计应注意光的方向性,应避免对工作产生遮挡和不利的阴影。对于需要识别颜色的场所,应采用不改变自然光光色的采光材料。

(三)照明

照明应符合《建筑照明设计标准》(GB 50034—2013)的有关规定。当天然光线不足时,应配置人工照明,人工照明光源应选择接近天然光色温的光源。

(四)通风

通风应符合《建筑设计防火规范》(GB 50016—2014)和工业企业通风的有关要求。

(五)防火

防火应符合《建筑设计防火规范》(GB 50016—2014)和有关厂房、仓库防火的规定。

(六)安全与卫生

安全与卫生应符合《工业企业设计卫生标准》(GBZ 1—2010)和《生产过程安全卫生要求总则》(GB/T 12801—2008)的有关要求。安全标志应符合《安全色》(GB 2893—2008)和《安全标志及其使用导则》(GB 2894—2008)的有关要求。

(七)网络环境

网络环境应保证实训教学软件及设备的正常运行。

(八)电源与供水

1.实训室的供配电系统应符合《测量、控制和试验室用电器设备安全要求》(GB 47931.1—2007)的相关规定。

2.每一实训室/试验室内都要有三相交流电源和单相交流电源。电压 220V/380V AC,频率 50 Hz,三相五线制/三相四线制/两相三线制。电源电压波动不大于标称电压的±10%。

3.实训室供电负荷,应满足该实训室全部用电设备 100 分钟内同时使用的最大负荷总值。

三、实训教学设备要求

(1)配备的仪器设备产品质量应符合相关的国家标准或行业标准,并具有相应的质量保证证明。

(2)各种仪器设备的安装使用都应符合有关国家或行业标准,接地应符合《低压电气装置 第5—54部分:电气设备的选择和安装 接地配置和保护导体》(GB 16895.3—2017)的要求。

(3)需接入电源的仪器设备,应满足国家电网规定接入要求,电压额定值为交流 380 V(三相)或 220 V(单相),并应具备过流、漏电保护功能;需要插接线的,插接线应绝缘且通电部位无外露。

(4)具有执行机构的各类仪器设备,应具备急停功能,紧急状况可切断电源、气源、压力,并令设备动作停止。

(5)实训设备按专业教学内容分为15个类别实训室,分别为:高铁实训工区、测绘综合实训场、工程制图实训室、胶凝材料检测实训室、集料检测实训室、混凝土性能检测实训室、工程力学实训室、BIM教学中心、路基检测实训室、高速(重载)高铁检测实训室、高铁轨道精调实训室、高铁工程软件中心、铁路轨道养护实训室、桥梁工程检测实训室、隧道工程检测实训室。实训教学设备要求见表 4-5 至表 4-19。

表 4-5 高铁实训工区设备要求

序号	设备名称	主要功能和技术要求	数量	单位	执行标准
1	手推式轨检小车	1.主要功能:用于轨道精测精调授课及技术服务。 2.技术要求: (1)轨距传感器±0.4 mm,超高传感器±0.5 mm; (2)自动识别目标全站仪,能够确保测量的精度和可靠性; (3)采用工业用级别的电脑来运行轨道精确定位软件	2	台	TB 10101—2018
2	扭力扳手	1.主要功能:用于铁路扣件拆卸及安装。 2.技术要求: (1)精度±4%; (2)具有预设扭力数值装置; (3)外壳采用合金装置,力矩范围大	40	个	TB 10101—2018

续表

序号	设备名称	主要功能和技术要求	数量	单位	执行标准
3	道尺	1.主要功能:检测标准轨距线路轨道的水平(超高)、轨距、查照间隔和护背距离。 2.技术要求: (1)大屏幕 OLED 显示,清晰直观准确,适合户外或夜间测量; (2)存储检测数据,自动进行故障判断; (3)自带温度补偿,减少误差; (4)整尺轻便,携带方便;按键少,操作简单	50	个	TB 10101—2018
4	轨道检查仪	1.主要功能:基于数字陀螺测量原理的轨道几何状态检查仪器。 2.技术要求: (1)电源容量:有效工作时间≥8 h; (2)抗干扰能力:具有较强的抗电磁干扰能力; (3)耐磨:各车轮 500 km 以内无明显磨损	2	台	TB 10101—2018

表 4-6 测绘综合实训场设备要求

序号	设备名称	主要功能和技术要求	数量	单位	执行标准
1	DS3-Z 自动安平水准仪	1.主要功能:用于三、四等水准测量,中、基平测量。 2.技术要求:每千米水准测量的中误差为±3.0 mm	10	台	GB/T 10156—2009
2	数字水准仪	1.主要功能:用于高精度的高程控制测量及高程放样。 2.技术要求:每千米水准测量的中误差为±1.0 mm	10	台	GB/T 10156—2009
3	三脚架(水准仪)	1.主要功能:用于安置水准仪。 2.技术要求:仪器能与脚架安全稳固连接	10	套	JB/T 9337—1999(脚架); JB/T 9332—1999(连接)
4	普通水准标尺	1.主要功能:用于水准仪读取数据。 2.技术要求:每幅标尺红、黑面分划读数差常数一根是 468.7 mm,另一根是 478.7 mm	10	套	JB/T 9315—1999

续表

序号	设备名称	主要功能和技术要求	数量	单位	执行标准
5	钢瓦水准标尺	1. 主要功能：用于数字水准仪读取数据。 2. 技术要求：与数字水准仪配套	10	套	JB/T 9315—1999
6	DJ_6经纬仪	1. 主要功能：用于水平角、竖直角、视距、高差测量。 2. 技术要求：一测回水平方向标准偏差6″(室外)，4″(室内)	10	台	GB/T 3161—2015
7	DJ_2全站仪	1. 主要功能：用于水平角、竖直角、视距、高差、平面坐标测量，用于施工放样、数字化地形图测绘。 2. 技术要求： (1)一测回水平方向标准偏差1.6″； (2)一测回竖直角标准偏差2.0″	10	台	GB/T 27663—2011
8	三脚架（经纬仪、全站仪）	1. 主要功能：用于安置经纬仪、全站仪。 2. 技术要求：仪器能与脚架安全稳固连接	10	套	JB/T 9337—1999(脚架)； JB/T 9332—1999(连接)
9	反射棱镜	1. 主要功能：用于全站仪相位法测距时接收反射测距信号。 2. 技术要求：满足相关规程要求	10	套	GB/T 7660.1—2013； GB/T 7660.2—2013； GB/T 7660.3—2013
10	计算器（程序型）	1. 主要功能：用于工程项目的各种计算。 2. 技术要求：具有简易计算、函数计算以及分步输入程序完成特定功能的计算器	51	台	GB/T 4967—1995
11	GPS—RTK	1. 主要功能：用于静、动态控制测量，施工坐标放样，数字地形图测绘。 2. 技术要求： (1)静态平面精度：± 2.5 mm$+1\times 10^{-6}$ mm；高程精度：± 5 mm$+1\times 10^{-6}$ mm； (2)RTK 平面精度：± 1 cm$+1\times 10^{-6}$ cm；高程精度：± 2 cm$+1\times 10^{-6}$ cm； (3)手簿操作系统为安卓系统，具有与电脑连接和蓝牙连接功能	10	套	GB/T 18214.1—2000

表 4-7 工程制图实训室设备要求

序号	设备名称	主要功能和技术要求	数量	单位	执行标准
1	计算机	1.主要功能:用于工程制图与识图实训。 2.技术要求: (1)处理器:酷睿 i7-7700 以上; (2)RAM:8 GB 以上; (3)视频:1024×768 VGA 真彩色(最低要求),需要支持 Windows 的显示适配器; (4)显卡:独立显卡,显存 2 GB 以上; (5)硬盘:至少 1 TB 以上安装空间	51	台	GB/T 9813.1-2016
2	交换机	1.主要功能:连接局域网计算机。 2.技术要求: (1)网络标准:IEEE 802.3、IEEE 802.3u、IEEE 802.3ab、IEEE 802.3x; (2)端口:48 个 10/100 Mb/s RJ45 端口,2 个 10/100/1000 Mb/s RJ45 端口,1 个独立千兆 SFP 光纤口; (3)性能:储存转发,支持 8 KB 的 MAC 地址表深度	1	个	GB/T 30094-2013
3	网络机柜	1.主要功能:存放交换机并连接网络线。 2.技术要求:19 英寸标准网络机柜,应具有良好的技术性能。机柜应具有抗振动、抗冲击、耐腐蚀、防尘、防辐射等性能,以便保证设备稳定可靠地工作	1	个	GB/T 28571.1-2012
4	中控桌	1.主要功能:多媒体控制讲台。 2.技术要求:电脑、视频展台、中控、视音频设备一体集成	1	套	JY/T 0383-2007
5	中央控制系统软件	1.主要功能:方便地完成电脑教学任务,包括屏幕教学演示与示范、屏幕监视、遥控辅导、黑屏肃静、屏幕录制、屏幕回放、各种视频流的网络播放、网络考试和在线考试、试卷管理和共享、网上语音广播、两人对讲和多方讨论、同步文件传输、提交作业、远程命令、电子教鞭、电子黑板与白板、电子抢答、电子点名、网上消息、电子举手、获取远端信息、获取学生机打开的程序和进程信息、学生上线情况即时监测、锁定学生机的键盘和鼠标、远程开关机和重启、学生机同步升级服务、计划任务、时间提醒、自定义功能面板、班级和学生管理等。 2.技术要求:兼容各种计算机系统	1	个	GB/T 20527-2006

续表

序号	设备名称	主要功能和技术要求	数量	单位	执行标准
6	AutoCAD 软件	1. 主要功能：用于工程制图与识图实训。 2. 技术要求：AutoCAD 2006 或以上版本	51	套	GB 50162—92； GB/T 18229—2000
7	电脑桌椅	1. 主要功能：提供工程制图与识图实训工位。 2. 技术要求：电脑桌使用时，显示器不阻碍学员与老师之间目光交流，电脑桌具有符合国家安全标准的隐藏式组合布线系统，布线规范整齐；电脑桌横向放置或竖向摆放皆适宜，方便教室内排列布局	51	套	QB/T 4156—2010

表 4-8　胶凝材料检测实训室设备要求

序号	设备名称	主要功能和技术要求	数量	单位	执行标准
1	水泥净浆搅拌机	1. 主要功能：用于水泥净浆的搅拌。 2. 技术要求：搅拌机拌和一次的自动控制程序：慢速(120±3)s，停拌(15±1)s，慢速(120±3)s	10	台	JC/T 729—2005
2	标准法维卡仪	1. 主要功能：用于水泥标准稠度用水量的测定。 2. 技术要求： (1) 标准稠度测定用试杆有效长度为(50±1) mm，由直径为(10±0.05) mm 的圆柱形耐腐蚀金属制成。滑动部分的总质量为(300±1) g。与试杆联结的滑动杆表面应光滑，能靠重力自由下落，不得有紧涩和旷动现象； (2) 盛装水泥净浆的试模应由耐腐蚀的、有足够硬度的金属制成。试模为深(40±0.2) mm、顶内径(65±0.5) mm、底内径(75±0.5) mm 的截顶圆锥体。每只试模应配备一个大于试模、厚度≥2.5 mm 的平板玻璃底板	10	台	GB/T 1346—2011

续表

序号	设备名称	主要功能和技术要求	数量	单位	执行标准
3	雷氏夹膨胀仪	1. 主要功能:用于水泥安定性的测定。 2. 技术要求:由铜质材料制作,当一指针的根部悬挂于一根金属线或尼龙丝上,另一指针的根部挂 300 g 质量的砝码时,两指针的针间距离应在(17.5±2.5) mm 范围以内,去掉砝码后指针间距离恢复至挂砝码前的状态	10	台	GB/T 1346—2011
4	雷氏夹膨胀仪测定仪	1. 主要功能:用于水泥安定性的测定。 2. 技术要求:标尺最小刻度 0.5 mm	10	台	GB/T 1346—2011
5	天平	1. 主要功能:用于水泥的称量。 2. 技术要求:电子天平,称量 1000 g,感量 1 g	10	台	GB/T 26497—2011
6	负压筛	1. 主要功能:用于水泥的筛分。 2. 技术要求:负压筛应具有透明筛盖,筛盖与筛上口应有良好的密封性	10	个	GB/T 6003.1—2012
7	负压筛仪	1. 主要功能:用于水泥细度的测定。 2. 技术要求:由筛座、负压筛、负压源及收尘器组成,其中筛座由转速为(30±2) r/min 的喷气嘴、负压表、控制板、微电机及壳体等部分构成	10	台	
8	胶砂搅拌机	1. 主要功能:用于水泥胶砂强度试件的制备。 2. 技术要求:胶砂搅拌机属行星式,其搅拌叶片和搅拌锅作相反方向的转动。叶片和锅由耐磨的金属材料制成,叶片与锅底之间的间隙为叶片与锅壁最近的距离	10	台	JC/T 681—2005
9	振实台	1. 主要功能:用于水泥胶砂强度试件和水泥混凝土试件的制备。 2. 技术要求:由装有两个对称偏心轮的电动机产生振动,使用时固定于混凝土基座上。基座高约 400 mm,混凝土的体积约 0.25 m³,重约 600 kg。为防止外部振动影响振实效果,可在整个混凝土基底下放一层厚约 5 mm 天然橡胶弹性衬垫	5	台	

续表

序号	设备名称	主要功能和技术要求	数量	单位	执行标准
10	试模及下料漏斗	1.主要功能：用于水泥胶砂强度试件的制备。 2.技术要求： (1)试模为可装卸的三联模，由隔板、端板、底座等部分组成，可同时成型三条截面为 40 mm×40 mm×160 mm 的棱形试件； (2)下料漏斗由漏斗和模套两部分组成。漏斗用厚为 0.5 mm 的白铁皮制作，下料口宽度一般为 4～5 mm。模套高度为 20 mm，用金属材料制作。套模壁与模型内壁应重叠，超出内壁不应大于 1 mm	10	套	JC/T 726—2005
11	抗折试验机和抗折夹具	1.主要功能：用于水泥胶砂试件抗折强度的测定。 2.技术要求： (1)一般采用双杆式，也可采用性能符合要求的其他试验机； (2)加荷与支撑圆柱必须用硬质钢材制造。通过三根圆柱轴的三个竖向平面应该平行，并在试验时继续保持平行和等距离垂直试体的方向，其中一根支撑圆柱和加荷圆柱能轻微倾斜使圆柱与试件完全接触，以便荷载沿试体宽度方向均匀分布，同时不产生任何扭转应力	2	套	JC/T 724—2005
12	抗压试验机和抗压夹具	1.主要功能：用于水泥胶砂试件抗压强度的测定。 2.技术要求： (1)抗压试验机的吨位以 200～300 kN 为宜。抗压试验机在较大的 4/5 量程范围内使用时，记录的荷载应有±1%的精度，并具有按(2400±200) N/s 速率的加荷能力，应具有一个能指示试件破坏时荷载的指示器； (2)压力机的活塞竖向轴应与压力机的竖向轴重合，而且活塞作用的合力要通过试件中心。压力机的下压板表面应与该机的轴线垂直并在加荷过程中一直保持不变； (3)当试验机没有球座，或球座已不灵活或直径大于 120 mm 时，应采用抗压夹具，由硬质钢材制成，受压面积为 40 mm×40 mm	2	套	JC/T 683—2005； JC/T 960—2005

表4-9 集料检测实训室设备要求

序号	设备名称	主要功能和技术要求	数量	单位	执行标准
1	试验筛	1.主要功能:对颗粒状材料进行筛分。 2.技术要求:筛孔(方孔)尺寸依次为75 mm、63 mm、53 mm、37.5 mm、31.5 mm、26.5 mm、19 mm、16 mm、9.5 mm、4.75 mm、2.36 mm、1.18 mm、0.6 mm、0.3 mm、0.15 mm	10	套	GB/T 14684—2011; GB/T 14685—2011
2	摇筛机	1.主要功能:用于粗集料、细集料的筛分。 2.技术要求:与试验筛尺寸相配套	10	台	GB/T 14684—2011; GB/T 14685—2011
3	浸水天平	1.主要功能:用于悬挂吊篮测定集料的水中质量。 2.技术要求:称量应满足试样数量称量要求,感量不大于最大称量的0.05%	10	台	GB/T 26497—2011; GB/T 14684—2011; GB/T 14685—2011
4	吊篮	1.主要功能:用于盛放粗集料悬挂于水中。 2.技术要求: (1)由耐锈蚀材料制成; (2)直径和高度为150 mm左右,四周及底部用1~2 mm的筛网编制或具有密集的孔眼	10	个	GB/T 14684—2011; GB/T 14685—2011
5	溢流水槽	1.主要功能:让粗集料浸泡在水中,用于称取水中质量。 2.技术要求:在称量水中质量时能保持一定的水面高度	10	个	GB/T 14684—2011; GB/T 14685—2011
6	烘箱	1.主要功能:用于集料试样的烘干。 2.技术要求:保持温度105 ℃±5 ℃	2	台	GB/T 30435—2013; GB/T 14684—2011; GB/T 14685—2011
7	容量筒	1.主要功能:用于盛装集料试样。 2.技术要求: (1)容积10 L,内径(205±2) mm,净高(305±2) mm,底厚5.0 mm,筒壁厚度2.5 mm; (2)适用于粗集料公称最大粒径9.5~26.5 mm	10	个	GB/T 14684—2011; GB/T 14685—2011
8	振动台	1.主要功能:用于集料试样的振实。 2.技术要求:振动频率为3000次/分钟±200次/分钟,负荷下的振幅为0.35 mm,空载时的振幅应为0.5 mm	5	台	GB/T 14684—2011; GB/T 14685—2011

续表

序号	设备名称	主要功能和技术要求	数量	单位	执行标准
9	石料压碎值试验仪	1. 主要功能:用于盛装粗集料。 2. 技术要求:由内径 150 mm、两端开口的钢制圆形试筒、压柱和底板组成,试筒内壁、压柱的底面及底板的上表面等与石料接触的表面都应进行热处理,使表面硬化,达到维氏硬度 65,并保持光滑状态	10	台	GB/T 14685—2011
10	压力机	1. 主要功能:用于粗集料压碎值的测定。 2. 技术要求:最大试验力不小于 500 kN,应能在 10 min 内达到 400 kN	5	台	GB/T 2611—2007; GB/T 3159—2008
11	金属筒	1. 主要功能:用于盛装集料试样。 2. 技术要求:圆柱形,内径 112.0 mm,高 179.4 mm,容积 1767 cm³	10	个	GB/T 14684—2011; GB/T 14685—2011
12	天平	1. 主要功能:用于集料试样质量的称量。 2. 技术要求:电子天平,称量 1 kg,感量 0.1 g	10	台	GB/T 26497—2011
13	天平	1. 主要功能:用于集料试样质量的称量。 2. 技术要求:电子天平,称量 1 kg,感量不大于 1 g	10	台	GB/T 26497—2011
14	天平	1. 主要功能:用于集料试样质量的称量。 2. 技术要求:电子天平,称量 2~3 kg,感量不大于 1 g	10	台	GB/T 26497—2011
15	天平	1. 主要功能:用于集料试样质量的称量。 2. 技术要求:电子天平,称量 1 kg,感量不大于 0.5 g	10	台	GB/T 26497—2011
16	天平	1. 主要功能:用于集料试样质量的称量。 2. 技术要求:电子天平,称量 5000 g,感量不大于 5 g	10	台	GB/T 26497—2011
17	容量瓶	1. 主要功能:用于盛装集料试样。 2. 技术要求:容量为 500 mL	20	个	GB/T 14684—2011; GB/T 14685—2011

续表

序号	设备名称	主要功能和技术要求	数量	单位	执行标准
18	容量筒	1. 主要功能：用于盛装集料试样。 2. 技术要求：金属制，圆筒形，内径 108 mm，净高 109 mm，筒壁厚 2 mm，筒底厚 5 mm，容积约为 1 L	10	个	GB/T 14684—2011； GB/T 14685—2011
19	标准漏斗	1. 主要功能：用于测定细集料的自然堆积密度。 2. 技术要求：尺寸为 504 mm×120 mm×20 mm	10	个	GB/T 14684—2011； GB/T 14685—2011
20	针状规准仪	1. 主要功能：用于检测粗集料中针状颗粒含量。 2. 技术要求：针状规准仪上相对应的立柱之间的间距宽为 18 mm、31.2 mm、43.2 mm、54 mm、67.8 mm、85.8 mm	10	个	GB/T 14685—2011
21	片状规准仪	1. 主要功能：用于检测粗集料中片状颗粒含量。 2. 技术要求：片状规准仪上相对应的孔宽为 3 mm、5.2 mm、7.2 mm、9 mm、11.3 mm、14.3 mm	10	个	GB/T 14685—2011
22	游标卡尺	1. 主要功能：用于测定粗集料颗粒的最大长度或宽度。 2. 技术要求：精密度为 0.1 mm	10	把	GB/T 14684—2011； GB/T 14685—2011

表 4-10 混凝土性能检测实训室设备要求

序号	设备名称	主要功能和技术要求	数量	单位	执行标准
1	养护箱	1. 主要功能：用于水泥胶砂试件的养护。 2. 技术要求：养护箱保持温度 20 ℃±1 ℃，相对湿度大于 90%	5	台	GB/T 50081—2019； TB/T 3275—2018
2	天平	1. 主要功能：用于配制水泥混凝土时材料的称量。 2. 技术要求：电子天平，感量为 1 g	10	台	GB/T 50081—2019； TB/T 3275—2018

续表

序号	设备名称	主要功能和技术要求	数量	单位	执行标准
3	坍落筒	1. 主要功能：用于水泥混凝土拌合物坍落度的测定。 2. 技术要求：坍落筒为铁板制成的截头圆锥筒，厚度不小于1.5 mm，内侧平滑，没有铆钉头之类的突出物，在筒上方约2/3高度处有两个把手，近下端两侧焊有两个踏脚板，保证坍落筒可以稳定操作	10	个	GB/T 50081—2019； TB/T 3275—2018
4	捣棒	1. 主要功能：用于水泥混凝土拌合物坍落度的测定。 2. 技术要求：直径16 mm，长约600 mm，并具有半球形端头的钢质圆棒	10	根	GB/T 50081—2019； TB/T 3275—2018
5	搅拌机	1. 主要功能：用于水泥混凝土拌合物的搅拌。 2. 技术要求：自由式或强制式	5	台	GB/T 50081—2019； TB/T 3275—2018
6	试模	1. 主要功能：用于水泥混凝土试件的制作。 2. 技术要求： (1)非圆柱试模：应符合《混凝土试模》(JG 237—2008)，内表面刨光磨光（粗糙度$Ra=3.2\ \mu m$），内部尺寸允许偏差为±0.2%；相邻面夹角为90°±0.3°。试件边长的尺寸公差为1 mm； (2)圆柱试模：直径误差小于$\frac{1}{200}d$，高度误差应小于$\frac{1}{200}h$；试模底板的平面度公差不超过0.02 mm；组装试模时，圆筒纵轴与底板应成直角，允许公差为0.5°	30	个	GB/T 50081—2019； TB/T 3275—2018
7	压力机或万能试验机	1. 主要功能：用于水泥混凝土试件抗压强度和抗弯拉强度测定。 2. 技术要求：试验机级别为0.5级或1级，试件破坏荷载应大于压力机全量程的20%且小于压力机全量程的80%。同时应具有加荷速度指示装置或加荷速度控制装置。上下压板平整并有足够刚度，可以均匀地连续加荷卸荷，可以保持固定荷载，开机停机均灵活自如，能够满足试件吨位要求	2	台	GB/T 50081—2019； TB/T 3275—2018
8	标准养护室	1. 主要功能：用于试件的养护。 2. 技术要求：确保混凝土标准养室温度20℃±2℃，相对湿度95%以上	1	间	GB/T 50081—2019； TB/T 3275—2018

表4-11 工程力学实训室设备要求

序号	设备名称	主要功能和技术要求	数量	单位	执行标准
1	万能试验机	1.主要功能:用于金属试样的拉伸和弯曲。 2.技术要求:试验机级别为0.5级或1级,同时应具有加载速率指示装置或加载速率控制装置;上下压板平整并有足够刚度,可以均匀地连续加载卸载,可以保持固定荷载;开机停机均灵活自如,能够满足试件吨位要求,且压力机加载速率可以有效控制在1 mm/min,最大试验力不小于200 kN	2	台	GB/T 2611—2007; GB/T 3159—2008
2	钢筋标距打点机	1.主要功能:用于金属试样标距划线。 2.技术要求:打点精度10 mm	2	台	GB/T 228—2002
3	游标卡尺	1.主要功能:用于试样标距量取。 2.技术要求:测量精度为0.2 mm	10	个	GB/T 21389—2008
4	扭转试验机	1.主要功能:用于金属试样的扭转。 2.技术要求: (1)试验机两夹头之一应能沿轴向自由移动,并保持同轴,对试样无附加轴向力;应具有良好的读数稳定性,在30 s内保持扭矩恒定; (2)试验机级别:0.5级或1级	2	台	GB/T 2611—2007; JB/T 9370—2015

表4-12 BIM教学中心设备要求

序号	设备名称	主要功能和技术要求	数量	单位	执行标准
1	计算机	1.主要功能:用于BIM相关课程的授课与实训。 2.技术要求: (1)处理器:酷睿i7—7700以上; (2)RAM:8 GB以上; (3)视频:1024×768 VGA真彩色(最低要求),需要支持Windows的显示适配器; (4)显卡:独立显卡,显存2 GB以上; (5)硬盘:至少1 TB以上安装空间	51	台	GB/T 9813.1—2016

续表

序号	设备名称	主要功能和技术要求	数量	单位	执行标准
2	交换机	1.主要功能:连接局域网计算机。 2.技术要求: (1)网络标准:IEEE802.3、IEEE802.3u、IEEE802.3ab、IEEE 802.3x; (2)端口:48 个 10/100 Mb/s RJ45 端口,2 个 10/100/1000 Mb/s RJ45 端口,1 个独立千兆 SFP 光纤口; (3)性能:储存转发,支持 8 KB 的 MAC 地址表深度	1	个	GB/T 30094－2013
3	网络机柜	1.主要功能:存放交换机并连接网络线。 2.技术要求:标准网络机柜,应具有良好的技术性能。机柜应具有抗振动、抗冲击、耐腐蚀、防尘、防水、防辐射等性能,以便保证设备稳定可靠地工作	1	个	GB/T 28571.1－2012
4	中控桌	1.主要功能:多媒体控制讲台。 2.技术要求:电脑、视频展台、中控、视音频设备一体集成	1	套	JY/T 0383－2007
5	中央控制系统软件	1.主要功能:方便完成电脑教学任务,包括屏幕教学演示与示范、屏幕监视、遥控辅导、黑屏肃静、屏幕录制、屏幕回放、各种视频流的网络播放、网络考试和在线考试、试卷管理和共享、网上语音广播、两人对讲和多方讨论、联机讨论、同步文件传输、提交作业、远程命令、电子教鞭、电子黑板与白板、电子抢答、电子点名、网上消息、电子举手、获取远端信息、获取学生机打开的程序和进程信息、学生上线情况即时监测、锁定学生机的键盘和鼠标、远程开关机和重启、学生机同步升级服务、计划任务、时间提醒、自定义功能面板、班级和学生管理等。 2.技术要求:兼容各种计算机系统	1	个	GB/T 20527－2006
6	AutoCAD 软件	1.主要功能:用于工程图纸查看与编辑。 2.技术要求:AutoCAD 2006 或以上版本	51	套	GB 50162－92 GB/T 18229－2000

续表

序号	设备名称	主要功能和技术要求	数量	单位	执行标准
7	BIM系列软件	1. 主要功能：用于BIM建模、施工仿真、计量计价、数据集成与综合应用。 2. 技术要求：Revit 2018或以上版本；Civil 3D 2018或以上版本；Catia 2018或以上版本；Tekla 2018或以上版本；铁路投资控制系统；3DS MAX 2018或以上版本；Navisworks 2018或以上版本；鲁班iWorks；广联达BIM 5D	51	套	TB/T 10183—2021； T/CRBIM 013—2018
8	电脑桌椅	1. 主要功能：提供工程制图与识图实训工位。 2. 技术要求：电脑桌使用时，显示器不阻碍学员与老师之间目光交流，电脑桌具有符合国家安全标准的隐藏式组合布线系统，布线规范整齐；电脑桌横向放置或竖向摆放皆适宜，方便教室内排列布局	51	套	QB/T 4156—2010

表4-13 路基检测实训室设备要求

序号	设备名称	主要功能和技术要求	数量	单位	执行标准
1	烘箱	1. 主要功能：用于烘干土样。 2. 技术要求：能保持温度105 ℃±5 ℃的电热烘箱	2	台	GB/T 30435—2013； TB 10102—2010
2	天平	1. 主要功能：用于土样颗粒分析试验的称量。 2. 技术要求：电子天平，称量5000 g，感量5 g	10	台	GB/T 26497—2011； TB 10102—2010
3	天平	1. 主要功能：用于土样颗粒分析试验的称量。 2. 技术要求：电子天平，称量1000 g，感量1 g	10	台	GB/T 26497—2011； TB 10102—2010
4	天平	1. 主要功能：用于土样颗粒分析试验的称量。 2. 技术要求：电子天平，称量200 g，感量0.2 g	10	台	GB/T 26497—2011； TB 10102—2010

续表

序号	设备名称	主要功能和技术要求	数量	单位	执行标准
5	天平	1. 主要功能：用于土样含水率试验的称量。 2. 技术要求：电子天平，称量 200 g，感量 0.01 g	10	台	GB/T 26497—2011； TB 10102—2010
6	天平	1. 主要功能：用于土样含水率试验的称量。 2. 技术要求：电子天平，称量 1000 g，感量 0.1 g	10	台	GB/T 26497—2011； TB 10102—2010
7	台秤	1. 主要功能： (1) 用于土样击实试验的称量； (2) 用于土样 CBR 试验的称量。 2. 技术要求：称量 10 kg，感量 5 g	10	台	GB/T 26497—2011； TB 10102—2010
8	环刀	1. 主要功能：用于天然密度的取土样。 2. 技术要求：内径 6~8 cm，高 2~5.4 cm，壁厚 1.5~2.2 mm	10	个	GB/T 15406—2007； TB 10102—2010
9	环刀	1. 主要功能：用于抗剪强度指标的取土样。 2. 技术要求：内径 61.8 mm，高 20 mm	40	个	GB/T 15406—2007； TB 10102—2010
10	标准筛	1. 主要功能：用于土样颗粒分析、最大干密度、最佳含水率和 CBR 值的测定。 2. 技术要求：粗筛（圆孔）孔径为 60 mm、40 mm、20 mm、10 mm、5 mm、2 mm；细筛孔径为 2.0 mm、1.0 mm、0.5 mm、0.25 mm、0.075 mm	10	套	GB/T 6003.1—2012； GB/T 6003.2—2012； GB/T 6005—2008； GB/T 15406—2007； TB 10102—2010
11	液塑限联合测定仪	1. 主要功能：用于土样液塑限的测定。 2. 技术要求：锥质量为 100 g 或 76 g，锥角 30°，读数显示形式宜采用数码式	10	台	GB/T 15406—2007； TB 10102—2010
12	盛土杯	1. 主要功能：用于土样液塑限的测定。 2. 技术要求：直径 40~50 mm，深度 30~40 mm	10	个	GB/T 15406—2007； TB 10102—2010
13	标准击实仪	1. 主要功能：用于土样最大干密度和最佳含水率的测定。 2. 技术要求：由规定重量的击锤、导向杆和击实筒组成，满足轻型击实试验要求	10	套	GB/T 15406—2007； TB 10102—2010

续表

序号	设备名称	主要功能和技术要求	数量	单位	执行标准
14	脱模器	1.主要功能:用于土样最大干密度、最佳含水率和CBR值的测定。 2.技术要求:电动脱模器,能无破损地推出试件	5	台	—
15	击实仪	1.主要功能:用于土样CBR值的测定。 2.技术要求:电动击实仪,满足CBR试验要求	5	台	GB/T 15406—2007; GB/T 22541—2008; TB 10102—2010
16	承载比仪	1.主要功能:用于土样CBR值的测定。 2.技术要求: (1)试筒:内径152 mm、高170 mm的金属圆筒; (2)套环,高50 mm;筒内垫块,直径151 mm、高50 mm; (3)支承百分表的架子、多孔板、多孔底板:与CBR试验所用的试筒匹配; (4)荷载板:直径150 mm,中心孔眼直径52 mm,每块质量1.25 kg,共4块,每块沿直径分为2个半圆块; (5)贯入杆:端面直径50 mm、长约100 mm的金属柱	10	套	GB/T 15406—2007; TB 10102—2010
17	百分表	1.主要功能:用于测量土样试件的膨胀量和压缩量。 2.技术要求:量程为10 mm,分度值为0.01 mm	40	个	GB/T 6311—2004; TB 10102—2010
18	应变控制式直剪仪	1.主要功能:用于土样抗剪强度指标的测定。 2.技术要求:由剪切盒、垂直加荷设备、剪切传动装置、测力计和位移量测系统组成	10	台	GB/T 15406—2007; TB 10102—2010
19	固结仪	1.主要功能:用于测定土体在不同载荷和有侧限条件下土的压缩性能。 2.技术要求:试样面积30 cm^2和50 cm^2,高2 cm	1	台	JTG E40—2007; TB 10102—2010

续表

序号	设备名称	主要功能和技术要求	数量	单位	执行标准
20	环刀	1. 主要功能： 用于土样固结试验试件的制作。 2. 技术要求： 直径为61.8 mm和79.2 mm，高度为20 mm	2	个	TB 10102—2010
21	灌砂仪	1. 主要功能：用于路基土的各种材料压实层密度和压实度的检测。 2. 技术要求： (1)工作环境温度范围为0 ℃～40 ℃，环境湿度不大于80%； (2)灌砂仪的内里及外表面应平整、光洁、无气孔，表面不得有网纹、气泡、漏涂、划伤、缺损、锈蚀、龟裂等缺陷； (3)灌砂筒、标定罐和基板应采用不易产生锈蚀、成型后不易变形的耐久性材料制作，内里及外表面无锈蚀； (4)灌砂筒开关手柄应转动灵活顺畅，打开时圆孔应与储砂筒底部和漏斗顶端铁板圆孔完全重合，不应有错位遮挡，关闭时不应有缝隙或漏砂	10	套	TB 10102—2010

表4-14　高速(重载)铁路检测实训室设备要求

序号	设备名称	主要功能和技术要求	数量	单位	执行标准
1	动态变形模量测试仪	1. 主要功能：路基压实检测。 2. 技术要求： (1)冲击持续时间：(18.0±2.0) ms； (2)材料：镀锌钢/合金钢； (3)荷载板：直径300 mm、厚度20.0 mm； (4)适应温度范围：0～50 ℃； (5)外观尺寸：210 mm×80 mm×25 mm； (6)存储量：200组测试曲线； (7)重量：0.4 kg	2	台	TB 10102—2010； J 1135—2010
2	静态变形模量测试仪	1. 主要功能：路基压实检测。 2. 技术要求： (1)加载装置：最大压力100 kN，冲程150 mm； (2)带手柄和盒式水准器的承载板直径300 mm，厚度25 mm； (3)电子式50 kN力传感器，包括压力部件和连接装置、位移测试、数显电子测量表，量程25 mm，精度0.01 mm	2	台	TB 10102—2010； J 1135—2010

续表

序号	设备名称	主要功能和技术要求	数量	单位	执行标准
3	地基系数测试仪	1. 主要功能:路基压实检测。 2. 技术要求: (1)承载板:直径 300 mm,厚度 25 mm,重量 17.5 kg; (2)加载装置。 液压泵:压力 100 kN; 高压软管:长度 2 m	2	台	TB 10102—2010; J 1135—2010
4	超声波仪器	1. 主要功能:桩基检测、混凝土密实度检测。 2. 技术要求: (1)采样周期(μs):0.05～409.6,14 挡可调; (2)声时精度(μs):0.05; (3)声时范围(μs):−204 800～409 600; (4)接收灵敏度(μV):≤30 (5)采集模式:单、双通道自动、连续快速采集	2	台	TB 10102—2010; J 1135—2010
5	钢筋探测仪及锈蚀仪	1. 主要功能:钢筋间距、直径检测。 2. 技术要求: (1)测量范围:0 mm～6 mm; (2)检测范围:5 mm～500 mm; (3)检测精度:≤±5%	10	台	CECS 21—2000
6	轻型触探仪	1. 主要功能:地基承载力检测。 2. 技术要求: (1)锤重:10 kg+10 g; (2)落高:500 mm; (3)最大贯入深度:6000 mm; (4)贯入锤锤度:60 度; (5)贯入锤角最大直径:40 mm	10	台	TB 10102—2010; J 1135—2010

表 4-15 高铁轨道精调实训室设备要求

序号	设备名称	主要功能和技术要求	数量	单位	执行标准
1	轨道几何状态测量仪	1. 主要功能:对钢轨轨廓/磨耗/轨距/几何参数和波磨智能化在线测量。 2. 技术要求: (1)轨距测量精度≤0.3 mm,测量范围≥(−25～+65)mm; (2)水平/超高测量精度≤0.5 mm,测量范围≥(−10～+10)°(+/−225 mm,相对于标准轨距)	1	台	TB 10601—2019

续表

序号	设备名称	主要功能和技术要求	数量	单位	执行标准
2	CRTSⅢ型板精调系统	1.主要功能:主要用于CRTSⅢ型板精调。 2.技术要求:Ⅲ型轨道板测量标架以外钳口面为横向基准,承轨面为垂向基准,纵向以螺孔限位,精度为±0.1mm	1	套	TB 10601—2019
3	轨道精测精调虚拟仿真软件	1.主要功能:用于无砟轨道精调技术及相关课程的授课及实训。 2.技术要求: (1)具有不同场景下轨道精测精调的虚拟仿真操作模块; (2)能够进行训练,考试等多种训练模块; (3)系统具有自动评分功能	50	套	TB 10601—2019
4	轨道平顺性调整软件	1.主要功能:用于无砟轨道精测精调内业数据处理。 2.技术要求: (1)具有调整轨道精测外业数据的功能; (2)能够设置限差; (3)能够将超限值用红色显示; (4)可以导出调整数据表	50	套	TB 10621—2014; TB 10754—2018
5	计算机	1.主要功能:用于轨道精测精调虚拟仿真软件及轨道平顺性调整软件的安装。 2.技术要求: (1)处理器:酷睿i7-7700以上; (2)RAM:8 GB以上; (3)视频:1024×768 VGA 真彩色(最低要求),需要支持Windows的显示适配器; (4)显卡:独立显卡,显存2 GB以上; (5)硬盘:至少1 TB以上安装空间	50	台	GB/T 9813.1—2016

表4-16 高铁工程软件中心设备要求

序号	设备名称	主要功能和技术要求	数量	单位	执行标准
1	计算机	1.主要功能:用于工程制图与识图实训。 2.技术要求: (1)处理器:酷睿i7-7700以上;	50	台	GB/T 9813.1—2016

续表

序号	设备名称	主要功能和技术要求	数量	单位	执行标准
1	计算机	(2)RAM:8 GB 以上； (3)视频:1024×768 VGA 真彩色(最低要求),需要支持 Windows 的显示适配器； (4)显卡:独立显卡,显存 2 GB 以上； (5)硬盘:至少 1 TB 以上安装空间	50	台	GB/T 9813.1－2016
2	交换机	1.主要功能:连接局域网计算机。 2.技术要求： (1)网络标准:IEEE802.3、IEEE802.3u、IEEE802.3ab、IEEE802.3x； (2)端口:48 个 10/100 Mb/s RJ45 端口,2 个 10/100/1000 Mb/s RJ45 端口,1 个独立千兆 SFP 光纤口； (3)性能:储存转发,支持 8 KB 的 MAC 地址表深度	1	个	GB/T 30094－2013
3	网络机柜	1.主要功能:存放交换机并连接网络线。 2.技术要求:19 英寸标准网络机柜,应具有良好的技术性能。机柜应具有抗振动、抗冲击、耐腐蚀、防尘、防水、防辐射等性能,以便保证设备稳定可靠地工作	1	个	GB/T 28571.1－2012
4	中控桌	1.主要功能:多媒体控制讲台。 2.技术要求:电脑、视频展台、中控、视音频设备一体集成	1	套	JY/T 0383－2007
5	电脑桌椅	1.主要功能:提供工程制图与识图实训工位。 2.技术要求:电脑桌使用时,显示器不阻碍学员与老师之间目光交流,电脑桌具有符合国家安全标准的隐藏式组合布线系统,布线规范整齐；电脑桌横向放置或竖向摆放皆适宜,方便教室内排列布局	51	套	QB/T 4156－2010
6	桥梁通用分析软件	Midas Civil 2020(高校版)	51	节点	TB 10002－2017； TB 10091－2017
7	铁路工程概预算软件	铁路工程投资控制系统 2017	51	节点	TZJ 1001－2017； TZJ 2000－2017； TZJ 3001－2017

表 4-17 铁路轨道养护实训室设备要求

序号	设备名称	主要功能和技术要求	数量	单位	执行标准
1	轨距尺	1. 主要功能:用于铁路线路轨距检查实训。 2. 技术要求: (1)测量范围:1410~1470 mm,±0.25 mm; (2)超高:-150~+150 mm,±1.2 mm; (3)查找间隔:1381~1401 mm,±0.3 mm; (4)护背距离:1338~1358 mm,±0.3 mm;	25	台	TB/T 1924—2008
2	电子道尺	1. 主要功能:用于轨道几何尺寸测量。 2. 技术要求: (1)精度级别:0级; (2)检测标准轨距轨道的轨距、超高、查照间隔和护背距离; (3)产品具有数据存储功能,可上传电脑进行故障判断; (4)显示方式采用OLED屏幕大字体显示,数据清晰直观; (5)自带温度补偿优化功能,对环境温度影响进行自动修正,减少检测误差; (6)采用大容量可充电锂电池,可连续工作7个工作日; (7)宽温度工作环境,可以在-40 ℃~+60 ℃范围内正常使用	20	台	TB/T 1924—2008; JJG 219—2015
3	扭力扳手	1. 主要功能:紧固螺栓。 2. 技术要求: (1)单位:N·m; (2)模式:预设,峰值; (3)精度值:±4%; (4)分度值:0.5~5 N·m; (5)最大扭力值:1000 N·m	10	把	GB/T 15729—2008
4	液压起拨道器	1. 主要功能:起拨道作业。 2. 技术要求: (1)起道力:300 kN; (2)拨道力:300 kN; (3)起道量:160 mm; (4)拨道量:120 mm; (5)系统的高油压:72 MPa; (6)常用手柄力:450 N; (7)油泵往复一次行程:8 mm	10	台	TB/T 2136—2018

续表

序号	设备名称	主要功能和技术要求	数量	单位	执行标准
5	轨检小车	1. 主要功能:线路检查。 2. 技术要求: (1)操作环境:环境温度-20℃～+50℃,相对湿度小于90%; (2)存储环境:-30℃～+70℃,相对湿度小于90%; (3)推行速度:匀速,3 km/h～4 km/h; (4)海拔:≤2500 m; (5)电源电压:DC 8.4 V(军用笔记本由自带标准电池供电); (6)电磁环境:在电气化线路上应可靠工作; (7)安全标记:应在轨检仪的适当位置设置反光标识; (8)采样间隔:0.125 m、0.25 m、0.5 m、1 m可选; (9)数据存储:存储5000 km以上线路检测数据; (10)电池容量:能连续工作8 h以上	1	台	
6	全站仪	1. 主要功能:线路测量。 2. 技术要求:操作环境为环境温度-20℃～+50℃,相对湿度小于90%	1	台	GB/T 27663—2011
7	内燃捣固镐	1. 主要功能:捣固。 2. 技术要求: (1)发动机:单缸、风冷二冲程空冷发动机; (2)额定功率:2.0 kW; (3)冲击频率:1620次/分钟; (4)工作转速(r/min):6000; (5)冲击能量:40 J	1	台	TB/T 1347—2014

表 4-18 桥梁工程检测实训室设备要求

序号	设备名称	主要功能和技术要求	数量	单位	执行标准
1	混凝土超声检测仪	1.主要功能:用于混凝土灌注桩桩身完整性的检测,用于判定桩身缺陷的位置、范围和程度。 2.技术要求: (1)外接导线及插头、插座应安全牢固,连接可靠,无松动现象; (2)混凝土超声检测仪电源电压为 AC(220±22)V,(50±1)Hz; (3)混凝土超声检测仪的读测范围为 0~6553.5 μs,最小分度值 0.1 μs;幅度 0~137.5 dB,最小分度值 0.1 dB;频率 0~6553.5 kHz,最小分度值 0.1 kHz; (4)混凝土超声检测仪在强度等级为 C30 的无缺陷混凝土中的穿透距离不小于 10 m(加前置放大器); (5)混凝土超声检测仪正常工作环境温度 10 ℃~40 ℃	2	套	JT/T 659—2006
2	回弹仪	1.主要功能:用于混凝土回弹值的测定,用于推算混凝土的抗压强度。 2.技术要求: (1)示值误差不应大于±0.4 mm; (2)指针滑块刻线回弹值与数显回弹值的示值误差不应大于±1; (3)气候环境适应性,工作温度－10℃~50℃,相对湿度小于 90%	10	台	GB/T 9138—2015
3	钢筋扫描仪	1.主要功能:用于混凝土桥梁钢筋位置和混凝土测量,还能用于钢筋直径的估测。 2.技术要求:满足相应规范要求	10	台	JTG/T J21—2011
4	低应变动测仪	1.主要功能:用于混凝土桥梁钢筋位置和混凝土测量,还能用于钢筋直径的估测。 2.技术要求:满足相应规范要求	10	台	JG/T 518—2017

表 4-19 隧道工程检测实训室设备要求

序号	设备名称	主要功能和技术要求	数量	单位	执行标准
1	激光断面仪	1.主要功能:用于隧道超欠挖检测,用于判定隧道开挖质量。 2.技术要求: (1)检测半径:(0.2~200) m; (2)测距精度:±1 mm; (3)检测方位角:30°~330°; (4)角度分辨率:0.01°; (5)角度精度:优于 0.1°; (6)对中方式:激光对中; (7)配置主机:主机测头可进行水平向及垂直向手动 0~360°转动(此项参数必须满足); (8)检测速度:单断面 51 个测点测量时间不大于 60 s	1	套	TB 10753—2018
2	锚杆锚固质量检测仪	1.主要功能:用于隧道砂浆锚杆注满度检测,用于推算锚固安装质量。 2.技术要求: (1)采样间隔:0~200 μs; (2)采样频率:5 kHz~1 MHz; (3)记录长度:0.5 k、1 k、2 k、4 k(可选); (4)A/D 转换精度:16 位; (5)采集器带宽:10~50 kHz 频带宽度; (6)接受灵敏度:≤30 mV; (7)传输距离:50 m; (8)连续发射间隔时间:0.2 s	1	台	GB/T 9138—2015; TB 10753—2018
3	数显收敛计	1.主要功能:用于隧道周边位移量测,用于判定隧道变形状态。 2.技术要求: (1)量测范围:0.5 m~15 m; (2)分辨率:0.01 mm; (3)测量精度:0.01 mm	12	台	Q/CR 9218—2015; TB 10753—2018
4	数显锚杆拉拔仪	1.主要功能:用于隧道锚杆抗拔力检测,用于判定锚杆安装质量。 2.技术要求: (1)油缸中心孔直径:45 mm; (2)油缸行程:80 mm; (3)测量范围:0~300 kN; (4)常用锚具:φ6—φ25,配常用锚具,至少φ22、φ25; (5)拉杆:M22; (6)分辨率:0.01 kN	2	套	TB 10753—2018

四、实训教学管理与实施

(一)建立实训室及实训教学设备管理制度,规范仪器设备采购、使用、维护、报废等运行环节

(1)实训室要建立和健全岗位责任制,实行分级管理。

(2)实训仪器设备由二级学院具体负责管理、维护、使用,学校实训管理部门负责宏观协调与管理。

(3)二级学院仪器设备的购置、验收、使用、保管、借用、维护、检修等工作须有相对完善的责任制度和管理程序,参考《高等学校仪器设备管理办法》《高等学校物资工作的若干规定》等有关法规、规章执行。

(4)实训室仪器设备的材料、低值易耗品等物资的管理,参考《高等学校材料、低值易耗品管理办法》《高等学校物资工作的若干规定》等有关法规、规章执行。

(二)配备相应职称的专/兼职管理人员并明确相应的岗位职责,定期培训和考核

(1)实训室制定各实训室及工作人员岗位职责,根据实训室各类人员岗位职责,结合实际工作分工情况,明确实训室工作人员工作任务。

(2)实训室工作人员实行坐班制,严格遵守二级学院考勤等规章制度。实训室工作人员如要求转岗或调离,需向所在二级学院提出书面申请,并报学校人事部门按程序办理手续。

(3)二级学院负责制订本单位实训室工作人员年度培训计划,并组织实施。

(4)二级学院结合岗位职责,根据学院相关考核办法,对实训室工作人员的管理、教学及科研工作等方面进行绩效和综合考核,考核结果作为实训室工作人员晋级、绩效工资晋档、评优评先等工作的重要依据。

(5)对不遵守工作纪律者;对实训教学仪器设备,特别是对贵重仪器设备的使用、维修、保养不当,造成重大损失者,视情节给予批评教育或行政处分。

(三)制定安全管理制度并贯穿在日常实训教学中

(1)实训室管理员负责实训室日常的安全检查。定期对仪器设备的安全性进行检查,离开实训室时,必须切断电源和关闭所有应关闭的仪器设备,关好门窗。节假日前各实训室负责人应统一检查,对发现的不安全因素要及时处理和上报。

(2)实训室的钥匙不得出借他人,一旦丢失要及时向上级汇报,以便采取措施,防止意外事故的发生。

(3)在实训室内严禁抽烟,注意用电安全,严禁乱拉、乱接电线,不准私自用电炉和电热器具等设备。

(4)实训教师必须在课前对学生进行安全规章教育,提高学生的安全意识和防范能力。

(5)进入实训室工作、学习的人员必须遵守实训室的各项规章制度,必须听从实训室管理人员的安排,未经许可不得擅自动用实训室的仪器设备,不得随意开(断)电源和其他开关等。

(6)进入实训室工作、学习的人员必须严格遵守有关安全操作规程,确保人身及设备的安全。对违反各实训室操作规程者,实训室管理员有权停止其实训;并对违反操作规程,造成器材、仪器设备损坏,酿成安全事故者,按情节轻重、损失大小给以行政处分、经济赔偿,甚至追究法律责任。

(7)消防器材按规定放置,不得挪用。要定期检查消防器材,及时更换失效器材,保证其处于正常工作状态。实训室人员要学习消防知识,熟悉安全措施和消防器材使用方法。

(8)实训室一旦发生事故,需保护好现场,采取有效措施,并及时报告上级部门。

(四)制定实训教学突发事件应急预案与处理措施

(1)二级学院建立健全统一指挥、分级负责的应急管理体制,形成以二级学院实训室安全管理工作领导小组为核心的处置突发事件的快速反应机制,全面负责应对实训室突发事件的处置工作。一旦发生重大事件,确保发现、报告、指挥、处置等环节衔接紧密,做到快速反应,正确应对,处置果断,力争把问题解决在萌

芽状态。

(2)按照"谁主管,谁负责;谁使用,谁负责"的原则,严格落实安全责任制和责任追究制。

(3)认真做好安全教育,坚决克服麻痹大意和侥幸心理,提高教师特别是学生的安全防范意识。必须根据实训室自身的性质、特点及可能发生的各种不安全因素,制定出相应的、具有可操作性的安全应急预案,悬挂或张贴在实训室适当的位置。

(4)各实训室必须定期进行安全自查,不留死角。对重点部位进行重点检查,并做好记录。对排查中发现的问题,要及时组织整改,消除一切安全隐患。对实训室不能解决的安全隐患,应第一时间上报学校,并及时采取有效的防范措施,加强管理,确保安全。

(五)鼓励结合专业特点和学校实际,建设多种形式的实训环境,实施理实一体化教学

(1)结合专业特点创新实训室环境,营造良好职业氛围。

(2)结合学校实际,建设理实一体化实训室,合理设计实训空间。

五、规范性引用文件

(1)《高速铁路桥涵工程施工技术规程》(Q/CR 9603—2015);

(2)《高速铁路桥涵工程施工质量验收标准》(TB 10752—2010);

(3)《铁路基本建设工程设计概(预)算编制办法》(TZJ 1001—2017);

(4)《铁路工程基本定额》(TZJ 2000—2017);

(5)《铁路基本建设工程设计概(预)算费用定额》(TZJ 3001—2017);

(6)《铁路工程材料基期价格》(TZJ 3003—2017);

(7)《铁路工程施工机具台班费用定额》(TZJ 3004—2017);

(8)《建设工程项目管理规范》(GB/T 50326—2017);

(9)《高速铁路路基工程施工技术规程》(Q/CR 9602—2015);

(10)《高速铁路路基工程施工质量验收标准》(TB 10751—2018);

(11)《铁路隧道工程施工安全技术规程》(TB 10304—2017);

(12)《铁路工程信息模型统一标准》(TB/T 10183—2021);

(13)《铁路工程信息模型施工阶段实施标准》(T/CRBIM 013—2018);

(14)《高速铁路路基工程施工技术规程》(Q/CR 9602—2015);

(15)《高速铁路桥涵工程施工技术规程》(Q/CR 9603—2015);

(16)《高速铁路工务安全规则》(TG/GW 121—2014);

(17)《高速铁路有砟轨道线路维修规则(试行)》(TG/GW 116—2013);

(18)《高速铁路无砟轨道线路维修规则》(TG/GW 115—2012);

(19)《高速铁路轨道工程施工技术规程》(Q/CR 9605—2017);

(20)《高速铁路桥涵工程施工技术规程》(Q/CR 9603—2015);

(21)《高速铁路隧道工程施工技术规程》(Q/CR 9604—2015);

(22)《高速铁路路基工程施工技术规程》(Q/CR 9602—2015);

(23)《铁路工程信息模型分类和编码标准》(T/CRBIM 002—2014);

(24)《铁路工程信息模型数据存储标准》(CRBIM 1002—2015);

(25)《水准仪》(GB/T 10156—2009);

(26)《全球导航卫星系统(GNSS)》(GB/T 18214.1—2000);

(27)《全站仪》(GB/T 27663—2011);

(28)《光学经纬仪》(GB/T 3161—2015);

(29)《反射棱镜 第1部分:几何特性》(GB/T 7660.1—2013);

(30)《反射棱镜 第2部分:像偏转特性》(GB/T 7660.2—2013);

(31)《反射棱镜 第3部分:光学平行度及其检验方法》(GB/T 7660.3—2013);

(32)《大地测量仪器 水准标尺》(JB/T 9315—1999);

(33)《大地测量仪器 仪器与三脚架之间的连接》(JB/T 9332—1999);

(34)《大地测量仪器 三脚架》(JB/T 9337—1999);

(35)《金属材料拉伸应力松弛试验方法》(GB/T 10120—2013);

(36)《水泥标准稠度用水量、凝结时间、安定性检验方法》(GB/T 1346—2011);

(37)《冷轧带肋钢筋》(GB/T 13788—2017);

(38)《预应力筋用锚具、夹具和连接器》(GB/T 14370—2015);

(39)《钢筋混凝土用钢第1部分:热轧光圆钢筋》(GB/T 1499.1—2017);

(40)《钢筋混凝土用钢第2部分:热轧带肋钢筋》(GB/T 1499.2—2018);

(41)《钢筋混凝土用钢第3部分:钢筋焊接网》(GB/T 1499.3—2010);

(42)《游标、带表和数显卡尺》(GB/T 21389—2008);

(43)《土工试验仪器击实仪》(GB/T 22541—2008);

(44)《金属材料 室温拉伸试验方法》(GB/T 228—2002);

(45)《机械秒表》(GB/T 22773—2008);

(46)《试验机通用技术要求》(GB/T 2611—2007);

(47)《电子天平》(GB/T 26497—2011);

(48)《电热干燥箱及电热鼓风干燥箱》(GB/T 30435—2013);

(49)《液压式万能试验机》(GB/T 3159—2008);

(50)《普通混凝土力学性能试验方法标准》(GB/T 50081—2002);

(51)《试验筛技术要求和检验 第1部分:金属丝编织网试验筛》(GB/T 6003.1—2012);

(52)《试验筛技术要求和检验 第2部分:金属穿孔板试验筛》(GB/T 6003.2—2012);

(53)《试验筛金属丝编织网、穿孔板和电成型薄板筛孔的基本尺寸》(GB/T 6005—2008);

(54)《大量程百分表》(GB/T 6311—2004);

(55)《回弹仪》(GB/T 9138—2015);

(56)《计算机通用规范 第1部分:台式微型计算机》(GB/T 9813.1—2016);

(57)《锚固试验机技术规范》(JB/T 12722—2016);

(58)《扭转试验机技术规范》(JB/T 9370—2015);

(59)《行星式水泥胶砂搅拌机》(JC/T 681—2005);

(60)《水泥胶砂试体成型振实台》(JC/T 682—2005);

(61)《水泥胶砂电动抗折试验机》(JC/T 724—2005);

(62)《水泥净浆搅拌机》(JC/T 729—2005);

(63)《水泥胶砂强度自动压力试验机》(JC/T 960—2005);

(64)《混凝土坍落度仪》(JG/T 248—2009);
(65)《基桩动测仪》(JG/T 518—2017);
(66)《针状、片状规准仪校准规程》(JJF 1593—2016);
(67)《预应力混凝土用钢绞线》(GB/T 5224—2014);
(68)《铁路桥涵工程施工质量验收标准》(TB 10415—2018);
(69)《超声回弹综合法检测混凝土抗压强度技术规程》(T/CECS 02—2020);
(70)《建筑基桩检测技术规范》(JGJ 106—2014);
(71)《建设用砂》(GB/T 14684—2011);
(72)《建设用碎石、卵石》(GB/T 14685—2011);
(73)《铁路混凝土》(TB/T 3275—2018);
(74)《铁路工程土工试验规程》(TB 10102—2010);
(75)《铁路工程测量规范》(TB 10101—2018)。

六、参考文献

(1)《普通高等学校高等职业教育(专科)专业目录(2015 年)》;
(2)《高等学校仪器设备管理办法》;
(3)《高等学校物资工作的若干规定》;
(4)《高等学校材料、低值易耗品管理办法》。